입보리행론강해 1

대승불법의 정수, 팔만사천법문의 심요!

입보리행론 강해 1

བྱང་ཆུབ་སེམས་དཔའི་སྤྱོད་པ་ལ་འཇུག་པ་

Bodhisattvacaryāvatāra, 入菩提行論

샨티데바 게송

진메이펑춰 린포체 강설 | **수다지 켄포** 중국어 광석

지엄 한글 편역

운주사

개정판 역자 서언

『입보살행론 광석』을 출간한 지 10년이 지났다. 이제 재간행을 하게 되었는데, 그 연기를 서언을 통해 몇 자 알리고자 한다.

간간히 책을 찾는 독자들의 요청이 빈번하였으나 책이 절판되어 구하기가 어려웠다. 그러던 중 깨달음을 구하는 몇몇 학승들이 심지어 도서관에서 책을 빌려 복사해 본다는 말을 듣고, 중국과 한국에서 진메이펑춰, 남카랑빠 존자의 법맥을 이어 수행하는 제자들이 발심하여 새로 교정을 보아 재간행을 하게 되었다.

중국 오명불학원五明佛學院의 수다지 켄포가 2017년에 이 논서를 재출간했는데, 이는 2016년 자신이 강의한 녹음을 편집해서 출판한 것이다. 이에 따라 2017년에 재출간된 책에는 진메이펑춰 존자(법왕 여의보)의 강해에 의존한 첫 출판본에 비해 수다지 켄포 본인의 견해가 더 보태졌다. 나는 법왕 여의보의 원래 가르침에 충실하고자 이번 재출간의 원본도 초판본과 같이 첫 출판본으로 삼기로 하였다. 따라서 2017년에 수다지 켄포가 재출간한 중국어본과 이 책은 상당 부분 내용이 같지 않음을 알린다. 두 책의 차별성을 드러내기 위하여 책 이름도 『입보살행론 광석』에서 『입보리행론 강해』로 바꾸었다.

일반적으로 사람들은 보이지 않는 분야는 중시하지 않는 경향이 있다. 이 때문에 지은 악업으로 인해 받게 되는 삼악도 고통의 실상과 수도로 성취하는 열반의 행복을 믿으려 하지 않으며, 오욕의 탐닉에 가려 찰나에 몸이 쇠약해지고 생명이 다하게 되는 것을 실감하지 못한다. 결국 현세에서 귀중한 사람 몸과 수행하기 좋은 기회를 얻었어도 그것을 부질없는 일에 다 소비해 버리고 마는데, 이는 아집무명에 전도되어 있기 때문이다.

악업으로 인한 과보 받음을 두려워하고 무상함을 깨달으며 해탈도에 나아가고자 하는 마음을 내기 위해서는 교학에 입문하여 문·사·수를 행하여 신심을 일으키고, 아집을 항복받기 위하여 눈 밝은 스승께 귀의하여 법을 전수받아 발심하고 수행 정진을 해야 한다. 무엇보다도 대승불교의 기초는 '보리심을 내는 것' 위에 세워져 있다. 아집을 파하기 위해서 그것을 자비심으로 대치하고 보리심을 수련해야 하는 것이다. 진실한 자비심을 일으키면 보리심도 자연히 크게 자랄 것이다. 대승불법을 수행하기로 마음을 정했다면 그 후로는 어떤 일도 자신을 위한 마음으로 하지 않아야 한다.

나는 1999년 중국 사천성 오명불학원에서 아미타불의 화신이신 진메이펑취 존자님이 만여 명의 수행자에게 매일 경전을 설하는 법회에 동참한 바가 있다. 그 당시 사천성에는 복장법을 전수하시는 대복장사인 엘롱스(연용사年龍寺)의 남카랑빠 존자, 대원만 토가수행을 전수하시는 야칭스(아청사亞靑寺)의 아츄라마 존자, 현밀교학의 중흥조이신 진메이펑취 존자 등 닝마파의 대표적 고승 세 분이 계셨다.

진메이펑취 존자는 티베트족으로 레뤄링빠(列洛林巴, Lerab Lingpa) 복장대사의 환생자이시다. 14세에 출가하고 15세에 확철대오하셨으며, 스취 불학원에서 토가 린포체를 모시고 밀법과 경론을 전수받아 통달하셨다. 그 후에 오대산에서 문수보살을 친견하시고 맥팽 린포체의 법맥 계승자가 되셨고, 1980년에 오명불학원을 창건하여 수많은 밀법과 경론을 강설하면서 깨달은 제자들을 무수히 배출하셨다.

나는 1999년 당시 오명불학원에서 진메이펑춰 존자님이 해설하시는 『입보살행론』 강의를 수다지 켄포의 중국어 동시통역을 통해 들으면서 그 막힘없는 설법에 감탄을 금할 수 없었다. 또한 만여 명의 승려가 매일 존자님의 강설을 여법하게 경청하고 수행 정진하는 모습에 큰 감동을 받았다. 당시 진메이펑춰 존자님의 강설을 녹음한 것을 수다지 켄포가 중국어로 정리·편집하여 『입보살행론 광석』을 출판했는데, 오명불학원의 법석에 동참하여 법열을 느낀 나는 자연스럽게 이 책을 번역하여 우리나라에 소개해야겠다는 발심을 하게 되었다. 2006년에 나온 『입보살행론 광석』은 이러한 발심을 토대로 출간된 것이다.

『입보살행론』(입보리행론)은 인도의 중관종 논사인 샨띠데바(santi-deva, 적천寂天보살, 685~763)께서 지으신 것으로, 티베트불교에서 매우 중요하게 여기는 논서이다. 그 주석서만도 인도와 티베트에 130여 종이나 있다. 법왕 여의보의 강해는 동티베트 전승계통[1]에 속하는 화지 린포체와 맥팽 린포체의 주석을 종지로 삼고 있는데, 이는 동티베트 닝마파 법맥의 주된 사상이 되는 것이다. 본 논장에서 말하는 '보살행'은 일체중생을 해탈도로 인도하고자 하는 원력과 실천이며, 중생들의 고통을 자신의 고통으로 삼는 것이다. 보리심을 일으키려면

---

1 동티베트는 동장東藏이라고도 하며 중국과 접경지대인 사천성·청해성 일대를 말한다. 사천성 일대는 주로 닝마파 사원이 분포되어 있고 청해성·감숙성 일대는 주로 겔룩파 사원이 분포되어 있다. 여기에서 '동티베트 전승계통'이라 한 것은 사천성 일대의 닝마파 법맥전승을 말한다.

모든 중생이 자신과 똑같은 본성을 갖고 있다는 것을 깨달아야 한다. 보살의 자질을 가진 사람은 다른 중생을 자신의 목숨보다 더 소중하게 생각하기 때문에, 악업을 빠르게 정화시키고 수행의 목적을 쉽게 달성할 수 있다.

일찍이 나의 전법스승이신 남카랑빠(연용상사年龍上師) 존자께서 『불자행 37송』 강설에서 말씀하시되, "자신의 재물을 빼앗는 중생에게 몸과 재물을 회향하고, 자기를 비방하는 이를 선지식으로 여기며, 자신을 적으로 삼는 자를 친자식 돌보듯 하며, 원수를 정수리에 모셔야 '불자행佛子行'이라 이를 수 있다."라고 하셨다. 아울러 보리심을 발하는 이익은 나머지 어떤 선한 법도 이길 수 있음을 강조하셨다.

보살의 마음을 성공적으로 갖게 되면 수행의 힘이 강력해진다. 이는 윤회에서 해탈하는 비결이다. 보살의 마음을 잘 기르려면 중생들이 겪는 고통을 명상하며, 그들의 고통을 자신의 공덕으로 대신하고 자애롭게 대하며 진정한 연민과 자비심을 느껴야 한다.

아무쪼록 이 책이 한국의 불자들에게 보리심의 큰 서원을 일으키는 등불이 되기를 발원하며 간략히 서문을 마친다.

2020년 미륵정사에서

지엄 씀

머리말

『입보살행론』(입보리행론)[2]은 대승 불법을 배우는 사람이 빠뜨릴 수 없는 논전이다. 티베트불교의 각 파에 소속된 모든 정규 사원의 수행자들은 모두 이 논을 배우고 수행하는데, 이미 보편적인 관념을 형성하여 만약 진실한 수행인이 되고자 한다면 반드시 『입보살행론』에 정통해야 한다고 여긴다.

이 논이 이와 같이 추앙을 받는 이유는 당연히 그 내용 때문이다. 논은 정밀하게 계통적으로 보리심을 일으키고, 보살행을 배우는 대승 보살은 반드시 체계적으로 수학해야만 함을 분명하게 밝히고 있다. 뿐만 아니라 게송은 간명하고 유창하여 평범한 언어 속에 깊은 의미를 함축하고 있다. 또 아주 절실하게 수행자가 보통 범부에서 보살로 진화되어 가는 과정에서 반드시 소통시키고 없애야 하는 심리 장애를 하나하나 대응하여 해결해 주고 있다. 그래서 『입보살행론』은 7세기 중엽 세간에 나온 이후, 빠르게 인도와 카시미르 지역으로 전파되어 학습하는 사람들이 점점 많아졌으며, 수백 년 동안 100여 편이 넘는 관련 주석서가 전래되었다.

9세기 초 『입보살행론』이 티베트에 전해진 이후, 대대로 고승대덕들이 폭넓게 전파하였는데 티베트에 지금까지 남아 있는 주석서는 20여

2 보통 중국에서는 '입보살행론', 한국에서는 '입보리행론'으로 번역하여 사용한다.

편이다. 원전의 계송은 티베트 지역에서 보전寶典으로 수행자들의 입에서 입으로 회자된다. 『입보살행론』은 티베트불교의 수행자라면 반드시 배우고 실천해야 하는 논서이다.

이처럼 인도와 티베트 불제자들의 중시를 받는 불학의 명저가 중국불교 역사에서는 천여 년 동안 줄곧 중시되지 못했다. 비록 송대의 한역본이 있으나, 지금까지 강의한 승려가 없으며 주석을 붙인 사람도 없었다. 본인은 그 원인을 함부로 서술하지 않고 잠시 보류해 두어, 천하의 승려와 지식인들이 함께 깊이 연구하는 데로 미룰 것이다.

내가 이 논을 풀이한 것은 법왕 여의보 진메이펑춰께서 1998년 결정한 4년 설법 계획의 인연에 기초를 두어 이루어진 것이다. 1998년, 법왕 여의보는 홍신虹身 성취[3]의 성지 라룽의 조용한 곳에서 사부대중 제자들을 위하여 『백업경』을 강의하였다.

그때 제자들이 인과에 대한 바른 견해를 일으키도록 인도하여, 제자들은 인격과 계율 측면에서 견고하게 지속적으로 수행하게 되었다. 1999년부터 시작하여 법왕 여의보는 8천여 명의 제자들에게 『입보살행론』의 대소大疏를 강의하여 대중 제자들이 보리심을 내어 대승보살도의 이해와 실천으로 들어가도록 인도하였다. 이때 학원에는 늘 상주하며 법을 구하는 688명의 한족漢族 사부대중이 있었고, 잠시 머무는 사람도 100여 명이 있었다. 동시에 383명의 대중은 『입보살행론』 외우기를 하였다. 그런데 한족 제자들은 중국어로 된 자세한 주석서(廣疏)가 없어 매우 힘들어했다. 그들은 여러 차례 나에게 소疏

3 높은 단계의 수행 중에 청정한 광명의 식識을 성취하면 업식의 몸이 무지갯빛의 광명신으로 변하는 것을 말한다.

를 번역해 줄 것을 부탁하였다.

최초의 계획에 따라 나는 인도와 티베트 두 곳의 중요한 여러 가지 주소注疏를 열람하여 이 논을 세밀하게 풀이하고 싶었다. 그러나 정말로 중국의 한 학자가 "본래 나는 오로지 지식을 배우고 싶었고, 속세와 접촉하길 원하지 않았다. 그러나 몸은 마음대로 되지 않아 보고 싶지 않은 사람을 만나야 하고, 말하고 싶지 않은 말을 해야만 하고, 하고 싶지 않은 일을 해야만 했다."라고 말한 것과 같은 처지에 놓였다. 뿐만 아니라 주석을 집필하는 기간에 나는 또 『대원만전행문大圓滿前行文』을 번역하고 『불교과학론佛教科學論』을 짓는 등 많은 업무를 보느라 쉴 겨를이 없었다. 이와 같이 바쁜 가운데 원래의 계획을 실천할 방법이 없었다. 그러나 이전에 『입보살행론』에 대하여 여러 차례 스승에게서 배운 적이 있고, 또 여러 종류의 대소大疏를 연구한 적이 있었다. 그러므로 이전에 공부한 내용을 가지고 이 논의 중요한 뜻을 해설하였다. 이 『입보살행론 광석』에 대하여 본인은 비교적 만족한다. 왜냐하면 광석廣釋에서는 논의 각 요점에 대하여 설명을 하여 뒷사람들이 이 논을 연구하는 데 비교적 전면적인 참고를 할 수 있는 자료를 제공하였기 때문이다.

나는 불제자들이 이 『입보살행론 광석』에 의지하여 듣고 탐구하는 수행을 중시하길 바란다. 또한 지금과 같은 시대에 해탈을 구하는 수행자들은 반드시 계율 지킴을 수행방법으로 삼음이 첩경임을 자세하게 알아야만 한다. 가르침에 따라 행하고(起行), 의심과 삿된 견해를 깨끗이 없애고, 다시 견고하고 정묘(穩固捷妙)한 보리도에 따라 수행해야 한다. 그렇지 않으면 탁한 세상의 대중들은 많은 장애의 인연

속에서 성공의 희망이 상당히 멀 것이다. 많은 수행자들 또한 불교의 현재 상황을 정확하고 확실하게 인식해야 한다. 믿고·이해하고·행하고·증득하는(信解行證) 보리도 순서에 있어 우선 교학적으로 설명하여 체계를 세우는 것을 더욱 중시해야만 할 것 같다. 현재 불교를 책임지는 승가는 경·율·론 삼장의 강습을 더욱 중시해야만 한다. 예를 들어 듣고서 생각을 일으켜 수행하는 것은 사실 삼장 경론을 여읠 수 없다. 오직 한 가지 방편문에 국한된 폐쇄적인 수행법을 내세우는 것은 안 된다. 그리하면 광대무변한 교법을 강설하여 널리 펴고 전수해 줄 사람이 없을 정도에까지 이르게 된다.

『입보살행론』은 서방 각국에서 20세기 초부터 여러 문자의 번역본이 있었는데, 중국어 본은 지금에 이르기까지 송대 천식재天息災의 『보리행경菩提行經』, 융련隆蓮 법사가 1950년대에 번역한 『입보살행론 광석入菩薩行論廣釋』, 여석如石 법사가 번역한 번역본이 있을 뿐이다. 이 논의 원문 게송은 여석 법사가 세 차례 수정한 번역본을 선택하였다. 이 번역본은 원문의 뜻에 맞고, 유창하여 이해하기 쉽고 문구가 아름답다. 얻기 어려운 훌륭한 작품으로 여석 법사가 그 번역문을 세 차례 수정한 엄격한 태도는 충분한 미덕이 된다. 의정義淨[4] 법사는 일찍이 "후현들이 만약 번역에 신중하게 임한 이 뜻을 알지 못한다면 경전 대하기를 쉽게 여길 것이다."라고 말하였다. 그러므로 모든 후학

---

4 의정(義淨, 635~713): 중국 당나라 때 스님으로 649년 서역으로 구법 여행을 떠나 서역 각지에서 범어로 된 불경을 가져와 번역하였다. 측천무후로부터 삼장三藏의 호를 하사받았고, 저서에는 『남해기귀내법전南海寄歸內法傳』, 『대당서역구법고승전大唐西域求法高僧傳』 등이 있다.

들은 앞선 사람의 고충을 알아 그 은덕을 생각해야만 한다.

이 광석은 이미 상·중의 책이 출간되었고, 내 자신 본래 쓸데없는 말을 많이 할 뜻이 없었지만 하책이 인쇄에 들어가면서 제자들이 여러 차례 서序를 써주기를 청하여 물릴 수 없었다. 뜻에 따라 몇 마디 말로 그 청을 위로하며, 모든 일이 순조롭기를 바란다!

때는 마침 석가모니 부처님 탄신일(降天)을 맞아, 불학원에 있는 티베트족 거사림居士林의 왕생극락 대법회를 거행하는 은백색 장막 안에서 쓴다.

2000년 11월 18일

수다지 합장

감사의 글

내가 『입보리행론』을 접하게 된 것은, 2013년 8월의 더운 어느 날 저녁 숙세의 인연으로 상해 용화선원에서 지엄 큰스님을 처음 친견했던 그날이었다. 당시 오랜 타국 생활과 크고 작은 개인적인 어려움을 겪으며 매일의 일상이 힘들고 마음이 괴로웠던 때였고, 그 어려움을 이겨보려고 8개월 넘게 매일 108배 수행과 좌선을 하였어도 괴로움을 떨쳐버리기 어려운 힘든 나날들이었다. 친견한 그날 저녁 내 이야기를 듣고 큰스님께서 건넸던 "불자라면 무상을 잘 알아야 합니다."라는 첫 말씀에 누군가 방망이로 세게 내 머리를 내리치는 느낌이었고, 가슴속에 줄곧 자리 잡고 있던 꽉 막힌 체증이 뻥 뚫리는 듯했다. 여러 말씀을 하시고 난 후 수행지도를 해줄 테니 생각이 있으면 언제든 다시 연락하라시며, "수많은 경론이 부처님 말씀을 전해주고 있으나, 결국은 이 두 가지 책[5]이 가장 기본이고, 이 안에 다 들어 있으니 읽어 보세요."라고 말씀하시며 법당을 나서는 내게 조용히 건네주신 책이 바로 큰스님께서 번역하신 『입보살행론 광석』이었다.

『입보살행론 광석』을 처음 읽었던 2013년 10월말까지의 시간은 내가 불자로 완전히 다시 태어나는 시간이었다. 마음속에 여기저기 흩어져 있던 삶의 근본적인 질문과 회한들이 하나의 보배 줄로 구슬을

---

5 당시에 지엄 큰스님께서 소개해 주신 두 책자는 『대원만수행요결』과 『입보살행론 광석』으로 모두 큰스님께서 번역, 출판하신 바 있다.

꿰듯 한순간에 깔끔히 정리되었고, 매일 법열의 환희 속에서 살 수 있었다. 『입보리행론』의 주옥같은 게송과 함께 명쾌한 교증과 풍부한 이증이 담긴 강설에 연이은 탄성을 내며, 한 줄 한 줄 빠짐없이 읽고 또 읽어 내려갔다. 이 인연으로 큰스님의 지도하에 먼저 티베트 야칭스(亞青寺) 풀빠자시 린포체의 성숙구결법成熟口訣法을 전법 받아 수행하였고, 이어서 큰스님의 근본스승이신 티베트 연용사年龍寺 남카랑빠 존자님(연용상사)의 법맥에 귀의하여 연용사 밀교 수행의 전행前行인 육가행六加行을 전수받아 수행하게 되었다. 보리심을 실천하는 참된 대승불자의 삶을 이어가기 위해 지금까지 매일 정진할 수 있었던 것은 모두 『입보리행론』을 만난 덕분이다.

많은 한국 불자들에게 일반적으로 보리심은 단순히 타인을 위해 자비심을 내고 보시 같은 선행을 하는 것으로 간단히 이해되는 듯하다. 그러나 실제 보리심의 구체적인 학처學處는 매우 방대하고 논리적이다. 하지만 이러한 보리심 수행에 대해 체계적으로 가르치는 논전을 만나거나 배우는 기회를 접하기는 쉽지 않은 일이다. 보리심 수행은 일체중생을 윤회의 고통에서 해탈시키겠다는 원대한 대승불자의 서원이며, 모든 제불보살님들이 이 보리심에 기초하여 성불하셨으니, 대승불자라면 반드시 수지해야 하는 것이다. 『입보리행론』은 보리심 수행의 이익부터 시작하여 참회 수행과 육바라밀 수행체계를 바탕으로, 보리심 수행의 모든 학처를 단정하고 깔끔한 게송으로 설하고 있다. 아울러 진메이펑춰 린포체가 전하시는 다양한 강설이 포함되어 있는 이 『입보리행론 강해』는 나와 같은 평범한 재가불자들이 평생 곁에 두고 여러 번 읽고 또 읽어야 하는 인생의 동반자 같은 논전이다.

보리심 수행의 마지막 단계는 공성의 지혜를 통달하는 것인데, 『입보리행론』의 제9품 지혜품은 귀류논증파의 관점에서 연기공성의 깊은 도리를 불교인명학의 논리에 따라 논증하면서 인명의 사유의 자취도 공성으로 귀납하라는 심오한 가르침을 게송으로 노래하고 있다. 그러기에 비록 쉽게 이해하기 어렵더라도 많은 불자들이 본 강설을 자주 독송하여 적천보살과 근본스승의 가피로 공성지혜의 깊은 뜻을 깨닫게 되기를 발원하는 것이 대승불자의 참된 자세라고 할 수 있다.

이번에 새롭게 정리되어 출간된 『입보리행론 강해』를 평생의 스승으로 모시고 독송하며 실천해 나갈 것을 불보살님 앞에 다시 다짐하며, 이런 보배로운 인연을 만들어 주신 지엄 큰스님께 성심으로 머리 숙여 감사의 말씀을 올린다. 아무쪼록 많은 불자들이 『입보리행론 강해』와의 인연을 통해 세세생생 보리심을 수지·실행하고, 공성의 지혜로써 수많은 육도윤회 중생들의 해탈을 위해 온몸을 던져 보살행을 실천해 나가길 발원하며, 연용사 법맥의 한국 제자들이 매일 독송하는 대승발원문의 일부를 염송하며 부끄러운 감사의 글을 마친다. 성불하십시오!

'가만난득, 수명무상, 윤회 고통, 인과불허'의 네 가지 출리심을 잊지 않고, '자비희사'의 사무량심, '자타평등, 자경타중, 자타상환'의 원보리심, '보시, 지계, 인욕, 정진, 선정, 지혜'의 육바라밀 행보리심을 쉼 없이 실행하여 큰 지혜 얻기를 발원하옵나이다.

선정을 얻어도 열반에 안주하지 않고, 몸을 바쳐 중생에게 이익주며, 그들의 빈곤을 없애 풍요롭게 해주고, 말과 생각으로도 절대로 중생을 해하지 않으며, 중생의 갖은 고통을 제거하여 지옥 등 악도에서 구해주고, 나의 모든 선업 공덕을 중생에게 주며 중생의 업을 모두 대신 받아 회향하길 발원하옵나이다.

상해 용화선원 거사회 회장

도혜 합장

일러두기

1. 인명과 지역명은 중국어 표기법에 따라 적는다.
2. 인명과 지역명이 사전에 나타나지 않는 것은 각주를 생략한다.
3. ( )는 단어의 부가적 설명 혹은 중국어 발음상의 원어를 표기한다.
4. 『입보리행론』 원작자의 산스크리트어 음역은 '산티데바'이나, 이곳에선 중국어 의역인 적천寂天보살을 채용한다.
5. 『입보리행론』은 『입보살행론』으로 불리기도 한다. 한글 번역 초판본은 수다지 켄포가 사용한 대로 『입보살행론 광석』이었는데, 재간행본에서는 책명을 『입보리행론 강해』로 바꾸었다.
6. 『입보리행론』은 본문 중에서 『입행론入行論』으로 표기한다.

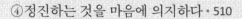

해 제

1. 논의 이름 설명

보리심을 주로 설하는 『입행론入行論』(『입보리행론』)은 모든 제불보살들이 같이 행하는 도이며, 모든 안락을 얻는 원인이며, 모든 중생이 선취善趣에 태어나는 근원이다.

대승 불법을 닦고 배우는 불자가 되어 당신이 현종을 닦는가, 혹은 밀종을 닦는가를 논할 것 없이 이 논전은 매우 중요하다.

만약 이 논의 내용을 통달하지 않았다면 대승의 기초인 보리심을 일으킬 방법이 없고, 만약 이 논에 통달할 수 있다면 이미 팔만사천법문의 심요를 모두 얻었다고 할 수 있다. 불법은 듣기 어렵고, 기회와 인연은 순식간에 바로 사라져 간다. 이에 수행인들이 성실하게 듣고 익히기를 희망한다. 처음부터 끝까지 마음을 하나같이 듣고 익힐 수 있는 사람은 반드시 이익을 얻는 것이 적지 않을 것이다. 반대로 들을 때 정미精微하지 못하고 듣고 나서도 가져 닦지 않으면 오직 하나의 지식을 얻을 뿐 이외에 많은 의의가 없다. 수행인들이 배워 원만하게 닦고 잘 계승하여 끊어지지 않게 하기를 희망한다. 만약 시작할 때 중시하지 않아 끝날 때 스스로 수확이 없다고 느낀다면 후회해도 때가 늦을 것이다.

『입행론』은 인도의 적천寂天보살이 지은 것인데, 현재 우리가 참고하는 한문본은 대만의 여석如石 법사가 티베트본에 의거하여 번역한 것이다. 중국에서는 이전에 이 논을 광범위하게 강의한 사람이 없는 것 같으며, 티베트불교에는 이 논을 여러 가지로 다르게 전수해 주는 방식이 있다.

현재 우리는 화지 린포체[1]의 비결, 즉 『입행론』의 과목의 분석표인 『명경의明鏡義』를 가지고 강해한다. 이 과목의 분석표는 가장 잘 되었다고 말할 수 있으며, 법왕 여의보는 이와 같이 평가한 적이 있다. 티베트와 인도에서는 분명 『명경의』보다 더 수승한 『입행론』 과목의 분석표를 찾을 방법이 없다. 다음에서는 정식으로 『명경의』를 가지고 서술하겠다.

이 논의 이름은 범어로 '보리살타 짜야 아파타나(Bodhisattvacaryāvatāra)'가 된다. 범어의 '보리菩提'는 청정한 깨달음(淨覺)의 의미이고, '살타薩埵'는 대승 불자를 가리키는 용식勇識으로 해석되고, '짜야

---

1 화지華智 린뽀체(1808~1889)는 빼뛸 린뽀체, 곧 직메 최기왕뽀 존자이며, 명성과 영예를 갖춘 닝마빠 전승 상사(上師, 스승)이고, 또한 적천(寂天, Śāntideva)보살과 대성취자 샤와리, 그리고 성자 관세음보살과 다름없는 화신으로 여겨지고 있다. 화지 린포체가 지은 『대원만전행인도문大圓滿前行引導文』이 『대원만수행요결』(직메 최기왕뽀 저, 지엄 번역, 운주사, 2013)이란 이름으로 한글로 번역되었다.

(渣呀)'는 행위라는 뜻이고, '아파타나阿巴打那'는 들어가다(趨入)는 뜻이다. 이와 같이 전체 명칭을 직역하면, 청정한 깨달음에 들어가는 대승 불자의 행위(趨入淨覺勇識行爲)이다.

다시 글자를 따라 해석해 보면, 정각淨覺은 『지망경智網經』에서 이르시기를, "오염을 멀리하는 것을 깨끗함이라 하고, 지혜를 늘리는 것을 깨달음이라고 한다." 불교 내의 성문·연각·보살 등 각각의 성자들은 모두 다른 수준의 깨달음을 갖고 있다. 용식勇識은 대승 불자에 대한 특별한 호칭으로 대승보살이 수행하는 과정에서 어떠한 곤란을 만나더라도 두려워하지 않아 마음(心識)이 매우 용맹하게 일체를 감당한다. 『경관장엄론經觀莊嚴論』에서 "보살은 공空의 성질을 두려워하지 않고, 많은 중생이 윤회에 오래 머무는 것을 두려워하지 않는다.(菩薩不畏空性, 不畏衆多經久)"라고 말하였다. 그 뜻은 보살은 공에 떨어질까 두려워하지 않고 매우 깊은 공성법의空性法義를 깨닫기를 구하며, 넓고 깊은 윤회로 들어가는 것을 두려워하지 않고, 끝없는 중생들의 고통을 제도하는 것을 두려워하지 않아 그 세 가지 두려워하지 않는 정신을 명칭으로 삼아서 용식勇識이라고 한다는 것이다. 행위란 6바라밀을 행하는 것(行持)으로 무구광 존자가 말씀하시기를, "대승보살의 수행과 배움은 6바라밀(六度)을 위주로 한다."라고 하였다. 추입趨入이란 글자의 뜻은 어떤 방면을 향하여 발전해 나가 어떤 궤도나 방향으로 들어가는 것으로, 또한 행지行持의 의미도 가지고 있으며, 중국불교의 전통 풍격에 따르면 '보살행으로 들어간다(入菩薩行)'고 번역된다. 어떤 번역본은 뒤에 '논論'자를 넣기도 하는데 범어 원본과 티베트어 번역본에는 '논論'자가 분명하지 않아 의미에 따라 이해하는 것도 괜찮다.

논은 정론正論과 사론邪論으로 나뉜다. 『유가사지론』에는 이에 대한 자세한 설명이 있다. 이 100권의 거대한 저서 『유가사지론』을 티베트와 중국의 불교 학자들은 매우 중시한다. 그러나 이 논의 작자에 대하여 두 곳의 학자들은 다른 견해를 가지고 있다. 티베트의 사료 기록에 따르면 이 논의 작자는 무착보살로, 당시 무착보살은 도솔천에 나아가 직접 미륵보살로부터 자씨오론慈氏五論 등의 법을 전수받았다. 나중에 인도의 바나빠라 삼림에서 무착보살이 이것을 문자로 기록하였고, 또 세친 논사를 대승으로 이끌기 위하여 『유가사지론』을 저술하였다. 이 대승 불법의 양대 산맥 중 한 종파의 발원지를 기념하기 위하여 사람들은 그 땅을 '파야스'라 명명하였다. 한문 『유가사지론』의 저자는 미륵보살이 지은 것으로 되어 있다. 이러한 관점이 누구에게서 근원한 것이고, 증명할 어떤 사실이 있는가? 수행인들이 한번 이를 고증해 보아야만 하는데, 학문을 다루는 태도는 엄격하고 신중하며 진실한 증거 없이 적당한 것을 정설로 해서는 안 된다.

『유가사지론』의 관점에 따르면, 정론은 셋으로 나누는데 구의론具義論·이고론離苦論·근수론勵修論이며, 사론邪論에는 여섯 가지가 있다. 무의론無義論은 많은 고금의 소설·잡지 같은 것으로 진실한 가치와 의의가 없는 것들이 모두 이 종류에 속하고, 사의론邪義論은 상견常見·단견斷見·비방의 인과를 선양한 각종 사마邪魔 외도 논전으로 이러한 것들은 현재 매우 많다. 간악론奸惡論은 전쟁·투쟁 등을 선양한 온갖 종류로 중생들에게 이익이 없는 저작들이고, 이비론離悲論은 대비심과 거리가 아주 먼 논전으로, 예를 들면 어떻게 중생을 살해할 것인가를 전문적으로 펴고 소개한 저서이다. 어떻게 돼지를 죽이고, 낚시하고, 뱀과 벌레를 잡는가와 같은 종류의 책들이며, 정확히 자비심이 없는 사악한 저서이다. 문의론聞義論에는 진실한 내용이 없고 단지 사람들의 주의를 끌기 위하여 화려한 어휘들을 모아 문자유희를 할 뿐이다. 예컨대 현재 세간의 어떤 시가와 산문들이 이와 같은 것이다. 변론론辯論論이란 세간에 각종 진리와 무관한 것으로 조금도 의미 없는 문제에 대하여 재잘재잘 쉴 새 없이 지껄인 작품들로, 예를 들면 홍루몽학회의 온갖 쟁론 등이다. 이상에서 말한 것들은 모두 멀리해야만 하는 사론이다.

『입행론』에서 서술하는 것은 대승 불법의 정수로 중생의 고통을 없애기 위하여 발보리심·수보리행修菩提行을 광범위하게 서술한 진실한 수행법이다. 작자 역시 문수본존의 섭수가피를 얻어 직접 제법실상諸法實相을 증득한 대승보살이다. 이치상 당연히 정론이며, 뿐만 아니라 불교사에 있어 당대에 견줄 것이 없는 위대한 저서(巨典)이다. 이 점은 필자가 보기에 의심할 사람이 없을 것이다.

티베트불교의 고승대덕은 저서를 해설하건 논전을 해설하건 간에 경론의 명칭을 매우 중요시한다. 뿐만 아니라 경론 앞면에는 모두 범어 명칭이 있다. 여기에서 우리는 또한 전승傳承을 따라 경론 명칭에 대하여 비교적 자세한 해설을 하였다. 경론의 명칭 명명에는 일정한 방식이 있는데, 『해심밀경解深密經』에는 네 가지로 나열되어 있다. 지명에서 취한 것·인명에서 취한 것·비유에서 취한 것·의미에서 취한 것으로, 지명에서 취한 것에는 『능가경楞伽經』 같은 것이 있는데, 부처님께서 설법하신 소재지 능가산에서 명칭을 취한 것이다. 인명에서 취한 것으로 『미륵청문경彌勒請問經』·중국의 『육조단경六朝壇經』·『요범사훈了凡四訓』 등이 있는데, 경의 질문한 사람과 논의 작자로써 명칭을 취하였다. 비유로써 취한 것으로 『도간경稻稈經』·『금강경』 같은 것이 있는데, 경의 의미를 알게 할 수 있는 비유로써 명칭을 취하였다. 의미로써 취한 것에는 『십지경十地經』·『보리도차제광론菩提道次第廣論』 등이 있는데, 그 서술한 내용으로 명칭을 취하였다. 위에서 서술한 네 가지 명명 방식 외에 또 숫자를 따른 것으로 『삼십사본생전三十四本生傳』 같은 것이 있고, 시간을 따른 것으로 『현겁경賢劫經』 같은 것이 있다. 그러나 많은 명명 방식이 늘 보이는 것은 아니다. 티베트불교에서의 논사는 논을 지을 때 대부분 논의 의미에 따라 이름을 짓는데, 이러한 방식은 특히 뛰어나다. 아티샤 존자가 티베트에 들어갔을 때 특별히 이러한 명명 방식을 숭상하고 찬탄하였다.

경론의 명명에는 매우 깊은 의미를 담을 필요가 있다. 이를테면 경에서 "만약 명칭을 붙이지 않으면 세간 사람은 진리에 우매해지기 때문에 부처님은 방편을 교묘하게 하여 제법에 다른 여러 명칭을 붙였다."라고 말하였다. 상근기(利根者)의 사람은 단지 논의 이름만 알고서도 바로 논전의 의미를 통달할 수 있다. 예를 들면 맥팽 린포체는 경·율·론을 열람할 때 늘 목록만을 보았을 뿐인데 바로 많은 경론의 뜻을 통달하였다. 중근기의 사람 역시 명칭에 따라 대략적인 의미(義理)를 알 수 있다. 하근기의 사람은 명칭에 따라 논전을 찾기 쉬울 수 있다.

현재 논전 앞에 범어 명칭의 필요성을 해석하여 나타내고 있다. 예를 들면 이 『입행론』과 같이 티베트 경론 앞에 모두 범어 명칭이 있는데, 여기에는 네 가지 필요가 있다. 전해온 내력이 청정하고, 스스로 가피를 얻고, 선근을 심고, 은덕을 기억하는 것을 나타낸다.

첫째, 논전의 전해온 내력이 청정함을 나타낸다. 범어는 인도의 주요 언어 중 하나로 고대 인도에서 논을 짓는 것은 매우 엄격하고 조심스러운 일이다. 당시 만들어낸 논전은 유통되기 전에 반드시 수백 논사의 검토를 거쳐야만 했다. 곧 그 논의 작자는 논에서 세운 명제와 대의로 다른 논사들과 변론해야만 한다. 만약 승리할 수 있으면 그 논저는 바로 승인을 얻을 수 있었고, 작자도 아주 큰 예우를 받을 수 있었다. 반대로 명제와 대의를 세우는 데 실패한다면 작품은 개 꼬리에 묶어 불을 붙여 태워버렸다. 만약 저자의 내용이 사문 외도에 속하여 중생에게 해를 끼친다면 작자 본인은 양손이 잘릴 것이며, 그리고 종신토록 지극한 고통의 형벌을 받아야만 했다.

이러한 엄격한 제도 때문에 당시 출간된 범어 논전의 관점은 순수하고 매우 깊고 예리했다. 이 때문에 후세 사람들이 범어로 논의 의미가 순정함을 나타내었다. 이후 우리가 논을 저술하는 것도 고인에게 배워야만 한다. 가장 좋은 것은 여러 사람들이 모여 검토하고 높은 자리에 놓고 아주 잘 공양하고 예를 갖추어 읽어야만 한다. 사악한 작품에 대해서도 개 꼬리에 묶어 불을 붙여 태워버려야만 한다.

둘째, 스스로 가피를 얻는다. 범어는 삼세제불이 성불 경계를 나타낼 때 법을 전하면서 사용한 언어로 가피력이 매우 크다. 논전의 첫머리에는 범어를 써서 제불의 가피를 얻을 수 있다.

셋째, 보는 사람이 선근을 심는다. 논전 첫머리의 범어 명칭은 보고 듣는 사람들이 선근을 심을 수 있게 한다.

넷째 은덕을 기억한다. 논 첫머리의 범어를 보면, 우리에게 이 논전들을 저작하고 번역하고 널리 강의한 논사, 대논사, 대번역사들을 생각나게 할 수 있다. 왜냐하면 우리의 복덕은 천박하여 여래를 친견하고 여래의 법음을 직접 들을 수 없고, 오직 대대로 내려온 고승대덕에 의지하여 불법의 청정 원류가 아직 중단되지 않아 우리의 메마른 마음 밭으로 콸콸 흘러 들어왔다. 이 선현들의 우리에 대한 은덕을 기념하기 위하여 논전 앞에 범어로 쓴 명칭을 표기한다.

2. 원저자 적천보살寂天菩薩의 전기

중국에 전해진 불교 전적 중에서 적천(寂天, Śāntideva)보살의 사적이 알려진 것은 매우 적다. 송조 옹희雍熙 20년(985년) 천식재天息災가 일찍이 『입보살행론』을 『보리행경菩提行經』으로 번역하였으니, 법칭法稱보살이 지은 『보리행경』으로 제목을 삼은 것이다. 문자가 낯설어 이해하기 어렵기 때문에 역사적으로 중시한 사람이 없는 듯하다. 요 몇 년, 티베트불교의 영향 때문에 이 논은 이미 융련隆蓮 법사·여석如石 법사의 2종 한역본이 중국에 전파되었다. 그러나 작자인 적천보살의 비교적 상세한 사적에 대하여 아는 사람은 여전히 거의 얼마 되지 않는다.

적천보살의 역사적 사실과 관련하여 일곱 가지 희유한 전기가 있다. 예를 들면 송頌에서 말하길, "본존께서 기쁨으로 탄생하시어 나란타사那爛陀寺에 머무시며, 화현함이 원만하여 논쟁을 깨뜨렸네. 기이한 사적事迹과 걸행乞行으로 다니며 법왕을 위하여 여러 외도를 항복받으셨네!"라고 하였다.

적천보살은 고인도 남방 현강국賢疆國의 왕태자로 원래 이름은 적개寂鎧이고, 부왕의 이름은 선개善鎧이다. 그는 어려서부터 불법을 믿어 삼보를 공경하였으며, 자신의 권속과 다른 중생들에게 자선을 베풀어 늘 그들에게 재물 등을 보시하였다. 태자는 어린 시절 학식이 출중하여 세간의 각종 학문과 기예에 통달하였다. 유가瑜伽 스승 '고소노古蘇嚕'에게서 「문수예리지성취법文殊銳利智成就法」을 구하여 배우고 정진 수행을 통하여 본존本尊을 친견하였다.[2] 후에 선개 국왕이 세상을 떠난 후, 대신들은 적개 태자를 옹립하여 자리에 오르도록 준비하였다.

정권을 수여하는 관정의식[3]을 거행하기 하루 전날 밤, 태자는 꿈에서 문수보살을 보았다. 꿈에서 문수보살은 적개 태자가 오르려는 왕좌에 앉아서 그에게 "유일하게 사랑하는 아들이여, 이것은 나의 보좌이고 나는 너의 상사(上師, 스승)인데, 그대가 나와 한자리에 같이 앉는 것은 이치에 맞지 않는다."라고 말하였다. 또 태자가 꿈에서 대비도모존大悲度母尊[4]을 보았는데, 뜨거운 물로 그에게 관정을 하였다. 태자는 도모에게 왜 뜨거운 물로 자기에게 관정하였는지 물었고, 도모는 "왕권을 수여하는 관정의 물과 지옥의 쇳물은 차이가 없다. 내가 뜨거운

---

2 인도의 대덕 지작혜智作慧 논사·아티샤 존자阿底峽尊者 등은 모두 적천보살이 문수보살의 화신임을 인정하였다. 아티샤 존자는 『보리도등론菩提道燈論』에서 말했다. "적천보살은 문수보살을 친견하여 가피를 얻고 진리(眞諦)를 깨달았다."

3 고승이 불법을 제자에게 전수해 주거나 국왕의 위를 물려받을 때 행하는 의식.

4 티베트불교에서 말하는 관세음보살의 화현보살이며, 녹綠도모 홍紅도모 등이 있다.

물로 너에게 관정한 함의가 바로 여기에 있다."라고 대답하였다.

적개 태자는 깨어난 후, 이것이 부처님의 그에 대한 수기[5]와 가피라는 것을 깨달았다. 이 때문에 세속 8법[6]에 대하여 맹렬한 출리심이 일어나 일체를 버리고 왕궁을 떠났다. 적개 태자는 혼자 황야를 걸었는데 가는 길 내내 어떠한 음식도 얻을 수 없었다. 오직 끊임없이 성존聖尊에게 기도할 뿐이었다. 21일이 되는 날, 삼림에 들어가 있었는데 기갈과 피로에 지친 태자는 한 모금 탁한 물을 찾았다. 그가 막 물을 먹으려고 준비하였는데 용모가 장엄한 한 여자가 나타나 그에게 탁수를 먹어서는 안 되며 깨끗한 물을 마셔야만 한다고 알려 주고 바로 그를 깨끗한 감로수가 흐르는 샘터가로 인도하였다. 샘물 옆에는 유가 스승이 있었는데, 유가 스승은 사실 문수보살의 화신이고 여자는 도모의 화현이었다. 태자는 감로수를 마셨고, 또 유가 스승에게서 진실한 불법 도리를 구하여 체득한 후 매우 깊은 지혜의 경계가 일어났다.(첫 번째 희유한 전기가 끝나다)

이후에 적개는 동인도를 거쳐 오사五獅 국왕의 국토로 왔다. 당시 그의 무예가 높고 강하다는 것을 알 수 있었던 대신이 그를 오사왕에게 추천하였고, 그는 이로 인하여 오사왕의 대신이 되었고 무예 등을 세간에 널리 전파하였다. 일정기간 동안 적개는 국왕을 위하여 호위를 담당하였는데, 어질고 능력 있음을 질투하는 대신들이 그가 문수본존 수행법을 닦는 목검을 가지고 있는 것을 보고 국왕에게 가서 모함하며,

---

5 불보살이 해탈 성불할 것을 증명하고 은총을 내리는 것.

6 이익, 쇠퇴, 훼방, 명예, 칭찬, 비방, 고통, 기쁨.

"신임 대신大臣은 교활한 사기꾼입니다. 만약 대왕께서 믿지 못한다면, 그의 손에 들려 있는 무기를 한번 보시기를 청하옵니다. 근본적으로 국왕을 호위할 수 없습니다."라는 말을 아뢰었다. 오사왕은 반신반의 하면서 적개에게 보검을 내어보이도록 요구하였다. 적개는 국왕에게, "국왕이시여! 이렇게 하면 당신이 상해를 입을 것입니다."라고 말하였다. 그러나 국왕은 보려는 마음이 이미 깊어서 억지로 보검을 내보이게 하였다. 그는 할 수 없이 국왕에게 오른쪽 눈을 감도록 요구하고 칼집에서 목검을 뽑아내었다. 찬란하게 빛나는 목검의 광선이 목검을 주시하던 국왕의 왼쪽 눈을 해쳐 눈동자가 튕겨 나와 땅에 떨어졌다. 통증과 회한이 교차하던 국왕은 적개가 대성취자라는 것을 알아차리고 대신들과 함께 적개 대사 앞에서 참회하고 귀의하였다. 대사는 오사왕에게 가피를 주어 그 왼쪽 눈을 원래대로 회복시켜 주었다.

이 사건이 있은 뒤, 오사왕은 마음이 완전히 바뀌어 대사의 가르침을 따랐다. 왕은 관할지에 불교 법당法幢을 높이 세우고 정법을 널리 펴서 적개 대사는 오사왕의 나라에서 보낸 몇 년 동안 많은 설법을 하였다. 그러나 어찌된 영문인지 대사는 오사왕을 교화시킨 후, 중인도 나란타사로 옮겨갔다.(두 번째 희유한 전기가 끝나다)

적개가 나란타사로 온 뒤, 당시 절 내 500 반즈다(班智達)[7]의 수장인 승천(勝天, Jayadeva)이 직접 교수사가 됨에 의지하여 출가하였으니 법명이 적천(寂天, Śāntideva)이었다. 당시 대사는 내증內證 공덕을

---

7 범어 판디따(paṇḍita)의 음사로 경론을 연구하는 대법사, 대학자.

깊이 감추고, 암암리에 문수본존 앞에서 교법을 듣고 선관禪觀을 엄밀하게 닦았다. 동시에 대승 불자의 수학 차제次第 중 요긴한 것을 뽑아내어 100여 부의 경율론經律論의 정의精義를 모아 『일체학처집요一切學處集要』·『일체경집요一切經集要』를 편저했으나 외관상 음식·수면·보행 외에 다른 일들은 아예 듣지도 묻지도 않았기 때문에 겉모습을 가지고 그를 헤아리는 사람들에 의해 폄하되어 '삼상자三想者'라고 불리었다.

당시 나란타사 스님들은 적천이 어떠한 수행 정법의 공덕도 갖추지 못했으므로 다시는 본사에 살게 해서는 안 된다고 여겼다. 그러나 그밖에 그를 몰아낼 그럴 듯한 다른 이유를 찾을 수 없었으므로 후에 절에서 경전 암송 대회를 거행하여 비구들에게 배운 경전을 암송할 것을 요구하였다. 일련의 사람들은 이 기회를 빌려서 적천에게 수모를 주어 그가 스스로 절을 떠나게 하려고 하였다. 그들은 바로 승천 논사에게 적천이 암송하도록 안배해 줄 것을 요구하였고, 적천보살은 허락하였다. 그가 암송하는 그날이 되자, 사람들은 경전 암송회장에 일부러 높은 좌석을 쌓고 자리에 오르는 계단을 설치하지 않았다. 회의장은 그가 수모를 당하는 모습을 보려는 사람들과 그에 대하여 회의하는 사람들로 가득 찼다. 적천보살은 결코 이러한 것들에 마음을 두지 않고, 자유자재로 높은 좌석에 올라 물었다. "이미 들은 적이 있는 논전을 외울까요, 아니면 들어본 적이 없는 것으로 할까요?"

웃음거리를 보고 싶어 하는 사람들은 일부러 모두가 들은 적이 없는 것을 암송해야 한다고 대답하였다. 이때 상서로운 모습이 분분히 드러나며 많은 사람들은 무수한 성존이 하늘에 나타난 것을 보았다.

적천보살은 즉시 그 스스로 체득한 지혜경智慧境에서 흘러나오는 『입행론』을 송독하였다. 제9품 14송 "만약 실법實法과 무실법이 다 마음 앞에 머물지 않는다면, 그때 다른 상이 없으니 인연 없음이 최적멸最寂滅이다."에 이르렀을 때, 신체가 허공에 떠올라 점점 높이 올라가 끝내 몸의 형체가 보이지 않게 되었다. 오직 허공에서 전해 오는 낭랑한 경전 낭송 소리만이 계속되더니 『입행론』 전체를 다 암송하고서야 그치었다.

당시 다라니 삼매를 얻은 논사들은 각자 송문頌文을 기록하였고, 카시미르의 논사들은 1,000여 송을 기록하였으며, 동인도의 논사들이 기록한 것이 700여 송이 있었고, 중인도의 논사들은 1,000여 송을 기록하였다. 이 때문에 많은 사람들이 정확히 몇 게송인지 몰라 의심을 일으켜 다투었다. 나중에 적천보살이 남인도의 길상공덕탑에 거주한다는 것을 듣고, 2명의 논사를 파견하여 그를 절로 다시 모셔 오려고 하였으나 완고하게 거절하였다. 두 논사는 할 수 없이 그에게 『입행론』의 정확한 송문을 보여주기를 청하였고 적천보살은 그들에게 일천송 『입행론』이 정확하다고 말하였으며, 뿐만 아니라 그가 일찍이 머물렀던 방안에 『학집론』·『경집론』·『입행론』 3부론의 경들이 보관되어 있음을 알려 주었다. 또 이 논의 수행법을 전승해 주었다. 이때부터 『입행론』이 인도에 광범위하게 전해질 수 있었다.(세 번째 희유한 전기가 끝나다)

적천보살이 길상공덕탑에 있을 때, 그곳의 울창한 삼림 안에 500명의 비구가 살고 있었다. 그 역시 숲속에 초가집을 지어 머물 곳을 만들었다. 당시 숲속에는 많은 야수들이 있었는데 숲속의 수행인들과 화목하게 지냈다. 비구들은 늘 야수들 무리가 적천보살의 초가집으로 들어가는 것을 보았다. 마침내 어떤 세심한 사람들은 적천보살이 사는 초가집에 들어간 야수들이 나오지 않았다는 것을 관찰하였다. 그들은 울타리 밖에서 몰래 살피다가 적천보살이 울타리 안에서 짐승고기를 먹고 있는 것을 발견하였다. 그래서 비구들은 적천에게 살생죄가 있다고 단정하고 종을 쳐서 숲속의 수행자들을 집합시켰다. 그들은 대중들 앞에서 적천의 "파계악행"을 선포하고, 또 그를 축출하려고 준비하였다. 대중들이 집합하여 회의를 할 때, 실종된 야수들이 하나씩 적천의 초가 울타리 안에서 나왔다. 당연히 야수들과 서로 오랫동안 보아 온 비구들은 그들에 대해 매우 잘 알아 이 야수들 하나하나가 이전보다 더 활발하고 건강해졌음을 발견하였다. 놀랍고 기이한 나머지 대중스님들은 적천보살에 대하여 매우 커다란 신심이 일어났다.

적천보살은 사람들이 그의 신분을 아는 것을 원하지 않아, 스님들의 만류에도 불구하고 숲속을 떠나 길상공덕탑의 남쪽 지방으로 내려갔다. 그는 거지 복장을 하고 남이 버리고 남긴 음식을 양식으로 하면서 수행하였다. 그곳의 비사리왕에게 하녀가 있었는데, 한 번은 목욕물을 버릴 때 적천보살의 몸에 뿌렸다. 그 물은 순간 뜨거운 쇠를 만난 것처럼 끓어 튀어 올랐다. 하녀가 깜짝 놀랐을 때 그는 이미 종적이 보이지 않았다.

그 무렵 향가香迦라 불리는 외도가 국왕에게, "이틀 후, 나는 허공에 대자재천 단성壇城[8]을 그릴 것이다. 만약 불교도가 이 단성을 무너뜨릴 수 없으면, 나는 불교 경전·불탑 등을 불사를 것이다. 불교도 역시 반드시 나의 교문으로 들어와야 할 것이다."라고 경고하였다. 불교를 신봉하는 국왕은 스님들을 불러 모아 외도의 도전을 알렸다. 그러나 스님들 중 어느 누구도 감히 외도의 단성을 무너뜨릴 수 있다고 대답하지 못하였다. 국왕이 매우 초조해하고 있을 때 하녀가 자신이 만났던 이상한 일을 국왕에게 아뢰었다. 국왕은 급하게 하녀에게 그 이상한 사람을 찾으라고 명령하였다. 하녀는 곳곳으로 찾아다니다가 마침내 나무 아래에서 적천보살을 보았다. 그녀가 여기까지 온 이유를 설명하고 그에게 외도를 항복시켜 줄 것을 부탁하자 적천보살은 흔쾌히 승낙하였다. 아울러 그녀에게 물이 든 큰 병과 두 장의 천과 성냥을 제때에 준비하라고 분부하였다.

3일째 되는 날 새벽, 외도의 스승은 채색 흙으로 허공에 대자재천 단성을 그렸다. 단성의 동문을 그리자마자 적천보살이 바람 속으로 들어가 풍유가風瑜伽 선정에 들어 신묘한 변화를 드러내자, 갑자기 사나운 비바람이 일어났고 찰나에 외도가 그린 단성은 흔적도 없이 없어져 버렸다. 놀라서 부들부들 떨던 외도들은 폭풍에 말려 올라가 마치 낙엽처럼 사방으로 나가 떨어졌다. 이때 천지는 암흑이 되었는데 적천보살이 양미간에서 광명을 쏘아내어 국왕·왕비 등의 사람을 밝게 비추었다.

바람 불고 비에 젖는 동안 국왕 등의 옷이 다 벗겨지고 온몸은 흙투성이가 되었다. 하녀는 먼저 준비한 병 속의 물을 이용하여 그들을 깨끗이 씻어 주고, 두 장의 천으로 국왕과 왕비를 걸치게 하였고,

---

8 진리를 묘사하여 조각하거나 그린 그림으로 만다라(Maṇḍala)를 말한다.

성냥을 이용하여 불을 피워 국왕 등의 사람들이 곧 따뜻하고 편안함을 느끼게 하여 승리의 기쁨을 맛보게 하였다. 나중에 국왕은 그곳의 외도 사당을 부수었고 모든 외도들 역시 불문에 귀의하였다. 적천보살이 외도를 항복시킨 그곳은 지금까지 줄곧 '외도실패지外道失敗地'라 불린다.(네 번째 희유한 전기가 끝나다)

적천보살은 나중에 인도 동쪽 만가달曼迦達 지방으로 와서 그곳의 많은 외도들과 대변론을 하였다. 적천보살은 신묘한 변화를 드러내어 외도를 무너뜨렸고, 쟁론을 종식시켰다.(다섯 번째 희유한 전기가 끝나다)

만가달 서부에서 멀지 않은 곳에 삿된 견해를 가진 500명의 외도 무리가 있었다. 당시 그곳은 기아와 가뭄으로 먹을 것이 없어 고통을 당해야만 했다. 어쩔 수 없이 그들은 토의를 하였다. "누구든 대중들의 먹을 것을 해결할 수 있는 사람이라면 그를 우두머리로 삼을 것이다." 적천보살은 이 사실을 알고 시내로 가서 한 발우의 밥을 얻고, 신통으로 이 밥이 매끼마다 계속 변해 나오도록 가피하여 외도 무리가 끊임없이 먹을 것을 얻도록 하여 기아의 고통을 해결해 주었다. 그래서 그들의 우두머리가 된 뒤, 적천보살은 그들에게 법을 전하여 그들이 삿된 견해를 버리고 불문에 귀의하여 후에는 좋은 수행인이 되게 하였다.(여섯 번째 희유한 전기가 끝나다)

어느 한 시기, 인도 어떤 지방에서 아주 큰 자연재해를 만나 한

톨의 식량도 거두지 못하였을 때, 그곳의 일천여 거지들은 먹을 것을 얻을 방법이 없어서 모두 손 놓고 죽기를 기다릴 뿐이었다. 겨우 숨만 쉬는 거지들이 누워 죽기를 기다리고 있을 때, 적천보살은 신묘한 변화를 부려 그들에게 풍부한 먹을 것을 얻게 하였다. 또 그들을 위하여 인과, 윤회, 오계五戒, 십선十善 등의 불법을 널리 설하여 불법으로 인도하였다.(일곱 번째 희유한 전기가 끝나다)

위에서는 간단하게 적천보살의 일곱 가지 희유한 이야기를 진술하였다. 우리는 작자가 대성취자라는 것을 알고 나서 그가 지은 논전에 대해서도 배우기를 매우 원하였다. 적천보살의 전기는 『포돈불교사布頓佛敎史』[9], 『인도불교사印度佛敎史』 및 『입행론소』의 강의에 모두 있는데, 자세히 전한 것과 간단히 소개한 것이 일정치 않다. 역사의 기록을 가지고 볼 때, 이 보살은 사는 곳이 일정하지 않았고, 사방을 주유하면서 보낸 일생은 신기한 이야기로 가득 찼다. 위에서 말한 것은 단지 보살이 세상일을 따라 화현(應化)한 일 중 만분의 일일 뿐이다.

3. 법을 강의하고 듣는 법도

1) 불법을 강술하는 방식

불법을 강술하는 데에는 세 가지 방식이 있다.

---

9 부톤 린첸둡(Buton rinchengrub, 1290~1364)이 지은 인도불교와 티베트불교의 역사서인 『부톤불교사(Buton chos 'byung)』를 말한다.

첫째, 불타의 전달 방식이다. 즉 세 가지 신묘한 변화로써 법을 전한다.

우선, 불타의 몸으로 신묘한 경계와 신묘한 변화를 쓴다. 불타는 법을 전할 때 양 눈썹 사이의 흰 털에서 빛을 내어 삼천대천세계를 두루 비추어 불법의 뜻을 감응 받지 못한 중생들이 감응을 얻게 하였고, 불타의 삼십이상三十二相인 장광설長廣舌의 모습을 내어 대천세계에 두루 미치어 이미 감응 받은 중생들이 환희와 신심을 일으키도록 한다.

다음으로, 수기하여 말씀하는 것이 신묘한 변화를 이룬다. 부처님은 60가지 묘음妙音으로 제법을 넓고 간략하게 펴서 육도윤회의 각 취聚 중생들이 모두 이해할 수 있게 한다.

마지막으로, 가르치고 경계하는 것이 신묘한 변화를 이룬다. 부처님의 지혜는 모든 중생이 근기가 다름으로 인한 중생의 취향을 통찰하여 다르게 변화된 근기에 대응하여 각기 다른 법문을 편다.

둘째, 아라한이 전법하고 강의하는 방식, 즉 삼청정三淸淨에 의지하여 전법하는 것이다. 우선, 아라한은 법을 전할 때 먼저 소리 인연의 지혜로써 중생이 법기인지 아닌지를 관찰하여 감당할 수 있는 사람을 위하여 상응하는 법문을 편다. 이것이 바로 법기청정法器淸淨이다. 다음으로, 아라한은 모든 번뇌 장애를 멀리하여 수승한 묘음으로 법문을 펴서 제자들이 환희와 믿음·이해(信解)를 일으키게 한다. 이것이 어청정語淸淨이다. 마지막으로, 아라한이 강의하고 해설한 법은 부처님이 친히 설함(金口)으로 편 것이거나, 혹은 스스로 직접 증득한 것으로 정확하여 치우치거나 틀린 것이 없다. 이것이 법의청정法義淸淨

이다.

간혹 어떤 사람은 아라한이 기왕에 이치대로 불법을 강술할 수 있다면 왜 부처님의 세 가지 신묘한 변화에 의지하여 전법 강설하지 않는가를 의심한다. 이 점을 수행인들은 분명하게 알아야 한다. 아라한과 부처님은 업을 끊고 법을 증하는(斷證) 공덕에 있어 아주 큰 차별이 있다. 아라한은 아는 장애(所知障: 이 논의 지혜품에서 두루 설명함)를 끊어 없애지 못하였다. 뿐만 아니라 시부지인時不知因·경부지인境不知因·세부지인細不知因·다부지인多不知因의 네 가지 부지인不知因을 가지고 있다.

'시부지인時不知因'은 아라한의 지혜 신통에 일정한 한도가 있어서 오랜 시간 전의 일은 알 방법이 없는데, 이를테면 사리불이 화제(華杰) 시주에게 출가 인연이 있는 것을 관찰할 수 없지만, 부처님은 그가 일찍이 불탑을 돈 선근으로 현생에 출가하여 도를 증득할 수 있었음을 아신 것과 같다. 이러한 공안은 『백업경百業經』에서 볼 수 있는 곳이 많다.

'경부지인境不知因'은 외부 경계와의 거리가 너무 먼 이유로 아라한이 알 방법이 없다. 비유하자면 목련 존자의 어머니가 취광불聚光佛의 국토(刹土)에 다시 태어났는데, 이 찰토는 사바세계에서 너무 멀기 때문에 존자는 자력으로 관찰할 수 있는 방법이 없다. 오직 석가모니불에게 여쭌 뒤에야 안다.

'세부지인細不知因'은 세밀한 인과이다. 예를 들면 공작 깃털의 다른 색이 어떤 종류의 다른 인연에 근원하였는가를 아라한은 통달할 방법이 없다. 그러나 부처님의 지혜는 찰나에 이 일체 인연을 뒤섞이지 않고 알아볼 수 있다.

'다부지인多不知因'은 매우 많은 법음을 아라한은 알 방법이 없다는 것이다. 예를 들면 부처님은 사무외四無畏·십팔불공법十八不共法 등의 공덕을 갖추고 있는데, 아라한은 사실대로 헤아릴 힘이 없다. 일찍이 나한은 여래의 정상육계상(頂髻相)을 관찰한 적이 있는데, 결과의 끝이 없고 다 알 방법이 없었다. 이와 같은 갖가지 원인이 있기 때문에 아라한은 세 가지 신묘한 변화로써는 불법을 전할 수 없다.

셋째는 논사論師의 전법 방식이다. 불교 역사에서 인도에는 매우 유명한 두 개의 큰 사원이 있다. 하나는 계향사戒香寺[10]이고, 다른 하나는 나란타사那爛陀寺로, 당시 모든 논사의 원천이라고 말할 수 있다. 이 두 사원의 논사에게는 각기 다른 불법 전강 방식이 있다.

계향사의 논사는 두 가지 결정인 불법결정佛法決定·법기결정法器決定에 따라 전한다. 이 방식이 티베트에서는 널리 퍼지지 않았다. 계향사는 지금은 소실되어 전해지지 않는다. 이전에 티베트의 근등추배(根登群佩, 1903~1951) 대사[11]가 인도의 각 성지를 참배(朝禮)할 때, 이 절의 유적지가 인도 남쪽 지방에 있다는 것은 말했을지라도 상세한 위치는 고증할 사람이 없었다.

반면 나란타사 유적지는 지금도 완연하게 남아 있다. 그 절의 논사가 창조한 전법 방식은 지금까지 여전히 널리 전해지고 있다. 이러한 전법 방식은 불경과 법전에 대한 해석(講解) 방식에 차이가 있다.

---

10 비크라마실라(Vikrama śīla vihāra)이다.

11 20세기 티베트 역사상 불문의 기승奇僧이자 학자, 계몽사상가로서 티베트 인문주의의 선구자이자 티베트불교를 생활화한 선구자.

모든 불경은 여섯 가지 원만함에 의거하여 설한다. 즉 '신信·문聞·시時·주住·처處·중衆'의 여섯 가지 원만함이다. 모든 논장論藏에서 포괄하고 있는 것은 다섯 가지 법칙에 의거한다. 즉 누가 논을 지었는가?·어디에서 결집하였는가?·논전이 어느 범위에 속하는가?·어떤 필요를 갖추고 있는가?·전체 논이 무슨 뜻을 펴고 있는가? 등이다. 이 다섯 가지 법칙은 인도와 티베트불교에서 광범위하게 퍼졌다. 용수보살·연화생 대사 등 대다수 대덕들도 이 법칙에 따라 현교와 밀교 두 큰 수레(兩大車軌)의 각 부 논전을 해석하였다. 맥팽 린포체(麥彭仁波切)[12]가 『중관장엄론中觀莊嚴論』을 해석(講解)한 것이 바로 한 예이다.

그중 제1조항, '누가 논을 지었는가'의 예를 들어 본다. 우리가 현재 『입보리행론』을 강의하려고 하면, 우선 작자 적천보살에 대하여 소개를 하여 그의 희유한 사적·공덕을 이해하여야만 그가 지은 논전에 대하여 신심이 생기고, 깊고 정확하게 논전의 은밀한 뜻(密意)을 바로 체득할 수 있다.

제2조항, '어디에서 결집한 것을 따르는가'는, 예를 들어 『입보리행론』은 경율론 삼장의 내용을 총집한 것으로 매 품의 문장 뜻은 대장경 가운데서 모두 찾을 수 있다. 이 점이 매우 중요함을 인식해야 퇴보하지 않는 굳은 믿음이 생긴다.

제3조항, '논전이 어떤 사상의 범주에 속하는가'는, 『입보리행론』은 수승한 대승논전으로, 이전법륜二轉法輪[13] 중의 중관응성파中觀應成

---

12 미팜 잠양 갸쵸(Mipham Jamyang Gyamtso, 1846~1912) 대사를 말한다.

13 제1전법륜은 비파사종의 교의이고, 제2전법륜은 중관이며, 제3전법륜은 유식이다.

派[14]에 속하는 저작이어야 한다.

제4조항, '어떤 필요성을 갖추었는가'는, 전해진 논을 학습해야 할 어떤 필요가 있으며, 학습 후 어떤 작용을 일으킬 수 있는가이다. 『입행론』을 학습한 후, 우리에게 위없는 보리심을 일으켜 묘법을 체득하여(行持) 불과를 증득하게 할 수 있다.

제5조항, '전체 논이 무슨 뜻인가'는, 전해지는 논이 전언前言에서부터 결미에 이르기까지 밝힌 내용에 대한 것이며, 이것이 가장 중요한 조항으로 『입행론』에서 천명한 것은 발보리심·보살행의 대승도 차제 수행이며, 또한 현종의 기도과基道果[15]인 일체 수행법이다.

부처님의 세 가지 신묘한 변화 방식으로 법을 전하는 것은 현재 우리에게는 능력이 없다. 아라한의 삼청정三清淨 전법 방식도 현재의 능력으로는 미칠 수 없으며, 현재 우리가 쓸 수 있는 것은 논사의 전법 방식이다. 비록 우리가 논사는 아니지만 우리의 전승 상사들은 연화생 대사·용수보살·화지 린포체·맥팽 린포체에서부터 법왕 여의보에 이르기까지 모두 이 다섯 가지 규칙에 따라 논전을 전강하였다. 그러므로 우리도 역시 이 규칙을 따라서 이 논을 전강한다.

---

14 중관종中觀宗에 월칭(月稱, Candrakīrti) 논사의 이론을 따르는 응성파(應成派, Prāsaṅgika)와 청변(清辨, Bhāviveka) 논사의 교의에 의한 자속파(自續派, svātantrika)가 있다.

15 수행의 차제인 십신위十信位의 발보리심과 삼현위三賢位의 수행과 십지위十地位의 증과.

2) 제자가 법을 듣는 방식

제자가 법을 듣는다는 것은 제자가 듣는 법상法相 방식으로, 마음을 내는 것(발심)과 실행 이 두 가지이다. 이것들은 『대원만전행大圓滿前行』에 자세하게 소개되어 있으며, 여기에서는 간략하게 풀이하겠다.

발심發心은 현종의 발보리심發菩提心과 밀승의 발무상청정심發無上淸淨心 두 가지로 나뉜다. 현종의 발보리심은 넓고 큰 원력(意樂)으로 삼계 중생이 모두 일찍이 세세생생 자신의 부모였던 적이 있고, 모두 막대한 탄생과 양육의 은혜를 입은 적이 있음을 알아, 부모 은덕이 크다는 것을 앎에 오직 성불 과위를 증득해야만 보답할 수 있다. 이 과위를 얻기 위하여 나는 지금 듣고 배우며 정진하고, 정법을 닦아 지녀야만 한다고 하는 생각에 미치는 것이다. 만약 발심을 갖추지 않으면, 법을 듣고·법을 닦는 것은 그림자일 뿐 결코 실제 의의가 없다.

밀승의 발심은 매우 깊은 지혜로써 체득하는 넓고 큰 방편이다. 즉 다섯 가지 원만을 밝게 관하여 법法과 의義를 듣고 이해하는 것이다. 다섯 가지 원만이란, 사는 곳이 원만함은 청정 불국토(佛刹)가 되고, 설법 상사가 원만함은 불세존이 되고, 권속이 원만함은 용사勇士와 공행空行(보살과 호법중)의 자성이 되고, 법이 원만함은 구경요의究竟了義인 대승을 말하며, 때가 원만함은 삼시三時 어느 때이건 청정한 때가 된다. 왜냐하면 모든 법이 마음의 원함을 따라 바뀌어 변하기 때문이다. 이러한 청정을 밝게 관하는 원력을 통하여 아주 큰 고행을 필요로 하지 않고 빠르게 기본수행(資糧)을 원만하게 성취할 수 있다.

행위는 끊는 것(斷)과 취하는 것(取) 두 가지로 나뉜다. 끊는 것은 기器의 3과過·6구垢·5부지不持의 세 가지로 나뉜다. 기의 3과는 법을 들을 때, 귀의 인식(耳識)이 다른 곳으로 치달려 분산되고, 마음(心意)이 들은 법의를 기억하지 못하거나, 혹은 듣기만 할 뿐 명심하지 않으며, 또 마음이 5독 번뇌와 8법 망념에 물든 채 법을 듣는 것이다. 법을 듣는 사람에게 만약 이 세 가지 잘못이 있다면, 입구가 뒤집어진 그릇·새는 그릇·독그릇과 같아서 수승하고 미묘한 정법의 감로를 담을 수 없다.

6구란 법을 듣는 사람이 자신에게 법을 설명하는 상사보다 뛰어나다고 생각하여 교만함을 일으키는 것이다. 설법하는 상사에 대하여 법의 바른 믿음을 일으키지 못하는 데까지 미쳐 힘써 법을 구하지 않고 마음의 인식(心識)이 바깥 경계로 치달려 산만하다. 5근이 안으로 거두어들인 것이 너무 지나쳐서 법의에 대하여 부분적으로 들어 취할 뿐이며, 법기法期가 너무 길어 비바람에 침략 당하거나, 혹은 기갈의 고통을 받아 피곤과 싫증이 생긴다.

5부지란 글(文)을 수지하고 뜻을 수지하지 않으며, 뜻을 수지하고 글을 수지하지 않으며, 뜻을 이해하지 않고(不會義) 수지하며, 위아래 순서를 뒤섞어 수지하며, 거꾸로 수지하는 것을 말하는데, 이 다섯 가지는 끊어 없애야 한다.

이 3과·6구·5부지를 만약 끊어버리지 못한다면, 법에 들어가는 문이 끊어져 정법을 근본적으로 성취할 수 없다.

취하는 행위는 셋으로 나뉜다. 네 가지 생각에 의지하여 멈추고, 6바라밀을 구족하고, 위의에 의지한다. 네 가지 생각에 의지하여 멈추는 것이란, 법을 듣는 사람이 자신에 대하여 환자라는 생각을 일으키고, 법에 대하여 약이라는 생각을 일으키고, 법을 전하는 상사에 대하여 의왕이라는 생각을 일으키고, 정진하고 수지하는 것에 대하여 병을 치료하는 것이라는 생각을 일으킨다.

육도六度를 구족하는 것은 법을 강의하는 곳에 신선한 꽃·법좌 등을 바치는 것이 즉 보시이고, 깨끗하게 청소함을 잘 행하고 공경하지 않음을 엄하게 살피고 위의를 갖추는 것이 바로 지계이며, 모든 고난과 추위·더위의 고통을 참고 번뇌하는 중생을 버리지 않는 것이 바로 인욕이며, 상사와 법에 대하여 삿된 견해를 끊어버리고 바른 믿음으로 기뻐하며 듣고 배우는 것이 정진이고, 상사의 강의에 대하여 집중하여 자세하게 듣는 것이 정려靜慮이며, 모든 의혹들이 늘어나는 것에 대하여 자문을 구해 없애버리는 것이 반야이다. 이와 같이 하면 알 수 있으니, 만약 법대로 듣는다면 한 번을 듣는다 하더라도 6바라밀을 원만하게 행하고 지킬 수 있다.

그 나머지 위의에 의지하는 것은 법을 들을 때는 모든 육근六根 작용을 조복시켜 공경을 일으켜야만 한다. 가사 등의 물질로써 머리를 덮어서는 안 되고, 머리를 싸매서도 안 되고, 우산·몽둥이(傘杖)·칼 등을 지녀서도 안 되며, 법좌보다 낮은 곳에 앉아 기쁜 모습으로 상사를 주시하는 것 등이다. 이러한 것들은 『비나야毗奈耶』·『본생경本生經』 등의 경에 자세한 해설이 있다. 제자가 어떻게 법을 들어야 하는가를 간단하게 소개하였다. 만약 우리가 말한 것처럼 3과·6구·5부지를 끊어버리고 여법하게 발심·사상四想·6바라밀(六度)을 구족한다면 법을 듣는 데 있어 헤아릴 수 없는 공덕을 원만하게 갖추는 것이다.

3) 법을 강의하고 듣는 것을 원만하게 함

상사가 법을 강의하고 제자가 법을 듣는 방식은 이미 다 설명하였다. 그러나 상사가 설명하는 내용과 제자가 듣고 사유하는 사이에는 어떻게 소통되는가? 만약 상사가 법을 강의하면서 요령을 터득하지 못하여 너무 간략히 하거나 너무 번잡하게 하면, 제자는 타당하고 완전하게 논전의 글자 의미·문장 의미·전체 의미를 장악할 수 없어 큰 수확을 얻지 못한다. 티베트불교에서 이 문제의 해결 방식은 인도 세친 논사의 다섯 가지 비결[16]에 의지한다.

첫째, 필요란 법을 강의하기 전에 그 필요성을 설명한다. 예를 들면 우리가 현재 『입행론』을 강의하는 것은 어떠한 필요가 있는 것인가? 이 논을 학습하면 수승한 보리심을 일으킬 수 있고, 6바라밀을 행할 수 있는 것(行持) 등이다. 이것이 바로 이 논을 학습하는 필요성이 된다.

둘째, 간략한 설명이란 강의를 시작할 때, 강의할 법의 전체 의미를 간략하게 귀납하여 법을 듣는 사람이 전체 논에서 서술하고 있는 중점 뜻·층차 등에 대하여 개괄적인 인상을 가지게 한다.

셋째, 의미 풀이란 강의하는 논전에 대하여 문장의 글자 하나하나마다 해석을 해주어 제자들이 정확하게 글자와 문장의 함의를 이해할 수 있게 함으로써 의미만 수지하고 문자를 수지하지 못하는 것을 면하게 해준다.

넷째, 연관이란 논전에서 매 과목 사이, 매 문장 단락 사이가 의미에

---

16 필요, 간략한 설명·의미, 풀이, 연관, 변론의 다섯 가지 규결竅訣을 말한다.

있어 어떻게 전후로 호응하며 연관되어 있는가를 반드시 설명해야만 하고, 듣는 사람도 분명하게 이해하여야 한다.

다섯째, 변론이란 논에서 어려운 문제를 만났을 때, 법을 강의하는 상사는 변론의 방식을 채택하여 정면·반면·각 측면으로부터 일문일답을 통하여 듣는 사람의 맺힌 의문점을 남김없이 없애주어야 한다.

세친 논사의 비결 외에, 티베트불교 대덕에게는 경론을 강의하는 비결로 '과목의 분석표를 두어 뜻을 포괄한다(과판섭의科判攝義)', '자세하게 게송의 뜻을 풀이한다(세해송의細解頌義)', '중심으로 귀납한다(귀납중심歸納中心)' 등과 같은 세 가지 요강이 있다.

첫째, 과판섭의는 비유하자면, 사나운 호랑이가 골짜기를 뛰어넘는 것이다. 한 번 뛰어넘어가는 것이 비유하는 의미는 과판이 가장 정밀하고 민첩한 언어로 모든 내용을 총괄하여 포괄해 내는 것이다.

둘째, 세해송의는 비유하자면, 검은 거북이가 기어오르는 데(烏龜爬行) 조금도 소홀함이 없는 것이다. 의미는 자세하게 매 글자와 문장을 해석하여 대략적으로 뛰어넘어서는 안 되고 글자와 문장 사이의 미묘한 뜻·숨겨진 뜻을 다 드러내야만 하는 것이다.

셋째, 귀납중심은 비유하자면, 설산의 사자가 뭇 짐승을 위엄으로 항복시키는 것이다. 매 단락 문장의 중심 의미를 귀납시켜 각 장과 과판의 주제를 장악하여 위엄 있는 논의 의미를 드러냄으로써 다른 유사한 의미와 이론들이 논파하거나(破斥) 대체할 방법이 없게 한다.

경론을 강의하거나 듣는 것을 막론하고, 이 세 가지 요강은 반드시 전면적으로 장악해야만 한다. 만약 어떤 사람이 논을 강의하거나 배울 때, 과목에 대해 하나도 아는 것이 없으면서 논의 뜻을 이해했다고 말한다면, 의심을 받을 만하다! 만약 단지 과목에 있어서만 통달하는 것이라면, 검은 거북이가 기어 올라가는 것의 자세한 게송 의미 해석은 그 이해를 상세하게 할 수 없어 매일매일 호랑이가 펄쩍 뛰어오르는 것으로만 이해하는 것과 같다. 혹은 겨우 '검은 거북이가 기어간다.'라고만 해석하고 설산의 영웅인 사자가 뭇 짐승을 위엄으로 조복시키는 것은 없다. 이 두 가지는 원만한 강의와 학습의 방법이 아니다. 우리가 만약 이 다섯 가지 비결과 세 가지 요강을 반복해서 학습할 수 있다면, 그것을 마음속에 굳게 기억하고 응용하여 다른 사람과 자신에게 큰 이익을 얻게 할 수 있다.

이번에 『입행론』을 강의하면서 나는 힘을 다하여 다섯 가지 비결과 세 가지 요강에 따를 것이다. 여러 도반들은 현재 경론을 학습하거나 아니면 앞으로 강론할 것인가를 막론하고 이 비결과 요강에 의지할 수밖에 없다. 현재의 중생들은 분별하는 생각(分別念)이 번잡하게 많다. 경을 강의하는 법사가 전체 의미를 강의하는데 어떤 사람은 너무 간단하게 하고, 혹은 문장의 의미를 너무 번잡하게 하며, 자세하게 교증教證·이증理證[17]을 하지 않아 또 의심을 일으키는 등이다. 만약 당신이 위에서 서술한 비결과 요강을 장악할 수 있다면, 강론할 때 전체 의미 중심을 파악하고, 문구에 있어서도 변론·교증·이증을 통하여 분명하게 강의할 것이다. 동시에 현대인의 심리에 맞는 언어·방식을 운용하여 반드시 헤아릴 수 없는 많은 중생을 제도 교화할 것이다. 나는 오늘 이 자리에 있는 분들 중에서 앞으로 반드시 많은 사람들이

17 붓다의 설법으로 증명하거나 논리로 증명함을 말한다.

대단한 고승대덕이 될 것이라고 믿는다. 그러나 반드시 이 비결을 자신의 마음에 융화시킬 수 있는 사람이어야만 한다.

『입행론』 강의는 인도에 100여 종이 있고, 티베트어로 번역된 것에 8종이 있으며, 티베트 고승대덕이 저술한 강의는 20여 종을 본 적이 있다. 『입행론』에 대한 중시 정도는 이를 통해 대략 그 일부를 알 수 있다. 중국은 지금까지 융련隆蓮 법사의 번역본 『입보살행론 광석』이 있을 뿐이다. 수행인들이 앞으로 이 논의 여러 가지 주석서의 의미를 널리 알리고, 중국 불교의 부족한 아쉬움을 보충할 수 있기를 바란다.

설산 지역의 학파들은 이 논을 강의할 적에 각각 존중하여 의거하는 주석이 있다. 겔룩파 논사들은 주로 갸찹제(甲曹杰) 대사의 강의에 의거하고 샤카파 논사들은 수랑저무(索朗則模)의 강의에 의거하며, 까귀파 논사들은 화오저낭(華沃則囊)의 강의에 의거한다. 화지(華智) 린포체 이전의 닝마파 논사들은 주로 도미(圖美) 린포체가 지은 강의에 의거하고, 화지 린포체가 응화[18]하여 세상에 있었을 때, 각 파 제자들을 위하여 여러 차례 이 논을 전강하였고, 맥팽 린포체·감포근훠(堪布根霍) 등 많은 사람들이 그 강좌에서 이 논을 들었다.

이후 닝마파는 종조로부터 『입행론』에 대한 많은 강의, 예를 들면 감포근훠의 강의·근수취자(根索曲扎)의 강의 등을 첨가하였다. 이번에 나는 많은 주석서를 종합적으로 서술하였다. 주로 화지 린포체의 비결에 의거하여 『입행론』을 강의하였는데, 이 전승은 매우 청정할

18 중생 제도를 목적으로 보살이 이 세상에 환생하심을 말한다.

뿐만 아니라 가피력을 지극히 수승하게 갖추고 있다. 수행인들은 마땅히 큰 환희와 신심을 일으켜 분명하게 들어야 한다.

◉ 入菩提行論 ◉

제1품

보리심의 이익

석가모니불

1 번역의 예경과 논을 짓는 이유

1) 번역의 예경

頂禮本師釋迦牟尼佛! 정례본사석가모니불!

頂禮文殊智慧勇士! 정례문수지혜용사!

頂禮大恩傳承上師! 정례대은전승상사!

爲度化無邊衆生 請大家發無上菩提心! 위도화무변중생 청대가발무상보리심

정례본사석가모니불!
정례문수지혜용사!
정례대은전승상사!
끝없는 중생을 교화하기 위하여 모두가 위없는 보리심 내기를 청하옵니다!

이것은 번역 예경문이다. 이 논은 나흠인흠상파 번역사가 티베트어로 번역할 때 의례적으로 덧붙인 경어를 따랐다. 한문 장경 중에 구마라즙 법사나 당唐 현장 삼장 등이 번역한 한문 번역 저술에서는 번역 예경문을 거의 본 적이 없다. 그러나 티베트불교에서는 절대 다수의 경·논 앞면에 모두 번역 예경문이 있다.

티베트 경론 앞에 번역 예경문이 부가되어 있는 것은 투메상붜자(囤弥桑布扎, 톤미 삼보따) 번역사에서 비롯된다. 나중에 삼장三藏과의 구별을 쉽게 하기 위하여 티베트 고대 역사의 3대 법왕 중에 가장 수승한 사람인 금강수金剛手 화신 츠야빠딩(赤熱巴巾, 티렐빠짼khri ral pa can, 815~838/841 재위)이 규정하였다.

모든 율장에 포함되어 있는 전적들 앞면에 반드시 '정례일체변지불頂禮一切遍知佛'을 덧붙여야만 한다. 계율의 미세한 인과는 보살과 성문·연각·나한들이 선택할 방법이 없고 오직 부처님의 지혜가 있어야만이 통달할 수 있기 때문이다.

경장에 속하는 전적들 앞면에 '정례일체불보살頂禮一切佛菩薩'을 덧붙인다. 대다수 경전이 불타와 보살 사이의 문답이기 때문이다. 예를 들면 『문수청문경』·『미륵청문경』 등이다.

법(논장) 측면에 속하는 것은 앞면에 '정례문수사리보살頂禮文殊師利菩薩'을 덧붙여야만 한다. 법은 연기緣起와 온처계蘊處界 측면에 관련된 이론과 개념이기 때문에 문수보살의 가피에 의지하여 지혜를 열어야만 그 깊은 의미를 철저하게 이해할 수 있다. 이 규정이 실시된 후, 삼장을 열람하는 사람은 전적이 속한 것에 대하여 바로 일목요연해질 수 있다.

츠야빠딩은 아주 대단한 인물로 불교 발전과 민족 단결에 대하여 거대한 공로가 있다. 그는 토번吐蕃 왕조의 39대 국왕으로 있으면서 많은 번역사 대덕들을 집합시켜 티베트 대장경을 거듭 새롭게 교정하였고, 불교 발전을 촉진시키는 많은 법령을 제정하고 반포하였다. 그때 토번과 당 왕조 간에는 사절 교류가 빈번하였고, 또 결맹을 맺었었다. '츠야빠딩'은 '머리가 매우 긴 사람'으로 번역된다. 당시 그는 긴 머리를 하고 또 오색 비단으로 장식하였는데, 출가자를 만날 때는 바로 오체를 땅에 대고 머리카락을 풀어 땅에 깔고서 출가자가 위에서부터 밟고 지나가게 했다. 때문에 이 이름을 얻었다. 옛일을 생각하면 마땅히 오늘날의 본보기가 되므로 감동받는 사람들이 있을 것이다.

본론으로 돌아와 말하면, 경론을 번역할 때 번역사들은 예경문을 덧붙여 제불보살의 가피를 얻어 장애되는 인연(違緣)을 없애고 원만하게 번역을 완성할 수 있었다. 비록 중국에서는 이전에 번역 앞부분에 역례譯禮를 덧붙이지 않았을지라도, 우리는 이후 번역하는 논 앞에 마땅히 번역 예경문을 덧붙여 전승 상사[19]에 대한 존경·기원(祈求) 등을 나타내는 것이 필요하다.

2) 논을 짓는 이유

法身善逝佛子伴 及諸應敬我悉禮 법신선서불자반 급제응경아실례

원만한 불타, 법보와 모든 승보 및
예경 받으실 모든 분께 공경스럽게 정례합니다.

이것은 작자가 논 첫머리에 둔 예경문이다. 삼보 및 일체를 공경스럽게 예(敬禮)를 올려야만 하는 분께 정례하는 것이다. '법신선서불자반法身善逝佛子伴'의 원문 순서는 '선서법신불자반善逝法身佛子伴'이며,

---

19 법을 전수해 주고 깨닫게 해주는 근본이 되는 스승.

순서에 따라 불·법·승 삼보를 가리킨다.

'선서善逝'는 부처님의 10가지 존칭 중의 하나이다. 『석량론釋量論』의 해석에 근거하면 원만단증圓滿斷證, 즉 공덕을 갖춘 붓다가 곧 '선서'이다. 번뇌를 끊는 덕의 입장에서 말하자면 '선서'는 번뇌의 장애(煩惱障)와 아는 것의 장애(所知障)를 원만하게 끊어버리는 것을 가리킨다. 이 점은 '단엄이서端嚴而逝, 불퇴이서不退而逝, 무여이서無餘而逝'의 세 측면으로 나눌 수 있다.

'단엄이서', 즉 부처님은 이미 모든 아집의 번뇌 장애를 끊었다. 예를 들어 용모가 장엄한 장부(士夫)에게 흠이 있건 없건, 이 끊어버린 덕이 원만하고 장엄한 것은 다른 외도가 미칠 수 있는 것이 아니다.

'불퇴이서', 즉 부처님은 이미 20여 가지 수면에 따르는 번뇌를 끊어버렸다. 예를 들어 천연두를 앓은 적이 있는 환자가 병이 나은 후, 영원히 이 병에 다시 걸리지 않는 것과 같다. 다시 물러서지 않는 번뇌를 끊어버린 덕의 경계는 이미 예류預流·일래一來 등의 과果를 얻은 소승 수행의 경계를 초월하였다.

'무여이서', 즉 부처님은 모든 소지장所知障의 습기 종자를 끊어버려 조금의 업장도 남기지 않으셨다. 마치 넘쳐흐르는 감로병 안에 조금의 공간도 없는 것처럼, 이러한 경계는 이미 성문·연각의 나한을 뛰어넘었다.

증득한 덕의 관점에서 말하자면, 선서는 원만하게 모든 지혜를 증득한 것을 의미한다. 이 역시 세 측면으로 나눌 수 있다. '단엄이증端嚴而證, 불퇴이증不退而證, 무여이증無餘而證'이 그것이다.

'단엄이증'이란 여래가 두 가지 무아를 증득한 것을 가리킨다. 이 증득이 원만하여 단정하고 엄격한 것이 비할 데가 없어 모든 외도를 초월한다.

'불퇴이증'이란 여래가 원만하게 모든 법의 실상을 증득하였는데, 이 실상의 지혜는 물러나고 전환되는 것이 없어 모든 예류·일래 등의 과를 얻은 소승 수행의 경계를 초월한다.

'무여이증'이란 여래는 이미 삼승의문三乘義門[20]을 남김없이 증득하여 세 종성種姓[21]의 중생을 섭수할 수 있어 모든 성문·연각·나한을 초월하였다. 간략히 해석하면, 인도 제현帝賢 대사는 일찍이 "선서라는 것은 모든 고통을 끊고 모든 큰 즐거움의 지혜를 증득한 것이다."라고 하였다. 화지 린포체 역시 "선善은 안락의 보리도를 따르는 것이고, 서逝는 대락大樂의 위없는 불과를 증득한 것이다."라고 말하였다.

부처님 전에 공경스럽게 정례하며 공양을 올리는 것은 그 공덕을 비유할 수가 없다. 『찬불공덕경贊佛功德經』에서 "만약 사람들이 선서에 대하여 비록 적은 공양을 올리더라도 잠시 동안 인천人天의 복락을 얻고, 궁극적으로 대각을 증득한다."라고 말하였다. 비록 석가세존이 번뇌의 때가 두텁게 쌓인 우리 중생들 앞에서 이미 열반을 보였을지라도, 우리가 만약 마음속에서 성실하고 간절하게 부처님을 기억하고, 법당의 불상 앞에서 정례 공양할 수 있다면, 매일 깨끗한 물 한 잔이나 꽃 한 송이를 공양한다고 해도 반드시 잠시 복 있는 사람으로 태어나며, 궁극의 원만한 불과 증득을 얻을 수 있다. 『백업경』과 『대비백련화경』에 실린 공안이 아주 좋은 실증이다.

---

20 성문승, 연각승, 보살승.

21 성문종성, 연각종성, 보살종성.

'법신'은 여기에서 법보를 가리킨다. 법보는 법신이라고 일컬으며, 두 개의 계층으로 해석할 수 있다.

첫째, 궁극의 입장에서 말하자면, 『대승기신론』에서 말하길 "법성은 진여眞如의 바다와 같아 무량한 공덕의 창고이다."라고 하였다. 『화엄수소연의초』에서도 "동체삼보同體三寶"라는 관점이 있는데, 모든 희론戲論을 멀리하고 궁극 적멸의 법신에는 무량한 공덕이 보관되어 있으므로 법보라고 부르는 것을 말한다. 이것은 현종·밀종이 공통으로 인정한 관점이다.

둘째, 『보성론寶性論』에 "응지이법신應知二法身"이라는 게송이 있다. 두 법신은 증법신證法身과 교법신教法身을 가리킨다. 그중에 교법신은 또 '종종법신種種法身'과 '심심법신甚深法身'으로 나뉜다. 종종법신은 즉 큰 바다같이 넓은 교리의 불법이다. 이 교증教證에 의거하여 잠시의 법보는 일체불의 교법을 가리키며, 바로 우리가 입으로 염하는 관음심주觀音心呪[22]가 이 안에 포함된다.

적천보살은 여기에서 모든 법보에게 공경하여 정례한다. 법보 앞에서 공경스럽게 정례하며 공양하는 것에는 무량한 공덕이 있다. 이것은 『수념삼보경』에 매우 자세한 설명이 있다.

'불자반佛子伴'은 승보를 가리킨다. '반伴'자에는 함께하고 같은 무리가 된다는 뜻이 있다. 불자는 세 종류로 나누는데 신불자身佛子·어불자語佛子·의불자意佛子이다. 석가모니 부처님으로 말한다면, '신불자'는 바로 친아들 라후라 존자이다. '어불자'는 여러 성문·연각 제자들을

---

22 옴 마니 반메 훔.

가리킨다. 그들은 부처님이 교법을 전달한 언어로부터 깨달음을 얻는 것이다. 예를 들어 우리가 사리불 존자의 전기를 보면, 존자는 그가 부처님의 입으로부터 지혜로 화생하였다고 말한다. '의불자'는 부처님의 뜻을 전한 깊은 법을 통달하여 초지 이상을 증득한 대승보살을 가리킨다. 예를 들면 『입중론』에서 말하길 "이것으로부터 저 마음을 얻었기 때문에 …… 여래 가족에서 태어난다."라고 하였다.

승의勝義보리심을 증득한 수행인은 의불자이며, 진정한 대승승보이다. 여기에서 불자는 의불자로, 문수 등 팔대 보살을 우두머리로 하는 무량한 십지 이상의 대승성중을 가리킨다. 적천보살 역시 대승삼보 이외에 공경스럽게 무엇이든 모두 공양해야만 하는 복전에 정례한다. 게송 중의 "나(我)"는 정례하는 사람 적천보살을 가리킨다. 예를 들면 모든 성문·연각, 불법을 열어 보인 선지식·불탑 등을 그는 몸·입·뜻으로써 정례한다. 즉 몸이 한량없는 수로 변화하여 모든 예배 대상 앞에 두루 나타내어 공경스런 자세로 예배한다. 입은 무량한 소리를 내는 바다가 되어 모든 수승하고 미묘한 말로써 삼보의 공덕을 찬양한다. 마음의 뜻으로 삼보의 온갖 공덕을 생각하며 예를 올린다.

용수보살은 "작자가 본사本師에 대하여 예찬하는 것은 과果가 없는 것이 아니다. 본사와 논전은 공경과 믿음이 생기게 하기 때문이다."라고 말하였다. 논의 첫머리에 정례문頂禮文을 덧붙이는 것은 후학들에게 논을 지은 사람의 본사와 교법의 원류源流를 이해하여 공경심이 일어나게 할 수 있기 때문이다. 작자가 불보살을 예찬하는 것은 또한 자신의 복덕을 늘릴 수 있으며, 논을 짓는 데 장애되는 악연 등을 제거하는 것에도 많은 필요가 있다.

今當依教略宣說 佛子律儀趣行方 금당의교략선설 불자율의추행방

지금 나는 경의 가르침을 따라 간략하게
보살율의를 믿고 받들어(信受) 행하는 방법을 널리 말하려고 한다.

이것은 이 논의 종지宗旨를 세우는 구절이다. 종지라는 것은 바로 논을 짓는 주제를 세우는 것이다. 작자는 말한다. 현재 나는 불타의 교법에 의거하여 간략하게 보살율의를 믿고 받들어(信受) 행하는 방법을 널리 말하려 한다고. 여기에서는 간명하게 그가 논을 지은 목적을 진술했다. 보살율의로 들어가는 방법을 널리 펴서 말한다는 것은 그가 이 논을 널리 강설하는 방법을 말하는 것이다. 얼핏 보기에 이 말은 작자가 불타 교법에 의지하여 말한 것을 나타내는 것이지, 스스로 발휘하여 창조한 것이 아니다. 그 은밀한 뜻이 뒷사람들에게 논을 짓고 법을 강설할 적에는 반드시 의거가 있어야만 하고, 분별에 따라 억측해서 지어서는 안 된다는 것을 암시하는 것이다. 이것은 매우 중요한 가르침(教言)이다. 우리의 저작·강술講述·변론은 반드시 경의 가르침에 의거해야만 하고, 여래와 그 화현인 고승대덕이 말한 경론을 의거해야만 한다. 오직 불타와 선지식의 가르침만이 의거가 될 수 있다. 『입행론』은 『학집론學集論』의 내용에 근거하여 이루어진 것이다. 『학집론』은 105부 불경에서 뽑아내어 만든 것이기 때문에 작자는 이 논에서 자신의 가르침에 따라 간략하게 펴서 말한다고 하였다.

논을 지은 사람은 당시에 이미 공성空性을 철저하게 깨달았다. 그러나 여전히 가르침의 전적(教典)에 의거하여 논을 저술하였다. 마찬가

지로 월칭月稱보살은 『입중론』 뒷부분에서 "『중론中論』의 뜻을 널리 모았다. 용수조사의 가르침과 같도록 이 논에서 그 뜻을 널리 펴서 말한다."라고 말하였다. 선현 대덕들이 논을 짓고 법을 설명하는 엄격하고 조심스런 태도는 몸소 후인들에게 시범을 보인 것으로, 수행인들이 마땅히 잘 생각하여 마음에 깊이 새겨야 한다.

'불자율의추행방佛子律儀趣行方'에서 '불자율의佛子律儀'는 바로 보살계로, 세 가지를 포괄한다.

첫째, 섭율의계攝律儀戒는 일곱 대중을 함께 아우르는 별해탈계로, 성죄性罪·차죄遮罪를 끊어 없애는 율의이다.

둘째, 섭선법계攝善法戒는 신·구·의(身語意)로 많은 선을 쌓는 가르침의 율의이다.

셋째, 요익유정계饒益有情戒는 많은 선법을 끌어들이고(引攝), 지키고(護攝), 늘어나게 하는(增長) 계이다.

이 세 조항은 대승보살의 모든 수행(修學) 순서와 법문이다.

다음으로 '방方'은 보살율의로 들어가는 방법을 말한다. 『입중론』에서 말한 것에 따르면, '널리 들어가는 것(廣大入)'과 '매우 깊이 들어가는 것(甚深入)' 두 가지 방법이 있다. 널리 들어가는 것의 입장에서 말하면 『입보리행론』은 바로 넓은 문사聞思의 교리이고, 매우 깊이 들어가는 것의 입장에서 말하면 6바라밀을 깊고 절실하게 습관 들여 닦는 것이다.

『입행론』의 게송 의의는 매우 심오하다. 나는 단지 매우 천박하게 한번 해석하여 수행인들의 고견을 끌어내어[23] 사고의 방향을 열 뿐이다. 수행인들이 자신의 지혜로써 반복 사유하여 만약 현생에서 이 논을 매우 철저하게 이해할 수 있다면, 임종할 때 반드시 내생에 대한 확신이 있을 것이다.

논을 짓는 방법과 목적은 다 말하였다. 그렇다면 누구를 위하여 이 논을 짓는 것인가?

此論未宣昔所無 詩韻吾亦不善巧 차론미선석소무 시운오역불선교
是故未敢言利他 爲修自心撰此論 시고미감언리타 위수자심찬차론

이 논은 어떤 특수한 창조적 견해를 설하는 것이 아니다.
나는 시구와 운율에도 정통하지 못하다.
그래서 감히 남을 이롭게 한다고 말할 수 없고,
자신의 마음을 수련하기 위하여 이 논을 지었다.

이 논을 설하기에 앞서 나란타사의 대중스님들은 '이전에 설해진 적이 없는 법'을 설하기를 요구한다. 때문에 이 논은 문자 측면에 있어서 이전에 말한 적이 없는 것이라고 할 수 있다. 그러나 내용으로부터 말하자면, '이 논은 옛날에 없었던 것을 설하지 않았다.' 본 논은 조금도 이전에 불보살이 강의한 적이 없는 내용을 말하지 않았다. 이것은 내용에 있어서의 겸손이다. '시구와 운율에도 정통하지 못하다'는 것은 문구에 있어서의 겸허이다. 작자는 그가 시문 수사와 운율 부문에서 뛰어나지 않다고 말한다. 그러나 전체 논을 열람(縱覽)하면 게송은 정미하고 미묘한 비유로 충만해 있다. 평범하면서도 적절한

---

23 원문에서는 '포전인옥(抛磚引玉: 졸렬하고 성숙되지 않은 의견으로 다른 사람의 고견을 끌어내다)'이라는 표현을 썼다. 물론 이것은 겸손의 표현이다.

언어는 독자가 심오한 대승교리로 들어가기 쉽게 한다. 만약 이 훌륭한 저서의 작자가 시운에 뛰어나지 않다고 말한다면, 앵무새처럼 말만 배우는 세간 시인들이 뛰어나다고 말하겠는가!

인도에서는 문자가 매우 아름다운 논전이 적지 않다. 이를테면 마명馬鳴보살이 지은 『삼십사본생전三十四本生傳』은 석가불의 전기이다. 운율 묘사에 있어 모범이 되는 작품으로 인도에서 매우 유명하다. 『연원가무蓮苑歌舞』 등과 같은 티베트 화지 린포체의 시 작품도 티베트어 시가의 모범이다.

중국불교의 대덕, 즉 한산寒山·습득拾得·연지蓮池·감산憨山 등에게는 모두 세상에 전해진 걸작이 있다. 더욱이 감산대사는 문필이 뛰어나 27세 때 지은 비명이 유명하다. "장풍에 날리는 소매를 끌고, 백운 같은 옷깃을 세우니, 그 소매를 듦에 기러기의 날개 같고, 그 옷깃을 내림에 물에 잠긴 용의 비늘 같다. 이 같이 우주를 소요하고 산림으로 들어가 머무네. 이 또한 어찌 뛰어난 장부의 영달한 아름다움이겠는가? 오직 서리와 눈에 침범되지 않는 것을 숭상할 뿐이로다." 이는 절세의 가작이라고 부를 만하다!

위 시구에는 또 한 층의 함의가 있다. 자신이 시적 운율에 뛰어나지 않지만, 그래도 논을 지어야만 한다. 무엇 때문인가? 왜냐하면 논을 짓는 목적은 주로 해탈을 위한 것으로, 수사를 그다지 중시하지 않기 때문이다. 만약 논의 시구가 갖는 내용 함의가 뛰어나다면, 비록 운율이 졸렬해도 게송의 은밀함은 이 비결을 펼쳐 말해 줄 것이다.

작자가 이 논에서 말한 내용은 모두 이전에 제불諸佛이 강술한 것으로, 어떤 독창적인 견해는 없다. 작자는 시문의 운율 측면에서 뛰어나지 않기 때문에 감히 다른 사람을 이롭게 한다는 생각을 가질 수 없었다고 말한다. '미감언이타未敢言利他'는 원서에 '역무이타심亦無利他心'으로 되어 있는데, 아마도 번역한 사람이 감히 이렇게 직역할 수 없었던 듯하다. 이것은 논을 짓는 자격·발심에 있어서의 겸허함을 서술한 것이다.

인도와 티베트에서 논을 짓는 사람에게는 세 등급이 있다. 상등은 견도위見道位 이상을 증득한 사람으로 직접 법성을 본 불자이다. 중등은 본존本尊을 보아 직접 본존의 섭수 가피를 얻은 사람이다. 가장 아래라고 해도 오명五明[24]에 정통해야 한다. 작자는 자신이 보통사람이어서 어떤 독창적인 견지가 없으며, 문사에도 뛰어나지 않다고 말한다. 그래서 감히 다른 사람을 이롭게 할 생각이 있다고 말하지 못한다.

그러나 중생에게 이익이 없다면, 이 논을 지은 의도가 어디에 있는 것인가? 작자는 자신의 보리심이 아직 일어나지 않은 것은 일어나게 하기 위하여, 이미 일어난 것은 더 늘리도록 수련하기 위하여 이 논을 지었다고 말한다. 이 겸허한 말을 우리는 글자 그대로 직접 이해해서는 안 된다. 여기에 간접적인 설명이 있다. 논을 짓는 것은 반드시 중생을 이익 되게 하고 수행하는 것을 위주로 해야만 하고, 오염된 마음을 가져서는 안 된다. 전체 게송으로부터 우리는 간절하게 사람을 감동시키는 이 걸작이 완전히 작가의 보리심의 발로임을 알 것이다.

불보살과 고승대덕들은 매우 겸허한데, 오히려 보통사람들이 매우

---

24 성명聲明, 의방명醫方明, 인명因明, 공교명工巧明, 내명內明.

오만하다. 『부자상회경夫子相會經』에서는 수행인의 가장 큰 악연은 오만과 나약함이라고 말한다. 수행인이 만약 오만과 나약·나태의 이 두 번뇌를 극복할 수 없다면 성공하기 어렵다.

인도와 티베트의 고승대덕들은 모두 이 게송을 해석할 때, 이것이 작자가 공덕을 숨기기 위한 것으로 말하는 방편이 겸손한 것이지, 누구도 그에게 중생을 이롭게 하는 마음이 없다고 말하지 않는다.

오로지 겸허하기만 해도 옳지 않다. 적천보살(論主)은 또한 우리 보통사람들이 이 때문에 학습하기를 원하지 않을까 걱정한다. 그래서 또 아주 고구정녕하게 마음을 써서 이 논의 공덕을 펴서 말하였다.

徇此修習善法故 吾信亦得暫增長 순차수습선법고 오신역득잠증장
善緣等我諸學人 若得見此容獲益 선연등아제학인 약득견차용획익

이 논을 따라 선법의 근본을 닦고 익히기에
나의 보리심 역시 점점 자라게 되리니,
나처럼 대승 불법을 수학하고자 하는 선연이 구족한 사람이 인연이 있어
이 논을 배우게 된다면 법익을 충분히 얻게 될 것이다.

비록 나에게 조금도 다른 사람을 이롭게 할 마음이 없더라도, 스스로는 이 논에 의지하여 선법을 닦는다면 신심이 점차 증가함을 얻게 된다. 어떤 사람은 "내 스스로 이 논전을 짓는 것이 결코 의미가 없는 것이 아니다. 이 논을 따라 끊임없이 원願보리심·행行보리심을 수행한다면 신심이 반드시 증가할 수 있을 것이라고 믿는다."라고 해설한다.

논을 짓는 과정에서 자신의 마음을 자세하게 관찰해야 하기 때문이다.

교증教證·이증理證에 의거하여 엄밀한 사유를 진행한다. 이러한 사유를 통하여 자신의 불법에 대한 이해를 심화시켜 의욕적인 믿음, 깨끗한 믿음과 물러서지 않는 믿음이 증가함을 얻는다. '잠暫'은 여기에서 매우 깊은 함의를 가지고 있는데, 두 개의 의미로 나누어 해석할 수 있다.

첫째의 의미는 순서대로 이 논을 익히고 닦아 자신의 지혜·신심을 매 순간 늘어나게 할 수 있는 것을 가리킨다. 둘째의 의미는 '잠'을 융련 법사는 '만일萬一'로 해석하였다. 신심과 지혜가 끊임없이 늘어나 궁극에는 중생에게 이익이 있는 것을 가리킨다.

이 '잠'자를 통하여 우리는 이 논에 따라 수행하면 신심과 지혜가 점점 늘어난다는 것을 이해할 수 있다. 신심은 도의 원천이며 공덕의 어머니이다. 이 기초 위에 중생을 풍요롭고 이롭게 하는 성불 사업은 반드시 성공할 것이다.

개인에 대한 이익을 말한 뒤에는, 근기나 취향(意樂)이 나와 같은 학인이 대승보살행을 닦고자 하며 이 논전을 본다면 역시 이익을 얻을 수 있을 것임을 말하였다. 이 말에서 비로소 그가 이 논을 지은 목적을 진정으로 말하였다. 이 논을 보는 후인들이 이익을 얻도록 하는 것이다. 불쌍히 여기는 마음이 깊고 절실한 이 보살은 윤회 속에 빠져 있는 어리석은 중생들을 위하여, 그는 법성을 꿰뚫어 증득하고 삼장을 정통한 지혜로써 여기에서 자상하고 간절하게 말한다. 후대 보살행을 수학하는 대승제자들이 만약 이 논을 학습할 수 있다면 반드시 이익을 얻을 수 있을 것이다. 왜냐하면 이것은 자신이 냉기가 뼈에 사무치는 실제 수련 연마를 거쳐 뽑아낸 대승 불법의 정수이기 때문이다.

티베트불교에서 『입행론』은 대단히 중요시되었다. 출가자로서 이 논에 통달하지 못하면 모두가 그는 진정한 불교도가 아니라고 여길 것이다. 까담파에서 『입행론』은 반드시 닦고 익혀야 하는 까담 6법 중의 하나이다. 학인들에게 실제 수행에 들어가기 전에 이 논에 통달할 것을 요구한다. 닝마파에서는 어느 정규 사찰을 불문하고 『입행론』을 강습하지 않는 곳이 없다. 그러나 중국불교에서는 『입행론』을 강습하는 사람이 있다는 것을 들은 적이 없으니, 이는 매우 커다란 손실이다.

우리가 지금부터 이 논을 널리 펴는 데 힘쓴다면 중생에게 반드시 큰 이익이 있을 것이다. 이 논을 학습함에 모든 글자와 문장에 대하여 여러 차례 생각하고, 한편으론 큰 신심으로 전승 상사의 가호를 구해야 한다. 이렇게 하면 반드시 그 안의 내內·외外·밀密의 의미에 통달할 것이다. 설사 단지 아주 작은 한 부분의 의미를 통달한다고 해도 불가사의한 공덕을 얻을 수 있다. 불법에는 주인이 없으니, 대정진자가 얻는다. 만약 이 논을 원만하게 듣고 강해講解한다면 사람 몸을 얻어 매우 큰 의의가 있는 일을 하는 것이다. 뿐만 아니라 대승 불법을 널리 펴고자 하면, 『입행론』이 가장 중요한 논전이고 가장 잘 전수되어야만 하는 것이다.

이제부터 『입행론』의 본론에 대한 설명에 들어간다. 과목의 분류(科判)에 따르면, 1품부터 3품까지의 내용은 아직 보리심을 일으키지 않은 사람들에게 보리심이 생겨나게 하려는 것이다. 이 목적을 달성하기 위하여 적천보살은 먼저 '날카로운 갈고리로 이끌어내는 방법'으로 보리심의 여러 가지 공덕을 설명한다. 이는 사람들에게 마음속에서부터 보리심에 나아가게 하고자 하는 마음을 일으키려고 한다.

보리심의 이익을 설명하기에 앞서, 먼저 보리심을 의지하고 있는 몸과 마음을 얻기 어렵고 또한 세상에 머묾이 매우 짧은 것에 대하여 언급하고 있다.

2 보리심이 의지하는 바를 밝힘

1) 가만신暇滿身은 얻기 어려운 것임을 사유함

暇滿人生極難得 旣得能辨人生利 가만인생극난득 기득능판인생리
倘若今生利未辦 後世怎得此圓滿 당약금생리미판 후세즘득차원만

한가하고 원만한 사람 몸은 매우 얻기 어려운데
지금 이미 사람의 삶을 이롭고 즐겁게 할 수 있는 기회를 얻었으니,
이를 이용해 이생에서 나와 남을 위해 궁극적인 이익을 성취하지 못한다면,
어찌 다음 생에 다시 이 원만한 사람 몸을 얻을 기회가 있겠는가?

보리심은 반드시 의지처가 있어야 하며, 아무런 연고 없이 생길 수 없다. 의지처에는 두 가지가 있다. 하나는 신체 측면의 의지처이다. 대승 경전에서 우리는 천인天人·용왕龍王·인비인人非人 등이 부처님 앞에서 보리심을 내었음을 볼 수 있다. 그러나 천인이나 용왕 등이 보리심을 닦을 인연(機緣)은 사람만큼 그렇게 수승하지 않다. 선법을 수지受持[25]하는 역량이 육도에서 가장 큰 것은 사람(人道)이다. 하지만

---

25 법문을 듣고 이해하여 실천 수행하는 것.

수행법을 갖추는 데 가장 훌륭한 조건은 여덟 가지 불행한 과보(八無暇)와 거리가 멀어야 한다.

열 가지 원만(十圓滿)을 갖춘 사람 몸을 얻기란 매우 어렵다. 지금 이미 사람의 삶을 이롭고 즐겁게 만들 수 있는 기회를 얻었는데, 만약 이생에 이를 이용하여 나와 남의 궁극적 이익을 성취하지 못한다면 앞으로 또 어떻게 원만한 사람 몸을 얻을 수 있겠는가?

가만暇滿의 개념은 결론에 자세하게 서술되어 있다. '가暇'는 즉 한가롭다는 뜻으로, 여덟 가지 한가롭지 못한 곳을 멀리 여의고 정법을 수행하는 수승한 인연이 갖춰진 것을 가리키는 것이다. 아래 여덟 가지 수행하기 어려운 여건을 나열해 본다.

지옥·아귀·축생 등의 삼악도 중생은 늘 춥고, 뜨겁고, 배고프고, 굶주리는 등의 고통을 받는다. 장수천長壽天에서는 생각하지 않으면서 허송세월을 보낸다. 변두리에 태어나면(生邊地) 불교의 정법이 없다. 외도와 삿된 견해의 집에 태어나면 자신의 마음은 삿된 견해에 물든다. 부처님께서 출현하시기 전후에 태어나면 삼보의 이름을 내더라도 들을 수 없다. 벙어리로 태어나면 신심이 편안하지 않다. 만약 이 여덟 곳에 태어나면 정법을 수지할 겨를이 없으므로 '무가無暇'라고 한 것이다.

열 가지 원만함은 정법을 수행하는 데 반드시 갖추어야만 하는 열 가지 조건을 가리키는데, 자신의 원만함(自圓滿)과 외부의 원만함(他圓滿)으로 나뉜다.

자신의 원만함에는 다섯 가지가 있다.

첫째, 사람 몸이니 의지할 대상이 원만한 것이다.

둘째, 정법이 있는 곳에 태어나는 것이니 지역이 원만한 것이다.

셋째, 육근이 모두 갖추어짐이니 근根의 공덕이 원만한 것이다.

넷째, 업의 경계가 전도되지 않음이니 착한 업을 즐겨 행함으로 뜻의 자재함(意樂)이 수승한 원만함이다.

다섯째, 정법에 대하여 마음으로 기뻐하며 나아감에 바른 믿음이 원만한 것 등이다.

이 다섯 조건은 자신의 몸에 드러나는 것(觀待)으로 반드시 갖추어야 하므로 이름하여 '자상속自相續'이다.

타(외부)의 원만함에도 다섯 가지가 있다.

첫째, 부처님이 출현하신 겁劫에 태어나 큰 스승 만나는 수승함이 원만함이다.

둘째, 부처님이 직접 삼전법륜三轉法輪을 보이신 때를 만나 성자 가르침의 정법이 원만한 것이다.

셋째, 성자 가르침의 정법이 세상에 있어 시절이 원만한 것이다.

넷째, 성자의 가르침에 들어가는 인연이 있어 스스로의 인연이 원만한 것이다.

다섯째, 이끌어 주는(攝受) 선지식이 있어 대비심의 증가가 원만한 것 등이다.

이 다섯 가지 조건은 모두 외부의 인연으로 나타나야만 하는 것이기 때문에 '다섯 가지 타원만'이라고 불린다.

이 팔가십원만八暇十圓滿을 갖춘 사람 몸은 매우 얻기 어려운데, 비유로 설명한 것이 불경에 많이 있다. 예를 들면 맹구입목액盲龜入木軛·살두유벽撒豆留壁·담화일현曇花一現 등이다. 숫자로 비유하면 악도(惡趣) 중생은 밤하늘의 별과 같고, 인도(人趣) 중생은 새벽의 별과 같다. 혹은 악도 중생은 대지의 먼지와 같고, 사람 몸을 얻는 것은 먼지를 손톱으로 움켜잡는 것과 같다는 등이다. 인연으로 보자면 불경에서 분명히 밝히길, 사람 몸을 얻으려면 반드시 청정계율을 지키고 널리 보시를 행해야 한다.

비유·숫자·인연으로 봤을 때, 우리는 얻기 어려운 사람 몸을 이미 얻었다. 자리에 있는 각각의 수행인들처럼 각종 인연이 모두 갖추어져 있으니, 이 인연을 이용하여 나와 남의 잠시와 궁극적 이익을 처리해야만 한다. 자세하게 말하면, 한가하고 원만(暇滿)한 사람 몸을 얻은 뒤, 상사上士·중사中士·하사下士 등 세 근기의 사람들은 삼사도三士道를 닦아 잠시 혹은 궁극의 두 가지에 이로운 일(二利事業)을 완성할 수 있다.

"이러한 사람 몸이라는 보물은 십만 개의 마니보로도 비교할 수 없다."라는 이 말은 법왕 여의보[26]의 『충언심지명점忠言心之明點』에 있는 비유이다. 마니보는 오직 이생의 의복·음식 등의 수요를 해결할 수 있을 뿐, 이외에는 어떤 이익도 없다. 그러나 사람 몸 받은 때를 잘 이용하면 궁극의 성불 사업을 이룰 수 있다.

만약 이생에서 귀한 사람 몸을 가지고서 겨우 세상의 자질구레한 일들로 바쁘고, 먹고, 마시고, 놀거나 하는, 일없이 빈둥거리며 지내면서 보리심을 써서 정법을 수행하여 나와 남을 이롭게 하는 일을 이루지 않는다면, 이것은 어떤 사람이 마니보를 얻고도 이용하지 않는 것과

26 중국 사천성 오명불학원 방장이며 동티베트 닝마파 법왕이다, 이 책의 저자 수다지 켄포의 스승이며 2004년 입적하였다.

다를 게 없다. 『친우서親友書』[27]에서도 "이러한 사람은 금은보석이 든 쟁반을 분뇨가 든 쟁반으로 여기는 것이다."라고 말하였다.

아마도 어떤 사람은 "급할 거 없어. 생명은 긴 거야. 이생을 내가 허송세월하면 다음 생에서 다시 정법을 닦지 뭐."라고 생각할 것이다. 논에서는 즉시 "내생에 어떻게 이러한 원만함을 얻겠는가?"라고 경고하였다. 장래 윤회 환생의 과정에서 어찌 이처럼 한가하고 원만(暇滿)한 사람 몸을 다시 얻을 수 있겠는가? 삼계를 윤회하며 생을 받는 과정에서 사람으로 사는 기회를 얻는 것은 바늘 끝에 콩을 쌓는 것보다 더 어렵다. 이번 생을 낭비하면 좋은 기회를 다시 얻기 어려움을, 불경에서는 "한번 사람 몸을 잃으면, 만겁 동안 돌아오지 못한다."라고 말하였다.

앞으로 반드시 수행할 겨를이 없는 곳에 태어날 것이며, 수행할 겨를이 없는 곳으로 빠진 뒤에 다시 정법을 듣고 수지할 기회를 얻을 수는 없다. 그때 당신은 어떻게 해탈하겠는가. 지금 불법이 흥성하고 당신도 사람 몸을 얻어 정법의 문으로 들어왔고, 또 큰 선지식인 법왕 여의보의 자비를 만났으니, 팔가십원만이 하나하나 다 갖추어졌다. 매일 끊임없이 정법을 닦고 배워야만 하고, 이러한 기회를 놓쳐서는 안 된다. 만약 끊임없이 굳게 자량을 쌓는다면 "지혜로운 사람이 그 선을 쌓으니, 조금씩 끊임없이 쌓는다."라고 하니, 이와 같이 하면 나와 남을 이롭게 하는 사업은 반드시 성공할 것이다.

---

27 용수보살이 지은 책으로 보리심에 관한 내용이다.

2) 착한 마음을 내기가 어려움을 사유함

猶于烏雲暗夜中 剎那閃電極明亮 유우오운암야중 찰나섬전극명량
如是因佛威德力 世人暫萌修福意 여시인불위덕력 세인잠맹수복의

구름 낀 칠흑같이 어두운 밤에
번개의 순간적인 섬광이 모든 것을 일시에 밝게 드러내듯,
부처님의 위엄 있는 덕의 힘으로 인해
잠시 복덕을 닦고자 하는 세상 사람들의 마음이 싹튼다.

보리심의 두 번째 의지처는 '마음', 즉 선을 향한 마음이다. 선을 향하는 마음이 생겼다면, 보리심은 일어날 인연이 있는 것이다. 그러나 인간 세상(人趣)의 중생 중에는 선이 약하고 악이 강하여 선한 마음을 내는 것이 그렇게 어렵다. 이 점을 구체적으로 설명하기 위하여 작자는 절묘한 비유를 사용하였다. 마치 검은 구름 자욱하고 사방은 컴컴한데, 그 찰나 번쩍이는 번개의 빛은 아주 밝아 대지를 쫙 비춰 만물이 다 드러나는 것과 같다. 마찬가지로 부처님의 위엄 있는 덕의 힘에 감화되어 세상 사람들은 비로소 잠시 선법을 닦으려는 생각이 싹튼다. 이것은 의미심장한 비유이다.

우리는 이렇게 이해할 수 있다. 칠흑같이 어두운 밤과 같은 오탁악세[28]의 암흑 속에서 부처님의 위엄 있는 덕의 힘은 번개처럼 매우 밝아 암흑 속 중생을 밝게 비춘다. 세상 사람들은 전생의 좋은 인연(善緣)과 부처님의 가피로 잠시 복덕을 닦으려는 생각이 일어난다. 그러나

28 말세 재난 중의 생존 상태. 겁탁, 수명탁, 번뇌탁, 견탁, 중생탁.

이 생각은 단지 찰나일 뿐 매우 짧다.

아마도 어떤 사람은 "너무 과장이야. 나의 착한 생각은 이렇게 짧지 않아."라고 생각할 것이다. 하지만 사실 조금도 과장이 아니다. 자세하게 자신의 마음을 한번 관찰해 보자. 파도가 솟구치는 것 같은 망념의 흐름 속에서 매일 얼마나 되는 순간이 착한 생각일까? 상사 여의보는 보통사람이 상사 삼보에 대하여 진정한 믿음을 내는 것은 매우 얻기 어려워 마치 마니보를 얻는 것과 같다고 하였다. 수행인들은 한번 생각해 보자. 자신이 출가하여 대승 불법을 닦는 인연은 당신 생명의 흐름에서 대부분의 비중을 차지하는데, 그것을 얼마나 길게 유지할 수 있는가? 보통사람의 생각은 찰나 사이도 쉬지 않고 변화한다. 더욱이 불법을 배우고 정법을 닦는 생각은 마치 번개처럼 한 찰나일 뿐이어서 매우 짧고 우연과도 같다. 근호 대사(堪布根霍)가 말하길 "우리 보통사람들은 늘 선법에 대한 생각을 일으킬 수는 없다. 그러므로 선한 생각이 일어난 후에는 반드시 제때에 꽉 잡아 달아나게 해서는 안 된다."라고 하였다.

만약 이러한 선한 생각이 늘 갖추어져 있을 수만 있다면, 당신들은 모두 대성취자이다. 그러나 실제로는 결코 이렇지 않아 우리의 악업 습관의 힘은 크고, 선을 쌓을 수 있는 환경은 또한 이처럼 열악하다. 이처럼 우연히 짧게 이는 착한 생각을 꽉 잡아 안정되게 발전시켜야만 하는데, 정말로 쉽지 않다. 비록 쉽지 않지만 이로 인해 두려움이 생기지 않는다. 당신은 먼저 약한 부분을 떨쳐내 버려야 한다.

불경에서 말하였다. "만약 사람이 발심할 수만 있다면, 부처님도 늘 지켜준다. 만약 부처님의 가피를 얻었다면, 저 사람은 깨달음을 증득할 것이다." 만약 발심할 수 있어서 진실로 선을 향한 마음과 삼보에 대한 믿음과 공경심을 낸다면 제불보살이 늘 지켜줄 것이다. 우리가 닫힌 창문을 열면 봄날의 따듯한 기운이 반드시 자신의 작은 방에 넘쳐날 것이니, 창문 밖 광활한 들판과 뒤섞여 차이가 없는 것과 같다. 수행인들은 반드시 용감하게 번뇌가 계속되는 것을 끊어 내야만 상사 제불의 가피로써 반드시 '잠시 싹튼 복덕을 닦고자 하는 마음'을 무한히 발전시키고 심화시켜 성불하는 데 이를 수 있다.

위에서 서술한 것처럼 보리심이 의지할 곳인 건강하고 복 있는 사람 몸은 매우 얻기 어렵다. 이미 얻은 사람은 귀히 여기고, 이 인연을 이용하여 보리심을 내야만 한다. 그렇다면 보리심 자체에는 무슨 이익이 있는가?

3 보리심의 이익을 사유함

1) 보리심의 이익을 모두 밝힘

(1) 능히 무거운 죄를 소멸함

以是善行恒微弱 罪惡力大極難擋 이시선행항미약 죄악력대극난당
捨此圓滿菩提心 何有餘善能勝彼 사차원만보리심 하유여선능승피

보통사람의 선행은 늘 매우 미약하며 작고
악업 습관의 세력은 커서 감당하기가 매우 어려운데,
이 원만한 보리심을 버리고
또 무슨 다른 선행이 있어 저 악업의 기운을 이길 수 있겠는가?

앞으로 보리심을 내는 이익을 세 측면으로 나누어 설명하겠다.

첫째, 발심의 이익은 나머지 어떤 선한 법보다 뛰어날 수 있다는 것이다. 특히 현재는 말법 시대라 사바세계 중생의 오탁악업이 두껍고 무거워 중생의 업장이 매우 깊다. 이로 인해 선한 법을 수행할 역량이 약하다. 예를 들어 마음으로 진언을 외우는 수행 중 진언의 주 본존[29]을

29 매 진언의 주체가 되는 부처님이나 보살.

분명하게 볼 수 없다. 선지식에 의지하면서도 선지식에 대하여 삿된 견해를 낸다. 다섯 가지 가행(五加行)[30]을 닦을 때 며칠이 못 되어 마음이 산란하고 병이 난다. 설법을 들을 때도 산란하여 이런저런 생각이 많다. 그러나 악업을 지을 때는 달라서, 듣건대 수행인들 중 어떤 사람은 집에 있을 때 한 번에 십여 병의 술을 마시고, 밤새도록 춤추고, 도박할 때는 며칠 밤낮 '도박장'을 나오지 않는다고 한다.

현재 이런 시대에는 정법을 수행하는 좋은 조건을 갖추기 어렵다. 수행인들 중 많은 사람들이 말한다. "상사여! 본래 저는 출가하려고 했는데, 학원에서 얼마나 오랫동안 살아야 하는지……. 그런데 제 몸이 좋지 않아 식구들이 반대하고 이해하지 못합니다. 회사에서 휴가를 주지 않고 경제적인 조건이 없습니다. ……" 마치 사람마다 겹겹의 악연을 가지고 있는 것 같다.

개인의 업력이 이와 같고, 함께 지은 업(共業)도 이렇다. 상사 여의보가 설법 중에 "수행인들은 정력을 모아 정법을 닦아야 한다. 현재 불법을 널리 펴는 것은 점점 어려워지고, 몇 사람이 주축이 되어 설법하는 것도 어렵다. 학원을 세워 수천 명 믿음 있는 제자들을 받아들여 정법을 강의하며, 몇 백 명의 진정한 고승대덕들이 함께 강의하는 것도 어려운 일이다. 그러나 학원을 해산시키려고 한다면, 세상에 한 명의 소인배도 이 능력이 있을 수 있다."라고 말하였다.

죄업의 힘은 매우 커서 감당하기 어렵다. 많은 수행자들은 번뇌의 습관이 너무 무거워 자신의 마음을 조복시킬 수 없다며 석가모니

---

30 ①귀의발심, ②십만 배 예참, ③금강살타 참회(염 백자명), ④공양 만트라, ⑤상사유가(본존관).

부처님께서 제정한 계율을 어긴다. 어떤 원인이든 악업을 지었으면 그 업보는 반드시 '매우 감당하기 어렵다.' 반드시 이로 인하여 참을 수 없는 맹렬한 악도의 고통을 불러올 것이다.

발전하려고 하는데 번뇌의 습관이 겹겹이 장애의 그물을 쳐놓아 만약 물러나게 된다면, 무서운 악도의 고통이 기다리고 있으니, 우리 보통사람들은 이러한 두려운 환경에 처한다 해도 설마 길이 없는 데로 몸을 던지겠는가? 결코 이와 같지 않다. 적천보살은 이어서 지적하였다. "이 원만한 보리심을 버리고, 또 무슨 다른 선행이 있어저 악업의 습기를 이길 수 있는가?"

이러한 악업의 세력을 이기려면 오직 원만한 보리심뿐이다. 근수(根索) 린포체[31]는 『화엄경』의 비유를 들어, 쥐는 특히 고양이를 무서워해서 고양이가 한번 나타나면 종적도 없이 사라진다. 마찬가지로 보리심인 '고양이'가 나올 때, 모든 죄업인 '쥐'는 곧 모두 도망갈 것이다. 그는 매우 자세하게 비유의 함의를 골라 세속보리심世俗菩提心이 생기기만 하면 모든 중죄 업장은 바로 전부 없어질 것이라고 여겼다. 상사 여의보 역시 이렇게 강의하였다. "우리 초학자의 입장에서 말하자면, 수승한 의미의 보리심(勝義菩提心)을 내는 것이 힘들기는 하지만, 세속의 보리심이 이끄는 원보리심과 행보리심은 수행인들이 모두 마땅히 내어야 할 뿐만 아니라 충분히 낼 수 있어야 한다. 일단 세속의 보리심이 생겼으면, 많은 업장·죄업이 전부 없어질 수 있다. 마치 고양이가 쥐를 다 몰아낼 수 있는 것과 같다."

31 린포체와 라마는 티베트 큰스님에 대한 최고의 존칭이다.

전체 대승불교의 기초는 '보리심을 내는 것' 위에 세워져 있다. 그러나 오로지 대승 교법이 퍼져 있는 중국불교를 보면, 필히 있어야만 하는 보리심에 대하여 중요성을 두지 않고 있는 것 같다. 수행인들 중에는 화엄·천태종의 교리를 배운 사람이 있을 것이고, 전문으로 선종·정토 법문을 닦은 사람이 있을 것이다. 그러나 계통적으로 보리심을 내는 가르침과 수행법이 있었는가? 비록 정토종 성암省庵 선사의 『보리심 내기를 권하는 글(勸發菩提心文)』이 있어, 내용에 불조佛祖·부모·시주자 등의 은덕을 갚는 것으로써 보리심 내기를 권하는 것이 있지만, 구체적으로 보리심을 일어나게 하고 굳건하게 하고 늘려 나가는 수행법의 순서가 어디에 있는가?

수행인들 중에 어떤 사람들은 현실은 생각지 않고 높은 목표만을 추구하여 하루 종일 돈오성불頓悟成佛·대중관大中觀·대수인大手印·대원만大圓滿[32]을 입에 달고 있으며, 일심으로 "나는 이렇게 큰 인물이고, 티베트에 와서 살아 있는 부처님께 큰 법을 구하는 것이야."라고 생각하고, 『입행론』에 흥미를 느끼지 못하고, 계속 듣고 싶어 하지 않는다. 이러한 생각은 매우 두려운 것이다. 상사 여의보는 말하였다. "일부러 한 법의 전승을 거부하며 끊는 것은 천 개의 불탑을 무너뜨리는 죄보다 더 크다!"

『입행론』은 우리 개개인에게 큰 이익이 있다. 수행인들은 마땅히 자세하게 관찰하고 스스로 계속해 나가야 한다. '고양이'가 오기 전에 '쥐'는 분명 박차를 가해 한바탕 소란을 피울 것이다. 이때 수행인들은

32 각 종파가 닦아 증득하는 최고의 경계이며, 차례로 각각 선종, 중관종, 카규파, 닝마파의 경계이다.

의연해야만 할 것이지 번뇌에 져서는 안 된다. 수행인들은 자신의 믿음인 '창문'을 열어 제불보살·전승상사의 가피인 '햇볕'이 자신을 비춤에 오롯이 정밀하게 할 따름이다. 이 논을 듣고 사유하면, 반드시 적천 논사가 우리에게 밝혀준 대승 수행의 정도를 철저하게 이해하여 수승하고 원만한 보리심을 일으킬 수 있다.

(2) 능히 묘한 약을 얻음

佛于多劫深思維 見此覺心最饒益 불우다겁심사유 견차각심최요익
無量衆生依于此 順利能獲得勝樂 무량중생의우차 순리능획득승락

제불이 무량한 세월 동안 깊이 관찰하고 사유하여
이 보리심의 이익이 가장 큼을 발견하였으니
만약 무량 중생이 보리심에 의지하여 배우면
순리대로 궁극의 안락을 얻을 것이다.

위 게송은 중죄를 없앨 수 있는 보리심의 이익을 말하였는데, 누가 이 점을 알았는가? 게송의 첫 두 구는 이 문제에 대답하였다. 석가모니 부처님이 대표하는 삼세제불은 중생을 제도하기 위하여 무량한 세월 동안 만법을 밝게 비추는 진실한 지혜로써 깊이 관찰하고 사유한 뒤에 답을 얻었다. 중생 무명의 어리석음의 과보로 생긴 고통을 없애 그들에게 궁극의 안락을 얻게 하려면 오직 보리심 수행이 있을 뿐이다. 만약 보리심에 의지하지 않으면 등각等覺의 지위를 증득할 수 없고, 이 마음에 의지하면 가장 수승한 안락의 불과를 얻을 수 있다. 이

때문에 보리심을 깨달은 마음이 가장 이익이 넓다고 말하였다. 이 이치를 가려낸 사람이 가장 궁극적인 지혜를 성취한 붓다이다. 시간을 가려낸 것이 다겁多劫이고, 방법을 가려낸 것이 '깊이 사유한다'이고, 결과를 가려낸 것이 '보리심의 이익이 가장 크다'고 한 것이다. 이렇게 엄격하고 원만한 선택으로 얻어낸 결과는 이치상 당연한 궁극의 바른 도리이다.

이 두 구절은 보리심이 중죄를 없앨 수 있음을 서술했을 뿐 아니라, 보리심이 나와 남에게 가장 이익 될 수 있음을 설명하였다. 구체적으로 이익을 설명하기 위하여 아래 구에서 말하였다. "만약 무량 중생이 보리심에 의지하여 배운다면, 반드시 최상의 안락을 순리대로 얻을 것이다." 헤아릴 수 없이 많은 중생이 보리심 수지에 의지하여 충분히 순리대로 가장 미묘한 안락과 위없는 불과를 얻을 수 있다. 보리심이라는 수승한 도에 의지하여 과거 헤아릴 수 없는 중생이 이미 불도를 얻었고, 미래의 일체중생들도 모두 불도를 이룰 수 있다. 이 때문에 '헤아릴 수 없다(無量)'라고 말하였다. 만약 마음의 흐름 가운데 보리심을 내었다면 행하는 일체 법이 모두 등각의 지위를 증득하는 원인을 이룬다. 운명에 맡겨 큰 복덕을 쌓을 수 있으므로 이 때문에 불과를 성취하는 것이 '순리대로'라고 말하였다.

우리가 제불보살과 고승대덕의 전기를 보면 같은 점을 볼 수 있다. 그들은 모두 보리심 수지에 의지하여 성취할 수 있었다. 본사 석가모니 부처님에서부터 지금 2,500여 년에 이르기까지 무수한 성취자들 중에 보리심을 닦지 않고 성취한 사람은 한 명도 없다.

아마도 수행인들 중에 어떤 사람은 생각할 것이다. '이 점은 나도 인정한다. 그러나 보리심에 의지하여 충분히 순리대로 성취할 수 있다고 말하는 것은 아마도 없는 일일 것이다. 보리도에 있어서의 장애는 계산할 방법이 없을 정도로 많다. 한 수행자가 보리심을 낸 후, 도리어 얼마나 많은 고난과 좌절을 거쳤는지 모르겠다. 석가모니 부처님께서 무량한 세월 동안 제바달다에게 얼마나 많은 피해를 입었으며, 신체를 얼마나 많이 보시하였는가? 이렇게 많은 고통을 그래도 순리라고 하겠는가?'

이와 같이 생각하는 것은 잘한다고 할 만하지만, 사실 매우 유치한 것이다. 보리심 습득에는 일정한 단계가 있다. 대승 수행인은 먼저 원願보리심을 배우고, "중생을 이롭게 하기 위하여 성불하기를 원한다."라는 소원(願心)이 성숙되고 견고해진 뒤에, 바로 행行보리심의 6바라밀로 들어간다. 자비·보시·지계 등의 낮은 단계에서 높은 단계로 복덕자량의 축적이 일정한 정도에 도달한 후에 승의勝義보리심을 증득한다. 이때의 불자는 불쌍히 여기는 마음(悲心, 자비심)이 매우 깊고 간절하며 보리심이 견고하여 자신의 육신과 외부의 초목이 둘이 아닌 하나로 평등하다. 육체를 중생에게 보시하는 것이 고통스럽지 않을 뿐 아니라, 도리어 중생을 이롭게 할 수 있어 수많은 기쁨과 안락을 일으켰기 때문이다. 이러한 내용은 『입행론』 뒷부분에서 분명하게 설명하였고, 『입중론入中論』[33]에서도 "즉 불자는 베풀기를 구하는 소리를 들으면, 보시하는 공덕으로 생기는 기쁨을 사유해야 한다."라

33 중관 귀류논증파 월칭月稱이 지은 중관론 사상의 입문서. 이 논서는 『입보살행론』에 큰 영향을 주었으며, 12세기 이후 티베트불교의 교리 발전에 많은 공헌을 하였다.

고 말하였다. 베푸는 자와 받는 자 그리고 시줏물이 공空한 것과 같으니, 보시는 세간을 초월하는 바라밀이다. 우리 범부의 관념상 '좌절·고난·고행'이 보살의 위치(境界)에서는 모두 집착 없는 안락이 되니, 이를 인연 따라 스쳐가는 수행의 보조 인연으로 여길 따름이다. 이 게송은 제불성자와 적천 논사가 뒷사람들에게 남겨준 위없는 비결이다. 타락함을 달갑게 여기지 않고 해탈을 추구하는 사람이라면 어째서 중시하지 않는가?

(3) 구하는 바를 능히 판단함

欲滅三有百般苦 及除有情衆不安 욕멸삼유백반고 급제유정중불안
欲享百種快樂者 恒常莫舍菩提心 욕향백종쾌락자 항상막사보리심

끝없는 윤회의 고통을 없애고
중생이 고통에서 벗어나기를 바라며
갖가지 행복을 누리고자 한다면
늘 위없는 보리심을 버리지 말아야 한다.

삼계 중생이 생사의 윤회에 빠져 있는데, 원인(因)과 결과(果)가 있기 때문에 삼유三有라고 한다. 윤회 중생에게는 헤아릴 수 없는 고통이 있는데, 이를 귀납하면 행고行苦·변고變苦·고고苦苦 등 세 가지이다. 좀 자세한 것은 『유가사지론瑜伽師地論』에 110개의 고통이 나열되어 있다.

만약 어떤 사람이 자신의 고통과 다른 유정의 안락하지 못한 것을

없애며, 각종 안락과 행복을 누리고 싶어 한다면, 유일한 묘법은 보리심 수지를 버리지 않는 것이다. 근수 린포체는 이 게송이 삼사도三士道[34] 수행법이라고 해석하였다. 게송에서 첫 번째 구는 중사中士가 자아 해탈을 구하는 수행법이다. 두 번째 구는 상사上士가 일체 유정들로 하여금 궁극의 성불 안락을 얻게 하는 수행법이다. 세 번째 구는 하사下士가 인간과 천상계의 안락을 추구하는 수행법이다. 삼사도를 수지하는 데에는 보리심을 버릴 수 없다.

수행인의 입장에서 말하자면, 삼계 윤회를 벗어나고, 일체 부모중생의 고통을 없애주며, 극락세계에 왕생하고, 혹은 출세간의 큰 해탈의 즐거움을 누리고 싶으면 반드시 늘 보리심을 수지해야만 한다. 오직 보리심을 수지해야만 많은 소원을 만족시킬 수 있다. 간혹 어떤 사람은 의심한다. 중·하사도中下士道의 수행인은 보리심을 가지고 있지 않은가? 이것에 대하여 삼사도의 수행법은 해탈의 도로 들어가고 싶어 하는 사람의 필수 수행법이라고 답하고 있다. 하사 수행법은 오직 삼악도의 고통을 여의고 인간의 수행하기 좋은 여건을 얻고자 노력하는 법이다. 수행인은 마음의 흐름 가운데 한 번이라도 보리심이 생겼다면, 바로 다겁의 업장을 소멸시켜 원만하게 복덕을 얻을 수 있으며, 그 찰나 악도의 고통을 벗어난다. 이 때문에 하사도를 닦는 법은 마땅히 보리심을 내는 것이어야만 한다. 중사도는 바로 소승도인데, 하사도 수행법이 그 기초가 된다. 하사도의 수행일지라도 보리심을 내어야만 하는데 중사도가 어떻게 버릴 수 있는가? (만약 이 이치를

---

34 아티샤가 그의 『보리도등론』에서 수도의 단계를 하사도, 중사도, 상사도 세 단계로 나눔.

자세하고 알고 싶다면, 능해能海 상사가 강의한 『보리도차제론과송강기菩提道次第論科頌講記』를 참고하라.)

보리심은 헤아릴 수 없는 중죄를 없애주며, 우리가 가장 마지막에 궁극의 불과를 얻을 수 있게 하고, 잠시의 사업을 이룰 수 있게 한다. 그러므로 작자는 여기에서 직접적으로 후세 사람들에게 알려 준다. “늘 보리심을 버리지 마십시오!” 불경에도 다음과 같이 말하였다. “모든 비구들은 생명의 재난을 만나더라도 보리심을 버리지 말라.”

법왕 여의보도 세 가지의 가르침을 말하였다. “스스로 세세생생 삼보를 비방하지 않는다고 발원해야만 한다. 정법을 구하는 의지가 굳세어 어떠한 고난에도 흔들려서는 안 된다. 운명의 장난(命難)을 만나도 보리심을 버려서는 안 된다.” 가슴에 손을 얹고 물어보자! 생명의 위험을 만나면 나는 보리심을 버릴 것인가, 버리지 않을 것인가?

(4) 지극히 공경하고 귀의함

生死獄系苦有情 若生刹那菩提心 생사옥계고유정 약생찰나보리심
卽刻得名諸佛子 世間人天應禮敬 즉각득명제불자 세간인천응례경

생사 지옥에 묶여 있는 고통 받는 유정이
만약 찰나에 보리심을 낸다면
즉시 보살이라고 불리며
세간의 신과 사람들이 함께 받든다.

보리심의 이익의 두 번째 측면은 '명의名義가 바뀌는 이익'이라고 말한다. 명의가 바뀐다는 것은 보리심을 낸 후, 명칭·의미가 보살의 이익으로 바뀌게 됨을 가리킨다.

삼계 생사의 감옥에 묶여 있어 고난에 찬 중생이 순간의 보리심을 일으키기만 해도, 비록 그가 여전히 각종 죄업의 번뇌에 속박되어 있어 삼계 생사윤회의 지옥에서 해탈할 수 없고 지위는 매우 낮더라도, 마음속에 거짓 없는 세속의 원보리심이 생기기만 하면 보살이라고 부를 수 있다. 의미상에 있어서 세인世人, 천인, 용왕의 복전이 되어 천룡 귀신과 사람 등이 예경하는 대상이 된다.

보리심의 구체적 표준에 관해서는 여러 강의가 일치하지 않는다. 인도 포포달布布達 논사는 수승한 의미의 보리심(勝義菩提心)을 해석하여 수승한 의미의 진리(勝義諦)를 깨달았으면 부처님의 아들(佛子)이요, 인천의 복전이라고 여겼다. 나중에 많은 고승대덕들이 이 관점을 깨뜨렸다. 걀찹제 대사는 강의에서 "만약 어떤 사람이 원보리심을 내었다면……, 여러 등지登地보살들에게 이와 같은 공덕이 있을 뿐만이 아니다."라고 말하였다. 이곳의 보리심이 세속적 보리심임을 명확하게 지적하였다. 비록 승의보리심을 포괄하고 있기는 하지만, 주로 세상 보통사람들의 힘으로 미칠 수 있는 세속보리심을 가리킨다.

『화엄경』에서는 금강보를 이용하여 세속보리심을 비유하였다. 금강보가 훼손될 수 있지만, 훼손된 후 즉시 회복할 수 있듯이 세속보리심도 이와 같은 성질이 있다. 만약 포포달 논사가 말한 것처럼 이 보리심이 등지보살이어야만이 가지는 승의보리심이라면, 그것은 훼손될 수 없으므로 금강보로 비유하는 것은 적절하지 않다. 『가섭청문경迦葉請

問經』, 『보적경寶積經』에서도 전륜왕의 아들을 가지고 보리심을 낸 사람을 비유하였다. 왕자가 막 태어나 강보에 누워 있어, 물론 왕자가 백성들을 지켜 주고(攝受) 이롭게 할 능력은 없어도 모든 대신과 백성들은 분명히 그에게 정례하고 공경할 것이다. 보리심을 내는 것 역시 그렇다. 보통사람들이 세속보리심을 낸 것이 중생을 이롭게 하는 능력은 없어도 사실상 불자이므로 세간과 인천은 그에게 예경해야만 한다.

금강보와 왕자의 비유로 볼 때, 이 게송에서 말하는 '보리심'은 의심할 것 없이 세속보리심을 가리킨다. 세속보리심이 이끄는(所攝) 원행願行보리심은 이 자리에 있는 대부분의 불자가 가지고 있을 것이다. 우리는 매일 수업하기 전에 발보리심 규범(儀軌)을 읽고, 수행인들은 관觀을 닦는다. "일체중생의 고난을 벗어나게 하기 위하여 지금 성불하기를 발원한다. 이를 위해 지금 나는 정법을 듣고 사유하려 한다."

중생을 이롭게 하기 위하여 보리 증득을 구하는 마음이 일어난 것이 원보리심이다. 이 원하는 마음을 실제 행동에 부쳐 정법을 듣고 사유하고 수행하며 정진하는 것이 행보리심이다. 그러므로 오늘 자리에 있는 수행인들은 모두 불자로서 매우 훌륭하므로 세간의 인·천·용왕·비인은 모두 수행인들에게 예경해야 하고, 수행인들도 그들의 정례, 공양을 잘 받아야 한다.

2) 보리심의 이익을 비유함

아래의 여섯 게송은 다섯 가지의 비유로 보리심의 이익을 설명하였고, 마지막에 『화엄경』의 가르침(教證)으로 다 밝히지 못한 이익을 보충하였다.

(1) 하열함을 수승함으로 바꿈의 비유

猶如最勝冶金料 垢身得此將轉成 유여최승야금료 구신득차장전성
無價之寶佛陀身 故應堅持菩提心 무가지보불타신 고응견지보리심

적은 양으로 금을 만드는 약이 철을 황금으로 바꾸는 것처럼
찰나의 보리심이 인연이 되어 보통사람의 몸을
가치를 헤아릴 수 없는 보물인 청정 불신으로 바꿀 수 있으므로
보리심을 일으켜 굳게 지켜야만 한다.

금 만드는 약(點金劑)을 보리심으로 비유한 것은 『화엄경』에 나온다. 경에서 금 만드는 약 한 냥으로 천 냥의 쇠에 발라 천 냥의 순금으로 바꾸는 것을 말하였는데, 이것으로 보리심 내는 공덕을 비유하였다. 인간 세상의 보통사람들은 여러 가지 무명의 악업 번뇌(業惑)가 서로 연결되어 있기 때문에 피·살·뼈·머리카락·손발톱·침 등 36가지 깨끗하지 못한 물질로 신체가 이루어졌다. 이렇게 많은 번뇌의 더러운 때가 있어도 한순간 보리심을 일으키면 역시 모든 번뇌가 점점 청정한 여래의 지혜로 바뀔 수 있고, 36가지 깨끗하지 못한 물질로 구성된

신체도 이에 의지하여 32대인상·80가지 좋은 형상의 금색 부처님 몸으로 바뀔 수 있다. 커다란 검은 철 덩어리가 금 만드는 약(點金劑)을 더한 후, 황금빛 찬란한 금덩어리로 바뀌는 것과 같다.

보리심에는 이와 같은 이익이 있어 깨끗하지 못한 보통사람을 여래로 정화시켜 준다. 수행인들은 이러한 수승한 묘법을 만났으니, 이것은 지난 무수겁 동안에 복덕자량을 쌓아 얻은 결과이다. 큰 환희심을 내어 이 기회를 꽉 잡아 자신의 보리심을 견고하게 발전시켜야 한다.

(2) 진귀하여 얻기 어려움의 비유

衆生導師以慧觀 徹見彼心極珍貴 중생도사이혜관 철견피심극진귀
諸欲出離三界者 宜善堅持菩提心 제욕출리삼계자 의선견지보리심

중생의 유일한 스승께서 일체의 지혜로써 관찰하여
보리심이 가장 진귀함을 발견하였으니,
삼계 윤회를 벗어나고자 하는 모든 중생은
귀한 보리심을 굳게 지켜야만 한다.

많은 강의에서 이 게송을 해석할 때, 마니보로 보리심의 진귀함을 비유하였다고 말한다. 옛날에 인도에서 지혜로운 대상인(商主)이 상인들을 데리고 바다로 여의보를 찾으러 갔다. 그들이 보물섬에 도착한 후, 대상인은 지혜로써 진정한 여의보를 판별하여 골라가지고 남섬부주로 돌아와 큰 이익을 얻었다. 다른 진귀한 보석들도 사람들에게 이익이 되기는 하였지만 여의보에 비할 바는 못 되었다. 마찬가지로,

천신과 사람의 스승이신 부처님은 중생들의 끝없는 고통을 끊어 위없는 안락을 얻게 하기 위하여 완벽한 지혜(무루지혜無漏智慧)[35]를 이용하여 매우 자세하고 철저한 관찰을 하였다. 많은 법문에서 보리심만이 중생에게 가장 큰 이익을 준다는 통찰을 보이고 있는데, 이는 마니보가 많은 사람들에게 가난의 고통을 없애 준 것과 같다. 보리심은 중생의 생로병사 등 일체 윤회의 고통을 없앨 수 있다. 그러므로 삼계 윤회를 벗어나고자 하는 중생은 보리심을 가져야만 한다. 『화엄경』에서는 또 이러한 비유가 있다. "선남자야, 너에게 보물이 있으니 자재왕이라고 한다. 해와 달이 밝게 비추는 곳에는 일체 재물과 의복 등의 물건이나 모든 가치 있는 것이 이 광명에 미칠 수 없다." 보살마하살의 발보리심 자재왕보自在王寶도 또한 이와 같다. 일체 지혜의 빛이 비추는 곳은 삼세에 있는 하늘과 인간 세상, 그리고 성문·연각의 유루무루선(漏無漏善)의 일체공덕이 미칠 수 없다.

보리심에는 이와 같이 다른 일체의 선법을 뛰어넘는 공덕이 있다. 마치 가난의 고통을 없애고 싶어 하는 사람에게는 마니보가 가장 좋은 의지처인 것과 같다. 우리가 삼계 윤회를 벗어나고 싶다면 보리심을 굳게 지녀야만 한다. 『법화경』에서 말하였다. "삼계가 안락하지 못한 것이 불타는 집과 같다." 조금이라도 깨어 있는 사람이 인류의 처지를 깊이 생각해 본다면, 자신이 처한 환경이 불타고 있는 집과 같음을 발견하고 두려운 고통으로 가득 찰 것이다. 인류 역사를 한번 돌아보자. 전쟁·자연재해 등 한시도 편안한 적이 있었던가! 더 나아가

---

35 일체 번뇌와 과실을 떠난 순진무구의 지혜.

'고통의 진실(苦諦)'을 철저히 증득한 우리 불교의 성자에 의지하여 본다면, 삼계는 훨훨 타오르고 있는 집과 다름이 없다. 지혜로운 사람이라면 누가 아무 이유 없이 불타는 집에서 생활하겠는가? 그들은 분투노력하여 두려운 곳에서 자신을 벗어나도록 해야 할 것이다.

삼계를 초월하는 안락을 추구하는 데에는 당연히 일정한 방법을 따라야 한다. 삼계의 위없는 스승은 팔만사천법문을 전하였다. 각각의 법문은 사람들을 해탈하게 할 수 있는 것으로 매우 진귀하다. 그러나 보리심 법문이 가장 진귀한 것으로, 팔만사천법문의 핵심 요체이다. 이 마음을 내기만 하면 복덕자량인 참회 등의 일체 수행법을 포괄하여 지니는 것으로, 우리에게 궁극의 안락을 얻게 할 수 있다. 만약 이것을 버리고 다른 법을 따르면 보물섬에 가서 여의보를 취하지 않고, 도리어 다른 귀한 보물을 취하는 것과 다르지 않다.

여기에서는 해탈법문 중에 가장 수승한 바른 도를 강의하였다. 수행인들이 원만하게 잘 들어서 가르침에 따라 행하여 넓은 보리심을 일으킬 수 있기를 바란다. 이렇게 할 수 있다면, 수행인들 일생에 무량한 복덕자량을 쌓을 수 있다. 어떤 사람들은 생각한다. '불법을 듣고 생각하는 것은 좋다. 그러나 혼자 문을 닫아걸고 수행하는 공덕이 큰 것만 못하다.' 이런 생각은 매우 어리석은 것이다. 듣고 생각하고 닦는 것(聞思修)은 불법을 수행하는 바른 방법이다. 경론을 듣고 생각하지 않았다면, 수행의 비결을 알지 못하는 것이다. 수행인들이 집에서 머리를 자르고 눈을 감고 정좌를 하건 간에, 보리심을 굳게 지니는 것이 없다면 큰 공덕이 있을 수 없다.

(3) 과果를 얻음이 한량없음의 비유

其餘善行如芭蕉 果實生已終枯槀 기여선행여파초 과실생이종고고
菩提心樹恒生果 非僅不盡反增茂 보리심수항생과 비근부진반증무

세상의 다른 선행은 파초와 같이
열매를 맺고 나면 시들지만,
보리심의 나무는 영원히 선의 열매를 맺고도
시들지 않으며 잘 커나간다.

예배(頂禮)·경전 보기(轉經)·보시·계율 지키기(持戒) 등과 같은 많은 선행들에 보리심의 섭지攝持가 없다면, 그 인과(果)는 파초와 같을 것이다. 수행인들은 모두 파초가 일년생 식물로 단지 한 번 열매를 맺으면 시들어 버린다는 것을 안다. 일반적인 인천의 각종 선법은 이숙과異熟果를 분명 성숙시킨다. 잠시 성숙되지 않은 것은 설령 백겁이 지나도 없어지지 않을 것이며, 이 업보(果報)가 성숙되어 나타난 후에는 다시 업보를 받지 않을 것이다.

예를 들면 하늘에 나는 복업은 하늘에 태어나는 과보(生天果)를 받은 후, 이 복의 보(福報)는 다시 있지 않을 것이다. 혹은 일반 소승 수행자들은 선업을 수행하는 것으로 아라한[36]의 과위를 얻어 남음이 없는 열반(無餘涅槃)으로 들어간다.[37] 이후, 그 선의 보답(善報)은 다시

---

36 성문4과의 제4과, 일체 번뇌를 다한 지혜를 얻어 세상 사람의 공양을 받을 만큼 존경받는 성자.

37 번뇌장을 끊고 오온신을 멸한 뒤 완전히 의지하는 바를 없이한 열반.

있지 않을 것이다. 마치 파초처럼 단 한 번의 열매를 맺는 기회를 가질 뿐이다. 반대로, 보리심이 가지는(攝持) 선행의 선근은 마치 여의수如意樹처럼 과가 성숙된 후에도 시들지 않을 뿐만 아니라 도리어 점점 무성해진다. 선업의 과보가 성숙된 후에도 다하지 않을 뿐 아니라, 도리어 더 늘어나 불과佛果를 얻는 데까지 이르니 이 선업은 손상되지 않을 것이다. 『대집경大集經』「무진의보살품無盡意菩薩品」에서 "비유하자면, 하늘에서 한 방울의 비가 내려 바다에 떨어지면, 그 방울은 비록 미미하지만 끝내 없어지지 않는 것과 같다. 보살의 보리로 향하길 원하는 선근 역시 이와 같아서 다함이 없다."라고 말하였다.

우리는 선법을 닦을 때 늘 그것이 무한히 늘어나길 원하고, 순간에 다 없어지길 원하지 않는다. 그렇다면 우리는 대승의 가르침(教法)대로 '세 가지 수승한 법(三殊勝)'에 따라 선법을 수행해야만 한다. 세 가지 수승함이란 발심을 행하는 것(前行發心), 바르게 행하고 반연에 집착하여 머무르지 않는 것(正行無緣), 보리도로 회향하는 것(回向菩提)을 행하는 것이다. 바르게 행함에 인연에 머무르지 않는 것은 높은 견해가 있어야만 한다. 초학자의 입장에서 말하기에는 약간의 어려운 점이 있다. 그러나 먼저 발심을 행하는 것과 나중에 회향을 행하는 두 항목은 초학자에게 매우 중요한다. 먼저 보리심을 낼 때와 나중에 보리도에 회향할 때에 있어 다음과 같이 생각을 일으키고 관해야 한다. 일체 유정을 이롭게 하기 위하여 모든 수행(諸法行)을 행한다. 이 선근으로 일체중생이 고통에서 벗어나 안락을 얻기를 원한다. 그러면 이 선근은 바로 보리심에 의해 섭수되어 무너지고 다하는 때가 없을 뿐만 아니라 점점 늘어날 것이다. 하루 종일 법을 전하고(轉法

輪), 보시하고, 절과 불탑을 보수하는 일 등과 같이 표면적으로 선근이 큰일을 행하더라도 보리심을 닦는(攝持) 선근과 비교하면 차이가 매우 크다.

앞으로 수행인들이 수행할 때 '세 가지 수승한 법'의 비결은 반드시 마음속에 새겨 두어야만 한다. 법왕 여의보는 어떠한 선업을 지을 때에도 처음에 발심을 하고, 나중에 회향을 하였다. 그의 전법 제자가 되어 이러한 실천행은 반드시 본받아야 한다. 만약 수행인들이 수행에 대한 견해가 굳건하고, 늘 세 가지 수승한 법에 따라 행하면, 어떠한 일도 수행이 늘어나는 인연이 되어 이생에서 커다란 복과 지혜의 자량을 쌓을 수 있다. 문화혁명 때, 티베트의 노 켄포[38]인 가추 린포체는 당시 홍위병들의 비판을 받아 단상으로 끌려 올라갈 때 이 같이 관(觀修)하였다. "현재 일체중생을 이롭게 하기 위하여 나는 인욕바라밀을 수지修持해야만 한다." 단상에서 군중들이 비난할 때, 그는 무연대공성無緣大空性을 관했다. 비판 투쟁이 끝나고 단상 아래로 끌어내릴 때 노 켄포는 또 관상했다. "오늘 인욕 수행한 선근을 회향하오니, 일체중생 모두가 위없는 보리를 증득하길 바라옵니다." 이러한 큰 보살 행위를 수행인들이 단단히 기억하여 일상생활에서 반복 수지하길 바란다.

(4) 두려움을 능히 제거함의 비유

如人雖犯極重罪 然依勇士得除畏 여인수범극중죄 연의용사득제외

---

38 티베트 대강백에 대한 존칭이다.

若有速令解脫者 畏罪之人何不依 약유속령해탈자 외죄지인하불의

어떤 사람이 비록 매우 무거운 죄를 범했을지라도
용사에 의탁하여 체포되는 두려움을 없앨 수 있다.
보리심을 의지하면 찰나에 그 업을 벗으니,
죄보를 두려워하는 사람이 어찌 의지하지 않겠는가?

'피할 수 없는 죄(決定罪)'는 오무간죄五無間罪[39], 삼보를 비방한 죄업을 가리킨다. 이 죄는 반드시 악업의 업보(惡果)를 받아 일반적으로 바꿀 방법이 없다. 작자는 여기에서 죄인이 용사에 의탁한 비유를 이용하여 보리심에 의지하여 이러한 죄업에서 벗어날 수 있음을 설명하였다.

이 비유를 해석하는 데에 두 가지 방법이 있다.

첫 번째는 앞의 두 구는 비유로, 뒤의 두 구는 비유하는 뜻으로 보는 것이다. 예를 들면 어떤 사람이 중대한 죄를 저질렀지만, 능력 있는 용사에 의지하여 두려움과 악연을 빠르게 없앨 수 있다는 것이다. 이것은 비유 측면에서 설명한 것이다. 같은 이치로, 수행하는 과정에서 어떤 사람이 심각한 죄를 지었는데 가능한 한 빨리 이 죄업으로 받는 고통의 업보(苦果)를 벗어나고 싶다면, 어찌 보리심에 의지하지 않을 수 있겠는가?

두 번째는 의미와 비유를 하나로 하는 것이다. 만약 어떤 사람이 삼보를 비방하는 것과 오역죄 등의 무거운 죄업을 지었지만, 용사처럼

39 오역죄: 부를 살해함, 모를 살해함, 아라한을 살해함, 부처님 몸에 피를 냄, 화합 승단을 파괴함을 말한다.

맹렬한 힘을 가진 보리심에 의지할 것 같으면 반드시 삼악도에 떨어지는 공포를 없앨 수 있다.

법왕 여의보는 이 부분을 강의할 때 "소승에서 근본 계를 범하는 등의 엄중한 죄업도 보리심에 의지하면 삼악도의 과보는 받지 않을 것이다. 만약 악업을 받는다 해도 찰나에 해탈을 얻을 수 있다. 미생원왕未生怨王이 아버지를 죽인 무간죄를 짓고도 나중에 보리심에 의지하여 한 찰나에 지옥에서 벗어날 수 있었던 것은 좋은 예증이다."라고 말씀하셨다.

대승불교에서는 법을 비방한 죄에 대하여 참회하면 청정하게 할 수 있다는 것을 분명하게 말하지 않았다. 『보성론寶性論』[40]에서는 "불법과 선지식을 비방하는 것을 두려워해야 한다. 결정코 두려운 아비지옥에 들어가게 한다.…… 불법을 비방하면 그 사람은 헤아릴 수 없는 겁 동안 벗어날 수 없다."라고 말하였다. 그러나 논의 은밀한 뜻(密意)은 보리심이 없던 사람이 만약 보리심을 일으킬 수 있다면 대승법을 비방한 죄도 벗어날 수 있다는 것이다. 세친世親보살, 마명馬鳴보살은 모두 대승법을 비방한 적이 있다. 나중에 보리심을 일으켜 참회 정진하여 마침내 성취할 수 있었던 것은 분명한 공안이다.

우리를 깨우치기 위하여 법왕 여의보는 "나는 많은 제자들을 받았는데, 그중에 몇 명은 밀승密乘의 맹세를 깨었다. 이 때문에 그 스스로 원적한 후 먼저 지옥에 떨어진 것을 보이고 나서 극락왕생할 수 있었다."라고 말하였다. 며칠 전 저녁, 법왕 여의보는 꿈에서 이미 원적한

---

40 『구경일승보성론究竟一乘寶性論』. 북위 륵나마제 역, 본 논의 저자에 관해 중국에서는 견혜堅慧라 하며, 티베트에서는 미륵보살이라 전한다.

지 40여 년 된 스승 퉈가 여의보(托嘎如意寶)[41]를 보았다. 법왕은 특히 기뻐서 생각하였다. '본래 나는 석가불에게 자신이 앞으로 어느 국토에 태어날 것인지 물으려고 했는데, 지금 근본 상사께서 여기 계시니 다른 사람에게 물을 필요가 없게 되었다.' 그래서 곧 퉈가 여의보 앞에 정례를 올리고 상사에게 자신이 앞으로 어떤 곳에 태어날지 물었다. 근본 상사는 추운 지옥에 태어날 것이라고 알려 주었다. 법왕은 이를 들은 뒤에 두려워져서 또 물었다. 추운 지옥에 태어난다면 그 이후에 오랜 시간 벗어날 수 없는가? 퉈가 여의보는 두려워하지 말라고 알려 주었다. 법왕이 그의 보리심은 헤아릴 수 없는 중생을 이롭게 했기 때문에 추운 지옥에 있는 시간은 매우 짧아 대천大天 비구가 지옥에 떨어졌던 시간보다 짧으며, 그러한 후에 즉시 극락왕생하여 헤아릴 수 없는 중생을 이롭게 한다고 말하였다. 이것은 아마도 법왕이 제자를 인도하기 위하여 나타내 보이신 것이니, 인과가 허망하지 않음이 이와 같다.(나중에 또 수기授記를 얻었는데, 이곳과 다르다.)

대천 비구의 일화는 『격언보장론格言寶藏論』 강의에 자세한 서술이 있다. 그는 원래 불법이 흥성한 곳에서 법을 널리 폈는데, 세 가지 무간죄를 짓고서 사람들이 알까 두려워 다른 곳으로 도망갔다. 그는 삼장에 정통하여 경을 강의하고 설법하는 데 뛰어났기 때문에 그곳에서도 크게 법을 전하였고, 그의 가르침 아래 많은 제자들이 아라한과를 증득하였다. 나중에 대천 비구가 원적하였는데, 그날 그의 아라한 제자가 시주자의 집에 가서 공양 청을 받는데, 밥을 먹기 전에 손을

41 오명불학원 법왕 여의보의 은사스님.

씻으면서 생각했다. '상사께서 어느 국토로 가셨는지 모르겠구나' 그는 신통력으로 관찰하였다. 그 결과 그의 상사가 지옥에 있는 것을 발견하였는데, 이때 대천 비구는 지옥에 떨어진 것을 알지 못하고서 "우리 집은 어째서 이렇게 춥지?"라고 말하고 있었다. 아라한은 놀라움으로 가득해서 손을 다 씻고 또 생각하였다. '상사는 지금 어째서 모를까?' 또 관찰하였더니 대천 비구가 이미 지옥을 떠나 33천에 태어난 것을 발견하였다. 이 아라한은 매우 감탄하였다. "인과는 정말 오묘하고 기이하구나! 상사께서 무간죄 때문에 지옥으로 떨어졌고, 또 법을 전한 공덕 때문에 한 찰나에 33천으로 올라왔구나."

위의 사례는 모두 보리심이 이미 결정된 죄를 조복시킬 수 있어 업보를 받지 않을 것이며, 받더라도 한 찰나에 해탈할 수 있음을 설명하였다. 『대집경』「무진의보살품」에서도 말하였다. "선남자여, 예를 들어 어떤 사람이 중죄를 지었어도 용사에 의지하여 두려움을 없앨 수 있는 것처럼, 보리심을 의지하면 많은 죄의 업보를 없앨 수 있다." 『화엄경』에서도 말하였다. "용사에 의지하는 사람은 일체의 원수(怨敵)를 두려워하지 않는다. 이와 같이 보리심의 용맹한 힘에 의지하면 일체 극악한 죄행이라도 원수에 대하여 두려워할 필요가 없다."

위에서 서술한 경전의 논증(教證)·이치의 논증(理證)을 인용하였음에도, 여전히 의문을 갖는 사람들이 있다. 중국불교에서는 늘 불법에 있는 삼불능三不能을 말한다. 첫 번째는 정해진 업은 바꿀 수 없다는 것인데, 여기에서는 어떻게 결정된 죄를 조복시킬 수 있다고 말하는가? 이 점은 의심할 필요가 없다. 우리가 『사사법오십송事師法五十

頌』을 강의할 때, 소疏에서 『밀집금강密集金剛』의 가르침(敎證)을 인용하여 설명하였다. 어떤 소승인은 종파 자체에서 참회할 방법이 없는 오무간죄 등을 범하고도 밀승에 들어온 후 즉시 청정함을 얻었고 이로써 분명히 그것을 증명하였으며, 소위 정해진 업이라는 것은 수승한 대치법(殊勝對治法)에 의지하기 전에 받는 것으로 결정된 업보를 가리킨다. 그러나 수승한 대치법에 의지하기로 준비된 것은 정해진 업으로 남아 있지 않을 것이고, 이 점을 수행인들이 사유하면 분명해지며 또한 많은 예증을 찾을 수 있다.

(5) 중죄를 능히 멸함의 비유

菩提心如劫末火 刹那能毁諸重罪 보리심여겁말화 찰나능훼제중죄

보리심은 말겁의 맹렬한 불처럼
찰나에 모든 중죄를 태워 없앨 수 있다.

보리심은 각종 결정된 죄를 조복시킬 수 있을 뿐만 아니라 각종 정해지지 않은 업에 대해서도 말겁의 맹렬한 불처럼 찰나에 일체 정해지지 않은 죄업 장애를 남김없이 없앨 수 있다. '말겁의 불'은 무너져 가는 겁 때의 불(壞劫時之火)이다. 『구사론俱舍論』 등에 따르면, 물질세계(器世界)에는 성成·주住·괴壞·공空의 4단계가 있다. 물질세계가 무너지는 겁이 되면, 초선천初禪天 이하의 수미산·바다 등의 물질세계가 큰불에 남김없이 다 타버린다. 마찬가지로, 수행인이 보리심을 낸 후 이전에 지은 살생·도둑질 같은 죄업은 보리심의 "말겁의

맹렬한 불"에 흔적도 없이 다 타버린다.(말겁 불의 비유는 『자씨해탈경慈氏解脫經』과 『보수경寶樹經』에 나온다.)

『화엄경』에도 비유가 있다. 천년 암흑의 방안에 등불만 있으면 찰나에 천년 암흑이 전부 없어진다. 용왕은 머리에 마니보배를 쓰고 있다. 이 보물만 있으면 외부세계의 각종 악연이 그를 해칠 수 없다. 보리심은 등불이나 마니보처럼 찰나에 중생이 시작도 없는 겁 이래로(無始劫來) 지은 죄업의 암흑을 없앨 수 있어 온갖 번뇌·업장(罪障)이 해치지 못한다.

보리심에는 이러한 공덕이 있는데, 우리 자신이 무시이래로 지은 악업을 다 참회하고자 한다면 왜 가장 수승한 법문에 의지하지 않는가?

3) 경전을 인용하여 증명함

智者彌勒諭善財 彼心利益無限量 지자미륵유선재 피심이익무한량

지혜로운 미륵보살은 선재동자에게 깨우쳐 주시길,
저 보리심의 이익은 한량이 없다고 하였다.

위에서 이미 대략 보리심의 이익을 개괄하였다. 그러나 보리심의 이익은 한도 없고 끝도 없어 다 표현할 수 있는 것이 아니다. 이 공덕을 보충 설명하기 위하여 논에서는 『화엄경』의 미륵보살이 선재동자를 깨우친 교증敎證을 인용하였다. 『화엄경』 제78권을 보면, 선재동자가 여러 곳의 선지식을 예방하며 미륵보살의 단성壇誠에 들어간 뒤, 미륵보살은 선재동자의 공덕을 널리 칭찬하였다. 이어서 보리심의

한도 없고 끝도 없는 공덕을 널리 말씀하셨다. 경에 나열된 130가지 비유를 들어 보리심의 공덕을 두루 말하였는데, 광범위하고 세밀하였다. 여기에서는 일일이 설명하지 않는다.

종합적으로 말해, 보리심의 공덕에는 두 측면이 있다. 일체 죄업의 번뇌를 없애고, 일체 선업의 공덕을 늘리는 것이다. 이 두 가지가 바로 불법을 수행하는 모든 사람들이 추구해야 할 부분이다.

『화엄경』과 관련하여 여러 번역본이 있다. 경에는 선재동자가 110명의 선지식을 예방하는 과정이 자세하게 기재되어 있다. 중국불교에서는 선재동자 53참參(53분 선지식 예방)을 말하는데, 수행인들은 선재동자가 110분의 선지식을 예방하는 과정이 있는지 없는지 자세하게 보자. 이 경은 여래의 비밀 경계를 드러내어 매우 방대한 보살행을 두루 분명하게 밝혔다. 고대 중국에서는 당나라의 청량 국사·현수 대사처럼 『화엄경』을 연구하는 사람이 많았지만, 현대에는 『화엄경』을 연구하고 강의하여 전하는 사람이 아주 적다.

4) 보리심의 이익을 따로 밝힘

(1) 보리심의 종류

略攝菩提心 當知有二種 약섭보리심 당지유이종
願求菩提心 趣行菩提心 원구보리심 취행보리심
如人盡了知 欲行正行別 여인진료지 욕행정행별
如是智者知 二心次第別 여시지자지 이심차제별

간략하게 요약하여 보리심에는 두 가지가 있음을 알아야 한다.
보리 구하기를 원하는 마음(願心)과 보리를 행하는 마음(行心)이다.
마음속에 어디로 가고 싶다는 것과 실제 가는 것의 차이를 아는
것처럼
지혜로운 사람은 또한 이 두 마음의 순서가 다름을 안다.

먼저 총괄적으로 발심한 이익을 말하고 나서, 아래 16편 게송은 원보리심·행보리심 각각의 이익을 나누어 설명한다. 먼저 두 게송은 세속보리심이 둘로 나뉨을 해석하였는데, 즉 원보리심과 행보리심이다. 이를테면 사람마다 가고 싶은 것과 길을 떠나 어떤 곳으로 가는 것의 차이를 안다. 마찬가지로 지혜로운 사람은 또 원하는 마음(願心)과 행하는 마음(行心)에 선후 순서의 차이가 있음을 아주 쉽게 안다.

『현관장엄론現觀莊嚴論』[42]과 기타 대승 논서에 따르면, 보리심에는 엄격한 정의·분류가 있다. 분류를 보면, 승의勝義보리심과 세속世俗보리심의 두 종류가 있다. 승의보리심은 초지 이상 보살이 일체 쓸데없는 논란(戲論)을 여읜 지혜 경계로, 초지初地에서 십지十地까지의 사이에 지혜의 크기가 각기 다른 보리심의 종류로 나뉜다. 이 논에서 보리심은 이에 따라 '땅·금·달·불·보물·바다·저장·근원·금강산·약·벗·여의보·해·가곡·왕·창고·대로·수레·샘물·아름다운 소리·강물·구름'의 22가지 사물로 나누어 비유하였다. 다른 논에서도 80개 무진법無盡法으로 나누었다. 당연히 승의보리심 자체로 보면 분류할 수 없다.

---

42 미륵보살이 지은 5부 논서 중의 하나이며, 8품品 70의義로 나눠 『대반야경』을 해석했음. 해석 방법은 경문 각 문단의 대의의 대강을 70의의 각각에 귀납시킴.

그러나 중생들에게 궁극의 지혜를 이해시키기 위하여 다른 상대의 입장에서 각 사물의 명칭을 들었다.

승의보리심은 일체 언어 사유를 떠난 적멸의 경계로, 초학자가 직접 들어가기 쉽지 않다. 그러나 비슷하게 승의보리심을 일으킬 수 있다. 그러므로 의례 규범(儀軌)을 외우는 경우들이 있는데, 예를 들면 맥팽 린포체가 지은 『약사팔백송藥師八百頌』 앞에는 승의보리심이 있고 또 세속보리심이 있다. 여기에서는 세속보리심을 말하며, 종류를 나누면 많지만 총괄하면 원보리심과 행보리심 두 종류이다.

원보리심은 보리과를 듣고 성취하고자 하는 인연으로 인해서 낸 원하는 마음(願心)이다. 우리는 늘 이처럼 발원한다. '일체중생이 여래과를 얻게 하기 위하여 나는 반드시 보리도에 들어가야 한다.' 이렇게 자기 마음속으로부터 견고한 서원을 하는 것이 바로 원보리심이다. 행보리심은 원하는 마음을 실천에 옮겨 단지 발원을 할 뿐만 아니라 실제 행동에서 보시·지계·인욕(安忍) 등 6바라밀(六度萬行)을 진정으로 행하는 것이다. 이 두 마음의 순서를 구별함에 있어 게송에서는 "어디로 가고 싶다는 마음과 바로 어떤 곳으로 가는 것(欲行正行)"으로 설명하였다.

예전 티베트의 불교 논사들은 이 비유를 해설할 때, 아주 기쁘게 라싸를 예로 들었다. 라싸에 가고 싶어 하는 심원心願이 아직 실행으로 옮겨지지 않았을 때에는 마음속에 있는 계획이나 생각이다. 이 계획은 '가고자 하는 것(欲行)'이다. 생각이 결정된 후 여러 준비 작업을 완료하고, 그런 뒤에 걸어서 가고 예배(大禮拜)하는 등의 각종 방법은 라싸를 향해 나아가는 것으로 '바로 가는 것(正行)'이다.

'가고자 하는 것(欲行)'과 '바로 가는 것(正行)'의 차이는 모두가 분명히 안다. 마찬가지로, 지혜로운 사람 역시 원願과 행行 두 보리심의 순서 차이를 잘 알 수 있다. 모든 수행자는 이 같이 발원한다. '일체중생을 이롭게 하기 위하여 나는 불과를 증득하는 데에 뜻을 세웠다.' 이것이 '원보리심'으로, 마치 '가고자 하는 것'과 같다. 이 기초 위에 원하는 마음을 행동에 옮기기 시작한다. 보살이 배우는 보살계 등을 잘 실천하는 것이 '행보리심'으로, 마치 '바로 가는 것'과 같다. 둘 중 하나는 앞이고, 하나가 뒤인 순서는 분명하다.

중국불교는 행과 원 두 보리심의 분류에 있어 분명하게 밝힌 저술을 거의 볼 수 없다. 그러나 인도와 티베트에는 보리심과 관련된 논저와 변론 등이 매우 많다.

원행願行보리심을 일부 논사들은 이심동체二心同體라고 인정한다. 즉 두 마음의 본체는 같으면서도 실행함에 있어 둘로 나뉘므로 같은 몸이면서 향하는 면이 다르게 나뉜다고 말할 수 있다. 쫑카파 대사(宗喀巴大師)와 그 제자 걀찹제, 닝마파(寧瑪巴)의 지칭 린포체가 모두 이 주장을 견지한다. 인도의 혜족慧足 논사는 이 두 보리심이 이체異體라고 말하고 행보리심과 원보리심이 한마음의 흐름 중 공존(同存)할 수 없다고 말하며, 원보리심은 보통사람의 발심이고 행보리심은 성자의 발심이라고 여긴다. 중관中觀 논사인 아바야는 자량도資糧道 보살의 발심은 원보리심이고, 가행도加行道 보살의 발심은 행보리심이라고 하며, 혜원慧源 논사나 해운海雲 논사는 보살계의 의궤 수계를 거친 뒤의 발심은 행보리심이고, 계를 받지 않은 사람의 발심은 원보리심이라고 말한다. 아티샤와 무구광 존자의 관점도 같으며, 보리과를 연으로 하는 발심은 원보리심이고 보리도를 연으로 하는 발심은 행보리심이라고 한다.

종합적으로 분석하여 알아본다면, 원보리심을 낸다고 해서 반드시 행보리심이 있는 것은 아니나, 만약 행보리심이 있다면 원보리심은 반드시 갖추고 있다. 예를 들어 라싸에 가려고 원하는 마음이 있어도 반드시 몸을 움직여 가는 것은 아니고, 만약 이미 출발했다면 분명 라싸에 가는 생각이 있을 것이다. 혹 어떤 사람은 행보리심을 낼 때 원보리심을 줄곧 마음속에서 생각해야만 하는지 아닌지를 묻는다. 이 점은 반드시 이와 같아야 하는 것은 아니며, 행위의 처음에 발심하고 나서 서원을 잃지 않는다면 반드시 늘 생각할 필요는 없다. 곧 "나는 일체중생을 제도하려고 한다……"라고 하여 한 찰나에도 이 생각을 떠나지 않는 것은 보통사람이 할 수 있는 것이 아니고 그럴 필요도 없다. 예를 들어 당신이 라싸를 향해 출발해서는 당신이 최초의 라싸로 가는 생각을 버리지 않는다면 도중에 계속 생각할 필요는 없다. "나는 라싸에 가려고 해, 나는 라싸에 가려고 해……." 이런 생각은 필요가 없다.

『화엄경』에서 "위없는 보리도를 구하고자 하는 사람들은 많지만, 진정 보리도를 행하는 사람들은 적다."라고 말하였다. 보리를 구하고 싶어 하는 것은 원하는 마음(願心)을 가리키고, 보리를 행하는 것은 나아가는 마음(行心)을 가리킨다. 두 마음의 경중과 순서의 차이를 분명하게 설명한다. 원하는 마음이 있는 사람이 반드시 보리를 행하는 마음을 가지는 것은 아니다. 그러나 원하는 마음의 기초가 없다면 절대 나아가는 마음(行心)이 있지 않을 것이다.

위의 본체와 상대(反體)·인연되는 것의 차이, 수지하는 순서 등 몇 가지 측면으로부터 행원行願의 두 마음을 분석한 고승들의 견해를 가지고 수행인들의 이해를 넓고 깊게 하기 위하여 대략 해석해 보았다.

(2) 원願보리심의 이익

願心于生死 雖生廣大果 원심우생사 수생광대과
猶不如行心 相續增福德 유불여행심 상속증복덕

윤회세계의 생사 속에서
원보리심은 큰 과보를 얻을 수 있지만,
행보리심처럼
끝없는 공덕을 맺지는 못한다.

계속해서 한마음으로 원보리심을 내기만 하면 바로 큰 복덕을 얻을 수 있다. 예를 들자면 제석이나 범천에 태어날 수 있고, 인간 세상에 태어난다면 전륜왕이나 장자長子 등 복덕이 많은 사람(大福德人)이 되어 매우 원만한 삶을 갖춘다.

비록 일반 사람은 원보리심을 잃기는 쉽지만 그 복덕이 여전히 매우 크다. 『화엄경』에서는 금강보를 인용하여 원보리심을 비유하였다. 금강보는 깨질 수 있지만 그 가치와 장엄함은 여전히 다른 보물보다 뛰어나므로 이름 역시 없어지지 않을 것이다. 마찬가지로, 원보리심이 생겼다면 계속해서 끊임없이 커다란 복덕을 불러올 수 있다. 설령 이 보리심이 퇴보하더라도 이름과 의미(名義)는 바뀌지 않을 것이며,

복덕도 없어지지 않아 복덕·지혜·빈곤의 고통을 없앨 수 있다. 이는 성문·연각인의 공덕을 뛰어넘는다. 원보리심이 수승한지 아닌지 수행인들이 한번 생각해 보자.

그러나 이처럼 수승한 원보리심도 행보리심과 비교할 때 큰 차이가 있다. 왜냐하면 행하는 마음이 생겨난 후, 그 공덕은 시시각각으로 쉬지 않고 늘어날 것이며 이 특징은 원보리심이 갖출 수 없고 원보리심은 단지 불과를 증득할 때 그 공덕이 없어지지는 않지만, 나날이 늘어날 수는 없다. 즉 원하는 보리심의 공덕은 평형을 유지할 수 있을 뿐이지만, 행하는 보리심의 공덕은 한없이 늘어나 불과를 얻는 데까지 이를 수 있다.

(3) 행行보리심의 이익

何時爲度盡 無邊重有情 하시위도진 무변중유정
立志不退轉 受持此行心 입지불퇴전 수지차행심
卽自彼時起 縱眠或放逸 즉자피시기 종면혹방일
福德相續生 量多等虛空 복덕상속생 양다등허공

계율을 지니고 일체중생을 다 제도하고자
영원히 물러서지 않겠다는 서원을 하고 행보리심을 수지한다면,
잠에 들거나 방일하게 지낼지라도
공덕의 힘은 계속 늘어나 끝없는 허공처럼 커다랗게 자라난다.

대승불도에 들어온 사람은 한없는 중생을 제도하겠다는 서원을

세우고 굳게 지켜 물러서지 않을 수 있을 때, 진실로 행보리심을 지닐 수 있다. 여기에서 물러서지 않겠다는 원보리심이 결코 문수·관음 등 8지 이상의 대보살처럼 일체 번뇌에 물들지 않는 보리심을 가리키고 있는 것은 아니다. 유정을 제도하고 정진 수행하는 것이 바로 진정한 행보리심이다. 이 과정은 수계 의식을 통해 받을 수 있으며, 또 자기 스승의 영정이나 불상 앞에서 스스로 보살계 수지를 발원하면, 곧 행보리심을 지닐 수 있다.

『현관장엄론』에서 "발심은 남을 이롭게 하기 위하여 바르고 평등한 보리를 구한다."라고 말하였다. 보리심이 적어서는 안 되는 두 측면을 분명하게 설명하였다. 하나는 크게 불쌍히 여기는 마음의 인연(大悲緣)으로 남을 이롭게 하는 것이다. 일체 윤회하는 중생을 마치 자애로운 어머니처럼 보아 은혜를 갚는 마음으로 이롭게 하는 마음이 생긴다. 다른 하나는 지혜의 인연으로 보리를 원만하게 하는 부분이다. 중생의 궁극적 이익을 위하여 오직 바르고 평등한 보리를 증득하여 중생이 궁극의 큰 기쁨(究竟大樂)을 얻도록 인도하는 것이다. 이처럼 중생을 제도하는 힘을 얻기 위하여 불과의 증득에 마음을 낸 것이 원심이고, 이 마음의 기초 위에 진실한 배움의 도로 들어간 것이 행보리심이며, 행하는 마음에는 반드시 남을 이롭게 하겠다고 발심한 서원과 보리 증득을 구하는 행함의 두 가지를 갖추어야 진정한 행보리심이라고 할 수 있다.

만약 마음의 흐름 가운데 견고해진 행보리심이라면 복덕은 인연 따라 늘어날 것이며, 설령 잠자고 방일한 때라도 복덕은 계속 늘어나 허공처럼 한량이 없을 것이다. 아래에서 경론과 이치로 이를 증명해

본다.

수행인들은 세심하게 게송이 함축한 뜻을 사유해 보자. 원문의 뜻은 행보리심의 이익을 설명하는 것이지, 결코 당신에게 발심한 후 잠자고 방일하게 세월을 보내도록 하는 것은 아니다. 일체 불법의 공덕은 자기 마음속에 세우는 것이며, 자신의 마음과 법이 서로 호응을 이루면 밖으로 드러나는 행위는 부차적인 것이다. 마치 이 논의 작자가 겉으로는 '삼상자三想者(자비·지혜·복덕)'의 모습으로 나타나지만, 그 마음의 경계와 공덕은 결코 일반인이 이해할 수 있는 것이 아닌 것과 같다. 그러나 만약 자신의 마음이 방일하고 오염되어 있다면 행보리심과 서로 호응을 이룰 수 없다.

4

보리심의 이익의 증거

1) 경전을 인용하여 증명함

爲信小乘者 妙臂問經中 위신소승자 묘비문경중

如來自宣說 其益極應理 여래자선설 기익극응리

소승 수행자들이 대승법에 대하여 믿음을 일으키게 하기 위하여

『묘비청문경妙臂請問經』에서

여래가 직접 말씀하시길,

보리심의 이익은 한량이 없으며 지극히 이치에 맞아 오류가 없다.

윗글에서는 원행보리심의 넓은 이익을 설명하였다. 만약 근거가 없으면 사람들은 모두 작자가 대성취자라는 것을 알더라도 사람들은 대부분 이 설법을 인정하지 아니하므로, 그래서 위 문장에 이어서 『묘비청문경』을 인용하여 교증으로 삼았다. 『묘비청문경』은 세존께서 소승 불자를 인도하여 소승에서 대승으로 향하게 하기 위한 것이며, 또한 보살행을 두려워하여 믿음을 후퇴시킨 제자들을 위하여 말씀하신 것이다. 소승제자들은 대승의 공성의 뜻(法義)에 대해 두려워하여, 믿음이 확고하지 않은 제자들은 대승으로 들어간 뒤에는 삼대 아승기겁 동안 자량을 쌓아야 하고 신체를 보시하는 등의 많은 고행을 필요로

한다는 것을 듣고서 두려운 마음이 생겼다. 그래서 묘비보살이 석가모니불 앞에서 깨우쳐 주시기를 청하니, 여래가 바로 "대승보살은 헤아릴 수 없는 중생을 이롭게 하기 위하여 발심의 갑옷을 입고 위없는 보리심을 일으켜 끝없는 유정들을 이롭게 한다. 그래서 짧은 시간에 따질 수 없는 자량을 쌓을 수 있다. 발심한 방편법으로 인하여 가령 잠자거나 방일한 때라도 공덕은 계속 늘어날 수 있으며, 이 보리심 공덕에 의지하여 불과를 얻는 것도 매우 어려운 것은 아니다."라고 말씀하셨다. 이 가르침을 인용하여 의미가 매우 분명해지고 부처님께서 직접 보리심의 이익이 한량없다고 말씀하신 것이 바로 윗글에서 말한 원행 보리심 이익의 근거가 된다.

부처님께서 하신 위 말씀이 다른 사람에게 말한 것이라고 여겨서는 안 된다. 수행인들은 성실하게 사유해야만 한다. 표면적으로 볼 때 보살은 천만억 겁 동안 여러 가지 선행을 닦고(修持) 두 가지 자량을 쌓아야 하므로 어려움이 매우 크며, 실질적으로 보리심을 내는 것은 백천만억 겁 동안 쌓아야만 하는 자량이지만 가끔 한 찰나에 원만해질 수 있을 뿐만 아니라 복덕자량은 운명에 따라 늘어나며, 가령 방일할 때 늘어날 수 있는 것도 있다. 예를 들면 성도에서 북경까지 여정이 먼데 걸어서 가야 한다면, 일반인들은 '호랑이 얘기만 해도 안색이 변하는 격'으로 지레 겁을 먹을 것이다. 그러나 비행기를 타고 가면 금방 도착할 수 있다.

보리심을 내는 것도 비행기를 타는 것과 같으며, 긴 시간의 자량을 쌓는 과정이 여행하는 것처럼 운명에 따라 자유자재하게 변하므로, 반드시 매일매일 문을 닫아걸고 수행하며 신체를 보시하는 등의 고행을 해야만 복덕자량을 늘릴 수 있는 것은 아니다. 발심의 인도(攝持)가 없다면 이러한 것들은 수승한 수행법이라고 여길 수 없다. 처음 시작하는 수행인에게 중점을 둔 것은 반드시 발심을 중시하는 것이다. 『화엄경』에서 "말한 여러 가지 비유들은 보리심에 미칠 수 있는 것이 없다. 모든 삼세인들에게 존중받는 보살들은 발심에서 생을 얻었다."라고 말하였다. 이 가르침을 진정으로 수행하고 싶어 하는 사람이라면 반드시 기억해야 한다.

『입행론』 학습을 통해 수행인들 중에 많은 사람들이 보리심 내기를 원하여 매일 발심 의궤를 외운다. 그러나 마음 깊은 곳에 진정 유정들을 이롭게 하기 위하여 보리 증득을 구하는 서원을 일으켰는지 아닌지, 자세하게 자신의 마음흐름을 관찰해 보자. 불법을 배우는 사람이 된 후 해야만 하는 일은 바로 성불하여 중생을 이롭게 하는 것이다. 이 목적을 달성하기 위하여 우리는 지금부터 어떠한 행동을 하든지 자신을 일깨워야 한다. "나는 이미 보리심을 낸 사람으로 서원을 잃을 수 없다." 마음속에서 이 서원을 잃지 않는 사람은 당연히 계속 안정될 것이고, 서원을 내지 않은 사람은 이 기회를 빌려 힘껏 자신에게 보리심이 일어나게 해야 한다.

2) 이치로써 성립함

(1) 원願보리심의 이익을 얻는 이치

若僅思療愈 有情諸頭疾 약근사료유 유정제두질
具此饒益心 獲福無窮盡 구차요익심 획복무궁진

況欲除有情 無量不安樂 황욕제유정 무량불안락

乃至欲成就 有情無量德 내지욕성취 유정무량덕

옛날 어떤 사람이 단지 생각으로만

'나는 일체중생의 두통을 치료하려고 한다' 하였으나,

중생을 이롭게 하는 착한 마음을 냈기 때문에

그가 얻은 복덕은 무궁무진하였다.

하물며 한마음으로 중생 개개인의

헤아릴 수 없는 불행을 없애려고 하거나

중생들에게 한량없는 공덕을

이루게 하고자 한다면 어떠하겠는가!

게송에서 '두통을 치료한다(療愈頭疾)'는 것은 인도 공안에 나온다. 예전에 '친우녀親友女'라 불리는 상단의 우두머리가 있었다. 그녀의 조상은 대대로 바다에 보물을 구하러 갔다가 죽었는데, 그녀 역시 조상의 직업을 계승하여 바다로 보물을 구하러 떠날 준비를 하자 그의 어머니가 적극적으로 말렸다. 친우녀는 어머니의 말이 길하지 못하다고 여겨 성이 나서 어머니의 머리를 걷어찼다.

바다로 나아간 후 그녀는 근변지옥近邊地獄으로 떨어져 철 바퀴가 돌면서 머리를 공격하여 머리가 쪼개지는 극형을 받았다. 이때 그녀는 이것이 자기가 어머니를 해쳐서 불러온 업보라는 것을 알았다. 매우 극심한 후회가 일어나며 생각하기를 '윤회 속에서 나처럼 어머니를 때린 불효자가 분명 적지 않을 텐데, 이런 고통을 그들은 어떻게 견딜까? 나 혼자 그들의 이러한 고통을 받아 그들이 영원히 이 업보를 받지 않길 원하옵니다.'라고 기도하였다. 바로 이 찰나 친우녀는 해탈을 얻어 33천에 태어났다.

공안에서 친우녀가 착한 마음을 낸 것을 인연하여 영향을 받은 대상은 극소수의 중생일 뿐이고, 그 시간도 겨우 한 찰나일 뿐이며, 없애주려고 한 것도 두통의 고통뿐이었다. 이처럼 상대적으로 미미한 착한 마음으로도 바로 헤아릴 수 없는 복덕을 얻었다. 더욱이 하물며 대승 수행인이 낸 위없는 보리심은 그 대상이 모든 중생이며, 없애려고 하는 고통도 삼계 윤회 속 일체 생사의 고난이며, 주려고 하는 것은 위없는 안락의 해탈이며, 시간은 윤회를 다할 때까지이니, 얻는 복덕은 계산할 방법이 없다.

이것은 원보리심의 이익이 끝없음을 이치로써 증명한 것이다. 이치에 따른 증명(理證)은 논리적인 추리 방식이며, 이는 어떤 사람이 유한한 착한 마음으로 이처럼 큰 과보를 얻었음을 성립시킨다. 대승 수행인의 원보리심은 그 인연의 대상이 무한하므로 헤아릴 수 없는 과보를 얻을 수 있다. 이러한 것은 본래 교증[43]으로 성립되어 있다. 그러나 교증은 부처님의 지혜가 나타내는 증명이므로 보통사람의 분별하는 생각으로는 이러한 단계에 도달할 방법이 없다. 이 때문에 이치에 따른 증명을 이용하여 세속의 언어 사유방식으로 추리해도 이러한 결론을 얻을 수 있다.

어떤 사람들은 아마도 생각할 것이다. '불경과 논전에서 보리심에 이와 같은 공덕이 있다고 말했지만, 실제로는 아마 없지 않을까?'

---

43 교리적 주장을 경전과 논전에 나타난 내용으로 증거한다.

그들이 이렇게 생각하는 데는 무슨 이유가 있는가? 아마도 그들은 직접 현량現量[44]으로 확인할 수 없기 때문이고, 보리심은 무량한 공덕을 얻을 수 있으며 여래의 지혜로 보면 분명한 현량 경계이고, 세속 보통사람의 분별심으로 보면 직접 볼 방법이 없고 이것으로는 성립되지 않으므로 근거를 삼을 수 없다. 예를 들면 자기 육안으로 큰 허공 속의 검은 구멍을 볼 수 없고 자기의 지능지수로 상대방의 이론을 이해할 수 없다고 세간 사람의 이론과 같이 여겨 부처님의 지혜를 부인할 방법은 없다. 보통사람이 비록 보리심 이익의 이러한 섬세하고 오묘한 인과를 직접 헤아려 볼 방법은 없지만, 위에서 서술한 이치에 따른 증명(理證)에 의하면 결론을 얻을 수 있으니, 보리심 이익은 확실히 한량없다. 아무런 원인 없이 이 관점을 인정하지 않는 것은 어리석은 사람의 행동이다.

是父抑或母 雖具此心耶 시부억혹모 수구차심야
是仙或欲天 梵天有此耶 시선혹욕천 범천유차야

누가 이러한 보리심을 가지고 있는가?
아버지인가? 아니면 어머니인가?
선인인가? 아니면 욕계 하늘인가?
범천이란 말인가?

보리심원菩提心願은 세간에서 매우 얻기 어렵다. 유정으로서 대승

44 개념 활동이나 분별 사유가 없이 대상을 직접 감각하여 인식 판단하는 것.

불법에 들어가지 않은 사람은 이를 갖출 수 없다.

인간 세상의 입장에서 말하자면, 아버지와 어머니는 자기 자식을 매우 사랑하나 그들이 이 착한 마음을 모든 중생에게 확대시켜 일체중생을 위해 고통을 없애주고 안락을 얻게 하는 원심을 일으킬 수 있는가? 자신의 부모 외에도 부부·자매·형제·친척·친구들은 서로 아끼고 불쌍히 여긴다. 그런데 그들이 이 원심을 갖추었는가? 아마도 부모나 가까운 사람들은 이에 대해 학식이 적을 수 있다. 그러나 지식이 있고 대의에 깊이 밝은 사람 혹은 권위자들, 예를 들면 고대의 선인들은 세간의 각종 학문에 정통하고 매우 높은 지혜와 신통을 가지고 있었으며, 또 제석천 등은 큰 위세와 대복덕과 오통五通[45]을 갖추었다. 그들은 중생들에게 또한 필연적 연민을 가지고 있다. 또 범천왕이 있고 그들은 사무량심四無量心[46]에 의해 지위를 얻었으니, 매우 큰 자비심을 가지고 있다고 말해야 할 것이다. 그런데 그들이 보리심원을 가지고 있는가?

彼等爲自利 尙此未夢及 피등위자리 상차미몽급
況爲他有情 生此饒益心 황위타유정 생차요익심

중생들이 자아 해탈을 구하기 위한 것일지라도
오히려 일찍이 꿈속에서조차 원보리심을 낸 적이 없는데,
하물며 이웃을 위하여 이롭게 하는
넉넉한 보리심을 내겠는가?

---

45 천안통, 천이통, 신족통, 타심통, 숙명통.

46 4종의 광대한 이타심. 중생으로 하여금 고통을 여의고 행복을 얻게 하기 위하여 내는 자비희사慈悲喜捨의 네 가지 마음.

위에서 제기한 문제에 대하여 여기에서 답을 하였으니, 그들은 원보리심을 가지고 있지 않다는 것이다. 우리의 부모는 자녀에게 매우 자애롭지만 애석하게도 그들은 불법을 닦지 않았고, 설령 불문에 귀의했다 하더라도 절대 다수는 근본적으로 보리심을 알지 못한다. 보리심 공덕을 알지 못하는데 어떻게 이 마음을 낼 수 있겠는가?

우리가 『백업경百業經』이나 『현우경賢愚經』을 보면 늘 선인을 언급한다. 그들은 총명하지만 원보리심을 갖추지 않았고, 그리고 제석·범천 등 세상의 복덕주(보호주保怙主)들 역시 이 마음을 갖추지 않았다. 일체 유정의 수승한 안락을 이루어주어 행복하게 하는 마음은 그들 천인의 입장에서 말하자면, 무량한 복덕과 지혜를 얻고 번뇌 없는 큰 안락을 누리는 이익을 얻는다. 그러나 꿈속에서도 보리심원 같은 이러한 수승한 법문을 일으키는 것을 생각하지 않는다.

현재 많은 사람들이 불교를 믿지만 그들 중에 얼마나 많은 사람들이 이러한 원심을 내었는가? 중국에는 계단戒壇이 많고 법을 전하는 법회 수도 많으며 출가자와 재가자들은 보살계 받는 것을 좋아하고, 계첩도 매우 아름답다. 그러나 만약 그들에게 "보살계에서 근본적으로 배워 실천해야 할 것은 무엇이며, 어떻게 취하고 버립니까?"라고 묻는다면 절대 다수는 모른다고 대답한다. 그들은 "유정들을 이롭게 하기 위하여 성불하기를 원한다."라는 이 개념은 거의 조금도 들은 적이 없다.

불법을 배우는 자체가 형식적으로 흐르는 것이 현재의 큰 폐단이다. 우리는 여러 방법을 통해 그들에게 형식적인 일이 결코 그다지 중요하지 않음을 알게 해야만 한다. 보살계문의 문자보다 더 중요한 것은 자기 마음 깊은 곳에 보리심이 생기는 것이며, 진실로 유정들을 이롭게 하기 위하여 성불하기를 원하는 즐거움을 두는 것이다. 만약 이것이 없다면 당신은 일반 세상 사람들과 차이가 없으며 대승 불자라고 볼 수 없다. 수행자가 보리심을 내지 않았다면 관정灌頂[47]을 받고·법을 듣고·수행을 했을지라도 그림자일 뿐이며, 중생을 이롭게 하는 것은 더욱 말할 것도 없다.

법왕 여의보는 이전에 『백업경』을 강의하였고 우리들 중 대다수가 인과에 대하여 큰 신심을 일으켜 인과의 이해 측면에 큰 진보가 있었다. 이번에 『입행론』을 강의하였는데 주요 목적은 우리에게 보리심을 일으키고 안정되게 하기 위해서이다. 수행인들은 매일 이 논을 듣고 사유하고 게송을 외우고 보리심과 관련된 각종 경론을 읽는다. 여러 측면을 의지하여 전력을 다해 나아가, 아직 보리심을 내지 않은 사람은 내게 하고, 이미 낸 사람은 안정되게 하고 증가시켜야만 하며, 이것은 수행인들 다생의 큰 원력이니 절대 가볍게 보아서는 안 된다.

혹 어떤 사람은 암암리에 '세속보리심은 궁극의 의미를 이해하지 못한 법(不了義之法)이야. 그 이익이 끝이 없다는 말도 역시 진실로 궁극의 의미가 되지 않는 것이지. 나는 진실로 궁극의 의미를 깨닫는 법(眞實究竟了義的法)을 배워야만 해!'라고 생각한다.

여기서 주의해야 할 것은 '요의了義'와 '불요의不了義'는 이처럼 판별하는 것이 아니라는 것이다. 만약 당신의 세속보리심이 불요의법이라고 말한다면, 당신이 밥을 먹는 것은 요의법인가, 아닌가? 잠을 자는

---

47 밀교에서 스승이 제자에게 전법하는 의식이며, 이곳에서는 처음 불교와 인연 맺는 의식의 뜻으로 쓰인다.

것은 요의행인가, 아닌가? 이 일체는 모두 불요의이며 환상(虛幻)이다. 당신이 진실한 것을 요구한다면 더 이상 밥을 먹을 필요도 잠을 잘 필요도 없다. 만약 이러한 것들이 성불하기 전에도 요의법이면, 이 보리심도 요의법이다.

세속보리심에 관하여 인도·티베트 두 지역의 불교사에는 그것이 요의인지 불요의인지 변론한 논사가 한 명도 없다. 분명히 모르는 사람들의 병폐를 방지하기 위하여 여기서는 우선 그들에게 '예방 침'을 놓는다.

他人爲自利 尚且未能發 타인위자리 상차미능발
珍貴此願心 能生誠稀有 진귀차원심 능생성희유

이웃은 물론 자신을 위해서도
보리심이 일어나지 않는데,
일체 유정을 이롭게 하기 위하여 진귀한 이 원보리심을
일으킬 수 있다면 진실로 희유하도다!

위에서 우리는 여러 가지 불쌍히 여기는 마음(연민)·지혜·신통·복보福報, 심지어는 사무량심을 갖춘 유정들이 모두 원보리심을 일으키지 않았음을 분석하였다. 그들은 가령 자신을 위해서도 역시 이 원심을 내지 않았다. 우리에게는 법왕 여의보의 가피, 적천 논사와 역대 전승 상사의 가피가 있다. 지금 이미 이와 같은 진귀한 원심을 일으켰다면 매일 외우는 발심의궤 게송에서처럼 해야 한다. "이생에서 나는 복연을 얻어 원만하게 사람 몸을 얻었다. 또한 부처 종족으로 태어나 지금 불자가 되었다. 가난한 맹인이 쓰레기 중에서 가장 진귀한 보물을 얻은 것처럼 이 보리심을 내었으니, 나는 얼마나 행운인가!”

진실로 원보리심을 내었다면 바로 불자라고 부른다. 이후로는 여러 공덕이 끊이지 않고 늘어날 수 있다. 이미 원보리심을 낸 사람은 큰 환희의 마음을 내어야만 한다.

비록 말법 시대라 법을 닦는 데에 많은 악연이 있지만, 우리는 인연이 있어 덕을 갖춘 선지식을 만났고 섭수를 얻어 이러한 묘법 감로를 누리어 비할 데 없는 진귀한 보리심을 일으켰으니, 지극히 희유하지 않은가? 가난한 사람이 쓰레기에서 마니보를 주운 것보다 더 행운이고, 가령 당신이 삼천대천세계에 있는 보물을 모두 가질 수 있을지라도 보리심의 진귀함에 비할 수 없으며, 탐욕심의 재물은 당신을 이생에서 윤회 중의 안락(유루안락有漏安樂)을 얻게 할 수 있을 뿐이고, 원보리심은 당신에게 영원한 이익을 얻게 할 수 있다.

珍貴菩提心 衆生安樂因 진귀보리심 중생안락인
除苦妙甘露 其福何能量 제고묘감로 기복하능량

진귀한 보리심은
중생의 모든 행복의 근원이며
괴로움을 없애주는 뛰어나고 미묘한 감로인데,
그 공덕 모두를 어찌 헤아릴 수 있겠는가?

중생은 잠시의 인천 안락 혹은 위없는 큰 안락의 불과를 구하고자 한다. 가장 좋은 방법은 보리심을 수지하는 것으로, 의복·음식 등 재물을 구하는 데 마니보가 가장 좋은 의지처인 것과 같다. 원보리심은 한편으로는 모든 유정의 잠시 안락과 궁극적 안락의 근원이다. 다른 한편으로는 감로가 중생의 일체 고통을 없앨 수 있는 것처럼, 보리심은 윤회하는 중생의 팔만사천 고통을 없앨 수 있다. 보리심에 의지하여 일체 안락을 얻을 수 있고 일체 고통을 없앨 수 있으니, 이 복덕을 누가 헤아릴 수 있겠는가?

『용시청문경勇施請問經』에서 "보리심을 낸 복덕은 그 모양으로 보면 모든 허공계를 가득 채우고도 남아서, 넘쳐흘러 더 이상 받아들일 수 없는 것과 같다."라고 말하였다. 허공은 끝이 없어 누구도 헤아릴 방법이 없다. 그러나 발심한 공덕은 허공에 비해서도 더 넓으니 어떻게 헤아리겠는가?

용수보살(150~250)[48]은 『보리심론菩提心論』[49]에서 "한 찰나에 발심하면, 그 복덕에 만약 모양이 있다면 너무 커서 허공도 받아들일 방법이 없고 부처님도 헤아릴 방법이 없다."라고 말하였다. 다른 좋은 법(善法)을 닦는 것, 예를 들면 십만 배를 하는 등은 만약 보리심의 발심이 없다면 그 복덕을 부처님은 분명 헤아릴 수 있다. 그러나 용수보살은 한 찰나 발심한 공덕을 부처님조차도 헤아릴 방법이 없다고 말씀하셨다. 수행인들은 반드시 이 경전 말씀을 기억해야만 한다. 우리는 찰나의 발심을 위해 매일 수업 전에 잠깐 생각한다. "일체 유정을 제도하기 위하여 현재 우리는 성실하게 법을 들어야 한다."

---

48 남인도 바라문족으로 태어남. 인도 중관파의 조사. 『중론』, 『십이문론』, 『대지도론』, 『십주비바사론』 등 수십여 부의 저작이 있다.

49 용수보살의 밀교 저작 중 하나로서, 보리심의 행상을 설명한다.

이 찰나의 발원한 복덕을 어찌 헤아릴 수 있겠는가!

(2) 행行보리심의 이익을 얻는 이치

僅思利衆生 福勝供諸佛 근사리중생 복승공제불
何況勤精進 利樂諸有情 하황근정진 이락제유정

단지 중생을 이롭게 하는 한 생각으로 얻은 복덕이
제불에게 공양하는 것보다 수승하거늘,
하물며 일체 유정을 이롭고 안락하게 하기 위해
정진하여 얻은 복덕에 대해서는 더 말할 필요도 없다!

게송에서 "단지 중생을 이롭게 하는 한 생각으로 얻은 복덕은 무수한 재물로 제불에게 공양하는 것을 뛰어넘는다."라고 한 것은 수행자는 다만 모든 유정을 이롭게 할 바를 생각할 뿐이어야 함을 말한 것이다.

원보리심을 내는 이 공덕은 대천세계에 충만한 각종 보물로 제불에게 공양하는 공덕을 월등히 뛰어넘는다. 『삼매왕경三昧王經』에서 "날마다 한량없는 국토에 가득 찬 칠보로 제불에게 공양을 올려도, 이 공덕은 중생에게 크게 자애로운 마음의 공덕에 미치지 못한다."라고 말하였다. 경에서 말한 크게 자애로운 마음(大慈心)은 원보리심을 가리킨다. 『대원만전행인도문大圓滿前行引導文』에도 유사한 가르침이 있다.

우리는 매일 많은 진귀한 보물을 제불에게 공양하는데, 그 얻는 공덕은 당연히 매우 크다. 진귀한 보물을 공양하는 것은 말할 필요도 없고, 가령 꽃 한 송이, 물 한 잔을 공양해도 무량한 공덕을 얻는다. 『백업경』에서는 이와 유사한 많은 공안을 볼 수 있다. 그러나 이러한 공덕은 원보리심의 공덕과 비교할 수도 없다. 『용시청문경』에는 이러한 가르침이 있다. "어떤 사람이 갠지스강 모래만큼의 겁 동안 칠보를 제불에게 공양하여 무량한 복을 얻었다. 또 어떤 사람은 공경스럽게 합장하고 위없는 도를 구하는 데 뜻을 두었다. 이 공덕은 앞의 공덕을 훨씬 능가한다."

『대집경』「무진의보살품」에도 세 가지 위없는 공양을 열거하였다. 그 첫 번째는 위없는 보리심을 내는 것이다. 위없는 원심을 내면 이와 같은 공덕이 있는데, 그렇다면 이 원심을 실제 행동으로 옮겨 중생을 이롭게 하고 6바라밀[50]을 실천하면 바로 행보리심이 되는 것으로, 그로 인해 얻는 공덕은 원심에 비해 더욱 수승하며 더 헤아릴 방법이 없다.

원보리심을 낸 수행인들은 모두 공덕이 매우 크며 훌륭하나 이 단계에서 머물러서는 안 된다. 예를 들면 당신이 금강좌[51]를 참배하려고 발원하는 것은 단지 마음속으로 생각하는 것일 뿐, 행동하지 않으면 목적에 도달할 수 없다. 당신이 중생을 이롭게 하려고 발원하는 것은 복덕과 지혜의 두 가지 자량을 부지런히 모을 수 있다. 그러므로 교리를 듣고 사유하고, 좌선을 닦으며, 경을 강의하고 설법하며, 보시하고 생명을 살려주는 등을 행해야만 하고, 특히 생명을 살려주는 것은 현재 시대에서 중요한 의미를 지니며 수행인들이 있는 힘을

---

50 보시, 지계, 인욕, 정진, 선정, 지혜.

51 부처님께서 성도하신 자리.

다해 방생해 주길 바랄 뿐이다.

衆生欲除苦 反行痛苦因 중생욕제고 반행통고인
愚人雖求樂 毁樂如滅仇 우인수구락 훼락여멸구

중생은 비록 고통을 여의려고 하지만
나쁜 습관의 압박으로 도리어 고통 속으로 내달리고,
어리석은 사람은 비록 안락을 원하지만
어리석음 때문에 자기 안락의 인연을 원수처럼 부숴 버린다.

고통을 피해 안락으로 나아가는 것은 인지상정일 뿐 아니라, 다른 각 윤회세계의 중생들도 이와 같다. 수행인들은 목마름과 굶주림·추위와 더위·질병·피로 등을 피하지 않는 중생을 본 적이 있는가? 더욱이 인간 세상의 중생은 생존·안전·사랑·존경 등의 각종 안락을 위하여 온 힘을 다해 추구하고, 죽음·해로움·가난 등 일체 기쁘지 않은 일들은 최대한 피한다.

중생은 무명의 어리석음에 가려 있기 때문에 시작 없는 윤회 속에서 깊고 두터운 악습을 길러 왔다. 고통을 없애고 싶어 하면서도 반면에 더 크고 더 많은 고통의 근원을 만들었다. 예를 들면 어떤 사람이 가난의 고통을 벗어나고 싶어 한다. 그러나 인과규율을 알지 못하여 가난의 고통이 스스로 전생에 인색하고 보시하려 하지 않는 등의 악업이 불러온 것임을 알지 못한다. 그래서 도리어 수단을 가리지 않고 온갖 악행으로 재산을 축적하니, 이 때문에 내생에 더 많은 업보(惡果)를 불러온다.

용수보살은『친우서』에서 이 비유로써 문둥병 환자의 행위를 들었다. 이 환자는 옴벌레(癩蟲)가 무는 고통을 피하기 위해 불에 가까이 가서 벌레의 활동을 잠시 멈추게 한다. 그러나 불 곁을 떠나면 벌레의 활동은 더욱 활발해져서 환자의 고통은 더욱 늘어난다. 무지몽매하여 인과규율을 분명히 알지 못하는 중생은 본래 안락을 누리길 갈망한다. 예를 들어 재산이 원만하고 건강 장수하고 큰 위세를 얻기 원하는 등, 인과의 이치를 분명히 알지 못하기 때문에 '나무에 올라 물고기를 찾는' 엉뚱한 행동을 한다. 나쁜 수단으로 이 일체를 구하니, 예를 들어 살생·도둑질·사기 등 악행을 통해 재산과 권력을 얻는다. 현대인들이 소위 인류가 처한 자연환경을 바꾸려는 노력을 조금만 관찰해 보면, 대부분 인과규율에 위배되는 어리석은 행동들이다. 인류를 더 깊은 무명의 암흑 속으로 떨어지도록 이끌 것이다.

이 게송은 세상 사람들이 윤회의 불구덩이 속에 점점 깊이 빠져들어 거기에서 나오려고 해도 무력한 참상을 아주 생생하게 묘사하였다. 또한 그들이 고통이 많고 안락이 결핍된 원인을 따끔하게 지적하였다. 무지몽매하여 인과를 알지 못하고 악업을 짓고 안락의 근원을 없애 자신의 고통을 더 깊고 더 많게 한다. 이러한 중생의 입장에서 말하자면, 안락이 얼마나 얻기 어려운 것이며 고통은 이처럼 참기 힘든데 또 끊이지 않고 계속되니, 무명의 어리석은 암흑은 그들에게 거의 영원히 해탈할 기회가 없게 한다.

于諸乏樂者 多苦諸衆生 우제핍락자 다고제중생
足以衆安樂 斷彼一切苦 족이중안락 단피일체고

更復盡其癡 寧有等此善 갱복진기치 영유등차선
安得似此友 豈有如此福 안득사차우 기유여차복

그 누가 안락이 다하여
고난으로 가득 찬 중생들에게
무량한 안락을 가져다주고
일체 고통을 여의게 하며,
어리석음 역시 없애주려 하겠는가?
이 행보리심과 견줄 만한 선행이 어디에 있겠는가?
그들을 도울 수 있는 선지식이 있는가?
또 이보다 더 넓은 복덕이 있을 수 있는가?

삼계 중생은 이처럼 고통스러워 참기 힘들면서도 또 자신을 구제할 힘이 없으므로 대승 불자가 되어서는 그들을 구원하고 제도하려는 서원을 해야 한다. 또한 당연히 일체 방편법에 의지해 서원을 실행하여야 한다.

일체중생에게 안락을 얻게 하는 일을 성공하려면 대비심大悲心이 있어야만 하며, 중생의 고통은 반드시 대비심이 있어야 없앨 수 있다. 중생은 무명의 어리석음에 가려져 있으므로 대지혜의 광명으로 밝게 비추어야 한다. 대자대비와 대지혜가 동시에 갖추어진 방편법문이 바로 보리심이며, 기초 교리를 배운 사람들은 이 점을 모두 분명히 알 것이라고 생각한다. 대자대비 등 사무량심은 발보리심의 실천수행법이고(加行修法), 대지혜는 행보리심에서 배워 얻는 반야바라밀이다.

본사 석가모니 부처님은 윤회하는 중생을 구제하기 위하여 많은 법문을 말씀하셨다. 이 법문들은 보리심의 수용 아래에서만이 중생을 제도하는 방편법이 될 수 있으며, 그러므로 "고통에 찬 중생을 구제하려면 어디에 이 행보리심과 견줄 수 있는 좋은 법이 있는가?"라고 말한 것이다. 세상 선지식의 위력은 아마 연분緣份이 부족하여 당신을 이롭게 할 수 없을 수 있다. 그러나 보리심은 치우침이 없어 어떠한 한 유정이라도 고통을 벗어나 안락을 얻게 할 수 있다. 이에 "어디에 행보리심처럼 그들을 도울 수 있는 선지식이 있는가?"라고 한 것이며, 보리심은 현재의 고통을 없애 줄 수 있을 뿐만 아니라 온갖 안락을 누릴 수 있고, 가장 중요한 것은 중생의 고통의 원인을 철저하게 끊어 중생에게 위없는 안락의 근원을 얻게 할 수 있으니, 온 세상(世間) 어디에 이보다 더 넓은 복덕이 있겠는가?

보리심이 나와 남을 이롭게 하는 일(二利事業)에 있어 모든 법을 뛰어넘는 공덕을 가지고 있기 때문에 보살들은 이 마음을 수행할 때 무수한 겁 동안 게으르지 않았다. 미륵보살은 『경관장엄론經觀莊嚴論』에서 "보살이 남을 이롭게 하는 행원의 절실함은 보통사람의 자신을 이롭게 하는 심원으로도 미치기 어렵다."라고 말하였다. 보통사람은 자신이 윤회를 해탈하기 위한 것도 오히려 아주 게을러서 어떤 경우는 심지어 스스로 기꺼이 퇴보하여 일체 선법 수행을 내버리는데, 보살은 중생을 이롭게 하기 위하여 보리심을 수지하여 무수한 겁 동안 점점 굳세고 강건해진다.

아마도 어떤 사람은 생각할 것이다. '보리심에 이렇게 큰 공덕이 있다면, 아마도 우리 보통사람들의 경지는 아닐 것이다. 득지보살得地

菩薩 이상이어야만 진정으로 행심과 원심을 일으킬 수 있을 거야.' 이러한 생각은 대단히 잘못된 것이다. 이 책의 작자인 적천보살은 『학집론』에서 이에 대하여 자세한 변론을 하여 아주 분명하게 원행보리심을 보통사람도 일으킬 수 있음을 설명하였다. 『제개장보살청문경除蓋障菩薩請問經』에서는 보통사람도 보살계를 수지할 수 있으며 보살계를 지키는 것은 발보리심의 한 방편으로, 보리심을 낼 수 있어야 보살계를 얻을 수 있다고 말한다. 보통사람도 보리심을 일으킬 수 있다는 것은 수행인들이 경론을 펴면 많은 증거(教證)를 얻을 수 있다.

여기에서 보리심이 대승법에 들어가는 기초임을 강조할 필요가 있고, 아직 보리심을 내지 않았다면 당신이 어떠한 법, 예를 들어 본존 관하기(觀本尊)[52], 기맥과 혈점 관하기(修氣脈明點) 등을 닦더라도 대승법으로 볼 수 없다. 만약 당신이 대승비구계를 받아도 계체戒體를 얻을 수는 없다. 수행인들 중에 어떤 사람들이 『입행론』은 중요하지 않으며, 실제로 닦는 법문이 아니고 다만 불법철학(哲理佛法)일 뿐이라고 한다면, 이것은 비할 수 없이 큰 삿된 견해이다. 『입행론』은 진정 대승 불법의 실제 수행의 규범이니, 만약 이것이 실제 수행하는 법이 아니라면 어디에 다른 실實 수행법이 있겠는가?

52 자기 수행의 주제가 되는 불보살의 상을 관하는 것.

5 발심한 공덕을 갖춤

若人酬恩施 尚且應稱讚 약인수은시 상차응칭찬
何況未受托 菩薩自樂爲 하황미수탁 보살자락위

만약 어떤 사람이 은혜를 알아 보답한다면
세상 사람들이 칭찬할진대,
하물며 부탁 받지도 않았는데
중생을 이롭게 해주길 원하는 보살에게는 어떠하겠는가?

일반인들은 이 세상을 살면서 늘 많은 고통을 만난다. 이때 다른 사람이 돈·노동력·물건 등의 보시 같은 방법을 써서 그를 도와 고난과 위기를 평안하게 건너가게 해준다면, 구원을 받은 사람의 입장에서 말하자면, 이 도와준 사람들은 분명 그에게 일정 정도의 은덕이 있다. 만약 그가 이 점을 알고 도와준 사람에게 사례를 한다면, 일반 세상 사람들은 모두 칭찬할 것이다. "이 사람은 배은망덕한 사람이 아니라서 은혜를 갚을 줄 아는구나! 훌륭해, 훌륭해!"

맥팽 린포체는 『이규교언론二規教言論』에서 "어떤 사람이 은혜를 알아 갚는다면 깊이 인과를 믿어 그릇되게 하지 않으니, 사람들도 가능하면 그를 도우려 하는데 천신(諸天)이야 말할 필요가 있겠는가?"

라고 말하였다. 중국에는 인과 이야기에 관련된 책들이 많은데, 귀신이 은혜에 보답하는 사람을 공경하고 보호한다고 말한다. 인간 세상에서는 제대로 은혜를 알아 보답하는 것이 확실히 칭찬할 가치가 있다.

어떤 대승 불자가 있어, 당신은 누구누구를 이익되게 하고, 누구누구를 제도하라는 등의 부탁이나 충고를 누구에게도 받지 않았다. 그러나 그가 시작도 없는 옛적부터의 선원善願과 선근이 성숙됨으로 인하여 중생이 윤회 속에서 온갖 혹독한 고통을 받는 것을 보고서 자연스럽게 맹렬한 대비심이 생겨난다. 이 대비심에 따라 보살은 전심전력하여 자신의 일체로써 남을 이롭게 한다. 이러한 행위는 결코 자신이 선과를 얻기 위한 것이 아니며, 또한 남의 은덕을 갚는 것이 아니다.

『불자행佛子行』에도 이처럼 "보리를 구하는 사람은 몸을 희생해야만 하는데, 하물며 일체 몸 밖의 물질에 있어서이겠는가? 이로 인하여 다음 생에 보답받기를 바라지 않는다. 보시가 바로 불자의 수행이다." 라고 말한다. 보살이 중생을 이롭게 하는 심원은 매우 간절하고 청정하며 심지어 중생을 위해 자신을 버리기까지 한다. 또한 석가모니 부처님께서는 보살지에서 보리심을 닦으실 때 제바달다提婆達多에게 여러 차례 해를 당한 것처럼, 중생을 이롭게 하는 과정에서 많은 해를 당할 수 있다. 그러나 보살은 이 때문에 중생을 이롭게 하는 행동을 버리지 않을 뿐만 아니라 대비심을 더 늘린다.

세상 사람들이 은혜를 보답하려고 하는 생각과 비교해 볼 때, 사람들은 남을 이롭게 하는 정신이 얼마나 더 높은 것인지 잘 알지 못한다. 세상에서는 은혜를 알고 갚은 사람에 대해서는 공덕을 기리는데, 보살이 중생을 이롭게 하는 행위에 대해서는 이치상 더욱 찬미해

주고 공경하여 정례하고 공양해야만 한다. 설사 이렇게 하더라도 보살에 대한 공경을 표현하기에는 부족하다.

자기 주위의 도반들을 관찰하면, 말이나 행동거지에서 일부 사람들은 진실로 보리심을 낸 대승 불자임을 볼 수 있다. 현재 불교계에는 공경하고 수희찬탄할 가치가 있는 많은 고승대덕들이 있다. 타인을 이롭게 하기 위하여 자신의 일체를 희생한 이러한 대덕 앞에서 우리가 어찌 공경스럽게 정례하며 마음속으로부터 칭찬하지 않겠는가.

偶備微劣食 嗟施少衆生 우비미열식 차시소중생
令得半日飽 人敬爲善士 영득반일포 인경위선사
何況恒施與 無邊有情衆 하황항시여 무변유정중
善逝無上樂 滿彼一切願 선서무상락 만피일체원

우연히 양도 적고 맛도 좋지 않은 음식을
몇몇 중생들에게 경멸하는 태도로 보시하여
겨우 반나절 배부르게 해주었을 뿐인데도
세상 사람들은 그가 덕행을 행했다고 칭송한다.
하물며 긴 세월 보살이 온갖 보시로
중생의 일체 선원을 만족시키고,
그들이 원만한 깨달음을 얻도록
인도함에 대해서는 어떠하겠는가?

세상 보통사람들의 보시 선행을 우리는 직접 보거나 혹은 몸소 경험했으며, 이러한 보시는 시간적으로 보면 단지 '우연히 행해진 것'일 뿐, 결코 긴 시간의 보시가 아니다. 보시물을 가지고 분석한다면, '양도 적고 맛도 좋지 않은 음식'으로, 예를 들면 자신이 먹다 남은 음식이거나 기한이 지난 음식물이며 맛도 그다지 좋지 않다. 보시의 태도를 가지고 말한다면, 자신은 아주 높은 곳에 있으면서 '경멸하면서' 보시 받는 사람을 대하고 보시 받는 대상은 단지 '적은 중생'일 뿐이며, 이를테면 두서너 명의 거지, 일부 재난을 당한 사람 등이다. 그들에게 반나절의 밥과 한두 푼의 돈을 주어 얻게 하는 것은 '반나절의 배부름'일 뿐이어서 마치 어제 몇 명의 거지가 학원에 와서 여기 누군가 그들에게 음식·의복·약간의 돈 등을 준 것과 같다.

이러한 유한한 보시는 그들이 잠깐의 시간을 지나게 해줄 수 있을 뿐이다. 겨우 이러할 뿐인데도 사람들은 정말 동정심이 있다고 칭찬할 것이다. 수행인들 중 많은 사람이 시내에 가면 매우 자비롭게 돈이나 의복·음식을 베푼다. 그곳의 어린 거지들은 매우 기뻐하고, 사람들은 모두 "세상에, 당신들은 어쩌면 이렇게 동정심이 있는가!"라고 칭찬한다.

그러나 보살이 중생을 대하는 것은 이와 같은 것이 아니다. 그들 몇몇처럼 단지 약간의 의복·음식·재물 등을 주는 것만이 아니다. 보살의 발심은 매우 넓어서 보살이 중생을 이롭게 하는 시간은 '영원'하고, 그가 처음 발심해서부터 윤회가 끝나지 않는 한 변함이 없으며, 대상은 '끝없는 유정'으로 법계 일체중생이라고 말할 수 있다. 보시물은 '온갖 보시로 중생의 일체 선원을 만족시키고, 더 나아가 그들이 원만한 깨달음(정각의 위없는 안락)을 얻도록 인도하는 것'이다. 즉 잠시 일체 재물의 향유와 궁극의 성불 안락이다.

게송에서는 보살이 중생에게 보시하는 태도를 설명하지 않았다. 그러나 『입중론』[53]에서는 "불자는 보시 구하는 소리를 들으면, 보시함으로 생기는 즐거움을 사유한다. 성문의 성자는 적멸에 들어 저 즐거움이 없는데, 하물며 보살이 일체를 보시함에 있어서이겠는가?"라고 말하였다.

보살은 매우 공경스럽고 즐거운 태도로 중생의 희망을 만족시킨다. 시간·대상·보시물·보시하는 태도를 가지고 비교해 보면, 보살의 보시는 위없는 보시로 세상 사람들이 우연히 보시하는 일로는 비교할 수가 없다. 부처님이 『반야섭경般若攝經』에서 "중생을 해치는 것을 없애기 위하여 보살은 베풀지 않는 것이 없다."라고 말하였다. 『경관장엄론』에서도 "대승보리심을 낸 사람은 신체와 소유물 모두를 중생에게 보시하길 원한다. 보시할 때 역시 조금도 오만하지 않는다."라고 말하였다. 우리 보통사람들은 일반 재물을 보시하는 것조차 매우 힘들다. 그러나 보살의 보시는 이처럼 끝없이 넓어 어떻게 찬미해도 발보리심한 사람의 공덕을 표현할 수 없다.

博施諸佛子 若人生惡心 박시제불자 약인생악심
佛言彼墮獄 長如心數劫 불언피타옥 장여심수겁

널리 중생을 이익 되도록 보시하는 보살에게
행여 나쁜 생각을 일으켰다면,
부처님은 그가 반드시 지옥에 떨어질 것이라고 말씀하신다.

53 중관 사상의 입문서, 인도 귀류논증파의 월칭이 지음.

성내는 마음이 얼마인가에 따라 지옥에서 그만큼의 겁 동안 업보를 받는다.

보리심을 낸 대승 불자는 악업을 지은 사람의 입장에서 말하면 매우 준엄한 대상이다. 만약 어떤 사람이 이러한 보살 앞에서 나쁜 생각을 일으켜 경멸하고 괴롭힌다면 매우 심각한 업보를 불러올 것이다. 부처님은 『최극적정신변경最極寂靜神變經』에서 "문수보살이여, 만약 보살이 있는 곳에서 성내는 마음을 일으키고 오만한 마음을 낸다면, 일어날 때 즉시 말하되, 나는 겁이 지나도록 지옥에서 머물러야만 한다고 한다."라고 말씀하셨다. 또 "금강보는 금강보만이 깨뜨릴 수 있는 것처럼, 발심한 보살이 다른 보살한테 성내면 지옥에 떨어지게 된다."라고 말씀한다. 가령 이미 발심한 불자가 또 다른 보살에게 성내더라도 겁 동안 지옥의 업보를 받는데, 하물며 일반 보통사람이 보살에게 성냄이겠는가?

업보를 받는 시간과 관련하여 게송에서는 "그가 성냄이 얼마나 긴 찰나인가에 따라 지옥에서 그만큼의 겁 동안 업보를 받는다."라고 말하였다. 한 찰나는 손가락을 튕기는 시간 동안의 64분의 1이다. 하나의 나쁜 생각이 날 때 대략 얼마의 찰나가 들까? 얼마만큼의 찰나 동안 악심을 냈는가에 따라 바로 그만큼의 대겁大劫 동안 지옥에 떨어져야 한다. 『신력입인법문경信力入印法門經』에서 "문수보살이여! 가령 어떤 사람이 염부閻浮에서 일체 유정을 모두 죽이고, 모든 가진 것을 빼앗기까지 하였다. 만약 또 어떤 사람이 한 보살 있는 곳을 따라다니며 비방을 한다면, 이와 같은 죄는 앞의 죄보다 아승기수阿僧

祇數의 배가 넘는다."라고 말하였다.

수행인들은 한번 생각해 보자! 아주 잔인한 사람이 세상의 모든 사람을 전부 죽이고 또 그들이 가진 재산을 빼앗는다면, 그러한 행위가 불러오는 업보는 의심할 것 없이 매우 심각하다. 그러나 또 다른 한 사람이 한 대승보살에게 나쁜 마음을 일으켜 비방을 하면, 이 업보는 이미 앞 사람을 훨씬 뛰어넘는다. 나는 수행인들 어느 누구도 이러한 업보 받기를 원하지 않는다.

나는 늘 사람들이 "나는 어떤 사람을 만나고 싶지 않다. 심지어 한 찰나도 그를 보고 싶지 않다."라고 말하는 것을 듣는다. 수행인들이 자신의 마음의 흐름을 관찰하길 희망한다. 이러한 악심의 업보가 당신은 설마 두렵지 않는가? 당신은 감히 악심을 낸 대상에게 발보리심이 없다고 확신할 수 있는가?

『신력입인법문경』에 "가령 어떤 사람이 시방세계 모든 유정들에게 분노를 다 내고, 만약 또 어떤 사람이 보살에게 미워하는 마음을 내고 성내고 등져 바라보길 좋아하지 않는다면, 이와 같은 죄는 앞의 죄보다 아승기수의 배가 넘는다."라는 비유가 있다. 또 "가령 어떤 사람이 삼천대천세계 일체 유정이 있는 곳을 칼이나 몽둥이로 깨부수었고, 또 어떤 사람은 보살에게 거짓과 오만한 마음을 내고 성내는 마음을 일으키고 해칠 마음을 품었다면, 이와 같은 죄는 앞의 죄보다 아승기수의 배가 넘는다."라는 비유가 있다. 이러한 가르침의 예증은 더 나열하지 않겠다. 수행인들은 여러 번 생각해야만 한다.

오명불학원에서 법을 듣는 사람들은 모두 밀교를 배운 수행인들이다. 이 때문에 대개 대승밀법 상사를 경멸하고 해치는 잘못을 범했다고 할 수 있다. 『시륜금강본속時輪金剛本續』에서 "밀승 제자는 금강상사에 대하여 많은 찰나에 나쁜 마음을 내는데, 반드시 많은 큰 겁 동안 지옥에 떨어질 것이다."라고 말한다. 이전에 수행인들을 위하여 『사사오십송事師五十頌』을 강의할 때, 그 안에도 "제자가 되어 스승을 경시할 것 같으면, 즉 일체 불을 경시하는 것이다. 이 때문에 지옥으로 떨어진다."라는 가르침의 예증이 있었다. 수행인들은 주의해야 한다. 보살에 대하여 나쁜 마음을 낸 업보는 이미 비유할 방법이 없다. 금강상사에 대하여 나쁜 마음을 낸 업보는 한층 더 크니, 나쁜 마음을 내는 것은 말할 필요도 없고, 설령 상사의 가르침을 어기더라도 그는 백천만겁 동안 최대한의 정진으로 수지하여야 지옥으로 떨어지는 업보를 면할 수 있을 뿐이다.

쾌낭파 대덕 다라나多羅那가 지은 『인도팔십사대성취자전기印度八十事大成就者傳記』 중에 한 번 들으면 잊혀지지 않는 이야기가 있다. 상사가 한 명의 재가 제자를 가르쳤으며 그에게 일체를 버리고 수행하게 하고 재산을 모으지 말도록 하였으나, 그의 제자는 생각했다. '아마도 내가 너무 부자라서 상사가 좋아하지 않으시나 보다.' 그래서 가르침을 따르지 않았다. 시간이 얼마 지나지 않아 상사는 또 "제자여, 너의 재산을 버려라. 세간의 소유물을 연연해서는 안 된다. 수행자는 동굴에서 지내야만 한다."라고 훈계하였다. 제자는 들은 후 삿된 견해가 생겼다. '상사가 나에 대해 점점 질투심이 늘어나는구나.' 이렇게 상사의 좋은 말을 이해하지 못하였다. 시간이 지난 뒤, 이 사람은 자신의 잘못을 반성하였다. 그래서 세간의 일체를 내려놓고 고요한 곳으로 가서 오로지 본존을 관하는 데 뜻을 두었다. 몇 년이 흘렀으나 조그마

한 감응도 얻지 못하였다. 어느 날, 그는 마침내 꿈에서 천존天尊을 보았다.

천존이 그에게 알려 주었다.

“그대가 일찍이 상사의 가르침을 어긴 이유 때문에 이러한 수도는 성취할 수 없다.”

그는 곧 천존에게 기도하고 물었다.

“저는 지금 어찌해야 합니까? 어떤 방법을 써야 이 죄를 참회할 수 있습니까?”

천존은 말하였다.

“너의 손과 발을 전부 베어 버려야 이 죄를 참회할 수 있다.”

이 사람은 가르침에 따라 행하였다. 스스로 손발을 자르고 힘껏 참회하였다. 오랜 시간 참회를 계속하여 마침내 임종할 때 본존을 친견하였지만, 이생에서 궁극의 성취를 얻지 못하였다.

또 나로빠(那洛巴, 1016~1100) 대사[54]의 공안도 있다. 수행인들이 모두 잘 아는 것이다. 그의 상사 띨로빠(帝洛巴)는 나로빠가 외도와 변론할 때 공중에 나타나서 “제자야, 나는 원래 너에게 남과 변론하지 말라고 부탁하였다. 지금 너에게는 궁극의 성취를 얻을 기회가 없어졌다.”라고 말씀하셨다. 나로빠는 이생에서 가장 수승한 성취를 얻지 못하였다.

이 두 공안을 듣고서 수행인들은 어떤 생각을 갖는가? 만약 보살에 대해 한 찰나라도 성내는 마음을 일으키면 이와 같은 업보가 있다.

---

54 밀교의 대성취자. 티베트 까귀파의 조사인 마르빠의 스승이다.

반대로 만약 보살에 대해 믿음을 일으킨다면 무슨 공덕이 있겠는가?

若人生淨信 得果較前勝 약인생정신 득과교전승
佛子雖逢難 善增罪不生 불자수봉난 선증죄불생

어떤 사람이 보살의 보시에 청정한 믿음을 일으킨다면,
얻는 선과는 크고 오래가서 그 보시공덕을 훨씬 뛰어넘는다.
보살이 선을 행할 때 비록 많은 장애를 만나더라도
죄를 짓지 않을 뿐 아니라 선업이 저절로 늘어난다.

우리는 일상생활에서 보리심을 낸 대승보살을 만날 수 있고, 뿐만 아니라 그에게 청정한 믿음을 낼 수 있다. 일반적으로 이러한 청정한 믿음은 일종의 환희심으로 결코 많은 이유가 있어야 생기는 것은 아니다. 이는 수행인들이 법왕 여의보를 처음 만났을 때 마음속에서 환희심이 일어났는데, 그 원인을 궁구해 보아도 분명하게 말로 할 수는 없는 것과 같다. 이 환희심으로 인해 이생에서 선근을 얻을 수 있고, 또 무수한 겁 동안 이로 인해 좋은 과보를 받아 누릴 수 있다.

『입정부정수인경入定不定手印經』에서 "문수보살이여! 가령 어떤 사람이 시방세계 일체 유정들에게 그 눈을 찔러 일겁一劫에 이르렀다. 그리고 어떤 착한 남자와 착한 여자가 저 유정들에게 불쌍히 여기는 마음(悲愍心)이 일어나 그 눈을 처음대로 회복시켜 놓은 것이 일겁에 이르렀다. 문수보살이여! 또 대승보살이 낸 청정심을 어떤 사람이 잠시 동안 보고 믿는 것에 대하여 수희하는 복은 앞의 것보다 아승기수[55]

의 배가 넘는다. 또 비유가 있다. 예를 들면 어떤 사람이 철 지옥에 갇혀 있는 시방 중생을 풀어주고, 또 그들로 하여금 전륜왕과 범천의 지위를 얻게 하면 그 공덕은 불가사의한 것이다. 그러나 어떤 사람이 대승보살의 보시행에 청정한 믿음을 내거나 찬탄을 하면 그 공덕은 앞사람을 뛰어넘어 헤아릴 수 없다."라고 말하였다. 이러한 가르침의 예증은 일일이 다 들 수가 없다. 모두 대승보살에 대하여 청정한 믿음을 일으킨 복덕이 끝이 없음을 분명하게 보이고 있다.

앞에서 우리는 보살에게 성내는 마음을 일으킨 잘못에 대하여 강의하였다. 많은 사람들은 듣고서 깜짝 놀란다. "끝났다, 끝났다. 나는 늘 남에게 나쁜 마음을 내는데 어떻게 하지?" 물론, 일반 보통사람 입장에서 말하자면, 시시각각 청정심을 지키는 것은 매우 어려운 일이다. 어떤 사람들은 잘못을 피하는 것은 항상 어려운 점이 있다는 생각을 가지고 있다. 그러나 자신의 마음 흐름을 관찰하면 우리는 늘 상사와 도반에게 청정한 믿음을 일으킬 수 있게 될 뿐만 아니라 청정한 믿음을 내는 것이 나쁜 마음을 내는 것보다 많게 된다. 이 게송에서 말한 대로 청정한 믿음을 낸 공덕은 나쁜 마음을 낸 죄업을 조복시킬 수 있다. 이러하므로 수행인들은 절망에 빠지지 않고 큰 자량을 쌓을 수 있다.

어떤 사람들이 여기에서 말한 대상은 득지得地 이상의 보살이지 보통 보살은 아니라고 여긴다면, 이러한 것은 조금도 근거가 없다. 이 논에서 말한 보살은 대부분 보통 보살이다. 즉 이미 원행보리심을

---

55 인도에서 수량의 단위이며 무한히 큰 수를 말한다.

내었고, 뿐만 아니라 아직 이 마음에서 물러나지 않은 보통사람이다. 『학집론』에서 작자는 이에 대해 아주 분명한 설명을 하였다.

오늘 이 자리에서 법을 듣는 사람들은 제가 보기에 모두 보살이며 최소한 범부 보살은 되며, 당연히 등지登地 이상의 불자도 있을 것이다. 수행인들은 상호간에 또 청정한 믿음을 내어야만 한다. 여러 큰스님들이 가르치되 "누가 불보살이고 더욱이 누가 보통 보살인지, 우리는 잘 알 방법이 없다. 이 때문에 어떤 중생에 대해서도 청정심을 내어야 하고 불보살로 보아야만 한다."라고 했다. 수행자가 되어 언제 어디를 막론하고 중생이 하는 행위를 불보살로 여겨 대해야만 하며, 자신을 낮은 곳에 두고 다른 사람의 잘못을 관찰하지 않으며, 자신의 마음을 세심하게 관찰하여 최대한 청정심으로써 일체를 대해야만 한다. 이렇게 하면 악업 짓는 것을 피할 수 있다.

일반 사람에게는 일종의 다른 사람의 잘못은 아주 미세한 부분도 관찰할 수 있으면서도 자신의 잘못은 산처럼 커도 알지 못하는 병통이 있다. 수행인들은 수행 중이므로 이런 병이 생기게 하지 않을 수 있다. 그렇지 않으면 정말 수행인들이 성자에 대하여 죄를 지을 수 있다. 우리 주변에는 여러 불보살의 화현이 있다. 『화엄경』에서 "붓다께서 화신을 나타냄은 다 헤아릴 수 없다. 일체 유정 중생을 조복시키기 위하여 다양한 모습을 보이신다."라고 말하였다. 『화엄경』에는 선재동자가 예방한 선지식에는 외도·도살자 등 다양한 모습이 있었다. 예를 들면 관세음보살에게는 32가지 화신(『법화경』, 「관세음보살보문품」)이 있는데, 그중에는 장군이나 귀신의 왕(鬼王) 등이 포함된다. 세간의 일체 유정들의 드러내는 것이 그렇게 청정하고 여법하지 않다고 해도,

수행인들은 청정한 믿음으로 대하여야 업 짓는 것을 피할 수 있다. 뿐만 아니라 무량한 선근을 심을 수 있고 넓은 자량을 쌓을 수 있다.

"보살이 선을 행할 때 비록 많은 장애를 만나더라도 죄를 짓지 않을 뿐 아니라, 도리어 이 때문에 선행이 늘어난다."라는 점은 우리가 경전과 전기에서 볼 수 있으며 현재도 볼 수 있다. 매우 견고하게 대승보살심을 지키는 수행인은 법을 수행하는 과정에서 질병이나 비방, 음식과 의복이 없는 등과 같은 각종 악연을 만나더라도, 이러한 악연으로 인해 부정적으로 타락하여 보리심에서 물러나지 않는다. 도리어 이로 인해 더욱 정진하여 선법 공덕을 늘린다. 『반야섭송般若攝頌』에서도 "비록 많은 악연을 만날지라도 저 마음은 동요가 없다. 견고하고 인내하는 힘은 더욱 부지런하게 보리를 행한다."라고 말하였다.

우리가 본사 석가모니 부처님의 본생 전기를 보면, 부처님께서 보살수행(因地)에 계실 때 두려움 없이 일체 손해를 직면하며 악연을 도의 작용(道用)으로 바꾸어 보리심 수지가 마침내 원만해지셨다. 수행인들 대다수는 밀라레빠 존자(1038~1122)[56]의 전기에서 존자가 산에서 고행할 때 의복도 음식도 없이 신체는 점점 허약해졌으나 그의 출리심과 보리심은 점점 강렬해져 선업이 점점 늘어났음을 본다. 중국의 고승대덕인 허운虛雲 선사(1840~1959)[57]는 일생을 수도하면서

56 티베트 고승. 거쥐(까귀)파 창시자. 마르빠의 전법제자로 『십만게송집』이 전해지고 있다.

57 청말 중화민국 초기의 고승. 43세 때 보타산에서 오대산까지 3보 1배로 3년에 걸쳐 도착하는 고행을 하였다. 56세에 고민사에서 찻잔을 땅에 떨어뜨리는 소리에 확철대오하였다.

많은 어려움을 만났지만, 끝까지 보리심을 버린 적이 없다. 또 청정상인淸定上人은 20여 년을 철 감옥에 감금되었는데, 중생을 이롭게 하는 폐관 수행으로 바꾸어 불쌍히 여기는 마음, 믿음 등의 선법 공덕이 더욱 늘었다. 발보리심의 공덕은 그들에게 어떠한 악연을 만나더라도 운명에 따라 자연스럽게 선법을 늘리게 할 수 있었다.

어떤 사람들은 "그들 대덕은 이미 성불(佛果) 혹은 대보살의 지위(大菩薩果位)를 증득했으므로 이와 같을 수 있는 것이지, 우리 같은 보통사람들은 분명 할 수 없다."라고 말한다. 마치 이렇게 성격이 나약한 사람은 할 수 없을 것 같은 것도 그럴 만하다. 게송에서도 모든 불자가 이와 같을 수 있다고 말하지는 않았으며, 이는 견고하게 보리심을 퇴보시키지 않는 불자를 가리키며, 그는 비록 보통 보살이지만 이미 어느 정도의 공덕을 가지고 있고 근기가 비교적 예리하다. 마치 우리 학원의 일부 불자가 비록 각종 악연을 만나도 상사 삼보에 대한 믿음은 더욱 견고해지고, 중생을 이롭게 하기 위하여 보리 증득을 구하는 원심이 역시 날로 강렬해지는 것과 같다.

6 보살을 공경히 찬탄함

何人生此心 我禮彼人身 하인생차심 아례피인신

雖令怨敵樂 歸敬彼樂源 수령원적락 귀경피락원

누가 이 보리심을 일으켰다면

나는 공경스럽게 그 보살에게 정례하며,

해치려는 자에게도 안락을 주는

기쁨의 원천이신 당신께 귀의합니다.

세상의 어떤 사람이든 불법을 배울 수 있으며, 모두 대승법문에 들어가 보리심을 일으킬 수 있다. 누구든 마음 가운데 보리심을 일으키기만 하면 그에게 아주 공경스럽게 정례해야 한다고 적천보살은 말한다. 그 이유는 우리가 앞에서 분명하게 강설하였다. 어떤 한 보통사람이 보리심을 낸 후, 바로 인천에게 공양 받을 수 있는 복전이 되었다면 그에게 한마음으로 청정한 믿음을 내는 것도 무량한 복덕을 얻을 수 있다. 심지어 이 논을 지은 적천보살 자신도 보리심을 낸 사람에게 정례하고 공경할 가치가 있다고 한다.

이와 같을 뿐만 아니라 보리심을 갖춘 불자는 가령 그가 해침을 당해도 해를 끼친 사람들로 하여금 안락을 얻는 인연을 맺게 할 수 있다. 티베트에는 "보살과 좋은 인연 맺는 것은 현생에서 성취할 인연이 되고, 악연 맺는 것까지도 윤회를 끊을 수 있는 인연이 된다."라는 표현이 있다. 이 의미는 보살과 좋은 인연을 맺는 것은 무량한 공덕이 있어 이생에서 이 인연으로 윤회를 해탈할 수 있고, 가령 보살과 악연을 맺었을지라도 역시 악연의 씨앗을 끊을 수 있어 미래에 반드시 해탈할 수 있으며, 보살은 이 악업을 지은 중생에 대하여 특별히 강렬한 자비심을 가지고 있기 때문에 이 인연에 의지하여 온갖 뛰어난 방편(善巧方便)으로 그들을 제도하여 이 중생들을 윤회의 극한 고통에서 가능한 한 빨리 해탈하게 한다.

그러면 앞에서 보살에 대해 한 찰나라도 성내는 마음을 일으키면 바로 대겁 동안 지옥에 떨어질 것이라고 말한 것은 이 설법과 어찌 위반되는 것이 아니겠는가? 이 점과 관련하여 근수취자 린포체는 대답하되 "앞에서는 주로 보살은 엄격한 대상이므로 이를테면 악업을 짓는 것이 매우 크다는 것을 말하였다. 여기에서는 보살의 가피력과 공덕의 힘이 헤아릴 수 없으므로 설령 그와 악연을 맺더라도 해탈의 원인(因)을 심을 수 있음을 강의하였다."라고 한 적이 있다.

당연히 악업을 지은 사람이 청정하게 참회하지 않는다면 틀림없이 업보를 받을 것이다. 제바달다가 많이 부처님을 해치려고 하여 죽은 뒤 바로 무간지옥에 들어간 것과 같다. 그러나 장기적으로 볼 때 보살과 근본적으로 인연이 이어져 있지 않은 것과 악연으로 이어진 것, 어느 것이 좋은가? 비록 악연으로 이어져 참회하지 않으면 악업을 받아야만 할지라도 결국에는 이 인연으로 보살의 가피나 섭수 등을 얻어 해탈도로 들어가 가능한 한 빨리 위없는 안락을 얻을 수 있다.

그러나 근본적으로 인연이 이어지지 않은 사람은 '인연이 없어 제도할 수 없는 것'이니, 보살의 이로운 구제를 얻을 방법이 없다.

『불본생경佛本生經』에는 자력국왕慈力國王 보살의 공안이 기록되어 있다. 당시 다섯 야차가 그의 피와 고기를 다 먹었고 나중에 다섯 야차는 이로 인해 지옥에 떨어졌으나 보살의 위엄 있는 덕의 힘으로 가피를 입어 빠르게 제도 받아 해탈을 얻었다. 이 공안은 "해를 끼친 것이 복된 인연을 이었다."라는 의미를 설명한다. 맥팽 린포체의 가장 걸출한 제자인 근훠 켄포는 "장기적으로 볼 때, 가령 보살과 악연으로 이어졌다 해도 끝없는 이익이 있다. 그러나 수행과정에서 반드시 염두에 두어야만 한다. 누가 불보살의 화현이고, 누가 보리심을 내었는지 우리 보통사람들은 주위의 사람들을 알 방법이 없다. 이 때문에 보살에 대하여 자신이 무량겁 동안 지옥에 떨어질 죄업을 지을 수 있고, 그들에 대한 믿음이 적을 수 있다. 그러므로 우리는 반드시 악업을 참회해서 무량겁 동안 지옥에 떨어질 고통 받는 것을 벗어나야 한다. 누구든 대승에 들어온 불자에 대해서는 청정한 믿음을 내는 것이 안정적으로 죄를 참회하고 복덕자량을 쌓는 방법이다."라고 말하였다.

초발심 보살은 제불의 씨앗이며, 이에 의지하여 최후에 나와 남의 일체 안락을 이룰 수 있다. 『입중론』에서 "성문과 연각은 부처님의 교법으로부터 나왔고, 제불은 다시 보살의 대자비가 원인이 되어 성취한다. 그러므로 나는 우선 대비심을 찬미한다."라고 말하였다. 월칭月稱보살(서기 600~650년경)[58]은 먼저 제불을 성취하는 '원인(因)'을 예찬하려 한다고 말하였다. 대략 세상의 일체 결과(果)는 원인으로부터 생겨난다. 이와 같은 위없는 안락의 불과는 보살이 보리심을 수지한 것으로부터 얻어진다. 안락의 불과를 얻고 싶은 사람은 반드시 이 '원인'을 중시해야만 한다. 그러므로 적천 논사는 일체 보리심을 갖춘 불자에게 귀의하여 예경해야 한다고 말한다. 그들은 일체 안락의 근원이다.

보리심을 일으킨 수행인들은 모두 여래의 원인(因)이며, 또한 논을 지은 성자도 정례하고 귀의할 곳이다. 적천 논사도 오히려 수행인들에게 정례하고 믿음을 일으켰는데, 수행인들 사이에는 무슨 이유로 서로 공경하고 믿음을 내지 않는가? 어떤 도반들 사이에는 이전에 아마 다른 감정들이 있을 수 있었고 이 응어리가 마음에 맺혀 에베레스트 산 정상의 쌓인 눈처럼 줄곧 녹을 수 없었으나, 이번에 잘 한번 생각해 보아야만 하며, 가지고 있는 응어리를 없애면 서로 청정한 마음이 일어나고 이와 같을 뿐만 아니라 또 환희심이 생겨 서로 정례한다.

보리심의 이익을 다 듣고 나서 어떤 사람들은 보리심을 좀 내고자 하는 생각이 들었을 것이다. 그러나 마음의 흐름 속에서 보리심이 일어나려면 반드시 여러 가지 인연을 갖추어야만 한다. 『보살지론菩薩地論』에서 "발심은 사인四因·사연四緣·사력四力으로부터 일어난다."라고 말하였다. 소위 4인이란, 발심한 사람은 신분(宗姓)의 원만함, 선지식의 섭수, 대비심, 윤회의 고통을 두려워하지 않는 등의 4가지

58 인도불교 대승 중관파의 고승. 불호의 제자 연화각의 법을 이음. 그는 마음을 떠난 명언의 외경이 실재함을 인정하나 세속제와 승의제가 자성이 있다 함을 비판했다.

조건을 갖추는 것을 말한다. 4연은 불보살의 신통(神變)을 만나고, 대승경론을 듣고, 제법이 쇠락할 것임을 보고, 탁한 세상 중생의 번뇌를 보는 것이다. 마지막으로 4력은 자력自力, 타력他力, 인력因力, 가행력加行力을 말한다.

이러한 인소因素의 축적을 통하여 보리심을 낼 수 있는데, 당연히 12가지 전부가 갖추어져야 발심할 수 있는 것은 아니다. 우리는 각자 자신에게 어떤 인소가 구족되어 있는지 관찰해야 한다. 우리가 발심하는 것을 인도하기 위하여 이 책 제2품에서는 이러한 인소 측면으로부터 들어가 우리가 삼보에 귀의하여 널리 공양을 닦고 아울러 죄업을 참회하도록 인도한다. 이것이 제2품의 전체 의미이며, 수행인들은 이 기회에 한편으로는 강설을 이해하고, 또 한편으로는 문장의 뜻을 따라 관하며 닦는다.

제2품

업장業障 참회

문수보살

1 삼보에 헌공함

1) 목적과 대상

爲持珍寶心 我今供如來 위지진보심 아금공여래

無垢妙法寶 佛子功德海 무구묘법보 불자공덕해

진귀한 원보리심과 행보리심을 수지하기 위하여

저는 지성으로 제불여래께

티 없는 법보와

모든 초지 이상 대승보살의 광대한 공덕 바다를 공양 올리옵니다.

마음의 흐름 가운데 진귀한 보리심을 일으키기 위하여 우리는 먼저 각양각색의 공양물(供品)을 올린다. 자신의 물건이든 주인이 없는 물건이든 제불여래의 마음을 기쁘게 할 모든 물건을 공양 올려야 한다. 공양의 대상은 시방 여래, 수승한 법보이며, 또한 문수·관음·보현 등과 같은, 수승한 깨달음의 공덕을 구족한 대승 승보에게 공양한다. 삼보는 일체 유정이 안락을 얻는 근원으로, 드넓은 바다처럼 끝없는 공덕을 만들어낼 수 있기 때문에 '공덕의 바다'라고 부른다.

인도·티베트·중국 등은 대승불교가 전승되는 과정에서 공양을 중시하였다. 이전에 아티샤 존자(982~1054)[59]가 티베트에 왔을 때, 많은 제자들은 존자에게 보살계를 전수해 줄 것을 간청하였다. 당시 존자는 제자들에게 성대한 공양품을 마련하여 상사 삼보에게 올릴 불단에 진열할 것을 요구하였다. 제자들은 부탁에 따라 준비를 갖추었으나 존자는 그다지 만족하지 못하고 다시 그들에게 새롭게 진열할 것을 명령하였다. 그의 제자들은 전심전력하여 장엄하고 성대한 공양품을 마련하였으며, 존자는 비로소 기쁘게 보살계를 전수하였다.

법왕 여의보 역시 우리에게 보살계를 줄 때 이렇게 요구하였다. 당시 우리는 대강당에 각종 생화·다섯 가지 색깔의 비단·향·꽃·등·물 등을 진열하고 상사 삼보에게 매우 장엄하고 성대한 공양을 올렸다. 어느 방면으로 볼지라도 이러한 공양의 의미는 매우 크며 필수적인 실천 사항이다. 『삼매왕경三昧王經』에서도 "시방 모든 세계의 생화와 보물(珍寶), 각종 유주무주有主無主의 물품을 시방 삼보에게 공양해야만 한다."라고 말하였다.

무착無着보살은 삼보에게 공양품을 올릴 때 반드시 갖추어야 하는 6가지 조건을 말하였다.

첫째, 불과를 얻기 위한 발심에서 공양하는 것이므로 공양할 때 반드시 생각을 관해야 한다(관상觀想).

둘째, 중생을 이롭게 하기 위해서는 바로 자기 마음속에 의지를 세워야만 한다(작의作意).

---

59 인도인. 11세 나란타사에서 각현을 스승으로 출가하였다. 후에 초계사에서 나로빠 존자를 의지해 현교와 밀교를 배웠다. 티베트 랑달마왕의 훼불 이후 아리지방에서 『보리도등론』을 지어 '삼주요도'를 가르치며 불교를 부흥시켰으며, 까담파 학설의 시조가 되었다.

셋째, 진열한 공양품은 반드시 장엄하고 정결해야만 한다.

넷째, 공양할 때는 세 가지가 청정해야만 한다. 즉 공양 올리는 사람(능공자能供者)·공양물·공양하는 곳(공양경供養境) 등 세 가지에 집착 없이 공양을 한다.

다섯째, 공양할 때 탐욕·성냄 등의 깨끗하지 않은 마음을 끊는다.

여섯째, 공양이 끝나면 반드시 보리에 회향하여 포괄해야만 한다.

무착보살을 위주로 하는 많은 인도와 티베트의 대덕들은 공양할 때 모두 이 여섯 가지 조건에 주의를 기울인다. 우리가 만약 자신의 역량을 다하여 이에 따라 여법하게 공양할 수 있다면, 아주 작은 공양으로 거대한 복덕을 쌓을 수 있다.

아래의 게송은 의미가 분명하여 이해하기 쉽다. 이 때문에 우리는 글자에 대한 해석을 많이 하지 않고 의미에 따라 수행인들이 관觀하면서 상사 삼보에게 공양하도록 인도한다.

2) 법신에 헌공함

(1) 주인 없는 물건을 공양함

鮮花與珍果 種種諸良藥 선화여진과 종종제양약

世間珍寶物 悅意澄淨水 세간진보물 열의징정수

모든 신선한 꽃과 과일,

각종 좋은 약,

세상의 진귀한 보물,

그리고 맑고 향기로운 청정수.

현재 우리는 모든 잡념을 없애고 글의 의미에 따라 생각의 날개를 펴며, 일체의 아름다운 사물을 생각으로 취하여 숭고한 삼보에게 올린다.

먼저 우리는 각종 예쁘고 향기로운 생화를 관한다. 천계의 신비로운 우담화, 성스럽고 정결한 우담바라화, 티가 없는 만다라화, 티베트의 여름 초원에는 수만 종의 이름 없는 야생화가 사람 가슴속에 스며드는 것과 같은 아름다운 향기를 발산하며, 화려한 색채를 빛내고 있다. 붉은 것은 불꽃 같고, 흰 것은 눈꽃 같고, 자줏빛은 마노 같고, 푸른 것은 푸른 보석 같고, 여러 색이 뒤섞여 있는 것은 무지개 같다.

인간의 정원에는 봄에는 벚꽃·해당화·배꽃·진달래 등이 핀다. 여름에는 석류·장미·선인장·연꽃·금련화 등이 있다. 가을에는 국화·해바라기 등이 있고, 겨울에는 매화·인동초 등이 있다. 하늘거리는 수선화·수려한 정향丁香·장중한 연꽃·사랑스런 모란·화려한 울금향 등 인간 세상의 땅과 물에서 나는 대자연의 순수한 보배들을 생각으로 인연에 따라 취하여 공경스럽게 공덕이 바다 같은 시방삼세제불, 정법, 현성승賢聖僧 앞에 공양을 올린다.

우리는 세상의 진귀하고 아름다운 과일을 관상한다. 꿀처럼 달콤하고 향기로운 망과(芒果, 망고)·달고 진한 맛의 밀파라蜜菠羅·향기롭고 부드러운 바나나·달콤하고 즙이 많은 배·여지·용안육·사과·석류·유자·귤·포도·복숭아·진주같은 쌀·옥같은 옥수수·금구슬같은 노란 콩·은구슬같은 연밥·밀·기장·수수·연지미臙脂米·흑미 등 삼계에서 중생들의 선업 복보福報로 이룬 일체의 진귀하고 아름다운 과일을 인연에 따라 취하여 칠보 그릇에 가득 담아 존귀한 상사 삼보 앞에 공양을 올린다.

우리는 온갖 좋은 약을 관상한다. 영지·설연雪蓮·황정·백합·홍삼·백삼·천마天麻·지황地黃·하수오 등과 같은 천지간에 유정의 일체 질병을 없애주는 감로 묘약·세상의 보물·금강석(金剛寶)·여의주(如意寶)·오색 보석·일체 사대가 화합된 순수함의 결정체인 비취·마노·진주·산호·유리琉璃·호박·야명주 등을 관상한다. 마음을 기쁘게 하는 청정수는 청정하게 자라나는 자연 만물의 원천으로, 깨끗하여 더러움이 없고 부드럽고 맛이 있으며 상쾌하고 달콤하여 향기롭고 윤기가 나 갈증을 해소해 주고 즐거움을 주어 병을 낫게 한다. 우리는 순결하고 깨끗한 마음으로 몸의 미세한 티끌조차 변화시켜 이 일체를 취하여 청정하고 모든 선의 근원인 상사 삼보 앞에 공양을 올린다.

티베트에 정법을 부흥시킨 아티샤 존자는 간곡하게 그의 제자에게 공양 올리는 것에 대하여 훈계하였다. 설산 물의 청정함과 순수한 아름다움은 온 세상에 미치지 못하는 곳이 없다. 단지 청정수로만 삼보에게 공양하더라도 거대한 자량을 쌓을 수 있다. 청정수를 공양할 때에는 누구도 인색한 마음의 오염이 없다. 물이 청정하고 순수하다는 특질 때문에 공양하는 사람의 마음도 거의 동화되어 순결하고 부드럽게 변한다. 나는 수행인들이 삼보에게 공양할 때 온갖 향·과일·진귀한 보물 등의 재물을 사용하는 것이 반드시 갖추어야 하는 조건이라고는 생각하지 않는다. 그러나 청정수를 공양하는 것은 누구든지 할 수 있는 것이므로 참회의 자량을 쌓고 싶은 사람은 항상 행해야 한다.

巍巍珍寶山 靜謐宜人林 외외진보산 정밀의인림
花嚴妙寶樹 珍果垂枝樹 화엄묘보수 진과수지수

우뚝우뚝 높이 솟아 있는 진귀한 보물로 이루어진 수미산,
속세와 멀리 떨어져 조용하고 편안한 산림,
기이한 꽃으로 아름답게 장식된 미묘한 보배 나무,
과일이 주렁주렁 나뭇가지에 매달린 진귀한 나무.

우리의 마음을 세상 모든 빼어나게 아름다운 산봉우리에 떠맡긴다. 사대주四大洲 중심에 우뚝 솟은 수미산은 순금·은·유리·파리玻璃 등 네 가지 보물로 이루어져 있다. 금강석으로 된 바닥은 솟아나 꼭대기는 33천 창공에 닿는다. 수미산 주위에는 칠보금산이 우뚝 향수 바다에 솟아 있다. 그들은 웅장하고 휘황찬란하여 눈을 어지럽히는 빛을 쏘아댄다. 세상의 주변은 커다란 쇠가 산림을 둘러싼 채 솟아 있는데, 그것은 높고 가파른 위세로 수미사주須彌四洲[60]를 에워싸 보호하고 있다.

남섬부주 사람의 시력이 미치는 곳은 세계의 지붕인 에베레스트 산이다. 그것은 신비로운 위엄으로 인류의 영혼을 울린다. 짙푸른 창공 아래 조용한 신산神山 강디스(카일라스)가 엎드려 있다. 우연히 그 망을 열면 반짝반짝 빛나는 준수한 모습이 세상 사람들을 휘둥그레지게 한다. 일 년 내내 뜨거운 태양이 작열하는 적도, 킬리만자로 산 정상의 만년설, 청량함을 발산하면서 불구덩이 속의 생명을 위로하

---

60 일소一小 세계 중앙의 높은 산 주위의 바다 가운데 있는 4방의 대륙. 곧 동불바제(동승신주), 서구야니(서우화주), 남섬부주, 북구로주.

고 있다. 웅장하게 유럽 대륙을 이어 온 알프스 산, 오래 전 빙하운동이 남긴 기이한 예술품, 빙설로 장엄하게 수식된 금색 정토의 청량한 오대산, 아득하고 망망한 바다 속 유리세계 보타산, 경치가 화려하고 찬란한 황산黃山, 설연雪蓮과 천지天池로 점철된 천산天山, 기세 웅장하고 변화무궁한 곤륜산 등…… 숭고한 상사 삼보여, 자비롭게 저의 공양을 받아 주시옵소서!

우리도 모든 고요하고 빼어난 삼림을 취한다. 마라야 산의 단향나무 숲, 흥안령의 적송 숲, 라소산羅霄山의 천리 죽나무 바다(竹海), 녹나무 숲, 계수나무 숲, 용수나무 숲 등…… 오색 화려한 꽃이 정토의 나무(寶樹)를 장엄하게 꾸미고 있다. 나무는 유리를 줄기로 삼고, 파리玻璃를 가지와 잎사귀로 삼고, 금은을 꽃과 과일로 삼아 특이한 광채를 발사하고 있다. 무수한 가지와 잎사귀가 무성한 과일나무, 가지에는 주렁주렁 진귀한 열매가 가득 달려 있고, 알알이 녹색 같은 가지에 칠색 보석이 달려 있다. 상사 삼보여, 불쌍히 여기시어 일체를 받아 주시옵소서!

世間妙芳香 如意妙寶樹 세간묘방향 여의묘보수
自生諸莊稼 及余諸珍飾 자생제장가 급여제진식

천계와 인간 세상에 미묘하게 퍼지는 향 내음,
묘한 여의보배가 달린 나무,
저절로 자라는 여러 농작물,
그리고 기타 장식물.

우리는 천계·인간·용궁·정토 등에 있는 모든 향기로운 묘향·각종 귀중한 태우는 향·바르는 향·향수 등을 생각으로 취하고, 전단목향·침향·정향丁香·울금향 등을 마음으로 취하여 바다 같이 넓은 상사 삼보의 공덕 앞에 올린다.

법왕 여의보는 이 부분을 강의할 때 말하였다. 티베트에서 가장 유명한 훈향熏香은 문주랑사에서 생산되는 것인데 매우 진귀한 것이다. 이전 13대 달라이 라마는 자신의 자리 앞에는 반드시 이 향을 피워야 한다고 규정했다. 맥팽 린포체는 티베트 향에 대하여 매우 흥미가 있어 전문적으로 티베트 향을 배합하는 규범(의궤儀軌)을 만들었다.

우리는 다시 관상한다. 저 33천의 복업이 이룬 여의수, 모든 청정 국토의 칠보로 이루어진 여의수, 나무 꼭대기가 높이 솟아 있고 휘황찬란한 것이 비할 데가 없으니 유정들의 소원을 마음대로 만족시켜 줄 수 있다. 저 북구로주北俱盧洲·욕계천欲界天 및 겁초 유정들의 복업으로 형성된 자생 농작물은 저절로 자라 백 가지 맛이 갖추어져 있으니, 마치 감로가 마음대로 각종 미묘한 맛을 낼 수 있는 것과 같다. 위에서 말한 공양물 외에 또 뜻으로 기타 진귀한 장식물을 취하니, 현재와 과거를 막론하고 일체 공양을 감당한 진귀한 장식물을 모두 가장 존귀한 상사 삼보 앞에 받들어 공양한다.

蓮花諸湖泊 悅吟美天鵝 연화제호박 열음미천아
浩瀚虛空界 一切無主物 호한허공계 일체무주물
意緣敬奉獻 牟尼諸佛子 의연경봉헌 모니제불자
祈請勝福田 悲愍納吾供 기청승복전 비민납오공

福薄我貧窮 無余堪供財 복박아빈궁 무여감공재

祈求慈怙主 利我受此供 기구자호주 이아수차공

온갖 연꽃으로 장식된 크고 작은 호수,
듣기 좋은 소리를 내는 호숫가의 백조,
넓고 넓은 허공계,
일체 주인 없는 아름다운 사물을
마음으로 취하여 공경스럽게
석가모니 부처님과 모든 불보살께 올리옵니다.
가장 수승한 복전을 내려 주시길 기도하오니
불쌍히 여기시어 제 공양을 받아 주시옵소서!
제 복덕이 박하여 빈궁한지라
공양드릴 만한 다른 재물이 없으니,
자비로운 의지처이신 세존께 기도드리옵니다.
저를 보살펴 주시기 위하여 이 공양을 받아 주시옵소서!

우리는 생각을 이용하여 세간의 일체 맑고 깨끗한 호수를 받든다. 고요한 호수에 유유히 헤엄치고 있는 하얀 백조는 한가로이 붉은 갈퀴로 동글동글 푸른 물결을 그려내고, 높은 울음소리로 만고의 적막과 짝을 이루고 있다.

이전에 나는 돈주 법왕의 삶을 녹화한 비디오를 보았다. 그가 미국의 호숫가 낙원에 있었는데 짙푸른 호수와 하늘이며 호수에는 많은 백조가 떠다니고, 돈주 법왕은 정교한 삼륜차에 앉아 계시고, 제자 한 명이 차를 밀면서 천천히 꽃들 속에서 운전해 나왔다. 그는 호숫가에서 제자에게 많은 감동적인 이야기를 해주었는데, 백조를 보았을 때 그 역시 기도의 진언을 외웠다. 전체 풍경이 매우 아름다웠다. 수행인들도 기회가 되어 고요한 호수를 본다면 관상수행에 도움이 된다.

근훠 린포체는 강의에서 말하였다. "나는 백조를 관상할 때 많은 색깔이 있어야만 한다. 곧 산호 같이 붉은색의 백조, 순금 같은 노란색 백조, 은 같은 흰색 백조 등이다." 호수와 관련하여 수행인들은 아마 본 적이 있을 것이다. 티베트에서 가장 유명한 것은 청해호靑海湖인데 녹색 옥 가운데 거울이 박혀 있는 것과 같다고 한다. 기회가 있을 때 직접 가서 한번 보자. 중국의 서호는 경치가 매우 아름답다. 또 천산의 천지·동정호·뷔양호 등 호수가 매우 많다. 본 적이 있는 사람들은 마음속에서 잘 관상 수행하고 생각으로 공양해야만 한다.

최후에 우리는 끝없이 넓은 허공계를 관상하면서 천계·인간에서부터 용궁에 이르기까지 전체 물질세계(器世界)의 주인 없는 일체 아름다운 사물을 보고 기억할 수 있다. 전부 생각으로 끌어 모아 아주 공손하게 제불보살과 상사 앞에 올린다. 가장 진실한 마음으로 제불보살과 상사에게 간청하여 이 일체를 받아 주시길 기도한다. "전생에 자량을 쌓지 않았기 때문에 현재 나는 매우 가난하여 다른 삼보에게 공양할 수 있는 재물이 없습니다. 대자대비하신 세존께 기도드리오니, 저에게 이익을 주시기 위하여 이 공양을 받아 주시옵소서!"

위에서 이미 생각으로 물질세계의 모든 주인 없는 아름다운 외물을 취하여 아주 공경하는 마음으로 삼보 전에 올리는 것을 말하였다. 이 공양은 우리 입장에서 말하자면 아주 편리하고도 넓은 공양이다. 우리 같은 이러한 보통사람들은 오랜 겁을 살아오면서 복보福寶를 쌓지 않았기 때문에 현재 가난하고 궁핍하다. 공양할 수 있는 물건이 없으니 적은 양의 재물로 바다 같이 많은 성중에 공양하는 것을 감당하지 못한다. 이 때문에 많은 경론에서 세존께서는 수승한 방편의 자량 쌓는 참회 방법을 보여주셨다.

『선교방편경善巧方便經』에서 일찍이 말하였다. “대보살은 지혜의 마음을 써서 시방의 신선한 꽃·화만華鬘·묘향妙香·삼림·산하·여의보 등 주인 없는 물건을 그러모아 제불에게 공양하니, 무량한 공덕이 있다.” 『보운경寶雲經』에서도 이와 같이 말하였다. “선남자여, 삼천세계 모든 꽃과 과일 등 공양물로 주야 육시六時 중에 삼보 전에 세 차례 공양을 올려야 한다.”

관상으로 올리는 공양은 매우 편리하다. 우리는 언제 어디서고 마음대로 행할 수 있다. 어느 곳에 있건 장엄한 산·호수·바다·아름다운 전원 등을 만나 마음이 기쁠 때에는 성실한 마음으로 관상하여 세존께 바친다. 마음으로 올리는 관상 공양의 범위는 매우 넓어 위로는 하늘에서 아래로는 바다 속까지, 가깝게는 눈앞의 경치에서 멀리는 시방 청정 국토까지, 옛것으로는 만리장성에서, 새것으로는 도시 큰 빌딩에까지 미친다. 보는 것, 듣는 것 일체의 수승하고 미묘한 경물景物을 모두 공양할 수 있다.

우리가 이와 같이 전심하여 힘껏 공양하는 목적은 완전히 복덕자량을 쌓기 위한 것이다. 본래 제불보살은 이미 아집과는 거리가 멀어 탐욕의 독을 완전히 끊어버렸다. 그분들의 입장에서 말한다면, 이러한 허망한 공양은 완전히 필요 없다. 이와 같을 뿐만 아니라 제불은 보리심이 원만하신 성취자이므로 어찌되었건 중생을 이롭게 하는 것을 버리지 않을 것이다. 우리가 세존께 공양물을 올려 자신이 가피를 입게 해달라고 기도하는 것은 사실상 자아 집착을 끊고 제불과 호응하는 수행법이다. 여기서는 잠시 깊이 말하지 않겠다. 일반적으로 말해 삼보는 일체 공덕의 샘이며, 일체 공덕이 나오는 곳이며, 일체 복덕을 내려 주는 곳이다. 그러므로 이 대자대비하신 의지처인 세존께 애원해야만 한다. '우리들에게 마니보처럼 진귀한 무상보리심이 일어나도록 마음으로 불러온 이와 같은 공양물을 받아 주시옵소서!'

우리가 『입행론』을 배우는 데 중요한 것은 실제 수행하는 측면에 있다. 나는 매 게송을 풀이할 때, 수행인들이 이 게송을 완전하게 외우길 요구한다. 뿐만 아니라 절실하게 그 의미에 따라 실천 수행해야지 들어 기억하기만 할 뿐이어서는 안 된다. 어떤 사람들은 아마도 의문이 생길 것이다. "이러한 실물에 따르는 마음 공양이 확실히 이와 같은 공덕이 있는가?" 이 점은 의심할 필요가 없다. 보현보살이 이미 열 가지 대원大願으로 이러한 마음 공양에 가피를 해주었다. 「보현행원품普賢行願品」에서 분명하게 설명하였다. 공양하는 사람의 청정한 기쁨과 제불보살의 끝없는 자비 위력의 가피로 마음 공양[61]과 실물 공양, 이 두 가지는 공덕에 차별이 없다.

(2) 자신의 마음을 공양함

願以吾身心 恒獻佛佛子 원이오신심 항헌불불자
懇請哀納受 我願爲尊仆 간청애납수 아원위존부

61 마음으로 공양 올리는 것은 의환意幻 공양이라고도 한다.

저는 저의 몸과 마음 전부를
영원히 제불보살에게 바치옵니다.
성중聖衆이시여! 받아 주시길 간청하옵니다.
저는 당신들의 충실한 하인이 되길 원하옵니다.

시작도 없는 윤회 속에서 우리의 가장 지독한 집착은 바로 아집이다. '나'라는 집착이 생기고서 아주 굳게 자기 신체에 집착하며 귀하게 여긴다. 집착을 끊기 위해 이 몸을 일체 대비 성존께 바친다. 이것은 범부의 공양 가운데 가장 수승한 공양이다. 시방 제불보살은 또 한 목소리로 이러한 공양을 찬탄한다.

법을 위해 몸을 버리는 것은 고승대덕들이 역대로 힘껏 받들고 실천하였다. 시작도 없는 겁 이래로 우리는 윤회에 빠져 벗어날 수 없었다. 바로 '나'에 대한 강렬한 집착 때문이다. 현재 몸·말·뜻(신·구·의身口意)을 공경스럽게 삼보에게 바치기로 맹세하였으니 힘 있게 아집을 몰아낼 수 있다. 삼독 번뇌가 의지할 곳이 없게 하여 업장의 인연이 생겨날 곳이 없으니, 스스로 순리대로 보리심을 낼 수 있다. 몸과 말과 뜻으로 상사 삼보에게 공양하는 것이 바로 철저한 귀의이다. 게송에서 "나는 당신들의 충실한 하인이 되길 원하옵니다."라고 한 것은 이미 당신의 하인이 되었으므로 몸과 말과 뜻으로 전력을 다해 스승 삼보의 가르침을 행할 수 있다는 것이다.

尊旣慈攝護 利生無怯顧 존기자섭호 이생무겁고
遠罪淨身心 誓斷諸惡業 원죄정신심 서단제악업

이미 제불보살께서 자비롭게 저를 섭수하여 보호해 주시니,
저는 조금도 두려움 없이 중생을 이롭게 하는 일을 할 것이옵니다.
저의 모든 묵은 죄를 벗고 몸과 마음을 청정하게 하여
앞으로 다시는 어떤 악업도 짓지 않을 것을 맹세하옵니다!

대자대비하신 불보살님은 신체 공양을 받으시어 우리를 섭수하셨으니, 우리는 마땅히 가르침에 따라 행하여야만 한다. 중생을 이롭게 하는 일을 하는 데 있어 조금도 두려워 물러서는 마음이 생기지 않는다. 이것은 견고한 맹세로 마치 한 사람이 다른 사람 집에 가서 하인이 되면 주인집의 일을 반드시 해야만 하는 것과 같다. 제불보살 '집'에는 무슨 할 일이 있는가? 중생을 이롭게 하는 것 외에는 어떠한 일도 있지 않다. 그러므로 자신을 삼보에게 공양한 후 유일한 임무는 가르침에 따라 중생을 이롭게 구제하는 일을 행하는 것이다.

우리가 만약 완전히 자아 집착을 버린다면 제불보살에게 귀의하고 견고한 믿음으로 성존의 모든 가르침을 수지해서 이에 의지하여 아주 쉽게 자신의 번뇌가 계속되는 것을 끊을 수 있다. 더 나아가서는 모형에 있는 꽃무늬가 남김없이 모든 모습이 담기는 곳에 찍히는 것처럼, 성존의 공덕 역시 나의 마음 흐름 중에 찍혀 나타날 수 있다. 이 때문에 몸·말·뜻의 봉헌과 가르침에 따른 실천은 삼보에 대한 가장 좋은 공양이며, 우리가 제불 공덕의 바다로 들어가는 첩경이라고 말할 수 있다.

가르침에 따라 행하여 진실로 중생을 이롭게 하려면 업장을 멀리하고 신·구·의의 삼문을 청정하게 해야 한다. 『유마힐소설경維摩詰所說

經』에서 "자신의 몸은 묶어놓고 다른 사람 묶인 것을 풀려고 하니, 이러한 것은 있을 수 없는 일이다."라고 말하였다. 만약 자기의 업장이 아직 깨끗하지 않으면 중생을 이롭게 하는 것은 근본적으로 말할 수도 없다. 그러므로 "저의 모든 묵은 죄를 벗고 몸과 마음을 청정하게 하여 앞으로 다시는 어떤 악업도 짓지 않을 것을 맹세한다."라고 해야만 한다.

업장을 참회하는 네 가지 다스리는 힘이 있다. 즉 의지하는 힘(의지력依止力), 악을 깨뜨리는 힘(파악력破惡力), 회복하는 힘(회복력恢復力), 다스리는 힘(대치력對治力) 등이다. 삼보에 귀의하여 보리심에 의지하는 것이 바로 '의지하는 힘'이다. 묵은 죄, 곧 옛날에 지은 모든 악업에 대하여 후회하는 마음을 일으키는 것이 바로 '악을 깨뜨리는 힘'이다. 앞으로 다시는 어떤 악업도 짓지 않을 것을 맹세하는 것, 곧 힘든 운명을 만나도 이전에 지은 악업을 다시 짓지 않겠다고 맹세하는 것이 '회복하는 힘'이다. 몸과 마음을 청정하게 하는 것, 곧 온갖 청정한 선법善法을 수지하는 것은 '다스리는 힘'이다. 여기에서는 광범하게 말하지 않겠다.

우리가 자신의 온몸을 제불보살에게 바친 후에 일체중생을 제도하겠다는 맹세는 더 이상 물러나지 않을 수 있다. 어떤 사람은 비록 상사 앞에서 보살계를 받아 세세생생 중생을 제도하겠다는 대원을 내었어도 진정 중생과 접촉하여 그들을 제도할 때 악연을 만나면 매우 고통스러워한다. 심지어는 두려워져 나약한 생각이 나기도 한다. 현재는 말세시대라 중생들은 확실히 너무 강폭한데, 이렇게 되면 매우 곤란해진다. 그래서 자신의 보리심을 후퇴시킨다. 이러한 나약함은 보리도의 큰 장애이다.

자신 전부를 삼보에게 공양하는 것은 말로는 쉽게 할 수 있지만 실제로 하려면 어려운 일이다. 이전에 나로빠와 밀라레빠 같은 많은 걸출한 고행자들은 진정으로 몸·말·뜻의 삼문 공양을 하였다. 그러나 요즘에는 이러한 사람들이 드물다. 많은 사람들이 입으로는 삼문을 상사 삼보에게 공양한다고 말할 수 있지만, 진정으로 할 수 있는 사람은 얼마나 되는가?

법왕 여의보도 우리에게 훈계하였다. 삼문을 공양하는 것은 확실히 매우 수승하다. 그러나 발원하기 전에 자신이 진정 할 수 있는지 없는지를 관찰해야만 한다. 그렇지 않으면 맹세를 어겨 큰 잘못을 저지르게 된다. 결심을 하고서 상사에게 자신의 삼문을 공양하였으면 이 마음을 후퇴시켜서는 안 된다. 그리고 철저하게 자기 집착을 버리고 완전하게 상사의 모든 가르침을 받아들여야 한다. 이렇게 해야 마음의 흐름 가운데 빠르게 상사와 같은 깨달음의 경지가 생긴다.

(3) 생각으로 떠올린 물건을 공양함

馥郁一淨室 晶地亮瑩瑩 복욱일정실 정지량영영
寶柱生悅意 珠蓋頻閃爍 보주생열의 주개빈섬삭

미묘한 향기로 가득 찬 깨끗한 방,
밝게 빛나는 수정이 깔린 바닥,
보석으로 빛나는 찬란한 기둥과 높이 매달린 진주 지붕,
번쩍번쩍 눈부신 광채.

고대 인도에서는 귀빈을 초청할 때 목욕 공양을 중시하였다. 예를 들어 국왕을 초청하면 먼저 신체를 깨끗하게 목욕하도록 시중들고, 그리고 다른 의식을 시작한다. 우리는 제불을 초청하여 공양 올리는 것을 관상한다. 가장 먼저 제불께서 목욕을 해야만 하는데, 전체 목욕하는 과정은 전행前行·정행正行·후행後行으로 나뉜다.

이 게송은 전행의 관상이다. 먼저 황금빛과 푸른빛이 휘황찬란한 3층 집을 관상한다. 주위에는 아름답고 미묘한 보석 연못이 있고, 연못에는 맑고 향기로운 팔공덕수八功德水가 있다. 이 집은 매우 넓어 위층은 정식으로 공양 받는 대청이고, 아래층은 초청받은 사람들이 묵는 곳이고, 중간층은 욕실이다. 욕실의 사방이 문인데 각각에 보석으로 쌓은 계단이 있어 천천히 내려가면 지면에 닿는다. 욕실 바닥은 반짝이는 수정이고, 실내에는 칠보 기둥이 보석 꽉대기를 받치고 있다. 천장에는 진주 지붕이 걸려 있고 보석 기둥 끈이 사방에 가득 덮여 있어, 실내가 여러 보석 광채가 넘쳐나 서로 비춰 주고 아름다운 향기가 방안에 가득하다.

備諸珍寶瓶 盛滿妙香水 비제진보병 성만묘향수
洋溢美歌樂 請佛佛子浴 양일미가악 청불불자욕

여러 종류의 진귀한 보배 병을 준비하여
몸에 닿으면 기쁨이 샘솟는 향수를 채우며,
아름답고 우아한 노랫가락이 넘쳐나는 곳에
제불과 보살께서 오셔서 목욕하기를 청하옵니다.

자신의 믿음과 불가사의한 행원력을 관상하며 시방 정토 모든 제불보살을 맞이한다. 모든 성존이 깨가 가득 담긴 것처럼 수많은 분이 강림하시어 네 문의 보석 계단을 따라 욕실에 들어가신다. 이때 모든 성존이 입고 있는 보화신報化身의 옷은 미묘하고 청결한 백색 천의天衣로 바뀌고, 우리는 가슴에서 일곱 빛깔 광채를 쏘아내면서 빛 가운데 무수한 보물 병을 내며, 또 무수한 공양하는 천녀天女를 낸다. 각종 우아한 가락을 연주하며 부처의 공덕을 찬탄한다. 동시에 무수한 천녀들이 보물 병을 들고 제불보살이 목욕하시는 것을 돕기 위하여 방 밖 보물 연못에서 향수를 가득 담는다.

성존이 목욕을 끝낸 뒤 성존께서 몸을 담그셨던 그 향기로운 물이 이층 방에서 흘러내려와, 일층에 공손하게 서 있는 삼계의 모든 부모중생과 자기 자신이 그 물로 목욕을 하게 된다. 그 향기로운 물이 머리 정수리에서부터 몸 안쪽으로 뿌려져, 시작도 없는 때부터 쌓아온 악업을 깨끗이 씻어 검은 물이 몸 전체 모공에서 흘러나온다. 우리의 몸은 안과 밖이 유리처럼 투명해진다. 시작도 없는 때부터의 원망이나 은혜의 빚을 진 가족이나 친척들, 마권속이나 적들과 원수를 진 사람들 역시 이처럼 일체의 고통에서 벗어나 안락으로 들어갈 수 있다.

香薰極潔淨 浴巾拭其身 향훈극결정 욕건식기신
拭已復獻上 香極妙色衣 식이부헌상 향극묘색의
亦以細柔服 最勝莊嚴物 역이세유복 최승장엄물
莊嚴普賢尊 文殊觀自在 장엄보현존 문수관자재

목욕이 끝나면 미묘한 향으로 수건을 아주 정결히 하여
성존의 몸을 닦아 드리옵고,
다시 제불에게 가장 향기롭고 가장 미묘하고
색채가 가장 장엄한 복장을 바치옵니다.
재질이 섬세하고 부드러운 옷과
진귀한 보석이 박힌 수많은 장신구로
거룩하신 보현보살,
문수보살, 관자재보살도 함께 장식하오리다.

우리는 게송에 따라 관상으로 행한다. 모든 성존이 목욕을 끝내시면 위없는 묘향을 피워 깨끗한 목욕수건에 배어들게 하여 제불보살의 몸을 닦아드린다. 그리고 가장 최상의 미묘한 의복을 제불께 공양하여 바꾸어 입으시도록 한다. 동시에 보현·문수·관음 등 팔대보살八大菩薩을 우두머리로 하는 많은 보살들이 미묘한 색채의 13가지 복장으로 바꿔 입으신다. 이때 모든 성존이 사용하신 목욕수건과 욕의는 황금색 빛으로 변해 우리 관상하는 사람의 백호白毫 사이로 융화해 들어온다.

생각으로 그려낸 목욕 공양에는 커다란 공덕이 있다. 티베트불교의 많은 의궤들이 모두 『입행론』의 이 게송을 인용하여 본존불을 초청하여 목욕 공양을 올리는 의궤로 삼았다. 어떤 의궤에는 목욕을 청하는 송사가 특별히 풍부하여 매 성존마다 전문적으로 하나의 게송으로 맞이하여 공양하기도 한다. 중국불교에서도 이러한 의궤가 있어 '욕불의궤浴佛儀軌'라고 부르는데, 우리들은 분명히 알 필요가 있다.

香遍三千界 妙香塗敷彼 향편삼천계 묘향도부피
猶如純煉金 發光諸佛身 유여순련금 발광제불신

향이 삼천대천세계에 두루 퍼지니,
미묘한 향이 입혀지옵니다.
16번 정련을 거친 순금처럼
찬란한 빛을 내는 제불의 몸에.

이어서 우리는 일용물 공양을 관상한다. 첫째, 향수를 바르는 공양으로 목욕 공양의 가장 마지막 부분이다. 이 공양은 향수를 신체 표면에 발라서 광채와 향기를 더하는 것이다.

게송에서 "향이 삼천대천세계에 두루 퍼진다."라는 부분의 '삼천세계'는 불교의 우주관이다. 『구사론俱舍論』에 비교적 자세한 설명이 있다. 수미산을 중심으로 해·달·사대주四大洲·욕천계欲天界·초선천初禪天이 한 세계이다. 이 세계의 천 배의 세계가 소천小天세계이고, 소천세계의 천 배가 중천中天세계이고, 중천세계의 천 배가 대천세계이다. 소천·중천·대천을 다 갖추었기 때문에 '삼천대천세계'라고 부른다. 이곳은 한 부처가 교화하는 국토인데, 우리가 사는 삼천세계는 '사바세계'라고 부른다.

자신이 제불에게 공양한 바르는 향을 생각한다. 그 향기가 삼천세계처럼 넓은 공간까지 퍼질 수 있다. 그리고 천녀가 이 묘향을 골고루 성존 몸의 표면에 바르도록 공양한다. 성존의 몸은 본래 장엄하고 미묘하여 16번의 정련을 거친 황금처럼 순정하기가 비할 데 없는데, 묘향을 바른 후 더욱 장엄해져 눈부시게 빛을 낸다. 이러한 공양은 당연히 실물을 가지고 성존상에 공양할 수 있다. 티베트불교의 습관에 따르면 붉은 꽃 향수·침향 혹은 단향수를 성존상에 바르면서 공양 주문을 염하여 성존의 가피가 온 땅에 내려지기를 구한다.

생각으로 그리든, 실물로 향 바르는 공양을 하든 제불의 가피를 얻어 자신과 모든 중생이 보리심을 내게 할 수 있다. 뿐만 아니라 이후에 능히 여래의 금색 모습을 얻을 수 있다.

于諸勝供處 供以香蓮花 우제승공처 공이향련화
曼陀青蓮花 及諸妙花鬘 만다청련화 급제묘화만

공양처 중에 공양처이신
고귀하신 부처님께 향기로운 연꽃,
만다라꽃, 청색 연꽃,
그윽하고 아름다운 꽃 타래로 공양 올리옵니다.

제불보살은 일체의 공덕 바다로 가장 수승한 공양처이다. 생각으로 공양할 때 그 대상은 시방세계 모든 성존을 포괄해야만 한다. 그러나 때로 서로 다른 의궤를 실행하기 위하여 특정한 성존과 상사를 관상할 수 있다.

의환意幻 공양과 의연意緣 공양에는 구별이 있다. 의연 공양은 마음의 인연 따라 외부의 실물을 취하여 공양하는 것이고, 의환 공양은 다만 마음의 변화와 관상으로써 이룬 공양으로 반드시 외부에 실제로 이러한 공양물이 존재하는 것은 아니다.

교리를 듣고 생각한 사람은 모두 알 것이다. 삼계 만물은 모두 마음의 환현幻現으로, 우리가 매우 진지하게 집중하는 마음으로 모종의 사물을 관상하여 성존께 공양하는 것은 실물을 공양하는 것과 사실상 구별이 없다. 당연히 이것은 공양하는 사람이 어느 정도의 마음 집중력과 믿음이 있어야 완전히 구별이 없는 경계에 도달할 수 있다.

우리는 현재 모든 성존을 공양의 대상으로 삼아 마음으로 각종 신선한 꽃과 꽃장식을 공양한다. 수행인들의 마음은 다시 관상으로 돌아온다. 앞에서 우리는 바르는 향 공양하는 것을 관상하였고 그리고 제불보살을 꼭대기층 방으로 맞이한다. 모든 성존을 각종 보좌에 앉으시기를 청한다. 각종 청련화·금련화·백련화·홍련화·수련·천엽련·두관화荳蔻花·첨포화薝葡花·만다라화 등 당신이 상상해 낼 수 있는 최대한의 상상력을 발휘하여 묘한 꽃 및 각종 신선한 꽃으로 만든 꽃 장신구 일체는 매우 아름다우며 향기롭다. 이 신선한 꽃과 꽃 장신구를 모든 성존께 공양한다. 이러한 관상을 통해 공양하는 사람은 칠보리七菩提 화관을 얻을 것이다.

亦獻最勝香 香溢結香雲 역헌최승향 향일결향운
復獻諸神饈 種種妙飮食 부헌제신수 종종묘음식

마음을 편하게 해주는 가장 좋은 향을 바치어
향기가 넘쳐흘러 향기 구름을 이루옵니다.
또한 각종 신령스런 음식과
천상의 각종 비할 데 없이 맛있고 아름다운 음식을 바치옵니다.

각종 미묘한 태우는 향·말향末香·훈향薰香 공양을 관상한다. 이 묘향을 태운 후 삼천세계에 넘쳐나는 향기를 발산한다. 동시에 향기 구름을 이루어 모든 성존께 공양한다. 동시에 우리 역시 신령스럽고 미묘한 음식을 공양한다. 최상의 미묘한 음식은 각종 색·향기·맛이 가장 아름다운 음식을 가리킨다.

'신령스런 먹을 것'은 각종 정제한 음식의 공양물을 가리킨다. 겔룩파의 라싸 삼대사三大寺에서는 신이 하강하는 날에 열다섯 신에게 음식을 올리는 모임을 거행한다. 공양물 중에는 아주 장엄한 음식인 식자食子가 있는데 정미한 기름의 수유로 장식되어 있다. 이것을 '신령스런 음식'이라고 부른다. 근훠 린포체는 강의에서 '신령스런 음식'을 언급하였는데, 세 가지 흰 것(三白: 우유·요구르트·소나 양 기름)과 세 가지 단 것(三甛: 백설탕·황설탕·꿀)으로 만든 것으로 공덕이 매우 크다. 제불보살에게 식품을 공양하는 것은 자신과 중생에게 선정식禪定食을 얻게 하고 가피력을 얻어 보리심을 얻게 한다.

亦獻金蓮花 齊列珍寶燈 역헌금련화 제렬진보등
香敷地面上 散布悅意花 향부지면상 산포열의화

또 금련화처럼
나란히 배열된 진귀한 보배 등을 바치옵니다.
아울러 묘향으로 칠한 땅 위에
향기로운 꽃송이를 뿌리옵니다.

우리는 또 제불성존 앞에 보배 등을 공양하는 것을 관상한다. 등 그릇은 각종 진기한 보배로 만들어졌는데, 모양은 금련화 같을 뿐 아니라 매우 크다. 수미산 관상은 등불의 등심이 되고, 향수 바다 관상은 등불 기름이 되니, 이 보등은 삼천세계를 비추는 광명을 방출하여 성존을 공양한다. 우리가 늘 등 공양을 관상하거나 실물 등의 등불로 공양하는 것은 많은 자량을 쌓을 수 있다. 오명불학원에 있는 어떤 라마나 비구들은 어려서부터 현재까지 매일 한 잔 혹은 일곱 잔의 기름등(酥油燈) 공양을 하는데, 중간에 끊긴 적이 없다. 수행인들은 이렇게 하는 데 그다지 곤란하지 않은 조건을 가지고 있다. 등 공양의 목적은 자신과 중생의 무명의 어리석은 암흑을 없애 세세생생 암흑의 고통을 다시 받지 않게 하는 것이다.

그리고 우리는 전체 대지를 관상한다. 각종 향수를 뿌리고 각종 마음에 드는 신선한 꽃을 뿌려 전체 대지를 오색찬란하고 향기 가득한 낙원으로 변화시킴으로써 제불성존에게 공양을 올린다. 일상에서도 각종 향수를 강당 바닥이나 법회 장소에 뿌릴 수 있고, 큰스님을 초청할 때 역시 길에 각종 향수나 신선한 꽃을 뿌려 상사를 공양할 수 있다. 이러한 일에는 큰 공덕이 있다.

현재 여름이 곧 다가오는데 법왕 여의보는 우리에게 가르침을 내린다. 여름 초원에 꽃이 만발하니 풍경이 매우 아름답다. 우리가 밖에 나갈 때 공양 주문을 많이 외워야만 한다. 아름다운 산하대지에 가득한 향기로운 풀과 신선한 꽃을 상사 삼보에게 공양하여 자신과 중생으로 하여금 마음의 흐름 가운데 금강 대지처럼 보리심을 견고하게 하도록 한다.

廣厦揚賛歌 懸珠耀光澤 광하양찬가 현주요광택
嚴空無量飾 亦獻大悲主 엄공무량식 역헌대비주

한없이 넓은 궁전에 듣기 좋은 가락이 넘쳐나고,
매달려 있는 진귀한 보석은 밝은 빛을 찬란하게 빛내고 있사오니,
무한한 허공의 미묘한 장식,
대자비의 근본이신 의지처에 바치옵니다.

우리의 마음으로 위없는 진귀한 보물 궁전을 상상한다. 그 크기·모양·색깔·장식 등을 헤아릴 방법이 없다. 그 수승한 미묘함도 말할 수가 없다. 궁중에는 무수한 공양하는 천녀가 있어 각종 악기를 손에 들고 연주하면서 삼보를 찬탄하는 각종 노래를 부른다. 칠보 궁전은 끝없는 광명을 쏘아 내어 법계를 두루 비춘다. 궁전 홀 안에는 각종 미묘한 보물·끈·장식·술 등 각종 장엄하고 미묘한 장식물이 매달려 있다. 무량전 밖 못에는 팔공덕수八功德水가 있고 각종 환현幻現한 진귀한 새들이 놀고 있다. 못가에는 칠보수七寶樹가 있다. 맑은 바람이 스치면 무량전 처마와 칠보수에 있는 보석 방울들이 미묘한 소리를 낸다. 혹은 삼보를 찬탄하거나 혹은 묘법을 강연하니, 여러 청정 국토와 차이가 없다. 이 수승한 청정 궁전과 주위의 보석 찬란한 법계, 우리는 이 끝없는 광명 공양물을 모든 중생에게 대자대비를 베푸시는 불타·금강상사·제대보살·호법 성중 등 모든 존자의 자리 앞에 올린다. 나와 모든 중생에게 가피를 내려 주시어 짧은 시간 안에 보리심을 일으켜 해탈도로 들어가기를 기도한다.

金柄掌寶傘 周邊綴美飾 금병장보산 주변철미식
形妙極莊嚴 亦展獻諸佛 형묘극장엄 역전헌제불

금 자루 달린 보물 우산 끝을 따라
아름다운 장식이 단장되어 있는데
모양이 미묘하면서 매우 장엄합니다.
저 역시 늘 이 보물 우산을 들고 제불께 공양하옵니다.

이 게송의 내용은 장엄한 장식을 갖춘 보물 우산을 삼보에게 공양하는 것이다. 보물 우산은 여덟 가지 길한 물건 중의 하나로 무량한 자비와 지혜로 일체중생을 보호함을 나타낸다. 보물 우산 공양은 삼보가 중생에게 청량한 해탈을 가져다주는 능력이 있음을 상징한다. 우리는 시작도 없는 때부터 삼계 윤회 속에서 뜨거운 번뇌 독의 불꽃에 휩싸여 있어 불법 보산에 의지해야만 일체 뜨거운 번뇌를 없애고 위없는 안락을 얻을 수 있다.

석가세존 당시 불법을 전할 때, 오른쪽에는 범천과 권속이 500개 진귀한 보물로 만든 보산을 손에 들고, 왼쪽에는 제석천이 또 500개 순금으로 만든 보산을 들고, 이것으로 공양하며 부처님을 찬탄하였다. 이 공양 후 일종의 전통적인 습관이 만들어졌다. 고승대덕에게 불법 강의를 구할 때 사람들은 보산을 공양해야만 한다. 이와 같은 보산 공양에는 좋은 연기緣起가 있다.

우산 꼭지는 백색이고, 사방 주위에는 상서로운 도안이 있어야만 한다. 바닥은 붉은색인데, 업을 품고서 스스로 기도하고 있는 붉은색 빛이 전 세계에 두루 퍼지는 것을 나타낸다. 우산 가장자리는 녹색으로,

수행하는 가운데 내는 보리심이 땅처럼 넓음을 나타낸다. 녹색 우산 가장자리에는 흰 금강석으로 만들어진 큰 산이 수놓아져 있는데, 보리심을 익히는 서원이 금강석처럼 견고하고 산처럼 흔들릴 수 없음을 나타낸다. 또 금색 태양을 수놓는데, 보리심을 수행한 결과 불법의 빛이 전 세계를 두루 비추는 것을 나타낸다.

근훠 린포체는 강의에서 위의 목욕에서부터 보산 공양까지 12가지 의환意幻 공양을 설명하였다. 일반 수행인들도 관상하기 시작하면 어렵지 않을 뿐만 아니라 이 의환 공양의 공덕은 헤아릴 방법이 없다. 이 때문에 모든 보리도에 들어간 선남자·선여인은 반드시 성실하게 위에서 설명한 의환 공양을 수지해야만 한다.

적천 논사는 걸인의 모습으로 각지를 돌아다녔다. 평생 어떤 재물로도 삼보에 공양하지 않았다. 그러므로 그는 불경에 의거하여 이러한 광대한 의환 공양 방편법을 만들었다. 이전의 고승대덕들도 이처럼 말하였다. 마음으로 삼보에 공양하는 것은 한 찰나에 끝없는 자량을 쌓을 수 있으며, 불과를 얻어 무량한 공덕을 쌓을 수 있다. 해탈 얻기를 바라는 사람이 어찌 이러한 수승한 방편법을 수지하지 않겠는가? 수행인들은 모두 보리를 증득하기 바라는 대승 수행인이다. 이러한 수승한 법문은 자신에게 넓은 복덕자량을 쌓을 수 있게 하므로 일상에서 늘 수지해야만 한다.

別此亦獻供 悅耳美歌樂 별차역헌공 열이미가악
願息有情苦 樂雲常住留 원식유정고 악운상주류

이외에 저는 또 가장 듣기 좋은 음악을 연주하여
제불 성존께 공양하오니
좋은 음악이 구름을 이루어 중생의 일체 고통을 없애주고
오래도록 제불성중 앞에 머물기를 바라옵니다.

위의 12가지 공양 외에 각종 청정 음악의 공양물로 삼보를 공양한다고 말한다. 그 안에는 악기나 음악 등이 포괄된다. 이들은 또한 중생의 온갖 고통을 없애고, 그들에게 기쁨을 가져다줄 수 있다. 묘한 음악 공양이 모으는 것은 공중의 구름과 같아 무량무변하다. 우리는 그것으로 위로는 공양하고 아래로는 베푸니, 「보현행원품」에서 말한 각종 공양물의 무더기로 삼보를 공양한다는 것이다.

『백업경』을 보면, 부처님께서 산 위 동굴에서 화유가火瑜伽를 수지하실 때, 제석천이 건달바왕을 데리고 동굴 입구로 와서 천악을 연주하며 세존을 공양하였다. 이때 산하대지는 모두 음악 속에서 춤을 추었고, 가섭존자는 음악 때문에 기뻐 선정에서 나와 춤을 추었다. 세존께서도 화火 삼매에서 일어나 이 음악 공양을 찬탄하셨다. 미묘한 음악으로 공양하는 것은 한편으로는 모든 성존들을 기쁘게 할 수 있고, 한편으로는 중생들이 묘음을 듣고 고통을 잊게 할 수 있다. 중생의 고통을 없애는 것은 사실상 상사 삼보의 가장 중요한 공양이다.

오명불학원의 매 법회·공양(會供)[62] 혹은 경축 모임을 열 때, 법왕 여의보는 우리에게 금강가를 부르게 하고 금강무[63]를 추게 한다. 이러

62 티베트불교의 기념일 혹은 길일에 불보살, 역대조사, 호법선신중, 공행모 등을 찬탄하고 공양하는 불공의식.

한 금강 가무는 대부분 맥팽 린포체[64]가 지은 것으로 가피력이 불가사의하다. 이 가무를 누가 듣건, 누가 보건 해탈의 선근을 심을 수 있어 위없는 비밀법과 수승한 인연으로 이어져 있다. 뿐만 아니라 어딘가에서 이 금강 가무를 펼치면 그곳의 불법은 반드시 흥성할 것이다. 인도 패락貝諾 법왕은 그들이 인도 랑줘사(朗卓寺)에서 맥팽 린포체가 지은 금강 가무를 펼친 이후부터 법을 펴는 사업이 점점 넓어져 다시는 수행과 법을 펴는 일에 악연을 만나지 않았다고 말하였다.

중생을 제도하는 데에는 넓은 방편을 필요로 한다. 중생에 따라 차근차근 이끌어 나간다. 학원에서는 매년 여름 새로 오는 사람들에게 심오한 밀법과 관정을 전해 준다. 그들이 반드시 큰 흥미를 가지고 있지는 않으며, 반드시 접수할 수 있는 것도 아니다. 그러나 만약 그들에게 성대한 헌공의식(會供)을 거행하고 모임에서 금강 가무가 있을 것이라고 알린다면 그들은 즉시 환희심을 일으킬 것이고, 커다란 흥미를 일으켜 참가하면 얻는 가피도 상당히 클 것이다.

이러한 음악 가무 공양은 사실상 중생을 제도하는 하나의 방편으로 밀종密宗[65]뿐 아니라 현종顯宗에도 있다. 다만 분명하게 드러나지 않을 뿐이므로 작자는 게송에서 말하였다. 이러한 것이 중생의 흥미를

63 금강지혜를 얻은 보살이 추는 신통유희삼매의 춤.

64 티베트 닝마파 고승, 중국 사천성 석거현에서 태어남. 문수보살이 화현한 분으로 알려짐. 7세 때『정혜보등론』등 저술을 시작하였다. 티베트 전국에서 유명한 불교 학자이며 큰 성취를 얻은 분이다.

65 티베트불교에서 교리 탐구 분야를 현교라 하며, 진언염송 등의 방법에 의하여 삼밀三密유가를 수행하는 분야를 밀교 혹은 금강승이라 한다.

일으킬 수 있어 잠시 그들에게 즐거움을 가져다주고 번뇌를 없애주며, 결국 그들이 고통에서 해탈하도록 인도하는 방편법이 마치 하늘의 무량한 구름처럼 영원히 성존 앞에 머무르고 세간에 머물기를 원한다.

惟願珍寶花 如雨續降淋 유원진보화 여우속강림
一切妙法寶 靈塔佛身前 일체묘법보 영탑불신전

진귀한 보석, 묘한 꽃 등이
비가 내리는 것처럼 끊임없이
일체 수승한 삼장 법보,
불탑과 불상 위로 내리기를 바라옵니다.

우리는 경전에서 볼 수 있다. 석가모니 부처님이 세상에 오셔서 도를 이루시고, 법을 펴시고, 열반하실 때 천인과 용왕이 천상에서 각종 천화天花와 진귀한 보석을 뿌리고 노래를 불러 찬탄함으로써 세존을 공양한다. 본사 석가모니 부처님이 열반을 보이신 후 세간에는 여전히 법보, 부처님의 보탑과 동상이 있어 세상에서 장엄한다. 부처님 당시에 직접 이 세간의 장엄으로 이룬 불상 앞에서 광대한 공양을 하는 것이 부처님 자신에게 공양하는 복덕과 차이가 없음을 말씀하셨다.

우리가 현재 가리키는 법보는 가르침(教)과 증득(證) 두 가지로 나뉜다. 서장西藏[66]의 교법보教法寶는 넓디넓은 바다 같은 3장 12부의

66 중국에서는 티베트 지역을 시짱 짱주 쯔주취(西藏藏族自治區, 시짱〔서장〕 장족 자치구), 시짱 쯔즈취(西藏自治區, 시짱 자치구)라 칭하고 있다.

현종·밀종의 경과 속續과 논전으로, 현재 이미 여러 언어로 번역되어 전 세계 도서관에 도서·컴퓨터 전자카드 등 각종 형식으로 보존되어 있다. 지혜로운 사람들은 이 경전을 공경하며 중시하여 부처님을 존경하는 것과 같이한다. 증법보證法寶는 계율·선정·지혜(戒定慧) 삼학을 증함이다. 불과를 성취한 무수한 대덕이 깨달은(證悟) 지혜 감로도 그 안에 포함된다. 모든 교법보와 증법보를 갖춘 곳에 우리는 신선한 꽃과 진귀한 보석의 비를 내려 공양하고 발원해야 한다.

이 게송에서 두 번째 공양을 올리는 곳이 불탑인데, 불탑의 종류는 매우 많다. 이를테면 밀종의 시륜금강탑時輪金剛搭·대환화망탑大幻化网塔 등과 소승의 나한탑羅漢塔 등이다. 대승불탑은 석가모니 부처님의 여덟 개 대불탑(八大佛塔)을 위주로 하는데, 다음과 같다.

첫째, 연화탑으로, 룸비니 동산 세존이 태어나신 곳에 세워져 있는 것으로 정반왕이 세웠다.

둘째, 보리탑으로, 영승왕影勝王이 세존께서 도를 이루신 금강좌 옆에 세웠다. 항마탑降魔塔이라고도 부른다.

셋째, 전법륜탑轉法輪塔으로, 다섯 비구가 세존께서 초전법륜하신 곳인 녹야원에 세웠다. 길상탑이라고도 부르는데 이 탑의 유적지는 지금까지 여전히 녹야원에서 볼 수 있다.

넷째, 신변탑神變塔으로, 르자뭐(勒扎波) 국왕이 세존께서 신통력으로 사위성에서 육사외도六師外道를 항복시킨 것을 기념하기 위하여 세웠다.

다섯째, 천강탑天降塔으로, 석가모니 부처님께서 어머니의 은혜를 갚으러 33천에 가서 설법하시고 나중에 인간 세상으로 내려오신 지명이 산단散旦인데, 사람들이 이 인연을 기념하기 위하여 여기에 탑을 세웠다.

여섯째, 화합탑으로, 세존께서 만자다(曼迦達)에서 스님들을 화합시키신 후 그곳 사람들이 세운 탑이다.

일곱째, 존승탑尊勝塔으로, 세존께서 열반에 가까웠을 때, 많은 권속들이 세존께 적멸에 들지 마실 것을 간청하여 부처님께서 이 탑 짓기를 부탁하시고, 아울러 직접 가피를 내리시어 빛을 발함으로써 법신法身을 나타낸다.

여덟째, 열반탑으로, 세존께서 자젠성(扎堅城) 열반을 보이신 곳에 세운 불탑이다.

우리 학원 입구에도 이 여덟 개 불탑을 모방하여 탑을 세웠는데 그 모양이 각각 다르다. 수행인들이 자세하게 분별할 수 있다.

불탑은 공양하는 곳이다. 일반적으로 부처님의 사리를 보관하고 있다. 이를테면 아쇼카왕[67]이 세운 8만4천 사리탑은 세계 각지로 분포되었는데, 중국·티베트에 각각 많이 있다는 것을 수행인들은 잘 알 것이다. 사리탑 앞에서 공양하는 것은 커다란 복덕을 쌓을 수 있다. 『백업경』에는 많은 아라한·천인·국왕·장자長者 등이 나오는데 모두 전생에 불탑을 세우거나 공양한 복덕을 지니고 있다. 이 복덕으로 인하여 석가모니 부처님 자리에서 성과聖果를 증득하였다. 수행인들은 이후 어디에서나 불탑을 보면 정례해야만 한다. 자신의 원력으로 진귀한 보석과 꽃비가 내리는 공양을 관상하여 수고롭지 않은 가운데

67 기원전 3세기 전후 인도 공작왕조의 3세로 마갈타국의 왕이며 불교를 외호했다.

성불의 자량을 쌓을 수 있다.

이 게송에서 부처님 몸은 각종 조각, 그림의 본사 석가모니 부처님 상을 가리킨다. 가장 먼저 조성된 세존의 몸의 상은 스리랑카에 있다. 당시 세존께서는 당지當地의 모터크츠향(莫特克慈香)이라고 불리는 미녀를 제도하시기 위하여 첫 번째로 자신의 신상身像 만드는 것을 허가하기 시작하셨다. 세존께서 열반하시기 전에 한 장인은 각종 진귀한 보석으로 세존의 25세 때의 외모에 따라 불상을 만들었다. 동시에 인간 세상에 부처님의 8세와 12세 때의 신상을 남겼는데, 지금은 라싸 대조사大昭寺와 소조사小昭寺에 나뉘어 있다. 이 세 불상은 세존께서 직접 점안(開光) 가피하셨다. 북경 고궁 박물관에는 진귀한 단향목 불상 한 존尊이 있다. 이 불상의 가피력은 부처님 본신과 다르지 않다. 반드시 참배하러 갈 인연이 있기를 오늘 발원하게 한다. 세상의 일체 진귀한 보석과 신선한 꽃이 늘 끊이지 않고 이 불상 위에 흩날리기를 바란다. 이 공양으로 세존께서 우리와 모든 중생에게 가피를 내리시어 변하지 않는 보리심이 일어나길 기원한다.

猶如妙吉祥 昔日供諸佛 유여묘길상 석일공제불
吾亦如是供 如來諸佛子 오역여시공 여래제불자

문수, 보현 등 대보살께서
예전에 허공을 두루 채운 묘한 공양을 제불께 바치셨으니,
저 역시 이와 같이
모든 여래와 보살께 공양 올리옵니다.

위에서 우리는 각자의 능력에 따라 생각의 인연이 닿는 실물(意緣眞物)과 의환意幻, 원력을 삼보님께 공양하였다. 그러나 우리의 능력은 매우 유한하여 이 공양들은 모두 각자의 발심·등지력等持力·지혜에 따라 한계가 있으므로 이 한계를 돌파하기 위하여 적천보살(論主)은 여기에서 우리에게 위없는 공양을 닦는 비결, 즉 이전에 문수보살 등이 어떻게 제불성존을 공양하였는지 우리도 따라 기뻐하며, 이처럼 여래 불자에게 공양하는 것을 관상하는 것에 대하여 말하였다.

수행인들은 문수사리보살[68]이 여러 불보살 중에 그의 발심이 가장 수승하게 광대하고 견고함을 알 것이다. 그는 끝없이 광대한 지혜로 여러 불보살을 공양하였는데, 이 공양은 넓고 끝없으며 그 공덕도 위없이 높다. 또 보현보살은 끝없이 '광대한 행함'으로 제불보살을 공양하였고, 이 공양을 우리는 통상 '보현운공普賢雲供'이라고 부른다. 가령 보현보살 가슴에서 무량한 빛이 나온다면 매 빛의 끝에는 한 분의 보현보살이 환화幻化되어 나오는데, 이 환화된 보현보살 존위마다 또 가슴에서 무량한 빛이 나오고, 한 묶음의 빛은 또 무량한 공양하는 천녀를 환화해 낸다. 매 공양하는 천녀는 각종 미묘한 공양으로 시방삼세의 모든 제불보살에게 공양을 올린다. 이와 같이 다함없이 거듭하여 다함없는 법계에 두루 미친다. 문수보살과 보현보살은 불가사의한 신통력으로 시방 일체 불보살에게 공양을 올린다. 그들의 위없는 삼매·지혜의 힘은 이 공양에 대하여 생각으로 헤아릴 방법이 없게 하는데, 말할 수 없는 공덕을 가지고 있다.

---

68 만수실리 혹은 묘길상이라고도 한다. 지혜가 큰 것을 상징하며, 세존께서 법을 펴시는 데 제일 윗자리에서 도우므로 문수사리 법왕자라 한다.

우리 보통사람들에게는 이러한 삼매 및 지혜·신통력이 없으므로 직접 이와 같은 원만한 공양을 할 방법이 없다. 그러나 우리는 따라 기뻐하는 마음을 내어 그들의 공덕을 따라 행하길 발원할 수 있다. 비록 염원을 생각하는 방법일 뿐이지만 실제로는 같은 공덕을 얻을 수 있다. 우리는 "문수사리보살의 용맹한 지혜, 보현보살의 지혜로운 행 역시 또한 그러하다."라는 회향문을 읽을 때, 한편으로는 여법하게 관상한다. 그렇게 하면 문수보살·보현보살이 직접 위없는 공양을 한 공덕과 차이가 없다. 이렇게 하기 쉽고도 수확이 큰 수행법을 수행인들은 어찌하여 늘 수지하지 않는가?

우리는 본사 석가모니 부처님 등 제불보살이 옛날에 어떻게 공양하셨는지 관상할 수 있다. 우리도 상사가 어떻게 여래 성존을 공양하였는지를 전승하여 이렇게 공양한다. 나 역시 이와 같이 공양한다. 특히 법왕 여의보와 청정대중이 보현운공普賢雲供을 거행할 때, 정말 자량을 쌓고 싶은 사람은 반드시 동참의 기회를 얻기 바란다. 오명불학원의 매일 보현운공의 공양물은 삼천 잔의 기름등·삼천 개의 신수神饈·일만 배의 청정수·태우는 향·음악 등이며, 매년 '보현운공' 법회를 거행할 때 공양물은 더욱 풍성하다.

법왕 여의보가 이렇게 많은 공양물을 바치는 것은 우리 제자들에게 수희심을 일으키게 하고, 우리로 하여금 제불보살에게 공양하여 자량을 쌓아 참회하게 하는 것이다. 상사의 제자가 되어 만약 수희 공양하지 않아 이 염원을 수순하게 하지 않는다면, 우리가 어떻게 수행인이라고 할 수 있겠는가? 만약 수행인들이 매일 「보현행원품」의 전행前行·정행正行·후행後行을 이치대로 외운다면, 다른 어떤 선법을 행하지 않고 오직 이 외우는 수행의 공양 공덕만 있어도 사람 몸을 얻은 것 역시 의의가 있다.

수행인들은 한번 생각해야만 한다. 우리 오명불학원은 매일 칠천여 대중스님들과 법왕 여의보가 함께 '보현운공'을 수행한다. 이처럼 수승한 인연을 전 세계 어디에서 찾겠는가? 자량을 쌓아 윤회를 벗어나는 것은 자기 정진에 의지해야만 한다. 자기에 대해 책임지는 사람은 절실하게 이러한 수승한 인연을 놓쳐서는 안 된다. 매일 법왕 여의보 등 상사와 대중스님들이 원만하고 여법하게 「보현행원품」을 암송 수행하는 것을 따라 관상하며 제불성존과 문수·보현·제대보살 등에게 널리 공양한다.

2 삼보를 예경하고 찬탄함

1) 입으로 찬탄함

我以海潮音 贊佛功德海 아이해조음 찬불공덕해

願妙贊歌雲 飄臨彼等前 원묘찬가운 표림피등전

바다조수 소리처럼 헤아릴 수 없이 감동적인 소리로
제불의 불가사의한 공덕의 바다를 찬탄합니다.
이 미묘한 찬가가 구름처럼 제불보살 앞으로 흘러가
영원히 그들을 찬미하길 바라옵니다.

해조음은 바다 파도 소리가 시간적으로 끊임이 없고 공간적으로 허공에 가득하며, 귓가에 울려오는 음질이 비할 데 없고 음량이 조화로운 미묘한 소리이다. 이러한 묘음으로 제불보살을 예찬하는 공양은 이 자리에 있는 수행인들이 아주 잘 알 것이다.

현재 우리 불학원은 매일 아침 수업하기 전 공양 주문을 외울 때는 매우 감동적인 음악 소리를 내게 하는데, 이는 상사 여의보의 안배이며 이 아주 작은 공양으로 우리에게 큰 자량을 쌓게 한다. 비록 우리가 매일 음악 소리를 내고 공양 주문을 외우는 시간은 겨우 일분 여이지만, 대중스님의 웅장한(宏厚) 진언 염송 소리는 우아하며 듣기 좋은 음악 소리로 대강당 허공에서 소용돌이를 이루며 어우러져 회전한다. 이때 우리는 이 삼보 공덕을 찬미하는 미묘한 음악이 구름처럼 늘 온 허공에 떠다니며 제불성존으로 하여금 기쁨을 내게 하여 우리에게 가피를 내리시어, 시작도 없는 옛적부터 쌓은 업장이 없어지게 하여 늘 큰 보리심을 내게 함을 마치 느낄 수 있는 것과 같이 관상한다.

2) 몸으로 찬탄함

化身微塵數 匍伏我頂禮 화신미진수 포복아정례
三世一切佛 正法最勝僧 삼세일체불 정법최승승
敬禮佛靈塔 菩提心根本 경례불령탑 보리심근본
亦禮戒勝者 堪布阿闍黎 역례계승자 감포아사리

무수한 변화의 몸을 나타내어 오체투지하며,
삼세 일체 제불과 정법과 거룩하신 성중들께 정례하고,
부처님의 영탑靈塔인 보리심의 근본에 정례하며,
또한 수승한 정계淨戒를 갖춘 사람, 모든 법사와 아사리께 정례하옵니다.

다섯 가행을 닦아 본 사람은 정례의 수행법(頂禮支)을 아주 잘 안다. 자신이 상상해 낸 수많은 신체가 허공을 가득 채우고 시방삼세제불·법보·승보 앞까지 두루 미쳐 매우 공경스런 태도로 오체투지하며 정례한다. 오체투지는 이마·양 손바닥·두 무릎을 땅에 대고 예배하는 것을 가리키는데, 『별해탈경別解脫經』 등과 같은 경전에서 아주 명료한 소개가 있다. 예배할 때 오체는 반드시 땅에 닿아야 하고 여법하게 공경스럽게 해야 하며, 그렇지 않으면 아주 큰 잘못이 있게 된다. 여법하게 정례하면 공덕은 당연히 말할 필요도 없다.

우리는 이를테면 「보현행원품」에서 설하듯이 먼지처럼 많은 화신을 나타내어 삼보에게 정례하고, 또 부처님의 영탑靈塔과 보리심의 근본에 정례한다. 불탑과 관련되는 것은 위에서 이미 소개하였다. 많은 강의에서 '보리심의 근본'은 석가모니 부처님께서 오시고, 도를 이루시고, 설법하시고, 열반하신 곳이라고 해석하였다. 이러한 4성지는 세상의 일체 보리심의 발원지(來源地)이므로 보리심이 일어나는 근본이라고 말할 수 있다. 이 4성지를 순례하여 예배하면 오무간죄도 청정해질 수 있다고 불경에 기록되어 있다.

우리는 또 계가 수승한 사람·강백講伯·아사리 등에게 정례해야만 한다. 계가 수승한 사람은 재가자의 모습으로 도를 닦아 증득함을 성취한 유가사瑜伽士[69]를 가리키는 것으로 그들의 청정함은 일체 번뇌의 때를 없애 승의勝義[70]의 해탈계체解脫戒體를 얻었다. 신분은 비록 거사지만 실제로 이미 무상의 경계를 증득하여 보살도 그들에게 정례해야만 한다.

우리는 모두 출가자들이 재가자에게 정례해서는 안 된다는 것을 안다. 『범망경梵网經』에서 "출가자는 국왕·부모 등 재가자에게 예배하지 않는다."라고 말한다. 『열반경涅槃經』 제6권에서도 "출가자는 재가자에게 예배할 수 없다."라고 말한다. 『사분율四分律』에서도 "비구는

69 밀교의 관행자.

70 제일의라고도 한다. 세속을 초월한 가장 수승한 진실 도리.

일체 재가자에게 예배해서는 안 된다."라고 명시하였다. 그러나 『시륜금강속時輪金剛續』에서 "만약 재가 수행인으로 성취를 얻은 사람이 있다면, 출가자가 그들에게 정례하는 것도 허가할 수 있다."라고 말한다.

그러나 경장經藏을 읽어보면 진정 성취를 얻었다고 허가받은 재가 수행인에게만 출가자가 정례할 수 있다. 수행인들은 이 점을 분명히 알아야 한다. 가령 금강 도반 사이의 참회에서 출가 도반은 거사 신분의 도반에게 예를 갖추어 자문을 구하는 방식으로 참회할 수 있을 뿐이다. 당연히 만약 당신이 이 거사가 등지等地 이상의 보살이라고 여긴다면 그의 앞에서 정례하는 것도 괜찮다.

이외에 '켄포(堪布)'는 법사나 율사를 가리키며, '아사리'는 상사라고도 불린다. 『비나야잡사毗奈耶—雜事』에서 아사리는 경사經師·율사·법사·논사·참사懺師 등 다섯으로 분류하였다. 『화만론花鬘論』에서 켄포는 사미계·비구계를 전수한 사람을 가리킨다. 여기에서의 켄포와 아사리는 모든 소승 별해탈계別解脫戒·대승보살계·밀승 삼매야 및 현종 법의상사法義上師를 모두 포괄하여 일컫는다.

우리는 일일이 삼보·불탑·보리심의 근본·계승자戒勝者·감포·아사리 등에게 공경스럽게 정례하며 가피가 우리 마음의 흐름 가운데 수승한 보리심이 일어나도록 기도한다. 이 참회품의 내용은 발보리심의 가행으로 공양供養·정례·귀의·참회 등 네 부분으로 나뉘며, 앞에서는 이미 공양과 정례에 대하여 설명하였고 이제는 귀의 부분이다.

3 삼보에 귀의함

乃至菩提藏 歸依諸佛陀 내지보제장 귀의제불타

亦依正法寶 菩薩諸聖衆 역의정법보 보살제성중

무상보리를 증득하기까지

저희들은 세세생생 제불께 귀의하오며

또한 청정(無漏)한 정법보正法寶와

보살성중께 귀의하옵니다.

이 게송을 우리는 보통 귀의게라고 부른다. 이전에 닝마파(寧瑪巴) 화지華智 린포체(1808~1889)[71]·맥팽(麥彭) 린포체·근훠(根霍) 린포체는 보살계 수계식 전에 모두 이 게송을 외웠다. 티베트불교에서 보살계를 받는 의궤에는 대부분 이 게송이 있는데, 우리가 매일 아침 외우는 발심의궤가 바로 한 예이다. 게송의 내용은 수행인들도 잘 아는 것으로 삼보에 귀의하는 서원이다. 귀의하는 시간은 서원에서부터 불과의 증득까지이며, 이삼일 혹은 몇 개월, 몇 년이 아니라 불과를 증득하기 전까지는 계속하여 변하지 않는다. 귀의 대상은 일체지지—

71 닝마파의 근대 고승으로, 일생 『진실명경』과 『입보살행론』을 지니고 여의지 아니하였다.

切智智[72]와 대자대비를 갖추신 위없는 여래정등각如來正等覺과 완전한 무루정도無漏正道를 구하는 근기에 응하여 치우침이 없는 교법, 또 윤회의 구염垢染과는 거리가 먼 승보이다. 『법성론法性論』에서 말하는 승보는 등지等地 이상의 대승 불자를 가리키며, 계율의 여러 논에서는 비구 4명 이상의 스님 단체를 말한다.

부처님께 귀의한 후에는 천마天魔외도나 사교邪教, 사사邪師에 귀의할 수 없고, 늘 부처님께 공경스럽게 정례하고 기도해야만 하며, 비록 세존께서 이미 열반을 보이셔서 우리가 직접 세존을 뵐 수는 없지만, 여전히 세존의 신어의身語意를 대표하는 보배가 있으므로 이들 삼보의 장엄 앞에서 우리가 정례 공양하는 것은 부처님 앞에서 하는 것과 차이가 없다. 법에 귀의한 후에는 외도와 사마邪魔의 사법邪法에 의지할 수 없고, 중생을 해칠 수 없으며, 불교 경전의 찢어진 한 조각에도 공경하며 정례해야만 한다. 스님에게 귀의한 후에는 사마 외도 무리와 접촉할 수 없고, 만약 그들과의 관계가 밀접하면 자신의 바른 지혜와 바른 견해를 무너뜨릴 수 있으며, 스님과 모든 불문에 들어온 도반들에게 공경해야만 하며, 심지어 승복의 한 자락에도 공경해야만 한다.

이러한 귀의처(歸依學處)는 불문에 귀의한 모든 사람들이 반드시 학습해야 한다. 그러나 현재 어떤 거사들은 형식적으로 귀의계를 받아 마땅히 배워야 할 것도 알지 못하고, 어떤 신도는 편안하게 승복을 입으며, 어떤 경우에는 심지어 승복을 방석으로 쓰고, 어떤 경우는 아주 대수롭지 않게 승복·경서·불상 등을 넘어가는 등 법답지

---

72 살바야나라고도 한다. 불타의 지혜는 일체지 중 성문·연각을 뛰어나 수승한 것을 가리킨다.

못한 경우가 많다. 이러한 행위의 결과는 상당히 두려워할 만하다.

어떤 사람들은 생각하길 "현재 중국불교의 승려들이 입는 일부분의 의복은 결코 부처님이 직접 제정하신 삼의三衣가 아니므로 진정한 승복이라고 쳐서는 안 되므로, 이처럼 아주 대수롭지 않게 하는 것 역시 어떤 잘못도 없다."라고 한다. 이런 생각은 성립할 수 없다. 어떻게 말하건 이러한 것들은 모두 석가모니 부처님께서 제정하신 계율을 받은 출가자가 입는 의복이다. 귀의계를 받은 사람이 공경하고 정대頂戴해야만 하는 물건을 어떻게 경시할 수 있겠는가?

이전에 인도에서는 재가자가 문을 멀리 나갈 때면 반드시 출가자의 의복 조각을 지녀서 호신의 신표로 삼는 습관이 있었다. 이러한 습관의 근거는 『지장십륜경地藏十輪經』이다. 경에서는 만약 사람 몸에 승복을 지니고 있으면 무수한 천마외도도 이 사람을 위태롭게 해칠 방법이 없다고 하였다. 장족 사람들 역시 매우 승복을 존중한다. 재가자가 만약 조심하지 못해서 출가자의 의복을 밟았으면, 그는 매우 두려워서 즉시 출가자에게 참회할 것이다. 중국에서 새로 온 거사 역시 이러한 배울 것들을 알지 못할 것이다. 수행인들이 불문에 귀의한 후, 우선 이러한 귀의에 있어 배워야 할 것들을 분명하게 알아야 한다.

아티샤 존자는 귀의를 강의할 때 다섯 가지 공통으로 배울 것을 언급하였다.

첫째, 비록 운명이 힘든 상황에 처하게 되어도 삼보를 버리지 않는다.

둘째, 더 큰 물질적 혜택 아래에서도 삼보를 버리지 않는다.

셋째, 아주 크게 필요하며 중대한 사건을 만나도 삼보를 버리지 않는다. 예를 들면 재난·병을 만났을 때 삼보의 가피를 구하며, 의사를 찾아 병을 치료하려고 할 때의 약 역시 삼보에 귀의를 실행하는 데 사용하는 도구로 보아야만 한다.

넷째, 중단하지 않고 삼보에 공양한다.

다섯째, 어디를 가는지를 논할 것 없이 출발 전에 먼저 삼보에 귀의하고, 어느 곳에 이르면 반드시 그곳의 삼보에 정례해야만 한다. 이 다섯 가지 조건은 삼보에 귀의한 후에 반드시 갖추어야 하는 배울 곳이다.

삼보에 귀의하는 공덕과 관련하여, 『일장경日藏經』에는 "어떤 사람이 만약 부처님께 공경스럽게 귀의한다면 백만 마군이 해칠 수 없다. 가령 계율(律儀)을 깨뜨려 마음이 미혹되어 혼란스러워져도 나중에는 또한 반드시 해탈할 수 있다."라는 교증이 있다. 『무구청문경無垢請問經』에서도 "귀의한 복덕은 만약 색상色相을 갖추었다면 허공계를 가득 채우고 장차 허공을 뛰어넘을 것이다."라고 말하였다. 삼보에 귀의하면 이러한 공덕이 있으므로, 삼보에 귀의한 자신이 처한 환경에 불교를 믿지 않는 사람들이 많아서 점점 자신이 배워야 할 것을 잃는 일이 없기를 희망한다. 마땅히 깨달음에 이를 때까지 나와 남의 해탈을 위하여 굳게 서원을 지켜 자신의 귀의학처歸依學處를 견지하는 데에 이르러야 한다.

요 몇 년 학원에서 귀의를 전수받기 원하는 사람이 수십만을 헤아릴 수 있다. 몇 십 년이 지난 후, 이 사람들 중 일부분은 삼보라는 이름도 잊어버릴 수 있지 않을까? 나는 말법 시대라 분명 이와 같은 상황을 면하기 어렵다고 생각한다. 심지어 어떤 사람은 죽기 전에 여전히 외도의 계를 받으러 갈 수 있다. 보배구슬을 버리고 모래와 자갈을 찾아가니, 얼마나 탄식할 만하고 가련한가! 우리는 이렇게 혼란스럽고 불안한 시대에 살고 있다. 중생의 공동 업력 때문에 사마외도邪魔外道가 번성하여 곳곳에서 무지한 중생이 사도로 빠지도록 유혹한다. 일부 견해가 깊지 않고 서원이 견고하지 못한 불제자는 또한 늘 이 액운을 벗어나기 어렵다. 심지어 오늘 이 자리에서 법을 듣는 사람에 대해서도 나는 이러한 걱정이 있다.

당연히 수행인들 중 일부 사람은 임종 전에 반드시 자신의 귀의계를 잃지 않을 뿐만 아니라 진정한 불제자일 수 있다. 나는 이 점에 대해 수행인들에게 믿음이 있다. 또한 석가모니 부처님 앞에서 '담보서擔保書'를 쓸 수 있다. 어떻게 말하든 수행인들이 비록 이렇게 험악하고 탁한 시대에 살고 있을지라도 각자 전생의 선한 인연 때문에 선지식을 만났고, 계율 청정한 칠천여 대중스님이 있는 불교 정법 중심을 만났다. 이와 같은 수승한 삼보가 우리로 하여금 그 앞에서 공동으로 견고한 서원을 하게 한다. 깨달음에 이르기까지 모든 여래께 귀의하고 정법 보살들께도 이처럼 귀의해야 한다.

4 사력四力으로 참회함

1) 죄를 벗어나는 힘

(1) 죄를 삼보 전에 고하여 참회함

我于十方佛 及具菩提心 아우시방불 급구보리심
大悲諸聖衆 合掌如是白 대비제성중 합장여시백

저는 시방 제불 및
보리심을 갖춘
대비보살성중께
공경하며 합장하고 이와 같이 아뢰옵니다.

이 게송은 참회수행법의 시작에 관한 것이다. 참회 전에 우리는 먼저 참회의 대상(依境)을 관상해야만 하며, 곧 자신 앞의 허공에 시방의 모든 여래·보리심을 갖춘 대비보살성중과 금강상사 등이 각각 오색구름 속 보좌에 앉아 있는 것을 관상한다.

우리 스스로는 부처님의 인도(教導)에 따라 자신의 죄업을 깨끗하게 참회해야만 하는데, 참회 과정에는 반드시 세 가지 조건을 갖추어야만 한다.

첫째, 반드시 위의威儀를 갖추어야만 한다. 예를 들면 두 손 합장하기, 두 무릎을 바닥에 꿇기 등이다.

둘째, 마음속으로 참회에 대한 강렬한 의지를 갖추는 것이 가장 관건이다. 만약 마음이 진실하지 않다면 입으로만 체면치레하는 것일 뿐이다. 나는 참회한다, 나는 고치겠다는 등 이러한 것은 결코 어떤 작용이 없고 반드시 마음속 깊은 곳으로부터 자신의 죄업에 대하여 부끄러워하고 뉘우치고 씻고자 하는 의지가 있어야 죄업을 깨끗하게 할 수 있다.

셋째, 언어에 의한 고백으로 제불보살 앞에서 죄업을 조금도 숨김없이 말로써 다 드러내며, 이것은 총체적으로 참회의 대상을 밝게 관하는 것으로 진실로 몸·말·의지(身語意)의 참회의 배경을 말한다.

無始輪回起 此世或他生 무시륜회기 차세혹타생
無知犯諸罪 或勸他作惡 무지범제죄 혹권타작악
或因癡所牽 隨喜彼所爲 혹인치소견 수희피소위
見此罪過已 對佛誠懺悔 견차죄과이 대불성참회

무시이래 윤회에서
현생 혹은 과거 생을 막론하고
무지에서 지은 일체 죄업,
혹은 다른 사람으로 하여금 짓게 한 죄업,
스스로의 어리석음에 이끌려
다른 사람의 악행을 따라 지은 죄업,
이러한 죄업의 잘못을 깨닫고

제불성존 앞에서 간절하게 참회하옵니다.

'염환대치력厭患對治力'은 자신이 이전에 지은 각종 죄업을 후회하거나 걱정하는 것이다. 예를 들면 치아매이 린포체[73]가 "예전에 지은 악업은 독을 먹은 것과 같다"라고 말함과 같이 지은 죄업의 두려움을 알아서 싫어하는 마음을 낸다.

우리는 윤회 속에 빠져 이미 헤아릴 수 없는 시간을 표류하였고, 나고 죽는 유전 속에서 자신이 불가사의한 악업을 지었으며, 과거세의 것은 기억할 수 없고 단지 현생을 얘기할 뿐이다. 자신이 신·구·의로 지은 악업은 대부분 근본적으로 헤아릴 방법이 없어서 10가지 근본죄(自性罪)를 시시각각으로 범하고 있는데도 스스로 여전히 느끼지 못한다. 또 우리가 별해탈계·보살계·밀승계를 받았다면 이 삼승계三乘戒의 근본과 지말의 계율 조항에 대해 자신이 얼마나 범했는지 한번 생각해 보자. 이러한 것들은 현생의 악업일 뿐이고, 시작도 없는 세월 이래로 우리의 죄업이 얼마나 되는지 보통사람들은 근본적으로 헤아릴 방법이 없으나 지은 죄업은 분명 끝이 없음을 자기 마음속으로 분명히 알 것이며, 그렇지 않으면 자신이 이와 같은 깊은 윤회에 빠지지 않았을 것이다.

자기의 내심으로는 분명 고통 받길 원하지 않을 것이다. 그러나 계속 끊임없이 고통 받는 원인(因)을 만든다. 악업은 자신이 무지하고 어리석기 때문에 짓는다. 만약 우리가 저 높고 깊은 깨달음을 갖춘

---

73 17세기 중국 사천성 캉딩현 출신 고승. 후반생 주로 동굴 수행에 전념하여 까규파의 대수인 일미유가를 성취하였다. 『극락발원문』을 지었다.

성자라면 그 고통이 신·구·의 삼문 일체가 불러온 결과임을 분명히 관찰할 수 있어 다시는 고통을 불러오는 죄업을 짓지 않을 수 있고, 다른 사람에게 죄를 짓도록 권하지 않을 것이다. 다른 사람이 죄 짓는 것을 권하는 것과 관련하여 만약 어떤 사람들이 거사계를 받았다면, 손님을 초대하여 밥을 먹으려고 할 때 자신은 살생할 수 없다는 것을 말한다. 그래서 다른 사람이 닭을 잡고 물고기를 가르도록 안배하고는 자신에게는 죄업이 없다고 여기면서, 이 일이 특히 그가 스스로 살생한 죄업과 차별이 없다는 것을 알지 못했다. 나는 또 직접 어리석은 노 출가자 한 분을 본 적이 있는데, 그는 자신이 고기를 먹고 싶으면 뜻밖에도 다른 사람에게 살찐 염소를 잡게 하였다. 이러한 일은 수행인들도 아마도 직접 본 적이 있을 것이다.

현재 이러한 어리석은 사람들이 매우 많다. 뿐만 아니라 무명의 어리석음 때문에 다른 사람의 죄업을 보고 즐거워하는 것도 적지 않으며, 그들은 다른 사람의 죄업을 같이 즐기는 것에 같은 잘못이 있다는 것을 알지 못하고, 어떤 사람이 어떤 죄를 짓거나 사람을 죽인 것을 듣고는 특히 기뻐한다. 한동안 발칸 반도에서 전쟁이 나고 나토 비행기가 남슬라브를 폭격하였다. 어떤 사람들은 색족인塞族人을 싫어하여 알바니아인을 폭격하는 것을 기쁘게 말하며, 어떤 사람들은 미국의 패권주의를 싫어하고 남슬라브가 미국의 초고속 비행기를 격파한 것을 듣고 춤출 듯이 기뻐하며 심지어 대대적으로 경축하려고까지 한다. 아마도 일반 사람들은 이러한 생각이 아무 상관없고 일반적이라고 여기지만, 인과의 입장에서 말하면 비록 당신이 직접 폭탄을 떨어뜨려 비행기를 격파시킨 것은 아닐지라도 한마음으로 수희하는 것은 직접 살생하는 것과 같은 죄업이다. 수행인들이 계율 측면의 전적을 자세하게 읽어 본다면, 만약 내심 진정으로 살인을 수희한다면 삼승계에 문제를 일으킬 것이므로, 수행인들은 한번 잘 반성해 보라. 유사한 죄업을 스스로 얼마나 지었는가?

인과는 매우 깊고 미묘한 도리이므로 깨달은 지혜가 없고 많이 듣고 사색함이 없다면 근본적으로 이해할 방법이 없다. 일반인들은 죄를 짓고도 자신이 알지 못한다. 예를 들면 『대원만전행인도문』에서는 고독지옥을 언급하였는데, 그곳에서 어떤 중생들은 문지방·기둥 등으로 변하였다. 율장에서는 이러한 인과에 대하여 비교적 자세한 설명이 있다. 만약 어떤 사람이 강당에 입가심한 물이나 침 등을 내뱉어 강당을 더럽힌다면, 이후에 업과가 성숙되어 강당의 문지방·기둥 등으로 변할 것이다.

『현우경賢愚經』에서 세존께서는 직접 르다의 업보를 말씀하셨다. 르다는 전생에 스님들의 재물을 관리하였는데 주의하지 않아 재물의 손실을 초래하였고, 나중에 고독지옥에 떨어져 큰 나무로 변하였으며 나무에 붙어 있는 셀 수 없는 벌레들이 계속 물어뜯었다. 르다가 만약 이 업보를 알았다면 분명 마음대로 스님들의 재물을 훔치거나 낭비하지 않았을 것이다. 이런 종류의 일화는 『현우경』이나 『백업경』에 많이 있으니 수행인들 스스로 볼 수 있다.

스님의 재물에 대하여 스스로 사용하고 낭비한다고 말해서는 안 된다. 가령 법대로 사용하고 분배하지 않으며 비용을 다른 데로 전용하거나 스님들께 분배하는 것을 미루는 것도 상당히 심각한 결과가 있다. 인도불교 역사에 한 일화가 있다.

아티샤 존자가 나란타사那爛陀寺에 있을 때 시주자가 스님들에게 음료를 공양하였고, 당시 시간이 너무 늦었기 때문에 당번 스님은 다음날로 미루어 나누어 주어야겠다고 생각하였으나 그날 밤 그 당번 스님이 잠을 자는데 불이 난 것처럼 목이 말랐다. 그는 즉시 물을 담아 놓은 큰 항아리로 물을 가지러 갔으나 뚜껑을 열어 보니 분명 물이 가득 찼던 항아리가 텅텅 비어 한 방울의 물도 없었다. 그래서 그는 좀 이상하다고 느끼면서 바로 항아리에 표시를 해두었다. 참을 수 없을 정도로 목이 마른 당번 스님은 또 밖의 큰 저수지로 물을 구하러 갔는데, 저수지에도 물 한 방울 보이지 않았고, 매우 놀라 의아해진 당번 스님은 저수지에 작은 돌 더미를 쌓아 표시를 하였다. 그리고 그는 또 절 밖 멀지 않은 항하에 가서 강물을 마시려고 하였는데, 그의 눈앞에 있는 항하도 완전히 말라 모래와 돌만 남아 있을 뿐이었으므로, 그는 완전히 마른 강에서 다른 언덕으로 갔으나 한 방울의 물도 찾을 수 없었다. 그 당번 스님은 자신이 꿈을 꾸고 있는지 의심을 하였고, 그래서 승복을 강가 나무에 걸어두고 목마름을 참고 사원으로 돌아왔다. 어쨌든 아침까지 참았다가 그 큰 항아리를 확인해 보았는데 물은 뜻밖에도 어제 낮과 똑같이 항아리에 한 가득이었고, 밖의 저수지·항하도 어제와 마찬가지로 물은 조금도 줄어들지 않았는데, 자신이 해놓은 표시는 여전히 있었다. 그는 매우 놀랍고 두려워 급하게 아티샤 존자에게 가서 이 괴이한 일을 아뢰었다. 존자는 그에게 알려 주었다. "그대가 제때에 음료를 나누어주지 않아 스님들이 음식을 먹는 데에 장애를 만들었기 때문에 이 업보가 생긴 것이다. 이 업보는 내세로 넘어가지 않고 바로 성숙되어 네게 받도록 하였으며, 업력이 성숙되니 일체 외부환경 역시 변화되어 모든 물이 말라 보였다."

인과는 굉장히 미묘하며 업력은 일체 외부환경을 바꿀 수 있는데도 설마 수행인들은 이 악업을 두려워하지 않겠는가? 우리는 현재 이 도리를 분명히 알았다. 자신이 끝없는 악업을 지었음을 알고 이 죄업들이 두려운 업보를 불러올 것이라는 것을 깨달아 간절히 대자대비하신 성존께 자신에게 가피하여 주시길 기도하고, 빨리 이 죄업들을 깨끗하게 참회해야만 한다.

惑催身語意 于親及父母 혹최신어의 우친급부모
師長或餘人 造作諸傷害 사장혹여인 조작제상해
因昔犯衆過 今成有罪人 인석범중과 금성유죄인
一切難恕罪 佛前悉懺悔 일체난서죄 불전실참회

무명번뇌[74]의 책동 때문에 저는 신·구·의로
삼보와 부모, 상사와 다른 사람들에게
거스르는 일들과 해치는 일들을 많이 저질렀사옵니다.
이전에 지은 많은 잘못으로 인하여
현재 죄업이 매우 무거운 죄인이 되었으며,
이 일체 용서 받기 어려운 죄업을
저는 제불 앞에서 가슴 깊이 참회하옵니다.

비록 우리가 평상시 남을 해치고 싶어 하지 않지만, 무명번뇌에

74 제일의제를 미혹하게 하는 근본무명, 생사번뇌의 근본이 됨.

의하여 스스로 제어할 방법도 없이 마음속으로 거센 탐욕과 성냄의 번뇌가 일어난다면, 이러한 번뇌업煩惱業의 충동으로 우리는 삼보·스승과 어른·부모 등 가까운 사람들에게 많은 불경스러움과 해치는 악업을 지었다.

자신의 일생에서 세간 은덕이 가장 큰 사람은 부모이다. 낳아 길러주신 온갖 은덕은 자신이 보답할 방법이 없다. 이 점은 『불설부모은중난보경佛說父母恩重難報經』에서 아주 분명하게 말하였다. 『대승본생심지관경大乘本生心地觀經』에서도 "아버지에게는 자애로운 은덕(慈德)이 있고, 어머니에게는 불쌍히 여기시는 은덕(悲德)이 있다. 어머니의 불쌍히 여기시는 은덕이라는 것은 우리가 일 겁 동안 세상에 살아도 다 말할 수 없다."라고 말하였다. 또 "이 때문에 수행인들이 성실하게 효행을 닦아 부모님을 봉양하는 것은 사람들이 부처님을 공양하는 복덕과 차이가 없다. 마땅히 이처럼 부모님의 은혜를 갚아야 한다."라고 말하였다. 세간에서 어머니의 은혜에 대하여 보답하기 어려운 것에 또 "부모님의 은혜를 누가 풀 한 포기의 효심 정도로 갚는다 하는가? 산의 녹음 우거진 만큼으로도 보답할 수 없다네."라는 탄식이 있다.

출세간에서 삼보는 일체 공덕의 원천이고, 상사는 도를 해탈하는 데 있어서의 유일한 인연이다. 우리는 이러한 세간·출세간의 존중의 대상에 대하여 헤아릴 수 없이 많은 악업을 지었다. 이를테면 불손·비방·가르침 위반·법대로 하지 않은 많은 행위 등과 같은 나쁜 업은 우리를 죄업이 깊고 무거운 죄인으로 만들었으니, 인과규율에 따르면 반드시 지옥에 떨어져 무량겁의 고통을 받을 것이다. 이러한 무섭고 부끄러운 악업을 대하여 비록 용서받기 어렵다는 것을 알아도 한량없이 자비로우신 제불보살, 상사 앞에서 우리는 간절하게 하나하나 드러내어 고하고 성존들께서 너그러이 용서하여 주시길 빌며, 우리들의 일체 악업이 깨끗이 소멸되도록 가피하여 주시길 기도해야만 한다.

어떤 사람들은 "상사여, 저는 옛날에 아주 무거운 죄업을 지었습니다. 앞으로 업보를 받아야 할 것이 매우 두렵습니다. 상사와 스님들 앞에서 하나하나 털어놓고 참회하고 싶습니다. 그러나 전 용기도 없고 감히 제 잘못을 마주할 수도 없습니다."라고 말한다. 대개 많은 사람들은 비슷한 생각을 가지고 있다.

수행인들이여, 돌이켜 생각해 보자. 그대들은 상사와 스님들 앞에서 털어놓고 참회할 용기는 없지만, 무수한 겁 동안의 지옥 고통을 받아들일 용기는 있는가? 혹은 수행인들이 도살장에 갔다고 한번 생각해 보라. 스스로 솔직하게 도살되는 고통을 마주할 수 있는가? 이것보다 억만 배나 더 심한 지옥 고통을 받을 수 있겠는가? 만약 당신이 할 수 없다고 느낀다면, 왜 이러한 고통의 씨앗을 불러내어 마음속으로부터 파내어 다 털어놓고 참회하지 않는가!

罪業未淨前 吾身或先亡 죄업미정전 오신혹선망
云何脫此罪 故祈速救護 운하탈차죄 고기속구호

죄업이 아직 깨끗해지기 전에
저는 먼저 죽을 수 있사옵니다.
그전에 이 두려운 업보에서 벗어날 무슨 방법이 있겠사옵니까?
제불 성존이시여! 빨리 저를 구원해 주시옵소서!

인생은 무상하다. 누구도 자신이 다음 한 순간 죽지 않을 것이라고 확신할 수 없다. 우리 주위의 많은 사람들은 아직 자신이 지은 자성죄自性罪와 부처님이 정한 죄를 다 청정하게 하기 전에 무상함이 강림한다. 이러한 일은 우리 모든 사람에게 해당된다. 그때 자신이 사람 몸을 잃고 업력에 이끌려 자유 없는 악도로 떨어지게 된다면, 어디에 참회하며 수행할 기회가 있겠는가?

수행인들은 모두 악도에 윤회하는 고통을 안다. 누구도 이러한 불구덩이에 떨어지고 싶어 하지 않는다. 그러나 죄업이 깨끗해지기 전에는 누구도 이러한 무서운 운명에서 벗어날 방법이 없다. 중생이 죽은 뒤 악도에 떨어져 죄업을 받는 이숙과보異熟果報는 그 시간이 비교적 길다. 『현우경』에 구류손불拘留孫佛 좌하座下의 스님 한 분에 대한 기록이 있다. 스님들의 재산을 탐냈을 뿐 아니라, 나쁜 말로 남을 욕하였기 때문에 이 악업으로 지옥에 떨어져 여러 겁을 지냈다. 지옥에서 나온 후 이상한 물고기가 되어 세세생생 똥구덩이에 태어나 현겁천불賢劫千佛의 교화 시에 지옥에서 벗어날 수 없었다.

우리는 자기 일생에서 만든 악업으로 살생·나쁜 말·삿된 견해·탐내고 성내는 마음 등을 한번 생각해 보자. 만약 현생에서 참회하지 않는다면 내생의 업보를 어찌할 것이며, 얼마나 긴 고통을 받아야 하겠는가? 때가 되어 중음中陰[75]에 공포가 온 뒤에 후회하는 것은 때가 늦다. 어떤 사람들은 중음 때에도 제도를 받을 수 있다. 예를 들면 양무제의 치황후郗皇后 등이다. 그러나 이러한 사람들이 또 몇이

75 사람이 죽어서 다시 태어나는 중간의 영혼 상태.

나 되겠는가?

티베트에서 성취가 있는 일부 유가사瑜伽士와 공행모空行母[76]는 중음에서 떠다니는 혼·지옥 중생·아귀 중생과 소통하여 그 가운데 복연이 있는 사람들을 제도할 수 있다. 그러나 이러한 기회는 매우 적고 적다. 어떤 공행모는 중음을 유람한 기록에서 말하였다. '중음 상태의 중생들이 그녀를 보았을 때, 살아 있는 사람들에게 데려다 달라는 말을 그녀에게 부탁하고 싶어 하지만 말을 할 수 없고, 단지 미약하게 머리를 끄덕일 수 있으며 입가를 좀 움직일 뿐 매우 고통스러워한다.' 지옥 중생은 더욱 그러하다. 그들은 그녀에게 어떤 친한 사람이 있는지 알려 주어 친한 사람에게 제도해 주도록 하고 싶어 하지만, 단지 마음속 찰나의 생각이 있을 뿐 조금도 표현할 능력이 없다. 수행인들은 한번 생각해 보자. 중음의 몸이나 악도에 들어서면 자기 소원을 표현할 능력·기회조차도 없는데 어떻게 죄업을 참회할 기회가 있겠는가?

현재 우리는 원만하게 갖춘 몸을 가지고 수승한 선지식에 의지하여 원만한 참회 의궤儀軌를 가지고 있다. 이렇게 좋은 해탈의 인연이 되는 수행법을 사용하여 성실하게 죄업을 깨끗하게 참회하지 않는다면, 어찌 눈뜨고 스스로 깊은 악도로 향해 가면서 되돌아보지 않는가? 부질없이 귀중한 사람 몸을 낭비하다가 때가 되어 단지 악도의 고통을 받을 뿐이다. 수행인들이 진지하고 열심히 금강살타 참회법을 수지하길 바란다. 그렇지 않으면 내년 오늘, 지금 법을 듣는 사람이 살아 있을지 없을지 말하기 어렵다.

---

76 밀교법을 닦는 여성 수행자.

지금까지 사회의 재난이 끊이지 않는다. 설령 인류 대재난이 오지 않더라도 우리 개인의 죽음은 늘 일분일초 다가오고 있다. 숨을 내쉰 후, 또 숨을 들이마실 기회가 있을 것인지 수행인들은 생각해 본 적이 있는가? 수행인들 모두는 현재 또 자신이 시작도 없이 쌓은 겹겹의 업장에 구속되어 만일 한 호흡이 멈추어 죽는다면, 그 결과가 당신을 두렵게 하지 않겠는가? 우리는 또 게으름 피울 무슨 이유가 있는가? 수행인들은 매 찰나를 꽉 잡고 노력해서 금강상사[77]와 제불보살에게 기도해야만 한다. 더욱이 시방삼세제불의 본체인 금강살타 앞에서는 한마음 한뜻으로 간절하게 가호를 구해야 한다. 밤낮으로 끊임없이 마음속으로 진언을 외워 지성으로 죄업을 참회하고 가호를 기원하자.

死神不足信 不待罪淨否 사신부족신 부대죄정부
無論病未病 壽暫不可恃 무론병미병 수잠불가시

저승사자는 믿을 수 없습니다.
그는 우리의 죄업이 청정해졌는지 아닌지에 상관없이,
우리가 병이 났는지 아닌지에 상관없이 언제든 내려올 것입니다.
사람의 수명은 얼마나 짧은지 조금도 믿을 수 없습니다.

삼계 중생은 누구도 죽음의 신의 손바닥에서 도망갈 수 없으며, 죽음의 신이 언제 올지 확신할 수 없으며, 가령 그가 내년 후년, 아니면

77 자기가 목숨 바쳐 귀의한 선지식.

혹 10년 후 어느 때에 온다는 것을 안다면 우리도 자연스럽게 자기가 어떻게 시간을 보내고 어떻게 수행할 것인지를 안배할 수 있다. 혹은 죽음의 신과 친구가 되어 그가 우리의 죄업을 깨끗하게 해주고, 신체에 병이 나거나 쇠약해져서야 자신을 데려가게 하는 것이 보장된다면 수행인들은 가볍고 한가롭게 세월을 보낼 수 있다. 그러나 이러한 상황은 조금도 가능성이 없고, 죽음의 신은 누구에게도 냉혹하고 무정하므로 누구도 그를 믿을 수 없으며, 당신의 죄업이 깨끗한지 아닌지를 막론하고, 병이 났는지 건강한지를 말할 것 없이 그는 찰나에 내려온다. 그의 손바닥 안에서 사람의 수명은 매우 약하며 잠깐이므로 조금도 의지할 곳이 없다.

『충언심지명점忠言心之明點』에서 "누구도 사나운 우뢰와 같은 죽음이라는 큰 적이 언제 올지 모른다."라고 말하였다. 우리 주위의 사람들을 한번 보자. 어떤 사람은 병상에서 몇 년을 고생한 뒤에야 죽고, 어떤 사람은 이와 달리 몸이 좀 좋아져 서 있고 앉아 있다가, 말할 때나 밥 먹을 때 갑자기 숨이 끊어져 죽음의 신인 검은 밧줄에 묶여 간다. 용수보살은 『보만론寶鬘論』에서 "죽음의 신은 순간적으로 소리 없이 온다. 생명은 바람 앞의 등불 같다."라고 말하였다. 『친우서』에서도 "수명은 약하고 재난이 많다. 마치 물거품에 바람이 부는 것과 같다."라고 말하였다. 티베트의 속담에서도 "중병으로 침상에 누워 죽음을 기다리는 동안, 도리어 병 없는 사람이 백 명이나 죽는 것을 본다."라고 말한다. 어떤 사람이 중병을 앓아 자기가 죽을 것이라고 여긴다. 이 순간에 많은 건강한 사람이 도리어 죽는다는 것을 말한다. 그 뜻은 죽음의 신이 오는 것은 확정되지 않았으므로 어떤 사람에 대해서건, 언제, 어디에서도 올 수 있다는 것을 가리킨다.

죽음의 신은 이처럼 무정하여 갑자기 오므로 우리는 마땅히 시시각각 충분한 준비가 있어야만 한다. 죽음의 신이 왔을 때, 편안하게 상사에게 기도하고 대원만의 정定에 들어 왕생의 비결을 관수觀修할 수 있다. 이러한 확신과 준비가 있다면 죽음의 신이 언제 어디에서 오든 당신은 편안하게 세상을 떠날 수 있다. 만약 당신이 아직 이러한 자신과 준비가 없다면 죽음의 신 앞에 내몰려서 매우 빠르게 상사 삼보에게 죄업을 참회하고 가피를 기도해야만 한다. 스스로 정법을 정진 수지하고 언제고 충분한 준비가 다 되었을 때에야 비로소 두려움 없이 죽음의 신을 대할 수 있다. 어떤 상황을 막론하고 당신이 수시로 준비할 수 있다면 전쟁에 임해 당황하지 않을 것이며, 죽음의 신에게도 이와 같다.

因吾不了知 死時舍一切 인오불료지 사시사일체
故爲親與仇 造種種罪業 고위친여구 조종종죄업
仇敵化虛無 諸親亦煙滅 구적화허무 제친역연멸
吾身必死亡 一切終歸無 오신필사망 일체종귀무

죽을 때 생전의 일체를 버리고 혼자 떠남을 알지 못하기 때문에 친한 사람과 원수에게 각종 죄업을 지었습니다.
원수는 허무로 변할 것이고, 가까운 사람도 연기처럼 사라질 것입니다.
내 자신도 분명 죽을 것이고 세상의 일체도 빈 곳으로 돌아갑니다.

우리 인류는 한편으로 말하면 매우 훌륭하며 축생(傍生)과 달리

지혜가 있고 추구하는 것이 있어 외부 물질세계에 대하여 무엇이든 다 정복할 수 있을 것 같고, 많은 새로운 물건을 만들어 자신을 위하여 봉사하게 할 수 있다. 그러나 자세히 생각해 보면 사람은 매우 어리석어 눈빛을 단지 외부세계에 맞출 뿐이고 외부세계 형형색색을 자세하게 연구하고 관찰하는 반면 자신은 잊어버리며, 자아와 매순간 떨어지지 않고 관계가 매우 밀접하며 가장 중요한 심신과 생명의 오묘한 문제는 조금도 관찰하고 사고하지 않는다.

자신의 생명은 도대체 어찌된 일인가? 생사의 사이에는 무엇이 연결되어 있는가? 사람들은 거의 자신이 죽을 것이라는 것을 잊은 것 같고, 또 죽을 때는 무엇에도 의지할 수 없다는 사실을 잊은 것 같으며, 거의 생각하지 않는 것 같다. 가령 한 국왕이 비록 살아서는 천하를 무력으로 위협했더라도, 죽을 때 그 가족이 어떤 수단 방법을 강구한다 해도 가져갈 수 있는 것은 없다. 유일하게 가져갈 수 있는 것은 흑백 두 가지 업뿐이다. 모든 것은 가져갈 수 없고, 오직 업만이 몸을 따라간다. 죽을 때 사람은 오직 외롭게 모든 권력·명성·재산·가족을 버리고 업력에 따라 중음 지역으로 가는 것이다. 혼자 왔다 혼자 가는 것이 마치 소나 양의 젖을 바짝 졸여 만든 기름(酥油)에서 한 줄기 털을 뽑아내는 것과 같이 털 하나도 가져갈 수 없다.

인간 세상의 흥망성쇠 변화는 사람들이 모두 보고 들었으나 마치 누구도 일찍이 진지하게 생각한 적이 없는 것 같고, 도리어 가족·친척들을 위해 음식 등을 얻기 위하여 수단을 가리지 않고 살생·도둑질·사기 등의 악업을 짓는다. 원한 맺힌 적에게 맹렬한 분노와 질투심을 일으킨다. 그들과 옥신각신 암투를 벌여 하늘을 뒤덮을 만큼 큰 죄업을 지었다. 이러한 악행은 거의 일생에서 멈춘 적이 없는 것 같고, 만약 세상 사람들이 고요히 자세하게 관찰하고 사유한다면 원수와 친구가 모두 마치 연기나 구름처럼 깨끗이 사라질 것이며, 자신도 결국 어느 날 그들과 같이 반드시 죽는다는 것은 의심할 여지가 없다. 자신의 성냄과 원한의 대상·탐욕과 사랑의 대상은 실제로 구름이나 연기와 다를 것 없이 잠시 환상일 뿐이므로, 분석하자면 조금이라도 실제적인 의미가 없다. 우리는 모두 생각해 보아야만 한다. 자신이 어렸을 때의 친척·친구, 또 자기와 싸워 원한을 맺은 원수가 얼마나 많이 이생을 떠났는지? 여전히 이생에 남아 있는 사람들이 언제 없어질 것인지?

人生如夢幻 無論何事物 인생여몽환 무론하사물
受已成念境 往事不復見 수이성념경 왕사불부견

인생은 꿈과 같아서
어떠한 사물을 막론하고
발생한 후 기억의 잔영만 남을 뿐
지난 모든 것은 다시 볼 수 없습니다.

우리의 일생은 많은 일들을 겪는다. 아무 근심걱정 없는 어린아이 시절·즐겁고 낭만적인 소년 시절·용감한 기상이 가득 차 넘치거나 혹은 우울한 청년 시절 등, 그렇게 느꼈던 천진하고 즐겁거나 걱정스럽고 고통스러운 등의, 사람을 기쁘게 하거나 우울하게 한 온갖 경력은 현재에는 아주 모호한 기억으로 산산이 부서져 자신의 어젯밤 꿈과 거의 차이가 없다. 오직 생각(意念)의 영역에만 남아 있어 우리가 어떤 방법을 쓰더라도 다시 겪을 수 없다.

법왕 여의보는 이 부분을 강의할 때, 그가 오십 년 전 라노사(洛若寺)에서의 일을 언급하였다. 그때 그는 겨우 16살이었는데 금강도반이 매우 많았다. 그 한 사람 한 사람이 모두 명랑하고 활발하였다. 생명력이 왕성하여 매일 즐겁게 지냈는데 현재는 그와 우진단증 라마(烏金丹增 喇嘛)만이 남아 생존해 있다. 당시의 풍경은 꿈으로 남아 이제는 다시 느끼고 싶지만 경험할 방법이 없게 되었다.

맨 처음 이 게송을 들었을 때, 나의 느낌은 특히 컸다. 일생의 온갖 경력·온갖 고통이 여기에 이르러 문득 꿈속의 일 같고, 어렴풋한 구름 같아 일체 사물의 본질은 허공과 같다. 그런데 세상 사람들은 친척·친구·원수에 대하여 세간 팔법八法[78]을 다투느라 쉬지 않고 고생한다. 그들의 온갖 집착은 허공을 잡고 올라가는 것과 같아 자신의 생명을 헛되이 소모할 뿐만 아니라 장래의 고통을 불러오니 정말 너무도 어리석다.

수행인들도 자신의 일생을 돌아보라. 은혜를 은혜로 갚는 것과 원수를 원수로 갚는 것, 득의와 실의, 세정世情의 변화 등 제반사 지난 일들을 지금 여전히 잡을 수 있으며 느낄 수 있는가? 수행인들이 다시 그것을 집착한다면 그것은 단지 허공과 같고 어젯밤 꿈과 같아서, 당신에게 일종의 허망한 심리적 영상을 주는 것 외엔 또 다른 어떤 의의도 있을 수 없다. 지난 일은 중복할 수 없으므로 수행인들은 조금도 실제 의미가 없는 이 일체의 세간법을 버려야만 한다. 귀중한

---

78 이익, 쇠퇴, 헐뜯음, 명성, 칭찬, 속임, 고통, 즐거움.

인생은 생명의 진리를 완전히 통달하는 데 사용하여 철저하게 깨닫고 해탈하는 경지에 도달하여야 비로소 유일한 의의가 있으며, 나와 남을 이롭게 하는 대사업을 충분히 할 수 있다.

復次于此生 親仇半已逝 부차우차생 친구반이서
造罪苦果報 點滴候在前 조죄고과보 점적후재전

이 잠깐의 일생에서
친한 사람과 원수 대부분이 이미 세상을 떠났습니다.
그들 때문에 죄를 지어 초래한 업보는
사라지지 않고 앞에 남아 있습니다.

우리 남섬부주 사람들의 수명은 매우 짧다. 짧은 일생에서 많은 사람들은 친한 사람과 원수들 때문에 끊임없이 악업을 짓는다. 그러나 실제로 만약 그들이 임종할 때 돌이켜 한번 생각해 본다면, 친한 사람도 세상을 떠났고 원수도 세상을 떠나 대부분 이미 무상함에 통째로 먹혀졌다. 남은 것은 조금도 어김이 없는 업보뿐이므로 스스로 업보 받기를 기다리고 있다. 이때 자신의 일생을 반성하니 친한 사람을 보호하고 원수와 싸우느라 지은 겹겹의 죄업 때문에 후회해도 소용이 없다.

오늘 아침 나는 고향 소식을 들었다. 우리 고향의 한 집안은 식구가 다섯인데 두 작은 아들들이 집의 재산을 다 팔아 이를 두 자루의 총으로 바꾸어 늘 그들을 괴롭히는 원수와 결투할 준비를 하였고, 이 결과 경찰과 총격전이 벌어져 그들은 죽었으며 집안은 파괴되고 식구들은 울부짖으며 크게 울었다. 수행인들은 안다. 세상일은 대체로 이와 같아서 사람들은 목숨 걸고 가까운 사람을 보호하고 원수에게 보복하지만, 이는 숙업宿業[79]에 의하여 감응으로 나타난 것으로 실패한 사람은 많고 성공한 사람은 적으니 노력을 하면 할수록 말로는 더욱 비참할 뿐이다. 뿐만 아니라 성공과 실패를 막론하고 이것에 의해 만들어진 죄업은 다른 사람에게 그 과보가 돌아가지 않고, 오직 죄를 지은 사람 자신이 천천히 받을 뿐이다. 자리에 있는 수행인들에게 만약 아직 집착하는 원수가 있다면, 이 피 뚝뚝 떨어지는 실화는 아마도 자신을 한번 깨어나게 할 수 있을 것이다.

수행인들은 인과를 믿으므로 어느 정도 인과응보의 이치를 분명하게 안다. 『교계국왕경敎誡國王經』에서 "국왕이 죽은 후 모든 권속 재산은 가져갈 수 없고, 오직 평생 지은 악업과 선업만이 그림자처럼 자신을 따라간다."라고 말하였다. 『지장본원경地藏本願經』에서도 "자신의 악업의 과보는 다른 사람, 가령 부모·처자식 등이라도 대신 받을 수 없다."라고 말한다. 우리는 이 이치를 분명히 알아 원수에 보복하고 가까운 사람을 보호하는 것이 아무런 의미가 없음을 안다. 마땅히 일체 탐욕과 분노의 악업을 버려야 할 뿐 아니라, 현재 버리고 취함이 자유로운 기회를 틈타 자신이 이전에 지은 악업을 참회해야만 한다.

因吾不甚解 命終如是驟 인오불심해 명종여시취

故起貪嗔癡 造作諸惡業 고기탐진치 조작제악업

---

79 과거 생에 지은 업.

생명의 마침이 이처럼 갑작스러움을
아직 깊이 이해하지 못했기 때문에
탐욕, 성냄, 어리석음 등 삼독의 번뇌를 일으켜
많은 죄업만 지었습니다.

일반적으로 수행인들이 불문에 들어와 정법을 듣고 사유하지 않았을 때, 틀림없이 진지하게 사람의 수명이 짧아 무상하다는 이치를 사고하지 않았을 것이다. 세간 대다수의 사람들처럼 명리를 위해 이리저리 뛰어다니며, 어리석게 이미 자신이 죽어야만 한다는 사실을 잊어버렸다. 뿐만 아니라 불문에 귀의한 후에도 대다수가 복연福緣의 지혜가 충분하지 않아 형식적으로만 사람의 수명이 짧고 무상함이 빠르다는 등의 이치를 들을 뿐, 근본적으로 깊이 있게 이를 이해하지 못한다.

법왕 여의보는 "불교에서 말하는 윤회·인과·무상은 만약 지혜로운 사람이 사유한다면 점점 더 심오하여 이해하기 어렵다고 느끼고, 지혜가 적으면서 깊은 이해를 구하지 않는 사람은 다 드러나 이해하기 쉽다고 느낄 것이다."라고 말하였다.

보통 불교를 배우는 사람들은 대체로 이와 같을 것이다. 막 기초교리를 듣고 사유하기 시작했을 때는 많은 이치가 비교적 간단하다고 느낀다. 그러나 진정 깊이 사고하고 수지하면 점점 심오하고 미묘하고 신비롭다고 느낄 것이다. 심지어 그 심오한 이치를 추측할 수 없다고 느낄 것이다. 예를 들어 "모든 것이 무상하다(諸行無常)."라는 것을 일반인들이 처음 배울 때, 이것은 모든 현상이 잠시 있다가 없어지므로 무상이라고 느낄 것이다. 미세하게 한번 사유해 본다면 모든 것이 무상하다는 것은 인연으로부터 생겨나기 때문에, 찰나에도 쉬지 않고 변동하기 때문에, 만들어진 성품 때문에 등과 같이 안팎으로 비밀한 많은 의의를 가지고 있는 것을 말한다고 느낄 것이다.

우리는 "깊이 이해하지 못한다."라는 말로부터 불교 교리는 깊이 들어갈수록 심오하여 이해하기 어렵다는 특징을 분명히 밝혔다. 여기에서 불교의 또 다른 특징을 한번 이야기해 보자. 즉 불법은 어느 시대를 막론하고 변하지 않을 것이다. 왜냐하면 부처님께서 말씀하신 것은 가장 궁극적인 진리이기 때문이다. 예를 들어 『입행론』은 이전에 수행인들이 그것에 의지하여 수지하였고, 현대 대승 수행인들도 그것에 의지하여 수행한다. 더 나아가 대승 불법이 여전히 세간에 있으니 후세 사람은 또 그것에 의지하여 수지할 것이다. 많은 사람들이 젊었을 때 이 논을 수지하고 매우 수승하다고 느낀다. 중년에도 이와 같을 것이고, 더 나아가 노년에는 더욱더 이 법문이 수승하다고 느낀다.

그러나 세간의 지식은 이와 같지 않다. 어떤 사람이 연구한 것에 따르면, 현대인이 학교에서 매 일 년 동안 배운 지식의 30%는 다음 해에는 이미 '때가 지난 낡은 지식'이 되고 만다. 수행인들은 현재 다윈의 '진화론'이 이미 뒤집어졌고, 아인슈타인의 '상대론'도 확고하지 않게 된 것을 본다. 인류 사회의 철학 사조가 얼마나 많은 세대 동안 더 바뀔지 모른다. 어떤 사람들은 "양자강의 앞 물이 뒷물에 밀려 흐른다", "초하루에서 보름으로 가며 달은 매일 다르다."라는 것을 말한다. 그러나 낙엽이 소소히 떨어지는 무상한 변화에서 불교의 교의敎義는 시종 한결같아 사람들이 궁극적 진리의 정상으로 들어가도록 인도한다.

일찍이 어떤 사람은 나에게 "과학이 발전하고 있고 인류가 진보하고 있으니, 불교도 바뀌어 진보되는 점이 있어야 한다."라고 말하였다. 나는 그들에게 대답할 때, 불법의 특징을 분명히 하여 "불교가 만약 개인의 이해 측면에서 본다면, 마땅히 발전할 점이 있어야만 한다. 이전에 명료하지 않았던 부분이 듣고 사유하고 수지하여 점점 분명하게 이해되도록 해야만 하나, 교의 측면으로 말한다면 불법은 일체지지자一切智智者이신 부처님께서 펴신 것으로 가장 궁극적인 원만한 진리이며 이미 우주 만법을 철저하게 그 실상대로 천명하셨으므로 근본적으로 고쳐 발전시키는 등의 문제가 존재하지 않는다."라고 말하였다.

수행인들이 『입행론』을 학습하여 서너 차례씩 듣고 사유할수록 점점 이 논이 심오하고도 넓다고 느끼며, 점점 자신을 인도하여 대승정법의 심층으로 들어가 수지하도록 할 수 있다. 더 나아가 성불에 이르기까지 이 논을 듣고 사유하며 수행하길 원하며, 이것이 바로 진정 도에 들어가는 모습이다.

적천보살은 여기에서 그가 감히 목숨이 무상하다는 것을 이해하지 못한다고 말한다. 수행인들 중에 누가 이와 같지 않은가? 비록 입으로는 "인생은 무상하고 죽는 날은 정해져 있지 않다."고 말하지만, 늘 자신이 찰나에 죽을 것이라는 사실을 잊는다. 그리하여 삼문(身口意)을 방종하게 하고 마음으로는 늘 탐욕·분노·어리석음 등 여러 가지 번뇌를 일으킨다. 번뇌의 충동으로 말미암아 각종 자성죄自性罪와 불제죄佛制罪를 짓는다. 수행인들은 이러한 죄업의 두려운 업보에 생각이 미치어 재삼 제불보살님 앞에서 드러내어 참회해야만 한다.

晝夜不暫留 此生恒衰減 주야불잠류 차생항쇠감
額外無復增 吾命豈不亡 액외무부증 오명기불망

주야로 찰나에도 쉬지 않고
현생의 수명은 줄어만 가며,
이처럼 감소만 있고 증가는 없는데
어찌 죽지 않을 수 있겠습니까?

일반 사람은 자신이 최후에 반드시 죽는다는 것을 안다. 그러나 자세히 한번 생각해 보면, 죽음은 단지 최후 그 찰나가 되어서야 비로소 발생하는 일이 아니라, 사람은 살아가면서 매일 죽어가고 있다. 생명은 시시각각 쇠약해지고 줄어들며, 마치 태양이 서쪽으로 지는 것처럼 한 찰나도 쉬지 않는다. 뿐만 아니라 한 사람의 수명은 줄어들고 없어질 뿐 머물거나 늘어나지 않는 것이, 마치 새는 통의 물처럼 한 방울 한 방울 끊임없이 감소되어 오래지 않아 반드시 없어지는 것과 같아, 모든 중생의 생명은 유한하며 더욱이 말법 시대 인간세상(人趣)의 중생은 수명이 점점 단축되고 있다.

현대인이 설령 천만 가지 신과학기술·신발명이 있더라도 자신의 수명을 머물게 하거나 연장하여 '장생'을 지킬 방법은 없으며, 자연의 규율을 세속 중생이 위배할 방법이 없다. 살아 있는 것의 또 다른 한쪽은 바로 죽음이며, 생과 사는 항상 서로 짝하므로 중생은 누구도 이 사실을 바꿀 수 없다. 『제우서除憂書』에서 "땅이나 하늘에 삶만 있고 죽음이 없다면 이 일을 당신은 어떻게 보겠는가? 듣고는 진실로 의심해 볼 만하다."라고 말하였다. 제천諸天에서부터 나머지 각 세계의 중생에 이르기까지 살아 있으면서 죽지 않는 유정을 수행인들은 보고 들은 적이 있는가? 누구나 삶이 있으면 반드시 죽음이 있고, 자신의 생명은 찰나에도 쇠약해지거나 줄어들고 있다는 것을 알며, 진정 시간을 진귀하게 여겨 자신이 악업을 짓지 않기를 최대한 결심하고 선법을 수행하는 사람이 오히려 끝까지 가는 경우는 몇 안 된다.

이전에 고승대덕은 "사람의 삶은 반드시 죽는다. 뿐만 아니라 삶은 매우 짧은데 만약 욕망과 쾌락을 추구하여 악업을 짓는다면, 아주 짧은 욕망과 쾌락의 향유로 만세의 고통인 과果를 불러오는 것은 너무 억울하다. 만약 정법을 수행하기 위해 몸과 마음의 고통을 달게 받아 단지 잠깐 동안의 고행을 용기 있게 참으면 곧 지나버리며, 그 결과는 도리어 영원히 안락을 누릴 것이다."라고 말하였다. 수행인들은 아주 잘 생각해 보아야만 한다. 자신의 생명이 밤낮으로 강물처럼 쉬지 않고 흐르고 있으며 반드시 끝이 있는 것인지? 만약 잠깐 사이에 생명이 끝난다면, 왜 영원의 안락을 위하여 힘껏 죄를 깨끗하게 하지 않는가!

臨終彌留際 衆親雖圍繞 임종미류제 중친수위요
命絶諸苦痛 唯吾一人受 명절제고통 유오일인수

제가 임종할 때
설령 가까운 사람들이 주위를 에워싸고 있을지라도,
생명이 끊어지고 사대가 분리되는 고통은
오직 저 혼자서 감당할 뿐이옵니다.

세상 사람의 죽는 방법은 매우 많다. 어떤 사람은 전쟁에서 죽고, 어떤 사람은 집 밖에서 교통사고·수재·화재 등으로 죽는다. 만약 집에서 죽는다면 친척이나 친구가 그의 옆에 있으면서 눈뜨고 그가 숨이 끊어지는 것을 보고 있다. 만약 병원에 있다면 의사와 간호사들이 산소를 공급하고 심장을 강하게 하는 주사를 놓는 등 한바탕 혼란스럽다. 그러나 둘러싸고 있는 친척들이 얼마나 관심을 가지고 있고 의사와 간호사들이 얼마나 힘껏 치료를 하는가를 막론하고, 죽는 사람의 입장에서 말하자면 이 일체가 아무 소용이 없다. 임종 때 사대가 분리되는 큰 고통은 마치 살아 있는 거북이의 껍질을 벗겨내는 것과 같다. 친척·친구와 현생의 일체 애욕 경계를 떠나는 것이 마치 칼로 심장을 도려내는 것과 같다. 이러한 고통과 그의 임종과 사후에 수반되는 거대한 공포가 완전히 그를 제압하고 있다. 만약 죽은 사람의 악업이 무거우면 중음의 공포와 고통은 더욱 깊다. 이때 가까운 사람의 관심 또한 무슨 소용이 있는가? 『무량수경無量壽經』에서 "사람은 애욕 속에서 홀로 살고 홀로 죽으며, 홀로 왔다가 홀로 간다."라고 말하였다. 죽은 사람은 다만 혼자 육체의 찢어지는 고통과 거대한 공포를 감당할 뿐, 친척과 친구가 아무리 많더라도 누구도 그를 대신하여 털끝만큼도 대신 받을 수 없다.

상사 여의보는 "세상에 유명한 국가 원수·부자 등이 살아서는 셀 수 없는 권속을 두고 심지어 그를 대신해 몸을 버릴 수 있는 사람도 많다. 그러나 이러한 큰 인물이 죽을 때 어느 가족이 도울 수 있는가? 가령 그가 10억을 헤아릴 정도의 충신을 가지고 있더라도 목숨이 끊어지는 고통을 그를 대신해 얼마나 나누어 질 수 있는가? 가령 그가 헤아릴 수도 없는 재산을 가지고 있다 하더라도 그를 위해 일초도 바꿀 수 없다."라고 말하였다.

중국에서는 사람들이 죽으려 할 때 대부분 병원에 입원하는 것을 본다. 내가 느끼기에 이렇게 하는 것은 상서롭지 못하며, 절이나 염불 수행하는 무리 속에서 죽는 것이 그에게 진정한 이익이 있다고 본다. 또 한 풍속이 있는데, 환자가 병원에서 마지막 숨을 거두려고 할 때 친척·친구들은 늘 많은 돈을 들여 신선한 꽃을 사들고 병문안을 간다. 이러한 습관 역시 정말 우스운 것이다. 죽으려고 하는 사람이 어떻게 꽃을 감상할 마음이 있겠는가? 역시 이 비용을 방생이나 보시 등의 선한 일에 사용하는 것이 그에게 더 도움이 된다. 수행인들은 이러한 문제를 어떻게 처리해야 할지 모르며, 혹은 지금까지 주의한 적이 없을 수도 있다. 만약 조금만 신경을 쓴다면 사람들의 죽음에 대한 태도가 유치할 정도로 무지함을 발견할 수 있으며 불쌍하고 비상식적이다.

다른 사람은 말할 것도 없고 우리 자신도 찰나에 죽어가고 있으며 결국에는 현생과 작별을 고해야 한다. 임종 때 어떤 가까운 사람도 자신을 대신해 고통을 분담할 수 없으며, 오직 자신만이 홀로 몸이 무너지는 고통·친한 사람과 이생을 이별하는 고통·내생에 대한 불안의 고통 등 이 일체를 감당할 뿐이다. 우리는 이런 상황이라면 자신과 타인을 위하여 준비를 해야만 하는지 아닌지를 한번 생각해 보아야 한다.

일반인들은 잠시 가족과 헤어지면서도 약간의 준비 작업을 하는 것이 필요하다. 하물며 우리가 결국 언젠가 영원히 이별하는 길고 낯선 죽음의 여정으로 들어섬이겠는가? 그 이치상 당연한 일은 현재부터 시작하여 이를 위해 충분한 준비를 해야만 한다.

(2) 속히 참회를 이루는 인연

魔使來執時 親朋有何益 마사래집시 친붕유하익
唯福能救護 然我未曾修 유복능구호 연아미증수

죽음의 사자가 잡으러 왔을 때
친척이나 친구가 무슨 도움이 되오리까?
이때는 복덕만이 저 자신을 구원해 줄 수 있는데,
저는 아직 공덕을 쌓지 못하였습니다.

보통사람들이 죽을 때 그의 눈앞에 매우 무서운 중음의 모습이 나타난다. 많은 염라사자들이 각종 흉악한 모습을 나타내는데, 예를 들면 말의 형상에 소머리를 한 무리들은 밧줄이나 쇠사슬 등으로 죽은 사람을 묶고 각종 병기를 이용하여 중음계로 끌고 간다. 이 점은 인도·티베트·중국의 불교에서 고승대덕들이 서술한 중음계의 모습으로 대체로 같다. 이생에서 사람에게 선을 행하고 악을 멀리하도록 권하는 기타 종교들에서도 이러한 모습은 서술되어 있다. 이러한 경계가 나타났을 때 죽은 사람은 매우 두려워서 가령 많은 친한 사람들이 에워싸고 있어도 그에게는 조금도 소용이 없어 도울 수가 없다. 이때는 단지 그가 생전에 지은 선업만이 그 자신을 도와 구원할 수 있으며, 큰 복덕을 가진 사람에게 염라옥졸의 출현은 그렇게 무섭지 않을 것이다.

만약 불법 수행에 생사를 초월한 깨달음이 있다면, 이때 매우 상서로워 죽은 사람은 깨달음을 얻은 경지에서 가볍고 편안하게 이 단계를 건너갈 것이다. 그러나 세상의 대다수 사람들은 이때 오직 두려움 속에 빠져 있을 뿐, 자신이 일찍이 선을 닦지 않은 것을 후회할 뿐이고 기회조차도 없다. 밀라레빠 존자(1040~1120)[80]가 "업보를 지은 죄인이 죽는 것을 볼 수 있다면, 업의 인과를 보여주는 선지식이 된다."라고 말하였다. 악을 지은 사람은 죽을 때 나타나는 경계가 매우 무섭기 때문에 죽을 때 매우 두려운 모습을 나타낸다. 다른 사람들은 그의 죽는 모습을 보고서야 인과가 허망하지 않음을 알 수 있으며, 악의 원인을 버리고 선한 행동에 신심을 증가시킬 수 있다.

우리는 자신이 죽을 것이라는 것을 안다. 대다수의 사람들은 중음 단계를 거쳐야만 한다. 만약 자신이 정말로 이 점을 기억할 수 있다면, 생전에 자유가 있을 때 선업을 널리 닦아 자기의 중음의 과정을 위하여 도움이 될 수 있는 복덕을 쌓아야만 한다. 그런데 일반 선업은 중음 때에 당신에게 위안을 줄 수 있을 뿐이지, 결코 당신을 완전히 자유롭게 이 공포에서 벗어나게 할 수는 없다. 만약 완전하게 생사에 대하여 공포가 없게 하려면 반드시 삼보에 귀의하여 죄업을 참회하고 매우 깊은 정법을 수지해야만 한다. 가령 당신이 이생에서 깨달을 수 없다면 진실로 삼보에 귀의하는 굳은 서원이 있어야만 중음의 공포에서 벗어날 수 있다. 그래서 상사는 우리에게 목숨을 버릴지언정 세세생생

---

80 티베트불교 까귀파 2대 조사, 마르빠의 제자. 대수인법을 성취한 성자이며 유명한 불교 시인.

삼보를 버리지 않기를 재삼 발원해야만 한다고 말한다. 그 스스로 재삼 아주 굳은 서원을 하였고, 또 모든 제자들이 마음속 깊은 곳으로부터 이러한 서원을 세우기를 희망하였다.

상사 여의보가 삼보에 귀의한 서원의 견고함은 수행인들이 모두 알 것이다. 문화혁명 때 상사 여의보도 삼보를 버리지 않았고 또한 청정한 계율을 버리지도 않았다. 뿐만 아니라 여전히 가다嘎多 대사, 아상阿桑 대사 등 많은 사람들에게 관정灌頂을 하고 법을 전하였다. 그들은 승복을 입고 학원 맞은 편 대붕산大鵬山에서 강의하고 관정하였다. 아리미주阿里密珠 공행모가 그들을 위해 보초를 서다가 산 위로 올라오는 사람을 만났을 때, 상사는 곧 아무렇게나 승복 위에 두루마기를 입고 사람들을 잠시 분산시켰다. 아상 대사는 당시 이렇게 상사 앞에서 『정해보등론定解寶燈論』 등 많은 경론을 듣는 것을 이어나갔다고 회상한다.

수행인들 중 젊은이들은 아마 잘 모를 것이다. 문화혁명 당시 환경은 매우 험악하여 중국에서는 승복을 입은 승려를 한 사람도 볼 수 없었다. 티베트에서는 승복 입고 관정하고 법을 전하는 것은 말할 것도 없고, 가령 염주를 들거나 부처님의 명호나 진언(心呪)을 외우더라도 다른 사람에게 발견되면 즉시 붙잡혀 가서 비판을 받거나 감옥에 들어갔다. 심지어 태도가 조금 결연하기라도 하면 창에 찔려 죽어야만 했다. 그렇게 피비린내 나는 시대에도 상사는 변함없이 청정계율을 견지하였고 불법이 다시 인간 세상에 널리 드날리기를 발원하였다. 상사는 또 "앞으로 설사 10만의 무리가 무기를 손에 들고 나에게 삼보를 버리라고 핍박하여도 나는 결코 허락하지 않을 것이다. 그들에게 죽음을 당해도 대수로울 것이 없다. 생명은 매우 짧다. 그들에게 죽임을 당하지 않아도 얼마 오래 살 수 없다. 하지만 만약 삼보를 버린다면 세세생생 불법 광명을 만나지 못하고 윤회의 무명 흑암 속으로 빠질 텐데, 그것이 더욱 두려운 것이다!"라고 말하였다.

윤회 세간은 도무지 허황되어 의지할 수 없다. 이생·중음·내생에서는 상사 삼보를 제외하고 다른 더 궁극의 귀의처는 없다. 수행인들이 만약 현생에 상사 삼보에게 이렇게 굳건한 귀의 맹세를 일으킬 수 없다면 중음의 무서운 풍경에서 서언誓言을 견지할 방법은 더욱 없다. 또한 무서운 고통도 없앨 방법이 없다. 굳건한 귀의심은 불법에 들어가는 근본이며 발보리심의 기초이다. 수행인들 각자 만약 이 굳건한 서원을 갖추지 않았다면 윤회의 고통 바다 속에서 해탈을 얻을 수 있겠는가를 헤아려 보아야 한다.

放逸吾未知 死亡如是怖 방일오미지 사망여시포
故爲無常身 親造諸多罪 고위무상신 친조제다죄

부처님이시여! 방일한 저는
이런 죽음의 공포를 알아차리지 못하고,
이 무상한 삶(몸)을 위하여
스스로 많은 죄업을 지었사옵니다.

불교에 귀의하여 불법을 듣고 사유하기 전에 대다수의 사람들은 죽은 뒤 중음의 공포를 알지 못한다. 또한 죽은 뒤 악업의 인과응보가 두렵다는 것을 그다지 잘 알지 못한다. 앞에서 우리는 사람이 죽을 때 몸의 무너짐(四大分離)이 살아 있는 거북이의 등껍질을 벗겨내는 것과 같다고 말하였다. 또 가까운 사람과의 이별 고통, 내세에 대한 두려움의 고통, 중음계에 가득한 사납고 흉악한 염라사자들의 무서움 등이다. 특히 악업이 심각한 사람은 이때 그 영혼의 인식이 매우 민감하여 생전에 지은 악업의 아주 작은 것까지도 다 눈앞에 나타나서 악도에 떨어지는 공포가 특히 심하다.

죽음에 이와 같은 공포가 있다는 것을 이해하지 못하기 때문에 세상 사람들은 짧고 무상한 생명을 유지하고 저 허망하고 실속 없는 욕망과 쾌락을 누리기 위하여 악업 짓는 것을 지금까지 거의 멈춘 적이 없다. 오늘날의 사회를 보면, 그들은 소위 "화끈하게 인생을 즐긴다."라고 하면서 기녀·깡패·도살자·사기꾼·술집 주인 등과 같은 일을 하며 끝없는 악업을 짓는다. 수행인들은 집에 있을 때 환경의 압력을 받아 부득불 마음속으로 각종 꾀를 내고 철면피가 되어 입으로는 각종 거짓·협박·아첨하는 말을 한다. 몸과 입과 생각으로 많은 악업을 지었으면서도 자신은 헤아릴 방법이 없다.

비록 수행인들의 천성이 선량하여 악업을 짓고 싶지는 않지만, 속세에 살면서 선업을 짓는 순연順緣이 매우 적다. 『혜해경慧海經』에서 "선업을 닦는 데 있어서는 악연이 많고, 악업을 짓는 데 있어서는 순연이 많다."라고 말하였다. 인간 세상은 확실히 이러하며, 더욱이 현재 악업을 짓는 것은 매우 편리하다. 예를 들어 살생을 하려면 독약을 써서 물고기를 독살하고, 전기로 물고기를 죽이고, 살충제를 살포하여 죽이거나, 또는 각종 폭탄으로 가볍고 쉽게 굉장히 많은 중생들을 죽인다. 또 어떤 경우는 돈을 훔치고 싶어 컴퓨터망을 통하여 은행에서 강도짓을 한다. 어떤 사람은 삼보를 비방하고 삿된 말을 퍼뜨려 어떤 목적을 달성하는데, 텔레비전 연속극을 찍거나 책을 써서 즉시 공연하고 출판할 수 있어 그 영향력이 매우 넓다.

선업을 쌓는 것은 오히려 어렵고, 더욱이 법을 열어주는 좋은 벗은 만나기 어렵다. 우익藕益 대사(1599~1655)[81]는 "좋은 벗은 만나기 어렵고, 악연은 오히려 지나치게 성하다."라고 말하였다. 이것이 바로 현대사회의 형상이다. 수행인들이 만약 원래의 환경을 떠나지 못한다면 각종 신문·잡지·텔레비전·영화 및 열악한 사회 풍속·주위의 나쁜 친구 등 이러한 영향 아래에서 진정으로 자신을 정결하게 할 수 있는 사람이 몇이나 되겠는가? 가령 불교에 귀의한다 해도 불법을 열어 보여주는 선지식이 매우 드물다. 인과를 전도시키고 악을 행하는 사람들의 보편적 목적이 모두 이러하다. 수행인들은 한번 잘 반성해 보자. 자신이 옛날에 신심을 방일하였으니, 바른 지혜가 없으면 바른 정도를 볼 수 없다. 무상하고 짧은 인생을 위하여 얼마나 많은 악업을 지었던가? 이 순간에 이러한 죄업을 아주 잘 참회하지 않는다면 임종 때 악업이 눈앞에 나타나게 될 것이니, 후회한다면 이미 늦을 것이다.

若今赴刑場 罪犯猶驚怖 약금부형장 죄범유경포
口干眼凸出 形貌異故昔 구간안철출 형모리고석
何況形恐怖 魔使所執持 하황형공포 마사소집지

---

81 중국 명나라 고승, 강소성 오현 사람, 법명은 지욱智旭. 32세 때 선종의 폐단을 보고 느낀 바 있어 천태종 교리를 연구하기 시작하였다. 저서에 『영봉종론』·『아미타경요해』 등이 있다.

大怖憂苦纏 苦極不待言 대포우고전 고극부대언

만약 지금 죄인이 형장에 끌려간다면 그 공포가 대단할 것인데
입은 바싹 마르고 눈은 튀어나와 그의 몰골은 완전히 변하고 맙니다.
무섭고 위협적인 저승사자에게 붙잡혀 가며
큰 두려움에 사로잡힌 처절하고 불쌍한 꼴은 말해 무엇 하겠습니까?

죽을죄를 범한 사람이 판결을 받은 후 형장으로 끌려가는 모습을, 수행인들은 혹시 본 적이 있을지도 모른다. 이런 일은 인도·중국에서 지금까지 거의 큰 변화가 없다. 『백업경』에서 우리는 석가모니 부처님께서 형장에서 범죄자를 구제하신 많은 일화를 볼 수 있다. 범인들은 형장으로 끌려갈 때 공포에 질려 사람의 모습이 아니다. 다행히도 구원해 주시도록 가호를 빌 수 있는 이들은 세존의 대비 위덕으로 삶의 기회를 얻는다. 우리가 형장으로 나아가는 범인을 보면, 대부분 혼비백산하여 손발의 힘이 다 빠져 얼굴은 잿빛이며 눈은 아주 크게 뜬 것이 아주 공포에 질린 고통스런 모습을 하고 있어 사람들에게 저절로 연민의 마음을 일으킨다.

일반인들이 이러한 형벌을 받을 때도 이렇게 두려워하는데, 중음의 모습에서는 무서운 고통이 어느 정도나 될지 알지 못한다. 우리는 경이나 주석서로부터 중음에 처해 있을 때 사람들이 느끼는 괴로움과 안락이 살아 있을 때보다 몇 배나 더 민감함을 알 수 있다. 뿐만 아니라 중음의 정경은 매우 두려운데, 저승사자의 몸은 사람에 비해 7배 이상이나 크고 모양도 매우 위협적이다. 그들이 각종 사람을 위협하는 병기를 들고 때리고 죽이는 고함소리가 천지를 뒤흔든다.

죽은 사람은 민감하고 나약한 마음으로 인간 세상보다 천만 배나 더 두려움을 느낀다. 당시의 고통은 당하지 않은 사람은 기본적으로 상상할 방법이 없다.

현재 어떤 사람들은 "중음계의 모습 속에서 염라와 각종 형벌은 단지 일종의 민간 전설일 뿐, 진정 불교에서 말하는 내용이 아니다."라고 말한다. 이런 생각은 일부 사람들의 억측일 뿐이다. 중음의 모습과 관련하여 현종과 밀종은 경이나 주석서에서 모두 밝혔다. 예를 들어 『중아함中阿含』 12권에 자세한 설명이 있고, 『지장보살본원경地藏菩薩本願經』에도 언급되어 있다. 밀교의 『청문교수해탈속聽聞教授解脫續』과 『중음규결中陰竅訣』에는 중음의 매 단계에 대하여 서술하였다. 악업이 매우 무거운 중생의 입장에서 말하자면, 이때 느끼는 고통은 인간의 고통이 비할 수 없다는 것을 그들은 생각할 방법이 없다. 윤회하는 중생들은 모두 이 단계를 거쳤는데, 어떤 사람들은 혹 아직도 아주 모호한 인상을 가지고 있을 수 있다. 애석하게도 대부분은 단지 마음속에 잠재되어 있을 뿐, 현재는 근본적으로 생각할 수 없다. 당신이 생각할 수 있건 없건 중음의 공포는 죄업을 가진 모든 사람 앞에 존재한다.

誰能善護我 離此大怖畏 수능선호아 리차대포외
睁大凸怖眼 四方尋救護 정대철포안 사방심구호
四方遍尋覓 無依心懊喪 사방편심멱 무의심오상
彼處若無依 惶惶何所從 피처약무의 황황하소종

누가 저를 잘 보호하여 이 큰 공포에서 벗어나게 할 수 있습니까?
저는 놀란 눈을 크게 뜨고 사방으로 구원자를 찾으며
사방팔방을 보아도 의지할 곳이 없어 매우 상심하온데
어떤 구원도 찾지 못하고 불안해하는 저는 어떻게 해야만 합니까?

중음에 들어간 중생은 매우 정신없이 두려움에 떤다. 이때 업이라는 바람에 흔들려서 중음의 몸은 끝없이 흔들흔들한다. 많은 두려움 속에 어디 하나 의지할 데 없이 그들은 공포에 질린 두 눈을 크게 뜨고 사방으로 황망하게 두리번거리며 구원해 줄 곳을 찾고 싶어 한다. 그 의식 역시 매우 미친 듯이 생각하길 '누가 나를 보호하여 이런 두려운 환경을 벗어나게 할 수 있을까?' 한다.

우리들도 악업을 많이 지은 사람은 죽을 때 눈이 밖으로 돌출되고 두 손은 마구 붙잡으려 하는 것을 직접 볼 수 있다. 이것이 바로 중음의 어쩔 줄 몰라 허둥대는 공포의 흉조이다. 만약 세상 사람들이 살아 있을 때 삼보에 귀의하여 선법을 수지하였다면, 이때는 그 선업과 믿음으로 삼보의 보호가 있기 때문에 이처럼 두렵지 않을 것이다. 만약 죽은 사람이 생전에 이러한 선행이 없었다면, 심식에 의지할 만한 삼보의 인상이 하나도 없어 근본적으로 의지처를 찾을 수 없고 또한 구제해 줄 수 있는 사람을 찾을 수 없다. 이때는 공포 외에 아주 심한 낙담만이 있을 수 있다. 수행인들이 입장을 바꿔 한번 생각해 보자. 만약 자신이 이처럼 의지할 곳 없는 위험한 상황에 빠져 있다면…….

아마도 어떤 사람은 생각한다. '불보살님은 대자대비하시니, 만약 내가 중음이란 두려운 상태에 빠진다면 그분들은 이 불쌍한 모습을 보고서 바로 지장보살처럼 구원해 주러 오실 것이다. 여기에서 구원자를 찾을 수 없다고 말하는 것은 아마도 일종의 방편일 것이야.' 처음 불문에 들어온 사람은 이런 종류의 의문도 벗어나기 어렵다. 우리는 인연 없는 사람에 대하여서는 부처님도 제도할 방법이 없음을 안다. 예를 들면 태양이 대지를 두루 비추더라도 장님은 털끝만큼의 빛도 볼 수 없는 것과 같다. 만약 불보살에게 믿음을 일으켜 아주 좋은 연분을 맺지 않았다면 부처님의 가피가 업의 흐름 안에 들어올 방법이 없는데 어떻게 당신을 구제할 수 있겠는가? 중음의 모습은 심식이 강렬하게 반영되어 비친 것인데, 중생이 비교적 강한 믿음과 선한 습관이 없다면 시작도 없는 때로부터 물들은 완고한 악습의 영향으로 번뇌와 어리석음의 어둠에 빠져 있으니, 어떻게 구원자의 모습이 비춰질 수 있겠는가?

인연이 없는 사람이 제도 받을 수 없는 것과 관련하여 『대지도론大智度論』에 아주 좋은 공안이 있는데, 본사 석가모니 부처님께서 아난존자와 사위성으로 화연化緣하여 가셨을 때를 기록하고 있다.

아난존자가 매우 가난한 늙은 부녀자에게 연민이 생겨 세존께 그녀를 제도해 달라고 간청하였다. 세존께서는 아난에게 이 사람은 근본적으로 자신과 인연을 맺은 적이 없기 때문에 제도할 방법이 없다고 알려 주셨다. 그러나 아난존자는 부처님께서는 무한한 자비와 끝없는 지혜와 위엄 있는 덕을 갖추고 있으므로 틀림없이 이 노부인을 제도할 수 있다고 여겼다. 재삼 세존께 간청을 하였고, 부처님께서는 그래서 그 노부인에게 다가가셨으나 그녀는 몸을 돌려 부처님을 등졌다.

세존께서 몸을 나타내어 그녀의 사방에 나타나셨으나, 그녀는 또 재빨리 얼굴을 돌려 세존을 보려 하지 않았다. 마지막으로 세존께서는 동시에 상하좌우에 모습을 보이셨으나, 그녀는 천성대로 눈을 감고 상대하지 않는 모습을 드러내었다. 여기에 이르자 아난존자는 비로소 이 부인은 확실히 제도할 방법이 없음을 믿었다. 세존께서 이와 같은 장엄한 모습으로 자비와 지혜를 무한하게 펴시었지만, 세간의 일부 중생은 여전히 제도할 방법이 없다.

중음계의 중생은 그 심식이 악업에 가리어 외부의 일체 모습이 매우 무서운 것으로 변해서 보인다. 불보살이 그 앞에 나타나도 만약 그가 생전에 강한 믿음과 아주 순수한 불상의 관상을 하지 않았다면 매우 낯설게 느낄 것이고, 그 악습 때문에 대단히 큰 공포가 생겨 재빨리 도망간다. 이러한 것들은 중음의 경계를 서술한 경에 자세히 소개되어 있으니 각자 진지하게 읽을 수 있다.

중음의 험난한 길과 내세를 위하여 사람들은 살아 있을 때 삼보와 좋은 인연을 맺어야만 하고, 가장 좋은 것은 정법의 문·사·수聞思修[82]의 실행에 들어갈 수 있는 것이다. 현재 중국불교에서 가장 광범하게 떨치고 있는 종파는 정토법문이다. 삼보에 귀의한 후에 진실하고 굳은 믿음으로 아미타불 성호聖號를 수지하여 염불하고 부처님의 금빛 상호를 관상하면, 임종할 때 아미타 부처님의 대가피 원력과 자신의 굳고 깨끗한 왕생의식으로 중음의 험한 상태에서 오는 공포를 거칠 필요 없이 편안하게 정토에 왕생한다. 한 차례 사람 몸 얻은 것으로

82 교리를 듣고 배워 의리를 사유하고 수행함, 이를 의지해 3혜를 이룸.

충분히 이와 같이 할 수 있는 것은 지혜가 밝은 사람이다.

이 자리에 있는 수행인들은 현재 정법을 문사聞思 수행하는 수승한 기회를 가지고 있다. 이렇게 자유자재한 환경에서 만약 아주 잘 수지하지 않는다면, 중음의 무서운 모습이 앞에 나타났을 때 자신에게 100% 확신이 있는지를 고려해야만 한다.

2) 삼보를 의지하는 힘

(1) 종합적으로 삼보를 의지함

만약 이미 극심한 독을 복용한 사람이라면 독성의 상해에 대한 강한 후회가 일어나 훌륭한 의사와 좋은 약을 찾아 치료할 것이다. 마찬가지로 우리가 악업에 대하여 걱정과 근심이 일어난다면 자기가 이전에 지은 악업이 두려울 만한 결과임을 분명히 알고 대처하여 치료하는 의지처가 될 양의와 양약을 찾아야만 한다. 이것이 바로 '의지하여 다스리는 힘(所依對治力)'이다. 여기에서 삼보에 귀의함으로써 별도로 여덟 분의 보살성중에 의지하여 죄업을 참회하는 소의대치력으로 삼는다.

佛爲衆怙主 慈悲勤護生 불위중호주 자비근호생
力能除衆懼 故我今歸依 역능제중구 고아금귀의

부처님은 일체중생의 수호자이시고
대자대비로써 중생을 구호하시며,
그 대위덕력大威德力은 모든 두려움을 없애주시기에

저는 이제 부처님께 귀의하옵니다.

우리는 이미 많은 죄업을 지었고, 죽음에 임하여 위에서 말한 각종 공포를 면할 수 없다. 이 때문에 반드시 생전에 수호자를 찾아야만 한다. 그렇다면 누가 우리를 구원해 줄 수 있는가? 논에서는 우리에게 알려 준다. 부처님은 원만하게 증득하신 공덕을 갖추고 있는, 삼계에서 가장 수승하신 의지 대상이다. 당연히 세간에는 부처님 외에 대권위를 갖춘 인천·선인 등이 있다. 그러나 그들은 스스로 오히려 윤회를 떠나지 못했으며, 근본적으로 중생이 세상을 벗어나도록 구호를 할 방법이 없다.

부처님은 삼계에서 유일하게 원만 자재하시고 큰 힘을 지니신 원만한 스승이다. 그의 무한한 대자비는 치우침 없이 모든 중생에게 두루 미친다. 위없이 원만하신 지혜·방편·위덕력으로 늘 윤회하는 유정을 구호하신다. 소승·대승에서부터 금강승에 이르기까지 많은 경經과 속續에서 부처님의 공덕과 관련된 내용을 볼 수 있다. 본사 석가모니 부처님의 공덕은 어느 방면을 막론하고 이 세간에서 일체중생이 누구도 미칠 수 있는 자가 없다. 세존께서는 출가하시기 전에 일체 세간의 밝은 이치에 정통하셨으므로 세간의 지혜로운 사람들은 스스로 그만 못한 것을 한탄하지 않은 사람이 없었다. 여러 왕자들과 무예를 겨룰 때 발가락을 이용하여 커다란 코끼리 몸체를 일곱 겹 성 밖으로 들어 던져버리셨다. 활·말·칼·창 등의 무예에서는 다른 사람들이 근본적으로 그를 이겨 볼 방법이 없다. 출가 수행하여 증득하는 것으로 말한다면, 부처님은 이미 일체지지를 증득하셨고, 십력十力·사무외四

無畏·십팔불공법十八不共法을 갖추셨다. 『입중론』 외 여러 경론에서 부처님의 공덕에 대하여 매우 자세하게 설명하였다.

부처님은 십력 등 세간과 함께하지 않는 출세간의 공덕으로 일체중생의 두려운 공포를 없앨 수 있고 윤회하는 중생에게 궁극의 안락을 줄 수 있다. 이 점은 조금도 의심할 여지가 없다. 그러나 우리는 자기 심신의 고통을 없애야만 위없는 안락을 얻으며, 또한 거짓 없는 믿음을 갖춘 후에 완전히 부처님께 귀의하는 것이 가능하다. 여기에서 상사 여의보는 이와 같이 훈계하였다. 만약 우리가 진정 청정한 믿음을 갖추었다면 윤회 속에서 만나는 일체 공포의 고통을 모두 남김없이 없앨 수 있다. 그러나 믿음이 충분하지 못할까 두려울 뿐이다. 만약 믿음이 부족하다면 당신이 물웅덩이에 빠졌는데도 손을 뻗어 구원해 주는 사람의 손을 잡지 못하는 것과 같다. 그렇다면 어떻게 구원을 얻을 수 있겠는가!

상사는 또 하나의 사례를 들어 설명하였다. 이전에 자양(扎揚) 대사가 많은 권속을 데리고 라싸에 참배하러 갔다. 길에서 많은 강도들을 만났고, 강도들은 그들에게 강제로 모든 재물을 내놓으라고 명령하였다. 이때 많은 권속들이 무서워하자, 자양 대사가 제자들에게 말하였다. "너희들은 달아나도 자신을 구제할 수 없다. 오직 한마음 한뜻으로 상사 삼보에게 기도해야만이 결코 어떠한 해도 받지 않을 것이다!" 그래서 그들은 스스로 아무것도 깔지 않은 큰 돌 위에 앉아서 전념하여 부처님의 명호를 염불하였으며, 강도들이 그들에게 총을 쏘았는데 그들 옷에는 희미한 탄흔이 남은 것 외에는 조금도 그들을 해치지 못하였다. 도적들은 이 모습을 보고 깜짝 놀라 사방으로 도망갔다.

이 공안은 매우 분명하게 설명한다. 부처님께서는 언제든지 우리를 구호하고 계시지만, 중요한 것은 자신의 믿음에 달려 있다. 이것은 마치 목마른 사람이 큰 호숫가에서 허리를 굽혀 손으로 물을 떠 마시지 않는다면 목말라 죽는 것과 같다. 근본적인 윤회의 고통이나 세간의 잠시의 두려움·악연을 막론하고 부처님께서는 우리를 위하여 모든 능력을 가지고 계신다. 그러나 반드시 성심성의껏 부처님께 기도하고 귀의하여야 부처님께 구호 받는 것이 이루어질 수 있다.

우리는 현재에서부터 보리에 이르기까지 일체 윤회의 고통을 없애기 위하여 반드시 성심성의껏 여래에게 귀의해야만 한다. 나무본사석가모니불……. 부처님께 귀의한 공덕만이 악도에 들어가지 않고, 아울러 연속해서 천계에 태어날 수 있다. 『일장경日藏經』의 교증[83]에서 "어떤 사람이 부처님께 귀의하였는가? 영원히 악도에 떨어지지 않으리. 천계를 버려 악도에 타락한 후에 다시 천계에 태어나도다."라고 말하였다. 만약 한마음으로 부처님께 귀의하면, 가령 심식이 혼란스러워져 계를 파했을지라도 반드시 해탈을 얻을 수 있음을 수행인들은 명심하길 바란다.

(2) 별도로 보살을 의지함

如是亦歸依 能除輪回怖 여시역귀의 능제륜회포
我佛所悟法 及菩薩聖衆 아불소오법 급보살성중

---

83 성인의 가르침이 경론에 드러난 바의 증거.

마찬가지로 본사 석가모니 부처님께서 직접 증득하신
윤회하는 공포를 없앨 수 있는
위없는 묘법 및
모든 보살성중께 귀의하옵니다.

중생이 부처님께 귀의하면 모든 윤회의 고통을 없앨 수 있는데, 불법과 보살성중에게 귀의하는 것도 마찬가지로 이 공덕이 있다. 여기에서의 불법은 세존께서 금강좌에서 도를 이루실 때 증득하신 '지극히 고요하여 일체가 끊어지고 매우 깊어 인위적으로 함이 없는 감로법'으로, 가장 궁극적인 도의 진리·멸의 진리 및 이것을 근본으로 하여 중생의 다른 근기에 적합하도록 열어 보이신 팔만사천 내지 헤아릴 수 없는 법문을 가리킨다. 귀납해서 말하면, 즉 일체 교법과 증법으로 이 일체는 우리 모두가 윤회의 고통을 벗어나 위없는 안락의 도를 얻도록 돕는 것이다. 이 때문에 지성으로 귀의해야만 한다. 보살성중은 대승승보를 가리킨다. 우리가 윤회에서 벗어나는 수행을 돕는 선지식이며, 반드시 귀의해야 할 곳이다.

삼보에 귀의하는 것과 관련하여 많은 경론에서는 분명히 밝혀 놓았다. 『귀의칠십송歸依七十頌』에서 불법과 성중은 해탈하고자 할 때 의지할 곳이라고 말하였다. 모든 삼계 윤회에서 벗어나고자 하는 사람은 반드시 삼보에 귀의해야만 한다. 전문적으로 삼보의 공덕을 말한 『공덕경功德經』에서는 "전체 삼천대천세계가 마치 참깨가 담겨 있는 것처럼 여래로 충만해 있다. 만일 사람이 이만 년 동안에 네 가지 위의(四威儀)를 갖추어 이와 같은 부처님들께 공양하며, 모든 여래가 입멸한 후에 매 부처님께 높고 광대하며 웅장하고 아름다운 보탑을 만들고 아울러 향과 꽃 등으로 널리 공양한다면, 저의 공덕이 매우 크다. 그러나 청정한 마음으로 삼보에 귀의하는 공덕에는 미치지 못한다."라고 말하였다.

『관정경灌頂經』에서 "삼보에 귀의한 후에는 늘 36위의 선신과 그들의 무수한 권속들이 수호하여 저들로 하여금 안락하게 한다."라고 말하였다. 삼보에 귀의하면 이처럼 불가사의한 공덕이 있다. 그러므로 수행인들은 일체의 노력을 다하여 친한 사람·친구·동료 등을 인도하여 그들이 삼보에 대한 청정한 믿음이 일어나게 해야만 한다. 삼보에 귀의시키는 것이 가령 한 사람을 인도하는 것일 뿐이라고 하더라도 악도에서 윤회하는 한 사람의 중생을 줄이는 것이다.

현재 중국에는 12억이 넘는 사람들이 있다. 통계에 따르면 종교를 믿는 사람은 1억뿐인데, 이 1억 중에 불교를 믿는 사람이 얼마나 되겠는가? 11억이 넘는 사람들이 근본적으로 불교를 믿지 않는다. 취한 듯이 업력에 따라 기한 없이 고통의 바다를 떠다닌다. 이렇게 많은 중생이 의지할 데 없이 비참하게 불구덩이 속에서 오랜 고통을 받고 있는 것을 보고, 한 명의 보리심을 낸 불자가 오직 "이 몸과 마음을 한량없는 중생을 제도하는 데 바치는 것"으로 중생들이 윤회를 벗어나 정도에 들어가도록 인도하여야 비로소 부처님께서 자신을 구원하신 은덕에 보답할 수 있고, 세세생생 부모가 길러준 큰 은덕의 만분의 일이라도 갚을 수 있다.

因怖驚顫栗 將身奉普賢 인포경전률 장신봉보현

亦復以此身 敬獻文殊尊 역부이차신 경헌문수존
哀號力呼求 不昧大悲行 애호력호구 불매대비행
慈尊觀世音 救贖罪人我 자존관세음 구속죄인아
復于虛空藏 及地藏王等 부우허공장 급지장왕등
一切大悲尊 由衷祈救護 일체대비존 유충기구호

죽음의 공포에 놀라고 떨면서 보현보살께 제 자신을 바치옵니다.
문수보살께도 또한 이 몸을 올리옵니다.
대비심의 행에 오류가 없으신 관세음보살님을 슬프고 간절하게 부르오니,
속죄하는 저를 구원해 주시길 바라옵니다!
허공장과 지장왕 등
일체 대비보살 앞에서 충심으로 구호해 주시길 기도하옵니다!

여덟 분의 보살성중은 본사 석가모니 부처님의 가장 가까운 분들이다. 문수·보현·관세음·허공장·지장·미륵·제개장除蓋障·금강수金剛手 등과 같은 보살들은 남섬부주 중생들과 수승한 인연을 가지고 있다. 그러므로 보살성중 중에 가장 중요한 기도대상이다.

맥팽 린포체께서 지은 『팔대보살전기八大菩薩傳記』에는 매 보살의 불공공덕不共功德을 자세하게 서술하였다. 그중에 보현보살 십대행원은 광대한 보살행의 총체이다. 그 광대한 행원으로 중생들이 여래의 공덕을 성취하도록 인도한다. 문수보살은 삼세제불 지혜의 본체이다. 그 위없는 지혜로 일체중생의 어리석음을 없애주신다.

관세음보살은 삼세제불 대비 자성이 화현한 형상이다. 그는 보장寶

藏여래 앞에서 보리심을 내고 오랜 겁 동안 대지혜와 대자비로 언제나 중생들을 비추어 관하면서 조금의 늦음도 없이, 조금의 소리도 없이 일체중생의 고난을 없애 준다. 그분은 우리 남섬부주의 중생들과 연분이 매우 깊어 대자대비하고 광대한 영감으로 소리를 찾아 고난에서 구해주시는 일화가 인도와 티베트에 매우 많다. 중국에는 더욱 누구나 다 아는 일화가 셀 수 없이 많다. 보살에게 이러한 공덕이 있기 때문에 우리는 몸과 마음을 일일이 이 대행·대지·대비 성존聖尊께 바치고, 반드시 우리에게 가피를 내려 주시어 일체 공포의 고통과 시작도 없는 때로부터 있어 온 죄장을 없애주시길 애절하게 바란다.

동시에 우리는 또한 허공장보살과 지장보살에게 몸과 마음을 공양하고 귀의하여 기도한다. 허공장보살은 초학자가 업장을 참회할 때 가장 쉽게 호응하고 힘 있는 본존이다. 그 수행법의 가장 좋은 것은 광명이니, 허공장보살이 현재 자신 앞에 나타나 자신을 지켜 주고 위안해 주며, 아울러 자신의 죄업이 이미 청정해졌음을 알려 주는 것을 관상한다. 본사 석가모니 부처님께서는 "대승 수행인이 근본죄를 범하는 데 떨어지면, 뛰어난 방편을 무량하게 지닌 허공장보살에게 의지하여 없앨 수 있다."라고 말씀하셨다.

지장보살은 그 불공不共의 원력으로 천계·인간·용궁 등의 중생을 막론하고 세·출세간의 각종 희망을 모두 만족시켜 줄 수 있다. 더욱이 거사나 출가자가 별해탈계를 지니고 지장보살에게 기도하면 계를 범하는 것을 막을 수 있다. 만약 이미 범한 사람이라도 청정함을 얻어 지옥에 떨어지는 것을 면할 수 있다. 이러한 것들은 『지장십륜경地藏十論經』에 자세하게 기록되어 있다. 이외에 미륵보살, 제개장보살[84],

대세지보살 등 제보살성중은 모두 불가사의한 공덕과 위력을 가지고 있다. 우리는 이러한 대비 성중께 자신의 몸과 마음 일체를 바쳐 간절하게 그분들이 구원해 주시길 기도해야만, 우리가 빨리 업보를 청정하게 하도록 가피를 주신다.

우리가 만약 위에서 말한 제대보살의 진언(心呪)과 명호를 늘 외우고 그 모습(身像)을 관상[85]한다면, 보살들과 수승한 법연을 맺을 것이다. 이것으로써 악연을 만났을 때는 반드시 제때에 그분들의 자비스러운 수호를 얻어 중음 경계에서도 제도되어 위험한 지경에서 벗어날 것이다.

歸依金剛持 懷嗔閻魔使 귀의금강지 회진염마사
見彼心畏懼 四方速逃逸 견피심외구 사방속도일

금강지보살께 귀의하옵니다.
마음에 성냄과 분노를 품고 있는 염라사자는
그를 보고서 두려워하며
사방으로 정신없이 줄달음칩니다.

여기에서는 게송으로써 죄를 참회한 사람은 반드시 금강수보살[86]에

84 밀교 태장계 제개장원의 주존. 왼손에 연꽃을 들었고 연꽃 위에 여의주가 놓였으며 오른손은 무외인을 맺음. 번뇌를 여읜 금강 같은 보리심으로 중생원을 만족시켜 주는 뜻을 지닌 보살이다.

85 밀교 수행법의 한 방법이며 상사유가上士瑜伽라 한다.

86 밀적금강·금강역사라고도 이름하며, 손에 금강저를 들었음. 여래 신·구·의

게 의지해야 함을 전문적으로 제기한다. 그는 시방삼세제불의 용맹한 힘의 총체이기 때문에 그 비할 수 없는 위력으로 모든 악의 세력을 항복시킨다. 현종 경전에서 금강지보살은 시방삼세제불이 처음 발심한 때로부터 도를 증득하고, 법을 전하고, 열반할 때까지의 수호자이다. 만약 각각의 사람들에게 모두 출생에서부터 죽음에 이르기까지 수호해 주는 삶을 함께하는 신(俱生神)이 있다면, 금강지보살 역시 보리도를 향해 나아가는 유정들의 '구생신'이다.

우리가 보리심을 낸 후에는 금강지보살이 바로 수호해 준다. 자신이 거짓 없는 믿음으로 그에게 기도하기만 하면 보살은 이에 의지하여 우리가 수도하는 가운데의 일체 악연과 마장을 없애 줄 수 있다. 중음 때 일체 염라사자도 감히 가까이 와서 놀라게 할 수 없다. 밀종의 관점에서 볼 때, 시방삼세제불은 금강지보살을 위하여 비밀스런 관정과 가피를 주어 그가 견고하여 깨지지 않는 금강을 이루게 하고 삼세제불의 무너지지 않는 금강 본성을 이루게 하였다. 그는 또 삼세제불의 대비심이 화현한 분노의 모습이라고 말할 수 있다. 매우 사납고 용맹스러워 일체 마의 무리를 꺾어 무너뜨릴 수 있다. 『중음규결』에는 금강지보살의 수행법을 닦는 많은 의궤가 있다. 이를 수지하는 사람은 가피를 얻어 죄업을 참회하고 중음의 무서운 경계를 벗어나 빠르게 안락의 피안에 도달할 수 있다.

昔違尊聖教 今生大憂懼 석위존성교 금생대우구
願以歸命尊 求速除怖畏 원이귀명존 구속제포외

3밀의 금강살타를 말한다.

이전에는 보살의 가르침을 어겼는데
지금 이 큰 근심과 두려움을 겪었으니,
신명을 바쳐 당신들께 귀의하오니
속히 이 두려움을 없애주시기를 기원하옵니다.

시작도 없던 겁으로부터 우리는 제불보살과 스승의 많은 가르침을 어겼다. 제불보살은 우리에게 "나쁜 짓을 하지 말고 착한 일을 많이 행하여 스스로 그 마음을 깨끗이 하라."고 가르쳤다. 우리는 도리어 세세생생 끊임없이 악업을 짓고 선업은 아주 적게 행하였다. "스스로 자신의 마음을 깨끗이 하라."고 하는 가르침은 실제로 수행하지 않았다. 이 점으로 미루어 스스로 여전히 윤회에 빠져 있고, 더욱이 마음속 탐욕과 분노 등으로부터 완전히 전생의 행동을 추측할 수 있다.

전생은 말할 것도 없이 이 자리에 있는 수행인들은 자신을 한번 관찰해 보자. 논할 필요도 없이 자신이 현재 받은 별해탈계·보살계·삼매야계三昧耶戒[87]를 한번 보자. 이러한 계율의 조목에 대하여 스스로 얼마나 준수하고 얼마나 위반했는지. 비록 수행인들은 잘못을 저지르길 원하진 않지만 무명의 습관이 깊고 무겁기 때문에 바른 앎과 바른 생각이 다소 느슨해져 계율을 위반할 수 있다. 이러한 악업의 업보는 수행인들도 분명히 안다. 만약 참회하지 않는다면 반드시 삼악도에 떨어지리라는 것은 의심할 여지가 없다. 삼악도의 고통은 어느 누구도 받고 싶어 하지 않는다. 만약 이러한 업보를 받고 싶지 않다면, 방법은

87 비밀진언계라고도 하며, 보리심으로 계체를 삼고 법계무량만덕으로 계상을 삼음.

유일하게 자신의 몸과 마음 일체를 전부 상사와 제불보살에게 바치고 절실하게 가르침에 따라 행해야 한다. 만약 이러한 굳은 서원이 없다면 참회·해탈하는 것은 성공할 수 없다.

고대 많은 수행인들은 이 방면에서 우리에게 아주 좋은 본보기를 남겼다. 예를 들어 티베트불교가 다시 전성한 시기의 보현대역사寶賢大譯士는 노년에 문을 닫아걸고 오직 수행만 하기로 결정하였다. 그는 목숨을 상사 삼보·호법신에게 바쳤다. 아울러 문을 닫고 "만약 방에서 세속에 대하여 탐욕스런 마음이 일어난다면 호법존護法尊께서 저의 머리를 산산조각내시길 원하옵니다."라는 서언을 써놓았다. 10년을 이와 같이 하여 마침내 철저하게 법성을 증득할 수 있었다.

중국의 양무제도 한 예이다. 양무제는 국정을 다스릴 때 많은 악업을 지었는데, 나중에 반성을 하고 참회하는 마음이 생겨났다. 이 이후로 비법을 행하지 않고 오후 불식을 지키며 고기를 먹지 않는 등의 계율을 지킬 것을 발원하였다. 만약 이 맹세를 지키지 않는다면 호법신이 자신을 죽여 무간지옥에 떨어지게 할 것을 기도하였다. 그는 이와 같이 맹세문을 짓고 늘 그것으로 자신을 독려하였다. 과연 평생 청정계율을 수지하여 맹세를 어긴 적이 없다. 당송 시기의 불교 사료를 찾아보면 이러한 일화를 곳곳에서 볼 수 있다.

고덕古德을 본보기로 삼아 수행인들이 삼보에 귀의할 결심을 가지고 있는가? 이처럼 전부를 삼보에게 바쳐 가르침을 받들어 행하기를 맹세할 수 있는가? 만약 그러하다면 반드시 모든 죄업과 악연을 땔나무에 불을 놓아 다 태워버리는 것처럼 없앨 수 있다. 만약 행하지 않으면서 죄업 참회가 성취되어 이생과 내생의 공포를 없애고자 한다면, 그것은 공상일 뿐이다.

3) 대치하는 힘

우리는 자신의 죄업을 다스리는 데 가장 수승한 귀의처인 삼보를 찾았는데, 이후에 어떻게 해야만 죄업을 청정하게 하겠는가? 바로 '현행대치력現行對治力' 과목에서 서술한 내용이다. 진정한 다스림을 밝히기 전에, 논에서는 먼저 아홉 가지 게송으로 다스림이 필요한 원인을 설명한다.

(1) 미혹을 질병으로 비유해 대치함

若懼尋常疾 尙須遵醫囑 약구심상질 상수준의촉
何況貪等患 宿疾恒纏身 하황탐등환 숙질항전신

가벼운 질병에도 겁을 먹고
오히려 의사의 말대로 따라야 하는데,
하물며 탐욕 등과 같은 수많은 허물의 질병을
끊임없이 싣고 있으니 말해 무엇 하겠습니까?

세상 사람들은 병이 나면, 병이 난 환자는 즉시 고쳐 줄 의사를 찾아간다. 질병의 고통에서 벗어나기 위하여 그는 아주 성실하게 의사의 명령에 따라 약 먹고 침 맞고 치료에 영향을 주는 음식·행위 등을 지켜 조금도 어기지 않는다.

불교 내교內教 의학 논전에 따르면, 인류의 질병은 광범하게 팔만사천 종으로 나뉘고 중등中等은 404종으로 나뉘는데, 귀납하여 말하면 풍風·담膽·연涎 세 가지 병이다. 이러한 병은 윤회 중의 삼독(탐·진·치) 번뇌의 고질병에 비교하면 잠시의 질병일 뿐이다. 인류의 가장 크고 가장 근본적이며 저절로 윤회에 들어가 몸과 마음을 얽어매고 있는 질병은 탐욕·분노·어리석음의 근본무명이다. 이것을 근본으로 각종 번뇌 병이 점점 파생되었다.

장징기張澄基 거사가 번역한 『밀라레빠 십만가송十萬歌頌』 중 제24편 「제신가祭神歌」에서는 이에 대하여 명료한 가르침이 개시되어 있다. 탐욕과 분노의 근본무명 병증은 우리가 윤회에 들어온 때부터 계속해서 끊임없이 자신을 괴롭힌다. 우리가 평상시에 풍·담 등의 질병을 치료하려 하여도 의사의 지시를 따라야만 한다. 그렇다면 이렇게 가장 큰 무명의 근본 병증을 치료하려면 더욱 삼계의 대의왕大醫王이신 부처님께 의지하여 엄격하게 그분의 가르침과 계율을 따라 행해야만이 이 근본 고질병을 고칠 수 있다.

부처님께서는 『화엄경』에서 "선남자여, 그대는 마땅히 자신이 환자라는 생각을 일으키고, 법에 대해 약이라는 생각을 일으키고, 선지식에 대하여 의사 중의 왕이라는 생각을 일으켜야 한다. 마음에 일으킨 의사와 질병이라는 생각을 신중하게 사유하여야만 한다."라고 가르치셨다. 시작도 없는 옛적부터 무명의 근본에 얽혀 삼계에 떨어진 환자들은 오직 대의왕이신 부처님께 의지하여 정법의 감로 묘약을 복용해야만 윤회의 고질병을 다스릴 수 있다.

대의왕이신 부처님은 비록 열반을 보이셨지만, 중생의 고질병을 치료하는 비방인 매우 깊은 불법 밀의密義는 이미 대대로 전법조사에게 전해져 계승되어 우리의 근본 상사根本上師[88] 및 기타 정법을 열어 보이신 선지식에까지 이르렀다. 그들은 부처님의 아주 깊은 밀의에 통달하여 중생의 무명 업병을 치료하는 능력을 얻었다. 무명 근본 병증을 앓고 있는 불쌍한 우리 중생들이 끝없는 윤회의 어리석은 암흑 속에 빠져 그 속에서 벗어나려고 하면, 선지식에 의지하여 가르침에 따라 받들어 행하는 것 외에 또 무슨 방법이 있겠는가? 우리는 불행히도 말세에 태어났지만 불법이 아직 세상에 있기는 하다. 그러나 『화엄경』에서 "불법을 말하는 사람이 없으면 비록 지혜로운 사람이라고 해도 이해할 수 없다."라고 말한 것처럼, 만약 자신이 선지식에 의지하지 않고 삼독에 뒤섞인 마음으로 불법을 독학하면 분별심으로 석가모니 부처님의 진리 말씀을 해석하여 아마도 "경에서 한 자라도 벗어나면, 바로 악마가 말한 것과 같다."는 액운을 면하기 어렵다.

『사십이장경四十二章經』에서도 "절대로 너의 생각을 믿지 말라, 너의 생각은 믿을 수 없다."라고 말하였다. 말법 시대의 보통사람은 오직 절실하게 진정한 선지식의 인도에 따라야만 한다. 절대 장님이 코끼리를 더듬는 것처럼 성인의 뜻을 이해해서는 안 된다. 이는 장님이 눈먼 말을 타는 것과 같은 방식으로 무모하고 맹목적으로 수련하는 것이다. 현재 유행하는 이러한 폐단을 여기에서는 자세하게 말하였으니, 여러 인연으로 이 말을 듣는 분들은 선지식에 의지하는 것을 중요시하기 바란다.

우리는 모두 윤회하는 고난의 본질을 깨달았고, 또한 자신의 지난날

---

88 상사, 상사 여의보, 근본 상사, 금강상사, 상사삼보 등 모두 같은 뜻이다.

악업이 초래한 고통의 결과에서 벗어나려면 반드시 전체를 상사 삼보에게 바쳐 의지해야 함을 분명히 알았다. 그 후 무명의 근본 병증을 없애기 위해 반드시 환자가 의사의 명령을 따르는 것처럼 진지하게 스승과 제불의 가르침을 받들어 행해야 한다.

一嗔若能毁 贍部一切人 일진약능훼 섬부일체인
療惑諸藥方 遍尋若不得 료혹제약방 편심약부득
醫王一切智 拔苦諸聖教 의왕일체지 발고제성교
知己若不行 癡極應訶責 지기약불행 치극응가책

탐욕·분노 등의 번뇌라는 질병은
남섬부주 모든 사람의 안락을 깨뜨릴 수 있습니다.
이 견해와 습기(見思惑)의 번뇌 질병을 치료하는 처방은
세속에서는 찾을 수 없습니다.
의왕이신 일체지지자가 말씀하신
이 고통의 근원을 뽑아 버리는 가르침을 알면서도
가르침에 따라 행하지 않으면
지극히 어리석고 부족한 사람입니다.

'일진약능훼一嗔若能毁'는 이 게송의 원문에 '일진등능훼一嗔等能毁'로 되어 있다. 각 논사들은 이에 대하여 다른 해석을 한다. 상사 여의보가 근수취자(根索曲扎)의 주석에 대한 강의에서 이 게송에 대하여 적절하게 원래의 뜻을 해석하였다.

이 게송은 탐욕·분노의 번뇌 질병의 파괴력이 대단히 크다는 것을

가리킨다. 어떤 사람이 그중 한 가지를 앓는다면, 현생에서는 안락을 얻을 수 없고 내생에는 지옥에 떨어진다. 본래의 미혹인 탐욕·분노 그리고 우매함의 해로움을 두루 따지는 것은 인류의 기타 질병이나 악연과는 같지 않다. 예를 들면 인류사의 콜레라·페스트·암 혹은 지진이나 수재 등 가령 핵전쟁이라 할지라도 이것들은 다 일부분의 사람을 해칠 수 있을 뿐이다. 뿐만 아니라 단지 짧은 시간의 상해일 수 있을 뿐 세세생생 각각의 사람들을 해칠 수는 없다. 그러나 탐욕·분노 등 어떤 번뇌는 각각의 중생들에게 아주 오랜 기간 큰 해를 끼치고, 누가 한 가지에라도 병이 들기만 하면 근본에서부터 안락을 깨뜨린다.

과보가 이렇게 심각한 번뇌 질병을 치료하려고 한다면, 성인의 가르침 외에 약을 찾을 방법이 없다. 우리가 인류의 역사를 살펴보면, 많은 철학자들이 인류의 고통을 없애기 위하여 열심히 연구하고 간절히 사유하여 각종 학설을 연설하고 무수한 인식론, 방법론을 펼쳤다. 그러나 이러한 것들은 끊임없이 부정되어 왔고, 인류의 절망적인 번뇌 병증에 효과가 없음이 선포되었다. 옛 인도의 96종의 외도나 고대 중국 도교의 무위자연과 유교의 인의사상이나 마야족의 태양숭배 등 어느 것이 이와 같지 않는가? 현대인의 각종 철학사상은 더욱 이와 같다. 불교의 관점으로 그들을 부정하지 않더라도 어떤 학설이 막 세워지면 곧 뒷사람에 의해 부정된다.

그러나 삼계 대의왕이신 본사 석가모니 부처님께서 설하신 의혹을 치료하는 묘한 처방은 2천여 년 동안 헤아릴 수 없이 많은 중생들이 그에 의지해 해탈을 얻었고 안락을 누린 것이다. 이미 일체종지를 증득하신 세존께서는 우주 만법의 실상과 인연 따라 드러나는 만법의 각종 차별을 철저하게 증득하신 지혜로써 많은 해탈법문을 펴셨다. 세존께서 세상에 계실 때 수천수만의 남섬부주 사람들이 가르침에 따라 철저하게 번뇌를 끊고 자유자재한 대안락을 얻었다. 세존께서 열반하신 후 대를 이은 해탈인의 출현은 또한 성인의 가르침이 유일하게 번뇌의 고통을 없애는 묘방임을 증명하였다.

번뇌에 시달리고 윤회의 고통에 깊이 빠져 있는 중생들이 만약 이미 이와 같은 수승한 해탈의 정도를 알고서도 가르침을 따라 받들어 행하여 자신과 남의 각종 드센 번뇌의 고통을 없애지 않는다면, 이 어리석은 사람은 마땅히 준엄한 책망을 받아야 한다. 샤꺄빤디따(薩迦班智達. 1182~1251)[89]는 『격언보장론格言寶藏論』에서 심지어 그들을 "유익과 무익을 살피지 않으며, 지혜를 구하지 않고 법을 듣지 않으며, 오직 배 채우는 것만을 찾으니 진실로 한 마리 털 없는 돼지"라고 불렀다. 우리는 자신이 헤아릴 수 없는 겁 동안 이미 번뇌 악질惡疾의 고통을 받았고, 이번에 한가롭고 원만한 사람 몸을 얻어서 다행히도 삼계 대의왕께서 펴신 교법을 얻었다. 우리를 위하여 번뇌 질병의 심각한 결과와 그 근원을 지적하고 또 없애는 묘방을 설하셨다. 자신이 만약 가르침에 의지하여 행하지 않고 정법의 감로를 복용하지 않는다면, 고질병을 치료하는 것이 가능한지 아닌지 자신에게 의문을 던져 보아야 한다. 왜 이렇게 어리석은가? 어떤 악마가 자신의 마음을 제어하고 있는가?

---

89 티베트불교 샤꺄파 제4대 조사. 유명한 불교 학자이며 시인, 오명을 통달한 불교 논리학자. 저서에 『격언보장론』·『양리보장론論』이 있다.

(2) 미혹을 위험함에 비유해 대치함

若遇尋常險 猶須愼防護 약우심상험 유수신방호
況墮千由旬 長劫險難處 황타천유순 장겁험난처

만약 조금의 위험을 만날지라도
오히려 신중하게 방비해야만 하는데,
하물며 천 길이나 깊은
번뇌의 낭떠러지는 말해 무엇 하겠습니까!

세상 사람들은 평상시에 웅덩이·도랑·낭떠러지·언덕 등 위험한 곳을 만날 때, 매우 조심하며 자신이 해를 입지 않을까 매우 두려워할 것이다. 사실 자세히 관찰하고 사유하면 이러한 해로움은 단지 자신에게 아주 짧은 시간 고통을 받게 할 수 있을 뿐이며, 혹은 잠시 생명을 빼앗아갈 뿐이다. 자신이 윤회 악도에서 받는 헤아릴 수 없는 고통과 비교하면, 근본적으로 뭐라 할 것도 없다. 이렇게 아주 작은 잠시의 위험에 대하여 주의하여 방비할 것이다. 그렇다면 자신을 천 유순由旬 아래의 지옥으로 떨어뜨려 오랜 겁 동안 지극히 참혹한 고통을 받게 할 수 있는 위험의 죄업 번뇌에 직면해서는 더욱 엄격하게 대치對治하고 방비하는 수행을 해야만 한다.

이 게송의 원래 뜻은 비유로써 번뇌 죄업은 반드시 치료해야 됨을 설명하였고, 또 세상 사람들의 전도된 어리석은 행동에 대한 책망을 이끌어내었다. 예를 들면 우리는 평상시 눈이나 비가 내릴 때 매우 조심스럽게 길을 걷는다. 오직 미끄러져서 진흙탕에 넘어져 옷이 더러워지거나 다칠까봐 두려워할 뿐이다. 그러나 자신이 오랜 겁 동안 악도에 떨어져 고통 받는 번뇌 죄업에 대하여는 이처럼 조심스럽게 예방하고 다스리는가? 우리가 만약 진창길을 걷는 것처럼 늘 조심스럽게 번뇌를 방비하고 다스릴 수 있다면 아마도 이미 해탈했을 것이다. 애석하게도 세상 사람들은 대체로 이처럼 시야가 좁아 눈앞의 작은 위험에 대해서는 아주 주의해서 방비하지만, 자신을 세세생생 악도로 떨어뜨리도록 하는 큰 위협인 탐욕·분노의 번뇌 죄업은 도리어 듣지도 묻지도 않으면서 조금도 개의치 않는다. 어떤 경우는 심지어 마음이 하고 싶어 하는 대로 끊임없이 악업을 지으면서 마치 자신이 앞으로 떨어질 지옥은 그리 깊지 않고 받을 고통도 그다지 많지 않다고 여기는 것 같다. 이런 사람이 사실 불쌍하고 책망해야만 하는 대상이다.

게송의 '천 유순'은 '천만 유순 아래의 지옥'으로 해석할 수 있다. 『구사론俱舍論』에 따르면 남섬부주 땅의 이만 유순 아래가 지옥이 있는 곳이다. 『유가사지론瑜伽師地論』에 따르면 지표면의 삼만 이천 유순 아래에 한포지옥이 있다. 이 이천 유순 아래에는 포열지옥 등이 있다. 어떤 사람들은 이에 대하여 의문을 일으킬 것이다. 궁극적으로 어떤 설법이 정확한가? 늘 경론을 열독하는 사람들은 이런 의문이 혹 한두 곳이 아니다. 예를 들면 수미산·대소겁의 길이 등이 경론마다 다른 설법을 가지고 있다. 만약 맥팽 린포체의 『정해보등론』을 듣고 사유한 적이 있고, 뿐만 아니라 자세하게 "각기 다른 경계는 어떤 견해를 인함인가?"라는 문장에서 밝힌 내용을 듣고 사유했다면 이러한 문제는 아주 이해하기 쉽다. 중생의 업에 따른 인식 앞에 나타나는 외부 경계는 결코 견고한 실질이 존재하는 것은 아니고, 단지 자기 업력의 나타남(幻現)일 뿐이다. 업력이 다른 중생에게는 똑같은 물이 쇳물·고름·감로 등 다른 경계의 모양으로 나타날 수 있다. 이 때문에 근기와 취향이 다른 중생에게 맞추기 위하여 각 경론은 중생의 업력에 따라 동일한 경계에 대하여 다른 설법이 있다. 『입중론』에서는 "유정 세상과 물질 세상은 중생의 마음 따라 나타나는 각종 경계가 끝이 없다."라고 하였다. 업력이 다른 중생은 동일한 경계에 대하여 다른 인상·느낌을 가지고 있다. 이 점은 그대들이 어떻게 변론을 하건 간에 그 사실은 이와 같다.

현대 과학자들은 외부환경을 연구할 때 점점 주의를 기울인다. 인류가 얻은 과학의 성과는 시간·공간의 대소 개념 등의 문제로 단지 인류가 사유하고 느끼는 방식을 전제로 하여 얻은 결과라는 것이다. 예를 들면 우리 현대 인류가 보는 우주는 경전의 우주 진리관과 다르다. 현대인은 모두 지구는 둥글다고 말할 수 있다. 그러나 현대인의 업감은 특정한 업력 속에서 이와 같을 수 있을 뿐이다. 가령 수행인들의 인식이 다른 차원으로 바뀌었을 때, 일체 외부환경은 그에 따라 상응하여 변화한다. 이 점은 수행인들이 실제로 수행해 나가다가 시간이 흐르면 반드시 이에 대하여 결정된 이해가 생길 것이다.

(3) 잠시만의 안정을 속히 대치하길 권함

或思今不死 安逸此非理 혹사금불사 안일차비리
吾生終歸盡 死期必降臨 오생종귀진 사기필강림

설령 오늘 당장 죽지 않는다고 해서

안일하게 지낸다는 것은 불합리합니다.
제 삶은 기필코 끝이 있는 것이니
제가 죽어야 하는 그 순간은 틀림없이 올 것입니다.

이 게송은 평범하여 이해하기 쉽다. 여기 어떤 사람들은 혹시 이로 인하여『입행론』이 수준이 낮아 매일 상사의 강의를 들을 필요가 없다고 느낄 것이다. 수행인들은 어리석은 사람이 생각하는 것은 합리적이지 않다는 것에 주의해야 한다.

불교 경전의 매 구절에는 그 안팎의 은밀한 뜻이 있다. 만약 우리가 진정 완전하게 이 게송에서 말한 뜻을 소화할 수 있다면 파탕빠帕蕩巴 존자(1738~1780)가 말한 것처럼 신속하게 광명 법신을 증득할 수 있다. 만약 현생에서 이 논을 깊고 철저하게 듣고, 사유하고, 익힌다면 대승의 많은 법문에 통달할 수 있어 임종 시에 편안하고 자유자재로와 두려움도 없고 후회도 없을 수 있다. 이 강의는 단지 이 논에 대한 비교적 낮은 풀이일 뿐이고, 이에 의지하여 수행인들의 사고를 끌어내어 수행인들이 이 인연으로 논의 의미를 반복 사유하여 대승 수행의 의의를 마음속에 융화시킬 수 있기를 희망한다.

우리 입장에서 게송을 보면 일반 사람과 같은 생각이 들 수 있다. 자신은 현재 죽지 않았고 그렇게 서둘러서 법을 닦아 번뇌 죄업을 다스릴 필요가 없으며 우선 아주 편안하고 한가롭게 며칠을 누리자. 이러한 사람들은 현재 곳곳에서 볼 수 있다. 그들은 “어쨌든 나는 아주 긴 시간 동안 죽지 않을 것이다. 그러므로 현재는 누릴 수 있다.”라고 말한다. 만약 그들에게 어떤 이유로 현재 죽지 않을 것이라고 말하는지 묻는다면, 대다수의 사람들은 틀림없이 어떤 근거도 가지고 있지 않고 다만 자신을 위로하는 방법일 뿐이다. 그러나 세상에 많은 사람들은 아무런 준비 없이 갑자기 죽는다. 어떤 젊은이는 병이 없으므로 아마도 현재 자신은 죽지 않을 것이라고 생각하고 있을 것이다. 수행인들이 조금만 관찰한다면, 교통사고·화재·전기 감전·공사 사고 등 이러한 사실들은 바로 위의 생각들을 깨뜨릴 수 있다.

또한 명확한 논리적 추리 방식으로 "간혹 나는 현재 죽지 않을 것이다."라는 이 관념을 보자. 이유(因)와 예증(喩)이 성립할 수 있는가? 아마도 어떤 사람들은 어떤 점치는 사람의 예측이 아주 정확하다는 예를 들을 수 있다. 그가 어떤 사람이 얼마나 오래 살 것인지를 점쳤는데 과연 정말 이와 같았다. 그러므로 그가 자기에게 어떠한 종류의 이유와 예를 들어서 자신은 현재 죽지 않을 것이라는 관점을 성립시킨다. 그러나 이러한 예가 두루 미칠 수 있는가? 우리는 인간의 수명이 모두 업력에 영향 받은 것임을 안다. 선악업의 성분은 끊임없이 변화하고 수명도 끊임없이 변화하는데, 점치는 사람은 업력의 변화를 정확하게 예측할 방법이 없다. 수행인들이 원료범袁了凡 거사를 안다면 그의 일생이 이 점을 충분히 설명한다. 점치는 사람의 점괘는 '현재 우리는 죽지 않을 것'이라는 관점을 성립시킬 수 없고 다른 이유도 찾을 수 없다. 그렇다면 왜 이런 어리석고 자신과 남을 속이는 관점을 버리지 않는가?

부처님께서는 『불유교경佛遺教經』에서 "생명은 호흡하는 사이에 있다."라고 말씀하셨다. 용수보살도 "숨을 내쉬고 들이마시며 잠에 들 뿐인데, 편안하게 깨어나는 것이 정말 신기하다."라고 말씀하셨다.

이 뜻은 사람이 숨 쉬거나 잠자는 사이에 그가 죽지 않을 것이라는 것을 단정하기 어렵다는 것이다. 세상의 지혜로운 사람들은 또한 사람 목숨이 무상함을 안다. 그러므로 "떠나가는 것이 이와 같다."라는 한탄, 혹은 "산에 배를 감추고, 못에 산을 감춘다."라는 비유가 있다. 우리가 살아 있을 때, 마치 장님이 걸어가는데 앞쪽 곳곳에 죽을 수 있는 함정이 있다면 늘 한 걸음이 생명에 종지부를 그을 수 있다. 이 때문에 우리는 반드시 긴박감을 가지고 이생의 성대한 사업에 대한 추구를 버려야만 하며, 마음속에 '나의 삶은 결국 죽음으로 돌아갈 것이므로 그 시기는 반드시 온다'는 것을 명심해야 한다. 나와 남의 궁극적인 큰 이익을 위하여 아주 급하게 묘법을 닦아 번뇌 죄업을 다 참회해야만 한다.

誰賜我無懼 云何定脫苦 수사아무구 운하정탈고
倘若必死亡 爲何今安逸 당약필사망 위하금안일

누가 저의 두려움을 없애주겠습니까?
어찌해야 죽음의 고통에서 꼭 벗어날 수 있겠습니까?
제 자신이 반드시 죽을 것이라면
지금 어떻게 안일할 수 있겠습니까?

혹 어떤 사람은 자신이 반드시 죽을 것이라는 것에는 의심할 게 없다는 것을 알고 "어쨌든 사람마다 모두 죽을 것인데 무슨 쓸모가 있을 것인가? 누워서 죽기를 기다리는 게 낫다."라는 생각을 낸다. 이렇게 소극적인 사람도 아마 적지 않을 것이다. 어떤 게으른 사람은

는 "마음대로 해라. 오늘은 잘 쉬고 한숨 자야겠다."라고 말한다. 이때 수행인들은 만약 자신이 그 자리에서 죽는다면 "죽음의 신에 마주하고 두려워하지 않을 자신이 있는가? 자신은 반드시 삼악도 윤회 속에서 해탈할 수 있는가?"라고 자신에게 한번 물어봐야만 한다.

인과가 허망하지 않은 도리를 자세하게 관찰하여 자신이 일생에서 지은 죄업을 깨끗하게 참회할 수 있는가? 만약 참회하지 않았다면, 천안통으로 관찰할 필요도 없이 반드시 윤회의 고통에 떨어지는 것은 의심할 게 없다. 어떤 사람은 '나는 이미 10만 번 금강살타 진언[90]을 염송했다. 상사가 말씀하시길, 이렇게 하면 근본 죄조차 참회할 수 있다고 한다. 그러므로 나는 현재 죽음을 두려워하지 않을 자신이 있다.'라고 생각한다. 금강살타 참회법은 매우 수승하나 당신이 법을 수행할 때 대치사력對治四力을 갖추고 있는가? 관상이 분명하고 깨끗한가? 수행인들은 스스로 자신이 도대체 어떠한가를 명백히 알아야만 한다. 『백업경』을 펴서 일체지지자一切智智者가 말씀하신 일화를 한번 보면 반드시 죄업에 대하여 큰 두려움이 일어날 것이고, 자신의 해탈에 대한 확신도 신중하게 고려할 것이다. 이러한 도리를 분명히 알았다면 자신에게 무슨 이유가 있어 게으르고 방일한 채 수행 정진하여 다스리지 않는가? 반드시 다가올 큰 공포에서 벗어날 수 있는가?

애석하게도 대부분의 사람들은 이에 대하여 조금도 알지 못하고 끊임없이 세상 팔법八法을 추구하며 헛되이 시간을 보낸다. 쫑카파

90 밀교 전법의 제2조이다. 금강수보살이며 금강용맹심의 뜻이 있다. 그 진언은 '옴 반저 삿둬 훔'이며, 백만 번을 염송하면 현생에 지은 거친 번뇌가 소멸되어 삼악도에 떨어짐을 면한다고 한다.

대사[91]는 『보리도차제광론菩提道次第廣論』[92]에서 "사람들이 윤회 속에 있는 것은 마치 한 무리의 원숭이가 숲속에 살고 있는 것과 같다. 이 숲 밖 사방에서 큰 불이 났는데, 원숭이들은 조금도 알아차리지 못하고 여전히 방일하게 장난치면서 놀고 있다."라는 비유를 들었다. 또 어떤 고승대덕들은 윤회 속 중생을 우리에 갇혀 도살되기를 기다리는 소·양·닭·오리에 비유하였다. 성자의 눈에 번뇌 죄업 때문에 윤회에 얽매여 있는 중생은 마치 불타는 숲속의 원숭이, 우리 안에서 도살되길 기다리는 가축과 같다. 죽음의 신이 수시로 그들의 생명을 가져가려고 준비하고 있다. 그러나 그들은 어리석고 무지하여 자신을 구원할 방법을 생각하지 않고 앉아서 업보의 고통을 기다린다.

우리는 자기가 이와 같이 비참한 처지에 있을 뿐만 아니라, 현재 자신에게는 아직 기회와 인연이 있어 정법을 익혀 자신과 남을 구제할 수 있음을 분명하게 알았다. 이것은 백천만겁 동안 복덕을 쌓아 얻은 좋은 기회이며, 만약 낭비한다면 설마 그대 수행인들이 애석하다고 느끼지 않겠는가? 상사 여의보는 "현재는 말법 시대여서 불법을 강의하고 듣고 수행하는 사람들이 기본적으로 없어졌고, 많은 출가자·절이 모양만 그럴 듯하다. 진정 부처님의 지혜를 잇는 것은 불법을 듣고 사유하고 수행하는 것이다. 대다수의 사람들은 단지 절을 짓고 불상을 조성할 줄만 안다. 수행인들은 기회를 꼭 잡고서 문사聞思 수행에

91 겔룩파 창시인. 중국 청해성 타얼사에서 태어남. 티베트불교 3대 고승의 한 분이며 문수보살 화신으로 알려졌다.

92 쫑카파 대사가 저술했으며 수행의 단계를 하·중·상의 출리심, 보리심, 연기, 공으로 나누어 단계적으로 논한다.

정진하길 바란다."라고 말하였다.

4) 죄를 범하지 않기를 서원하는 힘

除憶昔經力 今吾復何餘 제억석경력 금오부하여
然因執著彼 屢違上師教 연인집착피 누위상사교

지난날 즐겼던 향락 중에
지금 저에게 남은 것은 무엇이리이까?
이러한 환상에 대한 집착으로 인해
선지식의 가르침을 어겼습니다.

세상 사람들은 온갖 칭찬과 비난·귀천·고통·즐거움·빈부의 일에 대하여 강렬한 집착을 가지고 있다. 여기에 있는 수행인들 대다수의 지난날도 예외가 아니다. 그러나 우리가 현재 지난날의 경력을 회상하면, 자신이 일찍이 탐욕을 부렸던 각종 재산·향락·명예·지위, 목숨을 걸고 피해 다녔던 비난·괴로움·가난·천함 등의 허황된 영상 외에 그 나머지는 조금도 남는 게 없다. 꿈과 다를 게 없다.

무구광 존자(1308~1364)[93]는 "어제 앞서 지나간 경험들은 어젯밤의 꿈처럼 바로 의식의 영역이며, 지금 현재 없는데 늘 마음에 떠오름은 어젯밤과 오늘밤이 같은 꿈이다."라고 말하였다. 일체 법은 꿈의 경계와 같아 실제 의미를 가지고 있는 것은 없다. 그러나 사람들은 무명의

---

93 '롱첸란롱빠' 또는 '롱첸빠 존자'라고도 불림. 닝마파 대학자이며 대원만 성취자. 저서에 『7보장론』이 있다.

어리석음에 가리어져 있기 때문에 지혜로써 분석해 낼 수 없어서, 제법이 실질적인 것이 없고 부질없는 논란과 거리가 먼 청정한 실상이라는 것을 깨달을 방법이 없다. 번뇌 습관의 충동 아래 친함과 미움, 총명함과 하열함에 집착하여 여러 차례 근본 상사와 인천 스승의 악을 끊고 선을 행함과 자신과 남을 제도함에 대한 가르침을 어겨서 거듭된 죄업을 지었다. 자신이 지난날 그릇된 삶으로 지은 과실을 깨달은 후 만약 즉시 참회 수행을 하지 않으면 이 악업 번뇌들은 그치지 않을 것이며, 자신은 더 깊은 윤회 악도의 고통 속에 빠질 것이다.

此生若須舍 親友亦如是 차생약수사 친우역여시
獨行無定所 何須結親仇 독행무정소 하수결친구

죽을 때 반드시 현생을 버림과 같이
친척과 친구와 원수를 버리며
혼자 중음으로 정처 없이 떠다녀야 하나니,
친구와 원수 때문에 죄를 지으리이까?

화지 린포체의 문단 나누기에 따르면, 이 앞뒤의 아홉 게송은 대치를 닦아야만 하는 원인을 설명한 것이다. 우리는 이 게송과 앞의 몇 게송에서 말하는, 사람은 반드시 죽으며, 인생은 허망하여 의미가 없으며, 죽을 때 반드시 친척·친구·일체를 버려야만 한다는 등의 내용을 앞쪽 '염환대치력厭患對治力' 부분에서 대체로 모두 말하였다. 그러나 각자 중시하는 목적은 달라 여기에서는 사람은 반드시 죽으며,

죽은 뒤에는 공포와 고통 등이 있으므로 현재 업보에 대비하는 수행을 해야 하는 것을 설명하는 데 그 뜻이 있다.

이 게송은 죽은 후에 '혼자 중음으로 향해 들어가 업력에 따라 정처 없이 떠다니는' 고통으로서 우리가 자신과 친한 이를 애착하고 원수를 미워하는 죄업을 참회해야 함을 설명한다. 앞에서 우리는 이미 사람이 죽었을 때 반드시 친구와 원수 등 이생의 일체를 버려야만 한다고 말하였다. 가령 큰 권세와 부귀를 가진 사람이라도 기름등의 심지처럼 어떠한 것도 가져갈 수 없다. 그가 생전에 친한 이와 사귀고 원수를 맺는 등 고생스럽게 얻은 일체가 이때에는 조금도 소용이 없다. 우리가 인류 역사를 살펴보면, 당시 매 시대마다 큰 인물이 많은 권속들을 불러 모아 무수한 사업을 건설하고 또 목숨 걸고 많은 적들을 없애버렸다. 그러나 그들이 죽을 때는 또 무엇을 할 수 있는가? 혼자 업에 따라 흔들리며 중음계를 떠다닌다. 이때 모든 것을 가져갈 수 없고, 오직 업만이 몸을 따라온다.

『열반경涅槃經』에서도 "선악의 업보는 그림자가 형체를 따르는 것과 같다."라고 말한다. 이때는 소위 저 풍운을 호령하던 위풍당당한 사람이 염불하며 정법을 수행한 거지만 못하다. 마음속으로 계속 묘법을 잘 사유하는 사람은 죽을 때 조금도 두려워하지 않고 편안하게 대안락의 경계로 들어간다. 그러나 악업이 겹겹이 쌓인 사람은 거대한 공포에 의하여 고통을 받으며 계속해서 더욱 고통스러운 악도로 떨어진다.

우리는 자신을 상상해야만 한다. 만약 생전에 정법을 수지하고 번뇌 죄업을 참회하고 다스리지 않았다면, 죽은 뒤 혼자 아주 참혹하게 공포로 가득한 낯선 환경으로 간다. 친구도 없고 의지처도 없이 염왕사자의 공포를 피해 도망갈 한 덩어리의 땅도 찾을 수 없다. 동시에 자신이 어디로 가야 할지도 모른다. 그때가 되어 자신은 어떤 마음 상태여야만 하는가?

이 자리에 있는 수행인들은 현재 자유자재로 묘법을 닦을 수 있다. 반드시 친구나 원수에 대한 집착과 이생의 일체에 대한 집착을 끊고, 위없는 묘법을 수지하여 죄업을 깨끗하게 참회해야만 한다. 어떤 사람들은 습기 때문에 다투고 싸우는 것을 좋아한다. 이분은 우리의 상사고 저분은 그들의 상사고, 누구누구는 우리 편이고 누구는 저들 편이다. 나는 마음속으로부터 이러한 것들을 혐오한다. 동시에 이들에게 한번 생각해 보라고 권한다. 이렇게 짧은 꿈같은 인생에서 친구나 원수를 맺으며 죄업을 지은 것이, 죽을 때가 되면 혼자 중음으로 들어가 업력에 따라 정처 없이 떠다니다가 어떻게 자신이 기른 악업을 마주해야만 하겠는가?

不善生諸苦 云何得脫除 불선생제고 운하득탈제
故吾當一心 日夜思除苦 고오당일심 일야사제고

선하지 않은 업으로 고통이 생기나니,
어찌해야 그 안에서 벗어날 수 있으리이까?
그러므로 저는 마땅히 한마음으로
밤낮으로 쉬지 않고 오직 고통을 끊는 도를 사유하고 찾아야만 하리이다.

이 게송은 자신의 선하지 않은 업이 악업에 영향을 줄 것임을 분명하게 알아서 수행하여 다스려야 함을 설명한다. 불경에서 말씀하신다. "누군가 선업을 지으면 그 사람은 안락을 얻는다. 누군가 죄업을 지으면 그 사람은 고통을 받는다." 윤회 속의 중생은 시작도 없는 겁 때로부터 무량무변한 죄업을 지었고, 업의 마음 가운데 익혀진 습관은 깊고 두터운 번뇌를 일으킨다. 이러한 죄업 장애가 깨끗하게 없어지지 않으면 윤회의 고통은 끝이 없다. 이것은 세상 사람들 누구도 위반할 방법이 없는 규율이다.

우리가 불문에 들어와 정법을 수행하는 데 있어 먼저 인과가 허망하지 않다는 바른 견해를 갖추어야만 한다. 만약 인과에 대하여 믿음을 갖추지 않으면 선업과 악업을 가려서 정근하지 않을 것이고, 수행 공덕은 쌓을 길이 없다. 반대로 만약 인과에 대하여 진실한 믿음을 갖출 수 있다면 밀라레빠 존자가 말한 것과 같을 것이다. 자신이 악업을 지어서 반드시 악도에 떨어져 큰 고통을 받을 것이라는 것을 알기 때문에 대용맹심을 내어 최대한 정진하여 묘법을 수지하고 죄업을 참회할 것이다.

현재 많은 사람들이 출가한 뒤 방만하고 나태하여 마음과 뜻이 소극적이어서 불법을 닦고 배우는 데 힘을 다 할 수 없다. 어떤 사람은 비록 정법을 듣고 사유하여 수지하고 싶어 하면서도 한결같게 하지 못하고 겨우 하루 햇볕에 쬐였다가 열흘은 차게 하니, 이렇게 열심히 했다가 놀다가 한다. 이러한 것들은 모두 인과의 바른 견해를 통달하지 못하고 생겨난 결점이다. 수행인들이 만약 진정으로 이 게송을 통달할 수 있다면 반드시 대수행인이 될 수 있다.

吾因無明癡 犯諸自性罪 오인무명치 범제자성죄

或佛所制罪 如是衆過罪 혹불소제죄 여시중과죄

저의 어리석은 무지함 때문에

많은 자성죄와

불제죄를 지어

이처럼 많은 죄업을 쌓았나이다.

여기에서는 진실로 죄업을 다스리는 정법에 들어가, 먼저 이 게송으로 참회 대상이 되는 죄를 밝혔다. 우리가 시작도 없는 윤회 속에서 무명의 어리석음으로 죄업 짓는 것은 다 셀 수도 없다. 그러나 종합적으로 나누어 보면 크게 두 종류로 귀납시킬 수 있다. 하나는 자성죄이고, 다른 하나는 불제죄이다.

자성죄는 살인·강도·음란 등 열 가지 불선업不善業을 포괄하는데, 이러한 불선업은 누구를 막론하고 지으면 죄가 된다. 그러나 그중 술 마시는 조항에 대하여 율장에서는 자성죄로 정하였는데, 공덕광功德光과 석가광釋迦光 존자 두 분은 불제죄에 속한다고 여겼다. 『구사론』에서도 불제죄라고 하였는데, 이 측면에 대한 변론이 율장 『대해론大海論』에 아주 분명하게 기록되어 있다.

우리가 두 가지 죄업을 나눌 때에는 네 가지 상황이 있다.

첫째, 일반적으로 아직 부처의 계를 받지 않은 사람이 살생 등 십불선업十不善業을 지으면 자성죄이지 불제죄가 아니다.

둘째, 계를 받은 거사나 출가자가 살생 등 십불선업을 지으면 자성죄와 불제죄를 모두 범한 것이다.

셋째, 만약 출가자가 오후에 밥을 먹지 않는 계율을 범하면 불제죄이지 자성죄는 아니다.

넷째, 불문에 들어오지 않은 사람이 오후에 밥을 먹는 행위는 불제죄도 자성죄도 아니다.

어떤 사람들은 아마도 생각할 것이다. '불제죄는 부처님께서 계를 만드시기 전에는 죄업이 아니었는데, 부처님께서 정하신 후에 죄업이 되었으니 부처님께서 죄업을 빨리 짓게 하는 분이 되는 것인가, 아니면 죄의 원인이 되는 것인가?' 이것은 이치에 맞지 않는 생각이다. 샤까빤디따는 『변삼계론辨三戒論』에서 전문적으로 이에 대한 답변을 하였다.

예를 들어 농민이 밭에 농작물을 심었는데 여름에 우박이 내리면 농작물이 피해를 입는다. 이러한 상황에 대하여 누구도 "만약 농민이 농작물을 심지 않았다면 피해 입은 농작물은 없을 것이다. 그러므로 잘못은 농민이 만든 것이다."라고 말할 수 없다. 마찬가지로, 부처님께서 계율을 제정하신 것은 중생들이 해탈의 안락과를 얻도록 하기 위한 것이지, 중생이 죄를 짓게 하기 위한 것이 아니다. 수행인들은 모두 청정한 계율을 지키는 것이 선도에 태어나고 해탈하는 유일한 바른 원인이라는 것을 안다.

『입중론』에서 "모든 중생과 성문 제자, 독각과 보살이 복된 인간과 천상에 나고 열반을 증함은 계를 제외하고 실로 아무것도 없다."라고 말하였다. 수행인이 불제죄를 범하는 것은 완전히 그가 성실하게 계율을 지키지 않아서 이루어진 것이다. 부처님께서 제정하신 계율은 마치 무기와 같아서 사용을 잘하는 사람은 번뇌의 적을 이겨 자신을 보호할 수 있고, 잘 사용하지 못하는 사람은 도리어 자신을 해칠 것이다. 이 점을 당신은 무기나 무기 만든 사람에게 잘못이 있다고 말할 수는 없다.

合掌怙主前 以畏罪苦心 합장호주전 이외죄고심
再三禮諸佛 懺除一切罪 재삼례제불 참제일체죄

부처님 앞에 나아가 합장하고
고통을 두려워하는 마음으로
재삼 제불보살께 예경하며
일체 죄업을 참회하옵니다.

앞에서 자신이 만든 죄업에는 자성죄와 불제죄가 있음을 말하였는데, 이 죄업은 만약 깨끗하게 참회하지 않는다면 반드시 헤아릴 수 없는 고통을 불러올 것이다. 이 때문에 마음속에 지극히 커다란 공포가 일어난다. 이러한 공포를 없애기 위하여 우리는 경건하고 간절하게 합장하고 자주 부처님께 공경스럽게 정례하며, 이 일체 죄업을 청정하게 해주고 지켜 주시길 바란다.

제불에게 귀의하여 죄업을 참회하는 것과 관련된 교증은 『우바리소문경優婆離所問經』에 대승보살 참회문이 있다. 즉 우리가 늘 외우는 삼십오불三十五佛 참회문[94]인데, 그중 가장 마지막 두 구가 바로 "끝없는 공덕의 바다를 우러러, 저는 지금 귀의하여 예를 올리옵니다."이다. 현재 대치력을 실행하는 수행법을 작자가 여기에서는 제불에게 귀의하

94 종카빠 대사가 수행했던 참회문. 밀종에서 중시하는 참회법이다.

여 예배하는 것만을 언급하였지만, 『학집론』에는 부처님의 명호를 수지하고 외우기·경전 독송하기·공의 성질을 믿고 이해하기·백자명百字明[95]을 관상하고 읽기·불상 조성하기·불탑 세우기·공양 등 여섯 가지가 있다.

우리가 비록 끝없는 죄를 지었지만, 만약 법에 의지하여 간절하게 참회한다면 죄업은 반드시 청정해질 수 있다. 『금광명경金光明經』에서 말하였다. "천겁 동안 지은 끝없는 죄업이 한 번의 참회로도 청정함을 얻을 수 있다." 여기에서의 청정은 악업을 끊는 현실적 노력을 가리키는 것이지, 그 씨앗과 남은 습관을 말함이 아니다. 이 이치는 이 책의 뒷부분에서 자세하게 설명할 것이다. 『무진지혜경無盡智慧經』에서도 언급하였다. 참회는 또한 일종의 자량을 쌓는 방편이다. 율장에서도 말하였다. "죄를 지은 어떤 사람이 만약 참회한다면 선한 법을 잊어버리지 않을 뿐 아니라 선근을 자라게 할 수 있다." 내 생각에 대치력 수행을 실천하는 중요성은 여기에서 다시 설명할 필요가 없을 듯하다. 해탈하고자 하는 모든 사람들은 마땅히 스스로 부지런하게 힘써 행해야 한다.

諸佛祈寬恕 往昔所造罪 제불기관서 왕석소조죄
此旣非善行 爾後誓不爲 차기비선행 이후서불위

부처님께서 자비로써

95 금강살타 본존 수행 시 참회법으로 염송하는 진언으로, 모든 진언의 총합이라고 한다.

제가 지난날 지은 일체 죄업을 용서해 주시기를 기도하옵니다.
그것은 착한 행위가 아니므로,
저는 앞으로 다시는 짓지 않을 것을 맹세하옵니다.

'반회대치력返回對治力'은 나쁜 성질을 지닌 업을 다시는 짓지 않겠다고 맹세하는 것으로, 장래 악업 지음을 끊어버리기 위하여 마음속에서부터 굳은 서원을 내는 것이다.

우리는 지난날 지은 일체 죄업을 참회한 후, 장래 다시 죄업 짓는 것을 방지하기 위하여 반드시 반회대치력에 의지해야 한다. 상사제불 앞에서 굳은 맹서를 한다. 반드시 엄격하게 청정계율을 지켜 모든 죄업을 멀리하고자 한다. 차매(恰美) 린포체는『극락원문極樂願文』에서 사력대치四力對治 수행법을 언급하였는데, 그중 반회대치력은 바로 상사 삼보 앞에서 "앞으로 설령 생명의 위험을 만나더라도 결코 악업을 짓지 않겠다."라고 굳은 맹서를 하는 것이다.

이렇게 다스리는 힘은 참회 수지할 때 매우 중요한다. 만약 당신이 참회할 때 마음속에 이렇게 다스리는 힘이 일어나지 않으면 진정한 참회가 아니라고 말할 수 있다. 왜냐하면 그러한 상태에서는 당신 마음속에 악업을 계속 즐겨 짓는 뜻이 있을 수 있다. 마치 풀을 베면서 뿌리를 남겨두어 계속 잘라도 계속 자라나는 것과 같다. 이와 같다면 재삼 참회해도 청정해질 수 없다. 오직 당신 마음속 끝에서부터 악업을 철저하게 미워하여 맹렬한 결심이 일어나 어느 때고 죄악을 멀리해야만 마음속 악업이 도를 장애하는 힘을 철저하게 없앨 수 있다.『율경律經』에서도 "만약 임종 때 의궤儀軌[96]에 의하여 참회할 방법이 없어 마음속으로 힘든 운명을 만나더라도 다시 계를 범하지 않겠다고 발원한다면 일체 계를 범한 업을 청정하게 할 수 있다."라고 말하였다.

위에서는 대체로 사력대치 수행법에 대하여 소개하였다. 이 논에서의 네 가지 참회법은 주로 『사법경四法經』에 의거한다. 부처님께서 "자씨慈氏여, 만약 보살마하살이 네 가지 법을 성취한다면 먼저 지어 오랫동안 쌓아온 악업을 없앤다. 어떻게 넷으로 나누는가? 이른바 뉘우치는 행위(懺過行), 다스리는 행위(對治行), 제어하는 힘(制止力), 의지하는 힘(依止力)이다. 다시 말한다면 첫째, 뉘우치는 행위라는 것은 선하지 못한 업의 행동에 대하여 많이 후회하는 것이다. 둘째, 대적해 다스리는 행동이라는 것은 선하지 못한 업을 지은 것이 선업과 남은 이익에 의해 지극하게 대처되는 것을 말한다. 셋째, 제어하는 힘이라는 것은 금하는 계율을 외움으로써 무너뜨리거나 범하지 않을 수 있는 것을 말한다. 넷째, 의지하는 힘이라는 것은 불법승보에 귀의하고 또 보리심을 버리지 않는 것을 말한다."라고 말씀하셨다.

이 논에서의 죄를 참회하는 네 가지 방법은 『사법경』에서 말한 것과는 다소 차이가 있다. 적천보살은 가장 마지막의 의지하는 힘을 두 번째에 놓았는데, 아마도 작자 자신의 체득 때문일 것이다. 대승 수행인은 자신이 지난날 지은 죄업에 대하여 미워하고 참회하는 마음을 일으킨 후, 즉시 삼보 보리심 등에 의지하여 강력하게 다스리고 제어할 수 있어야만 한다.

참회 수행법은 모든 수행자들에게 매우 중요한다. 근훠 린포체는

---

96 밀교에서 불보살 중 매 한 분마다 특별한 수행법으로 찬탄송과 진언 등을 염송하며 관상하는 의식.

"한 사람이 불문 수행법에 들어와서 만약 감응을 얻을 수 없다면, 즉 죄업이 도에 장애를 주는 업상이 있으므로 힘써 참회해야만 한다."라고 말하였다. 이 점은 수행인들 대다수가 혹 직접 경험했을 것이다. 예를 들면 어떤 사람이 법을 수행하면서 줄곧 공덕을 체험하지 못하고 늘 병 등이 난다면 바로 죄업이 현재에 행해지는 모습이다. 만약 대승법문으로 들어가고자 한다면 스스로 마음의 흐름 가운데 보리심 등의 공덕이 늘어난다. 마치 농부가 밭에 씨를 뿌리려면 반드시 먼저 땅의 잡초·해충을 제거해야 씨앗이 싹이 나고 자라 그 결과로 열매가 날 수 있는 것과 같다. 마찬가지로 우리는 먼저 묵은 죄를 드러내어 삼보에 참회하고 가르침에 의지하여 다스려야만 한다. 그리고 다시는 죄업을 짓지 않을 것을 맹세하고 번뇌 죄업이 깨끗하게 없어진 뒤 스스로 청정해진 후에 보리심이 순리대로 늘어날 수 있다. 이 과정을 수행인들은 확실하게 수지할 수 있기를 희망한다. 진일보하여 경론의 참회와 관련된 내용을 자세하게 이해하고자 한다면 『학집론』의 「청정품淸淨品」을 보면 알 수 있다.

상사 여의보께서 이번에 참회장을 강의하면서 동방현희찰토東方現喜剎土의 맥팽 린포체로부터 말법 시대에 금강살타 참회법을 널리 펴는 것에 매우 깊은 뜻이 있다는 수기를 받았다. 이 인연 때문에 학원의 사방 제자들은 이미 삼천억 번 금강살타 진언(心呪)을 외우는 수행을 발원하였다. 이 불가사의한 수승한 연기 때문에 수행인들은 노력 정진하여 이생에서 나와 남의 궁극적 이익을 위하여 일체 업장을 없애야 한다.

제3품

보리심을 지니다

관세음보살

우리가 보리심의 공덕을 이해한 후에는 모두 마음속에서 계속 보리심이 생겨나기를 바란다. 이러한 발심 과정은 전행前行·정행正行·후행後行으로 나뉘는데, 칠지七支 공양에 귀의歸依를 더한 것이 전행이다. 제2품에서 이미 공양·부처님께 예경을 올림·귀의·참회 등 4지支에 대하여 소개하였다. 제3품에서는 이어서 수희 등의 4지에 대하여 이야기하고자 한다.

1 전행前行

1) 자량을 모아 쌓음

(1) 공덕을 따라 기뻐함

수희는 질투심을 치료하는 수행법이며 복덕과 향상심을 증진시키는 방편이다. 질투심은 『구사론』에 세밀하게 분류해 놓았는데, 범위도 비교적 넓고 일반적으로 사람들이 이해하는 질투 심리를 가리키는 것뿐만이 아니다. 말법 시대 수행자의 입장에서 본다면 이러한 번뇌는 매우 심각하다. 어떤 사람들은 다른 사람의 수행 공덕이 뛰어난 것을 보면 속으로 충격을 받고 심지어 여러 말을 하여 비평하고, 또 어떤 사람들은 늘 입으로 '수희, 수희'라고 하면서 속으로는 조금의 진실도 없는데, 이러한 것은 진정한 '수희'라고 할 수 없다.

『입행론』에서 '수희'는 신·구·의 세 부분의 수희라고 정의하고 있다. 곧 마음속에서 우러나온 진정한 기쁨과 말로 그 공덕을 찬탄하는 것, 행동으로 감동을 표현하는 것 등이다. 치아매 린포체는 말하길 "다른 사람의 선행을 들었을 때, 질투하는 나쁜 마음을 없애버리고 마음에서 진정으로 기쁨을 일으키십시오. 부처님께서는 상대가 얻은 것과 같은 복을 얻는다고 말씀하셨습니다."라고 하였다.

수희의 공덕과 관련하여 아주 좋은 예가 있다. 예전에 석가모니 부처님께서 세상에 있으면서 교화하실 때, 한번은 살가薩迦 국왕이 세존과 여러 비구 스님을 초청하여 큰 공양을 올렸다. 그때 어느 가난한 여인이 왕궁 밖에서 걸식을 하다가 이 모습을 보고 매우 부러워 여러 차례 아주 큰 환희심을 냈고, 국왕이 세존과 여러 비구 스님께 공양하는 것에 대하여 지성으로 기뻐하였다. 석가모니 부처님께서는 이 공양을 다 받으신 후에 살가 국왕에게 묻기를 "이와 같은 공덕을 이번 공양에서 공덕이 가장 큰 사람에게 회향하겠습니까?"라고 하였다. 국왕은 웃으면서 허락하였고, 세존께서는 가난한 여인에게 회향하였다.

이 예에서 가난한 여인은 국왕처럼 세존에게 음식과 재물의 공양을 올릴 수는 없었지만, 지성으로 기뻐함을 내었기 때문에 심지어 공양을 올린 국왕을 초월하는 공덕을 얻었다. 이렇게 쌓인 수승한 방편은 마음에 녹아 들어가서 매번 수희할 만한 착한 법을 만나게 된다.

즉 진실한 한 생각을 내면 복덕의 재산을 넓히게 되고, 자신의 향상심도 배양할 수 있게 된다.

① 하사도下士道의 수희

欣樂而隨喜 一切衆有情 흔락이수희 일체중유정
息苦諸善行 得樂諸福報 식고제선행 득락제복보

삼악도 중생의
고통을 멈추게 하는 일체 선행과
고통에서 시달리는
모든 이의 안락을 기쁘게 수희합니다.

수희隨喜는 상·중·하 세 계층의 인因 수희와 과果 수희로 나뉘는데, 이 게송에서는 하사도의 인 수희와 과 수희에 대하여 설명한다. 소위 '하사도'라는 것은 삼악도에 떨어지는 공포에서 벗어나 인천의 과보를 얻는 단계의 수행이다. 세상에는 인과에 따라 윤회하는 것을 이해하는 사람들도 있고, 불교신앙에 처음 들어온 사람도 있으나, 일반적으로 모두 악도에 떨어져 고통 받을 것을 두려워하고 인천 세계에 나는 것을 부러워할 것이다. 이 때문에 선법을 닦고 살생·도둑질 등의 나쁜 업을 끊고자 한다. 이러한 악업을 끊고 선업을 닦는 것을 인으로 삼아서 인천계에 태어나는 것을 얻을 수 있고, 재부의 원만한 복덕을 받을 것이다.

이 시구에서 말한 '삼악도의 중생의 고통을 멈추게 하는 일체 선행'을 수희하는 것은 하사도의 인을 수희하는 것이고, '고통에서 시달리는 모든 이의 안락'에 수희하는 것은 하사도의 과를 수희하는 것이다. 만약 10가지 선업과 선계(善趣) 중생의 온갖 복덕을 수희한다면 인천 선계에 나는 복덕을 얻을 수 있을 것이다. 인천 선계에 나는 기초를 가진 사람이어야만이 원만하게 불법을 들을 수 있는 인연을 가져 정법의 길에 들어가게 된다.

②중사도中士道의 수희

隨喜積善行 彼爲菩提因 수희적선행 피위보제인
隨喜衆有情 實脫輪回苦 수희중유정 실탈륜회고

저는 수행인이 쌓는 해탈도의 선행을 수희하오니
이 선행은 대승·소승 보리과의 원인이기 때문입니다.
저는 뭇 유정들을 수희하오니
진실로 윤회의 고통에서 벗어나 소승 보리과를 증득하도다.

중사도의 단계는 삼계로부터 자아 해탈을 얻어 적멸의 성문·연각의 나한과 수행법을 획득한다. 중사도의 단계에 들어간 수행인은 삼계 윤회에 대해 진정으로 혐오하는 마음을 일으키고, 청정별해탈계를 가지고 고집멸도 사제·십이인연 등의 묘법을 수지한다. 이러한 선행이 바로 성문·연각 보리의 바른 인(正因)이다. 우리는 이것에 대하여 수희를 일으키는데, 바로 중사도 인의 수희이다.

이 게송의 뒤 두 구는 중사도 과에 대한 수희이다. 중사도의 과는 성문 제자의 사향사과 및 독각나한과를 가리킨다. 불교 역사에서 많은 유정들이 불타 교법에 의하여 삼계를 초월하는 적멸 열반을 증득하였다. 동시에 대대로 별해탈계의 청정법을 후인들에게 전승해 주었다. 우리는 한편으로 은덕에 보답해야만 하고, 한편으로는 이러한 성자들의 공덕을 수희해야만 한다.

③상사도上士道의 수희

隨喜佛菩提 佛子地諸果 수희불보리 불자지제과
亦復樂隨喜 能與有情樂 역부락수희 능여유정락
發心福善海 及諸饒益行 발심복선해 급제요익행

부처님께서 증득하신 무상보리와
보살들이 수행하여 증득하신 과덕을 수희합니다.
또한 유정들을 즐겁게 하고 보리심을 내어
보리행을 넉넉하게 한 복덕의 바다를 기쁘게 수희합니다.

상사도는 자타 일체중생들이 삼계 윤회에서 해탈하게 하고 구경과를 증득하게 하는 도이다. 상사도의 과는 원만한 공덕을 증득한 불과와 초지에서 십지에 이르기까지 소유한 보살과이다. 이러한 과위에 대한 수희가 바로 상사도의 과 수희이다. 상사도의 인 수희는 일체에 대해 무변유정들로 하여금 고통에서 벗어나 즐거움을 얻게 할 수 있으며, 구경 해탈하는 대승 불자의 발심과 행위에 대한 수희이다. 대승의 발심은 기꺼이 원행보리심을 발하는 것이고 행위는 육도사섭六度四攝

을 말하는 것으로 대승 보리과를 획득하는 정인이다.

만약 한 수행인이 수승한 보리심을 일으켰다면 행위는 육도사섭을 견지하고서 중생을 풍요롭게 한다. 우리 같은 보통사람들은 그와 같이 중생을 이롭게 할 방법은 없지만, 이러한 삶에 대하여 일념으로 수희한다면 그 공덕 역시 헤아릴 방법이 없다. 부처님은 『반야섭송般若攝頌』에서 "수미산의 무게는 잴 수 있지만, 선법을 수희한 공덕은 무엇으로도 잴 수 없다."라고 말씀하셨고, 『교방편경巧方便經』에서 "수희법이야말로 여러 부처들이 중생을 조화롭게 교화시키는 대방편 법문이다."라고 하셨다. 우리가 만약 이러한 수승한 방편을 잘 운용할 수 있다면 한편으로는 수행하는 데 있어서의 큰 장애인 질투심을 치료할 수 있고, 한편으로는 힘들이지 않고 큰 복덕의 자량을 쌓아 빠르게 보리를 성취할 수 있다.

위에서 살펴본 수희지隨喜支의 수행법은 대다수 사람들이 옳게 생각하는 입장에서 수행한다면 결코 어려운 것이 아니다. 더욱이 이 시대 대다수 중생들의 질투로 인한 번뇌는 특히 크다. 수행인들은 이것에 대해 절실한 이해가 있을 것이다. 때문에 이 수행법은 매우 필요하다. 『입행론』의 수승한 점 역시 이러한 방면에서 드러난다. 이처럼 확실하게 중생들의 하열한 근기의 번뇌에 초점에 두어, 단계에 따라 쉬운 실행 방법을 제기하여 아주 큰 치료 효과를 거두어 수행자가 빠르고 계속적으로 스스로를 변화시킬 수 있게 한다.

가령 당신이 이 수행론을 들었을 때 적천 법사가 전문적으로 당신의 나쁜 습관에 맞추어 치료 방편을 알려 준다면, 당신은 틀림없이 이익을 크게 얻을 수 있다. 만약 어떤 사람이 자신에게 조금의 영향도 없다고 느낀다면, 이는 그의 악업 장애가 아주 크다는 것을 말하는 것으로 마음속에 법과 호응하는 것이 조금도 없는 것이다. 이러한 사람들은 반드시 힘을 다해 상사 삼보가 지켜주시길 기도하여 업장 죄업을 없애야 한다.

(2) 법륜 굴리시기를 청함

我于十方佛 合掌誠祈請 아우시방불 합장성기청
爲苦惑迷衆 燃亮正法燈 위고혹미중 연량정법등

저는 시방삼세 부처님께
합장하고 간절히 청하오니
무명의 고통 속에 헤매는 유정들을 위하여
정법의 등불을 밝혀 주소서!

무명 속의 어리석은 중생들도 처음부터 악업의 굴레에 얽혀 있었던 것은 아니다. 흑암의 고통 심연 속에서 윤회하는 중생은 제불보살의 지혜 대비 광명의 비춤과 인도가 없었다면 영원히 윤회에서 해탈할 기회를 갖지 못했을 것이다. 이 때문에 우리들은 시방삼세 제불보살님께 기도하여 법의 수레바퀴를 굴리고 광명의 법 횃불을 밝혀 업에 미혹된 고통 속의 유정들을 제도해 주시기를 간절히 기도한다.

불교사를 회고해 볼 때, 본사 석가모니 세존께서 도를 이룬 처음에 중생의 근기가 낮은 것을 보시고는, 법을 전하는 데 뜻을 두지 않고 혼자 말없이 숲속에 안주하셨다. 나중에 제석·범천이 간절히 청해서 비로소 세존께서 법륜을 굴리기 시작하셨다. 후세에도 많은 보살이나 고승대덕들이 제자나 수행대중의 게으르고 방일함을 싫어해서 혹은 일생의 사업이 이미 원만해져서 다시 법을 전하지 않으실 때, 진실한 구도자들이 간절히 법을 전하기를 청하여 이 인연으로 이러한 대덕들이 계속해서 법을 전한 예가 있다. 이러한 전기들이 많은데, 사람들은 아마도 그 몇 가지 예만 알 것이다.

간절히 법륜을 굴리시길 바라는 공덕은 매우 크다. 근화 린포체는 "만약 고승대덕이 법을 전하시길 간절히 바란다면, 세세생생 사견의 암흑 속으로 떨어지지 않을 뿐만 아니라 세세생생 정법의 광명을 만날 것이다."라고 말씀하셨다. 우리가 매일 『보현행원품』의 법륜 굴리시길 기도하는 게송을 암송할 수 있다면 스스로 법을 비방함과 사견의 악업을 제거할 수 있고 정법 듣는 인연을 늘릴 수 있다.

(3) 부처님이 세상에 주하시길 청함

知佛欲涅槃 合掌速祈請 지불욕열반 합장속기청
住世無量劫 莫遺世間迷 주세무량겁 막유세간미

부처님이 열반에 들려 하시는 것을 알았을 때
합장하고 간절히 청하옵니다.
무량겁의 세상에서 눈먼 중생이
고통 속에 빠져 헤매게 하지 마소서!

본사 석가모니 부처님께서 중생 제도하는 사업이 원만하여 곧 열반에 들려 하실 때, 당시 순타 우바새가 부처님 앞에서 재삼 세상에 머무실 것을 간절히 청하니, 결국 부처님께서 허락하셨다. 세상에 다시 계신 3개월 동안 중생을 위하여 불법을 펴시어 무량 중생을 이롭게 하셨다. 나중에 많은 고승대덕들 역시 세상에 머무시길 청한 인연으로 세상에 머물면서 중생을 이롭게 한 시간을 증가시켰다. 기도하여 세상에 머물길 청하여 무량 중생들이 이익을 얻을 수 있게 한 그 공덕은 불가사의하며, 이에 의지하여 우리는 복덕의 자량을 늘릴 수 있고 자신의 장수와 건강의 장애를 없앨 수 있다. 또한 죽지 않는 불신佛身의 인因을 이루게 된다.

오늘날에는 세상 사람들의 근기가 날로 낮아지고 복덕이 천박해져 감화를 받아 진정으로 정법을 굳게 지키는 대덕을 매우 드물게 본다. 때문에 세상에 머무시기를 청하는 기도는 매우 중요하다. 세상 사람들이 만약 선지식의 인도 없이 오직 무명의 미혹 속으로 점점 빠져들게 된다면 영원히 해탈할 기회는 없을 것이다. 이 불쌍한 부모중생과 자신이 세세생생 불보살과 선지식 곁을 떠나지 않기 위하여 모두가 재삼 기도하기를 바란다. 또한 수행인들이 더 많은 사람들을 깨우쳐 기도하게 하기를 바란다. 시방세계의 스승님, 당신들이 세상에 무량겁 동안 머무시어 어리석은 저희들을 버리지 말기를 청하옵니다!

如是諸觀行 所積一切善 여시제관행 소적일체선
以彼願消除 有情一切苦 이피원소제 유정일체고

이와 같이 수행하고 공양하고 정례하고 참회하는 등의 선행과 쌓아온 일체의 공덕으로

유정들의 일체 고통이
모두 없어지기를 바라옵니다.

일곱 가지 공양 중 최후의 하나가 회향이다. 즉 자신이 만든 일체의 선근을 널리 중생들에게 베푸는 것이다. 이 수행법은 대승법문에서 빠르게 쌓아온 수승한 방편으로, 선근을 되돌려서 무량 중생에게 펴는 것으로 한편으론 나의 집착을 없앨 수 있고, 또 한편으론 선근을 무한하게 늘릴 수 있다. 이 내용은 『교방편경』에 자세하게 서술되어 있다.

회향하는 선근은 자기가 과거와 현재에 쌓은 부분에 한정되는 것만은 아니다. 『화엄경』에 따르면 미래에 지을 선근도 회향할 수 있다. 미래의 선근은 비록 아직 짓지는 않았지만 심원(意願)으로써 회향할 수 있다. 비유하자면 마치 은행에 당좌가 개설되어 있어 당신의 통장에는 아직 돈이 없더라도 신용으로 먼저 지급해 줄 수 있는 것과 같다. 마찬가지로 우리는 한결같은 굳은 서원으로 미래의 선근을 회향하고, 중생들 역시 이익을 얻을 수 있다.

우리는 삼세 일체의 선근을 윤회하는 중생에게 회향한다. 이로써 다른 사람들의 일체 고통, 수행의 장애 등이 제거되길 발원한다. 이 공덕의 힘으로 다른 사람들의 고통을 진실로 제거할 수 있다. 더욱이 죽은 사람을 천도할 때, 회향을 하면 악취 유정들이 즉시 고통에서 벗어나 즐거움을 얻을 수 있다. 이와 같은 불가사의한 인과에 관하여 불경에는 다음과 같은 공안이 있다.

본사 석가모니 부처님께서 광엄성廣嚴城에 계실 때, 주민이 어느 날 부처님과 대중 스님들에게 공양 올리기를 청하여 준비하였다. 공양 올리기 하루 전날 저녁, 오백 악귀가 부처님 앞에 와서 다음날 공양을 받으신 후에 공덕을 그들에게 회향해 줄 것을 청하였다. 세존께서 그 원인을 물으시니, 악귀들이 대답하길 "저희들은 전생에 이 성의 주민이었습니다. 생전에 인색이 습성을 이루어 보시하려 하지 않아서 사후에 악귀도로 떨어졌습니다. 만약 세존께서 내일 저희에게 공덕을 회향해 주신다면 저희들은 곧 안락과 해탈을 얻을 수 있답니다."라고 하였다. 세존께서는 허락하시었다. 그러나 그들에게 공양 받는 곳으로 올 것을 요구하였다. 악귀들은 모습이 추하다는 이유로 다음날 모습 나타내는 것을 거절하였다. 세존께서 "너희들이 당시 악업을 지을 때는 부끄러움을 모르다가 지금 악업을 받고 난 후에 어떻게 부끄러움을 알았느냐? 만약 내일 나타나지 않는다면 너희들을 구원해 주지 않을 것이다."라고 말씀하셨다. 그래서 악귀들은 대답하지 않을 수 없었다.

다음날, 세존과 제자들이 시주자의 집에 가서 공양을 받을 때 오백 악귀들은 대중 앞에 몸을 드러내었다. 사람들은 이렇게 못생긴 무리들을 보고서 매우 놀랐다. 이때 세존께서 광엄성의 사람들에게 "두려워하지 말라! 이들은 이미 세상 떠난 너희들의 선조 부모들이시다. 이전에 '인색' 등의 악업을 지어서 지금 악귀의 몸으로 떨어졌다."라고 말씀하셨다. 광엄성 사람들은 듣고 난 후 매우 괴로워하였다. 그래서 세존께서 사람들이 공양한 선근을 이 악귀들에게 회향하여 악귀의 몸에서 해탈시켜줄 것을 가르쳐주시니, 33천에 태어날 수 있었다.

우리 세세생생의 부모들 중 많은 분들 역시 악도의 거대한 고통

속에 빠져 있다. 그러면 우리는 왜 광엄성의 사람들처럼 선근을 부모중생들에게 회향하여 그들이 고통에서 벗어나 즐거움을 얻을 수 있게 하지 않는가? 일체의 지혜로운 부처님께서는 무루無漏 지혜로 우리를 위해 이처럼 수승한 방편법을 펴셨다. 수행인들은 마땅히 마음속에 기억하여 자신이 어떠한 선법을 원만하게 지은 후에는 성실하고 여법하게 생각하며 발원하여 이를 일체 부모중생들에게 회향해야 한다.

선근을 회향하여 남을 이롭게 하는 것은 역시 대승 불자의 행위에서 반드시 갖추어야 하는 '삼수승三殊勝' 중의 후后 수행법이다. 이 수행법과 관련하여 화지 린포체와 대덕들께서 "선업을 짓고서 회향하지 않는다면 지금 이후 단 한 번이라도 탐·진의 번뇌에 오염되면 즉시 선업이 여지없이 무너질 것이다. 그러나 선근을 중생들에게 회향한다면 그 중생들은 끝이 없을 것이고 그 선업 공덕 역시 무궁하게 된다."라고 말씀하셨다.

이 게송은 총괄적으로 선근을 일체중생에게 회향하여 중생들이 고통에서 벗어나길 발원한다. 아래의 세 게송은 우리들이 중생의 질병·빈곤의 고통을 끊어버리고 회향하도록 인도한다.

2) 자기 마음을 승화시킴

(1) 몸과 재물을 다 보시한 선근

乃至衆生疾 尚未療愈前 내지중생질 상미료유전
願爲醫與藥 並作看護士 원위의여약 병작간호사

세간 모든 중생의 질병이
아직 치료되기 전이오니,
저는 의사가 되고 약물이 되고
또 간호사가 되기를 원하옵니다!

이 게송은 중생의 질병에서 오는 고통에 대하여 특별한 회향을 한 것으로, 일종의 발원이다. 중생들이 몸의 병과 마음의 병에 시달릴 때, 약·의사와 간호사들이 가장 큰 위안이 된다. 그들을 인도하기 위하여 제불보살들은 아주 많이 화신을 나타내시어 중생의 의사가 된다. 『본사전백연론本師傳白蓮論』에도 석가모니 부처님께서 보살행을 닦으실 때 여러 생에 걸쳐 의사로 환생하셨다는 공안 기록이 있다. 확실히 좋은 의사는 중생들에게 살아갈 수 있는 이익을 줄 뿐만 아니라 악행을 끊고 선행을 하여 후세에 안락하도록 인도할 수 있다.

불보살님의 화신이 약물이 되어 유정들을 이롭게 한 것과 관련하여 『본사전백련론』에서는 석가세존께서 일세에 연화왕蓮花王으로 태어나신 것을 기록하고 있다. 그때 남섬부주 중생들이 매우 심각한 질병에 감염되어 있어서 '약합달어若合達魚'의 고기를 먹어야만 치료할 수 있었는데, 당시 이 물고기는 구할 방법이 없었다. 그래서 연화왕이 "내 생명을 버리고 이 약이 되어 중생들을 구제하겠다."라고 굳센 발원을 하며 연못 속으로 뛰어들었다. 이러한 굳은 원력으로 왕은 큰 바다에서 커다란 한 마리 '약합달어'가 되어 연안에 누워 사람들을 불러 고기를 갈라 병을 치료하게 하였다. 오른쪽 살이 다 발라진 후 스스로 몸을 뒤집어 왼쪽 살을 가르게 하였다. 이렇게 당시 모든 환자들을 치료하였다. 구원을 받은 사람들은 매우 감격하였다. 보살의 화신인 물고기가 말하길 "나는 연화왕의 전신이다. 만약 정말로 나에게 감사하고 싶다면 이후부터 너희들은 십선十善을 잘 받들어 행하라. 이것이 나의 유일한 희망이며 나에 대한 진정한 보은이다."라고 하였다.

이 공안에서 보살이 화신한 약은 유정이고, 당연히 제불보살 역시 기세간의 약물로 변화할 수 있다. 『대방편경大方便經』에 따르면, 부처님은 다리·도로·성·문 등으로 변화할 수 있다고 기록되어 있다. 중생에게 이익이 될 수 있는 것이라면 어떤 물건으로도 원력으로 변화할 수 있다. 무구광無垢光 존자께서도 "부처님께서는 세상에 '무심無心으로 색법상色法相을 나툰다', '널리 중생을 돕기 위해 색법色法을 나타낸다'는 등의 원력으로 계신다. 우리들이 병이 났을 때 늘 약을 먹어야만 하는데, 나는 이 약물이 틀림없이 불보살의 불가사의한 공덕이 변화된 것이라고 생각한다."라고 말씀하셨다.

의사와 약물 외에 병의 정황을 돌보는 간호사도 환자의 큰 은덕자이다. 세상에서 병으로 고통 받는 자들을 돌보는 사람들은 환자에게 여러 가지 위안·관심·도움 등을 주는 것으로 남을 돕는 자비로운 마음을 가장 잘 구현할 수 있다. 출세간에 불타께서는 더욱 몸을 도구로 삼아 직접 병든 노 비구를 돌본다. 환자를 씻겨주고, 옷을 빨아주고, 음식을 만들어주고, 병을 돌보는 지식을 알려 주는 등 자세하고 성실하게 일한다. 아울러 제자들에게 간곡하게 깨우쳐 준다. 병든 사람을 돌보는 것은 모든 불제자의 어찌할 수 없는 의무이다. 또한 여러 복전 중에서 병든 사람을 돌봄이 가장 큰 복전이다. 아티샤 존자(阿底峽尊者)께서 "병상에 오래 있는 환자를 돌보고, 나이든 부모를 봉양하고, 먼 곳에서 온 나그네를 돕는 이 세 공덕은 똑같이 대비공성大悲空性의 요체를 닦는 자량이 된다."라고 말씀하셨다.

사람들의 주변에는 병든 사람이 항상 있을 수 있다. 우리는 대승보살행을 닦는 불제자이다. 강의실에 앉아서 상사의 『입행론』 강의를 듣고 입으로만 병든 이의 간호사가 되기를 발원한다. 그러나 실제로 행동하려 들지는 않는다. 단지 2, 3일 정도 할 수 있을 뿐, 시간이 다소 길어지면 싫증을 낸다. 그것은 수행인들의 발원이 견고하지 못하고 마음속에서는 아직 진정으로 배운 법과 일치하지 않음을 증명한다. 나는 평상시에 일이 너무 많은 것을 유감스러워한다. 수행인들 중 아픈 이를 잠시 볼 수만 있을 뿐 간호해 줄 시간이 없다. 사실 내 마음으로는 병든 이를 돌보아주고 싶다. 몇 년 전, 일주日珠 캄포가 병원에서 병을 치료할 때 나는 그를 위해 간호를 해주었다. 그때 나에게 간호사가 될 인연이 있어서 매우 기뻤다. 현재까지 그는 나에게 매우 감사히 여기고, 나 역시 그에게 매우 감사해서 만날 때마다 유쾌하다. 이제 수행인들에게 이후 절대로 다른 사람과 이러한 좋은 연 맺을 기회를 버리지 말기를 권한다.

본 품은 여기에서 세 가지 특별한 회향을 하였는데, 또 다른 특별한 의의를 가지고 있다. 『유가사지론』·『성실론』 등 경론에 근거하면, 세계의 종말이 올 때 인류에게는 각종 거대한 재난이 왔다. 질병·기아·전쟁은 그중 주요 3대 재난이다. 옛적에 각종 전염병이 창궐하였는데 당시에는 치료할 수 있는 약이 없었다. 때문에 보살님이 스스로 명의·묘약 및 간호사의 화신이 되어 유정들을 제도하여 그 불가사의한 공덕과 원력으로 대재난을 물리치길 발원하였다.

盼天降食雨 解除飢渴難 반천강식우 해제기갈난
于彼災荒劫 願成充飢食 우피재황겁 원성충기식

먹을 것과 마실 것의 비가 되어
굶주리고 목마른 자의 고통을 없애주며
저 재난 속에서 제가
기갈을 충족시켜 주는 음식이 되기를 원하옵니다!

남섬부주에서 사람의 수명이 30세일 때, 사람들은 7년 7월 7일이 되면 기갈의 재난을 만났다. 기아에 굶주린 사람들은 지금 여의주를 찾는 것처럼 원고遠古 시대에서 남겨준 식량 낟알을 찾았다. 요행이 한두 알을 찾은 후, 철 상자에 넣고 잠갔다. 때가 되자, 커다란 철 솥에 물을 가득 담고 한 알의 양식을 넣은 후 탕을 끓여 마셨다. 바로 사람 나이 100세 혹은 80세 때의 식량을 말하는 것으로, 마시고서 생명을 보존할 수 있었다. 어떤 사람은 시체를 파내어서 이전 사람들에게 음식이 있었으므로 그들의 뼈에는 영양이 있을 것이라 말하고 탕으로 끓여 마셔서 역시 생명을 유지할 수 있었다.

인류는 함께 살아오면서(共業) 이와 같은 비참한 재난을 겪으면서도 왜 현재 깨어나지 못하는가? 우리가 앞으로 나이 30이 되었을 때의 상황은 말할 필요도 없다. 텔레비전의 뉴스에서 보도되는, 현재 아프리카 등 세계 각지의 대 기아를 보면 생생한 기아의 상황이다. 이러한 재난은 인류사에 있어 거의 없었던 적이 없었기 때문에 보살은 이런 상황에 대해 발원을 하셨다. 하늘에서 온갖 음식의 비가 내려 일체 기아 중생을 배부르게 해주길 발원하였고, 심지어 자신이 음식이 되어 기아의 고통을 없애길 발원하였다. 우리들은 국제 적십자회 혹은 기타 자선 기구에서 재난민에게 양식·약품을 공중투하하는 등 각종 방식으로 난민을 구제하는 것을 본다. 지금처럼 이기적이고 곳곳에서 전쟁의 화가 빈번한 시대에 이러한 선행은 아마도 제불보살님의 화현일 것이다!

우리의 대승불교에 들어온 모든 불자들은 역시 이와 같은 보살들을 본받아 회향 발원하여 진정으로 원력의 연기와 불보살의 대자대비 가피로써 중생을 이롭게 하는 원력을 반드시 성취할 수 있어야만 한다.

회향은 동시에 출가인들이 시주자의 공양에 보답하는 수행법이다. 다음은 밀라레빠 존자가 감사의 제사를 위하여 그의 여동생 비달(毖達, 뻬다)과 음식 공양을 올리면서 부른 노래의 일부이다.

崖居修行瑜伽士 會和信心供施主 애거수행유가사 회화신심공시주
行者施者俱成佛 緣起心要爲回向 행자시자구성불 연기심요위회향

기슭에서 요가를 수행하는 수행자여!
신심으로 시주자를 받들어
수행자와 시주자가 모두 성불하니,
연기심의 요체는 회향이라네!

출가한 수행자 대부분은 일체 세간의 '쓸데없는 것'을 버렸다. 의식

등은 모두 신도들이 공양한 것으로 우리들은 세간의 방법으로 은덕을 갚을 방법이 없다. 그래서 그들을 위해 진정으로 회향을 하고, 시주의 공양은 성불의 인연을 이룰 수 있다. 바로 이것이 진정한 보은이다.

爲濟貧困者 願成無盡藏 위제빈곤자 원성무진장
願諸資生物 悉現彼等前 원제자생물 실현피등전

빈곤한 중생을 구제하기 위하여
써도 다함없는 무진장의 공양물이 되길 원하오며,
모든 구호물자가 되어
저들 앞에 나타나길 원하옵니다.

이 게송에서 보살은 대비심으로 각 무정들로 변하여 일체중생을 이롭게 하기를 발원하고 있다. 『무구칭경無垢稱經』에서 또 "때로는 땅과 물로 변하고, 때로는 불과 바람으로 변한다."라고 말하고 있다. 제불보살은 그 발원력·공덕력으로 모든 중생을 이롭게 할 수 있는 무정물, 즉 도로·교량·마을·화원·집 등이 되니, 불보살은 마니보처럼 화현할 수 있다.

근훠 린포체는 강의에서 "이곳에서는 아직 말겁의 전쟁이 분명하게 드러나고 있지는 않지만, 발원에는 역시 간접적으로 중생들이 전쟁으로 인한 겁난을 없애는 함의를 가지고 있다. 전쟁의 겁난(刀兵劫) 때 인간은 겨우 10살이었다. 사람들은 가난의 고통을 옷으로 삼고 피(稗)를 양식으로 삼는다. 성내는 마음의 업이 대지의 모든 초목 등의 물건들을 병기로 만들어 손이 가는 대로 취하여 서로 베고 죽인다."

라고 말하였다. 이러한 정경은 지옥에 떨어진 것과 다를 게 없다.

전쟁의 재난은 이 시대에 점점 많아지고 있다. 사람들은 생존 자원의 쟁탈을 위해 20세기에 이미 두 차례의 세계대전을 일으켰다. 우리 모두 고난 속의 중생을 위해 제불보살의 가피를 기원하며 동시에 복덕 원력을 회향한다. 다른 생물들의 바탕이 되는 여러 물건들이 저절로 유정들 앞에 화현하여 인류 생활에 어떠한 걱정도 없게 하고, 이로 인해 성내는 마음이 종식되어 어떤 전쟁의 재난도 멈추어지기를 기원한다!

회향은 불법을 수행하는 데 있어 매우 힘 있고 중요한 법문이다. 큰 성취를 이룬 적공각빠 린포체가 "복덕과 지혜 이 두 자산은 마니보와 같고, 회향은 아가루의 베와 같다. 두 가지는 서로 합해져야 비로소 바탕이 되는 도구를 만들어낼 수 있으므로, 이와 같이 수행자는 마땅히 되돌려 베푸는 것을 중시해야만 한다."라고 말씀하셨다. 이 뜻은 다음과 같다. 마니보는 아가루 베를 이용하여 닦아야만 바탕이 되는 도구를 원만하게 만들어낼 수 있다. 이처럼 복덕과 지혜라는 자량은 반드시 회향해야만 중생을 이롭게 할 수 있다. 보리의 정도를 걷고 싶은 사람들은 대승법문의 근본은 중생을 이롭게 하는 데 있다는 것을 간절하게 기억해야 한다.

(2) 다른 사람을 이롭게 하는 인연 이루기를 원함

①진심으로 마음을 닦다

爲利有情故 不悋盡施舍 위리유정고 불린진시사

身及諸受用 三世一切善 신급제수용 삼세일체선

일체 유정들을 이롭게 하기 위하여
아낌없이 베풉니다.
몸과 재물 등의 온갖 향유하는 것들과
삼세 동안 닦은 일체 선근을!

이 게송은 본론의 다른 게송처럼 시구가 이해하기 쉬우나, 그 의미는 매우 심오하다. 뿐만 아니라 스스로 진정 실천하고자 하면 더욱 어렵다는 것을 느낀다. 수행인들이 강한 신심으로 상사 삼보에 기도하고 스스로 이 함의를 통달하고, 아울러 일상생활에서 진실로 실천해 나가기를 희망한다.

이 게송에서 밝히고 있는 것은 대승불교의 총지라고 말할 수 있다. 작자는 『학집론』에서 "자신의 신체·재물과 삼세에 만든 일체 선근공덕을 완전히 일체 유정들에게 보시하고, 아울러 지키고 정화하고 늘려야만 한다. 이것이 바로 보살의 수학 요령이다."라고 말하였다. 중생은 윤회 속에 빠져 있는데 근본 원인은 바로 아집이다. 만약 아집이 없다면 우리는 이미 원만하게 보리를 증득했을 것이다. 그러므로 두 종류의 아집, 인아집人我執과 법아집法我執을 끊어버리는 것이 일체 수행의 핵심이다. 이것을 중심으로 해서 먼저 직접적이고 쉬운 도리와 방법부터 착수하여 점진적으로 깊은 이론과 수행법으로 들어간다.

우리들 모두는 관찰할 수 있다. 생과 함께 강렬한 아집을 가지고 와서 우리는 태어나서부터 줄곧 신체에 집착한다. 조금 자라서는 재산 등의 소유물에 집착한다. 선근을 닦고 덕을 쌓는 도리를 조금

이해한 후에는 복덕 선근에 강렬하게 집착한다. 바로 이 일련의 집착 때문에 스스로 삼계 속에서 전전한다. 우리는 윤회를 단절해야만 한다. 먼저 근본에서 착수하여 이러한 탐욕스런 집착 전부를 중생에게 주어버리고 조금도 남겨두어서는 안 된다. 강렬한 수단으로 자아 집착을 직접 다스려야만 한다. 이 경에서처럼 오랜 시간 수행하고 학습하면 저절로 '이理'에 들어가 조금의 어려움도 없을 수 있다. 아낌없이 일체를 베풀어 버리자.

근훠 린포체가 "우리들이 어떤 병통이나 다른 나쁜 인연을 만났을 때, 이 게송 내용을 수행하여 애착을 조복시켜야만 한다. 이 게송이 가지고 있는 힘은 매우 커서, 만약 늘 외운다면 아주 큰 이익을 얻을 수 있다."라고 말씀하셨다. 우리들은 수행과정에서 늘 사람과 사람이 아닌 대상들이 만든 어그러진 인연을 만날 수 있다. 그때는 힘써 연민을 일으켜 신체와 소유물 일체 선근을 이러한 중생들에게 회향하고 진정으로 그들을 이롭게 하고 만족스럽게 해주어야만 한다. 이렇게 하면 나와 남 쌍방이 모두 커다란 이익을 얻을 수 있고, 이것이 바로 대승보살의 행실 중에 가장 수승한 수행법의 비결이다. 밀교의 '고사리(古薩里) 수행법'[97]은 사실 이러한 수행법의 방편이다.

보리도를 처음 수행하는 사람이 여러 가지 억울한 인연을 만날 때 절대 마귀를 항복시키는 사나운 주문을 바라서는 안 된다. 왜냐하면

---

97 마지라준 불모께서 성취하고 전법하신 수행법으로 단법, 시신법이라고도 한다. 세상을 포기하고 화장터인 시다림에 머물며 몸을 돌보지 않고 수행하며 마귀와 요괴를 항복받는 것이지만, 실지로는 자기 내면의 아집의 오만함으로 생긴 마이다.

자신이 아직 바른 견해와 대자비심을 일으키지 않았는데 흑마술법 등을 사용하면, 자기를 괴롭히던 중생에게 커다란 해가 있을 뿐 아니라 자신의 보살계와 밀승계에 큰 손해를 입을 수 있다. 지혜와 대비 없이 흑마술법 등을 닦으면 시간이 오래될수록 수행자는 악마로 변할 것이다. 이러한 공안들이 많이 있으니 수행인들은 절실하게 기억해야만 한다. 말법 시대에 밀종을 배우는 사람들이 있는데, 그 목적은 이 사나운 주문을 배우고 싶어서이다. 어리석게 사나운 분노를 가지고 원수와 악마를 항복시키는데, 이러한 사람의 결과가 어떠한지는 수행인들이 분명히 알 것이다.

이전에 많은 고승대덕들이 병이 나거나 기타 어그러진 인연을 만났을 때, 늘 이 게송을 반복해서 염송하여 일체공덕을 억울함을 제공한 중생에게 회향하였다. 이처럼 하면 억울함은 자연 소멸될 것이므로 우리 대승보살행을 배우는 수행인들은 진실로 이 수승한 비결을 학습해야만 한다.

②보리심을 발하는 것의 합리성

> 舍盡則脫苦 吾心成涅槃 사진즉탈고 오심성열반
> 死時旣須舍 何若生盡施 사시기수사 하약생진시
>
> 일체를 다 버릴 수 있다면 모든 고통에서 벗어날 수 있어
> 내 마음에 열반을 이루게 됩니다.
> 죽을 때는 일체를 버리지 않을 수 없거늘,
> 어찌 생전에 일체를 보시하는 것만 하겠습니까!

앞의 게송에서는 중생을 이롭게 하기 위하여 자신의 신체·재물 및 삼세의 일체 선근을 보시하는 것에 대하여 설명하였는데, 그렇다면 이 방법에 무슨 이유가 있는가? 이제 두 가지 이유를 들어 설명하겠다.

첫째, 일체를 다 버리면 고통에서 벗어나 열반을 증득할 수 있다. 『보운경寶云經』에서 "일체를 원만하게 버릴 수 있으면 보리를 증득할 수 있다."라고 말하였다. 우리가 만약 자신의 일체, 즉 무명의 습관에 의해 일어난 일체 허망한 유상법有相法이 바깥 사물을 변별하는 마음(外境色法)에서 점점 마음속의 집착에 이르기까지 조금도 남김없이 순서대로 없애버릴 수 있다면, 허공과 같은 공적광명空寂光明을 드러내어 이러한 무유 집착의 안락의 세계에 안주하게 되니, 바로 열반·보리의 증득이라고 하는 것이다.

둘째, 누구를 막론하고 무상無常의 희생물이 되기 마련이다. 이때 반드시 신체와 재물 등 소유물을 버려야만 한다. 신체와 재물 등의 소유물은 이르건 늦건 간에 버려야만 하고, 또한 능동적으로 버려야만 한다. 스스로 신체·재물 등의 소유물들이 만든 무량한 죄업은 세세생생 자신에게 무한한 고통을 가져다줄 것이다. 반대로 자신이 능동적으로 이 일체를 보시한다면 한편으론 다른 사람을 이롭게 할 수 있고, 또 다른 한편으론 스스로 커다란 복덕의 자량을 쌓아 나와 남이 일시적·궁극적 구경의 안락을 이룰 수 있다. 용수보살도 "보살이 일체를 놓아버리면, 그 복덕은 허공만큼이나 커서 끝이 없고 한량이 없다."라고 말씀하셨다.

이러한 도리는 매우 간단한 것 같아서 1, 2분 안에 말을 다 하고, 수행인들도 이해한 것 같다. 뿐만 아니라 우리 모두는 보리심을 내어

제불성존 앞에서 대승 보리행을 닦고 실천하여 일체를 상사 삼보와 삼계 윤회 속의 모든 중생들에게 돌릴 것을 맹세하였다. 그러나 일상생활 속의 마음가짐과 행위를 본다면 맹세대로 하고 있는가? 매우 부끄럽다. 수행인들이 함께 분투 전진하여 오래지 않은 장래에 다시는 지금처럼 부끄러워하지 않을 수 있기를 희망한다.

③몸을 보시함

吾旣將此身 隨順施有情 오기장차신 수순시유정
一任彼歡喜 恒常打身殺 일임피환희 항상타신살

이미 이 몸을 일체 유정들에게
수순하게 보시하였으므로
저 중생들이 기뻐하기만 한다면
늘 그들에게 나를 때리고 욕하도록 맡길 것입니다!

중생을 이롭게 하고 보리 증득을 구하는 수행도에 있어 몸을 보시하는 것은 매우 중요한 수행법이다. 본사 석가모니 부처님과 기타 보살·고승대덕 전기에서 늘 눈물 흘리게 하는 이러한 공안을 볼 수 있다. 『반야섭송』·『수심팔송修心八誦』·『불자행삼십칠송佛子行三十七誦』 등 많은 경론에서 특히 몸 보시가 아주 강력하게 자아 집착(貪執)을 치료할 수 있음을 언급하고 있고, 무아 지혜를 얻는 첩경인 것이다.

관음보살이 화현한 어느 대덕께서 1991년 미국 예일대학에서 『애적여우愛敵如友』를 강연할 때, 『성경』을 인용하여 "만약 어떤 사람이

나의 왼쪽 얼굴을 때린다면, 나는 그에게 오른쪽 얼굴을 내준다."라는 말로 사람들에게 선을 닦도록 권장했다. 일체의 종교들은 모두 우리가 늘 악을 끊고 다른 사람들에게 보시해야만 하도록 가르친다. 이에 의지하여 우리는 빠르게 번뇌를 없애 원만한 지혜를 증득하고, 정말로 나와 남을 이롭게 하는 능력을 얻을 수 있다.

모든 사람은 일상생활에서 이렇게 마음을 닦는 기회를 만날 수 있다. 그러나 자신이 "중생들이 기뻐하기만 한다면, 늘 그들에게 나를 때리고 욕하도록 맡길 것이다."를 할 수 있는지는 말하기 어렵다. 어떤 사람은 '항상'은 말할 것도 없고, "다른 사람이 그를 때린다."는 말을 참을 수 없다. 심지어 상대를 비방하기도 하고, 어떤 경우에는 또 성내는 마음을 내기도 한다. "흥! 감히 네가 나를 욕하고 때리다니……." 해탈을 구하는 사람이 이런 반응을 한다면, 그것은 그가 도와의 거리가 아주 멀다는 것을 증명한다.

우리 도반들 중에 어떤 분은 학원에서 십몇 년을 있었는데, 다른 사람이 그에게 어떻게 대하는지를 막론하고 한마디도 듣기 싫은 말은 한 적이 없다. 대승 불자가 가져야만 하는 행동을 충분히 실현하였다. 진정한 수행자가 되고 싶은 사람이 어찌 그들을 비추어 자신의 마음 닦는 정도를 반성하지 않겠는가!

縱人戲我身 侵侮幷譏諷 종인희아신 침모병기풍
吾身旣已施 云何復珍惜 오신기이시 운하부진석

가령 중생들이 나를 희롱하거나
모욕 주고 비난할지라도

나는 이미 내 몸을 그들에게 보시했으니,
어찌 내 몸을 아껴서 그들과 다투겠습니까?

대승 불법을 닦은 사람이 일상 수행에서 다른 유정들의 모욕과 비난·희롱 등의 해침을 만난다면 어떻게 자신의 마음을 조절해야만 하는가? 본문에서 가장 직접적이고 유력한 방법을 제시하였다. 즉 시시각각 자신의 맹세를 기억하는 것이다. 자신이 보리심을 낼 때 이미 신체를 일체중생에게 보시한다고 맹세하였다. 이미 보낸 물건은 다시 자신의 소유가 될 수 없다. 그러므로 이 몸에 대해서 주인이라는 마음을 다시 가질 수 없다. 다른 사람이 가끔 모욕하고 해치는 것은 다른 사람이 가진 권리이고, 자신은 아무런 권리 없이 타인의 물건을 애석하게 여겨 타인과 다투어서는 안 된다.

어떤 고승대덕께서 "자기가 보시한 물건은 이미 토해버린 음식물과 같다. 정상인이 어떻게 다시 거두어서 먹을 수 있겠는가? 우리는 이미 보시한 몸과 재물 등을 애석해해서도 안 될 뿐 아니라, 자신을 모욕하고 비난한 중생들에게 감사해야만 한다."라고 말씀하셨다. 『수심팔송』에서 "그들 보기를 마니보·선지식처럼 여겨 만나기 어렵다는 생각을 하고 그들의 도움에 감사해야만 한다."라고 말한 것과 같다.

이 도리는 매우 간단하지만 "세 살 어린아이도 깨달을 수 있는데 팔십 노인이 행할 수 없다(三歲孩童亦曉得 八十老翁行不得)."라고 함과 같다. 부처님의 가르침 중에 소승 사문사법沙門四法[98]이 있다. 남이

98 사문은 여기에서 두 가지 해석이 있다. 일설은 출가한 이중二衆이다. 다른 일설은 불문에 들어와 별해탈계를 받은 일체의 사람으로, 즉 출가·재가 사중四

나를 때려도 손으로 되갚지 않고, 남이 나를 욕해도 입으로 보복하지 않고, 남이 나에게 성내도 미워하지 않고, 남이 나의 잘못을 말해도 그의 잘못을 말해서는 안 된다. 대승불교에 사행四行이 있다. '원한을 갚는 행동(報怨行)·인연대로 하는 행동(隨緣行)·구하는 것이 없는 행동(無所求行)·법을 칭하는 행동(稱法行)' 등인데, 그중에서 '원한을 갚는 행동'은 대승 수행자가 자비로 원한 맺힌 악연을 대해야 함을 강조한 것이다.

'사문사법'·'사행' 모두 얼마나 현묘한 이치인가는 논외로 하고, 겉으로 보면 아주 평범하다. 뿐만 아니라 모든 불문에 들어 해탈을 구하는 자가 닦아야만 하는 행동이다. 그러나 각자 신심과 언행을 제대로 했는지 반성해야 한다. 우리가 『입행론』을 듣는 것이 단지 이론상의 강론이어서는 안 된다. 본 논문의 요지는 사람들이 자신의 마음을 돌이켜 관찰하여 마음속 장애를 소통시켜서 진실로 대승보살행으로 들어가게 하는 데 있다. 우리가 이 게송을 학습할 때는 자신을 점검해 결점을 찾아내어 철저한 참회를 거쳐 이 표준 대열로 나아가도록 노력해야만 한다.

어떤 사람들은 간혹 의혹을 가진다. 『학집론』과 여러 경문에서 보리를 닦는 것은 신체를 보호해야만 한다고 말하는데, 여기에서는 몸을 보시해야만 한다고 말하고 있으니, 둘이 모순되는 것은 아닙니까? 이 점에 관해서는 모순이 없다. 만약 신체를 손상시키는 것에 아무런 의의가 없다면 정법 성취의 수도를 위하여 정법의 몸을 보호해

衆 제자이다.

야만 한다. 만약 중생과 자신에게 실질적인 이익이 있다면 탐욕과 집착으로 신체를 보호할 수 없다. 몸을 보호하는 것과 몸을 보시하는 것은 모두 중생 이익을 목적으로 해야 한다. 이 논의의 뒷부분에서도 "대비심을 다 성취하기 전에는 가볍게 몸을 버리지 못한다."라고 말하였다. 자신이 청정한 대비심을 아직 내지 않았을 때는 가볍게 생명을 버릴 수 없다. 이렇게 하는 것이 남과 나에게 모두 진정한 이익이기 때문이다. 우리는 먼저 마음속에서 단련을 하고, 점차 자아 탐욕과 집착을 버린다. 집착이 일정 정도 줄어들었을 때 육신을 보시하는 것은 아무런 곤란함이 없다. 수행인들이 이 순서를 분명히 알아야 한다. 그렇지 않으면 수행인들 중에 어떤 사람들은 이렇게 생각할 것이다. 조금의 아집도 끊지 않은 평범한 사람이 우선 몸을 완전히 중생에게 보시해야만 한다. 때문에 어떤 사람은 겁이 나서 발심을 뒤로 물리고, 어떤 사람은 광야로 일을 하러 간다. 이러한 것들은 모두 이성적인 행동이 아니다.

수행은 마음속의 일체 탐욕과 집착을 끊어버리기 위한 것인데, 만약 마음에 조금의 탐욕과 집착이 남아 있다면 수행은 근본적으로 성취할 방법이 없게 되고, 도리어 끝없는 고통을 가져올 것이다. 인도의 대성취자인 사라하께서는 "탐욕과 집착은 설령 참깨처럼 아주 사소한 것이라도 허락한다면 결국 끝없는 고통을 불러온다."라고 말씀하셨다. 화지 린포체께서도 "집착이 많으면 고통도 많아질 것이다."라고 말씀하셨다.

용수보살께서도 일찍이 이러한 상황을 나타낸 적이 있다. 당시 대사가 '공행모법空行母法'을 수행하고 있을 때, 아름다운 도자기를 가지고 있었다. 매일 법을 수행하고 남는 시간에 늘 들고서 감상하고 닦아주었다. 이렇게 몇 년이 흘렀는데도 수행의 조그만 성취가 얼굴에도 없었다. 어느 날, 대사가 조심하지 못해서 도자기를 깨뜨렸다. 그 다음날 공행모 본존이 바로 드러났다.

용수보살이 물었다.

"어째서 제가 몇 년 동안 지존이신 당신에게 기도하고 수지했는데, 가피를 내리지 않으시더니 오늘 갑자기 드러내십니까?"

공행모께서 대답하셨다.

"그대가 기도를 시작했을 때부터 나는 너의 그림자처럼 한 순간도 떠난 적이 없다. 네 몸에 늘 나타난 황금이 바로 내가 스며들어 있던 것이다. 그러나 그대가 그 도자기에 집착하고 있었기 때문에 그것이 장애가 되어 나를 볼 방법이 없었다."

만약 조그만 집착이라도 허락한다면 이렇게 큰 장애를 만들 것이다. 우리가 진실로 이타적인 마음을 일으켜야만 구경의 불과를 얻을 수 있다. 마음에서 일체를 버리지 않는다면 어떻게 성취할 수 있겠는가? 시작 없는 윤회 속에서 우리가 가장 집착하는 것은 신체이다. 만약 마음에서부터 진정으로 이 몸을 버린다면 그 나머지 온갖 탐욕과 집착은 자연히 소멸될 것이다. 보리심을 수지하는 데 있어서의 장애도 남김없이 제거될 수 있다.

(3) 구하는 바의 인연을 이루기를 원함

一切無害業 令身盡順受 일체무해업 영신진순수

願彼見我者 悉獲衆利益 원피견아자 실획중이익

타인과 자신에게 유익한 일체 선업을
모두 스스로 만들어야만 합니다.
나를 만난 일체중생이
모두 온갖 이익을 획득할 수 있기를 원합니다.

이 게송은 문수보살 10대 소원 중의 근본원이며 동시에 대승법을 수학하는 사람의 필수법이다. '일체무해업一切無害業'은 중생에게 해가 없고, 또한 일시적·궁극적 구경 간에 이익이 되는 일체 선법을 가리키는 것으로, 대승 불자 6바라밀과 사섭법 등 일체법을 포괄한다.

이 선행은 문수 등 모든 대승보살이 발원하는 것일 뿐 아니라, 최대의 정진을 통해 세간 속에서 몸소 힘써 행하여 일체중생을 이롭게 한다. 당연히 자리에 있는 많은 사람들이 만약 근본 상사의 곁을 떠나지 않는다면 기본적으로 소원대로 행할 수 있다. 그러나 만약 근본 상사의 곁을 떠난다면 열악한 환경에 이르러서 바깥세계의 영향을 받아 다른 사람을 이롭게 하는 것을 행하기 어려운 사람들이 있다. 특히 집에서 불법을 배우는 사람들이 중생을 해치지 않게 하는 것도 매우 어렵다. 집에서 불법을 배우는 사람들은 늘 "비록 내가 중생을 해치길 원하지 않지만, 술집을 운영하고 있어서 매일 살생하고 속이고 해야만 한다. 상사께서 가피를 주시어 장사가 잘되고 장래에도 죄를 받지 않게 해주길 구한다."라고 말한다. 나는 이런 사람을 만날 때마다 깔끔하게 그들에게 말한다. "직업을 바꾸십시오. 살아갈 수 있다면 절대 중생을 해쳐서는 안 됩니다. 인생은 아주 짧은데 당신이 악업을 짓는 것은 인생을 낭비하는 것일 뿐 아니라, 긴 장래를 볼 때 고통의 과를 지어서 커다란 고통을 부르는 것이니, 이 무슨 괴로움입니까?" 이러한 사람들은 다른 사람에게 해를 입힐 때 한편으로는 상사 삼보의 가피를 바라지만, 근본적으로 대승 불법과 서로 어긋나는 것이니, 어떻게 대승해탈의 도를 실천할 수 있겠는가?

중생을 이롭게 하는 착한 법을 닦을 때, 이전 까담파의 선지식들은 아티샤 존자, 뤄뒤와 대사, 랑르당빠 대사 등처럼 우리에게 많은 본보기를 남겨주었다. 예를 들면 후학자들이 뤄뒤와 대사를 그의 전기에서 이렇게 평가하였다. 그의 일생에서 중생을 해치겠다는 마음이 일어나기는커녕 심지어 자신이 먼저 성불하겠다는 생각조차도 가진 적이 없다. 오직 중생을 이롭게 하고 중생을 성불시키겠다는 선한 소원과 행동만이 있을 뿐이었다. 뤄뒤와 대사가 편찬한 『자아교언自我教言』에는 그가 중생을 이롭게 한 비결이 기록되어 있다. 수행인들 모두가 배울 수 있기를 희망한다.

'원피견아자願彼見我者'는 원문에서는 '원피연아자願彼緣我者'로 되어 있다. 즉 보고·듣고·만지는 등의 방식으로 나와 인연을 맺을 수 있었던 중생을 가리킨다. 대승 불자들이 이익이 되는 행동을 지킬 때, 당장 이익을 얻을 방법이 없는 중생들도 있다. 그러나 보살이 "자기와 인연을 맺은 일체중생들이 모두 커다란 이익을 얻을 수 있기를 바라는" 원력으로 인연을 맺을 수 있었던 사람이라면 모두 장래에 잠시 혹은 구경의 이익을 얻을 수 있다. 전에 거사얼 왕도 이렇게 말하였다. "나에게 분노를 일으키게 하는 적에 대해서건, 기쁨을 일으키게 하는 사람, 심지어 탐욕을 일으키게 하는 사람에 대해서라도 나와 인연을 맺은 사람들은 모두 구경의 해탈을 얻을 수 있다." 우리를 가르치는 이러한 내용들은 이익품에 인용한 것이 많으므로 다시 많은 말을 하지 않겠다.

『입행론』의 각 강의는 이 글에서 내린 본원적 결론과 완전히 같지는 않다. 화지 린포체는 이 게송에서 비로소 마음 닦은 결실을 회향함(回向修心之果)을 말씀하신다. 근훠 린포체는 아래의 게송 '행인이 의지할 데 없다(路人無怙依)'에서 회향을 말씀하신다. 쟈죠제 강백의 강의에서 가장 정밀한 것은 '원피견아자'라는 시구에서 시작되는 회향이라고 여긴다. 각 논사들은 관점이 서로 다르고 여러 설이 일치하지 않는데, 도대체 어떤 것이 작자의 본의와 부합되는 것인가? 수행인들은 적천 논사께 기도하고, 스스로도 사고를 통하여 분석해 보아야만 한다.

若人因見我 生起信憎心 약인인견아 생기신증심
願彼恒成爲 成辦衆利因 원피항성위 성판중리인

나로 인해 어느 누구라도
믿는 마음이나 화를 내는 마음이 생겨난다면
그들이 이 마음에 의지하여
이익이 되는 원인이 되기를 원하옵니다.

대승 수행자는 수행과정 중에 자신에게 신심을 내게 하고, 좋은 인연을 맺은 중생과 분노·질투·오만함 등의 악한 마음을 내게 하는 중생에 대해서도 평등하게 이익 되도록 해야 한다. 자신에게 신심을 내게 한 중생을 이롭게 하는 것은 당연히 더 말할 필요가 없다.

악업에 억눌려져 자주성이 없는 중생의 입장에서 말하자면, 왕왕 보리심을 낸 불자에 대해 성내는 마음 등의 나쁜 생각을 일으켰다. 부처님께서 "일단 지옥에 떨어진 중생은 길이 한량없는 보를 받는다." 라고 말씀하신 적이 있다. 그들을 구제하기 위하여 보살은 여기에서 자신의 공덕을 특별히 회향하는 원력을 세웠다. 이러한 불가사의한 가피의 인연에 의지하여 이 중생들은 빠르게 악과에서 벗어나 해탈 대도로 들어갈 수 있다. 앞에서 "보살과 좋은 인연을 맺는 것은 빨리 해탈할 수 있고, 악연을 맺은 것도 윤회의 뿌리를 끊을 수 있다."라고 설명한 것에 대하여 비교적 자세한 해석을 덧붙였다.

상사 여의보는 대중들에게 항상 다음과 같은 서원을 하신다. "오늘부터 모든 중생이 믿건 증오하건 상관없이 모두 극락으로 왕생하길 원하옵니다." 상사 여의보의 전승 제자들 역시 단단히 그의 자취를 따라야만 한다.

願彼毀我者 及余害我者 원피훼아자 급여해아자
乃至辱我者 皆具菩提緣 내지욕아자 개구보리연

나를 폄하시키는 말과
여타 다른 방법으로 나를 해치는 행동,
나를 모욕하는 행위들 모두가
무상보리를 증득하는 원인이 되기를 원하옵니다!

이것은 문수보살의 10대 서원 중 제2대 서원이다. 자신을 비방하고 해치는 중생들이 자신과 똑같이 보리심을 내고 보리과를 증득하는 복과 인연이 있기를 발원하였다. 이러한 중생들이 불자에게 가하는 각종 해는 불자가 도를 수행하는 데 있어서 도리어 상승시켜 주는 인연이다. 발심하여 대승보살행을 수행하는 사람은 이에 의지하여 빠르게 수행을 증가시키고 큰 공덕 자량을 쌓을 수 있다. 보살이 공덕을 회향하는 원력으로 그들과 악연을 맺은 중생들도 윤회를 벗어나는 도로 들어갈 수 있다. 불경에서, 이를테면 『약사유리광칠불본원공덕경藥師琉璃光七佛本願功德經』·『묘법연화경妙法蓮華經』에서는 모두 이러한 가르침을 찾을 수 있다. 무구광 존자는 『여의보장론如意寶藏論』에서 역시 불경을 인용하여 "중생이 여래를 질시하더라도 끝내는 해탈할 수 있다."라고 말하였다.

비록 우리 보통사람들은 계속해서 번뇌에 쌓여 있어 일정정도 어려운 점을 가지고 있을지라도 최소한 배우고자 하는 마음을 가져야만 한다. 타인이 자신을 해칠 때 가장 먼저 분노를 일으키지 않고 점차 바른 생각으로 인도하여 그에게 자비심(불쌍히 여기는 마음, 悲心)을 일으켜야 하며, 그러한 후에 그를 위하여 이와 같이 발원 회향한다. 우리들 중에 어떤 수행인은 생활용품을 도둑맞았을 때 악심을 일으키지 않을 뿐 아니라, 좀도둑에게 불쌍히 여기는 마음을 일으켜 도둑을 위해 회향 발원할 수 있다. 이러한 법우들의 귀한 정신은 수행인들이 진지하게 자신과 비교 대조해 보아야 한다. 자신이 악연을 만났을 때 이렇게 할 수 있는지 생각해 보아야 한다. 실천은 수행을 점검하는 표준이다. 만약 악연을 도의 활용(道用)으로 전환할 수 없다면 자신의 '마음 닦기'는 도대체 무슨 효과가 있겠는가?

路人無怙依 願爲彼引導 노인무호의 원위피인도
幷作渡者舟 船筏與橋梁 병작도자주 선벌여교량

모든 나그네와 의지할 데 없는 사람들의
안내자가 되길 원하옵니다.
또한 물을 건너는 사람의
돛단배와 큰 배와 교량이 되길 원하옵니다.

이 게송의 첫째 구 '나그네와 의지할 데 없는 사람들(路人無怙依)'은 두 가지 상황에서의 중생을 가리킨다.

우선 '노인路人'은 낯선 곳을 유랑하는 행인으로, 우리들 중에 세상을 유람한 적이 있는 사람은 아마도 몸소 생소한 들·도시·읍·외로운 자신을 체험한 적이 있을 것이다. "말을 할 수 있는 사람 없고, 길을 가르쳐줄 수 있는 친한 벗 하나 없고, 오랜 병을 가진 사람에게 외로운 배와 같아 쓸쓸하게 도와줄 사람도 없다(親朋無一字 老病有孤舟)."

두 번째 '무호의無怙依'는 의지할 데 없는 사람으로 세상의 고아·홀아비 등이다. 이렇게 도와주는 이 없고 의지할 데 없는 사람들을 마주해서 보살은 그들의 의지와 인도자가 되어 어려움을 해결해 주길 발원한다. 우리들은 또한 중생들이 오랜 기간 윤회 속을 떠다니면서 그들에게 불법을 열어 보여줄 선지식이 없어 정법의 광명을 보지 못하고 고통의 심연 속에서 의지처 없이 지낸 것을 깊이 이해할 수 있다. 여기에서 보살은 이 불쌍한 중생의 의지가 되어 해탈의 길을 열어주길 발원한다.

우리들의 이 사바세계는 중생업의 보응으로 인하여(因衆生業感) 지면의 높낮이가 평평하지 않고, 곳곳이 강이나 호수로 막혀 있어 교통이 매우 불편하여 종종 물을 건너다가 목숨을 잃기도 한다. 그래서 보살은 물 건너는 자의 돛단배와 큰 배와 교량이 되어 중생들을 편리하게 해주길 발원한다. 현재 세계 각지에는 강과 해협을 가로지르는 대교가 있고, 배들은 점점 크게 만들어져 더욱 견고하고 안전해져 풍랑에 두려워하지 않는다. 이러한 것을 볼 때 나는 늘 생각한다. '이 모두는 보살들이 불쌍히 여기는 마음으로 크게 발원하여 이룬 것이다!'

강과 호수와 바다에 배나 교량이 없다면 건널 방법이 없다. 마찬가지로 삼계 윤회의 망망 고해에서 삶을 건네주는 자애로운 배가 없다면 중생들도 해탈의 피안에 도달할 방법이 없다. 고해에서 중생을 건너게 해주는 자애로운 배는 바로 불보살이다. 무구광 존자는 『여의보장론』에서 말씀하셨다. "상사는 바로 배이고, 상사는 바로 다리이다." 우리들이 평상시 부르는 관음보살찬 중에도 보살을 "고해에서 늘 사람을 건네주는 배가 되어주시네(苦海常作渡人舟)."라고 찬탄하였다. 『여의보장론』의 이 게송의 뜻은 이와 같다. 중생의 해탈을 인도하는 안내자·자애로운 배·다리가 되기를 발원한다. 이러한 구경의 인도자 외에 보살은 또한 세간 중생의 잠깐의 인도자가 되어 사람들을 위하여 각종 지식·문화·기술 등을 전수해 주어 그들에게 잠시의 이익과 인도를 줄 수 있다.

다른 강의에서 이 단락의 해석은 비교적 간략하다. 왜냐하면 이 부분의 글자는 이해하기 쉽기 때문에 논사들도 아직 광범위한 설명을 하지 않았다. 그러나 우리들이 만약 한층 깊이 들어가 그 깊은 뜻을 생각해 보면, 이 단락에서 천명한 대승보살의 깊고 간절한 서원(悲願)

은 사람들의 일상생활에서 구하는 것에 매우 접근해 있어서 사람들을 감동시킨다. 우리들은 평소 배·다리·도로 표지를 만날 때, 마음속으로 이 게송을 생각하고 삼보의 은덕에 감사해야만 한다. 또한 보살이 이와 같은 비원悲願을 발한 것에 미력을 다해야 한다. 자신도 제불보살님처럼 잠시·구경에 많은 중생을 이롭게 할 수 있기를 원해야 한다.

求島卽成島 欲燈化爲燈 구도즉성도 욕등화위등
覓床變作床 凡需仆從者 멱상변작상 범수부종자
我願成彼仆 아원성피부

섬을 구하는 자에게는 제가 섬이 되기를 원하옵니다.
등불을 구하는 자에게는 제가 밝은 등불이 되기를 원하옵니다.
침대를 구하는 자에게는 제가 침대가 되기를 원하옵니다.
모든 하인을 필요로 하는 사람에게는
제가 하인이 되기를 원하옵니다.

옛날에는 배의 빠르고 느림에 따라 배의 선체가 풍랑에 대항한 정도의 차이가 나서 항해가 매우 위험하였다. 큰 바다를 항해하는 사람은 섬과 모래톱을 만나 잘 쉬고, 잠시 풍랑을 피할 수 있기를 매우 희망하였다. 그러므로 보살은 사나운 파도가 넘실대는 망망대해에서 섬이 되어 항해자를 구해 주고 위로해 주기를 발원하였다.

현재 지구의 4대양에는 많은 섬들이 있다. 예전에 상사 여의보가 미국에 법을 펴러 갈 적에 태평양의 하와이에서 4, 5일을 머물렀다. 당시 일본에서 비행기를 타고 하와이에 도착했는데, 9시간 동안 대해를 비행하느라 승객들은 매우 피곤하였다. 비행기가 섬에 상륙할 때 상사 여의보는 우리에게 말씀하셨다. "『입행론』에서 불보살은 섬이 되어 중생을 이롭게 하길 발원하였는데, 이 하와이가 아마도 제불보살이 원력으로 화현한 것인가 보다." 상사 여의보는 대단히 찬탄하였다. 수행인들이 만약 섬을 보거나 항해한 경험이 있는 사람이라면 역시 마음속으로 이러한 섬들이 사람들에게 주는 위안과 보호를 찬미할 것이다.

인류의 천성은 광명 속에서 생활하는 것을 좋아한다. 만약 한 정상인이 장기간 암흑의 환경에 있게 된다면 매우 고통스러울 것이다. 현재 대도시 시민들은 우연히 정전이 되자마자 곧 암흑 속에 빠져들었던 체험이 틀림없이 있을 것이다. 한밤중, 이 지역은 온통 암흑이 되어 사람들은 매우 고통스럽다. 암흑의 공포와 고통을 덜기 위하여 제불보살은 각종 등불이 되어 암흑 속의 중생들에게 빛을 제공하기를 발원한다. 또한 숨은 뜻은 윤회의 암흑 속에 있는 유정들이 정법의 밝은 등을 밝혀 그들의 무명 암흑을 제거하기 위함이다.

우리가 다소 유의를 해보면 이 게송이 다섯 구절임을 발견한다. 이 게송의 첫 두 구가 원래의 게송에서는 한 구인데, 잘못 들어서 둘로 나뉘어졌을 가능성이 있다. 그러나 인도의 각 논사들의 강의와 티베트 논사들의 다른 강의를 살펴보면 이러한 관점은 없고, 모두 다섯 구로만 해석한다. 우리도 여기에서 대다수 논사들의 관점에 따라 생략을 하지 않는다.

이 게송의 뒤 두 구에서 보살은 피곤한 자가 쉬는 침대와 다른 사람의 뜻을 잘 따르는 충실한 하인이 되어 보살핌이 필요한 자 돌보기를 발원한다. 침대는 일반인들의 필수품으로 대개 일생에서 삼분의 일을 침대에서 보낸다. 피로가 겹친 사람의 입장에서 보자면 침대는 매일 자신에게 편안과 위로를 주니, 불보살의 자비(悲願)는 내리지 않는 곳이 없다. 수행인들이 늘 이 점을 기억할 수 있기를 희망한다. 거의 모든 사람 옆에는 그들의 보살핌을 필요로 하는 사람들이 있다. 일이 너무 많은 사람·늙은 이·신체가 병약한 사람 등은 자신의 생활을 영위할 방법이 없다. 이때 불보살은 비록 '늘 일체의 위에 있을지라도(常在一切上)', '또한 중생의 하인이 되어(亦作衆生仆)' 세심하게 중생들을 이롭게 하고 돌보고 있다.

불보살의 이와 같은 발원과 관련된 가르침은『학집론』에 많이 기록되어 있다. 이외에 본사 석가모니 부처님께서『부자상회경父子相會經』에서 "대왕이시여, 저는 세상의 등·광명·큰 배·안내자·상인이 되길 발원합니다."라고 말씀하셨다. 보살은 모든 중생을 이롭게 할 수 있는 유정·무정물로 화현되기를 발원해야 한다. 무아의 지혜(無我慧)를 깨달은 뒤에 역시 진실로 이처럼 화현되어 중생의 모든 필요를 만족시킬 수 있다.

願成如意牛 妙瓶如意寶 원성여의우 묘병여의보
明咒及靈藥 如意諸寶樹 명주급령약 여의제보수

제가 중생의 소원을 만족시켜줄 수 있는 여의우如意牛,
현묘한 병, 여의보如意寶가 되길 원하옵니다.
모든 일을 성취시켜주는 밝은 주문, 질병을 치료해 주는 영약,
뜻대로 소원을 이루어주는 여의보수如意寶樹가 되길 원하옵니다!

이 게송은 보살이 일체중생의 재물에 대한 필요를 만족시키기 위하여 발원한 것이다. 여의우는 태초에 사람들이 지은 복으로 받는 좋은 과보인데, 욕계 천인과 서우화주西牛貨洲에도 있었다. 이 소는 자연 사람들이 필요로 하는 재물과 필수품을 가져다줄 수 있었다. 현묘한 병은 바로 대장보병大藏寶瓶으로, 병을 통하여 사람들이 바라는 이익을 원만하게 얻게 할 수 있다.

여의보 역시 수행인들이 잘 알 것이다. 여의보가 세상에 나타났을 때, 중세의 일체 유행병·질병·빈곤 등의 고난을 제거하여 사람들에게 각종 세상의 안락을 줄 수 있었다. 이러한 보물들은 태초 때 사람들이 가지고 있었던 적이 있었다. 중국에 불교가 전해진 후 첫 번째로 인도에 법을 구하러 간 법현 논사(法顯: 東晋人, 337~422)께서는 "당세의 여래사리는 말세에 모두 바다 속에 빠져 여의보로 변하여 중생들이 원하는 방식을 만족시켜 이롭게 한다."라고 말씀하셨다. 『비화경悲華經』에도 같은 가르침이 있다.

여의보가 중생의 소원을 만족시킬 수 있는 특징을 가지고 있었기 때문에 고승대덕들 역시 여의보로 불리어졌다. 이러한 인연으로 고승대덕들 역시 중생을 널리 이롭게 할 수 있다. 티베트불교 중의 투가 대사·주칭 대사와 진매이펑취 대사 등은 중생들에게 아주 큰 풍족함을 주었다. 수행인들도 이렇게 발원해야만 한다. '제가 세세생생 일체중생 세간·출세간의 여의보가 되기를 원하옵니다!'

세간에서 밝은 주문과 영약의 능력은 또한 일종의 불가사의하다. 밝은 주문은 거대한 능력을 지니고 있어서 가지가지 진언을 암송하고 기도하면 일체 소원을 성취할 수 있다. 수행인들이 만약 『대환화망광명장론大幻化網光明藏論』을 배웠다면 이에 대해 아주 명확하게 이해할 수 있을 것이다. 밝은 주문의 본신本身은 일종의 시방 제불보살의 지혜 화현이다. 비유하자면 금강살타 보살진언 "옴 반자르 사둬훔(옴 바즈라 사트바훔)"은 바로 진실한 금강살타의 몸으로, 13종의 보신報身 장식을 갖춘 몸으로 역시 일종의 화현신化現身일 뿐, 이 둘은 결코 구별이 없다. 제불보살은 지혜 화현으로 밝은 주문을 이루므로 중생을 이롭게 하는 수승한 방편법이다. 불교를 배우는 우리들 또한 장래 이처럼 유정들을 충분히 이롭게 할 수 있기를 발원해야 한다.

묘약의 형체를 가지고 있는 유정의 입장에서 말하자면, 질병의 고통을 없애주는 필수품이다. 일련의 불경에서 불타는 묘약이 유정들의 병고를 제거하는 데 효과가 있음을 직접 찬탄한 적이 있다. 더욱이 현재의 말법 시대 중생의 병고는 점점 심각해져서 각종 괴이한 병이 끊임없이 나오고 있다. 약의 힘도 중생의 복덕이 약해짐에 따라 감소하였다. 우리들은 있는 힘을 다해 불보살의 화현이 더 많은 묘약을 가져와 이 불쌍한 중생을 치료해 주길 기도해야만 한다. 또한 재삼 자신이 장래에 중생들이 바라는 것에 따라서 아가타 영약으로 화현하여 세상 사람들을 구제할 수 있기를 발원해야 한다.

여의보수는 욕계 천인의 보물 나무이다. 겁초劫初 인간들은 역시 가지고 있었던 적이 있다. 이 나무는 바라는 대로 재물과 소유물을 만들어내어 중생들에게 잠시의 안락을 줄 수 있다.

보살은 여의보·현묘한 병·밝은 주문·영약 등으로 변화하여 중생들이 다하지 않는 재물과 소유물을 얻게 하여 생활 속에서 잠시 동안 각종 고통을 제거할 수 있기를 발원한다. 이것은 한편으론 중생들을 잠시 풍족하게 해주고, 또 한편으론 점점 중생들이 정법 해탈의 도로 들어가도록 인도하여 구경에 중생을 이롭게 한다.

如空及四大 願我恒成爲 여공급사대 원아항성위
無量衆有情 資生大根本 무량중유정 자생대근본

대지 등의 5대 원소가 되고
허공과도 같이 항상하고
한량없는 유정들의
삶의 근원이 되길 원하옵니다!

『구사론』 등 경론의 관점에 따르면, 기세간과 유정세간은 모두 지·수·화·풍·공의 5대 요소로 이루어져 있다고 말하였다. 세간 만물은 모두 이 5대 요소에 의해 탄생한다. 그중에 허공은 커서 널리 장애 없이 두루 받아들이는 능력을 가지고 있어, 일체 사물이 탄생하고 생활하는 공간이 생겼다. 땅은 넓고 견실하여 의지할 만한 능력을 가지고 있다. 그 작용으로 만법에 형체와 존재의 기초가 생겼다. 물은 커서 결합시키는 능력을 가지고 있다. 그 작용 때문에 물질이 모이고 흩어지지 않아 세간 만물의 각종 형체를 형성한다. 불은 커서 성숙시키는 능력을 가지고 있다. 만약 불이 소실된다면 세간 일체 사물의 성숙 과정은 곧 정지할 것이다. 사람이 만약 불이 부족하면 소화 능력이 소실되고 생장 발육이 정체되는 등의 상황이 생길 것이다. 바람은 커서 움직이고 썩지 않게 하는 능력을 가지고 있다. 바람이 없다면 세계는 한 조각 죽음의 정적 상태일 것이며, 사람들 역시 움직일 방법이 없다. 보살은 5대 요소로 변화되어 중생세간과 기세간의 구성 기초가 되어 일체 유정을 널리 이롭게 하고, 일제 유정과 나누어질 수 없는 선연善緣 맺기를 발원한다.

중생을 이롭게 하기 위하여 일체중생이 안신입명安身立命하는 기본을 이루게 하는 보살의 대원은 많은 경론에서 볼 수 있다. 『무구칭경』에서 "혹은 때로 땅과 물이 되고, 혹은 다시 바람과 불이 됩니다."라고 말한다. 『대집경』「무진의보살품」, 『보적경』에도 같은 가르침이 있다. 이러한 대승보살의 분신쇄골하여 유정을 이롭게 하는 자비심(悲願)은 또한 대승보살행을 익히는 우리들 모두가 배워야만 하는 부분이다.

迨至盡空際 有情種種界 태지진공제 유정종종계
殊途悉涅槃 願成資生因 수도실열반 원성자생인

모든 허공계의
온갖 유정들에게
모두 열반을 얻게 하며
그들이 생명을 유지하는 요인이 되기를 원하옵니다!

허공은 끝이 없고 중생도 다함이 없다. 그들의 근기도 다 셀 수 없다. 보살은 이렇듯 끝없는 중생이 아직 열반을 얻지 못했으므로 그들에게 한량없는 풍요가 있기를 바라는 서원을 하였다. 이처럼 끝없는 중생·널리 두루 존재하는 중생의 대비원은 바로 대승 불자가 보리정도에 들어가고 성불의 자량을 쌓는 불가사의한 대방편이다.

뜻을 세워 보리를 구하는 불자는 이를 본받아 거듭해서 사랑하여 이러한 의지와 기쁨을 일으켜 자신의 마음을 닦아야만 한다.

위의 내용을 인도 선천善天 논사와 승적勝敵 논사는 원보리심願菩提心의 맹서라고 여겼다. 그러나 근소취자 린포체는 원보리심의 맹서가 아니라고 여겼다. 왜냐하면 원보리심은 반드시 중생을 성불시키기 원하는 마음을 갖추어야 하는데, 여기에는 단지 일체 세간의 방편으로 중생들을 풍요롭게 하기를 발원할 뿐, 아직 중생들을 성불시키겠다는 것을 언급하지 않았기 때문이다. 나는 결코 그들을 평가하는 것이 아니라, 단지 내 생각을 밝히려고 한다. 이 게송의 가사는 원보리심이라고 말할 수 있다. 여기에서도 "온갖 유정들이 각종 방편으로 모두 열반을 얻는다."라고 하여 중생이 열반에 이르는 조도인(助道因, 방법을 돕는 원인)을 말하였다. 그러나 근소취자 린포체의 관점은 역시 여기에서는 '보리심의 정행正行이 아니고 단지 가행수심加行修心일 뿐'이라는 것일 수 있다. 그리고 앞에서 행한 수행에서 스스로 계속하는 가운데 점차 청정을 얻을 수 있고, 동시에 보리심이 일어나고 성숙해질 때이므로 둘 사이에는 결코 모순이 없다.

제1품에서부터 여기까지 강의한 내용은 모두 보리심을 내는 전 단계 행동(前行)이다. 보리심을 내는 이익을 설명한 후, 칠지공수법七支供修法으로 우리의 업장 참회를 이끌어내고 발심이 물러남을 제거한다. 조도 자량을 쌓고 순연順緣을 닦아 지닌다. 이러한 기초를 잘 닦은 뒤에, 바로 발심의 가까운 수행으로 들어간다. 불쌍히 여기는 마음(悲心)의 수행은 몸과 재산의 선근을 모두 중생에게 베풀고 스스로 일체중생을 이롭게 하고 즐겁게 하는(利樂) 원인이 되기를 발원한다.

이러한 평등의 대비심을 일으킨 후, 자신의 마음은 곧 보리심의 보배 젖을 담을 수 있는 금 그릇이 되었다. 이 과정은 농부가 토지를 고르는 것과 같다. 땅속의 잡풀을 제거하고 비료와 물을 넉넉히 주고, 그러한 후에야 씨가 순조롭게 발아하여 자랄 수 있다. 만약 농부가 부지런히 김매지 않고 거친 땅에 씨앗을 뿌린다면 최후에 얻는 것은 잡풀일 따름이다. 『화엄경』에서도 말하였다. "금강보는 순금에서만 생산될 수 있고 일반 재료에서는 생산할 방법이 없다." 이처럼 보리심은 청정이 계속되는 중에서만 생겨날 수 있는데, 복보福報와 선한 소원이 계속되는 상태가 아니면 이 마음이 생겨날 기회가 없을 것이다.

『입행론』에서 이 단락의 내용은 불문에 처음 들어온 우리 입장에서 보면, 매우 중요한 법문이다. 반복해서 읽고 사고하기를 바란다. 만약 이 전행前行에 대해 분명하게 이해할 수 없다면 스스로 계속해서 이와 같은 청정한 정도에 도달할 수 없고 보리심을 낼 수 없다. 보리심을 낼 수 없다면 당신이 어떠한 선법을 닦더라도 부질없는 형상을 갖춘 것일 뿐, 결코 대단한 실제 의미는 없다. 우리는 모두 진귀한 보리심 내는 것을 생각하고 이 과정에 대해 분명한 인식을 갖추어야만 한다. 이미 알고 난 후에는 부지런히 수행해야 한다. 한편으로 상사 삼보의 가피를 힘껏 구하고, 다른 한편으로 스스로 있는 힘을 다해 업장을 참회한다. 자량을 쌓아 자신의 마음이 본문에서 말한 것처럼 "제 중생을 이롭게 하기 위해 자신의 몸 일체를 버리기를 원하옵니다."와 같은 운명대로 선심을 아직 일으키기 전에 이런 전행을 수지해야만 한다. 이것은 대승 불법으로 들어가는 궁극의 길이다. 모든 큰 뜻을 품은 사람은 밤낮으로 쉬지 않고, 깊은 밤잠도 줄이고 이에 진력해야 한다.

2 바로 보리심을 발함

如昔諸善逝 先發菩提心 여석제선서 선발보리심
復此循序住 菩薩諸學處 부차순서주 보살제학처
如是爲利生 我發菩提心 여시위리생 아발보리심
復于諸學處 次第勤修學 부우제학처 차제근수학

예전의 제불이 먼저 원보리심 일으키고 나서 행보리심을 내며,
이어서 닦고 배우는 순서에 따라 보살도의 학처를 실행한 것처럼,
저도 일체중생을 이롭게 하기 위하여 원행보리심을 내오며,
또한 모든 보살도의 학처를 순서대로 부지런히 닦고 배우겠습니다.

이 단계는 보리심을 내는 바른 행동(正行)이다. 이 게송은 발심을 바라는 발원이다. 게송의 내용은 매우 분명하다. 옛날의 석가모니불·아미타불·약사불 등의 제불들처럼 먼저 스승 앞에서(導師前) 원행보리심을 낸다. 이후에 원행보리심의 배울 부분으로 중생을 이롭게 하고 보리 증득을 구하는 넓은 보살 행위를 순서대로 익힌다. 발심수행자는 끝없는 부모중생을 이롭게 하기 위하여 상사와 여러 성존 앞에서 수승한 원행보리심을 내고, 순서대로 보살이 마땅히 배울 것을 닦는다.

순서대로 익히는 데에 다른 관점이 있는 것과 관련하여, 샤카파

논사들의 관점에 따르면 보살행을 익히는 수행인은 세 종류의 근기로 나뉜다. 상근기는 『허공장경虛空藏經』에 따르면 반드시 18조항 보살계를 지켜야 한다고 말하였다. 중근기는 『맹노시주청문경猛怒施主請問經』에 따르면 4조항 근본보살계를 지켜야 한다고 말하였다. 하근기는 『대력방편경大力方便經』에 따르면 한 조항의 원보리심계를 지켜야 한다고 말하였다. 근훠 린포체는 말하였다. "닝마파(寧瑪派)는 조종祖宗부터 『묘비청문경妙臂請問經』에 근거하여 학인들은 각자의 근기에 따라 바다 같은 보살계를 배워야 한다. 근기가 날카롭고 능력이 많은 사람은 힘을 다해 많이 배워야 하고, 근기가 둔한 사람은 우선 적게 배우고 다음에 순서대로 늘려나간다."

이러한 보리심을 내는 것은 바로 보살계를 받는 것이다. 용수보살과 무착보살은 이 관점을 인정하였다. 우리가 보리심을 내거나 보살계를 받는다고 말할 때에는 세 가지 방법이 있다.

첫째, 금강상사 앞에서 수지하는 것으로 중국과 티베트에서는 현재에도 이처럼 한다. 청정 보살계를 갖춘 아사리에게 기도하고 규범에 따라 보살계를 전수하는 것으로 가장 아름다운 방식이다. 상사 앞에서 계를 받았기 때문에 부끄러움을 느끼기 쉽고 감히 가볍게 보살계를 위반할 수 없다.

둘째, 상사가 현장에 없다면 불상·경서·불탑 앞에서 상사 삼보께 기도하여 보살계 받은 것을 증명하는 것이다.

셋째, 자기 앞에서 귀의한 불보살(歸依境)을 관하면서 여법하게 규범에 따라 발원한다. 원보리심을 내고 행보리심을 받아 부분을 순서대로 배우는 것이다. 이러한 방식은 인도·중국·티베트에서는 모든 대덕들이 모두 승인하는 것이다.

모든 보살계 받는 것은 수계 전에 반드시 시방제불·십지보살·대보살·금강상사가 우리를 보살펴주길 기도해야만 한다. 이 의미는 우리를 위해 가피와 증명을 하는 것이다. 이처럼 보살펴주시길 기도하는 것을 구족한 후, 삼귀의를 진행한다. 귀의게는 우리가 앞에서 설명하였다. 그 후 곧 정행正行으로 들어가 발심게를 외운다. 무착보살의 전승에 따라 먼저 앞의 게를 세 번 외우고 원보리심을 수지한다. 또 두 번째 게송을 세 번 외우고 행보리심을 수지한다. 즉 보살계를 원심계와 행심계로 나누어 수지한다. 용수보살의 전승에 따르면 두 게송은 같이 읽는데, 첫 번째 읽을 때는 원보리심을 내고, 두 번째 읽을 때는 행보리심을 지키며, 세 번째는 원행보리심을 견고하게 하기 위한 것이다.

인도의 해운海雲 논사와 티베트의 무구광 존자 등 많은 닝마파 대덕들은 이러한 관점을 계승하였다. 밍랑 린포체는 『삼계론三戒論』의 강의에서 "닝마파가 보살계를 수지하는 방식은 용수보살의 전승을 따른 것이다."라고 말하였다. 근훠 린포체는 이 암송의 요점을 서술한 적이 있다. 말한 대로 외울 때 보살계에 대한 생각을 스스로 마음의 흐름에 굳건하게 두어야만 한다. 세 번 다 암송했을 때 자신은 보살 계체를 얻는다. 아울러 이러한 암송 수행은 반드시 매일 성실하게 해나가야 하며, 이미 잃어버린 부분은 회복시킬 수 없고, 잃어버리지 않은 부분은 늘릴 수 있다.

발심 규범은 표면적으로 볼 때 매우 간단하지만, 그것에 따라서 계속하는 중에 불과를 성취하는 원행보리심을 낼 수 있다. 상사 여의보는 우리가 현재 수지하는 보리심 규범의 전승은 화지 린포체 일파가 서로 전해온 것이라고 말하였다. 티베트 고승대덕은 이전에 이러한 설법을 한 적이 있다. 단지 화지 린포체에게 전승되는 중에서만 보살계를 얻었는데, 학인들이 계속하는 가운데 자연적으로 무위보리심無爲菩提心이 생겨났다. 화지 린포체의 발심은 근훠 린포체에게 전승되었고, 근훠 린포체는 투가 여의보에게 전하였다. 그 후 진메이펑춰 린포체에게 전승되었는데, 이 사이 두 분의 금강상사는 이미 무상지명쌍운과無上持明雙運果를 얻은 성자이다. 현재 진메이펑춰 린포체는 매번 관정할 때 수행인들에게 발심게를 전수한다. 수행인들도 이 청정과 무상가지력을 갖춘 전승을 받는다. 수행인들이 상사 여의보에 대한 청정 신심이 변하지만 않는다면 스스로 계속하는 중에 반드시 진실한 보리심을 낼 수 있으며, 보리심이 더욱 증장할 것이다.

우리는 이전에 아주 많이 발심 규범을 읽었다. 그러나 읽을 때 여법하게 생각해 본 적이 있었는가? 스스로 계속하는 중에 옛날 제불보살처럼 격렬한 소원을 일으킨 적이 있었는가? 수행인들이 이전에야 어떠했든 간에 오늘은 우리들에게 이 『입행론』을 대하면서, 금강상사·천수존불상千數尊佛象·대장경(藏漢文大藏經)·불탑 등의 수승한 귀의경境을 대하면서 함께 진실한 서원을 하게 한다. 우리는 무시겁래로 생사의 고통 속을 쉼 없이 윤회하면서 얼마나 많은 의미 없는 고충을 참았는지 알지 못한다. 지금은 해탈을 구해야만 하니, 윤회에서 해탈하는 가장 수승한 법문이 바로 발보리심이다. 그러므로 수행인들은 반드시 이 귀한 기회를 잡아 마음을 오롯이 하여 위에서 말한 요점에 따라 여법하게 읽고 관해야 한다.

아래에 보리심 수행의식 염송문을 덧붙인다.

보리심 수행의식 염송문

시방제불세존께 기도드립니다.
십지보살, 대보살님들, 금강상사님, 저희들을 보살펴 주시옵소서!

乃至菩提果 歸依諸如來 내지보리과 귀의제여래
正法菩薩衆 如是亦歸依 정법보살중 여시역귀의
성불에 이르기까지 제불여래께 귀의합니다.
정법과 보살성중께도 귀의합니다.

如昔諸善逝 先發菩提心 여석제선서 선발보리심
復此循序住 菩薩諸學處 부차순서주 보살제학처
如是爲利生 我發菩提心 여시위리생 아발보리심
復于諸學處 次第勤修學 부우제학처 차제근수학
예전의 제불이 먼저 원보리심 일으키고 나서 행보리심을 낸 것처럼
역시 배우고 닦는 순서에 따라 보살의 보리심에 머뭅니다.

이처럼 일체중생을 이롭게 하기 위하여 보리심을 내오며,
6바라밀을 순서대로 부지런히 배워 행합니다.

今生吾獲福 善得此人身 금생오획복 선득차인신
復生佛家族 今成如來子 부생불가족 금성여래자
爾後我當爲 宜乎家族業 이후아당위 의호가족업
愼莫染汚此 無垢尊貴種 신막염오차 무구존귀종
猶如目盲人 垃圾中獲寶 유여목맹인 랄급중획보
生此菩提心 如是我何幸 생차보리심 여시아하행
이생에서 나는 복연을 얻어 원만하게 사람 몸을 얻었습니다.
또한 부처 가족으로 태어나 지금 불자가 되었습니다.
지금부터 제가 해야 하는 일은 불가의 사업에 합당한 것입니다.
삼가 무구청정의 존귀한 여래 종자를 오염시키지는 않을 것입니다.
마치 가난한 맹인이 쓰레기 중에서 가장 진귀한 보물을 얻은 것처럼,
이 보리심을 내었으니, 제가 얼마나 행운입니까!

今于一切怙主前 懇請衆生爲貴賓 금우일체호주전 간청중생위귀빈
宴饗成佛及余樂 願天非天皆歡喜 연향성불급여락 원천비천개환희
지금 믿고 의지하는 성중 앞에서

저는 간절하게 일체중생을 귀한 손님으로 청하옵니다.
성불하는 즐거움과 다른 일체 복락을 흠향하여
삼계 육도 유정들이 환희심을 내기를 원하옵니다.

勝寶菩提心 未生者願生 승보보리심 미생자원생
已生願不退 日日其增上 이생원불퇴 일일기증상
願不舍覺心 委身菩提行 원불사각심 위신보리행
諸佛恒提携 斷盡諸魔業 제불항제휴 단진제마업
願菩薩如願 成辦衆生利 원보살여원 성판중생리
願有情悉得 怙主慈護念 원유정실득 호주자호념
願衆生得樂 諸惡趣永盡 원중생득락 제악취영진
願登地菩薩 彼願皆成就 원등지보살 피원개성취

수승한 보배의 보리심을 아직 내지 않은 사람이 내기를 원하옵니다.
이미 낸 사람은 물러서지 않고 나날이 늘어나기를 원하옵니다.
깨닫는 마음을 버리지 않고 보리행에 몸을 맡기길 원하옵니다.
제불께서 항상 이끄시어 여러 악마의 업장을 끊길 원하옵니다.
보살이 원하는 대로 중생에게 이로운 일을 하길 원하옵니다.
유정들이 모두 믿고 의지하는 세존의 자비로운 보호 얻길 원하옵니다.
중생들이 안락을 얻어 모든 악도가 영원히 없어지길 원하옵니다.
경지에 오른 보살들의 그 소원이 모두 성취되길 원하옵니다.

3 보리심을 결론지어 찬탄함

1) 보리심을 얻은 환희를 사유함

智者如是持 淸淨覺心已 지자여시지 청정각심이
復爲增長故 如是贊發心 부위증장고 여시찬발심

지혜로운 사람은 이와 같이
지극한 보리심을 수지한 후
행하고 또 넓게 증장시키기 위해
이처럼 북돋아 찬미합니다.

오랜 복덕의 지혜 자량이 쌓여야 우리들은 대승 불법을 듣는 인연이 생기며, 실제로 수승한 보리심을 낼 수 있다. 보리심은 일반 유정이 가볍게 낼 수 있는 것이 아니다. 제1품에서도 부모에서부터 사무량심을 수지한 범천에 이르기까지 그들은 꿈에서도 발보리심을 생각한 적이 없음을 말하였다. 다시 말해 대승·소승의 수행인, 무아지혜無我智慧를 증득한 아라한 역시 이러한 진귀한 보리심을 가지고 있지 않다. 오직 옛날 무수겁 중에 복덕과 지혜 자량을 널리 쌓은 슬기로운 사람만이 이 마음을 낼 근기와 인연을 가졌다.

우리 보통사람들은 계속하는 가운데 최초로 발심한 역량은 상대적으로 미약하여, 깊은 번뇌의 습이 수시로 무너뜨릴 수 있다. 때문에 온갖 방법으로 보호하고 배양해서 끊임없이 성장시키고 강하게 해야만 한다. 이러한 보호하고 성장시키는 방법은 먼저 그 공덕을 찬미해야만 자신에게 환희심이 일어나게 하고 격려를 할 수 있다. 당연히 찬탄은 그 말을 과장되게 하고 가짜로 입으로만 받들어서는 안 된다. 맥팽 린포체는 『이규교언론二規教言論』에서 "언행의 표준은 여래의 가르침과 선지식과 청정심에 따라야만 한다. 이 세 가지 표준에 적합하지 않은 언행은 모두 잘못이다. 우리는 보리심에 대한 찬미 역시 이에 따라 행해야만 한다."라고 말하였다.

今生吾獲福 善得此人身 금생오획복 선득차인신
復生佛家族 今成如來子 부생불가족 금성여래자

이생에서 나는 복연을 얻어
원만하게 사람 몸을 얻었고,
또한 부처 가족으로 태어나
지금 불자가 되었습니다.

지금 수행인들이 게송에서 말한 것처럼 자신이 이생의 행운에 대하여 기쁨을 느끼는지 모르겠다. 나는 수행인들이 진실로 행운을 얻었다고 느낀다. 이생에서 눈 먼 거북이가 구멍 뚫린 나무를 만나는 것보다 더 얻기 어려운 사람 몸을 얻었다. 유정 중에서 팔가십원만八暇十圓滿을 갖추는 것은 대낮의 별 보기처럼 힘든데 우리 모두는 이러한 복연을 얻었을 뿐만 아니라 현재 또 무엇이나 금이 되게 만드는 약과 같은 보리심을 일으켰다. 자신이 찰나에 여래 가족에 태어나 불자가 되었다. 이 명의名義가 이익으로 바뀌는 것을 우리는 이익품에서 『화엄경』·『입중론』의 여러 가르침(教證)을 인용하여 증명하였다.

현재 오탁五濁이 번성한 시대에 주위를 둘러보아도 몇 사람이나 스스로 주체성을 갖고 해탈을 구하는가? 가령 불법을 배우는 사람이 스스로 마음의 흐름 가운데 보리심을 일으켜 보리 정도正道로 들어간 사람이 얼마인가? 현재 많은 사람들이 자칭 불교도라고 하고 사방으로 법을 구하지만, 마음속으로는 줄곧 명리와 신통력을 구한다. 진정 스스로를 성숙시키고, 부모중생을 이롭게 하는 보리심을 수지하는 것을 아는 사람은 불교도 중에는 아마 단지 만분의 일뿐일 것이다. 심지어는 더 적다. 지금 이 자리에 있는 수행인들은 매우 얻기 어려운 그 자리를 차지한 것이다. 많은 겁 동안의 복덕자량이 쌓여야 이 불가사의한 복연을 얻는다.

수행인들은 현재 모두 불자로서 전륜왕의 작은 왕자와 같다. 비록 나이가 어려 국정을 다스릴 능력은 없어도 그 타고난 신분(種姓)은 비할 데 없이 귀한 것이라 장래에는 반드시 왕권을 장악할 수 있다. 우리도 이와 같이 모두 진귀한 여래의 종족으로 장래에는 반드시 성불하여 끝없는 중생을 이롭게 할 수 있다.

爾後我當爲 宜乎佛族業 이후아당위 의호불족업
愼莫染汚此 無垢尊貴種 신막염오차 무구존귀종

지금부터 제가 해야만 하는 일은
불가의 사업에 합당한 것이어야 하며,

삼가 허물없고 존귀한 여래 가문을
오염시키지는 않을 것입니다.

위 게송은 자신이 보리심을 낸 것에 대하여 찬양하였다. 자신이 이미 여래 가족에 태어나 부처님의 아들이 되었다. 이 좋은 인연이 성숙되었기 때문에 큰 환희심이 일어났다. 현재 우리는 스스로의 믿음이 생겨 자신을 격려하기 시작하였다. 이미 존귀한 지위를 얻었다면, 앞으로 더욱 자신을 귀하게 여기고 강하게 하여야만 한다. 엄격히 자신에게 요구해야 한다. 자신이 하는 일은 반드시 불자의 신분에 적합해야 하고, 절대 게으르게 일을 해서는 안 되며, 청정하기 비할 데 없는 존귀한 여래의 성씨를 오염시켜서는 안 된다.

무구광 존자는 『심성휴식心性休息』에서 말하였다. "지금부터 우리는 많은 사람들을 이롭게 하는 불자가 되었고, 보살 불자라는 이름을 얻었다. 불타의 위엄은 삼계 윤회 중의 중생을 이롭게 하고, 늘 중생의 이익과 안락만을 담당한다." 지금 우리는 보살의 이름을 얻은 후, 마땅히 자신의 일체를 버리고 용감하고 굳세게 유정을 이롭고 안락하게 하는 일을 담당해야만 한다. 오직 이와 같아야 우리는 진정으로 여래가족의 사업을 계속해 나가고 스스로 위없는 가족의 존엄성을 오염시키지 않을 수 있다.

불교 역사에 있어서의 선현 대덕들, 이를테면 구마라집鳩摩羅什 법사·현장玄奘 법사·지자智者 대사·영명 선사永明禪師·감진鑑眞 화상 등 그들 모두는 이처럼 '자신을 버리고 중생을 이롭게 하는' 사업을 계승하였다. 그중에 영명연수永明延壽 선사가 보인 행적은 매우 사람을 감동시킨다.

그는 출가하기 전에 오월 왕 아래에서 일을 하였는데, 국고에 있는 많은 자금을 풀어 무수한 생명들을 죽음의 재난에서 구해주었다. 나중에 오월 왕이 알고서 국가 재산을 탐낸 죄명으로 그를 처형하려고 하였다. 대사는 형장에서 기꺼이 "나의 한 생명으로 무수한 중생의 생명과 안락을 바꾸었으니 대단한 가치가 있다."라고 말하였다. 대사의 자비심은 당시 모든 사람들을 감동시켰고, 그 자신도 이 재난에서 벗어나게 되어 마침내 출가하여 깨달아서 더 많은 중생을 이롭게 할 수 있었다.

이 자리에 있는 우리들은 모두 불자로서 세세생생 목숨(身命)·누리고 있는 것(이익, 재산, 갖고 있는 것 등)·선근 모두를 중생들에게 주어 모든 역량을 다하여 그들을 이롭게 하기를 발원해야만 한다. 자신의 역량이 지금은 비록 유한하여 유정을 널리 이롭게 할 수는 없어도 현재 최소한 어떤 중생도 해치지 않아야만 한다. 이 점은 우리가 절실하게 주의해야만 한다. 어떤 사람들은 특히 파리·개미·이 등을 생명이 있는 것으로 다루지 않는 것 같다. 이전에 본사 석가모니불과 고승대덕들은 보살행을 닦을 때, 능동적으로 몸을 이 중생들에게 공양하였다. 우리는 이렇게 하지는 못하더라도 그들을 해쳐서는 안 된다. 혹 우리 각자는 늘 이 작은 중생이 물 때, 각자가 이것으로 자신의 자비심을 시험할 수 있는가?

우리는 이미 보리심을 내었다. 만약 실제 행동에서 유정을 해친다면, 계를 받은 자신의 몸을 해치고, 제불보살과 윤회하는 중생을 속일 뿐만 아니라 여래 가족을 배반하여 위없이 존엄하고 진귀한 신분을 오염시키게 되는 것이다. 이 죄는 누구도 짓지 않기를 바라며, 인연이 있어 이 논을 들었거나 읽은 사람은 현생에서 어떠한 중생도 해치지 않고 가장 기본적인 이 요구를 행하며, 불법을 배운 것이 인생에 진정한 의미가 되기를 바란다.

猶如目盲人 廢聚獲至寶 유여목맹인 폐취획지보
生此菩提心 如是我何幸 생차보리심 여시아하행

가난한 맹인이
쓰레기 가운데서 가장 진귀한 보물을 얻은 것처럼,
내가 우연히 보리심을 내었으니
이 얼마나 행운입니까!

여기에서는 비유를 통하여 보리심이 얻기 어려운 것인데 지금 이 얻기 어려운 것을 얻었으므로 큰 환희심과 귀하게 여기는 마음을 내야 함을 설명하였다. 이 비유는 표면적으로 볼 때 맹인이 쓰레기 더미에서 진귀한 보물을 얻은 것을 말하였는데, 이것은 거의 불가능한 일을 말한 것일 뿐이다. 제대로 보리심을 내는 것 역시 이와 같아 대단히 얻기 어렵다. 그러므로 자신은 삼계의 행운아로서 진귀한 보물을 얻었으므로 맹렬한 환희심과 귀히 여기는 마음을 내어야만 한다.

다시 세밀하게 비유를 분석한다. '장님'이라는 것은 우리처럼 윤회에 빠진 보통사람들이 무명의 어리석음에 가려져 있어 지혜가 없는 눈임을 비유한다. '가난하다'는 것은 우리의 복덕자량이 천박함을 비유한 것이고, '쓰레기'는 우리가 번뇌에 의해 더러워진 깨끗하지 못한 몸과 마음, 그리고 오탁악세를 비유한다. '진귀한 보물'은 성불하는 유일한 바른 원인인 보리심을 비유한다. 이러한 대승 불법의 근본, 성불하는 근본인 보리심을 현재 우리가 확실히 얻었다. 이 복연은 확실히 불가사의하다.

보리심에 대한 귀히 여김과 얻기 어려움은 수행인들 모두가 마음속으로 진정한 인식을 가져야만 한다. 절대 이것은 평상적인 법문으로 여겨 얕보아서는 안 된다. 화지 린포체도 말하였다. "보리심을 내는 것은 팔만사천법문의 중요한 결집이다. 마치 여의주가 여기 있다면 일체가 갖추어진 것인데, 이 마음이 없으면 등각의 지위를 증득할 수 없는 것과 같다."

이전 아티샤 존자에게 백여 명의 스승이 있었는데, 매번 여러 사존師尊들을 언급할 때 그는 늘 합장하고 두 손을 가슴에 대었다. 그런데 매번 금주金洲 대사를 언급할 때에는 합장하고 두 손을 머리 위로 올렸으며 두 눈에는 눈물이 가득 고였다.

제자들이 이를 보고 물었다.

"스승께서 금주 대사를 언급할 때마다 다른 스승들과 표현이 다른데, 금주 대사의 공덕이 다른 은사 분들을 뛰어넘습니까?"

존자가 대답하였다.

"우리 사존들의 성취 공덕은 크고 작음이 없다. 그러나 나의 구도심 가운데 유일한 보리심은 금주 대사의 은혜에 힘입어 얻은 것이다. 이 때문에 대사의 은덕이 다른 스승 분들보다 뛰어나다."

아티샤 존자의 언행에서 우리도 보리심 공덕이 다른 모든 것을 뛰어넘을 수 있음을 분명히 이해할 수 있다. 만약 이에 대하여 굳은 인식이 있다면, 반드시 최대한의 정진으로 자신의 보리심을 보호하고 늘려나갈 수 있어 번뇌에 오염되지 않고 이 마음이 꺾이지 않을 것이다.

滅死勝甘露 卽此菩提心 멸사승감로 즉차보리심
除貧無盡藏 則此菩提心 제빈무진장 즉차보리심
療疾最勝藥 亦此菩提心 요질최승약 역차보리심

죽음의 고통을 없애는 가장 수승한 감로수는
바로 이 귀한 보리심입니다.
빈곤을 없애는 다함없는 보물창고는
바로 귀한 보리심입니다.
온갖 질병을 치료하는 가장 수승한 묘법은
역시 이 보리심입니다.

보리심을 낸 후, 우리는 명의상 불자로 바뀌고 가장 얻기 어려운 진귀한 보물 등 이 두 방면에서 환희심을 일으켰을 뿐 아니라, 더욱 보리심이 자신과 타인에게 가져다준 이익들 때문에 기뻐하는 것임을 사유해야만 한다.

보리심은 삼계 중생의 죽음의 고통을 없애주는 수승한 감로수이다. 우리 모두는 알고 있다. 천계의 여의수는 천인의 바람에 따라 감로수를 내어 천인을 위해 죽음의 고난을 없앨 수 있고, 천인과 아수라가 싸울 때 몸에 상처를 입으면, 감로수를 복용하여 즉시 건강을 회복할 수 있다. 후에 감로수는 윤회 속에서 받는 여러 고통을 없앨 수 있는 불법의 별칭이 되었다. 본사 석가세존께서 보리수 아래 금강좌에서 원만히 도를 증득했을 때 일찍 선포하셨다. "깊고 고요하며, 부질없는 알음알이를 떠나 밝게 비추는 힘이 없는 법은 마치 감로의 법성이 이미 증득된 것과 같다."

세존은 삼대아승기겁 동안의 보리행 수지를 거쳐 마침내 보리심을 철저하고 원만하게 하여 삼계 일체중생에게 죽지 않는 감로의 묘법을 내려 주어 일체의 중생이 불보살의 과위를 증득할 수 있게 하였다. 『보성론』에서 말하였다. "성자께서 병들고 늙음의 고통을 끊으시고 또 죽음의 고통 뿌리를 끊으셨으니, 중생은 무명의 업식을 원인으로 생을 받지만 성자에게는 그 이유가 없으셨다(聖斷病老苦 亦斷死苦根 業惑因投生 聖者無彼故)." 중생은 보리심의 감로 묘법을 마시고 성자의 과위를 증득한 후 바로 일체 생사의 고통과 그 뿌리를 끊을 수 있다.

보리심은 일체중생의 빈곤을 없애는 다함없는 보물창고이다. 윤회 속을 돌고 도는 중생은 늘 심신이 가난한 고통을 느낀다. 생활 용품의 결핍, 마음속 희망을 수순하게 이룰 수 없는 것 등은 거의 모든 사람들이 깊이 체험한 것이다. 세상 사람들은 자신에게 필요한 재물이 원만한 후에도 늘 마음속에 잃어버리고 공허한 느낌을 발견할 것이고, 이어서 탐욕이 끊임없이 늘어나 또 빈곤의 고통 속에 빠진다. 윤회하는 유정중생의 입장에서 말하자면, 이 부족한 느낌은 그림자같이 시시각각 따라다닌다. 유정들에게 이 빈곤을 끊어버리게 하려면, 오직 보리심이 있을 뿐이다.

우리 중의 대부분은 이러한 느낌을 가지고 있다. 대승 불법을 배운 후, 계속하는 가운데 보리심이 생기고 늘 만족스런 기쁨이 생겨 진정한 부자가 되었다. 가령 세계를 가득 채운 재물을 얻었더라도 이 기쁨과 비할 방법이 없다. 보리심이 아직 생기지 않은 사람은 자신의 빈곤에서 벗어날 수 없을 뿐 아니라, 다른 유정들이 빈곤에서 벗어나도록 인도할 수도 없다. 세상 사람들은 하루 종일 세상의 재물을 좇아 바쁘게 뛰어다니느라고 피곤해하는데, 실질적으로 그들은 결국 무엇을 얻을 수 있는가? 누가 만족한 안락을 얻는가? 확실히 한 사람도 일찍이 얻은 적이 없다. 그러나 누가 마음의 흐름 가운데 보리심이 생겼다면, 그는 다함없는 큰 보물창고를 얻어서 자신과 남을 위해 철저하게 빈곤의 고통을 없애 줄 수 있다.

대승 경전에 많은 경구가 보리심 공덕을 서술하고 있다. 더욱이 『대방광불화엄경』의 78권 중에서(「입법계품」 제39의 19) 미륵보살이 보리심 공덕을 널리 찬미하였다. 수행인들이 만약 늘 펴본다면 자신의 수행에 매우 큰 도움과 진보가 있을 것이다.

보리심은 또한 각종 질병을 치료하는 최상승 묘약이다. 삼계 유정은 늘 참기 어려운 많은 병고를 만난다. 이러한 날이 더욱 많아지게 하는 질병은 그 근원이 바로 중생의 가장 근본적 병인 탐욕·성냄·어리석음의 삼독 번뇌이다. 이 근본 병증과 무수한 부차적 병증은 기타 어떠한 방법으로도 효과적으로 치료할 방법이 없다. 현재 세상의 의학은 점점 발전하고 있다. 그러나 질병도 점점 많아지고 점점 괴이해져 세상의 방법으로는 근본적으로 인류의 질병을 뿌리째 치료할 방법이 없다. 그러나 불법의 감로 묘법으로 세상의 각종 재난과 질병을 수습하는 것이 오히려 매우 효과적이며 매우 간편하다.

우리는 늘 각 지방의 불법을 배우는 사람들이 불치의 병에서 벗어난

사적을 귀로 듣고 눈으로 본다. 『서장생사서(西藏生死書: 티베트 사자의 서)』에서 수자 린포체는 말하였다. '많은 티베트인들이 의학으로 치료할 방법이 없는 불치병을 앓아 의사에게 사망 선고를 받을 때, 그들은 일체 세상의 구속을 버리고 묘지로 가서 천도법을 닦는다. 한편으론 죽기를 기다리면서 일련의 시간이 지난 뒤, 불치병은 종적도 없이 사라지고 몸은 기적적으로 건강을 회복했다.' 우리는 눈 쌓인 곳 설산의 불교도들이 모두 위없는 보리심을 낸 수행자라는 것을 안다. 그들의 보리심 묘약은 어떠한 질병도 치료할 수 있다.

모든 불법의 묘약 중에서 가장 수승한 것이 보리심이다. 한 사람이 보리심을 낸 후, 그의 모든 죄업·모든 고통은 우주(器界)가 말세의 불을 만난 것처럼 아주 빠르게 남김없이 타버린다. 우리는 볼 수 있다. 많은 대승 수행인들이 진실한 보리심을 낸 것으로 인하여 평안하게 각종 질병의 고통을 대치하고, 악연을 도의 쓰임으로(道用) 전환한 것을. 보통사람이 상상할 수도 없는 고통을 거의 그들과 무관하게 변하게 하거나, 혹은 안락으로 바꾸었다.

밀라레빠 존자가 중병을 앓을 때 "업장의 죄악으로 인한 마의 장난과 중병을 만나 진여삼매에 안주하여 일체중생의 병고를 대신 앓으며, 나의 모든 덕행을 일체중생의 해탈로 삼는다."라고 말씀하시니, 우리들에게는 늘 유사한 일들이 있다. 어떤 도반은 심각한 질병을 앓거나 혹은 교통사고를 당해 매우 참을 수 없는 고통을 겪는다. 그러나 그들은 수승한 보리심에 의지하여 자신과 남을 바꾸는(自他相換) 비결을 수지한다. 이 고통으로 모든 중생의 고통을 대신하고, 자신의 안락을 일체 유정들에게 주길 성실하게 발원한다. 고통이 시작될 때는 참기 어려웠지만, 이것으로 부모와 중생의 고통을 대신하여 그들에게 안락을 얻게 하고 마음속에 점점 기쁨이 생겨나게 하여, 이 때문에 고통도 점점 가벼워지고 없어질 수 있다고 생각한다.

이 질병을 치료하는 수승한 묘방, 즉 자신과 남을 변화시키는 보리심을 대다수의 사람들은 아마도 모두 알 것이다. 그러나 자신이 병고라는 악연을 만났을 때 진실로 운용할 수 있을까? 수행은 입에만 걸고 다닐 수는 없다. 만약 역경에서 당신이 악연을 도의 쓰임(道用)으로 전환하는 비결을 수지할 수 있다면, 그것은 당신이 평상시 문·사·수 수행에 진실로 힘이 있었음을 증명한다.

우리 윤회에 빠진 사람들은 각종 번뇌라는 질병이 매우 심각하다. 이미 반복해서 보리심의 묘약이 아주 잘 치료할 수 있음을 설명하였다. 만약 아직도 어떤 사람이 늘 질병 때문에 고통 받는데도 이 묘약을 복용하기 원하지 않는다면 이 사람의 정신은 확실히 문제가 있는 것이다. 문제가 없다면 그것은 도저히 설명할 수 없는 이상한 일이다.

2) 보리심이 능히 남을 이롭게 함을 생각함

(1) 능히 고苦의 과보를 제거함

彼爲治世途 衆生休憩樹 피위박세도 중생휴게수
復是出苦橋 度衆離惡趣 부시출고교 도중리악취

저 보리심은 윤회의 길을 헤매다 지친
중생이 쉴 수 있는 나무이며,

또 고해를 건너가게 하는 큰 다리처럼
중생들을 건네주어 악도를 벗어나게 해줍니다.

세속을 떠다니는 중생이 각각의 세상(六趣)에서 생사를 전전하는 그 고통의 삼유三有 여정은 헤아릴 수가 없다. 이 과정은 마치 한 명의 고독한 나그네가 끝없는 사막을 가는 것과 같다. 태양은 맹렬히 내리쬐고 황사는 아득히 펼쳐져 있는데, 물 한 방울 없고 쉴 수 있는 나무 한 그루 없는 것과 같다. 현장법사의 전기에 그가 신장新疆 지방을 지날 때의 정경을 묘사한 바와 같다.

근등추배 대사는 이전에 인도에 갈 때 이러한 여정을 반영한 시를 썼다. 읽다 보면 처량한 마음이 절실하게 느껴진다. 번역하자면 대략 이와 같다. "아득한 황사는 눈을 거칠게 하고, 내리쬐는 태양 아래 목마름이 간절하구나! 적적하고 외로운 그림자 발걸음조차 비틀거리네. 어떻게 큰 나무를 얻어 시원하게 한 번 쉴까나!"

우리는 황량한 사막 같은 윤회 속을 떠돌아다니면서 거친 것은 오직 업과 번뇌의 흑풍·황사·혹독한 더위일 뿐이다. 외로운 그림자는 단지 그 안에서 나고 죽는 그림자일 뿐, 어떠한 도움도 어떠한 희망도 없이 피곤하기만 하여 쉴 수 있는 그늘을 찾길 매우 갈망한다. 이러한 휴식은 일체에 두루 지혜로우신 부처님의 가르침에 의지하여 불법을 닦아야만 진정 할 수 있는 것이다.

무구광 존자는 『대원만심성휴식大圓滿心性休息』에 현종과 밀종의 법문을 모두 모아 놓았다. 13단계로 분류하여 우리가 궁극의 안락한 휴식을 할 수 있게 인도한다. 밀라레빠 존자도 『유가주마가瑜伽走馬

歌』에서 불법으로 중생을 인도하길 "번뇌에서 윤회하는 것을 버린 후에, 보리수 아래에서 쉴 수 있다."라고 하였다. 모든 대승의 불법은 그 마음의 요체가 바로 보리심이다. 어떤 법을 닦는가를 막론하고 만약 보리심이 없다면 안락한 휴식처에 도달할 수 없다. 화지 린포체는 특별히 한 사람이 가령 정진하여 생기차제와 원만차제(生圓二次第)를 닦더라도 보리심을 갖추지 않으면, 잠시라도 구경과위를 얻을 방법이 없다는 것을 강조하였다. 우리는 모두 이 점을 중시해야만 한다.

마음의 흐름 중에 보리심이 아직 일어나지 않았다면, 당신은 생원차제生圓次第·대수인大手印·대원만大圓滿을 닦아도 근본적으로 성취할 가능성이 없다. 밀종에서는 누구든지 법을 닦기 전에 먼저 보리심을 내어야만 하며, 수행인이 만약 이 마음을 갖추었다면 곧 일체가 모두 갖추어진 것이므로 자신과 남에게 궁극의 안락한 휴식을 얻게 할 수 있다. 보리심은 또한 큰 다리와 같고, 중생은 그것에 의지하여 세 심연을 건너 해탈의 저 언덕(피안)에 도달할 수 있다. 윤회하는 중생은 끊임없이 넘쳐나는 삼독의 번뇌가 마치 파도가 넘실대는 큰 바다와 같고, 특히 악도 중생은 더욱 피눈물이 넘쳐나는 곳에 빠져 있다.

티베트에 "해탈의 인연은 오직 선지식(上師)뿐, 강을 건너는 데는 반드시 다리에 의지할 뿐"이라는 속담이 있다. 두려운 윤회의 피바다를 건너는 데는 반드시 견고한 큰 다리가 필요한데, 이 큰 다리가 바로 보리심이며, 각각의 윤회에서 유정이 그것에 의지하여 궁극의 해탈인 성불 피안에 도달할 수 있다. 선지식 제불이 중생을 제도하는 것도 전적으로 보리심이라는 이 큰 다리에 의지한다. 잠시라도 삼악도를 멀리하고 싶은 중생의 입장에서 말한다면, 상사 여의보가 "스스로 계속하는 가운데 거짓이 없는 보리심이 생겼다면 절대 삼악도에 떨어지지 않을 것이다."라고 말하였다.

오랜 겁 이전에 본사 석가모니 부처님의 과거생 수행 시 자빠제달이 되었을 때, 지옥에 떨어졌다. 그는 같이 지옥의 고통을 받는 친구에게 일념으로 대자비심을 일으키니, 한 찰나에 바로 악도를 벗어나 하늘세계(天境)에 태어났다. 이렇듯 보리심은 자신과 남을 일시적 혹은 궁극적으로 악도에서 벗어나게 할 수 있다. 이러한 공덕의 다리는 우리가 이미 얻었다. 수행인들은 마땅히 비할 데 없는 환희심을 일으켜야만 한다.

(2) 능히 고의 원인을 멸함

彼是除腦熱 東升心明月 피시제뇌열 동승심명월
復是璀璨日 能驅無知霾 부시최찬일 능구무지매

저 보리심은 동쪽으로 떠오른 밝은 마음 달로,
번뇌 업장의 뜨거운 열을 없애며,
또 찬란한 해로,
짙은 무명의 업장을 다 몰아낼 수 있습니다.

이 게송은 보리심이 윤회의 고통 원인(苦因: 煩惱障·所知障)을 몰아낼 수 있는 공덕임을 말하였고, 앞 구는 보리심의 대자비 역량을 말한 것이다. 달은 보리심의 대자비의 역량을 상징하며, 그 보리심은 번뇌의 업장을 없앨 수 있다. 뒤 구절은 보리심의 지혜를 말한 것이고, 해로써 보리심의 모든 지혜를 상징하였다. 그 보리심은 소지장을 철저하게 다 없앨 수 있다.

번뇌장과 소지장은 우리가 성불하는 길에서 만나는 두 가지 큰 어려움인데, 보리심에 의지하여 이 두 장애를 철저하게 뽑아버릴 수 있다. 어떤 사람들은 보리심에 대해 그다지 잘 이해하지 못하고 자비심을 보리심이라고 여기는데, 이것은 완전하지 않다. 보리심은 대자비한 마음과 철저하게 원만한 지혜를 포괄한다. 앞에서 우리는 줄곧 세속의 보리심을 강조하였다. 이 마음이 진실로 일어난 후, 승의보리심勝義菩提心은 이 마음이 늘어남에 따라 점차 드러날 것이다. 보리심 속에서 대자대비와 지혜는 나눌 수 없는 것으로 두 개의 궤가 아니다(是不二雙運). 자비와 지혜가 구별 없는 보리심을 우리가 스스로 계속하는 가운데 생겨난 후에는 자연스럽게 무명번뇌의 어리석음이 없어지고, 인아집人我執과 법아집法我執을 끊을 수 있다. 이것은 우리가 수행하는 데 있어 가장 관건이 되는 부분이다. 일체중생이 윤회하면서 받는 고통의 근본 원인(根因)이 바로 아집이기 때문이다.

인도의 대덕 한 분이 서방에서 경전을 강의할 때 "아집은 세상에 있는 각종 고통의 근원이다. 예를 들자면, 사람이 잠잘 때 쥐가 그 머리 위를 지나가면, 집착이 있는 사람은 곧 두려움 등의 마음이 생길 것이다."라고 말하였다. 우리도 생활 속의 일을 가지고 분석해 본다면 인도·티베트·중국 등의 사람들은 까마귀 우는 소리를 들으면 불길하다고 여겨 마음속에 걱정과 두려움이 일어난다. 어떤 사람들은 심지어 까마귀를 향해 침을 뱉거나 욕을 하기도 한다. 이러한 일들의 근원은 아집이다. 만약 아집이 없었다면 쥐가 기어 올라가든 까마귀가 울든 근본적으로 어떠한 두려움이나 걱정이 일어나지 않을 것이다.

마음의 흐름 가운데 만약 보리심이 제대로 생겼다면, 보리심이 원만해지고 강해지는 힘으로 순리대로 근본에서부터 아무런 의미 없는 일체 고통, 즉 번뇌 업장(煩惱障)을 없앨 수 있다. 더 나아가 무명의 어리석은 지견의 업장(所知障)을 없앨 수 있다.(제3품의 구체 개념으로, 어떻게 끊어 없애는가는 제9품에 자세히 설명함)

나는 늘 이런 생각을 한다. 수행인으로서 반드시 믿음(신심)·자비심·지혜를 갖추어야만 한다. 누구든 이 세 가지를 갖추었다면 그는 틀림없이 대단한 수행인이다. 내가 관찰하건대, 일부의 수행인들은 지혜가 있어 경론을 배울 적에 이해하는 능력은 뛰어난데, 중생에 대한 대비심이 갖추어져 있지 않다. 가령 중생이 지금 고통 받고 있는 것을 직접 보고도 마음속에 느껴지는 것이 없다면 근본적으로 그가 수행의 정도에 들어가지 못했다고 단정할 수 있다. 어떤 사람들은 어느 정도의 지혜와 자비심(悲心)을 갖추고 있지만 믿음이 갖추어져 있지 않아 늘 상사가 말의 뜻을 이해하지 못한다고 생각하고 잘 듣지 않는다. 그러한 후에는 들으려 하지 않다가 점점 부처님의 가르침에 대해서도 업신여기는 마음이 일어난다. 이렇게 하면 상사 제불의 가피가 마음속에 녹아들어갈 수 없는 상황을 불러와 발전할 가능성을 잃어버린다.

일부의 사람들은 믿음은 충분한데 지혜와 대비심이 부족하며, 이러한 것도 발보리심에 도움이 안 된다. 믿음은 지혜로 길러지고(攝持), 비심悲心으로 도움을 받아야 불퇴심을 지켜 승화시킬 수 있다. 대비심과 지혜가 없다면 그가 하는 것들은 늘 상사와 제불의 가르침과 어긋날 것이다. 이러한 사람들의 믿음은 대부분 쓸 곳이 없으며 실제로는 다만 이기심일 뿐이다. 총괄하건대, 이 세 요소는 하나라도 갖추어져 있지 않으면 마음의 흐름 가운데 보리심은 생겨나지 않을 것이다. 만약 완전하게 구비되었다면 이 몸으로 성불하는 것은 그리 큰 어려운 일이 아니다. 수행인들은 진지하게 자신이 이 세 조건을 갖추고 있는지를 관찰하여야 한다. 어느 부분이 비교적 부족하다면 그 부족한 부분이 자신을 순리대로 해탈 정도에 들어가지 못하게 할 것이다. 이 때문에 각자 부족한 부분에 전력을 기울여 빠르게 증가시키도록 해야 한다.

(3) 능히 보람됨을 얻음

> 是拌正法乳 所出妙醍醐 시반정법유 소출묘제호
> 보리심은 문·사·수의 막대기로 정법의 신선한 우유를
> 휘저어서 나온 정교하고 아름다운 제호입니다.

우리들은 모두 우유를 휘저어서 추출해내는 과정을 거쳐 가장 마지막에 얻는 정화가 바로 제호[99]라는 것을 안다. 비유하자면 팔만사천법문은 우유이다. 듣고·사유하고·수행하는 과정을 통해 정법이라는 우유를 잘 저어주어 가장 마지막에 얻는 정묘한 제호가 바로 보리심이다. 앞의 이익품에서도 "부처님께서는 여러 겁 동안 깊이 사유하시어 보리심이 가장 유익한 줄을 아셨다."라고 말하였다.

---

99 우유에서 정제한 최상의 음료. 최고급의 요구르트 같은 것

본사 석가모니 부처님께서 삼대 아승기 겁 동안 수행 정진을 거쳐 모두를 두루 아는 지혜로 불법의 정화를 이뤄낸 것이 바로 보리심이다. 부처님께서 전해 주신 이와 같은 큰 지혜가 적천 논사·화지 린포체·상사 여의보를 거쳐 대대로 비할 데 없이 수승하고 청정하게 전승되어 현재 우리 손에까지 이르렀다. 우리는 최상의 해탈 방법을 찾는 데 있어서 불필요한 힘을 낭비하지 않고 직접 이 불법의 정화인 보리심을 닦는 방법을 쓸 수 있다.

于諸漂泊客 欲享福樂者 우제표박객 욕향복락자
此心能足彼 令住最勝樂 차심능족피 영주최승락

삼유三有를 떠도는 중생의 입장에서
행복과 안락을 소유하고 싶은 사람에게,
보리심은 그들의 모든 소원을 만족시켜 주어
가장 수승한 안락 속에 머물게 해줍니다.

삼계 윤회 속에서 떠돌고 있는 무수한 중생은 모두 행복과 안락을 추구한다. 근등추배 대사는 "눈이 없는 작은 개미는 안락을 위하여 매우 바쁘다. 팔다리가 없는 지렁이도 안락을 위하여 매우 바쁘다. 세상의 모든 중생은 안락을 얻기 위해 바쁘게 뛰어다닌다."라고 말하였다. 확실히 위로는 범천에서 아래로는 지옥의 유정들에 이르기까지 안락을 추구하지 않는 것은 하나도 없다. 그러나 중생이 안락을 구하고 싶어 하면서 하는 행위는 안락의 원인(樂因)을 없애고 고통의 원인을 만들어 한 걸음 한 걸음 더 깊은 고통의 심연을 향해 나아간다. 이러한 비참한 운명의 부모중생을 구하고자 한다면, 부처님께서 "보리심에 의지하면 모든 중생이 구하고자 하는 것을 만족시키고, 그들을 위없는 안락을 얻는 최상의 방법으로 인도한다."라고 하신 쉬운 방법을 쓰면 된다.

진정 보리심을 구족한 대수행자 밀라레빠 존자나 무구광 존자 같은 경우는 혼자 산속 동굴에 살면서 음식과 의복 등 어떤 재물도 없었다. 그러나 그들의 자유자재한 안락은 세상 사람들 중 누가 비할 수 있겠는가? 뿐만 아니라 보리심 수행에 의지하여 성취한 이들은 헤아릴 수 없이 많은 중생들을 안락의 경지로 가도록 인도했고, 끝없는 유정들의 소원을 만족시켜 주었다.

현대 중생들은 어리석음이 더욱 심각해졌다. 천하에 바쁘게 왔다 갔다 하는 사람들은 모두 이익을 위해 달려가고, 천하에 시끄럽게 소리쳐대는 사람들은 모두 이익을 위해 나아간다. 그들은 명리와 향락을 추구하기에 매우 조급하고 불안한 상태로 빠져든다. 우리가 매번 도시에 갈 때 매우 바쁜 사람들을 본다. 그들의 마음속은 늘 커다란 근심이 일어난다. 더욱이 매번 시내에 가서 일을 볼 때, 시장 통 네거리에서 잠깐 쉬면서 길가에 왕래하는 사람들을 본다면 장사하고 인력거를 끌고 가게를 구경하고 몸을 치장하는 등 재물을 구하기 위해, 이름을 구하기 위해, 먹을 것을 구하기 위해 매우 바쁘게 움직이는 것이 개미나 꿀벌과 다르지 않다. 그들은 거의 탐욕스런 마음을 만족시키지 못할 것 같다. 더욱이 자신이 추구하는 물건이 도대체 무슨 의미가 있는지 생각해 본 적이 아직 없다. 보아하니 그들 중에 정상적인 정신을 가진 사람은 없는 것 같다. 왁자지껄 떠들며 술렁술렁

불안한 것이 마치 미친 세계 같다. 수행인들은 이러한 모습을 볼 때 그들에게 불쌍히 여기는 마음이 생기지 않는가?

수행인들은 모두 보리심을 낸 대승 불자이다. 오직 이 마음을 지켜 정진하여 수지해야만 한다. 이로써 마니보와 같은 보리심은 헤아릴 수 없이 끝없는 공덕을 내어 중생의 온갖 요구를 만족시켜 그들이 가장 수승한 안락을 얻도록 인도할 것이다. 수행인들은 이와 같은 공덕을 가지고 있다. 스스로에게 자신감과 귀히 여기는 마음을 내어야만 한다.

今于怙主前 筵衆爲上賓 금우호주전 연중위상빈
宴饗成佛樂 普願皆幻戱 연향성불락 보원개환희

지금 믿고 의지하는 성중 앞에서,
저는 간절하게 손님으로 청하옵니다.
모든 삼계 유정들이 연회에 오셔서 성불하는 대락大樂과
다른 일체 복락을 흠향하여 환희함을 일으킬 수 있기를 원하옵니다.

위의 여러 게송에서 보리심을 일으킨 후에는 나와 남을 위하여 고통의 결과와 원인을 없앨 수 있으며, 잠시와 궁극적인 이익의 공덕을 이루어 스스로 이 때문에 비할 수 없는 환희심이 일어나야 함을 널리 말하였다. 현재 우리는 또 중생들에게 이 점을 알게 하고 이러한 환희심이 일어남을 알게 해야만 한다. 이 때문에 우리는 '모든 믿고 의지하는 주인(一切怙主)', 즉 모든 시방 제불·십지보살·금강상사 등 성중 앞에서 보리심을 낸 후, 간절하게 일체중생을 청하여 위없는 기쁨의 잔치를 누리게 하고 싶다. 이 손님들이 도착한 후, 나의 초대는 매우 특별한 것이며, 잔치에서 궁극의 큰 즐거움인 불과와 보살·아라한·인천의 각종 복락을 흠향하여 모든 인천·비인천 등 일체중생이 이 때문에 환희심이 일어나길 원한다.

우리가 보리심을 낸 후, 이 과보는 가장 마지막에 성숙될 것이다. 수행인들은 이에 대하여 굳은 믿음을 내어야 한다. 본사 석가모니 부처님은 당시 수행의 단계에 있으면서 "나와 인연이 있는 일체중생들이여, 너희들은 고통 받지 마라. 내가 지금 이미 보리심을 내었으니, 앞으로 반드시 너희들을 제도시킬 것이다."라고 발원하였다. 세존이 도를 증득한 후, 그의 가르침 아래에서 해탈을 이룬 사람은 헤아릴 수도 없다. 다른 것은 말할 것도 없고, 닝마파 중에 이미 십만 명이 홍신虹身을 이루었다. 삼세제불보살, 모든 대승불교를 전승한 선지식 모두는 보리심이라는 큰 도에 의지하여 순리대로 보리를 증득하였다. 이 보리심으로 우리를 위없는 수승한 법문으로 인도하였다. 우리도 장차 제불들처럼 셀 수 없는 인연 중생들을 제도하여 그들은 잠시 혹은 궁극의 안락 속으로 이끌 것이다.

4 결론

아직 보리심이 생겨나지 않은 자를 인도하여 보리심을 수지하게 하는 내용을 여기에서 원만하게 설명하였다. 이 3품은 보리심을 내는 대규범이다. 이전에 화지 린포체는 재가 제자들에게 이 내용을 강의할 때 대부분 이 3품을 전수하였다. 배우는 사람들에게 의미를 이해하게 한 후, 늘 외우면서 관하는 수행을 하여 스스로 보리심의 공덕을 분명히 이해하고서 앞을 향해 나아가는 마음이 일어나게 하였다. 아울러 칠지공七支供의 수행법을 통하여 업장의 그릇된 연(違緣)을 참회하고 복덕의 수순하는 연을 쌓게 하였다. 또 근취인(近取因: 가까운 원인)의 마음 닦기로 자신의 몸과 재산의 선근을 버리고 타인을 이롭게 하기를 원하였다. 이처럼 자신의 마음을 깨끗이 닦은 후, '중생을 이롭게 하기 위하여 정등보리를 구하는' 무상 보리심을 내어 진실로 대승 보리 정도로 들어간다. 진정으로 대승 현밀 불법을 수행하고 싶어 하는 모든 사람들은 이것을 매우 중시해야 한다. 만약 3품까지의 131게송을 반복해서 암송하고 이를 마음속에서부터 한번 진실한 선원善願을 낸다면 당신이 몸과 입으로 어떠한 선업을 지은 것보다 의미가 있다.

우리가 불법을 듣는 그 주요 목적은 자신을 계속 변화시키고 마음의 장애를 소통시켜 법에 딱 맞게 하는 데 있다. 만약 이러한 변화가 없다면 비록 법을 듣는 공덕이 아무리 크다 하더라도 직접적이고 원만한 공덕을 얻을 수 없다. 이 과정은 마치 목마른 사람이 감로수의 원천을 만났는데, 단지 만나기만 했을 뿐 마시지 않았다면 그의 갈증을 해결할 방법이 없는 것과 같다. 우리는 가르침을 들은 후 반드시 '배우고 때마다 익혀야' 한다. 실제로 자신이 배운 불법을 익혀서 실천 과정에서 몸소 자리이타의 선법을 행해야 한다.

당연히 이러한 이치를 우리가 말하는 것은 쉽다. 수행인들도 분명히 들었다. 무시 겁을 좇아오면서 악습은 완고하게 자신을 불법과 위배되게 달리도록 밀어붙이고 있지만 우리는 늘 자신을 관찰하고 경각심을 일깨워 독촉해야 한다. 이전의 대수행자들처럼 늘 상사가 전해준 가르침의 비결로 악습과 번뇌를 극복하고 자신의 마음을 항복시켜야 한다. 그렇지 않으면 스스로 불법을 듣고 생겨난 약간의 청정 보리심이 폭포 같은 번뇌로 인해 파괴되는 것을 피할 방법이 없다. 또한 건강하게 자랄 수 있도록 할 인연이 없다.

지금 많은 사람들이 불문에 들어와서 한두 차례 가르침(開示)을 듣고, 그러한 후에 한두 차례 법을 닦고는 바로 불성을 성취하는 체험을 했고 번뇌를 항복시켰다고 생각한다. 그러나 이것은 불가능한 일이다. 이는 결코 불법에 당신을 즉시 성불하게 하는 도리가 없다고 말하는 것이 아니다. 이는 현재 보통사람에게 맞추어서 말한 것으로, 번뇌에 물들어온 시간이 너무 길어 만약 상당한 정도의 정진 노력을 기울이지 않는다면, 쉽게 법과 호응하는 것은 단념해야 된다. 옛날 고승대덕들은 낙숫물이 돌을 뚫는 것 같은 꾸준한 의지로 오랜 기간 게으름 피우지 않고 정진하여 성취를 이루었다. 하물며 우리 같은 중생은 죄의 허물이 너무 깊어 오직 장기간 듣고 생각하고 수행함이 있어야 효과가 비로소 점점 드러난다. 시작할 때는 확실히 약간의 어려움이 있고 진도도 느리다. 마치 죽순이 땅속에서 자라다가 땅 위로 올라오는 데 긴 시간을 필요로 해서 마치 자라고 있는 것을 볼 수 없는 것과 같다. 그러나 땅 위로 나온 이후로는 한 번 봄비를 맞을 때마다 점점 자라는데, 자라는 형세가 매우 빠르다.

우리는 보리심을 수지하고서 반드시 매년 수행해야 하고, 매월 내지는 매일, 매 시각, 분과 초 사이에도 수행하는 것을 견지해야 한다. 이렇게 스스로 계속 선법 정도로 변화시켜 나갈 수 있어야만 한다. 어떤 사람들이 이것은 그 악업이 무거운 자들이 닦아야만 하는 것이고, 자신처럼 대근기로서 크게 원만하고 조사선의 근기를 가진 사람은 장시간 정진 수행할 필요가 없다고 여긴다. 그러나 이렇게 생각해서는 안 된다. 수행인들은 인도·중국·티베트의 역대 조사 대덕들의 근기가 얼마나 날카로웠으며, 또 어떻게 수지했는가를 생각해 보자.

수행인이 아직 경지에 오르기 전에는 여전히 보통사람이다. 초지보살처럼 7일 만에 불과를 얻을 수는 없다. 그러므로 오랜 기간 성실하게 문사하고 수지함을 필요로 하고 밤낮 정진 노력해야만 한다. 우리 오명불학원의 고승대덕·활불을 보면 그들은 진정 성취자이다. 그들은 불을 피워 밥을 지어 먹는 시간조차도 문·사·수聞思修의 수행에 사용한다. 이것을 자신과 대조해서, 스스로 불법을 배우는 데 얼마나 많은 시간을 쓰는지, 불법을 듣고 생각하는 데 또 얼마나 많은 시간을 쓰는지, 정진의 정도는 또 얼마나 되는지 생각해 보아야 한다.

수행인은 진정 현생에서 성취가 있기를 바라고 각 방면으로 노력을 해야만 한다. 끊임없이 경론을 듣고 사유하며, 경론을 암송하고, 주문을 읽고, 심성 관하는 것을 닦아야 한다. 상사 여의보는 "우리는 몇 가지 측면에서 정진 수지해야 한다. 이렇게 하면 어떤 측면에서는 진전이 느리지만, 그것도 또 다른 측면에서는 비교적 큰 이익을 얻게 할 수 있다. 예를 들어 말하자면, 옛날 업력 때문에 어떤 사람이 법을 듣는 측면에서 수확이 없다면, 그가 법을 듣는 것 이외에 진언 외우기를 견지하면 또 다른 측면의 공덕을 얻는다. 그가 단지 하나만을 붙잡고 있다가 만에 하나라도 성공하지 못하면 아무것도 없게 된다."라고 말씀하셨다.

당연히 이것은 많은 고승대덕이 제창한 오로지 한 법문을 수행하는 것과 결코 모순되지 않다. 왜냐하면 상사 여의보는 문·사·수의 몇 가지 수단을 통해 불법에 들어가지, 결코 많은 법문을 닦게 하는 것이 아니라고 주장하기 때문이다. 아울러 문·사·수는 본사 석가모니불과 역대 고승대덕이 추앙한 것으로 우리가 불법에 들어가는 바른 길이다.

상사는 무상지혜로 우리 대다수 사람들의 근기를 헤아려 보았다. 그러므로 일 년의 시간을 안배하여 『입보살행』을 강의하여 수행인들이 보리심을 내어 이 팔만사천법문의 요체를 수지하도록 인도하였다. 모든 수행인이 이 기회를 잘못 지나가지 않기를 바란다. 우리가 사람 몸 얻기는 매우 어렵다. 이와 같이 상사 여의보 같은 대보살이 대승불법의 정수를 강의하는 것은 더욱 만나기 어렵다. 시간은 찰나에

한 번 가서 다시 돌아오지 않으며, 올해 남은 시간은 또 얼마나 되는가? 지금 수행인들은 각자 스스로 자기 마음속에 진정 보리심이 생겼는지 마음의 흐름(自相續)을 잘 관찰해 보아야 하며, 만약 생기지 않았다면 앞의 내용을 반복해서 읽고 상사삼보의 가피를 기도하며 각종 방편을 취하여 마음과 불법이 합치되도록 노력해야만 한다.

상사 여의보가 우리들 머리 위에 불법의 감로를 내려주었더라도 자기 신심의 문이 닫혀 있으면 조금도 얻을 수 없으니, 얼마나 안타까운 일이 아니겠는가? 따듯한 빛이 이미 세상에 널리 비추는데도 어떤 사람은 두 눈을 뜨지 못하고 무명의 흑암 속에 살면서 여전히 "암흑의 고통이 너무 무섭다! 나는 어찌 하나?"라고 원망한다. 이런 사람은 대단히 불쌍하지만, 나는 여기에서 그가 분발하지 않는 것을 한탄하고, 그를 불쌍히 여기며 그를 위해 회향 발원할 수 있을 뿐이다.

상사 여의보가 전법 중에 가장 우선순위에 두는 것은 우리에게 인과의 정견을 일어나게 하는 것이다. 현재 3품에서 보리심을 내는 전행前行과 정행正行은 모두 다 강의하였고, 보리심 부분을 견고하게 증가시키는 단계로 들어갈 것이다. 만약 어떤 사람이 스스로 마음의 흐름 가운데 아직 보리심을 일으키지 않았다면 분발해야 한다. 이러한 수승한 논문의 가피와 상사의 비결의 인도 속에, 자기가 아직 이 마음을 낼 수 없어 현재의 이러한 좋은 기회를 잃는다면 앞으로 또 기회가 있을 것인가? 보리심을 내는 것은 개인의 세세생생과 관련되어 있으며, 이 마음을 내지 않았다면 대승에 들어가는 문을 끊는 것이다. 나는 이미 이 점을 여러 번 강조했고, 만약 어떤 사람이 여전히 잘 사유하고 관찰하지 않는다면, 이것은 밥 먹으려 할 때 앞의 음식을 밀쳐내는 것과 같다. 아주 성실하게 며칠을 굶은 뒤, 자신이 정법을 사유하지 않은 것을 다시 자세하게 회상해 보라. 보리심을 내지 않는 일이 앞에 있는 음식을 먹지 않는 것과 같은가, 다른가? 스스로 그릇된 결과를 취하니, 정말 매우 어리석어 질책 받아야만 하는 일이다.

『입행론』은 불보살의 금강어金剛語로 그 뜻이 매우 깊고 이익 역시 매우 크다. 수행인들은 이 글이 평범하고 이해하기 쉽다고 여겨서 게으른 마음을 내어서는 안 된다. 인도에서는 『입행론』에 대하여 백여 명의 논사들이 강설을 했고, 티베트에서도 많은 성취자들이 강의를 했다. 『입행론』이 일반적으로 이해하기 쉬운 논전이라면 아마도 많은 대지혜를 성취한 논사들이 저술하고 해설할 필요가 없었을 것이다. 수행인들이 본론의 중요성을 이해할 수 있다면, 특별한 신심으로 몸과 마음 전부를 던져 이 논을 듣고 생각하고 수행할 것이다. 그래서 이 논의 불가사의한 가피력으로 마음의 흐름 중에 자연히 보리심이 일어날 것이며, 이를 통해 진정 보리 정도로 들어가 순리적으로 성불의 피안에 도달할 것이다.

제4품

불방일不放逸

준제보살

1

방일하지 않음을 간략히 설함

佛子旣如是 堅持菩提心 불자기여시 견지보리심

恒勤勿懈怠 莫違諸學處 항근물해태 막위제학처

보살들은 이와 같이
보리심을 굳게 지니고 항상 정진하며
산만하지 않으며
가르침을 벗어나지 않도록 노력해야 한다.

우리가 보리심을 낸 후에 물러서거나 잃지 않기 위하여 먼저 방일하지 않아야 한다. 방일하지 않는다는 것은 성실하게 신·구·의身口意 세 부문을 굳게 지키는 것으로, 삼업을 함부로 하여 악업을 짓게 하지 않는 것을 가리킨다.

방일하지 않는다는 것에 대한 정의를 『학집론』에서는 "신·구·의를 항상 삼가하여 선한 도를 어기지 않는다."라고 하였다. 『아비달마론阿毗達磨論』에서는 "삼독을 없애고 선법을 닦아 정진하면서 번뇌를 제거하고 자신의 마음을 지킨다."라고 하였다. 방일하지 않는 것과 관련하여 그 뜻을 잘 이해시켜 줄 좋은 비유를 들겠다. 국왕이 어떤 사람에게 한 사발 가득 찬 기름을 받쳐 들고 왕궁을 돌되 만약 한 방울이라도 흘린다면 즉시 사형에 처하게 한다면, 이 사람은 매우 조심스럽고 신중하게 할 것이니 이러한 태도가 바로 방일하지 않는다는 것이다. 우리가 만약 계를 어길 경우 즉시 살아서는 큰 고통을 받고 내세에서는 반드시 삼악도에 떨어지게 된다. 생각이 이러한 고통에 미쳐서는 스스로 자신의 말과 뜻에 대하여 삼가 굳게 지키며 어기지 않을 것이다. 이와 같이 삼가는 태도가 바로 방일하지 않는다는 것이다.

방일하지 않는 것은 처음 발심한 보살에게 매우 중요하다. 『문수장엄국토경文殊莊嚴國土經』 중에 본사 석가모니불께서 "보리도의 근본은 방일하지 않는 것이니라. 사리자여! 방일이라는 것은 성문의 도에서도 성취할 수 없는데, 무상보리 정도正道이겠느냐?"라고 사리자에게 알려주신다. 『월등경月燈經』에서 "내가 말한 선법은 법을 잘 듣고 계를 지키며 평등심을 구족하며 인욕하는 것을 이르는 것으로, 방일하지 않는 것을 근본으로 삼는다. 이른바 착한 맹서가 가장 뛰어난 재물이다."라고 말하였다. 『여래비밀경如來秘密經』에서는 "무엇을 불방일이라 합니까? 최초로 육근을 잘 조절하는 것으로 무명 애욕에 물듦을 잘 끊을 수 있는 것을 말한다."라고 말하였다. 아울러 방일하지 않는 것으로부터 시작하여 순수하게 정진하여 깨끗한 믿음과 공덕을 모을 수 있음을 밝혔다. 이로 말미암아 정지正知와 정념正念을 닦아 일체의 보리분법菩提分法을 잃지 않을 수 있다. 『친우서』에서 용수보살도 "부처님께서 방일하지 말라고 말씀하신 것이 바로 없어지지 않는 감로이니, 수행인들은 선을 쌓고 항상 방일하지 말아야 한다."라고 말씀하셨다. 방일하지 않는 것은 수행에서 이처럼 중요하기 때문에 수행인들은 전심전력하여 불방일품의 내용을 공부해야만 한다.

2 방일하지 않음을 널리 설함

1) 보리심을 지니는 것을 신중히 함

(1) 마땅히 보리심의 인연을 버리지 아니함

遇事不愼思 率爾未經意 우사불신사 솔이미경의
雖已誓成辦 後宜思取舍 수이서성판 후의사취사
諸佛及佛子 大慧所觀察 제불급불자 대혜소관찰
吾亦屢思擇 云何舍誓戒 오역루사택 운하사서계

어떤 일을 신중하게 생각하지 않고
경솔하게 시작한다면
비록 하겠다고 맹서했을지라도
자세히 관찰하고서 행동에 옮겨야 한다.
발심하여 보리심을 수지한 불자라면 이렇게 하지 않을 것이니,
제불보살의 지혜로 관찰했기 때문이다.
자기 스스로도 여러 번 생각하여 선택한 것이니
어찌 이 서원을 저버리겠는가?

만약 어떤 일을 하기에 앞서 우리가 자세한 관찰을 하지 않았거나

근본적으로 생각을 하지 않고서 경솔하게 하겠다고 대답했다면, 나중에 다시 생각을 해본다. 할 가치가 있는가? 할 능력이 있는가? 그리고 취사선택을 한다. 이것은 마땅한 행동이다. 왜냐하면 당신이 일에 대하여 생각을 하지 않았는데, 만약 이 일이 자타에 모두 해가 되는데도 막무가내로 하는 것은 이치에 맞지 않기 때문이다. 그러나 우리가 보리심을 내고 보살계를 지키는 것은 이렇게 해서는 안 된다. 제불보살이 여러 겁 속에서 매우 깊은 지혜로 관찰하셨기 때문이다.

보리심은 중생에게 매우 수승한 이익이 있다. 부처님께서 여러 겁 속에서 깊이 사유하시어 이 보리심이 가장 이익 됨을 보이신 것은 앞에서 반복해 언급되었다. 보리심을 내는 것은 자타 모두가 일시적인 안락과 구경의 안락을 얻게 할 수 있다. 이것이 삼계에서 위없이 좋은 일이며 가장 의미 있고 가장 할 만한 가치가 있는 일이다.

우리는 스스로 배우고 사유하여 선택을 거친 후에 보리심 수지를 결정하고, 자타 모두를 이롭게 하는 구경의 사업을 하기로 맹세하였다. 상사 여의보께서 "아마도 극소수의 사람이 많은 도리를 알지 못한 채 다른 사람이 전해준 것을 그대로 따라 보살계를 받을 것이다. 그러나 대다수는 아무 생각 없이 다른 사람의 말을 듣고 따르지 않을 것이다. 그들은 지혜로 자세하게 관찰한 후에야 대승 보리심 수지를 결정한다."라고 말씀하셨다. 불보살들은 오랜 기간 사고를 거쳐 선택을 했고, 우리들도 스스로 상세하게 생각하고 선택하였다. 만약 지금도 의심하여 버리고 싶다면 틀림없이 이치에 맞지 않는 것이다. 세상 사람들이 만약 아무런 이유 없이 맹세를 위반하여 대답한 일을 하지 않는다면 많은 사람들이 분명 그가 말이 이랬다저랬다 모순되며 맹세를 지키지 않고 신용이 없다는 등의 이유를 들어 비웃을 것이다. 하물며 보리심을 내는 이렇게 큰일에 있어서이겠는가?

『미륵사후경彌勒獅吼經』에서 "보리심 서원을 희구하며 항상 견고하게 해야만 한다. 마치 수미산과 같이 영원히 흔들려서는 안 된다."라고 말하였다. 『문수장엄국토경』에서도 여실히 "청정한 보살계를 수지한 후에, 설사 생명의 위험을 만났을지라도 버릴 수 없다!"라고 말하였다. 우리들은 이미 보살계를 수지하였고, 자타 모두를 이롭게 하는 구경사업을 완성할 것을 맹세하였다. 이후 영원히 자신의 맹세와 계를 버릴 수 없으며, 또한 어떠한 이유에서도 이러한 자리이타의 서원을 버릴 수 없다.

若誓利衆生 而不勤踐履 약서리중생 이불근천리
則爲欺有情 來生何所似 즉위기유정 내생하소사

중생을 이롭게 하겠다고 맹세하고서
부지런히 실천하지 않는다면
모든 중생을 속이는 것이니
내생에 어떤 악도로 환생할 것인지!

우리는 보살계를 받을 때 제불·제대보살·모든 금강상사를 맞이하여 증명으로 삼고 서원을 하였다. 옛날 제불보살들처럼 중생들을 성불 안락의 지위에 놓는다. 밀승의 관정 의식에서는 관정에 앞서 매번 보리심을 내는 서원을 한다. 우리가 이러한 서원을 낸 후에 만약 실제와 부합하지 않게 행동하고 중생을 이롭게 하지 않는다면,

이것은 마치 많은 사람들이 큰 물결 속에 빠져 목숨 걸고 발버둥 칠 때 한 사람이 언덕에서 "두려워하지 마시오. 내가 큰 배로 수행인들을 구할 것이오!"라고 크게 소리친 후 아무런 행동을 하지 않는 것과 같다. 이것은 물에 빠진 사람에게 얼마나 잔혹한 일이겠는가! 그 소리친 사람은 얼마나 불명예스럽겠는가!

우리는 윤회하는 중생들을 향하여 발원한 적이 있다. 그들을 청하되 "성불과 온갖 행복의 자리에 초대한다."라고 말하고, 만약 이렇게 하지 않는다면 모든 중생을 속이는 것이고 윤회하는 모든 중생들에게 큰 죄를 짓는 것이다. 이 악업은 그 죄과를 상상할 수도 없다. 근색곡찰根索曲扎 린포체는 "이와 같이 하는 것은 모든 중생을 속이는 것일 뿐 아니라, 제불보살과 금강상사를 속이는 것이다."라고 말한다.

우리가 발원할 때 일찍이 시방 제불보살과 금강상사를 청하여 증명으로 삼았기 때문에, 비록 우리 보통사람들은 볼 수 없어도 성존의 신통한 지혜로는 이 모든 것이 아주 분명히 보인다. 우리가 중생을 이롭게 하는 일을 조금이라도 하지 않는다면, 이것은 중생을 속이는 것일 뿐 아니라 제불보살·금강상사를 속이는 것이다. 이 죄업은 정말 불가사의하다. 『지장십륜경地藏十輪經』에 "만약 어떤 사람이 제불보살 앞에서 발원을 한 후에 10가지 선업 중에 하나의 선법도 실행하지 않고 결국 보리심을 버린다면, 이는 모든 중생을 속인 것이다. 이 사람은 반드시 사도에 떨어질 것이다."라고 설하였다.

어떤 사람은 아마도 의문이 생길 수 있다. "스스로 보살계를 받았는데, 현재 일체중생을 이롭게 할 능력이 없다면 계를 범한 것이라고 할 수 있는가?" 이것은 당연히 그렇지 않다. 아래 본문에서 우리는 중생을 이롭게 하는 직접적인 방식과 간접적인 방식을 이야기할 것이다. 계를 받은 후, 당신이 즉시 대보살처럼 직접 널리 중생을 이롭게 할 것을 요구받지 않는다. 이런 능력은 일반적으로 초발심자는 갖추지 못하는 것이다. 그러나 당신은 반드시 자신의 능력을 다하여 보리심을 수지하여야만 하고, 간접적으로 중생을 이롭게 하는 법문을 수지해야만 한다. 또한 자신의 능력을 다하여 직접적으로 그들을 구제해야만 하고 이러한 정도까지 할 수 있어야만 한다. 이것이 계를 범하지 않는 것이다.

수행인들은 분명히 알아야만 한다. 보살계와 별해탈계는 다르다. 별해탈계를 받은 사람이 지키기 어려운 인연을 만나 계속해서 계를 지킬 수 없을 때, 말을 알아듣는 사람이면 누구건 간에 그 앞에서 별해탈계를 버릴 수 있다. 그러나 보살계는 수지한 뒤에는 세세생생 버릴 수 없다. 만약 버린다면 반드시 미래에 악업의 고통을 당할 것이다!

意若思布施 微少凡常物 의약사보시 미소범상물
因慳未施與 經說墮餓鬼 인간미시여 경설타아귀
況請衆生赴 無上安樂宴 황청중생부 무상안락연
後反欺衆生 云何生善趣 후반기중생 운하생선취

아무리 사소한 물건이라도
마음속으로 한번 주겠다고 생각한 후
인색해서 보시하지 않는다면,
그는 아귀도에 떨어진다고 말씀하셨다.

하물며 중생들을 청하여
무상보리의 안락을 누리도록 한다고 발원하고
모든 중생을 속인다면
이런 사람이 어찌 선취善趣에 나겠는가?

위의 게송은 보리심을 내고서 도리어 후회할 행동을 한 사람은 반드시 악도에 떨어질 것임을 서술하였다. 이렇게 지나치게 후회할 행동을 한 사람에게 이 두 게송을 통하여 잘못을 바로잡아 설명한 것이다. 어떤 사람들은 때로 조금 보시를 하려고 하다가 인색한 성품 때문에 나중에는 아까워서 생각을 바꿔 보시를 하지 않는다. 이러한 일은 일반 사람들 입장에서 보면 크게 잘못되지 않은 것 같다. 그러나 부처님이 관찰할 때 이런 행위는 이미 엄중한 죄업을 지은 것이다.

부처님께서는 『정법염처경正法念處經』에서 "먼저 작은 양을 생각한 따름이니, 나중에 아껴서 베풀지 않으면 아귀도에 떨어진다. 말만 하고 아껴서 베풀지 않으면 지옥도에 떨어진다."라고 말씀하셨다. 『분별제취경分別諸趣經』에서도 "마음속으로는 보시를 하고자 발원하고서, 인색함 때문에 하지 않는다면 아귀세계에 태어나 그 고통이 끝이 없다."라고 말씀하셨다. 단지 아주 작은 것을 보시한다는 생각이지만, 인색함 때문에 잘못을 하면 아귀도에 떨어질 것이다. 하물며 보리심을 낸 사람에 있어서이겠는가?

마음을 내어 계를 받을 때, 제불성존 앞에서 삼계 일체중생을 청하여 그들에게 인천의 안락에서부터 무상 성불의 큰 안락에 이르기까지 보시하고자 함을 맹세하였다. 이렇게 큰 보시를 약속하고서 이제 번뇌 때문에 보리심을 버린다면, 중생을 이롭게 한다고 말하지 않은 것이 더 낫다. 이러한 서원을 어겨 중생과 제불보살을 속이는 악행과 스스로 작은 양의 물건을 보시하려고 생각했던 것을 보시하지 않는 악행을 비교해 보면, 마음속으로부터 원하여 나온 것인지 아닌지를 막론하고, 보시물의 내용이나 보시의 상대방이 누구인가의 측면으로 비교하면 몇 배를 초과하는지 모른다. 이 때문에 악업도 반드시 더 엄중해질 것이다.

보리심을 버린 사람은 이처럼 엄중한 죄업을 만들었으니, 도대체 어떻게 선도에 태어나길 바라겠는가? 이 점을 분명히 하기 위하여 『학집론』에서는 『혜해청문경』의 한 비유를 인용하였다. 예를 들어 어떤 사람이 국왕과 대신·백성들을 초청하여 그들에게 많은 재물을 보시하려 한다고 알렸다. 그래서 손님들이 운집하였으나, 그는 아무것도 내놓지 않았다. 그가 국왕·대신 및 기타 백성들을 속인 행동의 결과는 말할 필요도 없다. 마찬가지로 보리심을 낸 사람이 그 계를 무너뜨리는 행위의 결과는 그보다 셀 수 없을 만큼 더 엄중하다. 무서운 악도에 떨어져서 받는 고통이란 이루 말할 수 없다.

율장에도 이러한 가르침이 있다. 예를 들어 어떤 이가 사람들에게 음식·의복·재물 등을 보시하겠다고 응답을 하고서, 나중에 인색함 때문에 몸과 생활에 필요한 일체 재물을 보시하지 않았다. 이런 사람은 아귀도에 떨어져 아주 큰 고통을 받는다. 우리는 삼보 앞에서 보리심을 내면서, 또한 재물과 선근을 중생들에게 주어 그들이 잠시 동안과 구경에 일체 안락을 얻게 할 것을 발원하였다. 만약 현재 번뇌 때문에 이와 같은 실천을 하지 못한다면 어떻게 우리가 인과규율을 뛰어넘을 수 있고, 천상과 인간에 날 수 있겠는가!

상사 여의보는 다음과 같이 가르침을 내렸다. "수행인들은 눈 감고 반복해서 사유해야만 한다. 스스로 낸 보리심을 버릴 이유가 있는가? 어떤 측면으로 관찰하더라도 이런 마음의 정당한 이유를 찾을 수 없다. 이 점은 수행인들이 분명히 생각할 수 있을 것이다. 뿐만 아니라 보리심을 버릴 수 없고, 많은 곤란함도 느낄 필요가 없다." 보리심을 버리는 한계에 관련하여 근훠 린포체께서 "만약 보살계를 받은 사람이 악심을 내어 이로부터 대승 불법을 닦지 않고 중생을 제도하지 않는다면, 바로 보리심을 버린 것이다."라고 말한 적이 있다. 우리가 스스로를 한번 관찰해 본다면 이 한계는 매우 분명하다. 사람들이 난관에 부딪히면 "상사여! 현재의 중생들은 너무 강해서 변화시키기 어렵습니다. 저는 그들의 마음을 제도하지 못하겠습니다. 저는 사람 없는 곳으로 가서 살고 싶습니다."라고 말한다. 이러한 사람들은 반드시 참회해야만 한다. 보리심을 버린다면 나와 남에게 어떤 이익을 가져다줄 수 있는가? 자신의 현생과 내생에 또 어떤 이익이 있을 것인가? 만약 없다면 왜 나와 남이 불과로 향해 갈 수 있는 여의보를 버리려고 하는가? 우리들도 이 점을 잘 생각해 보아야만 한다.

티베트와 중국은 역대 대승불교 지역이고 불법을 배우는 사람들은 모두 대승을 근거로 하였으나, 대승 불법의 근본인 보리심을 모든 사람들이 구족하였는가? 이 세상에 있는 많은 사람들은 상사 곁에서 수행에 대해 듣고 생각할 때는 역시 보리심이 좋다고 느끼나, 상사가 떠난 후에는 선지식의 인도가 없고 또 나쁜 환경의 영향이 더해져 각종 마魔 권속이 듣기 좋은 말·명예와 이익으로 유혹을 한다. 이런 상황에서 일부 사람들은 여전히 보리심을 지킬 수 있는가? 화지 린포체도 "보통사람들은 마음이 쉽게 변한다."라고 말씀하신 적이 있다. 나는 수행인들이 기회를 잡을 수 있기를 희망한다. 일체의 방편을 다해 보리심을 굳건히 하여 스스로 마음의 흐름 가운데 진실한 대자비심과 지혜를 일으키기를!

有人舍覺心 却辦解脫果 유인사각심 각판해탈과
彼業不克思 知唯一切智 피업불극사 지유일체지

어떤 사람은 보리심을 버리고도
최후에 해탈과를 얻지 않았는가?
이러한 특수한 업과의 이치는 범부는 이해하기 어렵다.
오직 일체지지를 증득하신 부처님만이 알 수 있다.

앞 게송에서는 보리심을 버린 사람이 반드시 악도에 떨어지는 재난을 언급하였다. 그러나 『대지도론』 등의 논서에서는 사리불이 대승보리심을 버린 적이 있음을 기록하였다.

사리불이 과거 60겁 중에 보살도를 행할 적에 한 번은 다른 사람이 와서 눈을 구걸하였다. 사리불은 자비롭게 눈을 파서 그에게 주었는데, 그는 뜻밖에도 만족하지 않을 뿐 아니라 눈알이 더럽다고 말하고 그 자리에서 땅에다 던져 밟았다. 사리불은 이에 좌절을 느끼고서 실망하여 보리심을 버렸다. 다른 불경에서도 이 과정은 크게 다르지 않다. 사리불 존자가 60겁 중에 보살행을 수지한 후, 월광月光 국왕으로 태어났다. 당시 어떤 사람이 월광 국왕의 오른손을 요구하자, 국왕은 곧 스스로 오른손을 잘라 왼손으로 구걸하는 사람에게 오른손을 주려고 하였다.

뜻밖에도 그 사람은 매우 화를 내면서 질책하였다.

"당신은 어째서 왼손으로 물건을 줍니까?(인도의 습관에 따르면, 왼손으로 다른 사람에게 물건을 건네는 것은 공경하지 않는 방식이다.)"

그때 국왕은 생각하였다.

"나는 왼손만이 남아 있어서 이렇게 할 수밖에 없는데, 중생은 어쩌면 이렇게 만족하지 않는가?"

그래서 마음속으로 화가 나서 보리심을 잃었다.

본문에서 말하는 것은 바로 이 일화로, 사리불은 보리심을 버렸지만 그는 악도에 떨어지지 않고, 도리어 본사 석가모니불의 앞자리에서 나한과를 증득하여 세존의 상수제자가 되었음을 얘기한다. 『금색전金色傳』에도 한 존자의 기록이 있는데, 그는 64겁 중에 보살도를 행하다가 나중에 악연을 만나 보리심을 버렸으나 도리어 연각도를 구해 독각과위를 얻었다. 이러한 일화들은 보리심을 잃으면 반드시 악도에 떨어진다고 말한 것과 상반되는데, 이것은 도대체 어떻게 해석하는가? 다른 사람의 의혹을 방지하기 위해 작자는 스스로 이 문제를 제기하고, 그러한 후에 스스로 "그 업과는 불가사의하여 오직 일체지지만으로 안다."라고 대답하였다. 이것은 특수한 인과 업보 현상이지 우리 일반 사람들이 생각할 수 있는 것이 아니다. 오직 일체지지를 증득한 부처님만이 알 수 있다.

작자가 이렇게 대답하였지만 책임을 전가한 것은 아니다. 부처님이 말씀하신 적이 있기 때문이다. 중생의 업력은 불가사의하다. 일반 중생이 어떤 인因을 만들면 반드시 그 과보果報가 있을 것이다. 그러나 어떤 특수한 업력의 관계에는 반드시 이와 같지 않다. 이것은 매우 미묘하고 깊은 도리로 결코 일반인들이 알 수 있는 것이 아니다. 『입중론』에서도 "모든 법은 인연 따라 생긴다고 설함으로 말미암아 모든 분별을 능히 다 관찰할 수 있는 것이 아니다. 선악의 분별이 없는 지혜로 해탈을 이루고서, 제업과諸業果에 대한 사유를 막으셨다." 라고 말하였다.

부처님은 일체 선악 분별을 초월한 궁극의 지혜로 미묘한 인과 연기를 관찰할 수 있으나, 다른 중생들이 관찰하는 것은 단지 장님이 코끼리를 만지는 것과 같아 근본적으로 완전하고 정확한 답을 얻을 수 없다. 그러므로 부처님은 우리가 업과業果 도리를 사유하는 것을 막아서 자신의 역량으로 할 수 있는 일이 아닌 것으로 곤혹스런 상태에 빠지는 것을 면하게 하셨다.

『입행론』의 각 강의에서는 이에 대하여 다른 해석을 하였다. 예를 들어 지작혜智作慧 논사는 『광석廣釋』에서 "사리불이 비록 대승 보리심을 버렸지만 중생을 떠나려는 마음을 가지지는 않았다."라고 말하였다. 무착현無着賢 논사는 "사리불이 세속의 보리심을 버렸지만 승의 보리심을 버리지 않았다."라고 말하였다. 그러나 상사 여의보는 "어떻게 말하든 간에 이것들은 모두 개인의 생각을 대표하는 것일 뿐, 진정 미묘한 인과는 부처의 지혜만이 도달해 알 수 있다!"라고 말하였다.

우리는 이 부분을 해석할 때 또한 주의해야 한다. 논의의 요점은 사리불 존자가 보리심을 버린 뒤에 나한과를 증득한 일에 대하여 관찰하는 것이 아니라, 부처님의 가르침에 의지함을 강조한 것이다. 직접 이 일을 언급하여 불가사의한 업과로, 오직 부처의 지혜만이 알 수 있는 것이라 하였다. 우리는 자신의 지혜를 헤아려 관찰하고 사유할 수 있는 문제에 대하여 선택할 수 있을 뿐이다. 힘이 미치지 못하는 것은 절대 함부로 억측해서는 안 되고 부처님의 바른 가르침에 따라 헤아려 선택해야만 한다.

菩薩戒墮中 此罪最嚴重 보살계타중 차죄최엄중
因彼心若生 將損衆生利 인피심약생 장손중생리

보살이 타락하는 중에서
보리심을 버리는 것이 가장 엄중한 죄이니
이와 같은 일이 일어나면
일체중생의 이익이 줄어들기 때문이다.

보살계의 근본계 중에 중생 버리는 것과 보리심 버리는 것이 가장 엄중한 죄이다. 그러므로 이 마음을 버리면 버린 사람 개인이 해탈의 기회를 잃을 뿐 아니라 끝없는 중생들이 이로 인해 제도 받을 수 없어 구경 안락의 기회를 잃게 된다. 『반야섭송』에서 "설령 백천 겁 동안 십선업도十善業道를 수행했을지라도 마음을 내어 독각獨覺 아라한과阿羅漢果를 구하고자 한다면 그 즉시 계를 범하고 잘못을 어긴 것이니, 율의律儀를 어기고 이런 마음을 내는 것은 다른 어떤 것보다 더욱 엄중하다."라고 말하였다. 보살계를 받은 사람이 보리심을 버리는 것이 근본 타락이어서 그 죄가 다른 근본 계를 깨뜨리는 죄보다 더욱 엄중하다. 『선교방편경』에도 보리심을 잃어서는 안 되며, 잃으면 각종 잘못이 생긴다고 말하였다. 이러한 잘못은 보살계의 여러 율장에 자세히 설명되어 있다.

우리는 수행하는 과정에서 반드시 이 점을 주의해야만 한다. 절대로 스스로 잠시 만난 악연 때문에 실망하여 이러한 근본 죄를 범해서는 안 된다. 스스로 평상시 수행할 때 시시각각으로 스스로 마음의 흐름을 관찰해야만 한다. 악연을 만났을 때 무력하게 될지라도 도심道心으로 돌아가, 보리심을 버리는 잘못을 생각하여 스스로 용기를 잃고 계를 버리는 것을 힘껏 방지해야만 한다.

雖僅一刹那 障碍他人德 수근일찰나 장애타인덕
因損有情利 惡趣報無邊 인손유정리 악취보무변
毀一有情樂 自身且遭損 훼일유정락 자신차조손
況毀盡空際 有情衆安樂 황훼진공제 유정중안락

비록 짧은 한순간이라도 보살의 덕행을 가로막아
중생들의 이익에 손해를 끼친다면 악취에서 과보를 끝없이 받을 것이며
한 중생의 안락이라도 무너뜨리면 자신도 쇠퇴하게 되나니
하물며 진허공계 중생의 끝없는 안락을 무너뜨림에 있어서겠는가?

앞에서는 보리심을 낸 불자에 대하여 말하였다. 만약 보리심을 버린 것이 직접적으로 일체중생의 이익에 손해를 끼치게 했다면 이 죄는 매우 엄중하다. 두 개의 게송이 이어져 있고, 앞의 게송은 경전에

의한 증명으로써 다른 보살의 선법을 가로막는 것이 바로 간접적으로 중생의 이익에 손해를 끼치는 것으로 마땅히 악도에 떨어질 것임을 설명하였다. 뒤 게송은 논리에 의한 증명으로써 스스로 보리심을 버리거나 보살 선법을 가로막아 일체중생의 안락에 손해를 끼치는 악과는 헤아릴 수 없음을 설명하였다.

어떤 이는 앞뒤 세 개의 게송을 연결하여 이해하였다. '보살계타중菩薩戒墮中' 게송은 보리심을 버리는 것이 직접적으로 중생의 이익에 손해를 끼칠 것임을 말하였다. '수근일찰나雖僅一剎那' 게송은 설령 간접적으로 중생의 이익에 손해를 끼치더라도 끝없는 악도의 보응이 있음을 말하였다. 이것은 스스로 직접 일체중생에 손해를 끼치는 과보는 반드시 더 엄중할 것임을 설명한다. '훼일유정락毁一有情樂' 게송은 한 중생에게 손해를 끼치더라도 자신은 큰 응보를 받을 것인데, 하물며 일체중생의 이익에 손해를 끼치게 함에 있어서는 어떻겠는가를 말하였다. 위 두 게송은 모두 보리심을 버리는 죄업 보응의 엄중성을 설명하였다. 이 세 게송의 관계를 진지하게 분석해 보자.

우리들 주변에는 보리심을 낸 대승 불자가 많다. 특히 고승대덕들은 부지런히 중생을 이롭게 하고 있다. 만약 어떤 사람이 그들과 악연을 맺어 그들의 사업에 장애를 준다면, 이러한 악행의 죄보는 매우 엄중할 것이다. 왜 그러한가? 보살의 선행 사업은 중생들에게 큰 이익이 있기 때문에, 만약 사업이 악연의 장애를 만나게 된다면 중생을 이롭게 하는 일이 순리대로 진행될 수 없다. 장애하는 자는 중생을 간접적으로 해치는 것이다. 간략히 말한다면, 누구든 보살의 선행에 장애를 주는 것은 중생의 이익에 손해를 끼치는 것과 같아서 그는 반드시 이 악행으로 인하여 끝없는 악도의 고통을 느낄 것이다. 부처님은 『적멸결정신변경寂滅決定神變經』에서 "만약 어떤 사람이 남섬부주의 모든 중생의 재물을 훔치고 또 그 목숨을 끊어버렸다. 또 어떤 사람은 보살의 선법을 가로막아 아래로는 축생에게 주는 음식물을 가로막는 데에까지 이르렀다. 뒤의 죄는 앞의 죄보다 무겁기가 헤아릴 수 없다."라고 말씀하셨다. 남섬부주의 일체중생 제물을 훔치고 일체중생을 죽이기까지 한 죄행도 충분히 두려운 것이다. 그러나 보살이 축생에게 주는 작은 음식물을 방해한 행위의 과보가 헤아릴 수 없을 만큼 더 엄중하다!

지금 고승대덕들이 널리 중생들을 이롭게 하는 사업을 행할 때 어떤 사람이 방해한다면, 그 죄업은 매우 두려운 것이다. 한 찰나가 그에게 세세생생 아주 심한 고통을 가져다주게 된다. 그러므로 고승대덕의 법을 널리 펴서 중생을 이롭게 하는 사업은 한 찰나일지라도 그 공덕은 불가사의하다. 이 점과 관련하여 티베트불교사의 열라다길찰熱羅多吉扎 번역가에게 일화가 있다. 당시 열라다길찰 번역가는 조용한 곳에서 장기간 폐관閉關 수행을 준비하였다. 어느 날 본존께서 현신現身하여 "그대가 조용한 곳에서 천백만 겁을 문을 걸어 잠그고 수행한다고 하더라도 한 중생을 이롭게 하여 그의 마음이 계속해서 보리심이 일어나게 하는 공덕이 더 크다."라고 알려 주었다. 그는 본존의 수기를 받고, 즉시 밖으로 나와 끊임없이 사방을 주유하면서 널리 중생을 제도하였다.

고승대덕이 중생을 이롭게 하는 사업이 한 찰나 작은 악연을 짓는다 하더라도 그 업보는 불가사의하다. 수행인들은 스스로 능력과 영향력이 있을 때 이 점을 주의해야만 한다. 자신이 권력을 가지고 있더라도 잠깐 동안의 의미 없는 인생에서 큰 죄업을 지었다면 아주 가치가 없는 것이다. 보잘 것 없는 걸인이 되어 깨진 그릇을 들고 입으로 '옴 마니 반메 훔'을 외우면서 시내의 거지들처럼 사방으로 구걸을 하러 다니는 것이 더 낫다.

나는 늘 생각한다. 인과의 측면에서 말하자면, 그들의 일생은 미국 대통령보다 가치가 있다. 클린턴이 최고 패권국가의 대통령이 되었을 지라도, 세상 사람들의 입장에서 보면 절대 지배자로서 사람들이 매우 부러워하겠지만, 그는 얼마나 많은 죄업을 짓겠는가? 앞장에서 말한, 유고슬라비아에서 폭탄을 터뜨려 많은 중생을 죽게 한 사람의 내생의 과보는 어떠하겠는가?

우리 주위는 모두 보리심을 낸 수행인이며 보살이다. 그들이 문·사·수를 행하고 방생하고 타인에게 법을 전할 때, 스스로 그에게 절대 장애를 만들어서는 안 된다. 현재 질투하는 번뇌가 심한 사람이 있다. 그는 타인이 선법 행하는 것을 볼 때 늘 파괴하고 싶어 하고, 특히 다른 사람이 경론을 생각하고 암송하는 것을 보면, 자신의 지혜와 정진이 충분하지 못하여 다른 사람처럼 경장에 깊이 들어가 널리 배울 수 없으면서 각종 허무맹랑한 말을 퍼뜨려 타인이 공부하는 것을 막는다. 이러한 사람은 한 찰나의 죄행으로 무수한 겁을 지옥에 떨어지는 고통을 초래한다. 상사 여의보는 "우리는 어떤 환경에 있건 간에 주위의 사람 중에 누가 보살인지, 누가 보통사람인지 관찰할 방법이 없다. 그러므로 청정한 마음으로 일체를 관찰해야만 하고, 스스로 힘껏 선법을 행해야만 한다. 타인이 선법을 행할 때 절대로 악연을 지어서는 안 되며, 스스로 마음의 흐름을 자세히 관찰하여 질투를 끊어버려야만 한다."라고 말한다.

어떤 사람은 아마도 이러한 의문을 가질 수 있다. '보살이 보시할 때, 그에게 신체를 보시하기를 구걸하는 사람이 있어서 보살이 신체와 생명을 잃는다면 다른 중생을 이롭게 할 방법이 없다. 이러한 구걸을 한 사람은 엄중한 죄업을 지은 것인가 아닌가?' 포돈布頓 대사는 이에 대하여 "보살의 입장에서 말하면, 다른 사람에게 신체를 보시한다고 해서 수행을 하는 데 장애가 될 것이 없다. 보살은 신체를 보시함으로써 많은 겁이 지나야 원만해질 수 있는 자량을 단시간에 쌓는다. 다른 사람이 보살에게 신체를 구걸하는 것은 사실상 보살이 수도하는 데 있어서의 도움이 되는 인연이다. 그럼으로 보살 선법에 장애가 되는 죄는 없다."라고 대답한 적이 있다.

보리심을 잃고 보살 선법에 장애를 주는 악행의 엄중한 과보는 위에서 인용 설명한 것 외에 '훼일유정락毁一有情樂' 게송에서 또 예를 들어 설명하였다. 인과규율에 따르면, 만약 어떤 사람이 다른 중생의 안락을 깨뜨렸다면 그는 반드시 이로 인해 고통의 과보를 받는다. 『대원만전행인도문』에는 이 방면에 대한 설명이 자세하다. 예를 들어 한 사람이 번뇌 때문에 한 중생의 생명을 없애면 오백세 생에 타인에게 죽임을 당함으로써 이 죄 값을 갚는다. 『정법염처경』에서도 "한 중생을 죽이면 일중겁一中劫을 지옥에서 살아야만 한다."라고 말하였다. 한 중생의 생명과 기타 안락을 삼계 모든 중생이 성불하여 안락을 누리는 것과 기타 안락에 비교하면, 한 중생의 안락이 당연히 작다. 그러나 작은 안락을 파괴한 과보가 이처럼 엄중한데, 하물며 보리심을 버리고 보살의 선행에 장애를 주어 일체중생의 무상 안락을 깨뜨린 것에 있어서는 어떻겠는가? 이 과보는 정말 상상할 방법이 없을 정도로 두려운 것이다!

故雜罪墮力 菩提心力者 고잡죄타력 보리심력자
升沈輪回故 登地久蹉跎 승침륜회고 등지구차타

이처럼 죄과의 힘과
보리심의 공덕을 갖고
윤회계에 반복하여 섞이게 되면
보살지에 이르는 데 많은 세월이 걸린다.

보살계는 별해탈계와 달라서, 보살계를 받은 사람이 근본계를 범했을지라도 다시 받을 수 있다. 그러나 이는 우리가 방일하며 계를 어겨도 된다고 말하는 것은 결코 아닌 것이니, 이 논에서 이렇게 짓는 잘못에 대하여 여기에서 특별히 설명하였다. 그리고 이렇게 범하기 때문에, 수행인들은 보리심을 수지한 공덕과 계를 버리고 죄에 빠지는 것이 서로 뒤섞여 저지한다. 매번 계를 범한 죄의 업력은 당신이 악도에 떨어지도록 이끌고, 매번 계를 받은 공덕은 당신이 선도로 올라가도록 이끈다. 이 두 역량은 번갈아 흘러가며 끌어들여 생사윤회 속에서 오랜 기간 동안 전전한다. 마치 두 사람이 같이 수레를 끄는데 한 사람은 동쪽으로 끌고, 한 사람은 서쪽으로 끌어 다툼이 끊이지 않으면서 누구도 목적에 도달할 수 없는 것과 같다. 계를 버리는 것과 계를 지키는 것 역시 보리도에 있어 두 개의 상반된 방향의 힘으로, 자신을 빠르게 성취할 수 없게 한다.

쫑카빠 대사는 『보리정도보살계론菩提正道菩薩戒論』에서 "타승죄他勝罪(근본타죄根本墮罪) 중에서 그 하나를 범하면, 현재법에서 초지初地로 증입證入할 수 없다. 초지에 들어가기 위해 이전 시기에 쌓은 광대한 자량을 더 늘릴 수 없고, 우선 아직 쌓지 않은 것은 생길 수 없음을 말하는 것이다."라고 말하였다. 여기에서 아주 분명하게 말하였다. 왜냐하면 당신이 근본계를 범하고 나서는 이전에 쌓은 자량을 늘릴 수 없고, 쌓은 적이 없는 자량은 새로 생겨날 방법이 없기 때문이다. 초지에 들어가는 아승기겁의 수행 바탕은 이로 말미암아 쌓을 방법이 없어져 당신이 삼계 윤회를 벗어나고 보살지에 들어가는 일 역시 어려워 오랜 기간 허송세월하게 될 것이다. 당신은 또 윤회 속에서 긴 시간을 끌며 고통을 받아야만 하고, 타인에게 큰 이익이 되는 일을 할 수도 없다. 그러므로 자신과 타인을 이롭게 하기 위해서 우리는 보살계를 받은 뒤에 근수취자 린포체가 "태어나서 보살계를 받은 후에는 생명을 버릴지언정 보리심을 버리지는 않는다."라고 말한 것처럼 해야 한다.

(2) 보리심에 허물이 되는 것을 버림

故如所立誓 我當恭敬行 고여소립서 아당공경행
今後若不勉 定當趨下流 금후약불면 정당추하류

그러므로 나는 맹세한 대로
헌신적으로 보리행을 실천할 것이다.
만약 앞으로 힘써 행하지 않는다면

점점 더 깊은 악도로 떨어질 것이다.

맹세를 버렸기 때문에 앞에서 말한 잘못이 있다. 그러므로 맹세를 한 후에는 삼가 정진해야 하고, 입에만 머무르게 해서는 안 된다. 세간이거나 출세간이거나를 막론하고 맹세를 굳건하게 세우는 것은 매우 중요하다. 지혜로운 사람들이 이것에 대하여 많은 찬탄을 하였다. 이전에 우리는 『격언보장록格言寶藏論』·『이규교언론二規教言論』을 배운 적이 있다. 그중 굳은 맹세에 대하여 전문적으로 강조를 한 적이 있다. 일정한 지혜와 사유능력을 가진 사람은 사전에 자세하게 사고한다. 그러한 연후에 맹세를 하고, 맹세한 후에는 어찌되었건 간에 반드시 실천하려고 한다. 자신이 세운 맹세를 원만하게 행하는 것이 불교를 배우는 사람의 기본 인격이다. 마치 우리가 매년 연초에 자신이 맡고 있는 일을 잘 감당하여 다른 사람을 위해 봉사하기를 발원하는 것과 같다. 발원한 사람은 어떤 일에 비록 곤란한 점이 생길지라도 굳게 지켜나가고 자신의 처음 소원을 바꾸지 않는다. 여기서 우리는 확실히 그가 불교를 배우는 사람이 가져야만 하는 기본 인격을 확실히 갖추었음을 볼 수 있다.

수행인들 각자가 자신의 인생을 돌이켜보면, 대부분 많은 맹세를 하였을 것이다. 그런데 스스로 얼마나 실천을 하였는가? 대다수 사람들이 신의를 저버리기 원하지 않을지라도 번뇌의 습관과 업력의 촉발로 스스로 방일하지 않음을 수지할 줄 모른다. 그 결과 마음에 위배되는 일을 많이 하였다. 우리는 지금 보리심계를 받았고, 중생을 이롭게 하고 부처가 되기를 원하는 위없는 맹세를 하였다. 만약 더 정진하고 수지하지 않는다면 자신의 번뇌에 제압당하여 스스로의 맹세를 잃게 될 것이고, 그 결과는 악도에 떨어지는 것일 뿐이다. 그때에는 조금의 자유도 없으니 어떻게 해탈을 구할 수 있겠는가? 『입중론』에서 "여의 자재한 조건에서 순탄함에 머무르면서 보리심계를 자신이 실천할 수 없으면서, 험한 곳에 떨어져 그를 따라 전전하니 나중에 무슨 인因으로 벗어나겠는가!"라고 말하였다. 자주적으로 선법을 닦을 수 있는 인생을 얻었는데도, 만약 번뇌를 조복시키고 깨끗한 계를 지킬 수 없으면 죄업에 따라 악도에 떨어져 다시는 해탈할 수 있는 기회를 가지지 못한다.

나는 이미 도리의 측면에서 반복 설명하였다. 수행인들도 이 게송에서 "앞으로 부지런히 하지 않으면 반드시 하류下流로 떨어질 것이다."라는 것에 대하여 분명히 이해했을 것이다. 더 나아가 이에 대하여 믿음을 내어 가르침에 따라 실천해야 한다. 영명연수永明延壽 선사가 "믿기만 하고 이해가 없으면 무명을 자라게 하고, 이해만 하고 믿음이 없으면 삿된 견해를 자라게 한다."라고 말하였다. 이것은 우리의 문·사·수 행 입장에서는 매우 깊은 비결이다.

어떤 사람들은 문자 측면에 일정한 지혜를 가지고 있어서 경론에서 천명한 이치를 문자로부터 이해할 수 있다. 그러나 신심이 없다면, 그들은 스스로 총명하다고 여겨 자기가 분별한 생각에 집착한다. 이 때문에 가르침에 따라 이 깊은 도리를 믿고서 받들어 행하지 못하고 도리어 사견을 일으킨다. 또 어떤 사람들은 맹목적인 미신만을 가지고 있으며 조금의 지혜도 없어 어떤 도리도 이해하지 못한다. 매일 점점 어리석어져 무명만을 늘릴 뿐이다. 믿음과 이해는 한쪽을 버릴 수 없는 두 조건이다. 그중에 하나가 갖추어지지 않으면, 불법을 익히는 데 있어 정도에 들어갈 방법이 없다. 어떤 사람들은 '이해하면서도 믿음이 없는 것'이 더욱 심각하다고 말한다. 그들은 경론에서 말한 불보살의 공덕·해탈의 이로움(해탈승리解脫勝利)·인과의 분명함(인과불허因果不虛)·윤회의 재난(윤회과환輪回過患) 등에 대하여 단지 일종의 문자일 뿐이라고 여겨 믿음을 내지 않는다. 도리어 득의양양하게 스스로 총명하여 '진정으로' 경전을 이해할 수 있다고 여긴다. 이런 삿된 견해를 끊지 않으면 근본적으로 법의 이익을 얻을 방법이 없다. 만약 이 중 누군가가 이러한 삿된 견해를 가지고 있어 자신의 '지혜'에 대하여 아주 자만한다면 대장경을 읽게 하여 평가할 수 있다. 지혜의 보검이 날카로운지 아닌지 경전의 나무를 한번 잘라보면 곧 알 것이다. 자신의 지혜와 부처님의 지혜를 비교해 보아 자신이 도대체 얼마나 이해했는지를 한번 살펴보자. 그리하면 공경스럽게 잘못을 인정하고, 아주 성실하게 부처님의 가르침에 따라 받들어 행하게 될 것이라 믿는다.

饒益衆有情 無量佛已逝 요익중유정 무량불이서
然我因昔過 未得佛化育 연아인석과 미득불화육

모든 중생에게 이익을 주기 위하여
헤아릴 수 없는 부처님이 지나가셨지만,
나는 지난날의 죄로 인하여
그 구원의 대상에 들지 못하였다.

어떤 사람들은 아마도 "비록 내가 방일한 등의 잘못으로 타락했을지라도, 제불보살과 상사가 구해 줄 것이므로 큰 문제는 없다. 상사께서 나를 가피로 잘 끌어내 주어 정토에 태어나게 해주실 거야. 지금 나는 편안하게 잘 지내고, 잘 즐기면 되지, 그렇게 고생스럽게 수행할 필요는 없어."라고 생각할 것이다. 그러나 적천보살은 대보살이어서 털끝만 한 것까지도 똑똑히 알아낼 수 있어 보통사람의 열악한 근기를 꿰뚫어 보고 즉시 "이렇게 해서는 안 된다. 방일한 사람은 불보살님도 제도할 방법이 없다! 옛날 무량겁을 한번 생각해 보자. 이미 무수한 부처님이 중생을 제도하시기 위해 세상에 나셨다. 그러나 당신은 방일하여 죄를 지어 지금에 이르기까지도 여러 부처님의 가르침과 인도를 얻지 못하여 윤회를 벗어나지 못하였다."라고 말한다.

이것은 매우 분명한 사실이다. 우리가 윤회에 들어간 것은 한두 겁이 아니라 계산할 방법도 없는 오랜 겁의 일이다. 현겁에도 역시 네 부처님이 이 세상에 출현하셨고, 이 현겁 전에도 많은 광명의 겁 동안 무수한 부처님이 세상을 제도하셨으니, 매 한 분 부처님마다 모두 무량 중생을 제도하셨다. 그러나 우리는 아직 윤회 속에 있어 이 고통의 바다를 벗어나지 못하고 있다. 본사 석가세존께서 세상에 계셨을 때, 우리 중생은 비록 어느 지방에 있었다고는 말할 수 없지만 분명 세상에 있었다. 세존께서 48년 동안 법의 말씀을 전하신 당시에도 우리를 해탈시킬 수 없었다. 문수보살·관음보살·용수보살·무착보살 등 무수한 보살과 불교 역사상의 무수한 고승대덕들도 우리가 윤회에서 벗어나도록 제도하지 못하였다. 그러나 이 세상의 보통사람들은 여전히 이렇게 많고 그들을 정토로 데려가지 못하였다. 그러나 이 때문에 불보살님에게 대지혜와 대방편이 없다고 말할 수는 없다. 우리가 지난날 정진하여 선업을 닦지 않고 도리어 종일토록 신심을 방종하게 하여 함부로 죄를 지어 악업을 장애로 만들어서 여래의 몸을 친견할 방법이 없게 하고 여래의 입으로 전하는 법을 직접 들어 자신을 제도하게 할 방법이 없게 만들었기 때문이다.

경전에서 "태양이 떠올라 연꽃을 성숙시켜 피우는 것처럼, 이처럼 부처님이 세상에 오시어서 오직 인연 있는 중생을 제도할 뿐이다."라고 말하였다. 『현관장엄론現觀莊嚴論』「법신품法身品」에서 "이를테면 하늘이 비록 비를 내릴지라도 종자가 썩었으면 싹이 나지 않는 것처럼, 여러 부처님이 세상에 오셨을지라도 뿌리가 없으면 선을 얻지 못한다."라고 말하였다. 무구광 존자도 『대원만심성휴식大圓滿心性休息』 제3품 「윤회고성(輪回苦性: 輪回痛苦)」에서 "예전에 수많은 부처님이 오셨으나, 아직 중생들의 악한 습기의 업을 조복시키지 못하였다. 습성에 젖어 설사 도道 있는 곳을 만나도 부지런하게 닦지 않은 것이 여러 차례였으니, 육도에서 고통당하는 것을 생각해야만 한다."라고 가르침을 주었다. 이러한 가르침들은 우리에게 이 같이 알려 준다. '윤회의 고통을 벗어나고 싶으면 스스로 노력 정진해야만 한다. 스스로 방일하여 죄를 짓는다면 여러 부처님이 세상에 오실지라도 자신은 여전히 선근이 없어 선을 얻지 못하는 상태로 육도를 떠돌면서 고통을 받을 뿐이다.'

진지하게 한번 생각해 본다. 스스로 방일함 때문에 이미 얼마나 많은 해탈의 인연을 놓쳤는가? 지금 요행히 문·사·수 행의 기회를 얻었으니 반드시 이 결점을 극복해야 한다. 정진하여 듣고 생각하고 경론 암송하기를 일심으로 정법에 집중하여 상사의 깊은 뜻에 융합해 들어가야 한다. 상사 여의보가 널리 법을 전할 때, 인과는 허망하지 않다는 것에서부터 보리심·대원만 등에 이르기까지 모든 불법의 요체를 전하였으며, 내가 또 심혈을 기울여 수행인들을 위하여 일일이 통역을 하였다. 그런데도 수행인들은 스스로 정진하지 않아 옛날처럼 여전히 해탈을 얻지 못할 것인가?

若今依舊犯 如是將反覆 약금의구범 여시장반복
惡趣中領受 病縛剖割苦 악취중령수 병박부할고

내가 예전처럼 죄를 저질러
교화를 받지 못하는 운명이 반복되면
악도에 빠져 병들고 얽매이고
살이 베이고 잘리는 등의 고통을 받을 것이다.

지금 우리는 자신이 그동안 해탈하지 못한 원인을 분명히 알았다. 만약 바로잡지 않고 여전히 예전대로 방일하게 행동하고 계를 범한다면, 선지식이 정법을 전해 주는 기회를 만나더라도 예전의 고통을 반복하여 해탈할 방법이 없다. 화지 린포체는 삼계 속에 있는 중생이 병 속에 있는 꿀벌과 같고 우물 속의 두레박과 같아, 쉬지 않고 움직이지만 해탈할 기회가 없다고 말하였다.

현재는 말법 시대라 중생들의 근기가 낮을지라도 우리는 번뇌를 극복하고 계를 지키고 보리심을 수지하는 데 정진해야만 한다. 어떠한 고통이 방일한 결과라는 것을 생각할 수 있다면 누구도 죄 짓기를 원하지 않을 것이다. 또 말법 시대에 근면 성실하게 계를 지키며 정진하는 것이 단시간이라도 불가사의한 공덕을 얻을 수 있다. 이 점을 설명하기 위하여 근수취자 린포체의 강의에서 『등지왕경等持王經』을 인용하여 "갠지스 강 모래 수만큼의 겁을 거치는 동안 헤아릴 수 없는 여러 부처님 앞에 많은 깃발·등·꽃다발·음식 등의 공양을 올렸다. 만약 정법이 파괴되어 부처님의 가르침이 없어지려고 할 때 밤낮으로 계율을 지킨다면, 그 복은 공양한 것보다 큽니다."라고 증명하였다. 이 가르침은 『보리정도보살계론菩提正道菩薩戒論』과 『지계공덕여의보수持戒功德如意寶樹』에 인용되어 있다.

우리가 게으름을 피우지 않고 보살계를 지킨다면, 대승의 수승한 방편으로 단기간에 거대한 자량과 지난날 지은 죄업 참회의 공덕을 쌓아 운명을 바꿔 이생에서 정도 해탈로 들어갈 수 있다.

2) 출리심과 계율을 닦음

(1) 죄악을 신중하게 방호함

如值佛出世 爲人信佛法 여치불출세 위인신불법
宜修善稀有 何日復得此 의수선희유 하일부득차

여래가 출현하시고
사람의 몸 얻어 불법을 믿으며,
선법을 닦는 것 등은 매우 얻기 어려우니,
언제 이런 기회를 얻을 수 있겠습니까?

현재 우리는 모두 자재한 사람의 몸을 얻었고, 본사 석가모니 부처님의 불법도 세상에 있고, 자신이 불법에 대해 신심이 있는 등 십팔종의 원만함이 모두 갖추어져 있으니, 이것은 결코 우연한 기회가 아니다. 『대원만전행인도문』에는 체상體相·별법別法·비유比喩·수목차별數目差別 등 네 측면에서 십팔가만十八暇滿이 매우 얻기 어려움을 자세하게 설명하였다. 즉 자신이 과거 무수겁 동안 복덕의 자량을 쌓아 얻은 선업의 결과이다. 이러한 미묘한 인과관계는 우리 보통사람이 헤아려볼 방법이 없지만 인명因明 논리로 추측한다면 이 도리를 알 수 있다.

"모든 법은 연緣에 따라 생겨나고 연이 떠나면 법은 없어진다."라는 말은, 세상 어떤 사물의 탄생·발전도 모두 그 특정한 인연이 있는 것이지 절대 우연한 현상이 아니라는 것을 말한다. 상사 여의보가 젊은 시절 스취(四川石渠)에서 배움을 구할 때 늘 자신도 모르게 생각했다. "나는 이렇게 수승한 선지식을 만났고 이렇게 여유로운 사람 몸을 구족했으니, 꿈을 꾸고 있는 것인가? 깊은 밤 고요할 때 생각해 보니, 특히나 행복하다고 느껴 늘 강렬한 신심과 환희를 일으켰다."

우리는 지금 열악한 말법 시대에 있지만 그래도 불법을 배우는 조건을 원만하게 갖추고 있어, 어떤 보물로 비유를 해도 그 진귀함을 설명하기에 부족하다. 『취입자씨경趣入慈氏經』에서 "사람 몸 얻고, 불법을 만나고, 불법에 대해 신심을 일으키고, 보리심을 내고 하는 등 이 네 가지는 얻기 어렵다."라고 말하였다. 우리는 윤회 속에서 많은 겁을 떠다니다가 가까스로 이처럼 얻기 어려운 기회를 얻었다. 만약 다시 방일하여 진지하게 불법을 닦아 윤회를 벗어나지 못하여 이러한 기회를 잃어버린다면, 언제 다시 얻을 수 있겠는가?

縱似今無病 足食無損傷 종사금무병 족식무손상
然壽刹那逝 身猶須臾質 연수찰나서 신유수유질

가령 지금처럼 병 없고
음식이 풍부하고 해로움이 없다 해도
목숨은 순간에 죽음에 이르고
몸은 잠시 빌려온 물질과 같을 뿐이다.

우리가 비록 여유로운 사람 몸을 얻었을지라도, 이러한 한가로움도 무상함을 피하기 어렵다. 자신은 현재 몸이 매우 건강하고 의식이 충족하여 생활이 순리대로 원만하게 갖추어져 있어, 사람과 사람 아닌 것이 만든 해를 끼치는 악연이 없다. 이러한 조건에서 많은 사람들은 나태한 생각이 일어날 것이다. "지금 방일한 것은 조금도 말할 게 없다. 앞으로 다시 정진해도 늦지 않다. 어쨌든 스스로 병 없고 재난이 없으니, 시간은 아직 많이 남아 있어!"

이러한 생각은 단지 자신이 자신을 속일 뿐이다. 인생의 좌절이란 악연은 수시로 나타날 것이고, 사전에 당신에게 알려 주지 않으며, 자주자주 자신이 생각하지 못했을 때 갑자기 나타나 마치 잔잔한 호숫가에 순식간 큰 파도가 일어나는 것과 같다. 사람의 수명은 물거품과 같아 바람 앞의 등불처럼 무상하여 찰나에 사라져 갈 것이다. 우리는 앞에서 많은 무상한 도리를 말하였다. 『열반경』에서 "사람의 수명은 산이나 물을 건너는 것처럼 한순간도 머무르지 않는다."라고 말하였다.

우리는 평상시 몸이 아주 튼튼하다고 여긴다. 그러나 사실 무상하여 '수유질須臾質'일 뿐이다. '수유질'은 티베트 문헌의 원래 게송에서는 잠시 빌려온 물건을 가리키는데, 이것으로 신체를 비유하였다. 단지 죽음의 주인이 잠시 우리에게 빌려준 집이므로, 주인이 언제 가져갈지 우리는 결정할 방법이 없어 조금의 자주권도 없다. 우리는 방의 손님에 불과할 뿐이므로 주인은 언제고 자신에게 몸이라는 이 방에서 이사 가라고 알릴 수 있다. 그러므로 스스로 언제 어디서든지 준비를 잘 해두어야만 한다. 그렇지 않으면 시간이 되었을 때 놀라 어쩔 줄 모르니, 업에 따라 바람에 흔들리듯이 고통을 받을 뿐이다. 한 수행인의 입장에서 어떻게 죽음을 마주할 것인지 상사께서는 늘 말씀하셨다. 일생 밀법 수지를 주로 하고, 임종할 때는 극락세계로 왕생하도록 아미타불께 기도해야만 한다.

정토 법문과 관련하여, 티베트불교와 중국불교를 막론하고 많은 고승대덕의 관점은 모두 같다. 정토왕생을 발원하는 사람은 반드시 먼저 무상보리심을 내야 한다. 우익藕益 대사는 『미타요해彌陀要解』에서 "성심성의껏 극락세계 왕생을 바라는 것이 바로 무상보리심을 발하는 것이다."라고 말하였다. 맥팽 린포체는 『정토교언淨土教言』에서 가끔 네 가지 근본인根本因을 말하였는데, 그중에 또한 무상보리심이 있다. 『불설무량수경佛說無量壽經』에서는 상중하 세 근기의 행인行人이 정토왕생을 구하는데, 그 결정 조건은 무상보리심을 발할 것을 요구하는 것이라고 설명하였다. 왜냐하면 무상보리심을 발함은 대승종성大乘種姓의 선결조건이기 때문에, 만약 이 마음을 낼 수 없으면 왕생에 아마 곤란이 있을 것이다. 이 정토 법문을 따르는 행인은 오로지 정토를 닦는다고 하여, 아미타불을 부르는 한마디 부처님의 명호면 충분하지, 『입행론』을 배울 필요는 없다고 여겨서는 안 된다. 역대 정토종 대덕들을 돌이켜보면 모두 보리심 수지를 강조하였고, 이 기초 위에 극락세계 왕생을 발원하였다.

우리는 "몸은 잠시 빌려온 물질과 같다."라는 것을 인식한 후, 반드시 수시로 정토에 왕생할 준비를 잘 해야만 한다. 지금 자주권이 있을 때 보리심 수지에 노력하여 진정으로 물러서지 않는 행원을 일으킬 수 있어야 정토왕생을 구하는 것도 상당히 안정적인 확신이 생긴다.

凭吾此行素 復難得人身 빙오차행소 부난득인신
若不得人身 徒惡乏善行 약부득인신 도악핍선행

이러한 방일한 행동으로는
다시 사람 몸 얻기 어려우리니
사람 몸을 얻지 못한다면
오직 죄업을 지을 뿐 선업을 닦을 기회가 없다.

인생은 매우 짧아 어느 때고 모두 무상한 죽음에 이를 수 있다. 세상의 보통사람이 불문에 귀의했을지라도 무명번뇌에 제압당하여 많은 사람이 착한 법을 닦는 데 태만하여서 늘 세간 팔법世間八法에 동요된다. 어떤 사람은 스스로 인생을 헛되게 지내고 있다는 것을 알더라도 악몽에 빠져 있는 것처럼 자주적으로 번뇌를 다스리지 못한다. 우리는 늘 이러한 행동을 관찰하고 다음 생에 사람 몸 얻을 확신이 있고 성취에 확신이 있는지를 생각해야만 한다. 우리는 지금 여기에 살고 있으며, 상사 여의보의 가피 때문에 매일 문·사·수 행의 기회를 가지고 있으므로 아직 괜찮다고 생각한다. 우리는 학원이라는 이 수승한 도량에 살고 있어 악업을 짓지 않을 것이며 선근은 날로 늘어날 수 있다. 그러나 만약 수행인이 혼탁한 세상 속에 살면서 자신은 견고한 신심과 견해를 가지고 있지 않고, 주위에는 또 선지식의 가피와 인도가 없다면 바깥세계의 나쁜 영향이 몸과 마음에 미쳐 하루에 지은 악업이 그야말로 헤아릴 방법이 없고, 선업을 짓고 발심과 가행加行을 지속하는 것은 하기 어렵다.

이생뿐 아니라 시작도 없는 때로부터 우리 모두가 이처럼 지은 선업과 악업을 비교해 보면, 사금을 캐는 사람이 걸러낸 금은 버린 모래와 같거나 심지어는 적기도 하다. 우리의 이러한 행위는 원만한 사람의 몸은 말할 것도 없고, 심지어 보통사람의 몸을 얻는 것도 불가능함을 이야기한다. 본사 석가모니 부처님이 세상에 계실 때, 용왕이 부처님께 용궁으로 와서 공양받기를 청하였다. 공양을 받은 후 용왕이 세존께 "제가 막 용궁에 태어났을 때 가족 수가 적었습니다. 그러나 지금은 많아져서 용궁에서조차도 다 함께 살 방법이 없습니다. 이것은 무슨 원인입니까?"라고 물었다. 세존께서 "예전에 중생은 선근이 아주 좋아 많은 악업을 짓지 않았다. 그러나 인간 중에 나중에 불법에서 정한 죄와 자성自性의 죄를 범한 중생이 많아졌다. 그들은 죽은 뒤 악도에 떨어졌고 용의 무리로 환생하는 중생도 점점 많아졌다." 라고 대답하셨다.

선법을 닦는 입장에서 말하자면, 사람의 몸을 얻는 것이 수행에 가장 관건이 되는 조건이다. 화오(華沃) 아사리가 이전에 "사람 몸을 얻는 것이 일체 선법의 기초이다. 만약 사람 몸을 얻지 못한다면, 당신이 천인·비인·야차·용왕 등의 몸을 얻은 것에 상관없이 사람 몸처럼 정법을 수지할 인연을 가질 수 없다."라고 말한 적이 있다. 육도에서 불법을 수지하는 데 가장 수승한 것이 사람(人道)이다. 다른 중생들을 말한다면, 천인은 늘 한가로이 쾌락을 누릴지라도 윤회를 벗어나는 선법 닦기를 구하는 마음을 내는 것을 볼 수 없다. 아수라는 질투와 번뇌가 성하여 다툼으로 하루를 보낸다. 축생은 어리석음과 말 못함이 장애가 된다. 아귀·지옥 중생은 더욱이 한 순간도 고통스러운 핍박을 받지 않을 때가 없으니, 오직 악업과 번뇌에 구속당하여 죄업을 지을 뿐이다. 그들이 어떻게 또 선업을 지을 수 있는 기회가 있겠는가?

如具行善緣 而我未爲善 여구행선연 이아미위선
惡趣衆苦逼 彼時復何爲 악취중고핍 피시부하위

언제나 선업을 쌓기 좋은 이 기회에
내가 선업을 쌓지 않는다면
악도의 고통에 핍박받게 되니,
그때 나는 또 무엇을 할 수 있겠는가?

현재 자신이 좋은 여건을 갖추고 있을 때 반드시 번뇌를 다스려 자신의 견해·수행을 견고하게 해야만 한다. 그렇지 않으면 삼악도에 떨어지니, 그때에는 사나운 고통의 핍박을 받고 선악의 취사에 대하여 어리석어 구별하지 못한다. 때문에 선법을 짓는 기회는 기본적으로 없고 끝없는 고통을 받을 뿐이다.

상사 여의보는 중음의 비결에서 "지옥 중생은 큰 고통 때문에 전생을 기억할 방법이 없고, 또 말할 수도 없다. 그들은 본래 지옥에서 몇 년 과보를 받아야 한다. 그러나 그들은 고통을 받을 때 끊임없이 나쁜 마음을 내기 때문에 악업이 점점 많아져 고통 받는 시간과 정도도 점점 늘어난다."라고 말한 적이 있다. 이런 상황은, 세상에서 범인이 원래 감옥에 들어갈 때 5년형을 받았는데, 구금 기간에 또 다른 사람과 싸우는 등의 법률을 위반하여 구금 기간이 몇 년 더 늘어나는 것과 같다. 그러므로 일반적으로 말해 어떤 죄를 범해 몇 년 동안 지옥에 떨어져야만 하는 것은 '처음 재판을 받아 감옥에 들어가는' 시간을 가리킬 뿐이다. 그가 지옥에서 실제로 고통을 받는 시간은 대신통을 갖춘 자만이 안다.

근훠 린포체는 "만약 악도로 떨어진다면 악도 중생이 악업을 짓는 기술은 사람보다 더 뛰어나다. 왜냐하면 악도 중생은 살생 등의 악업에 의지하지 않고는 생존할 방법이 없기 때문이다."라고 말하였다. 비록 우리가 지옥 아귀도의 중생을 볼 방법은 없지만, 축생을 한 번 본다면 아주 많은 맹수들이 다른 동물을 죽여서 먹는 것 외에 다른 생존 수단이 없으니, 그들이 선업 짓는 것을 알겠는가? 우리는 그들이 선업 짓는 것을 거의 본 적이 없다.

수행인들은 현재 선근이 갖추어져 있으니, 아주 잘 수행해야만 한다. 그렇지 않으면 곧 악도에 떨어지게 된다. 역사적으로 상사들은 제자들이 방일하게 하루하루 보내며 수행과 공부에 정진하지 않은 것을 보면 다시는 법을 말하지 않았다. 예를 들면 이전의 인광 대사(印光大師, 1861~1940)[100]는 본인이 학문과 도행道行의 입장에서 보면 매우 대단한 대덕이었다. 그러나 그가 상해에서 첫 번째 경을 강의할 때, 당시 많은 사람들이 한두 번 듣고는 다시 들으러 가지 않아 법을 듣는 사람 수가 수천 명에서 점점 줄어 몇 명이 되지 않게 되었다. 인광 대사는 이후로 다시는 대중 앞에서 불법을 설하지 않았고, 폐관한 채 홀로 수행하는 것을 주로 했음을 우리는 그의 전기를 통해 볼 수 있다.(『영진회억록影塵回憶錄』 제1장 기재) 이후에 그가 비록 많은 재가제자들을 두었지만 단지 연을 맺을 뿐이지 결코 교법을 펴지는 않았고, 그의 제자가 불법을 듣고 싶어 해도 인연이 없었다.

이 중에 어떤 사람들은 번뇌를 조복시킬 수 없어 늘 상사를 떠나 밖으로 방탕하게 놀러 다니고 싶어 한다. 무구광 존자는 『규결보장론竅訣寶藏論』에서 "스승을 버리고 다른 곳으로 가는 것은 악마에 집착한 현상으로 수행인 최대의 악연이다. 좋은 인연이 구족되었을 때 선연을 잘 이용하여 자신의 수행을 견고하게 하고 번뇌를 항복시킬 수 없으면, 이후 업력이 발동하여 악연이 나타날 때 어리석고 혼미한 상태로 다시 돌아가 악연에 따라 더욱 깊이 타락한다. 나는 이 사람들을 매우 애석하게 느끼면서 수행인들이 각성하여 마음의 흐름 가운데 변화가 생기고, 절실하게 방일한 습관을 다스릴 수 있기를 희망한다."라고 말하였다.

---

100 속성은 조씨, 산서성 합양 사람이다. 1932년 소주 영암사에 정토도량을 건립하였다. 대세지보살의 화신이며, 정토종 제13조로 추봉되었다. 저서에 『인광법사문초』가 있다.

旣未行諸善 復集衆惡業 기미행제선 부집중악업
縱歷一億劫 不聞善趣名 종력일억겁 불문선취명

악도에 떨어진 후에
선법은 닦을 수 없으며,
악업은 금세 쌓이는 바 일억 겁의 긴 시간에도
선도의 이름조차 들을 수 없을 것이다.

위에서 악도에 떨어진 뒤에는 항상 극심한 고통이 심신을 핍박하고 아주 작은 선행의 기회도 얻기 어려움을 언급하였다. 이와 같을 뿐 아니라, 악업을 받는 과정에서도 끊임없이 악업을 지어 더 많은 악업을 쌓게 된다.

상사 여의보는 그가 고요한 산에서 수행할 때 겪은 것을 말한 적이 있다. 암자의 처마 밑에 두견새 한 마리와 한 둥우리의 알을 품는 작은 산까치가 살았다. 까치가 막 부화하여 알을 깨고 나오려고 할 때, 두견새가 부리로 새집을 쪼아 새끼들을 땅으로 떨어뜨려 깨져 죽었다. 나중에 어미 까치가 보복을 하였는데, 어디에선가 벌레를 물어와 두견새가 늘 잠시 쉬는 방 처마에 놓았다. 어느 날 상사가 밖에서 돌아왔을 때, 그 두견새가 처마 아래에서 죽어 바람에 흔들리는 것을 발견하였다. 자세히 관찰해 보니 두견새가 그 벌레를 먹었다. 벌레 몸 안에 작은 낚시 바늘이 있었고, 낚시 바늘에는 가는 선이 있었는데, 가는 선의 다른 쪽 끝이 처마에 묶여 있었다. 상사는 이 일을 통하여 윤회의 고통에 대하여 지난날과는 다른 깨달음이 생겼고 축생에게 감탄을 했다. 그들은 선업에 대해서는 조금도 알지 못하고 악업을 짓는다. 작은 까치도 이렇게 교묘하게 일반인이 생각할 수도 없는 방법을 생각해낼 수 있다. 이러한 일들은 수행인들이 만약 축생을 관찰한다면 아마도 많이 볼 수 있을 것이다.

지옥·아귀도의 중생은 불보살과 천안통을 얻은 사람들의 관찰에 근거한다. 그들은 업보를 받을 때 악업을 쌓는 것이 방생보다 더 심하여 탐욕스런 마음과 해치는 마음이 더 치열하다. 악도에 떨어진 중생은 선법을 닦고 죄업을 참회할 기회가 없을 뿐 아니라 끊임없이 더 많은 악업을 쌓으니, 이와 같은 두려운 악업 순환은 악도에서 일억 겁(게송의 '일억 겁'은 티베트 원래 게송의 '십억 겁' 혹은 '천백만 겁'의 뜻으로, 불가사의하게 긴 고통의 기간을 가리킴)을 지내면서 더욱 깊어질 뿐 아니라 선도라는 이름조차도 들을 수 없고, 고통에서 벗어나 선도에 태어나는 것을 들을 수도 없다. 이는 『대원만전행인도문』에 아주 자세하게 설명되어 있다. 수행인들은 마음과 뜻을 집중하여 두려운 악도의 고통에 대해 반복해서 생각해야만 한다. 만약 자신이 이런 고통에 떨어졌다면, 그때에는 어떻게 해야만 하는가? 이 때문에 마음속 깊은 곳에서부터 두려움을 일으키고 자신이 현재 보리심을 수지하고 있는 여유로운 조건에 대하여 진정으로 귀하게 여기는 마음을 일으켜야 한다.

是故世尊說 人身極難得 시고세존설 인신극난득
如海中盲龜 頸入軛木孔 여해중맹구 경입액목공

그러므로 세존께서 말씀하셨다.
사람 몸은 매우 얻기 어려우니,

큰 바다 속 눈 먼 거북이가
떠다니는 구멍 난 나무에 목을 넣으려는 것처럼 어렵다.

우리는 지금 반드시 성실하게 수행해야 한다. 그렇지 않으면 악도에 떨어져 선도라는 이름을 들을 수 없다. 앞에서 이미 증거를 말하였으나 사람들의 의혹을 방지하기 위하여 여기에서 또 본사 석가모니 부처님이 『난타입태경難陀入胎經』·『잡아함경雜阿含經』에서 말씀하신 가르침을 인용하였다.

눈 먼 거북이가 나무 구멍에 목을 넣는(맹구입목액盲龜入木軛) 비유는 본론 제1품에서도 말했다. 삼천대천세계와 같이 광활한 큰 바다 위에 하나의 구멍 뚫린 나무가 떠 있어, 바람에 따라 끊임없이 떠다닌다. 바다 속의 눈 먼 거북이 한 마리는 백 년에 한 번씩 바다 속에서 수면 위로 떠올라 머리를 나무 구멍에 잘 넣으려고 하는데, 우리가 원만한 사람 몸을 얻고자 하는 것 역시 이와 같다. 나는 바다를 볼 때마다 늘 이 비유가 생각난다. 파도치는 망망대해에서 눈 먼 거북이가 머리를 나무 구멍에 넣으려고 하니, 내가 보기에 이것은 근본적으로 불가능한 일이다. 수행인들이 바다를 볼 때도 아마 이러한 생각을 할 것이다.

당연히 이것은 우리의 분별하는 생각일 뿐, 바르게 헤아리는 것이라고 할 수는 없다. 부처님의 일체지지一切智智로 관찰하면, 우리가 사람 몸을 얻으려고 하는 것이 눈 먼 거북이가 나무 구멍에 머리를 집어넣으려고 하는 것과 같이 기회가 있기는 있을 것이다. 그러나 매우 어렵다. 『난타입태경』에는 다른 비유도 있다. 마치 겨자씨를 바늘에 뿌리는데, 바늘 눈을 통과할 수 있는 겨자씨는 기본적으로 없는 것과 같다. 그러나 사람 몸을 얻는 것은 이것보다 더 어렵다. 무구광 존자도 "사람 몸을 얻는 것은 마치 우담화優曇花가 이 세상에 나서 자라는 것과 같다. 더욱이 정법 수행을 들을 수 있는 원만한 사람 몸은 더욱 드물어 얻기 어렵다."라고 말하였다. 경론에는 다른 측면에서 우리에게 알려 주는 유사한 비유가 많다. 사람 몸을 얻으려고 하는 것은 상당히 어려운 일이다. 뿐만 아니라 사람 몸을 얻은 후에 정법을 수행하는 인연을 갖추려고 하는 경우는 더욱 특별히 적다. 이는 우리에게 현재 자신의 원만한 몸이 매우 진귀한 것임을 깊이 알게 한다. 원만한 몸을 얻은 사람은 이 얻기 어려운 기회를 이용하여 정법 수지하는 데에 정진해야만 한다.

(2) 열심히 선행을 닦음

刹那造重罪 歷劫住無間 찰나조중죄 역겁주무간
何況無始罪 積重失善趣 하황무시죄 적중실선취

한순간에 지은 악업만으로도
무간지옥에 한 겁 동안 머문다 하였는데,
무시이래 윤회 속에서 쌓아온 죄과로
선취를 잃는 것은 말할 필요도 없다.

『입행론대소入行論大疏』에서 이곳의 찰나는 일을 이루는 찰나(일을 하는 데 있어 시작부터 결말까지의 시간을 가리킴)를 일컬음을 알 수 있고, 또 죄를 짓는 일이 성숙하여 원만해지는 가장 최후의 작은 찰나라고 이해할 수 있다. 이 매우 짧은 시간에 만약 악업을 짓는다면, 예를 들면 오무간죄·법을 비방하는 죄·대승 선지식을 비방하는 죄 등의 중죄를 짓는 것이다. 비록 죄 짓는 시간이 매우 짧더라도 그 과보는 도리어 무간지옥에 떨어져 장기간의 고통을 받는다. 더욱이 금강승에서 가장 엄중한 죄업도 매우 짧은 시간에 범한다. 그러나 그 과보는 십억의 대겁 동안 금강지옥에 살면서 무량한 고통을 받는다. 한 찰나 지은 죄업이 이처럼 엄중한 업보가 있는데, 하물며 우리가 시작 없는 겁에서부터 쌓아온 끝없는 죄업은 만약 힘껏 참회법을 닦아 없애지 않는다면 어떻게 선취에 태어나는 인연이 있겠는가? 시작 없는 세상에서부터 지은 죄업은 말할 것도 없고, 우리 각자가 이생에서 지은 십불선업을 생각해 보아도 헤아릴 방법이 없다.

상사 여의보는 이 부분을 강의할 때 "올해 『입행론』을 문사聞思하는 과정에서 어떤 지혜로운 사람들은 어리석은 사람이 되었고, 어떤 어리석은 사람들은 지혜로운 사람이 되었다."라고 말하였다. 이 말은 무슨 뜻인가? 본래 일부 사람들의 지혜는 괜찮았으나 『입행론』에 대해 가벼이 여기는 마음을 일으켜 외우지 않고, 또 가르침에 따라 그 뜻을 깊이 사유하며 악습을 다스리지 않아서 아무런 이익을 얻지 못하였으니 어리석은 사람과 다를 게 없고, 또 일부 어리석은 사람이 아주 성실하게 상사의 분부에 따라 전부 완전하게 외우고 모든 게송을 자세하게 듣고 생각한다면 자신으로 하여금 계속해서 큰 변화를 얻게 하여 지혜로운 사람이 되었을 것이다. 수행인들은 반드시 반복해서 『입행론』의 각 게송의 깊은 뜻을 사유해야 한다. 만약 단지 표면적으로 이해하고서 스스로 이미 통달했다고 여긴다면 책에서 밝힌 대승 불법의 요체가 자신의 마음속으로 융화되어 들어갈 수 없다. 수행인들의 지혜와 지위가 어떠하건 간에 절대로 『입행론』이 이해하기 쉽다고 여겨서는 안 된다. 만약 당신이 이 내용을 이미 통달했다고 여긴다면 깊이 사유하고 닦을 수 없게 되어 점점 사도邪道로 들어간다. 만약 진정으로 이 내용을 통달하고자 한다면 반드시 상사의 지도에 따라 스스로 논의 뜻을 자세하게 듣고 사유하고 본론 전체를 외우면 논의論義를 완전하게 이해할 수 있으며, 아울러 진실로 악업의 습관을 다스릴 수 있다.

게송은 글이 간단하지만, 우리가 만약 진정으로 그 함의를 이해할 수 있다면 스스로 번뇌가 일어나고 몸과 마음이 방일해질 때마다 바로 반복해서 암송하자. 그러면 죄업이 무서운 업보를 초래하는 데까지 생각이 미치어 마음의 흐름 가운데 반드시 변화를 얻을 수 있다. 나는 수행인들 대다수가 본론 전체를 암송하기를 발원할 것이라고 생각한다. 만약 진정으로 원만하게 암송할 수 있다면 그것은 제불보살·상사에 대한 최상의 공양이다. 뿐만 아니라 이 『입행론』의 가피로 세세생생 악도에 떨어지지 않을 것이고, 삿된 견해에 빠지지 않을 것이다.

然僅受彼報 苦猶不得脫 연근수피보 고유부득탈
因受惡報時 復生余多罪 인수악보시 부생여다죄

이 정도의 죄과를 받는 것으로도
악도의 고통을 다 벗어날 수 없는 것은

죄과를 받고 있는 동안에도
또 새로운 죄업을 짓기 때문이다.

우리는 각종 죄업으로 인해 악도에 떨어져 업보를 받는다. 이 업보를 다 받은 뒤에 순리대로 선도에 태어날 수 있는 것은 결코 아니다. 결코 그렇게 쉽게 벗어나지는 못한다. 예를 들면 어떤 사람은 성내는 마음 때문에 죄를 지어 대겁 동안 지옥에 떨어진다. 대겁이 원만해진 후에 그는 즉각 '만기 석방'이 될 수 있을까? 아주 어렵다. 왜냐하면 그는 업보를 받는 동안 또 사나운 번뇌로 새로운 악업을 지었기 때문이다.

우리는 불경에서 지옥의 상황을 서술한 부분을 볼 수 있다. 지옥 중생은 업의 작용 때문에 사납게 성내는 마음을 일으켜 서로 해를 끼친다. 아귀와 축생도 이와 같다. 축생의 입장에서 말하자면, 나는 어렸을 때 늘 소를 관찰했는데 그들은 업보를 짓는 것이 확실히 많다. 그들이 풀숲의 벌레와 개구리를 밟아죽이고, 탐욕과 성냄을 일으킨다. 특히 수소가 시렁을 들이받을 때 성내는 마음은 매우 치열하여, 한편으론 거친 소리와 숨을 내쉰다. 아마도 '나쁜 말로 욕하는 것'일 것이니 구업을 짓는 것이다. 그들이 이렇게 많은 죄업을 짓고서 빠르게 축생을 벗어나는 것은 아주 힘들 것이다. 그러므로 온갖 방법으로 자신이 삼악도에 떨어지는 것을 막아야 한다. 만약 떨어졌다면 고통을 받는 동시에 번뇌에 흔들려 더 많은 죄업을 지어, 죄를 지은 상태에서 죄를 더 짓게 된다면 거의 벗어나는 날은 없을 것이다.

일부 사람들은 이 게송에 대해 작자가 성실하게 선을 행하도록 권하는 방편의 말일 뿐이며, 불요의不了義의 관점이라고 여긴다. 그들의 근거는 이러하다. 중생이 삼악도에 떨어진 후에는 악업을 지을 기회나 틈이 없으며, 설사 가능하다 하더라도 반드시 지은 악업도 말하기엔 매우 부족하다고 생각한다. 그렇지 않다면 숙업이 아직 소멸되지 않았는데 새로 쌓은 죄가 다시 일어나는 것은 사실상 삼악도 중생이 점점 깊이 빠져들어 영원히 벗어날 희망이 없는 것이니, 경전에서 말한 "일체중생이 모두 불도를 이룹니다."라는 것도 문제가 된다. 그러므로 작자의 이 설법은 의미를 다 전달하지 않은 이야기라는 등이다. 다른 논사의 강의에도 유사한 의문이 있다.

나는 여기에서 요의了義·불요의不了義를 가지고 인과 문제를 해결할 수 없으며, 더욱이 경전의 가르침과 밝은 지혜를 통한 인명因明 논리의 분석에 근거해서도 이 문제를 해석하기는 어렵다고 생각한다. 삼악도 중생은 불경의 서술에 근거한다면, 그들은 확실히 계속해서 악업을 짓고 있으니, 악업을 지으면 업보가 생기는 것 역시 분명하다. 그러나 이것을 가지고 그들이 영원히 악도에 갇혀 해탈할 수 없다는 것인가? 이것은 결코 반드시 그렇지는 않다. 『구사론』 등 경론의 관점에 근거하면 중생이 업보를 받는 데에는 두 종류가 있다. 즉 현세에 받는 업보와 후세에 받는 업보이다. 현세에 업을 받는 것은 업을 짓는 즉시 업보를 받는 것이고, 후세에 업을 받는 것은 이생에서 지은 업이 후세에 이루어지는 것으로 몇 백만 겁이 지난 후에야 이루어질 수도 있다. 악도 중생이 악도에서 지은 악업이 반드시 현세에 받는 업보는 아닐 것이다. 만약 모두 현세에 받는 업보라면 그들은 틀림없이 영원히 '만기석방'하는 날은 없을 것이다. 그러나 악도 중생도 순후보를 받을 기회가 있을 것이므로, 그들이 이전에 지은 업이 성숙해져 과보를 받을 수 있다(成熟感果). 만약 받는 것이 선과라면 악도에서 선도로 올라올 것이다.

예를 들어 한 중생이 한 생명을 죽이는 악업을 지으면, 이 때문에 한 중겁 동안 지옥에 떨어진다. 이 업보를 원만하게 다 받은 뒤에 그 중생은 자신이 지옥에 떨어지기 이전에 지은 어떤 선업의 보를 받으니, 즉 내세에 받는 업으로 선도에 태어난다. 중생은 시작 없는 윤회를 계속해 오는 동안 여러 업을 쌓아왔으며, 다른 시간에 다른 업이 성숙된다. 어떤 업을 위주로 하는가에 따라 해당하는 과보가 드러난다. 그러므로 악도 중생이 악도에서 악업을 지어 줄곧 악도에 빠져 영원히 해탈할 수 없다는 말은 결코 성립할 수 없다. 그러나 중생의 변하는 정세는 확실히 게송에서 말한 것처럼 우연히 '사면'의 기회가 있어 선도로 왕생할 뿐이다. 만약 그가 선업을 수지하고 참회를 아직 다하지 않았다면, 전체 추세는 틀림없이 무한하게 악도의 심연으로 떨어질 것이다. 중생의 업력은 불가사의하여 복잡하게 뒤섞인 인과관계는 오직 부처님만이 철저하게 이해할 수 있을 뿐이다. 『백업경』에는 대아라한이 어떤 인과를 이해할 방법이 없자 부처님을 찾아가 묻는 공안이 기록되어 있다. 우리는 이러한 문제를 만났을 때, 성인의 가르침에 따라 헤아려 해석할 뿐이지, 요의·불요의를 가지고 개괄해서는 안 된다.

우리는 늘 많은 사람들이 의혹을 가지고 있는 것을 본다. 악업에 종사하는 많은 중생들, 예를 들어 직업적인 도살자는 악업을 짓는 것이 매우 엄중하다. 그러나 생활은 괜찮게 하니, 이생에서 비참한 일을 당하지 않는 것이다. 이런 상황을 보고 만약 이생에서 받는 업과 내생에서 받는 업의 이치를 안다면 자연히 매우 분명해질 것이다. 이것은 이전의 선업이 현재에 성숙해진 것이고, 이생의 악업은 오히려 아직 성숙해지지 않았기 때문이다. 용수보살도 『친우서』에서 "여러 죄업을 저지르는 것은 칼로 베어 죽이고 상처를 주고서 임종 때 악업의 인과가 전부 드러나는 것만 못하다."라고 말하였다.

현재 많은 사람들은 이러한 회의를 한다. 왜 어제 지은 업이 오늘 아직 어떤 효과도 보이지 않는가? 이를테면 "어제 내가 '황재신黃財神' 진언을 염송했는데, 지금까지 이미 24시간이 지났는데 아직 돈을 벌지 못했네."라고 하는 것과 같다. 우리가 만약 이생에서 받는 업과 내생에서 받는 업의 이치를 모른다면 그들의 회의를 깨뜨리기가 매우 어렵다. 그러므로 이 문제와 관련하여 수행인들은 교리를 근거로 삼아 진지하게 변론하고 연구하여 스스로 불가사의한 인과에 대하여 확고한 정견을 세워야 한다.

既得此閑暇 若我不修善 기득차한가 약아불수선
自欺莫勝此 亦無過此愚 자기막승차 역무과차우

기왕에 이처럼 수행하기 알맞은 몸을 얻었는데
방일하여 선법을 닦지 않는다면,
스스로 속임이 이보다 심한 것이 없으며,
이러한 어리석음을 뛰어넘는 것도 없다.

여유로운 사람 몸은 이처럼 얻기 어려우며, 더욱이 매우 잃기 쉽다.

만약 우리가 현재 얻은 뒤에 방일하고 나태한 것을 제거하여 성심성의껏 선법을 수지하지 않는다면 이것보다 더 심하게 자신을 속이는 일은 없을 것이며, 또한 이것보다 더 어리석은 일은 찾을 수 없다. 천백만 겁 동안 노력하여 쌓은 자량으로 이생에서 비로소 여유로운 사람의 몸을 얻었으니, 삼계에서 이 조건을 얻을 수 있는 것은 대낮에 별을 보는 것과 같다. 어떤 사람들은 이 이치를 아주 분명하게 알면서도 여전히 선법을 수지하지 않고 방일한 채 악업을 짓는다. 마치 윤회의 고통과 이 몸 얻기가 어렵다는 것을 잊은 것 같다. 그들은 자신을 속이고 미혹하여 윤회하는 인생의 '고의 진리(苦諦)'를 사유하지 못한다. 이렇게 하면 스스로를 마취시켜 고통을 느낄 수 없을 것이라고 여기니, '귀를 가리고 귀걸이를 훔치는(掩耳盜鈴)' 것은 말도 안 되는 일이며, 또한 이보다 더 큰 자기기만이 있겠는가?

또 어떤 사람들은 그들이 선법을 닦지 않는 것은 영웅의 일이며, 그들의 삿된 견해가 뛰어나고(英明) 정확하다고 여기니, 자신들의 이생과 내생을 지옥 포졸에게 팔고 자신을 하수구에 내던지면서도 그들 자신은 조금도 살펴 느끼지 못하고 득의양양해 한다. 이런 매우 어리석은 사람들은 정말 불쌍하고 슬프다. 나는 몇 명의 노인을 만난 적이 있는데, 그들은 말한다. "내가 이전에 물질만능주의를 받들어 사람은 물질의 한 조합이며, 정신도 물질 조합의 우연한 부산물일 뿐이라고 여겼다. 그래서 불법을 믿지 않고, 삼세인과를 인정하지 않아 한평생 이 때문에 많은 악업을 지었다. 지금 나는 늙었고, 마음속에는 늘 나도 모르는 사이에 내세의 업보가 떠오른다. 내가 젊었을 때 어째서 그렇게 어리석었는지……."

수행인들은 한번 잘 생각해 보자. 자신은 현재 원만한 사람 몸을 다 갖추고 있는데, 이러한 자신을 속이고 남을 속이는 어리석은 자와 같지는 않은가? 함부로 악행 저지르는 것을 끊고 부지런하게 선법을 닦고 있는가?

우리가 겉으로 볼 때는 거의 별 차이가 없다. 그러나 불법을 가지고 헤아려 본다면, 어떤 사람은 몸과 마음을 신중히 하여 선법 수행에 정진하니, '자질'이 매우 순수하다. 어떤 사람은 게을러서 몸과 마음을 방일하게 하니, 아마도 '위선 수행인'일 것이다. 또 어떤 사람들은 비록 사람 몸을 얻었을지라도 불법을 배우지 않고 선법을 닦지 않으니, 정말 불쌍하다.

若我已解此 因痴復怠惰 약아이해차 인치부태타
則于臨終時 定生大憂苦 즉우임종시 정생대우고

이 이치를 알고도
무명의 어리석음 때문에 선법 닦는 데 게으르다면
임종할 때 반드시
매우 근심스러운 고뇌가 크게 일어날 것이다.

위에서 방일하여 계를 버린 잘못·원만한 인간으로 태어나기의 어려움·악도에서 벗어나기 어려움 등의 여러 측면에서 부지런하게 악을 멈추고 선을 닦아야 하는 이치를 설명하였고, 우리 대부분은 분명하게 이해했다. 그러나 시작도 없는 윤회 속에서 무명번뇌라는 깊은 습기는 매우 두터워서 우리는 이러한 번뇌에 제압당하여 한시도 잊지 않고 수행에 정진할 수 있는 것은 아니다. 어떤 사람들은 도리어 번뇌가 우세를 차지하여 나태하고 방일하게 있다가 멍청한 상태가 된다. 스스로 반드시 수행에 노력해야만 한다는 것을 잊고, 귀한 시간이 무의미하게 흘러가도록 내버려둔다. 임종이 다가오면 이 몸을 이용하여 참회하고 자량을 쌓고 보리심을 수지하지 못한 자신의 일생을 회상하며, 죄업으로 인해 결국 악도에 떨어질 것을 의심하지 않는다. 이 때문에 걱정과 고뇌가 크게 일어난다.

본사 석가모니 부처님은 『염주경念住經』에서 "일단 임종이 다가오면 마음에 고뇌가 크게 일어난다."라고 말하였다. 살아서 열심히 선법을 닦지 않은 사람은 죽을 때 귀의할 곳이 없다. 오직 마음속에 공포와 걱정이 크게 생겨날 뿐이다. 근훠 린포체도 "불법을 듣고서 열심히 습기를 닦지 않은 사람은 중음 상태에 이르렀을 때 후회하는 마음이 강렬하게 생길 것이다. 아! 나도 전에 선지식을 만나고 수승한 정법을 들었는데 성실하게 수행하지 않았구나! 사람으로 수십 년을 산 것이 지금 생각하면 한 찰나에 스쳐 간 듯하구나! 지금 상사가 말한 대로 중음의 공포가 이미 나타났는데, 나는 다스릴 역량이 없다. 만약 이전에 성실하게 수행했다면 틀림없는 확신이 있어서 지금처럼 이렇게 놀라고 두려워 벌벌 떠는 지경에 이르지는 않았을 텐데, 도망갈 곳이 없구나!"라고 말하게 될 것이라고 하였다. 이러한 두려운 고통을 반복해서 사고하는 데 우리는 최대한의 노력을 기울여야만 하고, 현재 아직까지 우리가 자유자재로 법 닦을 수 있는 기회를 귀중하게 이용해야만 한다.

難忍地獄火 長久燒身時 난인지옥화 장구소신시
悔火亦炙燃 吾心必痛苦 회화역자연 오심필통고

지옥의 불길이 오랫동안
자신의 몸을 태우는 것을 참기 어려울 때
후회의 불길이 타올라
틀림없이 우리 마음을 고통스럽게 할 것이다.

우리가 이생에서 방일하면 보리심을 잃어버리는 등의 중죄를 짓는다. 이러한 죄업이 성숙해지면 반드시 우리가 지옥에 떨어져서 업보를 받도록 이끌 것이다. 중생이 지옥에 떨어진 시간은 매우 길고 극렬한 고통의 정도도 인간 중생이 상상할 수 있는 것이 아니다. 부활지옥復活地獄에서부터 무간지옥에 이르기까지 지옥에서는 모두 활활 불길이 타오르고 있으며, 지옥 중생을 불태우고 있다. 지옥의 사나운 불은 매우 이글거려 인간의 단향목 불은 일반 불보다 7배나 이글거리며 타고, 겁말의 불은 단향목의 불보다 7배나 이글거리며, 부활지옥의 불은 겁말의 불보다 7배나 이글거리며 탄다. 이처럼 가벼운 지옥에서 무거운 지옥으로 갈수록 불의 뜨거운 정도는 7배씩 올라간다. 이처럼 맹렬하게 타오르는 지옥 불은 그 속의 중생을 삼키고 있으며, 그 시간은 툭하면 억만 년을 지나간다.

이렇게 긴 시간 동안 지옥 중생은 지옥 불이 태우는 극렬한 고통을 받아야만 할 뿐 아니라, 자기 마음에도 지독한 후회의 불이 생겨난다. 그때 우연히 지난날 자유자재하고 안락한 생활이 생각나고, 또 많은 선지식들이 자신에게 악업을 지어서는 안 되고 선법을 수지해야만 하고, 그렇지 않으면 장래에 지옥 불구덩이의 고통을 받을 것임을 권고한 것이 생각날 것이다. 그러나 당시에는 조금도 마음에 두지 않았다가 지금 확실히 지옥 불 속으로 빠졌으니 오래도록 지독한 고통을 받는다. 자세하게 한번 생각해 보면, 스스로 고통을 받은 후 마음의 회한은 신체의 고통과 우열을 가릴 수 없다. 심지어는 더 심하기도 한다. 평상시 후회하는 고통은 근본적으로 지옥 중생의 후회와 비교할 방법이 없다. 그들의 스스로의 고통과 외적으로 가해지는 고통을 우리는 어떠한 형용으로도 그 상황을 만분의 일도 설명할 방법이 없다.

우리 보통사람들은 업보를 직접 볼 능력이 없으며 지옥의 참담한 고통을 볼 수 없다. 그러나 잠시 볼 수 없다고 방종해서는 안 된다. 사회의 아주 어리석은 사람들이 시야가 좁아 자신들의 범죄가 남에게 발견되지 않아 법률의 제재를 받지 않을 것이라고 여겨, 이 때문에 무턱대고 나쁜 일을 하다가 결국에는 비참한 최후를 맞이하는 것과 같다. 마찬가지로 많은 사람들이 비록 선지식 앞에서 불법을 듣고 업의 과보가 허망하지 않음을 깨달았을지라도 그들의 어리석음과 완고함으로 인해, 마치 업보가 자신의 몸에 떨어지지 않을 것이고 악업을 짓고 계를 어기는 것에 대해서는 지옥의 참담한 고통과 무관하다고 느끼는 것 같다. 때가 되어 업력이 성숙되면 지옥 불은 밖에서 몸을 불태우고 후회의 불은 안에서 마음을 태우니, 그때엔 누가 구해 줄 수 있겠는가?

상사 여의보는 늘 맥팽 린포체의 말을 인용하여 "우리는 지금 작은 불똥이 우리 몸에 떨어져도 아파서 참기 어렵다고 느낄 것이다. 한

점 불똥도 참을 방법이 없는데 장래 진정으로 불 달궈진 쇳물 가마 속에서 헤아릴 수 없는 지옥 불이 불태우는 고통을 어떻게 참을 수 있겠는가?"라고 하며 제자들을 깨우친다. 이 가르침을 반복해서 사유하면 자신의 마음속엔 반드시 아주 큰 공포가 일어날 것이다. 현재 악업이 아직 성숙되지 않은 점을 틈타 자신에게 법 닦을 인연이 생겼으니 상사의 가르침에 따라 온 힘을 다해 선법을 수지하고 죄업을 참회해야만 한다.

죄업을 참회하는 것은 매우 중요한 수행이다. 마음의 흐름 가운데 죄업으로 가득 찬 보통사람이 만약 선지식의 인도에 따라 죄업을 참회하는 데 노력하면, 악도에 떨어지는 운명을 철저하게 바꾸어 안락의 성과를 증득할 수 있다. 불경에 용시勇施 비구의 공안이 있다. 수행인들은 들은 뒤에 반드시 신심이 생겨나고 격려를 받을 것이다.

용시 비구는 가섭불迦葉佛 때 다문多聞과 계율의 청정함을 갖춘 비구였다. 한번은 시내로 탁발을 나갔는데, 시주하는 집의 여자가 그를 보고 첫눈에 반하여 사랑하는 마음이 생겼다. 뿐만 아니라 이때부터 아침저녁으로 그리워하며, 음식도 먹으려 하지 않으면서 상사병에 걸렸다. 그녀의 부모는 원래 딸을 어떤 사람에게 시집보내겠다고 허락했는데, 딸이 용시 비구를 사모하여 시집가는 것을 거절하자, 그녀의 부모는 할 수 없이 약혼을 물렸다. 나중에 딸의 아버지가 세상을 떠나자 모녀만이 서로 의지하며 살아갔다. 그러나 그녀는 여전히 우울하여 즐거움이 적었고 날로 초췌해졌는데, 어머니는 여러 차례 물어보고서야 비로소 그 원래 이유를 알게 되었다. 딸을 구하기 위하여 어머니는 계책을 세웠다. 딸에게 먼저 청정한 모습과 여법한 언행으로 용시 비구한테 접근하도록 하였다. 시간이 오래되어 교류가 빈번해졌다. 결국에는 보통 남자인지라 시간이 오래되자 정이 생겨나 용시 비구는 환속하여 딸과 결혼하였다. 딸이 원래 약혼을 물린 남자는 이 소식을 듣고 질투의 불이 끓어올라 사람을 데리고 가서 용시 비구를 죽이려고 계획하였다. 용시 비구는 사실을 알고 나서 또한 성내는 마음이 일어나 독약으로 아내에게 그의 정적情敵을 독살하게 하려고 하였다. 시간이 지나자 용시 비구는 정신이 들어 생각하였다. "나는 원래 훌륭한 출가인으로 문·사·수聞思修 3행을 여법하게 정진하였고, 계를 지키는 것도 청정하였다. 그런데 현재는 음란하지 말라는 계율(淫戒)을 범하였고, 또 살생하지 말라는 계율(殺戒)을 범하였다. …… 이렇게 큰 죄업을 지었으니 내세에는 오직 지옥에 떨어져 고통을 받을 뿐이구나!"

그는 강렬한 후회가 일어나자 밤낮으로 불안하여 온통 근심과 번뇌에 쌓여 큰 병에 걸렸다. 어느 날, 두려움을 풀어주려는 선지식이 그를 만나러 왔다. 용시는 자신의 지난날을 설명하고, 자신은 현재 지옥에 떨어지기를 기다릴 뿐이라고 말하였다. 그래서 해외解畏 선지식은 용시를 고요한 숲속으로 데리고 가서 각종 신비로운 변화를 보여주어 그에게 아주 큰 신심이 생겨나게 하였다. 그리고 그에게 법을 전하여 공의 이치를 닦는 데 정진하면 업장을 깨끗하게 할 수 있다고 가르쳤다. 용시는 가르침을 깊이 새기고 이때부터 부지런히 공의 이치를 닦았다. 본사 석가모니불이 세상에 출현하셨을 때, 용시는 이미 동방의 불국토에서 여래 과위를 증득하였다.

용시는 업보를 무서워했기 때문에 정진하여 공의 이치를 수지하여 악업을 청정하게 했을 뿐 아니라 아주 빠르게 여래과를 증득하였다. 이를 통해 죄를 두려워하고 참회하는 것의 필요성을 볼 수 있으며, 더욱이 공성空性을 수지하는 것은 내가 없는 지혜로 가는 법문으로 매우 수승하다. 까르마빠(噶瑪巴) 부동금강不動金剛도 "참회 중에 유일하게 가장 수승하고 미묘한 법이 바로 공성을 수지하는 것이다."라고 말한 적이 있다. 우리 모든 보통사람들은 시작 없는 세상에서부터 끝없는 죄업을 지었다. 만약 이 죄업의 고통스런 업보를 받고 싶지 않다면 오직 선법을 수지하여 참회하는 데 노력할 뿐이다. 수행인들이 진실하게 경론을 듣고 생각할 수 있다면 반드시 공성空性 수지의 가르침이 마음속으로 융합해 들어갈 수 있을 것이다. 특히 본문에서는 먼저 우리가 세속적 보리심을 내도록 인도하고, 연후에 이 마음을 수지하고 견고하게 하고 정화하는 것이 진일보하면 수승한 승의勝義보리심을 이끌어내어 철저하게 인무아·법무아의 공성 지혜를 깨달을 수 있다고 말한다. 이러한 순서의 점진적인 과정 가운데 죄업은 거친 데에서 섬세한 데로 이르기까지 남김 없는 청정함을 얻을 수 있으며, 악도의 고통도 받지 않을 것이다.

難得有益身 今旣僥倖得 난득유익신 금기요행득
亦復具智慧 若仍墮地獄 역부구지혜 약잉타지옥
則如呪所惑 令我心失迷 즉여주소혹 영아심실미
惑患無所知 何蠱藏心耶 혹환무소지 하고장심야

이익을 이룰 수 있는 사람 몸 얻기 어려운데 이미 요행히도 얻었고, 또 지혜를 갖추었는데도 만약 여전히 지옥으로 이끌린다면 주술에 미혹되어 우리 마음을 잃어버리게 한 것과 같으니, 무엇이 미혹되게 한 것인지 알지 못하는가? 무슨 독이 우리 마음에 숨겨져 있는가?

근훠 린포체는 "만물이 대지에 의지하는 것처럼 우리의 일체 선법은 역시 자신이 사람 몸 얻는 데에 의지한다."라고 말하였다. 우리가 지금은 요행히 안락과安樂果를 자라게 할 수 있는 사람의 몸을 얻었고, 동시에 이해를 분별할 수 있는 지혜를 갖추었다. 이러한 지혜는 우리가 끊임없이 불법을 듣고 생각하고 수행하는 중에 점점 깊어지고 넓어지며 성숙될 수 있다. 이러한 수승한 인연을 갖추었는데, 정진해서 수지하지 않고 도리어 방일하여 죄를 범한다면 '산에 호랑이가 있는 것을 분명히 알면서도 오로지 호랑이가 있는 산을 향해 가는 격'이다.

스스로 한 걸음씩 지옥을 향해 가는 것은 정말 보통사람은 생각할 수 없는 것으로, 정상인은 이런 우매한 행동을 이해할 수 없다. 나는 늘 이렇게 생각한다. 죄를 지은 사람은 세상에서 법을 어겨 죄를 지은 사람과 대체로 비슷하다. 세상의 범죄자는 대체로 그 악행의 결과가 분명하고 다른 사람은 더욱 냉정하게 범죄자로 본다. 그러나 그가 체포되어 벌을 받기 전에는 마음의 지혜를 잃어버린 것처럼 마구 나쁜 짓을 한다. 마찬가지로 부처님이 설하신 계율을 어긴 죄와 자성自性 중의 양심을 어긴 죄를 지은 사람이 악업이 성숙되어 지옥에 떨어지기 전에는 역시 멍청하여 마음의 지혜라고는 조금도 없는 살아 있는 시체 같다. 그들은 사전에 죽음이 존재하지 않는 듯이 사후에도 업보가 없다고 느낀다. 그들은 죄를 지어 타락할 때 마치 자기와 아무 관계없는 사람을 불구덩이에 던져버리는 것 같다. 무구광 존자도 이런 사람들을 "이 같이 설함을 듣고 지옥의 고를 싫어하지 않는다면 우리 마음은 거대한 쇳덩이인가, 아니면 돌산의 고정된 무심과 같은 것인가?"라고 평가하였다.

수행인들이 이렇게 많은 불법을 들었고 또한 정상인이라고 할 때, 그들이 여전히 조금도 거리낌 없이 악업을 짓고 끝없는 암흑의 심연으로 빠져든다면, 이들은 아마도 주술에 마음이 미혹되어 정신이 완전히 통제를 잃어 미친 상태에 빠지거나 주술에 걸린 시체가 된 것이다. 그렇지 않고서는 이들의 행위는 이해할 방법이 없다.

모든 불보살과 불법을 전승한 상사들은 이미 우리에게 악을 멈추고 선을 닦는 무수한 가르침을 전해 주었다. 그러나 어떤 사람들은 여전히 예전처럼 조금의 변화도 없다. 사고능력을 가진 정상인이라면 어떻게 이럴 수 있겠는가? 중독되어 마음이 미혹되었다고 해석할 수 있을 뿐이다. 어떤 사람들은 또 "저는 이렇게 계를 범한 것은 분명히 압니다. 그러나 여전히 통제할 수 없습니다. 이미 마에 걸린 것입니까?"라고 말한다. 만약 자신이 진정으로 알고 상사의 가르침을 기억할 수 있는데도 악업을 짓는다면, 분명 정말로 마에 걸린 것이다. 아주 커다란 악마에 빠졌다. 스스로 이생과 내생의 일체 안락을 버리며 돌보지 않고 경솔하게 지옥 악도에 팔아버린다면, 이들은 무슨 독에 당했는지 알지 못하고 무슨 악마에 마음이 점령되었는지 알지 못한다. 『불유교경佛遺敎經』에서도 "번뇌라는 독사가 당신 마음에 잠들어 있다. 마치 검은 독사가 당신 집에서 잠든 것과 같다."라고 말하였다. 번뇌는 독사처럼 우리 마음에 잠들어 있어서 늘 기회를 엿보아 악도·사지에 우리를 묶어두려고 한다. 스스로 마음의 흐름 가운데 번뇌라는 독사·벌레를 제거하지 않으면 법의 그릇을 이룰 방법이 없다. 불법은 조금도 자리잡아 들어갈 수 없으며, 상사가 어떻게 가르쳐도 효과를 낼 수 없다. 오직 번뇌의 독사가 뿜어내는 독만이 자신을 어지러운 미혹 속에 빠뜨린다.

세상 사람들 대다수가 이와 같다. 근본적으로 자신의 처지를 잘 알지 못하고 자신의 행위가 불러온 결과를 알지 못한다. 『묘법연화경』에서 본사 석가모니불은 우매한 중생을 무지한 어린아이로 비유하였고, 삼계를 훨훨 불타오르는 썩은 나무로 지은 집에 비유하였다. 어린아이가 불타는 집에서 놀고 있다. 불이 어떤 것인지 알지 못하여 두려워할 줄도 모르고 작은 동물이 사방으로 뛰어다니는 것을 보고는 손뼉 치며 "이 동물들이 우리랑 같이 노는구나!"라고 말한다. 한편으로 웃고 한편으로 놀면서 매우 재미있다고 느낀다. 사방에서는 윤회라는 고통의 불이 타오르고 있는데 우리들 대부분은 미혹되어 알지 못하고, 도리어 꿈에 미혹된 채 매우 아름답다고 느끼며 쉬지 않고 연연해한다.

마땅히 깨어나야 한다. 여러 불보살과 상사들은 우리가 처한 공포의 세계와 앞으로의 두려운 업보를 일깨워주었고, 우리에게 세상 팔법으로 탐욕스럽게 구하는 방일한 행동을 끊어버리라고 독촉한다. 우리의 마음은 돌머리처럼 무지하게 행동해서는 안 된다. 만약 이렇게 한다면 아미타불이 앞에 와도 방법이 없고, 본사 석가모니불이 미륵보살과 함께 직접 앞에 와도 당신은 여전히 이익을 얻을 수 없다.

나는 돌덩이도 설득시킬 수 있다고 믿는다. 하물며 우리 사람에 있어서이겠는가. 나는 이렇게 많은 강의를 하였다. 수행인들은 마땅히 깨달은 바가 있어야 한다. 수행인들은 자신의 마음을 세심하게 관찰하고 아주 조심스럽게 수행 정진하는 쇠갈고리로 독사·독충을 제거하여야만 한다. 스스로 마음의 흐름 가운데 능히 감당할 수 있는 법의 그릇이 되도록 하고 제불 상사의 가르침이 마음속에 녹아들게 해야 한다.

3) 힘을 다해 번뇌를 끊음

우리가 비록 한가로운 사람의 몸을 갖추었고 많은 불법을 듣고 생각했을지라도 마음이 여전히 주인으로써 선법에 집중할 수 없다면, 도리어 어느 때고 방일하여 계를 범한다. 이것은 모두 번뇌가 어지럽히는 것이다. 그러므로 순리대로 정법을 수지해야만 하고, 반드시 번뇌라는 큰 적을 꺾어버려야만 한다. 이를 위해 우리는 먼저 그것을 인식해야만 한다.

여기서 말하는 번뇌는 밀승密乘에서 말하는 번뇌와 어떠한 구별도 없다. 그러나 다스리는 방법에 있어서는 다른 점이 있다. 수행인들 중 어떤 사람들은 이전에 밀법을 들은 적이 있어서 "번뇌는 곧 보리이다", "번뇌는 자성이 없다" 등과 같이 궁극의 입장에서 말한다. 현종顯宗에도 이처럼 번뇌에 대한 정의가 있다. 어떤 사람은 이러한 심오한 이론에 의지하는 것은 방종할 수 있다고 여긴다. "나는 밀법을 닦고 선종을 닦은 사람이다. 구경 지혜와 수승한 방편에 의지하여 수행한다면, 곧 번뇌가 바로 보리이므로, 번뇌를 끊고 바꾸는 이러한 방법은 필요하지 않다." 초학자의 입장에서 말하자면, 이것은 삿된 견해이다.

번뇌가 일어날 때 당신은 이러한 대평등의 지혜에 편안히 머무를 수 있는가? '지혜를 보는 힘'이 아직 갖추어지기 전에 이러한 논조는 적절하지 않은 터무니없는 말이다.

번뇌는 수행에 거듭되는 악연과 위험을 가져다준다. 만약 여러 방편을 통해 다스리지 못한다면 우리는 끝내 자유자재한 해탈을 얻을 수 없다. 어떤 사람은 약간의 경론을 듣고 생각하고 실질적인 수행을 통하여서도 법문의 의리를 아직 통달하지 못하였다. 이런 사람은 각 가르침 사이의 관점에 대하여 회의를 일으켜 이 같이 번뇌를 대치對治하는 방법은 요의이고, 저 같은 방편설은 불요의라고 여길 수 있다.

나는 『밀종단혹론密宗斷惑論』에서 밀종과 현종이 번뇌에 대하여 어떻게 인식하고 있는지, 어떻게 다스리는가를 전문적으로 밝혔다. 이 둘 사이에는 계층과 순서에 있어서의 차이만이 있을 뿐이고, 본질적인 차이는 없다. 아르빤디따(阿日班智達)는 『삼계론三戒論』에서 "스스로 내면의 번뇌를 살폈다면 어느 종파를 막론하고 반드시 끊어야만 한다. 단지 각 종파는 근기가 다른 수행자에 따라 맞게 사용하는 방법이 다를 뿐이다. 당신이 어느 종파를 배우고 무슨 법문을 닦는가를 논할 것 없이 자기 마음 내면의 번뇌를 끊지 못한다면, 당신이 배운 것은 진정한 불법이 아니다. 진정한 불법인가를 검증할 수 있는 표준은 번뇌를 조복시킬 수 있는가 없는가를 보아야 한다."라고 말하였다.

연화생蓮花生 대사가 은자붜더(恩渣波德)국에 왔을 때 국왕이 가서 대사에게 물었다. 대사는 낭랑한 목소리로 "지혜는 나의 아버지이며, 공성은 나의 어머니이다. 내가 하려고 하는 일은 번뇌를 죽이는 것이다."라고 대답하였다. 연화생 대사 같은 그러한 궁극의 성취자도 여전히 번뇌를 멸하려 한다고 말하는데, 우리는 겨우 밀종·현종 법문의 약간의 명상법의名相法義를 배운 사람들로서 무엇을 믿고 번뇌를 멸하려 한다고 말하지 않겠는가?

『입행론』은 세속의 진리 수준에 따라서 번뇌가 우리 보통 중생들에게 미치는 해로움이 매우 크다는 것을 지적한 것이다. 만약 번뇌를 끊어버리지 않는다면 무한한 시간 동안 삼계에 빠져 고통을 받을 뿐이다. 아울러 수승한 진리인 제일의제第一義諦를 따라서 말하면, 번뇌는 생겨남도 없으며 본래 커다란 공空일 뿐이라는 것을 말하는 것이다. 또 밀법을 따라 도道로 전환하여 쓴다는 각도에서 말한 것도 아니다. 우리는 우선 이 전제를 분명하게 알고 각 종파 사이의 관계를 명확하게 구별해야만 한다. 그렇지 않으면 문·사·수聞思修 행하는 과정에서 장애가 생길 것이다. 심지어 어떤 사람은 삿된 견해와 오만이 생겨나 이 번뇌에 지배당하여 문·사·수 행에 해를 끼칠 수 있다. 맥팽 린포체도 "불법을 적게 들어 전면적으로 이해하지 못한 사람만이 늘 삿된 견해를 일으킬 수 있다."라고 말하였다.

우리 초학자들에게 맞추어 말한다면, 『입행론』 중에 번뇌를 다스리는 법문은 요의의 수승한 법문이며, 뿐만 아니라 어느 법문과도 절대 모순이 되지 않는다. 왜냐하면 우리 입장에서 볼 때, 현재 유일한 임무는 바로 번뇌를 멸하는 것이기 때문이다.

(1) 번뇌의 허물과 환란을 생각함

嗔貪等諸敵 無手也無足 진탐등제적 무수야무족

非勇非精明 役我怎如奴 비용비정명 역아즘여노

성냄·탐욕·어리석음 등 번뇌의 적은
손도 없고 발도 없다.
용기도 없고 지혜도 없는데
어떻게 나를 노예처럼 부릴 수 있는가?

『구사론』에는 '번뇌'에 대한 정확하고 자세한 분류와 정의가 있다. 게송의 '진탐등제적嗔貪等諸敵'은 탐욕·성냄·어리석음·아만·질투(탐·진·치·만·질貪嗔癡慢嫉) 등의 다섯 가지 기본 번뇌와 스무 가지 종속 번뇌(수번뇌隨煩惱)를 가리킨다. 『대지도론大智度論』에서는 번뇌를 "마음을 산란하게 하고, 고통의 결과를 만드는 것을 번뇌라고 한다."라고 정의하였다.

타인을 해치고 자신의 마음을 답답하게 하는 번뇌는 우리가 수도하는 데 있어서의 적(怨敵)이다. 이 적은 매우 이상해서 평상시 세상에 만나는 적과는 같지 않다. 세상의 적은 신체가 있고, 담력과 꾀가 있어 남을 해치는 능력을 가지고 있다. 그러나 번뇌라는 적은 자세하고 반복적으로 관찰해 보았는데, 무형무색이어서 근본적으로 신체가 없다. 또한 정명精明한 기교도 없다. 때문에 그 본성은 무명이다. 또한 용맹스런 담력도 가지고 있지 않아서 일정한 공덕을 실증實證하고 번뇌를 진정으로 이해하는 수행인 앞에서는 매우 나약하여 조금의 위력도 없다. 심지어 우리가 바른 생각을 일으킬 때는 종적도 없이 사라진다. 그러나 매우 이상하게도 이렇게 신체·담력을 갖지 않은 적이 무시이래無始以來로 줄곧 우리를 꽁꽁 묶어 언제나 우리를 부리며 쉬지 않고 악업을 짓도록 몰아간다. 우리는 마치 노예가 주인 앞에 있는 것처럼, 코가 묶인 소나 나무인형처럼 조금의 자유도 없다.

우리 대부분은 진정으로 번뇌를 다스리는 데에 효과적인 능력을 얻기 전의 상태에 있다. 탐심이 심각한 사람은 탐심이 한번 생기면 어떻게 해야 탐심이라는 적을 막을 수 있는가 없는가에는 상관하지 않고, 부리는 대로 각양각색의 잘못을 저지른다. 성내는 마음이 심각한 사람은 분노가 일어날 때 가슴속에 경론이 가득해도 효과를 발휘하지 못한다. 여러 번 자신에게 "성내지 마라, 성내지 마라. ……"라고 경고를 해도 소용이 없다. 성내는 마음이라는 적의 충동질로 조금의 자주성도 없이 성난 폭풍우처럼 일어난다. 옆 사람이 볼 때 자신은 거의 정상적인 정신이 아닌 것 같다. 일이 지나간 후에 스스로 생각해 보면 자신이 당시에 어떠했는지, 무엇을 했는지 모른다. 매우 후회를 하더라도 다음에 똑같은 상황을 만났을 때 또 완전히 성내는 마음에 제압당하여 스스로 통제 능력을 상실한다.

『입행론대소』에 자세하게 열 가지 근본 번뇌(오리사五利使와 오둔사五鈍使)에 대해 풀이하였다. 근수취자 린포체의 강의에서도 다섯 가지 근본 번뇌에 대하여 비교적 자세하게 분석하였다. 그러나 개괄적으로 말하자면, 번뇌는 우리를 지옥으로 떨어지게 하는 인도자이며, 계속해서 번뇌가 일어날 때는 자기에게 근본적으로 조금의 자유도 없다. 방금 탐욕스런 마음과 성내는 마음에 대하여 말하였는데, 어리석음이라는 번뇌도 이와 같다. 많은 사람들은 저녁 8시에 잠을 자서 다음날 아침 8시까지 잠을 잘 수 있다. 점심에 또 몇 시간을 잔다면 하루 종일 오직 잠만 잘 뿐, 읽고 수행하는 일은 전부 꿈속에 던져버리는 것이 되니, 이것이 바로 어리석음의 번뇌가 자신의 마음을 덮은 결과이다. 만약 이러한 번뇌 없이 우리가 고승대덕처럼 하려고 한다면, 밤낮으로 부지런히 수행하는 것도 매우 쉽다. 그러나 어리석음이란 번뇌의 적이 만든 장애는 우리로 하여금 이미 무수한 세월을 낭비하게 만들었을 뿐만 아니라 앞으로도 자신을 더 깊은 어리석음의 암흑 속으로 끌어들일 것이다.

탐·진·치貪嗔癡의 번뇌는 매우 악독하여 설령 노예주가 노예를 대하더라도 이와 같을 수 없을 정도로 늘 잔인하게 부린다. 번뇌는 우리 마음속에 살아 그곳에 동아리를 틀고 있는 독사처럼 불시에 우리를 문다. 오랜 옛적부터 줄곧 이렇게 우리를 해치고 있다. 그러나 어떤 사람들은 여전히 득의양양한 채 자신에게 번뇌가 있는 것을 느끼지 못한다. 이전의 고승대덕도 이렇게 말하였다. 수행인에게 번뇌는 상중하 세 등급으로 나뉜다. 수행에 정밀하게 나아간 사람은 자신에게 번뇌가 매우 많다고 느낄 것이다. 수행이 중등인 사람은 자신의 번뇌도 중등이라고 느낄 것이다. 그런데 게으른 사람들은 매우 둔탁하다. 그들은 번뇌를 인식하지 못하여 마음속 번뇌와 투쟁을 한 경험이 없으며, 번뇌가 깊고 무거워도 자신은 계속 청정하다고 여긴다. 그러므로 진정으로 마음의 흐름 가운데 번뇌가 깊고 무겁다는 것을 깨달은 사람은 수행이 아마도 조금 좋아질 것이다. 우리 수행이 점점 더 정진할수록 번뇌라는 적은 결코 기뻐하지 않기 때문에 더욱 공을 들여 수단을 부려 우리에게 각종 악연과 장애를 만든다. 수행에 조금도 힘쓰지 않으면 번뇌는 매우 좋아하며 가볍고 편안한 환경을 만들어준다. 번뇌라는 적과 같은 계통의 마왕들도 특별히 보살펴서 이 게으른 사람이 태평무사하다고 느끼게 하여 결국 순리대로 악도에 떨어지게 한다.

惑住我心中 任意傷害我 혹주아심중 임의상해아
猶忍不嗔彼 非當應訶責 유인부진피 비당응가책

번뇌는 우리 마음속에 숨어 있다가
마음대로 우리를 해친다.
이를 참고서 발분하여 싸우지 않는다면,
이는 옳지 않은 인내이니 질책해야 한다.

불교의 자비 정신에 따르면 원수를 해치는 것은 반드시 참아야 한다. 그러나 번뇌라는 적을 쳐부수는 데 인욕해서는 안 된다. 만약 이렇게 한다면 이는 나약한 사람의 행동으로 부처님과 지혜로운 사람에게 질책 받는 대상이 된다.

게송 중의 '혹惑'은 번뇌의 다른 이름이다. 번뇌는 마음속에 늘 존재한다고 말한다. 그렇다면 마음은 어디에 있는가? 이 문제와 관련하여 상사 여의보는 "현재 세상에서 어떤 사람들은 마음이 대뇌 속에 있다고 말하고, 어떤 사람들은 심장에 있다고 말하고, 어떤 사람들은 온몸에 퍼져 있다고 말하는 등 각양각색의 의견이 있다. 그러나 불타의 가르침과 자신의 청정한 지혜에 근거하여 관찰하면 승의제勝義諦 중에 마음은 결코 실체가 없이 일체 희론을 여읜 것이다. 그러나 자세히 관찰하지 않으면 중생들은 마음이 자기 신체 안에 있다고 여긴다. 많은 의학 연구자도 모두 이렇게 여긴다."라고 말하였다.

번뇌는 마음에 도사리고 있다가 밖에서 풀이 움직일 정도의 바람이 조금이라도 불면, 악독하게 마음에서 독액을 내뿜어 우리를 미혹시키고 자극하려고 한다. 그것은 세상살이의 적이란 개념과 같지가 않다. 무기를 들고 때려죽이려고 하면, 음험하게 아주 은밀한 곳에 숨어 가장 친밀한 친구를 가장하여 우리를 미혹시키고 농락한다. 그러한 후에 음험하게 우리를 배신하고 지옥의 활활 타오르는 불속으로 보낸다. 한번 생각해 보자. 우리의 좋은 친구인 룸메이트가 형벌을 받게 하고 암암리에 우리를 해치는 나쁜 사람이라면, 우리는 어떤 느낌을 갖겠는가? 번뇌가 자신의 최대 원수라는 것을 분명하게 안 뒤에도 여전히 깨어나지 못하고 분연하게 노하여 없애버리지 않는다면, 세상 사람이 자신과 민족을 배신한 간신을 매우 미워하며 제거하지 못하는 것과 같다. 이것은 매우 이치에 순응하지 못한 나약한 사람의 행위이며 등뼈가 없고 기개가 없는 소인의 행위로, 일체 제불보살과 지혜로운 사람이 나무라는 부분이다.

많은 세상 사람들은 원수에 대하여 매우 분노하여 한시도 복수하는 것을 잊지 않는다. 만약 어떤 사람이 담이 아주 작아 원수를 마주할 용기가 없다면 세상 사람들은 분명 그를 조롱할 것이고, 그에게 관심을 가지는 사람을 나무랄 것이다. 존엄성을 지키지 못하니 너무 줏대가 없다. 그러나 너무 슬프게도 세상 사람들은 경미하게 그들을 해치는 사람에 대해서는 싸우려 들면서, 자신의 진정한 원수는 놓아준다. 무시이래로 이 원수는 어두침침한 구석에 숨어서 악랄하게 보통사람들을 해치면서 감당할 수 없는 고통스런 참극을 만들었다. 현재 이 원수를 똑똑히 본 뒤에 소리도 지르지 못하고 기꺼이 참으려고 한다면,

이러한 태도는 어떤 사람에게도 조금의 이익도 가져다줄 수 없다. 오히려 번뇌를 더욱 득의양양하게 만들 것이니, 이 인내는 부끄러운 나약함이다.

우리는 분연히 일어나 번뇌에 대하여 성내는 마음을 내야만 한다. 이 성냄은 번뇌라는 적진의 구성원이 아니다. 그것과는 상반되는 지혜의 성냄이며 번뇌라는 적군을 소멸시키는 선봉장이다. 일체 제불보살은 이렇게 우리에게 알려 준다. "번뇌라는 원수에 대하여 참는 것은 완전히 잘못된 행위이다. 해탈하고 싶어 하는 모든 대장부들은 성내는 마음을 내어 번뇌와 결전을 벌여야 한다." 이전의 대수행자들은 모두 이와 같이 우리에게 보여주었다.

『대원만전행인도문』에서 분공쟈(奔公甲) 게쉐(格西, '강백'이라는 뜻)의 일화를 소개하였다. 게쉐는 자신이 번뇌에 기만당함을 발견하고 법당을 꾸밀 때, 분노에 대하여 성난 마음이 일어 먼지 한 줌을 쥐어 공양 올리는 단壇에 뿌렸다. 이것은 사실상 분노라는 원수를 향해 뿌린 날카로운 칼이다. 그는 선행의 표면 아래에 번뇌라는 음험한 원수가 숨어 있다는 것을 인식하였기 때문에 이러한 용감하고 과감한 행동을 하였다. 파탕빠상제(帕蕩巴桑結) 존자도 이 한 줌의 먼지는 티베트 수행인 중의 가장 큰 공양이라고 찬탄하였다. 요의공양了義供養은 수행하는 공양이며, 수행의 근본 중심은 바로 번뇌를 인식하고 아울러 온갖 방법으로 그것을 무너뜨리고 소멸시키는 것임을 우리는 안다. 분공쟈 게쉐의 이 한 줌 먼지는 바로 번뇌를 다스리는 수행이다. 그러므로 파탕빠상제 존자가 그렇게 찬탄한 것이다.

우리가 선현들의 수행의 길을 따르면서 매번 스스로 계속되는 번뇌를 깨달은 뒤에는 절대 순종해서는 안 되고, 분노의 마음으로 확실하게 그 목을 꽉 잡아야만 한다. "흠, 성내는 마음, 네가 감히 일어났어! 흠, 탐욕심, 네가 또 감히 귀찮게 하는군. ……" 그러한 후에 상사 여의보가 실행한 것처럼 해야만 한다. "스스로 탐하는 마음과 성내는 마음이라는 번뇌가 일어났을 때, 아주 잘 돌·몽둥이로 자신을 한 번 때려 번뇌라는 원수에게 깊은 교훈을 줘서 아주 온순하게 만들어 조금도 수월한 기회를 주지 말아야 한다."

縱使天非天 齊來敵對我 종사천비천 제래적대아
然彼也不能 擲我入無間 연피야불능 척아입무간
强力煩惱敵 擲我入獄火 강력번뇌적 척아입옥화
須彌若遇之 灰燼亦無餘 수미약우지 회신역무여

가령 모든 천신과 아수라가
일제히 와서 나와 적이 되더라도,
그들은 우리를 무간지옥에 빠뜨릴 수 없다.
사나운 번뇌라는 원수는
나를 찰나에 지옥 불구덩이 속으로 던져버린다.
두려우리만치 훨훨 타는 지옥 불은
수미산을 만나도 재 하나 없이 다 태워버린다.

번뇌 원수는 우리에 대한 위협이 매우 크다. 밖에 있는 적은 그들이 어떤 정도의 위세와 신통력을 갖추고 있는가를 막론하고, 우리에 대한 위협은 번뇌라는 적에 비할 방법이 없다. 세상 중생은 위세가 가장 큰 사람도 천신과 아수라보다 낫지 않다. 설령 이 중생들이 함께 우리와 적이 되더라도 재산을 빼앗거나 신체를 손상시키는 것을 제외하고 또 무슨 위험이 있을 수 있는가? 설령 가장 흉악한 적이라 하더라도 그들의 가장 혹독한 수단은 단지 칼로 찔러 죽이기, 대포로 쏘아 죽이기, 수레로 찢어 죽이기 등으로 우리를 아주 짧은 시간 내에 괴롭혀 죽일 뿐이다. 이러한 고통은 지옥 고통에 비하자면 근본적으로 고통으로 칠 수도 없다. 번뇌라는 적은 일단 발작하면 한 찰나에 우리를 지옥의 끝없이 뜨거운 불구덩이 고통 속으로 던져버릴 수 있다. 어떤 사람들은 번뇌의 충동으로 짧은 시간 안에 살인·오무간죄·밀승 금강상사를 비방한 것 등의 중죄를 짓는 것을 우리는 볼 수 있다. 그들의 순간 번뇌가 무수겁의 지옥 고통을 불러온다. 번뇌의 힘 외에 누가 이런 능력을 가질 수 있는가?

『별해탈경』에서 "독사를 만나면 가장 심한 것이 생명을 잃는 데 불과하다. 번뇌를 다스리지 않으면 계율을 범하여 십만 겁 동안 지옥에서 고통을 받는다."라고 말하였다. 만약 세상의 적이라면 일생을 다하더라도 수십 년 동안 고통을 받게 한다. 그러나 번뇌가 우리를 지옥에 빠뜨려 고통 받는 시간은 천백억 년·십억 겁으로 계산해야 한다. 뿐만 아니라 고통의 정도는 인간이 비교할 수 있는 것이 아니다.

『친우서』에서 "매일 삼백 개의 창으로 찌른들 지옥고의 터럭만큼이나 해당할까?"라고 말한다. 인간이 삼백 개의 긴 창으로 동시에 신체를 찌르는 혹형은 지옥에서 가장 가벼운 형벌과 비교해도 셀 수 없는 곱만큼 가볍다. 지옥의 훨훨 타오르는 불은 매우 사납고 맹렬하여 수미산이 이 불을 만나도 한 찰나에 재로 될 것이며, 먼지도 남기지 않을 것이다. 지옥에 떨어진 중생은 긴 시간 동안 이러한 맹렬한 불길에 타는 고통을 참아야 한다. 만약 굳세게 번뇌와 싸워 소멸시키지 않는다면, 그것은 시종 우리를 이 고통스런 불구덩이 속으로 밀어 넣을 것이다. 그러므로 설령 한 사람이 수많은 적을 이길 수 있어도 자기 마음속 번뇌를 이기는 것만 못한다. 『법구경法句經』「술천품述千品」에서 "수천의 적을 한 사람이 이겼다 하더라도 자신을 이기는 사람이 싸움에 있어 제일이 되는 것만 못하다."라고 말하였다. 자기 마음속 번뇌라는 적을 이길 수 있는 사람이 최상의 가장 용감한 전사이다.

吾心煩惱敵 長住無盡期 오심번뇌적 장주무진기
其餘世間敵 命不如是久 기여세간적 명불여시구

우리 마음속 번뇌라는 적은
시작도 끝도 없이 안주한다.
다른 어떤 원수도
이렇게 오래 해칠 수는 없다.

시작도 없는 윤회로부터 번뇌는 모든 중생의 마음속에 깊이 숨어서 끊임없이 중생들을 해치고 있다. 만약 우리가 다시 그와 분연하게 싸워 몰아내지 않는다면 계속 우리 마음속에서 "장생불로"하여 미래 기약 없는 시간에서도 쉬지 않고, 혹 손톱을 흔들며 차츰차츰 우리를 끝없는 악도의 고통 속으로 밀어 넣는 데까지 이르려고 할 것이다. 수행인들은 자신이 번뇌에 피해 받지 않은 시간이 얼마나 되는지 잘 생각해 보자. 하루도 없을 것이다. 이 비열하고 악랄한 적은 하루도 우리를 가만두지 않는다. 어떤 사람은 낮에는 자신의 마음이 좀 청정하다고 느낀다. 그러나 밤이 되면 번뇌가 독사처럼 소굴에서 나와 마음은 대단히 혼란스럽게 요동쳐서 불안해지기 시작한다. 어떤 사람은 오전에는 좀 침착하지만, 오후에는 또 번뇌가 시시각각으로 기회를 엿보아 소란을 피우기 시작하여 괴롭힘을 당하곤 한다.

현재 수행인들은 번뇌가 보통 적이 아니라는 것을 분명하게 알아야만 한다. 그의 잔혹한 압박은 영원히 스스로 멈추지 않을 것이다. 만약 마음 바닥에서부터 번뇌에 대한 인식과 다스리겠다는 결심이 생겼다면, 당신은 이 『입보리행론』을 훌륭히 받아들이게 된 것이다. 현재 번뇌라는 이 원수의 베일을 걷어내려고 할 때, 어떤 사람이 아직 알지도 못하거나 아는 척하면서도 전력으로 이 논에 대하여 문·사·수 행을 하지 않는다면, 스스로 자기 구원의 기회를 놓치는 것이다. 이러한 사람들이 스스로 총명하다고 여기니 도리어 지난날 잘못한 죄과를 얻을 뿐이다.

번뇌라는 원수가 우리를 해치는 시간은 세상의 적과는 비교할 방법이 없다. 세상에 우리를 해치는 사람이 있다고 해도 최대 몇 년·몇십 년에 불과할 뿐이다. 예를 들어 미국인과 아랍인과의 마찰은 지금까지 계속되고 있다. 쌍방이 유달리 분노하고 고통스러워하지만, 실제 이러한 고통의 시간은 결코 길지 않다. 만약 그들이 자신을 반성할 수 있다면, 번뇌의 적이 그들을 해친 것이 무시이래로 셀 수 없을 정도로 이미 더 심한 고통을 만들었음을 알게 될 것이다.

『대지도론』에 "잠 못 이루는 밤 길고, 피로에 지친 길 멀어라. 어리석어 긴 생사윤회에 빠지니, 정법을 알지 못함 때문이로다."라는 말이 있다. 잠 못 이루는 사람은 밤이 길어 견디기 어렵다고 여길 것이고, 길가는 사람은 피로할 때 여정이 너무 멀어 도달할 수 없다고 느낄 수 있다. 마찬가지로 어리석은 사람의 입장에서 말하자면, 생사 가운데에서 긴 시간을 윤회하는 것은 정법을 알지 못하기 때문이다. 우리가 시작 없는 윤회를 해온 이래로 정법을 몰라서 번뇌를 다스릴 필요를 알지 못하였다. 그러므로 번뇌의 뿌리가 아주 깊이 자신의 마음속에 자리잡고 있다. 뿐만 아니라 결탁한 습관은 매우 완고하여 세력이 크다. 지금 그것을 제거하려고 하면 반드시 지혜·용기·의지가 필요하다.

인도 잔자궈매(暫扎果麥) 논사는 "시작 없는 옛적부터 어리석음이 마음에 자리잡은 것은 오랫동안 중병을 앓는 것과 같다. 지랄병으로 손발을 잘라도 약이 적으니 어찌 효과를 기대하겠는가?"라고 말하였다. 우리가 번뇌를 치료하려고 한다면 반드시 불법을 실천하는 데 자신의 일생을 던져야만 한다. 많은 세월을 살 수 있다면 그 많은 시간을 문·사·수聞思修 행行을 해야만 한다. 이전의 대수행자들은 모두 이렇게 어려서부터 원적圓寂할 때까지 끊임없는 노력을 기울여 번뇌를 이기고 법성法性을 증오證悟할 수 있었다. 겔룩파의 거등레빠(噶登惹巴) 강백은 "나는 11살부터 경론을 듣고 생각하기 시작하여 지금 70여 세에 이르렀으며, 그동안 매일 경론에 대한 문·사·수 행을 중단한 적이 없다. 60여 년의 노력을 통해 결국 불법의 심오한 뜻을 진정으로 증득하였다."라고 말하였다.

우리가 불법을 배우고 번뇌의 습기를 다스리는 이 과정은 물을 거슬러 배를 젓는 것과 같아 나아가지 않으면 물러난다. 번뇌의 습관은 힘차게 아래로 흘러가기 때문에, 우리가 만약 다소 긴장을 늦추어 방일하면 바로 번뇌에 역전당하여 앞에 쌓은 공은 다 없어진다. 불법을 닦는 것은 사회에서 어떤 기상천외한 사람이 특이한 기능을 배우는 것이 아니다. 매우 괴팍하게 며칠을 들볶는 것이 어떻게 할 수 있는 특이한 기능을 가진 것이라고 말하겠는가? 자신을 속이고 남을 속이는 것이 나와 남에게 가져다주는 것은 끝없는 악업이다. 불법을 수지하는 데는 진실한 노력을 기울여야만 한다. 한 발자국 한 발자국, 아주 착실하게 하여 항상 끊임없는 노력 정진만이 번뇌를 항복시킬 수 있고, 진실한 학문과 성취를 가질 수 있다.

若我順侍敵 敵或利樂我 약아순시적 적혹리락아
若隨諸煩惱 徒遭傷害苦 약수제번뇌 도조상해고

만약 내가 원수를 공경으로 받든다면
그 모두가 이익과 행복을 가져오지만,
이 번뇌를 잘 따른다면
훗날 오는 건 상처와 고통을 받을 뿐이다.

번뇌는 악독하고 위험한 적으로 세상의 적과는 다르다. 인간 세상의 원수는 가령 쌍방이 피를 본 원수로 대대로 적이 되더라도 우리가 아주 공경스럽게 복종하여 그가 말한 대로 따르고 온갖 방법으로 기쁘게 하면, 상대도 결국 사람인지라 아마도 마음을 바꾸어 대립을 멈추고 화해할 것이다. 그는 이것으로써 나를 해치지 않을 뿐만 아니라 도리어 나에게 많은 이익과 안락을 가져다줄 것이다. 사람이 아니라 사나운 야수도 마찬가지이다. 우리가 선량한 마음을 가지고 늘 은혜를 베풀면 그들도 원수를 은인이라고 여겨 우리를 도울 것이다. 세상에서 원수가 친구로 바뀌는 것은 늘 보는 일이다. 그러나 번뇌는 절대 그렇지 않다. 만약 우리가 순종하여 그가 계획한 대로 따르더라도 그는 우리에게 조금도 다정하게 대하지 않을 것이다. 도리어 우리에게 더 많은 해를 가져다줄 것이다. 그는 말거머리처럼 육체가 부드러운 곳일수록 더 심하게 파고 들어가고 피를 빠는 것도 더 사나와진다. 예를 들어 어리석음의 번뇌에 순종하면 하루 10시간을 자도 여전히 만족할 줄 모르고 더 길게 자고 싶어 한다. 탐욕스런 마음과 성내는 마음도 이와 같다. 만약 그에 순종하면, 『불자행佛子行』에서 "일체의 미묘한 욕심은 소금물 같아 어떻게 만족시키든 간에 점점 더 탐욕스러워진다."라고 말한 것과 같을 것이다.

우리가 무량한 겁 동안 받은 고통은 번뇌에 순종하여 계속 대항하지 않아서 초래한 것이기 때문이다. 이것은 한 사람이 풀숲에서 독사를 만났는데 어떠한 조치도 취하지 않고 독사에게 물려 독이 온몸에 퍼진 뒤에 처참하게 죽은 것과 같다. 우리가 만약 번뇌를 항복시키지 않는다면 그에게 완전히 제압당할 것이고, 그러한 후에는 자신을 지옥 불구덩이로 밀어 넣을 것이다. 우리가 그 앞에서 말을 잘 들을수록 점점 우리를 더 비참하게 해친다.

그러므로 고통에서 해탈하려면 반드시 번뇌를 항복시켜야 하며, 번뇌를 항복시키기 위해 역대 고승대덕은 우리에게 많은 비결을 알려주었다. 『수심팔송修心八頌』에서 "매 행동마다 자기 마음을 살펴 번뇌가 막 싹터 자신과 타인을 해칠 때를 당하여, 빠르게 꾸짖어 없애버릴 수 있기를 원하옵니다."라고 말하였다. 바로 그 안에 한 수승한 비결이 있다. 당연히 만약 위없는 대원만을 이룬 정견 지혜를 가지고 그의 원래 모습을 비추어 깨뜨려 도망갈 곳 없이 흔적조차 사라지게 한다면, 이때 그것은 조금도 우리를 해칠 수 없게 된다. 그러나 그 본성을 아직 인식할 수 없을 때, 우리는 번뇌가 막 싹이 터 아직 자리잡기 전에 여러 방법으로 그를 항복시킬 뿐이다.

無始相續敵 蘖禍唯一因 무시상속적 얼화유일인
若久住我心 生死怎無懼 약구주아심 생사즘무구

이처럼 한없이 머무는 원수가
업보를 기르는 유일한 원인이 되어
이미 내 마음속에 머문다면
이 윤회에 대해 어찌 두렵지 않겠는가?

번뇌는 시작 없는 옛적부터 계속 끊임없이 우리와 적이 되었다. 과거·현재·미래를 막론하고 한시도 이유 없이 작업을 멈추지 않았다. 그는 해침과 고통의 근원이다. 중생의 윤회 속에 만난 일체 악연의 고통, 그것을 만들고 조종한 것이 바로 번뇌이다. 만약 번뇌가 없다면 중생은 아마도 삼악도에 떨어지지 않을 것이고, 재난이 생기지 않을 것이고, 또 각종 질병·기아 등이 생기지 않을 것이다. 우리가 경전과 논증으로 깊고 세밀하게 관찰한다면 명확하게 이해할 수 있다. 번뇌는 윤회 속 일체 고통을 만들었으니, 그가 바로 세상 중생의 최대 적이다.

불경에도 본사 석가모니불이 한 국왕에게 알려 주신 것이 기록되어 있다. "세상의 적들은 결코 대단한 원수가 아니다. 당신을 해치는 가장 큰 적은 번뇌이다." 삼계를 윤회하는 중생은 모두 이러한 원수의 압박을 받고 있다. 그러나 절대다수의 사람들은 이 점을 결코 알지 못한다. 많은 사람들은 도리어 번뇌를 가장 친밀하고 가장 좋은 친구로 여긴다. 더욱이 불법을 들은 적이 없는 사람들은 번뇌를 찬탄한다. 탐내는 마음이 큰 사람은 포부가 있다고 말하고, 성내는 마음이 큰 사람은 용감하다고 칭찬한다. 이런 흑백을 전도시키는 어리석은 무리들이 세상 어디에나 있다.

번뇌의 해로움은 이처럼 잔혹하고 오래간다. 뿐만 아니라 저절로 끊어지거나 변하지 않고 계속해서 번뇌를 가지고 사는 중생을 반드시 윤회의 고통 속으로 빠뜨리기까지 한다. 생사윤회를 초탈하여 자유자재하고 비할 데 없이 안락한 상황은 우리와 인연이 없다. 우리는 대수행자들이 번뇌를 이겨내었고, 이로 인해 어떤 환경에 있건 간에 즐거워하는 것을 볼 수 있다. 밀라레빠 존자는 「수행인의 즐거움(修行人的快樂)」이라는 노래에서, 수행인은 "고난이 깊을수록 즐거움이 깊나니, 이는 병 없는 것보다 더 즐겁다네! 일체의 고통이 즐거움으로 변하나니, 깊은 즐거움이여, 드물고 기특하도다!"라고 노래하였다. 그러나 어떤 사람이라도 만약 그 마음속에 번뇌라는 큰 적이 살고 있다면 계속 끊이지 않는 고통이 있을 것이고, 생사에 있어 끝내 두려움 없는 안락을 얻을 수 없다.

生死牢獄卒 地獄劊子手 생사뢰옥졸 지옥회자수

若皆住我心 安樂何能有 약개주아심 안락하능유

번뇌는 우리를 생사 지옥에 묶는
포졸이나 형을 집행하는 망나니와 같으니,
내 마음속 탐욕의 그물 안에 머문다면
어떻게 안락할 수 있겠는가?

삼계 중생은 번뇌의 속박 때문에 줄곧 해탈할 수 없었다. 그러므로 이 게송에서 번뇌를 우리를 생사윤회 속에 묶어두는 포졸로 비유하였다. 그는 우리를 아주 단단히 감시하고 밤낮으로 조금도 느슨하게 두지 않아 약간의 자유도 얻지 못하게 한다. 이러할 뿐 아니라, 번뇌는 늘 우리를 지옥으로 잡아가고, 또 스스로 망나니가 되어 각종 형벌로 괴롭힌다. 우리는 많은 지옥에 대한 묘사를 통해 대략 그 상황을 안다. 예를 들어 불타는 지옥에서 많은 중생은 커다란 기름 솥에 던져져서 튀겨지고, 만약 기어오르려고 하면 망나니들이 각종 병기로 죽여서 다시 기름 솥으로 빠지게 하여 벗어날 방법이 없다.

이러한 악랄한 포졸과 망나니는 우리에게 이처럼 무서운 고통을 받게 할 수 있을 뿐 아니라, 더 두려운 것은 그들이 여전히 우리 마음속에 살고 있으면서 한시도 우리를 떠나지 않고 시시각각 기회를 틈타 우리를 해친다는 것이다. 이렇게 무서운 환경에서 어떻게 안락할 수 있겠는가? 근수취자 린포체가 "번뇌는 이리와 같고 중생은 양과 같아, 양의 무리에 한 마리 이리가 있다면 양들은 분명히 안락하지 않을 것이다."라고 말하였다. 미륵보살도 『경관장엄론』에서 중생, 계율을 해치는 등 번뇌의 재난을 명시하였다. 이것들은 우리에게 끝없는 고통의 번뇌를 가져다주어, 그들이 떠나지 않으면 우리는 안락할 수 없다.

『입행론』에서는 더 많은 비유를 하였다. 이 교묘한 비유는 우리가 명백히 밝힌 의리義理를 사실적으로 이해할 수 있게 한다. 그러나 수행인들은 주의해야 한다. 만약 이 비유들을 자세하고 깊게 분석하지 않고, 그 내용을 평범하게 겉으로만 해석하면 그 깊은 함의에 대한 이해를 놓치게 된다. 어떤 사람들은 간혹 이러한 이유로 이 글에 대해 무시하는 마음과 삿된 견해를 내어 『입행론』의 내용이 천박하고 통속적이며, 또 너무 중복되어 있으므로 이렇게 많은 시간을 들여 암송하고 생각할 필요가 없다고 여긴다. 몇 년 전에 내가 이 『입행론』을 강의할 때, 어떤 학생이 나를 찾아와 유사한 관점을 이야기했다. 당시 나는 매우 화가 나고 또한 그가 걱정이 되었다. 나중에 과연 그는 수행하는 과정에서 많은 악연을 만났는데, 이것은 그가 이 논에 대하여 삿된 견해를 낸 것이 불러온 업보라고 생각한다. 수행인들은 이것을 경종으로 삼으시기 바란다.

『입행론』에서 분명하게 밝힌 은밀한 뜻·속뜻에 대하여 내가 비록 완전하게 통달했다고 말할 수는 없어도 이 논에 대하여 진정한 신심을 가지고 있다. 아마도 전생의 인연인가 보다. 이 세상에서 처음 이 법본法本을 보았을 때 마음이 매우 기뻤고, 이 논에 대하여 반복적으로 듣고 외우고 사유하였으며, 비교적 깊은 이해를 하였다. 수행인들은 이 논의 어떠한 내용에 대해서라도 의혹이 있으면 의견을 제기할 수 있으며, 나는 기꺼이 수행인들과 같이 연구하기를 원한다. 한편으로 우리가 이 논의 매 게송을 안내(指導)로 삼아 실제로 수행을 하고, 또 한편으로는 토론하는 방식으로 매 어려운 문제에 대하여 연구를 하는 것이다. 만약 논의 매 구 게송에 대하여 반복적인 사유를 하면 모두 그 안의 매우 깊은 의미를 발견할 수 있을 것이다.

(2) 번뇌를 참지 못함

乃至吾未能 親滅此惑敵 내지오미능 친멸차혹적
盡吾此一生 不應舍精進 진오차일생 불응사정진
于他微小害 尚起嗔惱心 우타미소해 상기진뇌심
是故未滅彼 壯士不成眠 시고미멸피 장사불성면

그래서 나는 이 원수를 눈앞에서 확실히 없앨 때까지
정진하는 것을 포기하지 않겠다.
잠깐의 작은 해침에도 성내는 마음을 일으키며
저 악독한 적군을 소멸시키지 못한다면 진정한 대장부로서 잠을 잘 수 없다.

번뇌에는 위에서 말한 여러 가지 재난이 있다. 우리가 이 점을 분명하게 안 뒤에도 없애지 못했다면, 자신과 독사가 같은 방에서 잠자는 격이라 여기고 직접 독사의 위험을 없애기 전에는 절대 편안하지 못한 것처럼 보아야 한다. 우리가 만약 방일하게 하루하루를 보낸다면, 표면적으로는 한가롭고 편안한 것처럼 보이지만, 이러한 방일은 우유와 같으며 번뇌라는 독사가 가장 좋아하는 먹을 것으로 그 독사는 우리의 방일을 먹은 뒤에 더 독하게 변할 것이고, 이후 우리에 대한 해로움은 더욱 깊어짐을 알아야 한다. 우리가 직접 번뇌를 소멸시키기 전에는 시종 그 위협 속에 살고 있는 것이므로 시시각각 그 해로움을 받으며 지옥으로 떨어진다. 그러므로 우리는 한시도 게으르고 방일해서는 안 되며, 최대한도로 정진하여 이 무서운 번뇌라는 적군을 없애는 데 노력해야만 한다.

세상의 보통사람들 중 만약 어떤 사람이 자기에게 해를 끼친다면, 이 해가 그렇게 중하지 않다고 하더라도 자신도 역시 아주 큰 분노를 일으켜 온갖 방법으로 상대방에게 보복할 것이다. 사실 세상 사람들 상호 간의 해침은, 번뇌가 만든 해침과 비교해 보면 결코 큰 재난으로는 여겨지지 않는다. 그러나 약간의 담력과 식견을 가진 사람들은 이 작은 상해를 마주하고는 도리어 밤낮으로 노력하여 그 재난을 제거한다. 그렇다면 시작 없는 옛적부터 자신에게 해를 심하게 끼친 번뇌라는 적에 대해서는 왜 깨끗하게 복수하여 철저하게 제거하지 않는가? 진정 지혜 있고 기개 있는 사람이라면, 더욱이 진정 대웅여래大雄如來의 후손이 되고 싶고 영웅적 기개를 가진 대장부가 되고 싶은 사람이라면 이 불구대천의 원수를 마주하고서 시작 없는 옛적부터 자신을 함부로 해친 치욕을 마주하고, 이 번뇌라는 악한을 철저하게 없애 치욕을 씻지 않고서야 어떻게 편안히 잘 수 있겠는가?

만약 번뇌에 대한 뚜렷한 인식을 가지고, 이러한 결심을 낼 수 있다면, 아주 큰 곤란이 있더라도 스스로 노력하고 정진하는 것을 포기하지 않을 것이다. 번뇌의 힘은 아주 커서 우리들 중의 몇몇은 지금도 다스릴 능력이 없다. 때문에 반드시 먼저 번뇌에 대한 깊고 뚜렷한 인식으로 번뇌가 자기에게 끼친 세세생생의 해를 분명히 알아야만 한다. 그 후에 스스로 번뇌를 항복시키겠다는 큰 결심을 내어 여러 가지 비결에 의지하여 번뇌를 끊어야 한다. 당연히 어떤 사람들은 깊은 식견을 가지고 있어 대원만의 방법으로 번뇌의 가면을 벗겨내어 그를 노예로 만들어 수행을 하는 데 봉사하게 한다. 이것은 여기에서 말한 번뇌를 없애는 것과 결코 모순되지 않는다.

列陳激戰場 奮力欲滅除 열진격전장 분력욕멸제
終必自老死 生諸苦惱敵 종필자로사 생제고뇌적
僅此尚不顧 箭矛著身苦 근차상불고 전모저신고
未達目的已 不向後逃逸 미달목적이 불향후도일

병사들이 격렬한 전쟁터에서 힘을 다해 항복 받길 원하는 것은 저절로 늙어 죽음에 이르는, 모든 고뇌를 주는 원인인 적들이다. 그래도 그들은 화살과 창에 몸이 상처 입는 고통을 돌보지 않고 목적을 달성하기 전에는 절대 뒤로 물러나지 않는다.

여기에서는 양군 진영이 교전을 벌이는 것으로, 우리는 번뇌와 싸워 비겁하게 물러나서는 안 됨을 비유하였다. 작가는 이러한 비유를 들어 생동감 있고 친숙하게 설명하려고 하는 내용을 분명하게 밝혔을 뿐만 아니라 우리는 또 그 안에서 작자가 생활한 시대의 사회 풍경을 볼 수 있다. 불교 경전에서 강한 고대 생활의 분위기를 가지고 있는 묘사는 우리 모두를 부처님, 혹은 작자와 같은 시대의 공간으로 돌아가게 하여 일종의 친밀감을 증가시켰다. 당연히 이러한 비유는 사람들 모두가 알 수 있을 것 같다. 그러나 그 안에 함유되어 있는 뜻은 깊은 사유와 분석을 거치지 않고는 얻기 힘들다.

안타깝게도 어떤 사람은 이러한 비유를 한 번 보고서는, 즉시 "알았어. 생각할 필요 없어……."라고 생각해서 자신이 얻어야만 하는 것을 잃게 된다. 상사 여의보 역시 "우리가 법을 듣는 과정에서 만약 '이해하기 쉽다', 혹은 '나는 이미 쉽게 통달했어'라는 생각이 일어나면 이것은 큰 마장이다."라고 강조하였다. 일반적으로 말해서 약간 지혜가 있는 사람은 비교적 이러한 오만이 자라기 쉽다. 수행인들은 반드시 주의해야만 한다. 진정한 수행인과 비교했을 때 자신의 교학 수준은 불쌍할 정도로 낮으므로 아주 착실하게 듣고 생각해야만 한다. 불법은 세간법과 달라, 세상의 학문은 한두 번 연구하면 정점에 이를 수도 있지만 불법을 배우는 것은 샘물을 파는 것과 같아서, 깊이 파면 팔수록 흘러나오는 샘물은 더욱 많고 더욱 달다.

우리가 불법을 배우고 닦을 때에는 게으른 마음을 가져서는 안 된다. 당신의 학문이 얼마나 높은가를 막론하고 아주 겸손하게 마음을 비워야만 비로소 불법을 듣고 생각하는 가운데 이익을 얻을 수 있다. 이전에 대만 교육청의 청장인 주周 거사는 일생 교육 사업에 종사하였고 매우 높은 학문을 가지고 있었지만, 후에 이병남李炳南 노 거사 앞에서 불법을 배울 땐 그 태도가 매우 겸손하고 성실하였다. 당시 문화계 유명인의 칭찬을 들었는데, 그 자신도 진실한 법의 이익을 얻었다.

다시 이 비유를 보면, 고대에 양군이 교전할 때 대부분 각종 활과 화살·긴 창·칼 등 예리한 병기를 이용하여 쌍방이 진열을 갖추고 그러한 후에 서로 베고 쏜다. 격전 중에 용감한 장수가 모종의 목적을 위하여 일체의 죽음이나 상처를 두려워하지 않는 기개로 용감하게 적들을 없애버린다. 그러나 우리가 지혜를 가지고 관찰하면, 장수가 얼마나 용감하고 날쌔서 죽음이나 상처를 두려워하지 않는지 논할 것 없이 그 목적은 적을 없애려고 하는 것일 뿐이라는 것을 알 수 있다. 사실상 이 적들은 어쨌든 저절로 죽을 것이다. 가령 남섬부주의 사람 전부가 당신과 적이 될지라도 당신이 힘써 목숨 걸고 싸울 필요는 없다. 그들은 늦건 빠르건 모두 무상에 먹혀 죽을 것이다. 그러므로 길게 보면, 당신이 그들을 항복시킬 필요가 없다. 뿐만 아니라 이 적들도 매우 불쌍해서 늘 번뇌라는 고통에 시달리고 해를 당하여 자주성이 없다. 그러나 이러한 "죽을 날이 멀지않은 늦가을의 메뚜기" 같은 적군을 세상 사람들은 애써서 무너뜨림이 마치 가을바람에 낙엽 떨어지는 것처럼 싹 쓸어버린다.

전쟁터에서 돌격할 때 장수들은 근본적으로 생명을 돌아보지 않는다. 설사 몸에 화살이나 창에 찔린 상처가 있어도 갑옷을 버리고 도망갈 수 없다. 군대 장군도 장수들에게 적을 붕괴시켜 없애기 전에는 절대 뒤로 물러날 수 없다고 명령한다. 그렇지 않으면 벌을 받는다. 수행인들은 이전에 전쟁 영화를 본 적이 있고, 혹 어떤 사람들은 직접 전쟁에 참여한 적이 있으니 대체로 알 수 있을 것이다. 세상 사람들은 모종의 목적을 달성하기 위하여 왜 피투성이가 되어 싸우며 생사를 서로 다투는가. 그렇다면 우리는 또한 번뇌라는 적군과 싸움을 벌여야만 한다. 어찌 곤란함을 두려워하여 분투하지 않을 수 있겠는가.

況吾正精進 決志欲滅盡 황오정정진 결지욕멸진

恒爲痛苦因 自然煩惱敵 항위통고인 자연번뇌적

故今雖遭致 百般諸痛苦 고금수조치 백반제통고
然終不應當 喪志生懈怠 연종불응당 상지생해태

이러할진대 하물며 내가 바르게 정진하면서 뜻을 세워
늘 고통의 원인이 되는 번뇌의 적을 없애고자 함은 어떠하겠는가?
비록 지금 여러 가지 악연을 만났을지라도,
투지를 상실하고 나태해져서는 안 된다.

세상 사람들은 보통 적을 없애기 위해서도 이렇게 용감하며 목적을 달성하기 전에는 절대적으로 편하게 쉬지 않는다. 그런데 하물며 우리 출가 수도인이 궁극적으로 성취해야 하는 두 가지는 자리自利와 이타利他이다. 이 두 가지 사업은 어느 것도 이에 필적할 수 없다. 우리는 이 목표를 달성하기 위하여 시작 없는 옛적부터 줄곧 우리를 해친 매우 음험하고 악독한 번뇌라는 적과 결전을 하고 이 완강하고 흉악하여 대대로 원수가 되었던 적을 이기려고 하는데, 어찌 곤란함을 참지 않을 수 있으며 어찌 비겁하게 물러나려는 마음을 낼 수 있겠는가? 우리의 전투는 세상의 전쟁과는 크게 다르다. 우리가 대치하려고 하는 적은 근본적으로 세상의 적이 비유할 수 있는 대상이 아니다. 번뇌를 끊은 뒤에 얻는 해탈이라는 승리는 세상 사람들이 미칠 수 있는 것이 아니다.

번뇌라는 적이 우리에게 끼친 해로움은 시작 없는 윤회에서부터 끊긴 적이 없다. 그는 일체 고통의 근본 원인으로 우리의 삶과 같이 온 적이다. 그는 매우 완고하고 흉악하며 그 세력은 일체 세상의 적을 초월한다. 세상의 적은 그와 비교하면 풀 위의 이슬과 같아

곧 저절로 없어지므로 우리가 이러한 적과 목숨 걸고 싸울 때에 얼마나 많은 어려움이 있을지, 얼마나 다양한 심신의 고통을 받을지 의심할 여지가 없다. 평소에 "도道의 높이가 1척(척은 장丈의 1/10)이라면 마장의 높이는 1장이다."라고 말한다. 수행을 조금이나마 정진해 보면, 여러 악연으로 외계 환경의 악연·내재적 악연 등이 거의 계속 나온다. 번뇌라는 마군이 미친 듯이 반격하면 이에 따라서 생겨난다. 우리가 이러한 고통을 만났을 때 절대로 나약해져서는 안 된다. 어떤 사람들은 막 학원에 왔을 때 살 곳도, 먹을 것도, 입을 것도 없었다. 이러한 것들은 작은 곤란함일 뿐 근본적으로 이 때문에 배우고자 하는 결심을 후퇴시킬 수는 없다. 고승대덕의 전기를 보면 티베트불교에 고행을 닦지 않은 조사는 한 분도 없다. 또 중국의 『고승전』을 한번 보더라도 그들이 수도하는 과정에서 어떻게 곤란함을 직면하였는지 알 수 있다. 역시 황족 출신의 대덕들이 출가 후 의식이 부족한 곤란한 생활환경에서 각종 악연을 만나 고통을 겪으면서도 비겁하게 물러난 적이 없음을 알 수 있다. 우리는 이러한 선배들이 해탈이라는 전쟁터에서 피투성이가 되어 싸우며 흘린 뜨거운 피의 흔적을 따라 용감하게 번뇌란 적을 무찔러야만 한다.

어떤 사람들은 수행하다 장애를 만나면 즉시 나약한 마음이 일어나 자신의 용기와 역량이 감퇴되어 버리고 불안해하며 안절부절 못한다. 이러한 상황일 때 당신은 세상 사람들이 개인의 작은 안락을 위하여 어떻게 화살과 돌을 피하지 않고 적과 생사를 건 결전을 벌였는가 생각해야만 한다. 현재 자신과 일체중생의 해탈이라는 대사업을 위하여 어떻게 나약해질 수 있는가? 근대 로나호투커투(諾那呼圖克圖)

대사 역시 "수행은 양군이 대치하여 결전을 벌이는 것과 같아서 이때는 목숨 걸고 전력투구해서 단숨에 해치워야만 한다."라고 말하였다. 우리는 반복해서 자신을 격려해야만 하고, 아울러 지성으로 상사 삼보의 가피를 얻기를 기도해야만 한다. "장수는 한 번 진격하면 다시 후퇴하지 않는다네!"라는 감개무량한 기백과 불퇴전의 각오로 번뇌라는 마군과 죽음의 결전을 벌여야만 한다. 자타 성불의 대업을 이루기 위하여 우리는 용맹정진의 큰 깃발을 높이 들고 출리심의 탱크군단, 보리심의 항공모함, 대공성의 은형隱形 비행기를 지휘하여 번뇌의 마군을 향해 맹렬하게 공격하여 그들이 매우 혼란스러워질 정도로 참패를 시키고, 최후에 그들 대본영에 대원만 핵폭탄을 투하하여 번뇌 마왕이 거느린 팔만사천 부대 모두를 소멸시켜야만 한다. 우리가 직접 탐욕·성냄·어리석음·오만·질투 등 다섯 마군의 괴수와 무명 마왕을 잡아야만 한다. 탐욕 마괴의 목을 베고, 분노 마괴를 바다에 빠뜨려 죽이고, 어리석음 악마를 불 속에 던져 재로 만들고, 오만과 악마를 높은 산에서 만 길 심연으로 던져 산산조각내고, 질투 악마는 깨끗하게 그의 내장을 모두 꺼내고, 최후에 무명 마왕은 대원만 핵탄두에 묶어 먼지도 없이 폭파시켜야 한다. 이때 우리는 철저하게 승리하는 것이며, 법계라는 무량한 집에서 수행인들과 함께 승리의 기쁨을 누린다.

壯士爲微利 赴戰遭敵傷 장사위미리 부전조적상
戰歸炫身傷 猶如配勳章 전귀현신상 유여배훈장
吾今爲大利 修行勤精進 오금위대리 수행근정진

所生暫時苦 云何能困我 소생잠시고 운하능곤아

장수가 세상 이익을 위해 전쟁에 나아가
몸에 상처를 남긴 것을 자랑하며 마치 훈장처럼 달고 다닌다.
나는 구경 성불이라는 큰 이익을 위하여 수행 정진하는데,
그 때문에 생기는 잠깐의 고통이 어찌 해가 되겠는가?

세상 사람들은 작은 이익을 위하여 원수와 크게 전쟁을 하며 서로 목숨 걸고 싸운다. 가끔 적에게 상처를 입어 몸에 주렁주렁 상처를 달게 되지만, 그들은 이 상처를 부끄럽게 여기지 않고 도리어 훈장으로 여겨 남들에게 자랑한다. "당신 보시오. 이것이 내가 모모 전투에서 용감하게 싸워서 상처로 남겨진 장식이요."

티베트의 입장에서 말하면, 자연환경의 영향으로 사람들이 용감하고 전투를 좋아한다. 즉 싸우는 풍속이 비교적 보편적이어서 사람들은 왕왕 머리의 상처를 가지고 그가 용감한지 나약한지를 판단한다. 티베트에 "가슴에 상처가 있는 사람은 영웅이고, 뒤통수에 상처가 있는 사람은 겁쟁이다."라는 속담이 있다. 그 의미는 가슴에 상처가 있는 사람은 분명 강적을 만나 일대일로 싸워 남은 상처이며, 만약 겁쟁이라면 적을 만나 뒤돌아 도망가다가 적에게 추격당하여 뒤통수에 상처가 남았다는 것이다. 작자의 비유를 본다면 당시 인도에도 이러한 풍속이 있었을 것이다.

나에게는 돈제커(敦杰克)라고 불리는 친척이 있었는데 지금은 죽었다. 그는 젊어서 특히 싸우는 것을 좋아해서 머리에 많은 상처가 있었다. 내가 어렸을 때 그에게 가면 그는 늘 "아, 이 상처는 누구누구와

싸워서 남은 것이고, 이거는 어떻게 해서 남은 것이고…….”라며 싸운 이야기를 해주었다. 매 상처마다 허풍떨고 자랑할 수 있는 경력이 되었고 사람들을 깜짝 놀라게 하는 이야기를 담고 있었다.

나의 고향 루어커마(羅科瑪)는 넓지 않지만 캉장(康藏) 일대에 위치해 있어 루어커마 사람들이 날쌔고 용맹스러워 싸움을 잘 한다는 것은 누구나 다 안다. 이전에 루어커마 사람들은 분쟁으로 싸울 때 쌍방이 먼저 시간·장소·증인을 정하고 시간이 되면 중간에 서서 긴 칼을 들고 선다. 사방은 증인과 관중들로 가득하다. 그러한 후에 결투 중에 한 사람이 먼저 상대 칼을 내리치고 상대가 다시 한 번 내리치고, 이렇게 돌아가면서 한 사람을 쓰러뜨리거나 혹은 쌍방이 넘어질 때까지 한다. 이 사람들은 한편으론 불쌍할 정도로 우매해 보이지만, 한편으로 세상 사람들 입장에서 본다면 매우 용감하다. 만약 그들이 요행히 죽지 않는다면 결투가 남긴 상처는 그의 눈에는 장엄하게 보일 것이며 또한 자랑으로 여긴다. 결코 이러한 결투에서 좌절당해 어려운 일이라고 여겨 두려워하지 않는다.

우리는 이생에서 자타의 구경 이익을 이루기 위해 용맹스럽게 불법에 정진하고 번뇌와 결투를 벌이니, 어찌 번뇌에 의해 만들어진 고통 때문에 나약해질 수 있겠는가? 우리는 여러 생 동안 조금도 실질적인 의미가 없는 일에도 그것들과 목숨을 걸고 싸웠고, 뿐만 아니라 상처를 입었으면서도 득의양양 교만하였다. 현재 자타 모두에게 진실한 큰 이익을 위해 번뇌라는 원수와 결투를 벌여야 하는데, 가령 번번이 상처를 입어 온몸에 상처가 나더라도 그것은 매우 큰 영광의 상징일 것이다. 우리는 일체의 행하기 어려운 고통을 참아야만 하고 어떠한 고통 때문에라도 나약해져서는 안 된다.

漁夫與屠戶 農牧等凡俗 어부여도호 농목등범속
唯念己自身 求活維生計 유념기자신 구활유생계
猶忍寒與熱 疲困諸艱辛 유인한여열 피곤제간신
我今爲衆樂 云何不稍忍 아금위중락 운하불초인

어부·백정·농부 등 평범한 사람들도
오로지 자신의 삶에 전념하면서 추위·더위·피곤함 등
많은 괴로움을 참아야 하는데,
중생의 안락을 위하려는 내가 어찌 고난을 참지 못하겠는가?

중생은 해탈도에 들어가지 않았을 때 여러 가지 작은 이익을 위하여 적과 목숨 걸고 싸우는 것을 두려워하지 않는다. 가령 평일에 대부분의 사람들이 생계유지를 위하여 각종 고통을 참아야만 하고 때로는 상상할 수 없는 어려움과 고통에 처하기도 한다. 세상에는 생계를 도모하기 위한 직업이 매우 많다. 예를 들면 사냥꾼·어부·도살자·농민·목부·소상인·수공업자 등 이러한 직업의 노동자들은 자기 생활을 유지하기 위하여 겨울에는 살을 에는 추위를 참아야 하고, 여름에는 혹독한 더위를 참아야만 한다. 기아와 피곤 등 각양각색의 고통을 참으면서 밤낮으로 끊임없이 열심히 일하는데도 평생 거의 편안하게 산 적이 없다. 그런 보통사람들을 한번 보면 그들은 비바람을 무릅쓰고 사방으로 바쁘게 뛰어다니며 하루 종일 아침부터 저녁까지 매우 바쁘게 자신의 정력을 다 쓰는 것이 마치 노예처럼 조금의 자유도 없지만,

그들의 목적은 한술 밥 먹는 것일 뿐이다.

요즘 나는 매일 오후 산 위 건축 공사장에 올라가 감독을 해야만 해서 책 볼 시간이 없어 좀 애석하게 여긴다. 그러나 공사장에 가서 건축 노동자들이 일하는 모습을 보면서 마음에 커다란 느낌이 온다. 그 노동자들은 나이가 많건 적건 간에 고향을 떠나 곳곳에서 막노동을 하는데, 구하는 것은 자신의 생계일 뿐 생활에 또 무슨 의미가 있겠는가. 그러나 그들은 이러한 아무 의미 없는 목적을 위하여 많은 고생을 하고 새벽부터 저녁까지 일한다. 태양이 아무리 내리쬐고 비가 아무리 세차게 내려도 등에 돌·흙·벽돌·재목 등을 지어야 한다. 그들의 이러한 힘든 막노동 일을 보면 분명 그들은 아주 힘들게 생활하며 다른 경제원이 없고 오직 피땀만으로 자신과 가족의 잠깐의 생계를 위해 목숨 걸고 일한다. 비교하자면, 우리 불법을 배우는 사람들은 일체중생의 영원한 구경 안락을 구해야만 하고 이 큰 목표를 위하여 대단히 정진 노력해야만 한다.

우리는 출가하여 불법을 배우면서 본사 석가모니불의 가피 아래 아주 평안하게 생활하고 스스로 사방으로 뛰어다니면서 일할 필요는 없다. 때론 번뇌로 근심하며 고통스러울 수는 있어도 그 또한 아주 잠깐일 뿐이고, 세상 사람들의 고통과 비교하면 아주 큰 차이가 있다. 나는 늘 주변의 스님에게 "당신은 출가인이 얼마나 즐거운지 압니까! 만약 당신이 재가자라면 당신은 가정과 아이들을 위하여 하루 종일 많은 일을 열심히 해야 한다. 그러나 우리는 현재 오직 자신의 밥값만을 걱정할 뿐, 이외에 생활 경비를 걱정할 필요가 없고 집안의 여러 일을 걱정할 필요가 없고 타인과의 모순을 생각할 필요가 없습니다.

지금 우리의 유일한 잡무는 밥 짓고 밥 먹는 것이고, 다 먹은 뒤에는 앉아 경론을 문사聞思하고 염불을 수지하는 안락을 누릴 수 있습니다. 매일 상사는 어머니처럼 인내심을 가지고 감로의 묘법으로 우리를 인도해 주십니다. 이러한 생활이 어디에 있겠습니까!"라고 말한다.

우리들이 만약 출가하지 않았다면 매일매일 둥지 같은 집을 위해 밤낮으로 열심히 일하며, 지금 일이 또 안정적이지 않아 수시로 일자리를 잃을 수 있고, 자기 일을 해도 수시로 재수 없게 파산할까 걱정하며, 가까스로 돈을 벌어도 온 집안 식구들이 먹고, 입고, 머무르고, 행동하는 데 지불하는 것이 얼마인지 모른다. 우리 출가자는 80년 동안 승복 한 벌을 입어도 만족하다고 여긴다. 그러나 세상 사람들은 하루에도 몇 벌의 옷을 갈아입어야 하고 머리와 몸에도 여러 장식들을 해야 한다. 아이가 생기면 부모 노릇을 하는 것이, 완전히 마소가 되어 끝없는 시중을 들며 어린아이를 겨우 잘 기르면 또 초등학교·중고등학교·대학 등 공부시켜야만 한다. 지출하는 비용이 일반 가정에서는 천문학적 숫자이다. 어찌 되었건 우리들이 입장 바꾸어 한번 생각해 보자. 재가신도는 하루 종일 열심히 일하느라 많은 괴로움과 고통을 참아야 한다. 또 지난 아시아 금융 위기를 한번 생각해 보자. 한국·일본·인도네시아의 많은 사람들이 스트레스를 참지 못하고 자살하였다. 일본에는 매년 '과로사'하는 사람들이 많이 있으며, 우리나라 남쪽 지방에서 임시직에 있는 사람들이 어떤 생활을 하는지, 우리들 대부분이 보고 듣는 것이다.

상사 여의보가 이전에 마얼캉(馬爾康)으로 문병을 가는데 차가 막혔던 일을 말하였다. 그는 많은 사람들이 길을 닦고 있는 것을 보았는데,

일하는 모습이 적천 논사가 이 게송에서 말한 것과 같았다. 세상 사람들이 날마다 이렇게 고생하는데, 그들이 얻는 것은 무엇일까? 어떤 경우는 심지어 풍족한 생활조차도 얻을 수 없다. 나는 늘 세상 사람들의 생애에 대하여 생각한다. 굉장히 고생스럽지만 무슨 의미가 있는가! 내가 태어난 가정을 가지고 말한다면, 우리 부모에게는 5명의 아이가 있다. 우리 형제 몇 명은 인연이 같지 않아, 몇 명은 사회에서 아침부터 저녁까지 매우 고생하는데도 겨우 자기 한 몸을 위해 살아갈 수 있을 뿐이다. 그들의 생활은 또 어떠한가? 그렇게 잘 먹지도 못하고 입는 것도 좋지 않다. 그 마음은 근심과 고통으로 가득 차 있어, 만약 그들의 오늘 고통이 내세의 쾌락으로 바뀔 수 있다면 그것도 괜찮지만, 그들의 이생은 가정과 자신의 이익을 위해 많은 악업을 지었으니 내세에 더한 고통이 있을 뿐이다. 수행인들은 각자 자기 가족들에 대하여 자세히 한번 생각해 보고 자신과 한번 비교해 보자. 우리는 확실히 불법을 닦으면서 안과 밖의 많은 진정한 이익을 얻었는데, 그들은 일생 힘들게 일하는데 어떤 결과가 있는가?

세계는 이렇게 바쁜 중생들로 가득 차 있는데 그들 스스로는 궁극적으로 무엇을 하고 있는지 알지 못한다. 어떻게 해야 쾌락을 얻을 수 있는지 조금도 알지 못하고 하루 종일 매우 고생스럽게 마음과 체력을 많이 소모한다. 이전에 까담파 큰스님이 "만약 세상 사람들이 생계유지에 사용하는 정력을 불법 수행에 둔다면 그들은 이생에서 해탈을 이루는 것에 확신을 얻을 수 있다. 안타깝게도 그들은 실제 의미가 없는 목표를 위해 고통을 참을 뿐이다."라고 말하였다. 인광仁光 대사도 "염불 생각이 평상시 생각과 같다면 성불하고 남음이 있다."라고 말하였다. 우리는 현재 이미 제불보살의 가르침을 듣고 생각하여 고난의 바다에서 해탈하는 것이 나와 남이 궁극의 안락을 얻는 방법이 됨을 알았다. 이 위대한 목표를 위하여 어찌 아주 작은 고통을 참지 않을 수 있는가? 우리는 시작 없는 윤회 속에서 아직도 진정으로 불법에 들어가지 못했다. 또 세상 사람들처럼 아주 작은 자기 이익을 위해 끝없는 괴로움을 참았다. 현재 나는 일체중생의 안락을 위하여 어떻게든 고통을 참아야만 하는데, 어떻게 비겁해지겠는가? 이런 상황은 확실히 좀 이치에 안 맞는 것 같다. 이전에는 아무 의미도 없는 일을 위해 그렇게 긴 시간의 고통을 참았는데 얻은 것은 더 많은 고난일 뿐이고, 지금 잠깐의 나쁜 습관을 바꾸는 고통을 참으면 불법에 의지하여 한 번의 수고로움으로 영원히 나와 남이 안락을 얻게 할 수 있다. 지금 오히려 게으르게 물러난다면 이것은 정말 납득할 수 없는 일이다.

이 게송을 우리 모두가 진지하게 사유한다면 자신의 수행에 아주 큰 도움이 될 수 있다. 모든 불법을 익히는 사람들이 만약 세상에서 열심히 일하는 노동자들처럼 목표를 위해 고생을 가리지 않고 자신의 모든 역량을 쏟아 넣는다면 성공하지 못할 사람이 어디에 있겠는가? 이 점을 우리는 반복해서 잘 생각해 보아야만 한다. 만약 자신이 진정 뚜렷한 인식이 있다면 출리심·보리심·불이법문不二法門이 반드시 순조롭게 생겨나 자신도 밀라레빠 존자처럼 용감하게 고행을 할 수 있으며, 모든 사람이 이렇게 할 수 있다.

오명불학원 수행인들의 생활에는 모두 약간의 작은 고생이 있다. 채소가 없고, 연료가 없고, 흙탕길이 미끄럽고, 방에 물이 새는 등.

어떤 사람은 이 때문에 법을 구하겠다는 결심이 후퇴하여 도시나 조건이 좀 좋은 다른 곳으로 가서 편안한 생활을 하고 싶을 수도 있어, 수행은 아마도 성공하기 어려울 것이라는 생각을 가진다.

이전에 까담파의 한 강백이 "우리 출가자들은 문·사·수 행 외에 다른 일을 추구해서는 안 된다. 생활의 조건은 먼저 밤에 좀 자야만 한다. 잠을 자지 않으면 남섬부주 사람들의 신체는 견딜 수 없다. 그런 후에 낮에는 반드시 음식을 좀 먹어야 한다. 이 두 조건 외에 무엇에도 관여하지 않는다!"라고 말하였다. 진정으로 불법을 수행하고 싶은 사람이 되려면 우리도 이처럼 매일 두 공기의 쌀밥과 약간의 배추를 먹고 몸에는 지공 화상과 같이 떨어진 옷을 입으면 된다. 밤 12시부터 4시까지 좀 두꺼운 이불에 싸여 편안하게 한 숨 자는 것 이외에 매일 위없는 감로 법미法味를 누리면 되며 다른 어떤 일도 관여할 필요가 없다. 이러한 날들은 인연 없는 사람은 누릴 방법이 없는 쾌락이다.

雖曾立此誓 欲于十方際 수증립차서 욕우시방제
度衆出煩惱 然我未離惑 도중출번뇌 연아미리혹
出言不量力 云何非顚狂 출언불량력 운하비전광
故于滅煩惱 應恒不退怯 고우멸번뇌 응항불퇴겁

시방 허공계의 중생들을 번뇌에서 해방시키리라고 서원을 세운
내 자신도 아직 번뇌를 떠나지 못하였다.
역량을 헤아리지 못하고 말을 하였으니 어찌 미치광이가 아니겠는가?
그러므로 번뇌를 끊음에 나는 늘 정진하고 비겁하게 물러나지 않겠다.

혹 어떤 사람들은 위의 몇 게송을 보고 나서, 대승의 사람들은 다른 사람의 번뇌를 조복시켜야 하는데 지금 글에서는 어려움을 참고 자신의 번뇌를 항복시켜야 한다고 강조하고 있으니, 이렇게 하는 것은 소승의 발심으로 떨어진 것이 아닌가 하고 생각하나, 이치가 그렇지 않다. 우리는 제3품을 강의할 때 일찍 시방 제불성중·금강상사 앞에서 허공계의 중생들이 번뇌라는 고통스런 바다에서 벗어나 위없는 불과를 증득하도록 끝까지 제도할 것이라고 맹세하였다. 맹세 후 우리는 이치라면 당연히 완수해야만 하나, 나와 남 모두에게 이로운 사업을 이루려면 일정한 순서를 두어야 한다.

이 단계는 먼저 스스로 미혹에서 해탈하는 것이다. 만약 자신이 부지런히 해탈을 구하여 번뇌의 속박을 없애지 못하면 이러한 행위는 다른 사람을 이롭게 할 수 없고 자신을 이롭게 하는 것도 원만하게 할 수 없다. 스스로 아직 번뇌의 속박을 벗어나지 못하여 번뇌에 이끌려 자유롭지 못하면서 다른 사람의 번뇌를 없애주려 한다고 말한다면 어찌 미친 소리가 아니겠는가? 『보적경寶積經』에서 "자기가 해탈하지 못했는데 어찌 남을 제도할 수 있겠는가? 자신이 맹인인데 어떻게 길을 안내할 수 있겠는가?"라고 말하였다. 마음의 흐름 가운데 아직 번뇌를 깨끗하게 하지 못한 사람이 어찌 다른 사람의 번뇌 속박을 없애 줄 수 있겠는가? 율장에서도 "자신을 아직 제도할 수 없으면서 중생을 이롭게 한다는 이런 이치는 없다."라고 말하였다. 이것은 마치 자신이 바다에 빠졌는데, 수영을 할 줄 몰라 죽을 정도로 깊이 빠져들면서도 물에 빠진 다른 사람들을 구하러 가야 한다고 말하는 것과 같다. 다른 사람 입장에서 보자면, 이런 말은 의심할 것 없이 자신의 역량을 헤아리지 못하는 미친 사람들의 허풍일 따름이다. 현재 수행인들은 자신의 마음의 흐름에 계속 변하고 있는 모습을 한번 보자. 자신의 마음에 번뇌가 떠난 적이 있는지 없는지를 분명히 알아야만 한다. 만약 아직도 번뇌에 속박되어 있다면 어떻게 다른 사람이 번뇌에서 벗어나도록 도울 능력이 있을 수 있겠는가?

용수보살은 "만약 자신이 해탈을 얻지 못하고서 중생을 제도한다면 이는 모순된 행동이다. 진실로 중생을 제도하려면 먼저 반드시 정진하여 자신의 번뇌를 없애야만 한다."라고 말한다. 그러므로 우리가 이미 한 중생의 번뇌를 제도하겠다는 맹세를 실현하기 위하여 자신은 반드시 정진의 갑옷을 걸치고 항상 끊임없이 번뇌와 싸워야만 한다. 자신의 번뇌라는 적을 우선 이겨야만 다른 사람을 도울 능력이 있으며, 이 목적을 달성하기 전에는 절대 물러나서 맹세를 깨뜨려서는 안 된다.

우리는 먼저 마음의 흐름 속의 번뇌를 없애 자리自利를 원만하게 하는 것이, 표면적으로는 소승과 같을지라도 둘은 최종 목적이 다르다. 소승 수행자의 발심은 일체 선법을 수행하는 목적이 자신이 윤회에서 해탈하기 위한 것이나, 대승 수행자의 발심은 일체 선법의 목적이 중생을 이롭게 하는 것이다. 중생을 이롭게 하는 궁극의 목적을 달성하기 위하여 스스로 먼저 번뇌를 없애 중생을 제도하는 공덕의 위력을 얻는다. 이것은 가행加行을 필요로 하며 결핍되어서는 안 되는 준비 작업이다. 소승 수행자들은 대승 수행자의 가행위加行位(자리원만自利圓滿)를 그들의 최종 목표로 삼는다. 『화엄경』에서 "자신을 위하여 안락을 구하지는 않지만 중생들이 고통에서 벗어날 수 있기를 기원한다."라고 말하였다. 대승 불자는 무슨 수행을 하건 간에 중생을 이롭게 한다는 것을 중심으로 삼는다. 뿐만 아니라 이 목적을 원만하게 달성하기 위하여 먼저 자신의 번뇌를 없애고 크게 중생을 이롭게 하는 능력이 매우 필요하다. 상사 여의보는 일찍이 "중생 제도를 위하여 스스로 먼저 극락세계에 왕생해야만 하고, 정토에서 지혜와 공덕을 원만하게 하여 중생 제도 능력을 얻고서 다시 제도하러 온다."라고 말한 적이 있다.

어떤 사람들은 중생을 구제하러 지옥에 가길 발원한다. 보통사람의 입장으로 말한다면 이 역시 공허한 말일 뿐이다. 『지장보살본원경』에 지옥 병졸이 성녀 바라문에게 "지옥에 올 수 있는 사람은 오직 두 종류이다. 하나는 악업이 성숙해져 고통을 받으러 온 사람들이고, 다른 하나는 불보살이 위신威神 원력願力에 의지하여 중생을 구제하러 온 것이다."라고 알려 주었다. 그러므로 우리가 진정으로 중생을 제도해야 하는 데는 반드시 일정한 지혜 공덕이 필요하다. 이 논 역시 이러한 관점으로, 만약 자신에게 공덕·능력이 조금도 없다면 분명 중생을 제도할 방법이 없고, 도리어 스스로 고통을 버는 것이다. 우리들 중에 어떤 사람들은 아주 약간의 불법 기초 이론을 배우고서 곧장 곳곳으로 '법을 널리 펴고 중생을 제도하러' 다닌다. 그 결과 중생은 제도하지 못하고 오히려 사회 사람들로 하여금 자신을 제도하게 했다. 수행인들은 반드시 주의해야만 한다. 불법은 학문이 아니니, 만약 불법이 단지 이론에 불과할 뿐이라면 사회의 많은 불교 철학을 연구하는 사람들은 모두 상사가 되어 도처로 법을 펴러 다닐 수 있다.

우리가 듣고 생각해서 얻은 불학 지식은 우선 이해일 뿐이고, 아주 많은 노력을 기울여 수행한 뒤에야 안정되고 견고해져 일정한 증오의 경지를 얻을 수 있다. 이때 스스로 마음의 흐름 가운데 번뇌가 기본적으로 제어되고 청정해질 수 있다. 이러한 번뇌를 조복시킨 공덕이 생겨서 당신이 법을 펴러 간다면 다른 사람에게 진정한 이익이 될 수 있다. 스스로 마음의 흐름 가운데 만약 번뇌가 세상 사람들과 같아 조금도 없애지 못했다면, 입으로 강의를 번지르르하게 잘해도 실제로는 자신을 속이고 남을 속이는 것이니 장님이 거짓말을 하는 것이다. 상사 여의보도 "우리가 중생을 제도하려면 먼저 자신의 마음의 흐름 가운데의 내용을 관찰해야만 하고, 가장 최소한도로 스스로 마음의 흐름 가운데 번뇌가 다른 사람보다 적고, 자신의 공덕이 보통사람보다 초과해 있어야 한다. 그렇지 않고 당신이 다른 사람과 공덕이 같고 번뇌가 똑같이 많은데도 불구하고 중생을 제도하러 간다면 어찌 대단히 큰 웃음거리가 아니겠는가! 이렇게 한다면 누구나 다 상사가 될 수 있다!"라고 강조하였다.

여기까지 듣고서 아마도 어떤 사람들은 후회가 일 것이다. "아, 나는 확실히 내 역량을 헤아리지 못하고 이렇게 큰 원을 내었으니 어떻게 성공할 수 있겠는가?" 우리는 이미 중생을 제도하겠다는 큰 서원을 하였는데, 지금 물러나려고 하는 것은 절대 안 된다. 보리심을 잃으면 오직 지옥에 가서 고통을 받을 뿐만 아니라 이 맹세는 저 정진하는 사람들 입장에서 말하면 실현할 수 있는가의 어려움이 일반 사람들이 상상하는 것만큼 그렇게 큰 것은 아니다. 우리가 지금 나약하지만 않다면 번뇌와 배수진을 치고 싸우는 것이니, 상사 삼보의 가피와 수승한 대승 불법의 불가사의한 힘에 의지하여 반드시 순리대로 자신의 서원을 실천할 수 있다. 지장보살의 발원을 예를 들면 "지옥이 비지 않으면 성불하지 않기를 맹세한다." 이러한 비할 데 없는 자비의 원(悲願)을 가진 지장보살은 비할 수 없는 공덕을 이루었다. 비록 "지옥이 비는" 때는 없다고 말할 수 있지만 보살은 분명 성불할 때가 있을 것이다. 『현관장엄론』에는 이에 대해 변론이 있는데, 어떤 사람들이 중생이 다 제도되기 전에는 자신은 성불하지 않기를 바란다고 맹세하였다면 이 발심에는 수승한 공덕이 있다. 그러나 이것이 결코 그가 일체중생 모두가 해탈하여야만 성불한다는 것을 의미하는 것은 아니다. 이렇게 진심으로 발심한 큰 힘으로 그가 성불하는 시간은 도리어 단축되어 아주 빠르게 불과를 증오할 수 있다. 이전의 많은 공안이 이 점을 설명하고 있다. 이 논의 후반부에도 6바라밀이 결코 바깥 환경에 의해 정립되는 것이 아니고, 닦아 지니고 수지하는 사람이 계속 해나가는 것에 맞추어 말한 것임을 분명하게 서술하였다. 이러한 이치는 뒤에서 자세하게 설명하기로 하고, 총괄하자면 우리는 현재 중생을 제도하겠다고 발원하였고, 이러한 진실한 바람은 스스로 계속 해 나가는 데 커다란 가피가 있다. 이 서원을 견고하게 하고 실현시키기 위해 우리는 나약해서는 안 되고, 용맹스럽게 자기 마음속 번뇌와 전쟁을 벌여야만 원만하게 이타 능력을 얻을 수 있다.

(3) 분발하여 번뇌를 멸함

吾應樂修斷 懷恨與彼戰 오응락수단 회한여피전
似嗔此道心 唯能滅煩惱 사진차도심 유능멸번뇌

이에 나는 기꺼이 어떤 형상의 번뇌에 대해서도

원한을 품고 싸우겠다.
성내는 것 같은 이 수도의 마음만이
번뇌를 없앨 수 있다.

앞에서 우리는 이미 설명하였다. 번뇌는 수행인의 큰 적으로 중생에게 각종 커다란 환란이 있게 한다. 우리는 번뇌에 분노를 일으켜 일체의 고통을 두려워하지 않고 없애버려야만 한다. 그렇다면 우리는 어떻게 해야만 하는가?

이 게송에서 "먼저 우리는 깊은 원한의 마음을 가지고 번뇌와 전쟁을 벌여야 한다."라고 말하였다. 여기에서 간혹 의문이 생길 수 있다. 당신이 번뇌에게 성내는 마음을 가지고 대한다면 번뇌에 대한 집착을 끊을 수 있고, 자신의 지혜에 대한 집착을 끊을 수 있다. 이러한 번뇌에게 성내는 마음이 어찌 자신의 수행에 있어 큰 장애가 되겠는가? 뿐만 아니라 당신이 번뇌에 대하여 성내는 마음을 일으킨 것이 어찌 중생에게 분노를 일으키는 것과 같은 것이겠는가? 설마 우리가 어떤 방면에 있어 이러한 번뇌를 가볍게 처리하기 위하여 성내는 마음이 우리를 지옥에 떨어지게 할 수 있는가? 만약 그렇지 않다고 말한다면, 왜 이런 분별을 두는가?

작자는 "성내는 것 같은 이 마음만이 번뇌를 없앨 수 있다."라고 대답한다. 번뇌라는 적을 상대하는 성내는 마음은 표면적으로 보면 진심嗔心의 습기習氣로서의 번뇌와 비슷하나, 실제로 우리가 번뇌에 대하여 성내는 마음을 일으키는 것은 악도에 떨어지는 원인이 되지 않고 도리어 안락으로 들어가는 원인이다. 반면에 우리가 중생에게 성내는 마음을 일으키면 이 번뇌는 악도에 떨어지는 바로 그 원인(正因)이 된다. 이 둘은 표면적으로는 비슷하지만 실질적으로는 완전히 다르다. 이런 번뇌라는 적에 대하여 성내는 마음은 머리를 번거롭게 하는 것 같아 '번뇌'라고 불리기도 한다. 모습을 위장한 '번뇌'는 실제 번뇌에 대한 유효한 다스림이다. 『원각경圓覺經』에서 "말뚝으로 말뚝을 몰아낸다(以橛出橛)", "두 나무가 서로 원인이 된다(兩木相因)."라고 한 것처럼 방편 '번뇌'로 본래 번뇌를 다스리니, 이 둘은 잠시 끊는 것과 끊어지는 것이 되어 최후에는 둘 다 법계에서 사라진다. 그러므로 우리가 원수라는 적을 다스리는 이 유사 번뇌는 바로 윤회를 끊어버리는 수승한 지혜와 방편이다. 짐짓 가장하여 번뇌의 적진으로 깊이 들어가 번뇌라는 큰 적을 죽여버리는, 죽음을 불사한 부대이다. 이러한 해석은 또한 "번뇌가 바로 보리이다."라는 또 다른 주석일 수 있다.

우리가 번뇌라는 큰 적을 없애려면 이렇게 용감하고 맹렬하게 다스리고자 하는 마음에 의지해야 한다. 이 다스리는 마음은 사실 바른 앎과 바른 생각으로 방일하지 않는 데에 포함되는 일종의 지혜이다. 고승대덕들이 수행할 때 역시 성내는 모습을 드러내어 "너 이 나쁜 비구 같으니라고! 이렇게 거짓으로 해서는 안 돼……."라고 자신이 자신을 한참 동안 야단친다. 겉으로는 비구가 성내는 마음과 나쁜 마음을 내는 것 같지만, 실제로 이것은 번뇌의 악업이 아니라 진정으로 보리도를 따르는 법이다.

우리가 수행하는 과정에서 필요할 때 자신이 자신을 욕하고 때리는 것 역시 이와 같다. 잘못이 있는 것이 아니라 오히려 많은 공덕이 있다. 당연히 우리는 번뇌에 대한 질책에 집착한다. 이러한 능단집착能

斷執着은 소지장所知障 가운데의 법에 포함된다. 그러나 우리 같은 보통사람의 단계에서는 버릴 수 없다. 소지장이 내포하는 법의 일부는 수행할 때 운용해야만 하는 무기이다. 예를 들자면 대자비심에 대한 집착은 중생을 제도하는 집착이다. 이 논의 지혜품에서는 이것을 아주 자세하게 말하였다. 아울러 이러한 집착은 섬세한 무명으로 분류된다. 즉 세품細品 소지장이다. 이 섬세한 소지장은 거친 번뇌의 장애에 대한 유력한 치료 무기이다. 불과를 증득하기 전에 중생의 고통을 종식시키기 위하여 이 방편을 제거해서는 안 된다. 『현관장엄론』 강의서인 『일광론日光論』에서는 "대보살은 대자비심 때문에 세상에 다니는 것을 좋아한다."라고 말하였다. 보살이 세상에 삶을 던져 윤회의 인으로 들어가는 것은 대자비심이며, 결코 보통사람들처럼 업과 번뇌로 인해 윤회 속으로 떨어진 것은 아니다. 보살의 이러한 방편 번뇌는 지혜와 자비를 근본으로 하기 때문에 고통을 불러오지 않는다. 또한 보살들은 이 방편 번뇌로 인해서 윤회에 들어가는 것이므로 절대적으로 윤회 속의 생로병사 등 고통은 있을 수 없다.

우리는 이 방편 번뇌에 대하여 의혹을 끊어야만 한다. 우리는 자신이 취할 수 있는 것을 취하기 전의 상태에 있으므로 번뇌에 대하여 반드시 엄격하게 다스려야만 한다. 바른 앎과 바른 생각이 늘 방일하지 않고 자신의 마음의 흐름을 관찰하여 번뇌가 막 싹틀 때, 그것에 성내는 마음을 일으켜 송두리째 끊어버려야 한다. 이것은 우리가 지금 수도하는 중의 가장 큰 임무이다. 가령 가장 큰 곤란을 만났어도 내버려둬서는 안 되고, 진정으로 법성法性을 깨닫기 전에는 정의를 위해 뒤돌아보지 않고 용감하게 나아가 번뇌와 목숨 걸고 싸워야만 한다. 자신이 대원만의 경계에 들어가 철저하게 번뇌의 본성을 깨닫게 되면, 이때 번뇌는 자신에게 이로움도 없고 해로움도 없게 되어 원수처럼 대할 필요가 없게 된다. 지금 초학 단계에서는 단지 현종顯宗에서 밝힌 대치對治 법문만을 실행해도 아무런 잘못이 없다. 반면에 스스로 아직 진실하고 위없는 평등 대도로써 번뇌를 다스리는 지혜에 도달하지 않았는데도 삿된 방법을 운용하게 되면 번뇌를 끊을 수 없게 될 뿐만 아니라 자신을 곤경에 빠뜨리게 된다.

吾寧被燒殺 或遭斷頭苦 오녕피소살 혹조단두고
然心終不屈 順就煩惱敵 연심종불굴 순취번뇌적

나는 불태워 죽음을 당하고
혹은 머리가 베이는 고통을 당할지언정,
마음만은 끝내 번뇌라는 적에게
굴복하여 순종하지 않겠다.

우리가 이미 철저하게 번뇌의 음험하고 악독한 모습을 분명하게 알았고, 또 시작 없는 때부터 자신을 해친 불구대천의 원수라는 것을 분명하게 알았다. 그런 후에는 그와 사생결단의 전투를 벌일 결심을 하였으며, 이 악전고투 속에서 머리가 베일 수 있고 피가 날 수 있음도 안다. 그러나 스스로 절대 굴복할 수 없다. 이 죽음을 불사한 전쟁에서 다른 사람에게 자신을 불 속에서 태워죽이게 할 수도 있고 자신의 머리를 베게도 할 수 있으며, 또 다른 사람을 따라 그 어떠한 독한 형벌로도 해로움을 끼칠 수 있다. 이러한 일들은 불교 역사에서 매우 많다.

부처님은 보살수행(因行) 시 여러 생에서 보살행을 하실 때 번뇌의 속박을 벗어나기 위하여 생명을 버릴지언정 번뇌에 굴복하지는 않으셨다. 문화혁명 기간에 중국과 티베트의 많은 출가자들 역시 죽어도 번뇌라는 적에게 굴복하지 않았다. 작자는 티베트의 노스님 한 분을 알았는데, 노스님은 당시 매우 모질게 비판을 받았고 공산당은 그에게 환속하라는 압박을 가하였다. 이에 노스님은 말씀하시길 "내가 사람 몸을 얻은 것이 오직 한 번인데, 노승의 이 목숨을 당신들에게 줄 수는 있어도 이 승복은 당신들에게는 절대 줄 수 없소. 나는 절대 환속하지 않을 것이오."라고 하였다. 나중에 비록 몽둥이로 맞아 죽기는 하였지만, 노스님 역시 굴복하지 않았다. 이것은 또한 번뇌에 대하여 크게 두려움 없는 도전이다.

수행자가 되어 만약 이러한 크게 두려움에 맞서는 정신이 없다면 번뇌를 만나 시련을 견딜 수 없어 비통한 실패를 맛볼 수 있다. 그러므로 우리는 굳게 불보살과 고승대덕들에게 배워야 하며, 죽어도 번뇌에게 굴복하지 않겠다는 맹세를 하고 그것을 이루겠다는 결심이 생겼다면 우리는 반드시 철저하게 번뇌를 끊을 수 있다.

(4) 미혹이 제거되면 다시 돌이키지 못함

常敵受騶逐 仍可據他鄉 상적수추축 잉가거타향
力足旋復返 惑賊不如是 역족선복반 혹적불여시

하찮은 적들은 쉽게 패하고 난 후

다른 곳에서 다시 모여
힘이 충분해지면 다시 반격을 하지만
번뇌라는 적은 그 형태가 이런 방식이 아니다.

번뇌라는 원수는 비록 음험하고 흉포하지만, 그들 또한 약점이 있어 세상의 적보다 상대하기 쉽다. 만약 세상의 적이 우리한테 패배하여 도주하였다면 그들은 다른 곳에 가서 천천히 잔류 세력을 모아 세력을 기르고, 일단 역량이 회복되면 다시 우리에게 공격을 하는 상황을 세상에서는 흔히 본다. 그러나 번뇌는 우리에게 깨끗하게 쫓겨나면 은하계 밖으로 발사된 파편처럼 영원히 다시 돌아올 수 없다. 또한 독 있는 나무가 불타 재가 되면 다시는 회복해서 성장할 수 없는 것과 같다.

현재 많은 법사가 강의할 때 "대승 불법을 닦는 보살은 제8지第八地를 깨달아야만 흔들리지 않는 부동지不動地가 된다. 제7지 이하는 모두 퇴보해 돌아갈 위험이 있으며, 그들은 모두 보장할 수 없다."라고 한다. 작자는 이러한 설법은 아마도 그가 『십지경十地經』과 『입중론』을 듣고 생각해 본 적이 없기 때문이라고 생각한다. 제8지가 부동지인 것은 맞다. 그러나 초지보살에서 7지 보살에 이르기까지가 업감에 따라 윤회에 떨어질 것이라는 것이 어디에 있는가? 대승 수행자가 승의제勝義諦를 얻어 초지를 증득한 뒤에는 바로 저 일체 악도를 멸했고, 범부의 경계는 실로 영원히 다한 것이다. 철저히 악업의 인과를 끊어 영원히 육도윤회의 원인을 없앴을 뿐만 아니라 여래 가족으로 태어나 일체 삼종결三種結을 영원히 끊었다. 이때 불자는 이미 아견我

見·의견疑見·계금취견戒禁取見 및 이로 인한 섬세한 번뇌를 끊었는데, 경계를 증득한 것이 붓다가 증득한 경계와 비슷하여 이미 물러나지 않는 진실한 불자가 된 것이다. 당연히 초지와 그 이상의 각지 보살은 번뇌를 끊고 지혜를 깨달은 공덕의 원만함, 바라밀 측면에 있어 차이가 있으나 여기에서는 다시 자세하게 말하지 않겠다.

우리가 만약 부처님의 가르침에 따라 진정으로 지혜가 생긴다면, 근본에서부터 번뇌를 제거할 것이고 번뇌가 다시 생기지 못할 것이다. 『석량론釋量論』과 『양리보장론量理寶藏論』에서도 "만약 씨앗이 이미 다 타버렸다면 절대로 다시 싹이 날 수 없다."라고 말하였다. 그렇다면 번뇌의 장애와 장애를 내는 종자가 이미 없어졌는데 다시 생겨날 수 있는가? 절대 다시 생기지 않을 것이다.

번뇌라는 원수는 이처럼 한번 없어지면 영원히 다시 생기지 않는 특징을 가지고 있다. 이는 우리가 분투노력하여 없앤 후라면, 한번 열심히 일해서 영원히 편안할 수 있으며 결코 반복해서 싸울 필요가 없음을 의미한다. 그러므로 우리가 어찌 전력을 다해서 없애지 않겠는가?

惑爲慧眼斷 逐已何所之 혹위혜안단 축이하소지
云何返害我 然我乏精進 운하반해아 연아핍정진

번뇌가 반야 지혜의 눈에 의해 끊어져
마음에서 사라져 어디로 가겠는가?
너는 역량을 회복하여 다시 돌아와 나를 해치는가?
나약한 나에겐 정진할 힘마저 다해 버렸구나!

앞 게송은 마음의 흐름 가운데 번뇌를 쫓아낸 후에는 번뇌가 다시 돌아올 수 없음을 말하였다. 이 게송은 다시 이 측면에서 깊고 세밀하게 분석하였다. 게송의 첫 번째 구는 원문에 '번뇌번뇌혜안단煩惱煩惱慧眼斷'으로 되어 있다. 역자가 이에 대해 문법상·이해상의 문제가 있을 수 있다고 생각해 깔끔하게 '번뇌' 하나를 생략했다. 근수취자 린포체는 강의에서 화지 린포체의 가르침을 인용하여 이 두 '번뇌'의 함의를 해석하기를, 첫 번째 번뇌의 뜻은 그것을 인식하려고 한다는 것이고, 두 번째 번뇌는 지혜를 이용하여 끊으려고 한다는 것을 말한다고 했다.

당연히 번뇌를 타파하는 지혜의 눈은 소승·현종·밀종이 각각 다르다. 여기에서 혜안은 중도로 보는 공의 지혜(中觀空慧)를 가리킨다. 중관공혜로 번뇌를 관찰하는 것은 밝은 등을 가지고 어두운 집에 들어가면 암흑이 찰나에 곧 없어지는 것과 같다. 쫓겨난 번뇌는 어디로 갈까? 어딘가에서 웅거하면서 능력을 길러 다시 반격할까? 수행인들이 아무리 자세하게 관찰한다고 해도 어찌되었건 간에 번뇌가 간 곳을 찾을 수 없다.

번뇌는 수행하는 우리의 마음을 떠난 후 절대 세상의 적들처럼 타향에 웅거하였다가 다시 우리를 공격할 수 없다. 공성空性한 지혜의 밝고 정확한 눈(火眼金睛)으로 번뇌를 꿰뚫어보면 그 역시 송두리째 끊어버렸음을 알 수 있다. 왜냐하면 그것은 번뇌라는 것이 본래 전도顚倒가 원인이 되어 생겨났기 때문이며, 우리의 전도된 인식, 혹은 잘못된 관념으로 생겨났기 때문이다. 우리가 그의 근원 상태를 인식한 후에는 곧 법계에서 사라져 다시는 생겨날 수 있는 인연을 가지지 못한다.

중관지혜로 번뇌를 관찰하는 방법은 다음 게송에서 자세하게 풀이하고, 여기에서는 사실을 가지고 이 점을 설명할 수 있다. 본사 석가모니 부처님이 도를 깨달았을 때 일체의 무명번뇌를 제거하였다. 부처를 이룬 이후에 번뇌를 일으킨 경력이 있겠는가? 이것은 누구나 다 아는 사실로, 세존은 번뇌를 두지 않았다. 또 사리불·대가섭존자도 인아집人我執의 번뇌를 끊어 아라한과를 증득한 후 다시는 인아집의 번뇌를 일으키지 않았다. 마찬가지로 불교사에 있어 이미 대 해탈공덕을 확고하게 한 많은 고승대덕들이 '옛 병이 다시 생겨나(舊病復發)' 번뇌의 속박을 다시 받았을까? 이러한 일은 있은 적이 없다.

우리가 번뇌와 벌이는 전투는 "한 번의 일에서 그 공을 다한다."라고 할 수 있다. 일차성으로 깨끗하게 정리한 후, 번뇌는 절대 다시 분쟁을 일으키며 반격하지 않을 것이다. 우리는 곧 영원한 안락을 얻을 수 있고 다시 번뇌의 압박·속박을 걱정할 필요가 없다. 비록 이와 같을지라도 우리는 오랜 기간 지혜·자신감 결핍 등의 원인 때문에 늘 그의 남용하는 위세에 굴복당하여 조금의 투지도 없이 용감한 정진이 결핍된 싸움으로 지금까지 번뇌에서 해탈하지 못하였다.

번뇌와 전투를 하는 데 있어서는 반드시 번뇌라는 적의 진상을 이해해야만 하며 소위 "나를 알고 상대를 알면 백 번 싸워도 위태롭지 않다."라는 것이니, 우리가 번뇌를 분명하게 알고 난 후에는 그를 이긴다는 신심과 용기는 이전과 다를 것이다. 상사 여의보 역시 "비결을 이해하지 못한 사람은 번뇌를 다스리는 것이 매우 어렵다. 비결을 이해한 사람의 입장에서 말하자면 번뇌를 다스리는 것은 매우 쉽다."라고 말하였다. 여기의 비결은 바로 번뇌를 분명하게 인식하고 번뇌의 약점을 깨뜨리는 수승한 방법이다.

만약 번뇌를 분명하게 인식할 수 없으면 그를 무찌르는 방법을 확실히 장악하지 못하여 다스리는 것이 매우 어렵다. 마치 외도들이 탐욕스런 마음을 다스리는 것과 같이 그들은 탐욕이라는 번뇌를 다스리는 비결을 알지 못한다. 단지 밥을 먹지 않고 몸을 물속에 넣고 얼리고, 불속에서 태우는 등의 방법만을 알 뿐 탐욕을 극복하는 방법이 없다. 그들이 비록 많은 겁 동안 이렇게 고행을 했어도 번뇌의 속박을 벗어날 방법이 없다. 만약 진정 번뇌를 다스리는 비결을 알았다면 밀라레빠 존자처럼 그렇게 한 생에서 범부로써 금강지金剛持의 과위를 증득하는 것도 매우 어려운 일은 아니다.

번뇌는 지혜로 관찰하기 전에는 대응하는 것이 매우 어렵지만, 우리가 깊이 관찰하면 그는 곧 조금의 힘도 없는 상태로 변하여 일격에 무너져 영원히 다시 돌아오지 못한다. 우리가 노력 정진하여 비결을 장악하면 틀림없이 이 '종이호랑이'를 남김없이 소멸시켜 궁극의 승리를 얻을 수 있다. 이 과정에서는 정진이 관건이다. 『입중론』에서 "공덕은 모두 정진에 따라 늘어간다. 복과 지혜 두 자량의 원인이 된다."라고 말하였다. 옛사람도 "세상에는 어려운 일이 없다. 단지 마음을 냄이 있는 사람을 두려워할 뿐이다. 열심히 노력하면 쇠몽둥이를 갈아 바늘로 만들 수 있다."라고 말하였다. 우리가 노력 정진한다면 반드시 깊은 비결을 장악하여 일체 번뇌를 이길 수 있다.

惑非住外境 非住根身間 혹비주외경 비주근신간
亦非其他處 云何害衆生 역비기타처 운하해중생

번뇌는 대상에도 없고, 감각에도 없으며,
그 중간이나 어디에도 없고,
이외에 다른 곳에도 없는데,
어디에 머물면서 중생에게 해를 끼치는가?

이 게송은 중관공혜로 번뇌를 관찰하는 방법으로, 현종 등 여러 법문의 입장에서 볼 때 가장 수승하고 가장 효과적인 번뇌 다스리는 법문이다

앞에서 우리는 번뇌가 자기 마음속에 있음을 말하였다. 관찰하지 않은 상황에서 세속에서 공통으로 인정하는 관념에 따라 말하는 것은 곧 세속제의 입장에서 말하는 법이다. 그러나 현재 우리가 승의제에 따라 관찰한다면 우리의 욕심내고 성내는 등의 번뇌는 도대체 어디에 존재할까? 예를 들어 우리가 어느 곳에서 우연히 어떤 사람을 만나 성내는 마음의 번뇌를 일으킨다면, 관찰하지 않은 상황에서는 성내는 마음의 번뇌가 확실히 존재하여 우리에게 여러 가지 일을 하게 한다. 그러나 우리가 냉정해지면 성내는 마음이 도대체 어디에 살면서 나를 해칠 수 있겠는가?

우선 성내는 마음이 외부의 어떤 사람이 있는 그곳에 있는지, 아닌지를 분석할 수 있다. 만약 그곳에 존재한다면, 그가 성내는 마음을 일으켜야만 하는 것을 누가 보았는가? 현실에서는 절대 이와 같지 않다. 우리는 그에게 성내는 마음을 내는데, 다른 사람은 그에게 좋아하는 마음을 낼 수 있다. 혹은 오늘 나는 그에게 분노를 일으켰는데, 좀 시간이 지나서는 그를 좋아할 수도 있다. 그러므로 외부의 어떤

사람이 있는 곳에 실제로 성내는 마음이 존재하지 않는다. 만약 외부의 어떤 곳에 실제로 어떤 번뇌가 존재한다면, 누구든 이러한 외부의 어떤 곳을 만나면 같은 번뇌를 일으켜야만 한다. 분명 이러한 것은 있지 않다. 이로써 우리는 번뇌가 외부에 존재하면서 우리를 해치는 것이 아님을 단정할 수 있다.

번뇌가 진실로 외부에 존재하지 않는다면 우리의 감각기관 안에 존재하고 있는 것인가? 우리에게는 눈·귀·코·혀·생각 등 육근이 있어 만약 번뇌가 감각기관에 존재하고 있고, 자신의 육근이 늘 존재한다면 그것과 공존하는 번뇌도 없어지지 않을 것이므로 이것도 성립할 수 없다. 예를 들면 우리의 탐욕과 성냄이라는 분노는 때로 숨어 있고 때로 드러나지만 육근은 결코 이런 변화가 없다. 혹 아라한과를 증득할 때, 아라한의 육근은 결코 없어지지 않았는데 그때 왜 아라한은 번뇌가 없었을까? 보살이 근본정根本定에 들었을 때, 5근을 가지고 있는데 그때는 또 왜 번뇌가 일어나지 않을까? 그러므로 번뇌는 분명 육근 안에 존재하지 않는다.

외부와 육근을 제외하고, 중간에 있는가, 없는가? 중간에는 단지 허공만이 있을 뿐이다. 만약 번뇌가 이 허공에 존재한다면, 누가 이 공간에 접촉하는가를 불문하고 모두 번뇌가 일어나야만 하므로 이것 역시 불가능한 일이다. 그러므로 번뇌가 육근과 외부 사이에 존재하는 것 역시 성립할 방법이 없다. 외부·육근·중간 등 이 세 가지 외에 또 존재하는 방식이 있는가? 누가 관찰하더라도 있을 수가 없다. 우리가 번뇌에 대하여 이러한 관찰을 한 후에 그는 어디에도 존재하지 않는다는 것을 알았다. 마치 허공처럼 '번뇌'라는 가명에 불과할 뿐이다. "어떻게 중생을 해친단 말인가?"라는 반문은 작자가 번뇌에 괴롭힘을 당한 각각의 사람에게 질문한 것이다. 존재하지 않는 번뇌는 어디에서 우리를 해치는가? 각자에게 잘 관찰하고 사고하게 하여 그 안에서 깨닫게 한 것이다.

이 게송은 매우 깊은 공성 지혜의 수행법이다. 상사 여의보가 "만약 이 문제를 대원만의 관점에서 해석한다면, 대원만의 비결도 여기에서 함축하고 있는 은밀한 뜻(密義)을 넘지 않는다. 우리 모두는 대원만과 대수인大手印이 번뇌를 다스리는 가장 수승한 방법으로 바로 즉신성불卽身成佛하는 비결이라는 것을 안다. 그러나 『입보리행』에서는 다만 그 내용을 강의하는 방법이 다를 뿐, 이 강의(論)에서 서술한 은밀한 뜻 외에 다른 더 심오한 법은 없다."라고 말하였다.

우리는 앞에서 번뇌를 인식할 때, 세속의 진리(世俗諦)로 본다면 번뇌는 확실히 매우 강력한 적이라고 느낀다. 그러나 현재 깊이 관찰한 결과 번뇌는 조금도 실체하는 존재가 아니고, 가상의 존재일 뿐이라는 것을 발견하였다. 우리가 정말로 이 도리를 안 뒤에는 수행에도 천지가 뒤바뀔 정도의 변화와 진보가 있을 것이다. 당연히 어떤 사람들은 업장 때문에 아주 빠르게 이러한 관찰 방법을 장악할 수 없으며 자신의 분별 때문에 지혜와 융합할 수 없지만, 수행인들은 여러 번 노력해야만 한다. 듣고 사유하고, 상사 삼보의 가피를 기도하고, 도반들과 반복해서 토론하는 등 모든 방법을 다하여 자신의 사유 방식을 이런 관찰하고 사유하는 방식으로 바꿀 수 있다면 그 수행은 반드시 이전과는 다를 것이다. 이와 같은 관찰 수행의 중관 법문은 수행인들 대다수가 거의 약간의 이해가 있을 것이다. 그러나 이 법의 문은 이론일 뿐이다.

반드시 실제에서 반복적으로 관찰하고 사유하는 것을 운용하여, 장시간 물듦에 의지하여 이 견해를 견고하게 해야 진정 효과적으로 번뇌 집착을 끊을 수 있다.

중관이건 밀종 법문이건 무엇으로 번뇌를 관찰하는 것을 막론하고 번뇌는 확실히 실제로 존재하지 않는다. 그러나 관찰하기 전에는 이 번뇌가 끊임없이 우리를 괴롭혀서 크게 웃게도 하고 울게도 하며 계속해서 왁자지껄하게도 하는 등 꿈꾸는 것과 조금도 차이가 없다. 우리는 꿈속에서도 이와 같아 실제로 존재하지 않는 꿈의 모습에 따라 기뻐하고 성내고 슬퍼하고 즐거워한다. 『입중론』에서도 "번뇌가 다한 깨달음은 꿈에서 깨어남의 비유와 같아, 아직 꿈속에서 감각(根)·대상(境)·인식(識) 이 세 가지가 모두 있다고 느끼지만, 이미 잠을 깬 뒤에는 세 가지가 모두 있지 않음과 같고, 어리석음의 무명 잠이 깬 뒤에도 이와 같다."라고 말하였다. 우리 중생이 아직 깨어나지 못했을 때는 꿈속에 있는 것과 다르지 않다. 꿈속과 같이 아직 깨닫지 못했을 때는 감각·대상·인식이 아주 확실하게 존재한다고 느끼지만, 깨달은 뒤에는 꿈에서 깬 후와 같아 꿈속의 깨닫지 못했을 때의 감각·대상·인식 이 세 가지는 모두 없으며 모두 허망한 집착이고(執計), 무명의 번뇌도 이와 같아 밝지 못한 어리석은 꿈속의 모습일 뿐이다. 밝지 못한 어리석은 꿈에서 깨어난 뒤에는 다시 존재하지 않는다.

영가永嘉 대사는 『증도가證道歌』에서 "꿈속 같은 무명 업식으로는 아주 분명히 여섯 세계의 윤회가 있으나, 깨달은 뒤에는 대천세계가 완전하게 비어 없다."라고 말하였다. 생사의 큰 꿈속을 윤회하면서 육도 각각의 다른 모습을 꿈꾸지만, 깨달은 뒤 일체가 모두 비어 있어 대천세계에 어떤 따질 것도 없다. 당연히 '명명明明'·'공공空空'에 대해서도 다른 해석 방법이 있다. 그러나 여기에서는 『입중론』의 서술에 근거해서 제법이 세속제 가운데에 꿈같이 나타나지만, 승의제 중에는 일체 있고 없음의 희론이 적멸함을 설한다.

승의제 가운데 번뇌가 비어 있어 조금의 실체가 없음을 관찰하였다. 이러한 비어 있음은 결코 단순하게 비어 있는 것이 아니라, 여러 쓸데없는 희론과는 거리가 있는 것으로 보살이 스스로 증득하고 밝힌 지혜 본체이다. 우리는 상사 삼보가 가피를 내려주시어, 스스로 마음의 흐름 가운데 아주 빨리 이와 같은 깨달음의 경계가 일어나기를 힘껏 기원해야만 한다. 그때 우리 마음속에는 어떠한 고통도 있지 않을 것이며, 번뇌는 이미 지혜 묘용으로 변한다. 인간세계에 있건 지옥에 있건 모두 『경관장엄론』에서 말한 것처럼, 보살과를 얻은 후에는 삼악도에 이르러서도 꽃동산에 와서 놀고 감상하는 것처럼 마음속은 영원히 안락으로 충만하여 어떤 고통도 없을 것이다. 이 때문에 우리는 문사聞思를 정진하는 동시에 늘 성의를 다한 신심으로 상사 삼보와 삼근본三根本에 기도해야만 한다. 만약 진실한 신심을 가질 수 있다면 이러한 경계를 얻는 것도 멀지 않다. 그러나 만약 마음속에 분별심에 끌려온 견해를 둔다면 충분한 신심이 있는 것이 아니므로 이러한 증득의 경지와는 아주 멀며 또한 기약이 없으니, 수행인들은 절실히 자신을 관찰하길 바란다.

惑幻心莫懼 爲智應精進 혹환심막구 위지응정진

何苦于地獄 無義受傷害 하고우지옥 무의수상해

번뇌는 허망한 환상처럼 실체가 없으니
두려움을 버리고 지혜를 위해 정진할 뿐인데,
쓸데없이 나는 왜 지옥에서
그렇게 많은 해를 당해야 하는가?

우리는 작자의 가피를 통해 중관의 관찰 방법으로 번뇌는 공성으로 실체하는 존재가 없다는 것을 알았다. 비록 세속에서는 번뇌가 여전히 드러날 수 있고, 더욱이 시작 없는 습기 때문에 우리는 여전히 그의 출현에 대하여 집착과 두려움을 일으킬 수 있으나, 번뇌의 출현은 역시 꿈 같고 환상 같은 허망한 모습일 뿐 근본적으로 그에 대해 집착이나 두려워하는 마음을 일으킬 필요가 없다. 『금강경』에서 "무릇 모습이 있는 모든 것은 허망하다", "모든 인위적인 법은 꿈 같고 물거품이나 그림자 같다."라고 말하였다. 모든 법이 꿈 같고 환幻 같다는 것을 깨달은 수행자는 지혜의 보검을 휘두르며 번뇌 집착을 끊을 수 있다. 번뇌 현상이 허망한 환상이라는 것을 알고, 부질없는 희론을 떠난 공성을 얻기 때문에 일체 번뇌를 두려워하지 않을 수 있다.

상사 여의보와 이전의 많은 고승대덕들처럼, 번뇌는 그들 앞에서 "어디에 불공평한 것이 있는가!"이다. 우리 보통사람들 앞에 번뇌가 드러나 나타날 때는 여전히 두려움이 있으며, 더욱이 근기가 하열한 사람들은 공성의 묘법을 수용할 방법이 없고 번뇌에 대하여 많은 실질적인 집착을 가져 번뇌라는 큰 적을 순리대로 항복시킬 방법이 없기에 많은 허망한 고통을 받는다.

번뇌는 마술사가 표현하는 마술이나 입체영화처럼 표면적으로 볼 때는 인물·산수 등 각종 사물이 모두 있다. 그러나 실제로는 단지 환상이 변한 것이거나 빛과 그림자가 변한 것일 뿐, 이외에 어디에 무슨 인물이 있고 무슨 산수가 있겠는가? 우리가 지혜의 보검을 이용하여 허망한 번뇌의 표면을 찌르면 그 탐욕과 성냄이란 환상이 법계에서 소멸되어 생겨남이 없는 대공大空이 출현한다. 만약 이러한 지혜를 깨달을 수 있다면 번뇌가 어떻게 우리를 지옥에 떨어뜨려 아무 의미 없이 억울하게 고통 받게 할 수 있겠는가! 공의 이치(空性)를 깨달은 후에는, 번뇌의 근본 원인은 즉시 제거되어 윤회하는 고통의 뿌리가 이로부터 끊어진다. 앞에서 우리는 용시 비구의 공안을 말하였다. 용시 비구는 공성 수지를 통하여 업과 번뇌의 생김이 없는 대공의 본성(無生大空本性)을 깨달아 지옥의 고통이 법계에서 사라지게 하였다. 우리가 이처럼 공성을 수지한다면 "이 번뇌가 꿈과 같다"는 것을 깨달은 이후에 어떻게 그러한 허황되고 아무 실제 없는 지옥의 고통을 받을 수 있겠는가?

많은 고승대덕들은 중관·공성·지혜를 닦고 배우는 것은 불법을 배우는 사람들의 가장 수승한 수행이며, 또한 가장 좋은 자량을 쌓는 참회 방편법이다고 하셨다. 이 때문에 우리는 번뇌를 끊어야만 하고 힘껏 중관 방면의 경론을 듣고 생각하여 공성의 지혜를 깨닫기 위하여 분투 정진해야만 한다. 스스로 수업 내용을 낭송할 때 이 방면에 대하여 중시해야 한다. 『금강경』을 낭송 수지하는 공덕은 부처님께서 경에서 매우 분명하게 말씀하셨으며, 『금강경』은 중국의 선종 조사들도 특별히 추앙한 것으로 안다. 또 『반야바라밀다심경』·『대원만허환휴식大圓滿虛幻休息』 등이 있으며, 이 경론들은 늘 암송 수지하면 번뇌를 무너뜨리고 꿈 같고 환상 같은 경계를 깨달을 수 있게 되는 불가사의한 가피력을 가지고 있다.

3 결론

思已當盡力 圓滿諸學處 사이당진력 원만제학처
若不遵醫囑 病患何能愈 약부준의촉 병환하능유

이와 같은 이치를 잘 사량하고 전심을 다해
모든 가르침을 성취하기 위해 노력해야 한다.
만약 의사의 처방을 따르지 않는다면
병이 어떻게 나을 수 있겠는가?

이 게송은 제4품의 총결이다. 위와 같이 보리심을 가져 지킨 후 보살계를 잃지 않는 것은 반드시 방일하지 않는 것에 의지해야만 하고, 만약 게으르면 우리의 계율은 지킬 수 없어 각종 잘못을 만들 수 있다. 게으르지 않는 것에 대한 필요성·중요성을 이해한 후에는 모든 힘을 다해 성실하게 논에서 밝힌 일체 학처學處를 닦아 지녀야만 한다. 만약 닦지 않는다면 문자상에 있어서의 희미한 기억일 뿐이다.

가령 당신이 이 논을 줄줄 암송할 수 있다면 그것 역시 표면적인 공부일 뿐이다. 여기에서는 '입으로 외고 마음으로 행해야' 한다. 입으로 외우기만 하고 마음으로 행하지 않는 사람은 수행에 큰 이익이 없다. 『출요경出曜經』에서도 "어리석은 사람은 천 개의 게송을 외워도

한 구절을 이해하지 못하고, 지혜로운 사람은 하나의 게송을 외워도 백 개·천 개의 뜻을 이해할 수 있다."라고 말하였다. 만약 지혜로운 사람이라면 한 게송에 깊이 들어가는 즉시 그 속의 깊고 넓은 뜻을 깨달을 수 있다.

『입행론』의 이번 품에서는 각 방면에서 게으른 잘못 등 각종 배워야 할 것을 분명히 밝혔다. 그 뜻은 우리를 실제에서 부지런하게 닦고, 성실하게 게으르지 않음을 행하도록 인도하는 데 있다. 만약 중병을 앓는 환자에게 의사가 성실하게 진단하고 병의 원인을 지적하여 처방을 해주면서 어떻게 약을 먹고 치료하는지를 주문하였으나, 환자가 의사의 부탁을 따르려 하지 않고 약 먹는 방법을 따르지 않는다면 어떻게 건강해질 수 있겠는가? 우리가 위에서 서술한 이치를 듣고서 힘써 행하려 들지 않는다면, 이러한 의사의 주문을 듣지 않는 환자와 무엇이 다르겠는가? 역시 자신이 윤회의 고통을 받게 하는 무명이란 나쁜 병을 낫게 할 수 없다. 『월등경』에도 이러한 비유가 있다. 어떤 사람이 중병을 몇 년 동안 앓아 사방으로 의사를 찾다가 마침내 훌륭한 의사를 찾았다. 훌륭한 의사는 병에 맞는 묘약을 지어주었으나 이 사람은 도리어 훌륭한 의사의 부탁을 따르지 않고 약을 먹지 않으니 자신의 병을 치료할 방법이 없었다. 마찬가지로 우리가 불법을 들은 후에도 가르침에 따라 행하지 않는다면 번뇌의 고통도 없앨 방법이 없다.

우리는 작자가 이 논에서 서술한, 배워야 할 것들을 들은 후, 먼저 반복해서 자세하게 사유하여 마음속에 강렬한 신심과 닦고자 하는 의욕을 일으켜야 한다. 그러한 후 일상생활에서 반복적으로 닦아

원만한 상태에 이르게 해야 한다. 그렇지 않으면 법이 사람과 괴리되니 어떻게 자신에게 효과가 있을 수 있겠는가? 마치 환자가 약 처방을 읽고 복용해야만 하는 약을 멀리서 보기만 할 뿐이라면 환자에게 무슨 소용이 있겠는가? 뿐만 아니라 불법은 오랜 기간 닦아야만 하고 항상 끊임없이 습관으로 만들어야 한다. 하루 햇볕 쬐이고 열흘 춥게 하는 불성실한 수행은 효과가 없다. 우리는 대열반을 증득하는 순간까지 게으르지 않아야 한다는 가르침에 대하여 단단히 기억하고 말한 대로 성실하게 닦아 지녀야만 한다.

◉ 入菩提行論 ◉

제5품

바른 앎(正知)을 지키다

지장왕보살

이 품의 주요 내용은 어떻게 보살계를 지키고 행하는가이다. 마음은 행위에 앞서므로 자신의 마음을 잘 지키는 사람이 보살학처를 잘 지킬 수 있으며, 마음을 지키는 데에는 반드시 바른 앎과 바른 마음집중이 있어야만 한다. 바른 앎과 바른 지견은 정확한 견해와 지혜를 가리키는 것으로서, 여기에서의 바른 앎은 자신의 견해·계율을 보호하기 위하여 신·구·의 삼문을 신중하게 관찰하고 이해하여 오염되는 것을 멀리하고 청정함을 지키는 것을 가리킨다. 이 개념에는 두 단계의 의미가 있다. 첫 번째 단계는 늘 자신의 신·구·의 삼문 상태를 관찰하여 명료하게 하는 것이고, 또 다른 단계는 선을 취하고 악을 버리는 것을 신중히 하여 악을 제거하고 마음을 청정하게 하는 것이다.

1 마음을 지켜 보호하는 요의

1) 마음을 엄호하면 능히 일체를 보호함

(1) 마음을 수호해야 함을 모두 설함

欲護學處者 策勵當護心 욕호학처자 책려당호심
若不護此心 不能護學處 약불호차심 불능호학처

계를 지키고 싶은 사람은
마음을 신중하게 지켜야 한다.
이 마음을 지키지 못하면
보살계를 잘 지킬 수 없다.

'학처學處'는 바로 보살계이다. 보살이 배워야만 하는 것으로 6바라밀을 위주로 하는 바다처럼 넓은 일체의 보살행이다. 『입행론대소』에서 학처를 지키는 것의 정의는 보살계를 받은 후 엄격하게 계율에 의거하여 취하고 금지하며 일을 처리하는 것이다. 계율에서 할 수 있다고 허가한 것은 할 수 있고 금지시킨 것은 절대 범해서는 안 된다.

보살계를 지키려고 한다면, 먼저 반드시 자신의 마음을 잘 지켜 번뇌의 오염을 멀리해야만 한다. 『화엄경』에서 “자신의 마음을 일체 보살행에 세워야 하기 때문에 마음의 성을 잘 지켜야만 한다.”라고 하였다. 왜냐하면 마음은 일체 행위의 선도이기 때문에 마음속에서 청정함을 지켜 번뇌에 오염되지 않으면 마음과 행동·언어는 자연히 금하는 계율을 범하지 않고 선법을 행할 것이다. 그러나 우리 범부의 마음은 찰나 찰나에 끊임없이 움직여 신중하게 지키지 않으면 악을 행하기 쉽다. 『묘비청문경』에서 “자신의 마음은 번개·구름·폭풍·파도처럼 변화를 예측할 수 없고 외부의 환경에 따라 바뀌므로 마땅히 자신의 마음을 잘 조복시켜야만 한다.”라고 하였다. 이렇게 외부환경에 따라 변화하며 예측할 수 없는 마음을 조복하지 못한다면, 늘 홍수에 침범당하는 농토처럼 어떤 우월한 종자의 농작물이나 과실수라도 자라게 할 수 없다.

(2) 마음을 방종한 환란

若縱狂象心 受難無間獄 약종광상심 수난무간옥
未馴大狂象 爲患不及此 미순대광상 위환불급차

마음의 코끼리를 방종하게 내버려둔다면
무간지옥의 해를 입을 것이다.
길들이지 않은 코끼리가 미쳐서 해가 됨이
이처럼 심각하지 않을 것이다.

우리의 마음은 난폭한 코끼리와 같아서 만약 방종하게 내버려두고 제어를 하지 않다가 발작하게 되면, 그것은 매우 거칠고 사나운 힘을 지니게 되어 매우 심각한 악업을 짓고 선법의 공덕을 무너뜨릴 수 있다. 『불유교경』에서 "아직 제어하지 않은 마음은 독사·맹수·대화재보다 더 무섭고 광폭한 코끼리보다 더 제어하기 어렵다. 만약 자신의 마음을 방종하게 내버려둔다면 일체의 선법 공덕을 잃게 되고 온갖 죄업으로 반드시 자신을 무간지옥에 떨어뜨려 고통 받게 한다."라고 한다. 『열반경』에도 "후세의 악업 과보를 보지 못하므로, 짓지 않는 악업이 없다."라고 말한 것처럼 사람들이 내세의 악업의 과보에 대하여 조금도 모르기 때문에 그 마음속에 삼세인과를 믿지 않아서, 조금도 악업 짓는 것을 염두에 두지 않고 마음을 방종하게 하여 심지어는 불법을 비방하고 살생하고 도적질하는 등 갖가지 악업을 짓는다. 이 사람들은 악한 업을 제멋대로 방종하게 지었기 때문에 무간지옥에 가는 과보 외에 또 어떠한 것이 있을 수 있는가?

우리가 불법을 배우고 계를 받은 후, 만약 자신의 마음을 지키지 못하면 번뇌에 오염되어 아주 쉽게 불제계·자성계를 범하게 된다. 우리의 마음이 조복되지 않았다면 그 위험과 해로움의 정도는 난폭한 코끼리의 해침과는 비교할 수 없을 정도로 크다. 아직 길들여지지 않은 사납고 거친 코끼리들은 광폭한 힘을 가지고 있어서 발작하게 되면 큰 재난을 야기한다. 고대 인도와 기타 열대 국가에서는 전쟁이 났을 때 늘 큰 코끼리를 이용하여 맹렬하게 적군의 진영으로 진격하는데, 이때 어떤 용사도 성난 코끼리들을 제압하여 그들 앞의 물건들을 전부 부수고 짓밟아버리는 것을 막을 방법이 없다. 이전에 인도 금강좌 부근에도 사나운 코끼리들이 많이 있었다. 용수보살은 코끼리들이 불탑 부수는 것을 막기 위하여 거대한 돌로 담장을 쌓아 금강좌 일대를 보호하였다. 그러나 사나운 코끼리의 파괴력이 비록 크기는 하지만, 우리의 방종한 마음과 비교한다면 아직 거리가 한참 멀다. 자신의 마음을 제어할 수 없다면, 비록 찰나일지라도 무서운 악업을 지어 끝없는 지옥 고통을 불러올 수 있다. 큰 코끼리가 아무리 사납더라도 그 힘은 단지 일부 건축물을 무너뜨리거나, 혹은 우리를 죽일 수 있을 뿐 어느 정도 이상은 해롭게 할 수 없다.

하지만 자신의 마음을 지키지 못한다면 상상할 수도 없는 위험을 불러올 것이다. 그러므로 예지와 지혜를 갖춘 사람은 마땅히 늘 자신의 마음을 관찰하여 잘 지켜야 한다. 『격언보장론』에서 "성인은 자신의 잘못을 관찰하고 못난 사람은 남의 잘못을 관찰한다. 공작은 자신의 몸을 관찰하고 올빼미는 사람들에게 흉조를 가져다준다."라고 한다. 지혜로운 사람은 늘 몸과 마음을 관찰하여 계율을 수지하고 범하지 않게 하지만, 자신의 마음을 관찰하지 않는 사람은 자신과 남에게 커다란 해로움을 가져다줄 것이다.

(3) 마음을 수호한 공덕

若以正念索 緊拴心狂象 약이정념색 긴전심광상
怖畏盡消除 福善悉獲至 포외진소제 복선실획지

바른 마음집중의 밧줄로
성난 코끼리 같은 마음을 정법의 기둥에 아주 꽉 묶어둔다면,
일체 악업 고통의 두려움을 남김없이 없애고

일체 복덕의 선근을 얻을 수 있다.

바른 마음집중과 바른 앎의 함의는 다르다. 바른 마음집중은 선법을 잊지 않는 바른 마음집중 혹은 정법을 기억하여 시시각각 선법 닦는 것을 잊지 않는 것이라고 말할 수 있다. 바른 마음집중은 여기에서는 밧줄로 비유된다. 바른 마음집중의 밧줄로 성난 코끼리 같은 자신의 마음을 묶어둔다. 이전의 고승대덕들도 늘 자신의 마음을 말에 빗대고 바른 마음집중을 말 묶는 밧줄에 비유하였다. 바른 앎은 말 주인처럼 늘 말을 보호하면서 지킨다. 말 주인은 말을 방목할 때 늘 지켜보아야만 하고 밧줄로 묶어두어야 잃어버리는 것을 방지할 수 있는 것처럼, 우리는 수행할 때 반드시 바른 앎으로 늘 신·구·의 삼문을 살펴보아 삼문이 하는 행위가 여법한지 아닌지를 주의해야 한다. 그리고 바른 마음집중으로 늘 삼문을 선법에 안주시킨다. 이 비유는 매우 구체적으로 우리의 수행과정을 설명한다. 수행자들은 반드시 이 과정에서 없어서는 안 되는 두 개의 수단인 바른 앎과 바른 마음집중을 기억해야 한다. 이 바른 앎과 바른 마음집중이 없다면 진정한 수행인이 될 방법이 없다.

바른 마음집중의 쇠밧줄로 마음을 정법에 묶어 각종 세간법에 산란해지지 않게 하고 번뇌라는 악의 밭으로 뛰어들지 않게 한다면, 이로써 삼문의 일체 악업을 끊고 늘 선법을 행하고 지키게 되므로 이생과 내생의 일체 번뇌로 인한 고통이 자연 없어질 것이다. 그리고 지혜 자량도 끊임없이 쌓여, 현재와 궁극의 복덕 선근 또한 순리대로 얻을 수 있다.

늘 바른 앎으로써 자신의 삼문을 살펴 바른 마음집중으로 선법에 묶어두어, 악법을 멀리 여의는 것이 수행에서 반드시 갖추어야 하는 것이다. 그러나 진정으로 바른 앎과 바른 마음집중을 구족한 수행인은 매우 적다. 『대원만전행인도문』에서 "불법을 수행하는 사람은 매일 새벽에 일어나 잡념 없이 편안하게 앉아 어제를 돌이켜 생각하며 자신의 마음을 잘 관찰해야만 한다. 저녁에도 자기 전에 역시 취하고 버릴 선악을 헤아려 삼문의 행위를 점검해야만 한다. 선업은 항상 지어야 하고, 악업에 대해서는 힘껏 참회해야만 한다."라고 말한다. 이 점을 견지해 나갈 수 있는 사람이 얼마나 되겠는가? 만약 이러한 것들을 실천하지 않는다면 그 누구라도 선법을 수행한다고 믿을 수 없을 것이다. 불법 닦음은 게으름 없이 견지해야 진실한 공덕을 얻을 수 있다. 먼저 아침저녁으로 바른 앎과 바른 마음집중으로 삼문을 관찰하는 습관을 배양하여 점차적으로 숙련된다면, 하루에 바른 앎과 바른 마음집중으로 마음과 몸을 관찰하는 횟수가 점점 증가하여 두 번·세 번·백 번·천 번에 이르러 일상생활 매 순간에까지 두루 미치게 될 것이다. 이와 같이 할 수 있다면 어찌 수행에 성공하지 않겠는가? 어떤 불법을 배우는 사람은 아침부터 저녁까지 정신이 없다. 아침에 일어나 눈을 좀 씻고 정신없이 밖으로 뛰어나가 시간을 조금도 의미 없이 허풍떨고 일 없이 돌아다니는 데 써버리고 저녁이 되면 머리 박고 자버린다. 화지 린포체는 이러한 사람들에 대하여 "우리 속 야크와 별 차이가 없다."고 말하였다. 바른 앎·바른 마음집중은 조금도 없는데 무슨 불법을 닦을 수 있겠는가? 더욱이 어떤 선업 공덕의 성취가 있는가는 말할 수도 없다. 이러한 사람들의 결과는 다만 끝없는 악도의 공포만이 있을 것이다.

어떤 사람들은 아마도 생각할 것이다. 자신의 마음을 조복시켜 자신을 잘 관리하는 것이 외부의 일체 재난과 고통에 대하여 어떻게 평정한 작용을 하는가? 이 점은 어떤 의심도 할 필요가 없다. 아래에서 그 원인을 설명하겠다.

2) 마음을 수호함이 일체를 수호함이 되는 도리

(1) 환란이 마음에 의함

虎獅大象熊 蛇及一切敵 호사대상웅 사급일체적
有情地獄卒 惡神幷羅刹 유정지옥졸 악신병나찰
唯由系此心 卽攝彼一切 유유계차심 즉섭피일체
調伏此一心 一切皆馴服 조복차일심 일체개순복

호랑이·사자·코끼리·곰·뱀 등 일체의 적이나
유정지옥의 옥졸이나 야차와 나찰 같은 요괴들이라도
이 마음 하나 묶어둘 수만 있다면 모든 것을 붙들어 매게 되고,
이 마음 하나 다룰 수 있으면 모든 것을 조복 받게 되리라.

사람 사는 세상에는 온갖 두려운 것이 있다. 그중 가장 전형적인 것이 바로 독사·맹수·흉악한 원수·지옥 사졸·악신과 야차·나찰·사람 잡아먹는 요괴 등이다. 이들 외부의 적은 사람을 매우 두렵게 한다. 사람들은 일단 그들을 만나면 해로움이나 고통을 당할 것이다.

그러나 우리가 바른 마음집중으로 자신의 마음을 조복시키기만 한다면, 이 외부에 있는 일체 두려운 적을 항복시키고 평정시킬 수 있다. 근훠 린포체는 강의에서 "만약 늘 바른 앎과 바른 마음집중으로 자신의 마음을 잘 길들일 수 있다면 뜻과 행동을 함부로 하지 않을 것이며, 자신의 행동과 외부환경에 대하여 반드시 세심하게 관찰할 것이다. 독사·맹수·악신·나찰 등을 만나 위험한 처지에 있게 되더라도, 이 때문에 나쁜 인연을 제때에 발견하여 피할 수 있다. 다시 말해 늘 자신의 마음을 지키는 사람은 반드시 삼보에 기도하기 때문에 더욱 각종 두려움을 만나지 않을 것이다."라고 말한다.

또 다른 각도에서, 우리가 만약 자신의 마음을 조복시킬 수 있다면 일체 대자대비 등 선법 공덕이 자연 상응하여 생겨난다. 맹수나 악인·야차와 나찰 같은 비인을 만나도 그들이 우리의 자비롭고 위엄을 갖춘 덕에 감화되어 어떤 악연을 만들지 않을 것이다. 이러한 일화는 티베트·중국 양국의 수행인들 중에 아주 많다. 티베트불교사에서 매우 유명한 일화로, 즈메겅덩 국왕이 두르허샹 지역에서 수행할 때 현지의 많은 맹수들이 감화되어 그의 앞에서 정례하고 법을 들었다. 인도의 대성취자인 상허빠는 늘 사나운 코끼리를 탈 것으로 삼고, 독사를 안장 묶는 끈으로 삼았다. 무착보살이 있는 곳에는 맹수와 양이 같이 놀았다. 밀라레빠 존자의 전기에서도 존자가 산 동굴에서 수행할 때 많은 비인들이 해치려고 하였으나, 존자를 만나기만 하면 저절로 감화되어 도리어 존자에게 귀의한 것을 볼 수 있다.

자신의 마음을 잘 조절할 수 있는 사람의 입장에서 보면, 맹수와 악인·흉신과 악신 등이 근본적으로 해를 끼칠 수 없다. 뿐만 아니라 자신의 마음을 조복시킨 공덕 때문에 주위 일체 적들의 해치려는 마음을 종식시켜 온순하고 선량하게 변화시킬 수 있다. 아티샤 존자는 "만약 마음속을 조절할 수 있다면, 외부의 적이 해칠 수 없다."라고 말한다. 우리가 만약 불법으로 마음속을 조복시킬 수 있다면 근본에서부터 일체 위험과 해로움을 없애는 것이다. 감산 대사도 "아미타불을 부르는 한마디가 모든 병을 물리친다."라고 말한다. 진정으로 자신의 마음속에서 나온 한마디 부처님의 명호는 세간의 모든 질병·재난을 전부 해결할 수 있다. 이러한 출세간의 수승한 비결은 간단하면서도 직접적이다. 그러나 그 작용은 세상 어떠한 방법으로도 미칠 수 없는 것이다.

나는 불법을 배운 사람만이 석가모니 부처님의 위대함을 알 수 있고, 불법을 배우지 않은 사람은 알 도리가 없다고 늘 생각한다. 인류 역사에서 어디에 부처님만큼 자신의 마음을 조복시킨 사람이 있는가? 또 그 누가 부처님만큼 많은 중생들에게 자신의 마음을 항복시켜 일체 윤회를 종식시키도록 가르쳐 인도할 수 있는가? 우리가 대장경을 펴 자세하게 읽으면 부처님에 대한 믿음이 저절로 일어날 것이다. 바다처럼 넓은 대장경에는 천문·지리·인류 사회의 발전·인류 신심의 비밀 등 우주와 인생 간의 일체 비밀이 모두 분명하게 서술되어 있다. 세상 그 어떤 위대한 사람도 지혜·인격·사업 등 각 방면을 막론하고 부처님과 비교하면, 촛불과 태양·우물과 바다를 비교하는 것과 다를 게 없다. 만약 수행자들이 늘 대장경을 읽고 이렇게 사고한다면 반드시 부처님에 대하여 진실한 믿음이 일어날 것이다.

實語者佛言 一切諸怖畏 실어자불언 일체제포외
無量衆苦痛 皆從心所生 무량중고통 개종심소생

진실을 말씀하시는 분인 부처님께서 말씀하셨다.
세상의 일체 두려움,
중생의 헤아릴 수 없는 모든 고통은
모두 마음속에서 생겨나는 것이다.

"사실을 말씀하시는 분(實語者)"은 부처님에 대한 존칭이다. 부처님께서 말씀하시는 것은 모두 진실하고 정확한 말이기 때문에 얻은 명칭이다. 『금강경』에서 "여래는 말을 참되게 하시는 분, 말을 사실대로 하시는 분, 말대로 행하시는 분, 말을 속이지 않는 분, 한 사실을 두 가지로 말하지 않는 분이다."라고 말한다. 법칭 논사는 『석량론』에서 인명 논리에 의하여 부처님께서는 삼계의 유일한 구경의 스승으로서 "과실이 없고 거짓을 말하지 않는다."고 분석하여 논증하였다. 부처님께서는 이미 탐욕·성냄·어리석음 등의 모든 무명번뇌를 제거하였고, 말에는 허망함이 없어 완전하고 정확하다. 『묘법연화경』에서도 "부처님께서는 진실하게 말하지 않은 적이 없었으며, 그 지혜를 헤아릴 수 없다."라고 하였다. 이러한 것들은 모두 부처님께서 일체지지자로서 하시는 말 일체가 진실하고 잘못이 없는 진리이므로, 만약 인연이 되어 듣는다면 마땅히 존경과 믿음을 내어야 함을 말하는 것이다.

경전에 의하면 세상 중생에게는 각양각색 고통과 두려움이 있는데, 이생과 내생의 것, 볼 수 있는 것과 잠시 볼 수 없는 것, 이 모든 것들은 헤아릴 수도 없으며 끝도 없다. 중생은 공동의 업 때문에 같은 고통을 가지고 있다. 예를 들면 2천 명이 한 도시에 살다가 도시에 지진이 일어나 2천 명이 모두 똑같이 두려워하는 것은 공업共業이 불러온 고통이다. 이 2천 명이 같은 환경에서 지진의 공포를 당했지만, 각자에게는 또 다른 고통이 있다. 예를 들면 어떤 사람은 죽고 어떤 사람은 상처를 입고 어떤 사람은 편안하게 별 탈이 없고 어떤 사람은 재난을 입어 굶주림과 갈증에 시달리고 어떤 사람은 병이 나는데, 어떤 사람은 도리어 이 때문에 행운을 얻는 등 각양각색으로 서로 다르다. 이러한 것들은 다른 업(別業)이 불러온 것이다.

중생의 모든 고통은 무시이래로 마음이 청정하지 못하여 의식이 혼란스러웠기 때문에 업을 짓게 되며, 그것이 인이 되어 각종 악업을 만들었고, 악업이 성숙되어서 현재 이러한 과보가 나타났다.(과果와 보報의 개념은 서로 다르다. 예를 들면 우리가 이전에 계를 지키고 복을 닦아 현재 사람 몸을 얻은 것이 바로 과이다. 비록 이 과는 서로 같지만 각자의 상황은 천차만별이다. 이것은 서로 업이 다른 보이다.) 『화엄경』에서 "세간은 온갖 업으로 말미암아 생기고, 모든 업은 또 마음으로 말미암아 생겨난 것이다."라고 하고, "마땅히 법계의 본성을 관찰해야만 하니, 일체는 오직 마음이 만든다."라고 말한다. 『입중론』에서는 또 말하되 "가지가지 차별된 현상은 마음을 원인하여 생긴다."고 하였다. 『구사론』에서는 더욱 자세하게 설명하였다. 예를 들면 "욕계·색계·무색계의 근본은 여섯 가지 식이 된다."라는 등 형형색색의 세간은 중생의 각기 다른 업에 의해 생겨나고, 모든 업은 중생의 각기 다른 인식에 의지하여 생겨난다. 금강승의 아주 많은 논소에서도 '만법은 오직 마음이 지은 것'이라는 관점을 밝혔으며, 무구광 존자의 『칠보장』에서도 이것을 매우 분명하게 밝혔다. 대승·금강승의 경전과 논소에서도 부처님과 성자들이 "중생의 다른 업보의 고통은 모두 자신의 마음에서 생겨난 것이다. 그러므로 자신의 마음을 조복시키면 바로 일체를 조복시킬 수 있다."라고 말한다. 이 논에서는 교증을 이용하여 '마음을 조복시키면 일체 번뇌의 공포를 조복시킬 수 있다'는 것을 성립시킨 후, 아래에서는 또 이치로 이 관점을 증명한다.

有情獄兵器 何人故意造 유정옥병기 하인고의조
誰制燒鐵地 女衆從何處 수제소철지 여중종하처
佛說彼一切 皆由惡心造 불설피일체 개유악심조
是故三界中 恐怖莫甚心 시고삼계중 공포막심심

유정 지옥의 무기들은
어느 누가 고의로 만든 것인가?
시뻘건 철판의 지옥은 누가 만들었는가?
지옥의 여인들은 어디에서 왔는가?
이 일체 고통이 모두 악한 마음이 만든 것이라고
부처님께서는 설하셨다.
그러므로 삼계 안에
마음보다 더 무서운 것은 없다.

유정 세간의 한량없는 고통은 오직 마음이 만든 것이며, 현재 이곳에서 논리전개의 방법으로 『아함경』·『지장경』 및 대성취자의 설명에 근거하면, 지옥에는 셀 수 없이 각종 형벌기구와 병기·칼·검·거(鋸: 톱)·철 갈고리·쇠매·구리 뱀·칼산·검 숲·구리 침상·철 기둥 등이 있고, 그 수량은 계산할 방법이 없을 정도로 많다. 이 형기구들은 어떤 사람이 만들어서 지옥에 둔 것인가? 지옥이 이처럼 넓은데 아주 작은 지옥에도 셀 수 없는 병기들이 있으니, 만약 정말 공장에서 만든 것이라면 그 공장들은 어디에 있으며 노동자는 누구인가? 이러한 물건을 만드는 원료·역량은 어디에서 오는가? 우리 인간이 이러한 공장을 가지고 있는 것은 불가능하며, 천계나 용궁에도 공장은 없다. 다시 말해 지옥에는 헤아릴 수 없는 지옥 유정들이 있고 각 유정들 앞에는 백이 넘는 옥졸들이 매일 형벌기구를 이용하여 그들을 고문하고 죽이는데, 이 옥졸들은 어디에서 왔는가? 그들은 업보를 받는 유정들이 아니다. 그렇다면 누가 그들에게 망나니를 하도록 지시하고, 그들은 무엇에 의지하여 살아가는가? 각 방면으로부터 추리해 보면, 완전하게 결론을 얻을 수 있다. 일체는 오직 마음이 만든 것으로 지옥의 갖가지 형상들은 유정 업력이 느끼는 환상이다. 이외에 만약 아주 단단한 지옥이 있다면 어떤 측면으로 관찰하는 것을 막론하고 성립할 수 없다.

마찬가지로, 여덟 곳의 뜨거운 지옥 중에 불이 활활 타오르는 붉은 철판 지옥은 그 면적이 불가사의할 정도로 크다. 여섯 번째 지옥의 철기는 그 용량이 삼천대천세계만큼이다. 이렇게 많은 철은 어느 강철회사가 만든 것인가? 이 철들은 어디에서 생산되는가? 또 어떻게 뜨겁게 불타오르는 것인가? 진지하게 관찰해 보면, 이것들이 만약 중생 자신이 죄를 지어 나쁜 마음이 허망하게 환상으로 나타난 것이 아니라면 어디에 아주 견고한 이런 지옥이 존재할 수 있는가?

계율을 깨뜨린 출가자, 청정행을 손상시키고 사음한 중생들은 철 기둥 지옥에 떨어져 칼·검에 찔리고 철새에 쪼아 먹히는 고통을 받으며, 무서운 철녀가 그들의 머리를 붙잡아 입속에 넣어 씹는다. 이런 철녀는 어디에서 온 것인가? 그녀들이 있는 철 기둥 산의 나뭇잎은 찰나에 전부 칼이나 검으로 바뀌고 또한 자동으로 고통 받은 중생을 찌른다. 이러한 병기들을 조작하며 조종하고 있는가?

이것들이 중생 자신의 마음에서 환상으로 나타난 것이 아니고 실질적으로 이런 지옥이 있다고 한다면, 사유할 방법이 없으며 또한 불가능한 일이기도 하다. 그렇다면 도대체 이 지옥들은 나타남이 있는가, 없는가? 악한 마음으로 죄를 지은 중생의 업감 속에서 분명 이런 지옥이 나타난다. 『능엄경』·『지장보살본원공덕경』 등을 펴보면, 이 경전들은 모두 중생은 자신의 업력이 짓는 대로 지옥을 나타내며, 이는 곧 자신의 마음이 나타낸 것임을 설한다. 당연히 이 환영은 그 지옥 중생의 업력으로 이 일체를 진실로 여긴다. 이는 마치 우리 범부들이 몸 주위 사물을 진실이라고 여기고 살아가는 것과 같다.

여기에서 '고통은 마음이 만든 것이라고 함'에 대하여 교증을 인용하여 성립시켰다. 부처님께서는 『변유정경辨有情經』에서 "뜨거운 철판 땅, 활활 타오르는 지옥 불, 예리한 칼날, 중생의 몸은 백으로 갈라져 온갖 고통을 받는데, 이것은 모두 신·구·의의 악업이 낸 것이다."라고 말한다. 『금강장경』에서도 "문수사리여! 실제로 지옥이 있는 것이 아니라, 범부의 오염된 분별 의식이 낸 것이다."라고 말한다. 지옥 고통은 중생 자신의 마음이 분별하는 과보로 만들어진 것이지, 결코 실체하는 존재가 있는 것이 아니고 단지 중생의 업력에 기초하여 나타난 환상일 뿐이다.

여기에서 수행자들은 지옥이 있다는 것과 실제적으로 지옥이 없다는 것을 반드시 분명하게 구분해야만 한다. 실상으로부터 말하면 지옥은 환상이며 실체가 없다. 만약 객관적으로 실존하는 지옥이 있고 더 나아가 무서운 형틀기구·타오른 불 등으로 가득 차 있다고 말한다면, 그 설명을 원만하게 할 수도 없고 사람들이 받아들이도록 할 수도 없다. 모든 것은 마음이 만드는 것이라는 관점은 부처님의 치우친 데 없이 두루 원만한 지혜로 관찰하여 얻은 결론일 뿐만 아니라 설명할 수 있는 현실적인 사례들이 아주 많다. 교증·이증은 물론이고 실제 사례도 얻을 수 있다. 일체 지옥과 세간의 무서운 모습의 화현은 완전히 중생이 죄를 지은 나쁜 마음이 화현시키는 것이기 때문이다.

그러므로 삼계에서 어떤 것도 악한 마음이 만든 죄보다 더 무서운 것은 없다. 삼계 윤회 속에서 무서운 고통의 근원은 모두 자신의 나쁜 마음이며, 일체 상상할 수도 없는 고통들도 모두 마음이 만든 것이다. 『정법염처경』에서는 "마음이 바로 적 중의 적이다. 마음 밖에는 적이 없다."라고 말하였다. 마음은 모든 적 중에서 가장 무서운 적이며, 모든 적의 진정한 막후 조종자이다. 일체 외부의 적이 주는 공포와 고통은, 단지 자신이 자기 마음을 조복시킬 수 없어서 이 때문에 죄를 지은 나쁜 마음이 굴절된 그림자일 뿐이다. 근수취자 린포체는 강의에서 인도 혜원 논사의 말을 인용하여 "세계에 악한 마음이 없다면 모든 공포는 없을 것이다."라고 하였다. 지혜로운 사람의 눈으로 볼 때 중생이 진정 두려워하는 것은 외부에 있는 것이 아니라 자신의 마음에 있는 것이다. 우리는 일체 고통과 두려움을 없애려면 반드시 자신의 마음을 잘 지켜야만 한다. 자신의 마음을 잘 지켜 악업에 오염되지 않으면 일체 고난을 제거할 수 있다.

(2) 6바라밀을 실천함이 마음에 의함

①보시를 마음에 의지하다

若除衆生貧 始圓施度者 약제중생빈 시원시도자
今猶見飢貧 昔佛云何成 금유견기빈 석불운하성
心樂與衆生 身財及果德 심락여중생 신재급과덕
依此施度圓 故施唯依心 의차시도원 고시유의심

중생을 가난에서 벗어나게 함으로써
보시바라밀을 원만하게 이루었다고 한다면
지금도 여전히 가난한 중생들이 있는데,
과거 부처님께서 어떻게 피안에 이를 수 있었겠는가?
기꺼운 마음으로 자신의 몸과 재물과 과위 공덕을
중생들에게 주는 보시행이
보시바라밀을 원만하게 했다.
그러므로 보시는 마음 그 자체를 의지하는 것이다.

6바라밀이 마음에 의지한다는 것에 대하여 일일이 자세한 설명을 하며, 우선 보시바라밀이 마음에 의지하여 원만해짐을 설명한다. 어떤 사람들은 보시바라밀을 원만하게 하려면 반드시 모든 중생의 빈곤을 없애야 하고 또한 보시바라밀은 외부환경에 의지하여 재물로써 중생들의 필요를 만족시켜야만 원만해질 수 있다고 생각한다. 만약 이 관점에 따른다면 현재 당신은 여전히 많은 중생들이 기아와 빈궁함에 빠져 있는 것을 볼 수 있다. 그것은 과거 모든 부처님께서 보시바라밀을 원만하게 하지 않았다는 것인데, 그렇다면 그들은 어떻게 불과를 성취할 수 있었는가? 그러므로 이러한 설법은 사실과 완전히 다르다. 우리는 본사 석가모니 부처님께서 이미 보시도를 원만하게 했다는 것을 안다. 뿐만 아니라 『십지경』에 근거하면 초지보살은 보시도를 원만하게 하였다. 만약 보시도가 외부 대상의 재물을 보시하는 것에 의하여 원만해진다면 이 세상에는 이미 빈궁과 기아 현상이 있어서는 안 된다. 우리는 『백업경』에서 부처님께서 세상에 계셨을 때도 역시 가난한 사람들이 많이 있었음을 볼 수 있다. 육도만행이 이미 원만했던 부처님께서 세상에 나셨을 때도 가난한 사람이 여전히 존재했다는 현실은 보시도가 결코 재물을 보시해서 중생을 만족시켜야 원만해지는 것이 아님을 아주 쉽게 설명한다.

부처님께서는 일체 공덕은 모두 마음에서 생겨나는 것으로, 마음으로 자신의 재산·몸과 마음의 생명·공덕 선과까지 조금도 남김없이 중생들에게 보시하기를 원하여 거짓 없는 기쁨이 일어나면 바로 보시바라밀다를 원만하게 한다고 하였다. 『대집경』의 「무진의보살품」에서 "자신의 일체를 중생에게 보시하는 것이 바로 거짓 없이 버리는 마음으로, 보시바라밀이라고 부른다."라고 말한다. 『입중론』에서도 "보살은 보시 구하는 소리를 듣고 저 소리를 인하여 생기는 기쁨을 사유하니, (소승 성자의 열반은 저 기쁨이 없는데) 하물며 보살이 일체를 보시함에 있어서이겠는가? 남의 고통을 끊어주기 위하여 그는 고행정진한다."라고 하였다. 이는 보시의 진실한 기쁨을 강조하는 데 중점을 두어 기쁨이 원만해진다면 보시바라밀다가 됨을 말하고 있다.

수행자들은 아마 어떤 의혹을 가질 수 있을 것이다. 본사 석가모니 부처님께서 보살도를 닦으며 6바라밀을 행할 때 일체중생의 고통을 없애주려고 발원하였다. 현재 그는 이미 성불하였으나 제도를 얻지 못한 중생은 아직도 매우 많다. 그렇다면 이러한 원하는 마음은 진실인가, 아닌가? 각각의 중생들한테 모두 이롭게 할 수는 없는가? 이 문제는 『현관장엄론』의 설명에서 전문적으로 논술하고 있다. 부처님께서 중생을 제도하는 방식에는 청정·원만·성숙의 세 가지가 있다. '청정'은 부처님께서 미세한 무명 종자만 남아 있는 최후의 청정함에 다다른 보살을 제도하여 불과를 얻게 하는 것이다. '원만'은 대승 불법을 닦는 수행인을 제도하여 그들의 선근이 원만해져 보살과를 얻게 하는 것이다. '성숙'은 일반 중생을 제도하여 부처님의 가르침 아래에서 성숙해져 장래 미륵불이나 이후의 부처님께서 세상에 올 때 해탈을 얻게 하는 것이다. 그러므로 부처님께서는 중생들 중에 아직 제도되지 못한 사람은 제도되고, 아직 안위를 얻지 못한 사람은 안위를 얻고, 아직 성숙되지 못한 사람은 성숙될 수 있기를 발원한다. 이는 근기가 다른 중생에게 원력으로 그들이 해탈도로 들어가도록 가피를 주어 잠시·궁극의 해탈과를 증득하게 하는 의의가 있다. 이러한 원력의 가피는 모든 중생이 불과를 얻을 때까지 계속 이어져야 한다. 그 시간은 무한하여 우리는 업에 미혹된 바깥 경계를 가지고 부처님의 원력과 사업을 헤아릴 수 없다.

②계를 청정하게 하는 것을 마음에 의지하다

遣魚至何方 始得不遭傷 견어지하방 시득부조상
斷盡惡心時 說爲戒度圓 단진악심시 설위계도원

물고기 등 동물을 어떤 곳으로 보내야만
비로소 그들이 살해됨을 만나지 않는가?
계를 지키는 사람의 마음 안에서 살생과 같은 악한 생각이 끊어졌을 때
지계바라밀을 원만하게 이루었다고 일컫는다.

계율에는 여러 가지가 있으나, 종합적으로는 불제계와 자성계로 나눌 수 있다. 우리는 원만하게 계를 지키고자 하여 만약 외부환경에 성취를 둔다면 아주 큰 곤란이 생길 것이다. 예를 들어 살생하지 않는다는 계율의 입장에서 말하자면, 중생의 손에 죽임을 당하는 물고기·새·사슴·돼지에서 작은 벌레에 이르기까지 그들을 안전 지역으로 보내야 살생하지 않는다는 계율을 지킬 수 있다. 그렇지 않다면 무의식중에라도 해치지 않는 것을 지킬 방법이 없다.

본사 석가모니불이 세상에 있을 때 욕실 청소를 책임지는 비구가 욕실을 청소하면서 그 안에 작은 벌레가 많이 있는 것을 발견했다. 바로 부처님께 어떻게 해야만 하는지를 여쭈었다. 부처님께서는 비구에게 청소를 깨끗이 하라고 대답하였다. 비구는 살생계를 범할까 두려워서 감히 깨끗이 청소할 수 없다고 하였다. 부처님께서 그에게 "우리는 욕실을 깨끗이 청소하는 것이지, 살생하는 것은 아니다."라고 말했다. 부처님께서는 지계바라밀을 원만하게 하신 세존이시다. 만약

대상을 죽이지 않는 것이 계바라밀을 원만하게 하는 관점이라면, 부처님께서는 왜 살해를 면하기 어려운 모든 중생들을 다른 세계로 옮기지 않았는가? 뿐만 아니라 2지 보살과를 증득할 때 지계바라밀은 바로 이미 원만해짐을 우리는 또한 안다. 사바세계에는 이러한 보살들이 많이 있다. 그런데 왜 여전히 그렇게 많은 유정들이 매일 죽음을 만날까?

다시 정리하면, 우리가 원만하게 불살생계를 지키려고 한다면 모든 벌레들에서 미생물에 이르기까지 전부 다른 세계로 보내야만 된다. 그렇지 않다면 밥을 먹고 길을 걸을 때 수시로 그들을 죽일 것이다. 마찬가지로 만약 도계·음계를 지키려면 탐하는 마음을 생기게 하는 물질과 남·녀 전부를 다른 곳으로 옮겨 자기에게 청정한 환경을 만들어 주어야 한다. 그 밖에 망어계를 범하지 않기 위해서는 말을 이해할 수 있는 인간과 천상인 전부를 사라지게 해야만 한다.

어떤 사람들은 늘 "내가 아주 잘 정계를 지키려 한다면, 반드시 먼저 매우 청정한 곳을 찾아야만 지켜내는 것을 보증할 수 있다."고 말한다. 당연히 도를 깨닫기 전의 범부는 반드시 외부환경의 영향을 받을 것이다. 아티샤 존자는 또한 "환경의 열악한 영향을 피하기 위하여 초학자들은 청정한 환경을 선택해야만 한다."라고 말한 적이 있다. 강보빠 대사와 무구광 존자 또한 이렇게 말한 적이 있다. 그러나 비록 청정한 외부환경에 따라 순조롭게 산다 해도, 지계 등의 선법을 원만하게 하려고 하는 것은 아주 힘들고 어려운 일이다.

수행은 반드시 자신의 마음을 조복시켜야 한다. 만약 자신의 마음에서부터 시작하여 신·구·의 삼문을 조복시키지 않는다면, 샤카 빤디따가 "악인은 숲에 살아도 거칠고 난폭하며, 바른 사람은 시내에 살아도 온유하다. 숲속의 맹수는 늘 분노하며, 도시의 순한 말은 순종한다."라고 말한 것처럼 될 것이다. 자신의 마음을 조복시킬 수 없는 사람은 아주 고요한 곳에 살아도 청정할 수 없다.

우리의 지계 수행은 오직 자신의 마음에 의지하여 원만하게 하는 것일 뿐이다. 자신이 언제 마음속으로부터 살생·도둑질 등의 악업을 짓는 습관을 끊어버렸는가에 따라 죄업을 짓지 않는 서원이 원만하게 될 것이다. 그때 바로 지계바라밀이 원만해진다. 『입중론』에서 "지계바라밀을 원만하게 한 2지 보살은 꿈속에서도 계를 범하지 않을 것이다. 그들은 자신의 심식에서 이미 악심을 끊어버렸기 때문이다."라고 말한다. 부처님께서도 경에서 "무엇을 계바라밀이라 하는가? 다른 중생을 해치지 않고 번뇌에 빠지지 않게 하는 끊어버린 마음을 말한다."라고 말하였다. 다른 중생들을 해치지 않고 괴롭게 하지 않는 악을 끊어버린 마음이 바로 계바라밀이다. 결코 외부환경에서 계를 범할 가능성이 있는 모든 대상을 끊어버리고 멀리하는 것이 아니다.

③편안하게 참는 것을 마음에 의지하다

頑者如虛空 豈能盡制彼 완자여허공 기능진제피
若息此嗔心 則同滅衆敵 약식차진심 즉동멸중적

난폭한 유정들이 허공처럼 많은데
어떻게 전부를 정복할 수 있는가?
오직 화내는 이 마음 하나 극복하면

곧 모든 적들을 소멸시키는 것이다.

우리가 인욕바라밀을 수행할 때 각양각색의 적과 악연을 만날 것이다. 우리는 이 외부의 적들을 전부 항복시켜야만 비로소 인욕바라밀을 원만하게 할 수 있다. 우리는 할 수 없고 바로 석가모니불만이 가능하다고 말해서는 안 된다. 성불한 후, 여전히 많은 사람들과 사악한 악마가 계속 그분을 해치려고 했다. 만약 인욕바라밀 수행이 원만해진 표시가, 성나게 하는 외부대상이 전부 청정하게 되는 것이라면, 그것은 부처님의 인욕바라밀이 아직 원만해지지 않은 것이다. 그것은 성립될 방법이 없으며, 역시 누구도 인정하지 않는 것이다.

인욕바라밀 역시 자신의 마음에 의지하여 원만해진다. 만약 스스로 마음의 흐름 가운데 성내고 분노하는 마음을 꺾어버렸다면, 온갖 해침과 고통에 대하여 한결같이 움직이지 않고 평안하게 인내할 수 있는 것이 바로 인욕바라밀을 원만하게 한 것이다. 만약 마음 안으로 노력하여 축적하지 않고 외부의 악연과 원수를 평정하여 자신에게 성내는 마음을 일으키게 하는 환경을 전부 소멸시키려고 한다면, 세상에서 사나운 자가 야만스럽게 횡포를 부리며·불법을 믿지 않고·억세어 교화시키기 어려운 중생에 이르기까지 모두 없애야 한다. 끝없을 정도로 많은 그들을 우리가 어떻게 전부 깨끗이 제거할 수 있겠는가! 오직 대승 불법의 비결에 의지하여 성내는 마음을 항복시키고 인욕바라밀을 행해야만이 외부의 온갖 악연과 적에 대하여 평안하게 인내할 수 있다. 자신의 마음이 고요히 움직이지 않는 경계에 안주해야 적이나 해악에 괴로워하거나 마음이 흔들리지 않을 것이다.

더 이상 마음속으로부터 성냄의 해침을 느끼지 않는다면 외부 원수를 완전히 조복시키고 모든 악연을 제거한 것과 같은 것이다.

우리는 또한 자신의 수행으로부터 이 점을 깨달을 수 있다. 해로움과 맞닥뜨려 만약 심기가 평화롭다면 분노를 느끼는 본래의 모든 대상도 그렇게 해롭지 않은 상태로 변할 것이다. 만약 우리가 외부 적을 평정하려고 하면서 도리어 자기 마음속으로는 더 큰 분노와 고통을 느낀다면 실행하기 어렵다. 가령 부처님라면, 보살지에 있을 때이건 성불한 후이건 간에 역시 천마외도가 그를 해치려 했다면 부처님이라도 피할 수 없었는데, 우리 같은 범부들이 자기를 해칠 수 없는 다른 곳으로 자기의 모든 적을 옮기는 것은 더욱 불가능하다. 그러므로 경전에서 "성내는 마음을 종식시키면 외부의 적은 다 없어진다. 반대로 하면 원한이 늘어난다."라고 말하였다. 자신의 성냄과 번뇌라는 이 근본 적이 다 소멸된다면 모든 외부의 적은 다 소멸된다. 반대로 내재한 진심을 없애지 않고 외부의 적을 없애는 것은 다만 외부의 적을 끊임없이 증가시킬 것이다. 세간의 많은 사람들은 적을 만났을 때 늘 생각할 것이다. "내가 만약 적을 멸망시키지 않는다면 그들은 분명 나와 나의 가족, 친구를 해칠 것이다. 그러므로 우리는 철저하게 이 적들을 멸망시켜야 한다." 그러므로 적과 목숨 걸고 싸우면서 많은 비극을 만들었음을 이 사람들은 생각하지 못했다. 자신의 적을 설령 제거할 수 있을지라도 그에게는 여전히 형제·친구가 있을 것이고 또 자손 후대가 있을 것이다. 그곳의 같은 패들은 그들 공동의 적인 당신에게 적개심을 불태우며 당신과 적이 된다. 각자의 외부 적은 등나무 넝쿨처럼 점점 많아져 근본적으로 다 없어질 수 없다.

우리는 인욕바라밀을 원만하게 해야 한다. 자기 마음 안에서부터 시작하여 성냄과 번뇌를 항복시켜야만 마음이 모든 상해에 대하여 평안하게 움직이지 않게 할 수 있다. 이러한 인욕은 마치 견고한 갑옷을 입어 모든 상해가 자신을 해칠 수 없게 하는 것과 같다. 이것이 외부의 적을 조복시키는 가장 효과적인 수단이며 대승 불법의 수승한 비결이다. 이 비결은 아마도 대부분의 사람들이 알 것이다. 그러나 이것은 우리로 하여금 이론적으로 이해하게 하는 것이 아니라 우리를 실제 수행으로 인도하여 이 비결을 운용하게 하는 것이다. 비록 범부가 하려고 하면 어려운 점이 있기는 하지만, 상사 삼보의 가피가 있으므로 수행자들은 반드시 이 방법으로 자신의 모든 원수를 소멸시킬 수 있을 것이라고 믿는다.

何需足量革 盡覆此大地 하수족량혁 진복차대지
片革墊靴底 則同覆大地 편혁점화저 즉동복대지
如是吾不克 盡制諸外敵 여시오불극 진제제외적
唯應伏此心 何勞制其餘 유응복차심 하로제기여

발이 찔리는 상처를 피하기 위하여
대지를 덮을 만큼의 가죽이 필요할 것인가?
신발 바닥만큼의 가죽으로 바닥을 댄다면
모든 땅을 덮는 것과 같지 않겠는가?
마찬가지로, 우리가
외부 모든 적을 전부 조복받기는 불가능하나
내 마음을 조복한다면 외부 적의 상해를 피하거늘,

적들을 애써서 제압할 필요가 있겠는가?

우리 이 세계는 대지에 많은 가시나무·날카로운 돌이 있어 사람들이 밖을 걸어 다닐 때 발을 다치기 쉽다. 만약 어떤 사람이 발이 찔리는 상처를 방지하기 위하여 전체 대지를 가죽으로 덮으려고 한다면, 의심할 것 없이 매우 어리석은 생각이다. 상사 여의보가 말하기를 "대지 전체는 말할 필요 없고, 우리가 이곳 산골짜기를 소가죽으로 덮으려고 하는 것도 매우 어렵다. 그렇게 하려면 얼마나 많은 소를 죽여야 할지 모른다! 설사 단지 법당만 한 땅을 덮는 것도 매우 어렵다."라고 하였다. 만약 우리가 아주 작은 가죽으로 신발 바닥을 깐다면 모든 문제는 바로 해결될 수 있다. 어디로 가든 발바닥을 보호하는 가죽이 있어 아무리 날카로운 가시나 모래돌이 있어도 해칠 방법이 없다. 이것은 가죽으로 대지를 다 덮는 것과 같은 것이 아닌가!

이것은 늘 보는 사례로써 비유한 것이며, 그 비유의 뜻은 수행자들이 다 알고 있다. 날카로운 가시에 발이 찔리는 것을 방지하기 위하여 만약 어떤 사람이 가죽으로 대지를 덮는다면 우리는 반드시 그의 어리석음을 비웃을 것이다. 이 문제를 해결하려고 한다면 얼마나 쉬운지, 두꺼운 가죽 한 조각을 찾아 신발 바닥을 만들면 되는 것이 아닌가. 하필 그런 성공할 희망이 없는 어리석은 일을 하는가. 마찬가지로, 우리가 인욕바라밀을 수행하여 자신의 모든 적과 해로움을 없앨 때 "이처럼 우리가 외부 모든 적을 전부 제압하는 것은 불가능하다."고 하였으니, 즉 우리가 상해를 피하기 위하여 외부의 모든 적과 해로움을 제압하는 것은 어렵다는 것이다. 또 "오직 자기 마음의 분노를 조복시키면 되거늘, 어찌 수고롭게 다른 외부 적들을 제어할 필요가 있겠는가?" 자기 마음의 성냄과 번뇌를 항복시켜 인욕의 방패로 이 마음을 지키기만 한다면, 또한 '신발 바닥만큼의 가죽만으로 가죽신 바닥을 대는 것'과 같은 것이다. 어떤 상해도 자신을 해칠 수 없을 것이고 모든 외부의 적도 자기에게 해치는 작용을 하지 못한다. 수많은 외부의 적이 주변에 있더라도 자기에게는 이익도 해침도 없다.

인욕을 닦는 공덕은 불가사의하여 한 찰나에 큰 수행기반을 원만하게 쌓을 수 있다. 본래 대승도를 수행하는 데는 삼대 아승지겁 동안에 정진한 축적 자량을 필요로 한다. 그러나 수행자가 만약 한 찰나에 진실하고 강렬한 인욕심을 구족할 수 있다면, 일반 상황에서는 다겁 동안이어야만 쌓을 수 있는 자량인데, 역시 이 한 찰나에 원만하게 할 수 있다. 이전에 대덕들은 도를 닦는 가운데 인욕을 닦는 많은 모범을 우리에게 보여주었다. 이 대수행인들은 자기 마음을 이미 조복시킬 수 있었다. 많은 사람과 비인非人이 해치건 간에 그들 마음속은 여여하게 움직이지 않아 근본적으로 고통과 분노의 정서가 있지 않을 것이다. 중돈빠가 아티샤 존자에게 물었다. "만약 어떤 사람이 나를 죽이려고 한다면 어찌 해야 합니까?" 존자가 대답하기를 "만약 어떤 사람이 자신을 죽이려고 한다면, 이것이 예전에 진 빚을 갚을 기회인가를 관상해야만 하오. 어떤 환경에서건 간에 인욕바라밀을 정진 수지해야만 하오."라고 하였다. 아티샤 존자 자신도 늘 인욕바라밀을 수행하였다. 티베트에 갈 때 일부러 매우 오만한 사람을 뽑아 가까이서 시중들게 하였다. 다른 제자가 존자께 이 시자를 바꾸라고 부탁하였을 때 존자는 "안 된다. 이 사람은 내가 인욕을 수행하는 것을 돕는 선지식이다."라고 대답하였다.

우리는 대승 불법의 수행인으로서 예전 대덕의 언행에 대하여 반드시 학습해야만 한다. 어떤 사람들은 자신이 예리한 지혜를 가진 상근기로 대원만, 대수인 등을 수행하되 수행하는 자취 없이 수행하는 유가사이므로 이 논에서 서술한 비결을 듣고 사유하며 닦을 필요가 없다고 말한다. 그러나 장애나 상해를 만났을 때 근본적으로 자신의 마음을 제압할 방법이 없으면서 어떻게 해서든 외부의 원수를 대적하여 해결하려고 한다. 이것은 당신이 결코 자신이 인정한 그러한 예리한 지혜를 가진 상근기와는 크게 같지 않음을 증명하는 것이며, 여전히 이 논의 이러한 수승한 비결들을 가져 잘 듣고 사유하며 닦아 진정으로 마음에 융화시키는 노력이 필요하다.

④정진하는 것을 마음에 의지하다

生一明定心 亦得梵天果 생일명정심 역득범천과
身口善縱勤 心弱難成就 신구선종근 심약난성취

맑은 마음 하나를 일으킨 과보로
범천에 태어날 수 있는 결과를 얻는다.
몸과 입으로 열심히 선한 공덕을 지어도
선업에 대한 마음이 미약하면 그와 같은 결과를 얻을 수 없다.

정진바라밀도 마음에 의지하여야만 원만해진다. 만약 자기 마음속으로 선법에 대하여 안정된 큰 환희를 가지고 있다면 정진바라밀은 이미 원만해진 것이다. 정진의 정의는 또한 선법에 대하여 강하고 힘 있는 의욕이다. 우리가 어떤 선법을 수지하는가를 막론하고 반드시 자기 마음속의 기쁨에 의지해야만 한다. 만약 자신의 마음이 선법을 실천하는 데 산만하여 무력하다면, 몸과 입으로 아무리 부지런히 행하더라도 미약한 선과를 얻을 수 있을 뿐, 힘 있는 선심 일념이 얻는 선과에는 미칠 수 없다. 예를 들어 말하자면, 범부가 청정하고 굳건한 선심 일념을 일으켜 이것으로써 범천에 태어나는 선과를 얻을 수 있다. 『열반경』에 "예전에 모녀 둘이 함께 항하를 건너다가 불행히도 강에서 동시에 큰물에 의해 빠졌다. 이때 어머니가 '내 딸이 만약 빠져 죽지 않는다면, 내가 죽는 것은 해가 될 게 없다.'라고 생각했다. 그녀의 딸도 동시에 이렇게 생각했다. 모녀 두 사람이 서로 이러한 굳건하고 청정한 선심을 내었다. 이 선심 일념으로 두 사람은 비록 선정을 닦은 적이 없었지만 강에서 죽은 뒤 동시에 범천에 태어났다."라는 일화가 있다. 이것은 선심의 역량을 아주 잘 설명한다.

마음속 의욕이 강하지 않으면서 몸과 입으로 부지런히 선을 행한다면, 이러한 선행은 역량이 아주 작아 범천의 과위도 얻을 수 없다. 우리는 많은 외도들에게 각양각색의 수행 방법이 있다는 것을 안다. 예를 들면 몸 태우기, 한 발로 서기, 풀 먹기 등으로 하늘에 태어나는 선과를 기대한다. 그들은 모든 선과가 선심에서 생겨나는 것을 알지 못하고 줄곧 스스로 자기 몸만 괴롭히기 때문에 조금도 이익을 얻을 수 없으며, 죽은 뒤 여전히 삿된 견해 때문에 타락할 것이다. 그들의 이러한 고행은 지극히 어리석음의 표현으로, 근본적으로 정진이라고 할 수 없다. 『구사론』에서는 이러한 행위를 나태한 것으로 돌린다.

왜냐하면 이러한 어리석은 행동은 근본적으로 선과를 성취할 방법이 없으며 정진과는 상반된 것이기 때문이다.

우리 내도內道에서는 정진바라밀을 수행할 때 자기 마음의 선법에 대한 강렬한 기쁨에 의지하여 아주 큰 선근공덕을 성취할 수 있다. 그러나 불법을 배우는 많은 사람들이 결코 이 점을 알지 못하여, 각종 문·사·수 방편법으로 자신의 선법에 대한 신심 의지를 증강시킬 방법을 알지 못한다. 단지 표면적인 불사인 오체투지 절하기·염송·탑사 돌기 등을 수행할 뿐이다. 당연히 진실한 기쁨을 구족하지 못한 이러한 몸과 입의 표면적 선법들도 공덕이 분명 있다. 이를테면 『법화경』에서 "만약 어떤 사람이 산란한 마음으로 탑이나 법당에 들어가 '나무불'이라고 한 번만 외워도 모두 불도를 이룬다."라고 하였다. 유사한 교증은 아주 많다. 그러나 몸과 입으로 짓는 선업과 마음 안으로 견고하고 신묘한 기쁨을 구족하는 수행을 비교하자면 공덕의 차이를 헤아리기 어렵다. 『법구경』에서는 "비록 경을 암송할지라도 이해하지 못한다면 무슨 이익이 있는가?"라고 하였다. 명나라 감산憨山 대사의 「비한가費閒歌」에서 더욱 분명하게 이 점을 설명하였다. "경을 암송하는 것은 쉬우나 경을 이해하는 것은 어렵다네. 입으로 암송하면서 이해하지 못하는 것은 결국 쓸데없는 것이라네." 수행인이 마음 닦는 것을 알지 못한다면, 몸과 입으로 하는 수행으로 얼마나 많은 정진을 하건 상관없이 부질없는 낭비로서 어떤 의미도 없다. 우리가 정진바라밀을 수행하여 모든 선법을 성취하려고 한다면, 반드시 마음속으로부터 선법에 대하여 맹렬한 환희심이 일어나야 한다. 이렇게 해야 비로소 진실한 정진이며 이러한 기쁨을 일으키는 데에 진실로 듣고 사유하는 등의 다양한 방편법을 필요로 한다.

근래 어떤 사람이 나에게 뛰어와 휴가를 청하며 말하였다. 상사 여의보에게 계속 배우고 싶지만, 관음심주 염송 십억 번을 발원하여서 현재 진언 염송에 정진해야 하므로 더 이상 수업을 듣지 못한다고 했다. 나는 그가 확실히 매우 멍청하며 취하고 버릴 것을 알지 못한다고 느낀다. 만약 다시 듣고 생각하지 않는다면 어떻게 해탈할 수 있겠는가! 상사 여의보는 우리에게 심주 염송에 정진할 것을 요구하였지, 결코 모든 선법 중에 오직 진언 염송만이 가장 수승하다고 말한 것은 아니다. 또한 수행자들에게 수업을 듣지 않고 진언을 외우라고 요구하지 않았다. 상사는 각 방면을 모두 중시하여 우리가 각 방면에 대하여 모두 노력하기를 요구한다. 더욱이 현재 이런 시대는 중생의 선근이 약하기 때문에 상사가 문사 훈습을 특별히 중시한 것이다. 예전에 상사 여의보가 수업시간에 "불법을 듣기 위하여, 산 아래의 거사림에서 걸어서(대략 2km) 대강당 수업을 들으러 다니며 7번을 오간 공덕과 라싸로 걸어가 참배한 공덕은 조금의 차이도 없다. 만약 수행자들이 믿지 못한다면, 중음계 법왕에게 가서 입증해 줄 수 있다."라고 말했다. 일반 수행인 입장에서 말하자면, 염송이 비록 매우 중요할지라도, 듣고 생각한 문·사·수 행의 기초가 없다면 출리심·보리심·심공정견을 닦아 성취할 방법이 없고 마음 닦는 비결을 체득할 수 없으며, 맥팽 린포체가 "법성을 깨닫지 못하고서 수행하는 사람이 세속의 허망한 생각으로 무언가를 수행한다고 한들 무슨 소용이 있겠는가? 마치 맹인이 길을 가는 것과 같다."라고 말한 것과 같을 것이다.

우리가 현생에서 진정으로 수행인이 되고 싶다면 우선 문·사·수의 행을 통과해야만 한다. 수행의 전체 과정인 '보고·닦고·행하고·과를 얻는 것'에 대하여 비교적 분명한 이해가 있어야 스스로 정확한 방향을 장악할 수 있다. 이렇게 해야, 오늘은 이것을 닦고 싶고 내일은 저것을 닦고 싶어 하는 데 이르지 않는다. 머리 없는 파리가 여기저기 부딪치는 것처럼 최후에는 단지 귀한 인생을 낭비함이 있을 뿐이다. 수행자들 중에 어떤 사람은 '오른쪽으로 기울어' 단지 듣고 생각하기만 하고 법을 닦지 않는다. 어떤 사람은 '왼쪽으로 기울어' 듣고 생각하려 하지 않고 문을 닫아걸고 법을 닦으려고만 한다. 이것들은 모두 불법을 배우는 바른 도가 아니다. 우리는 상사 여의보의 전승 제자가 되어 그 어른처럼 문·사·수를 행하고, 겸하여 만트라 염송을 수행하는 방면에서 전면적으로 발전해야만 하고 어떤 한쪽으로 치우쳐 버리는 것은 옳지 않다.

⑤고요하게 생각하는 것을 마음에 의지하다

雖久習念誦 及餘衆苦行 수구습념송 급여중고행
然心散它處 佛說彼無益 연심산타처 불설피무익

진언을 외우고 온갖 고행을
오랫동안 했을지라도
산란한 마음으로 한다면
그런 것은 무익하다고 부처께서 말씀하셨다.

선정을 수행하는 데에는 여러 방편 방법이 있다. 이를테면 암송 수지·고요하게 앉기·수식관·풍맥 관하기와 단식 등의 고행이 있다. 이러한 법을 닦을 때 본사 석가모니불이 말한 적이 있다. 만약 수지하는 사람의 마음이 외부 여러 인연으로 분산되거나, 혼침·수면 등처럼 안으로 산란해지면 이러한 수행은 의미가 없다. 『섭삼마지경』에서는 "여러 비구들이여, 만약 마음이 밖으로 흩어지면 고행이나 염송이 모두 효과가 없다."라고 말한다. 『반야경』에서도 "만약 마음이 산란하면, 자신을 이롭게 하는 것도 이루지 못하는데 하물며 다시 남을 이롭게 하겠는가?"라고 말한다. 많은 고승대덕들의 가르침에서도 아주 명확하게 이 점을 언급하였다. 『육조단경』에서 혜능 대사가 "입으로 염하면서 마음이 가지 않는 것은 환영 같고 변화하는 것 같다. 이슬인 듯, 번개인 듯."라고 말한다. 법달 선사를 인도할 때에도 "너를 지금 법달이라 명명하니 부지런하게 암송하고 쉬지 마라. 한갓 암송하기만 하는 것은 소리를 따르는 것이고, 마음에 분명히 하는 것은 보살이라고 부른다."라고 말한다. 여기서는 법달이 비록 『법화경』을 3천 번 암송했어도 그 마음이 편안하지 못하고 경구 밖으로 흩어져 '한갓 암송하는 것'일 뿐임을 가리킨 것이다. 또한 "입으로 암송하고 마음으로 나아가는 것이 바로 경을 굴리는(전달하는) 것이고, 입으로 암송하면서도 마음에 나아가지 않는 것은 바로 경에 굴려지는 것이다."라고 말한다. 감산 대사는 직접적으로 말하길, 염송을 수행하는 사람이 만약 마음으로 인연 닿는 대상에 오로지 집중할 수 없으면, "입으로 외는 것도 헛수고이다."라고 하였다.

여기까지 배우고서 일부 사람들은 아마 좀 긴장할 수 있다. 우리는 듣고 생각하는 것이 충분하지 않고 마음의 집중력도 충분하지 않다.

염송하고 관하는 것을 닦을 때 본존의 모습과 탄청(壇城)[101] 등을 관할 수 없고 더욱이 법성을 관할 수 없다. 여기에 공덕이 없다고 말한다면 우리는 어떻게 해야 하는가? 여기서 산란심으로 하면 이익이 없다고 함은 결코 조금의 공덕도 없다고 말하는 것이 아니라 공덕이 아주 적다는 뜻이니 걱정하지 않아도 된다. 이는 마치 『정해보등론』에서 성문·연각을 부정하여 법무아를 증득하지 못했다고 하는 것과 같으니, "인무아나 증득했을 만큼 하열하기 때문에 부정사를 사용한다."라는 것이다. 왜냐하면 마음이 산란된 염송 수행의 공덕은 상대적으로 일념의 마음을 구족한 염송 공덕과 차이가 많이 나기 때문에 부정사를 사용하였다. 여기에서 말한 "부처님께서는 그들이 지은 것이 무익하다고 설하셨다."라는 것은 수행자들이 반드시 분명하게 이해해야 한다. 그렇지 않다면 어떤 사람들은 아마도 의문이 일어날 것이다. 다른 경에서는 산란한 마음으로 "한 번 부처님께 귀의한다고 말해도 모두 함께 불도를 이룬다."라고 하였는데, 여기의 말과 어찌 서로 상반되는 것이 아니겠는가?

또 화제 거사는 오랜 겁 전 벌레였을 때 물에 휩쓸려 불탑을 돌았는데, 이 인因으로 나중에 나한과를 증득하였으니 여기의 말과 역시 상반된다. 일부 사람들은 부처님의 수기설법인 방편으로 근기의 수준에 맞추어 제도하는 것임을 이해하지 못하고 이로 인하여 삿된 견해가 생길 수 있다. 우리는 불법을 배울 때 반드시 부처님에 대하여 굳은

101 만다라라고 하며, 본존을 모신 도량과 궁전을 불교 진리 세계의 구성에 부합하게 두르는 경계선을 두어 마중魔衆의 침입을 막고자 상징적 도안이나 모형을 지어 만든 불단.

신심을 가지고 있어야 한다. 그리고 불법에 대하여 비교적 전면적인 이해를 가지고 있어야 부처님께서 여러 다른 근기에 맞춰 다른 설법을 하였음을 이해할 수 있다. 불문에 처음 들어온 사람의 입장에서 말하자면, 일념경계의 선정수행을 할 수 없지만 부처님 명호와 진언심주 염하기, 불탑 돌기 등으로도 큰 공덕을 얻는다. 이러한 공덕 자량의 축적으로써 자신의 마음이 점점 청정해져 충분히 일념경계를 얻을 수 있다. 이때 한 찰나에 더욱 불가사의한 대공덕을 원만하게 성취할 수 있다. 그러므로 우리는 절대 부처님께서 이익이 없다고 설한 것이 모순된 것이라고 볼 수 없다. 여러 책에서 공덕이 크다고 말하고 또 수행을 말하니, 이리저리 전도되어 글 따라 마음에 중심이 없어서는 안 된다. 그렇게 되면 분명 이익을 좇아 진실한 수행 공덕을 얻을 방법이 없다.

⑥ 반야를 마음에 의지하다

若不知此心 奧秘法中尊 약부지차심 오비법중존
求樂或避苦 無義終漂泊 구락혹피고 무의종표박

만약 불법의 빼어난 핵심인 마음의
이 오묘한 비밀을 모른다면
행복을 얻고 고통을 여의려 해도
여전히 의미 없이 삼계에서 표류한다.

본사 석가모니불이 보여준 불법에는 8만4천 법문이 있다. 이 모든 법의 목표는 모두 마음의 본성을 증득하기 위한 것이며, 심성의 본래 모습은 보통 중생이 알 방법이 없기 때문에 오묘한 비밀라고 말한다. 일반 범부는 말할 필요가 없고 불교를 배우는 박학다식한 사람들도 그 안의 오묘한 비밀을 이해하기 어렵다는 것이다. 그러나 이 '불법의 수승한 핵심인 마음의 오묘한 비밀'은 해탈하고 싶어 하는 사람이라면 반드시 통달해야 한다. 만약 우리가 자기 마음의 오묘한 비밀을 통달할 수 없으면서 고통을 피하고 행복을 추구하고 싶어 한다면, 삼계 윤회를 벗어나 궁극적으로 원만한 안락을 얻는 것은 거의 가능성이 없는 일이다. 연지 대사는 "당신이 자신의 불성이 바로 여래라는 것을 꿰뚫어 볼 수 없다면, 열반은 요원하여 이룰 수 없는 것으로 변한다. 만약 심성을 알지 못한다면, 모든 덕행이나 악업이 결국 업보로 축적되어 선악 계에서 윤회하며 전전한다."라고 말한다. 당신의 표면적인 수행이 어떠한지에 상관없이 자신의 마음을 깨달아 알지 못한다면, 역시 조금의 의미도 없이 삼계에서 발버둥칠 뿐이다. 마치 수영할 줄 모르는 사람이 물속에서 어떻게 발버둥치더라도 결국에는 격류에 빠져 죽는 것과 같다. 심성을 알지 못하는 사람은 어떻게 고행을 하더라도 궁극적 의의가 없어 해탈과를 얻을 수 없다.

우리가 수행하는 목적은 나와 남이 윤회에서 해탈하기 위한 것이다. 이 목적을 위하여 반드시 반야바라밀을 원만하게 해야 하니, 이는 지혜를 원만하게 함이며 바로 심성의 실상이 드러나는 것이다. 그러므로 우리 모든 수행의 중점은 최후에 자신의 마음을 관찰하고 증득하는 데로 돌아오는 것이다. 자신의 마음에 의지하지 않고 원만한 지혜를 증득할 방법이 없으며, 나와 남이 윤회에서 해탈할 방법이 없다. 화지 린포체는 일찍이 "만약 닝마파 선배의 말이 진실이라면 마음을 닦는 것은 매우 중요한 것이다."라고 말했다. 우리가 닝마파, 까규파 혹은 선종 대덕의 어떤 저서와 그 전기를 펴보더라도 자기 마음의 실상을 증득하는 중요성을 강조하지 않은 것이 없다.

상사 여의보는 이 게송의 내용에 좀 더 깊이 들어가면 또한 대원만법 본래의 청정한 비결을 이용하여 설명할 수 있다고 말하였다. 대원만의 위없는 밀법 또한 자기 마음의 오묘한 비밀을 직접 가리키는 것 외에 달리 비결이 없다. 당연히 현재 우리가 중관 논증 방법으로 설명하는 것 역시 매우 수승한 것이다. 『금강경』에서는 "과거 마음을 알 수 없고, 현재 마음을 알 수 없고, 미래 마음을 알 수 없다."라고 말한다. 중관 방법으로 삼세 마음을 미루어 구하니, 감이 없고 머묾이 없고 옴이 없이 모든 희론에서 벗어난 것이 마치 허공과 같아 스스로 분명히 안다. 이를테면 『반야경』에서 "마음이되 마음이 없으니, 마음의 본성은 바로 광명이다."라고 말한 것과 같다.

진정 이러한 가르침을 듣는 복덕을 가진 사람은 항상 바른 앎과 바른 마음집중으로 관찰하여, 반드시 자기 마음은 본래 밝으며 비어 있다는 것을 궁극적으로 깨달을 수 있다. 이 점은 주의해야만 한다. 듣고 생각하는 것을 통하여 수행자들은 아마도 다른 정도의 공성에 대한 견해를 가지고 있을 것이다. 그러나 궁극적인 공성의 실상은 더 한층 올라가야만 한다. 만약 그렇지 않다면 일련의 오류들이 분분하게 나올 것이다. 게쉐 희요가조(格西喜饒嘉措, Gêxê Xêrab Gyaco)는 원래 『대반야경』의 '심성광명'을 전부 '심성공성'으로 고쳤다. 왜냐하면 그는 "오직 공이다."라는 견해를 굳게 수지하여 '심성은 다만 오직 공할 뿐'이라고 잘못 인식하였기 때문이다. 나중에 그는 13대 달라이 라마와 많은 대수행인들의 질책을 당했다.

위의 내용은 6바라밀이 모두 마음에 의지하여 원만해지는 것이지 결코 외부환경에 의하여 성립되는 것이 아님을 밝힌 것이다. 『화엄경』에서 "모든 보살이 보리심을 행하는 것 역시 자기 마음에 의지한다. 끝없는 중생을 제도하는 것 역시 자기 마음에 의지한다."라고 말한다. 우리가 자신의 보살계를 원만하게 하고자 한다면 반드시 자기 마음을 청정하게 닦는 것에 의지해야 한다. 그러므로 바른 앎과 바른 마음집중을 수지하고 시시각각 자기 마음을 관찰하여 오염을 멀리하는 것이 바로 수행의 중점이다.

3) 마땅히 마음을 수호함을 부지런히 함

(1) 간략히 설함

故吾當善持 善護此道心 고오당선지 선호차도심
除此護心戒 何勞戒其餘 제차호심계 하노계기여

그러므로 내 이 마음을
잘 붙잡아 지켜야 한다.
마음을 지키는 맹세 외에
수많은 금계는 다 무엇에 쓰겠는가?

선업, 고통, 공포 등은 모두 마음에서 생겨난다. 이 때문에 우리는 자기 마음을 바르고 엄밀하게 관찰하고 지켜 모든 좋은 공덕이 마음 안에서 끊임없이 생겨나게 해야 한다. 만약 자기 마음을 잘 지키지 못하여 번뇌 악업에 물들어 더럽혀진다면 조복되지 않은 마음을 인연하여 현생과 내생에서 갖가지 윤회의 고통이 저절로 생겨날 것이다. 우리가 수행하는 주요 임무는 당신이 소승 수행인인가, 대승 수행인인가를 막론하고 선악이 모두 마음에서 생겨난다는 이 점에 기초하여 바른 앎과 바른 마음집중으로 자기 마음을 관조하고 지켜 악을 멈추고 선을 닦는 것이다. 모든 계율은 착한 마음을 지키는 것으로 귀납시킬 수 있다. 이외에 말할 만한 계율은 없다.

어떤 사람들은 위 게송에서 "자기 마음을 지키는 것 외에 다른 계율이 무슨 소용 있는가?"라고 한 것을 깊이 사유하지 않고 모든 계는 자기 마음을 잘 지키는 것이라고 여긴다. 그렇다면 얼마나 간단하겠는가! 그러나 자세하게 사고해 보면, 자기 마음을 잘 지키는 범위는 매우 넓고 그 의의도 매우 깊다. 본사 석가모니불이 우리를 위해 제정한 어떤 계율도 모두 마음을 지켜 제어하기 위한 것이다. 별해탈계를 예로 보면, 비록 가벼운 죄를 범하면 특별히 자기 마음에서 원만함을 요구하지 않지만 이외에 모든 근본계와 주요 지분계는 전부 마음을 다스리기 위한 것이다. 더욱이 대승보살계는 완전히 마음에 의지하여 세운 금계이다. 한층 더 올라간 밀승계의 입장에서는 계를 받은 사람에게 일상생활에서 손들고 발 내딛는 사이에도 완전히 청정심을 수지할 것을 요구한다. 『보온경宝蘊經』에서 "마음이 깨끗하면 몸이 깨끗하다. 몸이 청정하다고 반드시 마음이 청정한 것은 아니다. 그러므로 마음이 청정하면 그것을 범정행梵淨行이라고 한다."라고 말한다. 범정행의 표준은 완전히 마음에 의지하여 정해진다. 출가자인지 재가자인지를 막론하고 만약 마음속이 청정하지 않으면 마음에서 드러난 몸과 말이 어떻게 청정계에 맞을 수 있겠는가? 가령 모습에 있어서 당당할지라도 마음이 청정하지 않으면 역시 범정행자가 아니다.

이곳에서의 작가 뜻은 위에서 말한 것과 같다. 모든 선악은 마음에서 생겨난다. 그러므로 우리는 자기 마음을 잘 지켜야만 한다. 바른 앎과 바른 마음집중으로 자기의 위없는 보리심계를 잘 지킨다면 모든 계를 수지하는 것이 이미 원만하다. 이외에 더 지킬 남은 계는 없다. 보리심계를 지키는 것이 바로 보살계를 수지하는 것이다. 대승보살계의 입장에서 말하자면 그중에 섭률의계는 악을 단절하는 문이 된다. 섭선법계는 선을 수행하는 문이 된다. 신·구·의 삼문의 선업을 섭수하여 보리도에 회향한다. 요익유정계饒益有情戒는 불쌍히 여기는 마음으로 일체중생을 섭수하는 것이다. 보살계는 칠중별해탈계七衆別解脫戒와 그 나머지 악을 끊고 선을 닦는 모든 법을 포함하기 때문에 만약 보살계 지키는 것을 잘할 수 있다면 나머지 기타 계들은 모두 청정할 수 있다. 그러므로 "다른 많은 금계를 어디에 쓰겠는가?"라고 말한 것이다.

바꾸어 말해, 만약 선법과 보리심이 서로 위배된다면 서로 유사한 선법이지 결코 대승불교가 인정한 것이 아니다. 『화엄경』에서 "선법으로 보리심을 해친다면 그 선법도 역시 악마의 사업이 된다."라고 말한다. 어떤 모양의 선법이건 간에 보리심에 해가 있다면 바로 악마의 사업이다. 나는 수행자들이 이 말을 아주 잘 사고하길 바란다. 어떤 사람들은 앞에서 설함을 대강 한 번 듣고 모든 수행이 마음을 지키는 것이라면, 자신은 이미 마음을 잘 지키고 있으므로 모든 별해탈계 등 기타 선법은 상관할 필요가 없다고 여긴다. 절대 이렇게 생각해서는 안 된다. 진정으로 자신의 마음을 지켜야 하는 데는 반드시 구체적인 언행의 금계 조항에 따라 실천해야 한다. 범부의 입장에서 "마음이 평안하다면 어찌 부질없이 계를 지키겠는가?"라고 하는 것은 매우 곤란하며 또한 불가능한 일이다. 우리가 이 도의 마음을 잘 지키려면, 오직 보살계 중에서 악을 끊고 선을 닦는 구체적 계 조항에 의지하여 쉬운 것에서부터 어려운 것으로, 낮은 단계에서 높은 단계로 나아가야만이 아마도 진실로 자신의 마음을 잘 지킬 수 있을 것이다. 여기에서 "다른 많은 금계를 어디에 쓰겠는가?"라고 한 것은 결코 우리가 나머지 선법을 버려야 한다는 것이 아니라 보살계 수지의 중요성을 강조한 것이다. 다시 말해, 보리심 학처(즉 보살계)는 모든 악을 끊고 선을 닦는 법을 포괄했다. 그러므로 보리심 수지 외에 별도로 지킬 나머지 계가 없음을 말하였다.

이 점을 수행자들은 반드시 반복해서 사유하여 보리심 수지의 범위를 잘 알아야만 한다. 그렇지 않으면 그대들은 이해를 잘못함으로서 계율을 버리게 된다. 보리심에 대한 구체적인 지도와 구체적인 실행이 없다면 어떻게 보리심을 잘 지킬 수 있겠는가? 『입중론』에서 "모든 인간 천상과 성문·연각과 보살이 되고 대승에 진입하여 불퇴전을 이루는 원인은 계를 제하고 다른 것이 없다."라고 말한다. 즉 인간 천상의 선취와 성문·연각·보살의 과를 얻는 유일한 근본 원인은 청정 계율을 수지하는 것이다. 만약 보리심 수지와 여기에서 말한 "그 원인은 계를 제하고는 기타 아무것도 없다."라는 양자 간의 상호 포괄 관계를 이해하지 못하면 일부 사람들은 분명 또 의문이 일어날 것이다.

논에서 “내 마음을 엄밀하게 지켜야 한다.”는 구절이 포괄하는 범위는 상당히 넓다. 우리 입장에서 말하자면, “엄밀하게 잘 지킨다.”는 것은 소승 별해탈계에서부터 대승의 모든 악을 끊고 선을 닦는 법까지를 포괄했다. 수행자들은 절대 눈만 높고 능력은 없는 상태가 되어서는 안 된다. 선이 작다고 여겨서 하지 않아서는 안 되고, 악이 작다고 여겨 해서는 안 된다. 범부의 입장에서 말하자면, 오직 성실하고 진지하게 자기 주변에 있는 하나하나의 선법부터 해 나갈 뿐이다. 자신이 보리심을 실천하는 데 이익이 있는 법이라면 모두 노력해 나가야 한다. 이 마음을 해치는 일들은 모두 버려야 한다. 어떤 사람들은 특별히 주의해야만 한다. 수행자들이 비록 다른 선법을 하고 싶어 하고 겉으로 매우 수승하게 보여도, 이를 위해 문·사·수 행을 버린다면 앞에서도 인용한 『화엄경』의 교증처럼 보리심에 해가 되는 모든 행위는 바로 악마의 일이다.

(2) 널리 설함

如處亂衆中 人皆愼護瘡 여처난중중 인개신호창
置身惡人群 常護此心傷 치신악인군 상호차심상

혼란스러운 군중들 속에서도
조심스럽게 자신의 상처를 돌보듯이
악한 사람들 속에 있을 때도
이 마음의 상처를 보호해야 한다.

우리같이 불문에 처음 들어온 사람들은 막 보리심을 수지한 뒤라서 선심이 매우 약하며, 외부의 각종 악연을 만나 그를 잘 지키지 못한다면 매우 쉽게 보리심을 해친다. 우리가 이 마음을 지키려고 한다면 몸에 상처를 입은 사람이 상처를 보호하는 것처럼 해야만 한다. 상처 입은 사람이 혼란스럽게 붐비는 군중 속에 처해 있을 때 다른 사람이 자신의 상처에 부딪치는 것을 매우 조심할 것이다. 그래서 온 정신을 집중하여 상처를 돌보면서 외부로부터 오는 모든 해로움을 막는다. 이 점은 우리가 상처를 입은 적이 있는 사람이면 절실하게 체험했을 것이다. 자신에게는 설령 아주 작은 상처일지라도 특별하게 주의하여 외부 사람이나 다른 물건에 부딪치지 않게 하여 고통이 늘어나는 것을 면한다. 마찬가지로, 우리가 오탁악세에 처하여서 비록 자신에게 보리심을 일으킨 복덕 선근이 있을지라도 주위에 불법을 믿지 않고 삼독번뇌가 깊고 무거운 중생이 많으면, 그들은 자신이 선법을 닦지 않을 뿐만 아니라 늘 장애를 주며 심지어 우리의 발심을 거칠고 난폭하게 깨뜨린다. 우리가 아직 어린 싹과 같은 상태의 수도의 마음에 처해 있으면서 전력을 기울여 지키지 않는다면 매우 커다란 손상을 입을 것이다.

진실한 수행인들은 군중 속에 있을 때에도 늘 자기 마음을 잘 지켜 외부환경의 영향을 받아 자신의 청정 보리심을 해치게 하지 않는다. 화지 린포체는 『자아교언自我教言』에서 세 가지 조심할 것에 대하여 "대중 앞에서 말을 할 때는 삼가야 하고, 홀로 있을 때의 행위를 삼가야만 하고, 늘 마음을 관할 적에 삼가야 한다."라고 특별히 강조하여 설명한다. 그러나 현재 많은 사람들은 자기 몸에 난 상처는 보호할 줄은 알아 매우 집착할 뿐만 아니라 치밀하게 보호하지만, 자기 마음에 대해서는 지키려고 생각조차도 한 적이 없어 각종 악독한 번뇌가 마음대로 해치게 한다. 사실 자기 신체상의 상처를 보호하지 않아 설령 해로움을 당한다 해도 잠깐의 통증일 뿐이다. 그러나 마음을 지키지 못한 사람은 삼악도에서 비할 수 없는 큰 고통을 받아야 한다. 세상 사람들은 정말 가볍고 중함을 구분하지 못한 채 전도되어 혼란 속에 빠져 있다.

若懼小瘡痛 猶愼護瘡傷 약구소창통 유신호창상
畏山夾毀者 何不護心傷 외산협훼자 하불호심상

조그만 고통이 두려워
근심하며 상처를 보살핀다.
중합지옥에 끼이는 고통을 두려워할진대
어찌 마음의 상처를 조심스럽게 돌보지 않는가?

평소 우리 몸에 작은 상처가 나면 사실 그리 큰 고통이 없더라도 우리는 이 때문에 다른 일을 상관하지 않고 조심스럽게 상처를 보호하여 상처가 부딪치거나 감염되는 것을 방지할 것이다. 그러나 자세하게 생각해 보면 이러한 상처는 그렇게 보호하건 하지 않건 그리 큰 문제가 아니다. 그것은 자연스럽게 회복될 것이다. 이 상처 때문에 죽는다고 치면 좀 일찍 죽을 따름이니, 특별히 유감스러워할 가치가 있는 일도 아니다. 왜냐하면 우리 남섬부주 사람들은 병이 있건 없건 간에 수명은 그리 길지 않아 결국 어느 날에는 죽을 것이기 때문이다. 이러한 죽음은 단지 생명의 또 다른 여정이 다가온 것에 불과할 뿐이다. 그러나 만약 우리가 자기 마음의 업보의 상처를 합당하게 보호하지 않는다면 이것은 자신에게 천고의 한으로 남을 만한 큰일일 수 있다.

우리 마음속에 보리심을 멸하는 적인 삼독 번뇌는 계산할 수도 없는 오랜 세월 동안 이미 존재했다. 그 삼독 번뇌의 상해가 우리 마음속에 낸 상처는 매우 심각하다. 현재 다겁 동안 쌓은 복덕으로 부처님 대의왕이 우리를 치료해 주는 기회를 만났다. 의사와 약 모두 매우 수승하고 신묘하다. 이미 문드러진 우리 마음에 또 생기가 돌아 조금씩 회복되기 시작했다. 만약 이러한 때 잘 수지하지 않아 늘 바른 앎과 바른 마음집중의 양약을 복용하지 않는다면, 번뇌라는 병균이 다시 만연해질 것이고 우리 마음도 감염되어 열을 내며 썩어 많은 계율을 무너뜨릴 것이다. 예를 들면 우리는 성내는 분노 때문에 살생계를 범하고 죽은 뒤 업보를 받아 중합지옥에 떨어진다. 곧 생전에 살생한 죄업으로 두 개의 큰 산이 나타나고 살생한 사람은 그 사이에 끼여 두 산의 맹렬한 마찰을 받는다. 불가사의한 공포와 몸이 부서지고 뼈가 부서지는 고통을 받은 후에야 두 산이 분리된다. 살생한 사람은 다시 부활하고 재차 두 산의 충돌을 받아 몸이 가루처럼 부서진다. 이와 같이 반복해서 한없는 극형을 받는다. 이러한 것들은 모두 자신의 마음을 지키지 못한 심각한 업보이다. 이와 같다면 왜 우리는 자기 마음을 지키지 않는 것일까?

우리 세상 사람들은 정말 불쌍하다고 탄식할 만하다. 몸에 상처가 났을 때는 비록 이 상처가 그다지 심각하지 않아도 매우 걱정하여 정성을 다해 보호하고 치료한다. 그러나 자기 마음에 난 이처럼 심각한 상처에 대해서는 도리어 듣지도 묻지도 않는다. 멋대로 번뇌의 오염을 받게 내버려두다가 최후에는 자신을 지옥에 떨어뜨려 헤아릴 수 없는 고통을 받게 한다. 선천善天 논사는 "적천보살은 여기에서 단지 중합지옥으로 예를 들었을 뿐이다. 그러나 실제로 악도에는 다양한 고통이 있다. 각각의 고통들은 몸의 상처에서 오는 고통에 견줄 수 있는 것이 아니다."라고 말한다. 우리가 마음을 지키지 못하여 불러온 죄업의 고통은 시간과 고통의 맹렬한 정도에 있어서 우리의 상상을 뛰어넘는다. 이를 생각하게 되면 수행자들 마음속에는 반드시 어떤 공포의 전율이 생길 것이다. 우리는 평상시 가볍게 많은 나쁜 생각을 내어 그것들이 자기 마음을 오염시키게 하고 계율을 깨뜨려 현생에서 자기에게 각종 재난과 액을 가져오게 한다. 내세에는 더 심각한 공포를 불러오게 할 것이다. 티베트에 "만약 한 사람이 출가하여 계율을 잘 지키지 못하고 또 환속하는 것보다는 좀 일찍 죽는 것이 더 낫다."라는 말이 있다. 이것은 결코 저주가 아니라, 한 사람이 살아서 지옥에 떨어져 고통 받을 악업을 후세에 남기는 것보다는 확실히 계율을 지키다가 아직 악업을 짓기 전에 죽는 것이 낫다는 의미이다. 이 도리를 분명하게 알았으니 우리는 살아 있을 때 전력을 다해 자기 마음을 지켜야 한다.

현재 수행자들이 수승한 선지식과 정법을 만나 청정한 환경에 살고 있을 때 더 노력하여 듣고 생각하고 닦아 자기 마음을 청정하게 하지 않고 나중에 이런 수승한 인연을 여의게 된다면 어떻게 해야만 하는가? 현재 정법을 듣고 생각할 인연이 없고 인도해 줄 선지식이 없는 많은 출가자들은 정말 불쌍하다. 그들이 비록 몸은 출가했지만 바른 견해를 얻지 못한 범부의 마음에 어떤 견고함이 없어서 인과에 대하여 바른 믿음을 일으킬 수 없고, 자기 마음을 지킬 미묘한 비결이 없으며, 그 업보는 감히 상상할 수도 없다. 그들은 비록 우리와 같이 승복을 입었지만 정법을 듣고 생각한 적이 없이 매일매일 정법과 어긋나는 일을 하고 있다. 그러므로 수행자들이 현재의 복된 인연을 이용하여 이 비결을 배우려고 노력하길 바란다. 시시각각 바른 앎과 바른 마음집중으로 자기 마음을 살피는 일보다 더 중요한 일은 없다.

상사 여의보는 "우리가 수행인이 되어 자기 마음을 지키는 것은 중요하다. 예를 들어 우리는 때로 사람이 많은 곳에 가고 싶어 하는데, 이때 자기 마음을 반드시 관찰해야 하며 시끌벅적한 것을 탐해서는 안 된다. 불법을 닦는 사람으로 세속 사람과 같이 사는 것은 팔풍에 흔들리는 것이니 좋은 일이 아니다. 그리고 자기가 정법이 아닌 일을 할 때 즉시 바른 앎과 바른 마음집중으로 미친 코끼리 같은 마음을 꽉 붙잡아두어야 한다."라고 말한다. 상사 여의보가 젊었을 때 수도에 장애되는 세간의 악연을 만났다. 그러나 상사 여의보는 7, 8살 때 『입행론』을 잘 배워서 마음을 지키는 비결이 이미 그 마음에 녹아들어 있었다. 그러므로 매번 악연을 만날 때마다 바른 앎과 바른 마음집중으로 자기 마음을 관찰할 수 있었다. 이렇게 육십 몇 년의 시련을 거쳐 그는 계율이 매우 청정한 고승대덕이 되었다.

行持若如斯 縱住惡人群 행지약여사 종주악인군
抑處女人窩 勤律終不退 억처녀인와 근률종불퇴

조심스러움에 행동이 머물 수 있다면,
설령 악인들 무리에 살거나
여인들 무리에 있게 되더라도
지계에 힘써 끝내 물러나지 않는다.

만약 우리가 인과에 대하여 절실하게 인식하고 마음 지키는 중요성과 비결에 대하여 깊이 이해하게 된다면 분명 매우 주의할 것이다. 늘 바른 앎과 바른 마음집중으로 자기의 금계를 지켜 생명의 위험을 만나더라도 물러서지 않는다. 이러한 수행심이 생긴다면 자기 마음은 외부세계의 각종 오염을 받지 않을 것이고 세간 팔법에 전환되지 않을 것이다. 이때는 맹렬히 성내는 악인들 무리 속에 살아도 괜찮다. 혜능 대사는 사냥꾼들과 몇십 년을 같이 살아도 자신을 오염시키지 않았고 도리어 점점 그 냉혹한 사냥꾼들을 감화시켰다. 이렇게 견고하여 흔들리지 않는 바른 앎과 바른 마음집중이 생겼다면, 출가한 비구와 비구니가 함께 살아도 항상 정진하여 자기 마음을 지킬 수 있다. 계율을 지키는 것이 털끝만큼도 오염되지 않을 것이다. 역사 속의 대덕들이 우리에게 많은 사적을 보여주었다.

상사 여의보는 또한 여기에서 대가섭 존자와 금색 비구니의 일화를 강의하였다. 그들은 같은 집에서 12년을 함께 살았는데, 줄곧 청정하지 못한 마음이나 행위가 없었다. 중국의 허운 선사 역시 이러한 행적을 보여준 적이 있다. 그러므로 바른 앎과 바른 마음집중으로 자기 마음을 늘 지킬 수 있다면 어떤 환경에 있건 간에 범행을 보증할 수 있다. 그러나 현재는 말법 시대라 많은 사람들의 근본이 인과에 대하여 진실한 믿음을 낼 수 없다. 아직 증험하지 못한 것을 증험했다고 하고 터득하지 못했는데 터득했다고 하며 제멋대로 뽐내며 교만해한다. 자기 마음을 삼가 지키고 청정계율을 엄격하게 지킬 능력이 없으면서 '더러운 곳에서 벗어나 물들지 않는 것'을 할 수 있다고 스스로 인정한다. 그 결과 자신이 자신을 해쳐 불쌍한 말로로 떨어질 뿐이다. 이러한 사실을 수행자들은 또한 아마도 많이 보았을 것이다.

우리는 반드시 시시각각으로 자기 마음을 관조하여 삼가 자기를 관찰하고 헤아려야 하며, 가볍게 자신에게 자긍심을 주어서 복잡한 곳으로 가서는 안 된다. 수행자들은 범부의 마음은 믿을 만한 그 무엇도 없음을 주의해야 한다. 『대지도론』에서 "범부는 우선 자신이 많은 중생을 제도할 수 있다고 느끼지만, 결과는 자신을 세속 사람들 속으로 떨어뜨린다. 만약 얼음 덩어리에 뜨거운 물 약간을 부으면 처음에는 확실하게 작용을 하여 얼음에 작은 패임이 생긴다. 그러나 조금 지나면 막 부은 뜨거운 물도 얼음으로 변한다."라고 한 것과 같다. 수행자들은 약간의 공덕이 막 일어났을 때 특히 이 점을 주의해야 한다. 자신의 수행이 일정 정도에 도달하지 않았는데 열악한 중생 속으로 가면 남이나 자신에게도 이익이 없다. 자신이 진정으로 외부환경에 동요되지 않을 때까지 닦고 지켜야만 그때 외부환경의 우열에 망설여지지 않을 수 있다.

吾寧失利養 資身衆活計 오녕실리양 자신중활계
亦寧失餘善 終不損此心 역녕실여선 종불손차심

나는 차라리 이익과 명예를 잃고,
몸과 삶을 도와주는 인연도 잃고,
나머지 선법도 잃을지언정
끝내 보리심을 손상시키지는 않겠다.

이 게송에서 '나머지 선법'은 마음을 지키는 것과 무관하며 보리심에 순응하지 않는 선법善法을 가리킨다. '이 마음'은 보리심을 지키는 바른 앎과 바른 마음집중으로 해석할 수 있다.

수행자의 입장에서 말하자면 보리심 수지보다 중요한 것은 없을 것이다. 나머지 각종 필요와 선행의 중요성이 절대 이 마음을 능가할 수 없다. 적천보살은 여기에서 우리를 깨우치고 격려한다. 마음을 지키는 수행 중에 나는 모든 명예·지위·재산·예배·공양 등의 공경을 잃어버리며, 설령 내 생명을 유지하는 데 가장 기본이 되는 음식이나 재물일지라도 버릴 수 있다. 이것들은 텅 빈 골짜기의 메아리, 꿈속의 공허한 꽃일 뿐이다. 또한 번개나 거품처럼 찰나에 바로 지나간다.

범부는 자신의 신체에 매우 집착하지만 보리심을 지키기 위하여 포기할 수 있다. 이는 이른바 "아침에 도를 들으면 저녁에 죽어도 괜찮다."는 것과 같은 의미이고, 모든 수행인이 갖추어야만 하는 결심이다. 나와 모든 유정의 안락의 근원이며 모든 불법의 근본인 보리심을 지키기 위하여 때로 우리는 이에 순응하지 않는 다른 선법을 버릴 수 있다. 예를 들면 보리심 수지와 무관한 자신의 이익을 추구하기 위한 명예와 이익, 신체 등 유루 선법을 모두 버릴 수 있다. 왜냐하면 그것들은 궁극의 수승한 보리심과 비교할 만한 가치도 없기 때문이다.

그러나 보리심을 지키는 바른 앎과 바른 마음집중은 조금도 버릴 수 없다.

진귀한 보리심은 마치 마니보와 같고, 우리 범부의 마음은 번뇌라는 도적이 출몰하는 도성과 같다. 만약 주도면밀하게 보호할 수 없다면 번뇌 도적이 매우 빨리 마니보를 훔쳐갈 것이기 때문에, 우리가 위없는 보리심을 낸 후에는 반드시 조심스럽게 삼가 지켜야 한다. 국왕이 마니보를 보호하여 보물창고에 넣어두고 경비를 엄밀하게 지키는 것처럼, 우리는 이 보리심의 마음을 바른 마음집중의 보물창고에 보존하고 바른 앎이라고 하는 힘센 호위병으로 늘 지켜야 한다.

『교왕경』에서 "신체를 보호하기 위하여 재산을 버릴 수 있다. 생명을 보존하기 위하여 재산과 신체를 버릴 수 있다. 정법을 위하여 재산과 신체와 생명을 모두 버릴 수 있다."라고 말한다. 상사 여의보는 "이것은 우리 수행인이 따라야만 하는 준칙이다. 수행자들은 가르침에 따라 자기 마음을 지키고 정법을 지켜야만 한다. 이렇게 하면 나와 남이 큰 이익을 얻을 수 있을 것이다. 우리의 정법을 만약 수행인들이 잘 지키지 못한다면, 누구에 의지하여 지키는가?"라고 함과 같은 경전 구절로 우리를 깨우친다. 이 교증은 확실히 수승하다.

우리 세상 사람들은 신체가 상해를 받을 때 많은 사람들은 차라리 모든 재산을 버려 신체를 구하며, 생명이 위협을 받을 때 세상 사람들은 목숨을 보호하기 위하여 모든 재산을 버리길 원한다. 불교도라면 정법을 위하여 재산·신체·생명 등 모든 것을 버릴 수 있어야 하고, 수행인은 어떤 환경에서도 이러한 굳건한 신념과 결심을 지킬 수 있어야 한다. 이 점은 해탈을 성취하는 데 중요한 담보가 된다. 불교 역사에서 많은 고승대덕들은 이 방면에서 우리에게 본보기가 되어 주었으며 상사 역시 늘 우리를 가르치고 격려한다. 정법 수지를 위하여 우리 사부대중 제자들은 자신의 생명·재산 등 일체를 봉헌하길 항상 발원해야만 한다.

우리가 이러한 굳은 서원을 세울 수 있는지 없는지, 당연히 각자의 근기와 의지에 따라 정해지기 때문에 평상시 반복해서 관상해야만 한다. 만약 어떤 사람이 총을 가지고 나에게 상사 삼보를 비방하고 보리심을 버리도록 협박한다면, 어떠한 상황에서도 그에게 굴복하지 아니할 수 있는가? 자기의 신심과 보리를 구하는 서원을 지키기 위해 자기 눈앞에 어떤 장애가 닥쳐 스스로 신체·생명·재산의 일체를 버릴지언정 조금도 굴복하지 않을 수 있는가? 각자가 늘 각종 좌절과 악연을 마주쳐도 반드시 담담하여 두려워하지 말고 자신의 신심과 서원이 굳세어지도록 관상하며 단련하기 바란다. 이 같이 하여 자신이 바른 앎과 바른 마음집중을 놓지 않아 취하고 버리는 것을 분명하게 하여야 어떤 번뇌에도 굴복하지 않을 수 있다.

2 마음을 수호하는 방편(바른 앎, 바른 마음집중)

1) 간략히 설함

合掌誠勸請 欲護自心者 합장성권청 욕호자심자

致力恒守護 正念與正知 치력항수호 정념여정지

합장하고 간절하게 빕니다.
마음 지키기를 원하는 사람들은
모든 노력을 다해 선에 인연한
바른 마음집중과 바른 앎을 항상 지키게 하소서.

논 가운데서는 마음을 지키는 중요성을 밝힌 후, 적천보살은 여기에서 간절하게 우리 모든 후학들에게 '해탈도로 들어가길 원하고 위없는 보리심을 수지하고 싶어 하는 수행인은 반드시 삼가 바른 앎과 바른 마음집중을 닦아야만 한다'고 권하고 있다.

많은 보살 성존은 아주 중요한 문제를 글로 남겨 제자들에게 전수한다. 혹은 제자들에게 말로 전할 때 반드시 특별한 방식을 사용하여 학자들이 한층 더 주의하게 한다. 왜냐하면 문제가 너무 중요하여 공경스럽고 간절한 방식을 사용하지 않으면 어떤 사람들은 아마도 그다지 주의하지 않을 수 있기 때문이다. 적천보살이 여기에서 노파심으로 거듭 충고하여 재삼 권하는 것이 마치 제자가 상사를 공경하는 것과 같다. 그는 수행과정에서 바른 앎과 바른 마음집중이 마음을 지키는 관건이라는 것을 깨달았다. 그러므로 그는 인도 나란타 사원에서 합장하고 진실하고 간절하게 수행할 것을 권면하고 격려하였다.

대승 불법을 수학하여 나와 남이 궁극적으로 해탈하길 바라는 사람은 보리심계를 합당하게 지켜야 한다. 수행자들은 자신의 역량을 다하여 보리심을 지키는 요령인 바른 마음집중과 바른 앎을 수지하는 데 정진해야만 한다. 바른 마음집중은 바로 산란하지 않는 마음으로 문·사·수 행의 인연이 된 바 정법을 기억하는 것으로, 이러한 마음 상태에는 반드시 기억과 산란하지 않음의 두 가지를 갖추어야 한다. 바른 앎은 『반야경』에 엄격히 정의되어 있는데, 알기 쉽게 말하면, 이른바 바른 앎이라는 것은 어떤 일을 할 때 마음속으로 자신이 무엇을 하고 있는지 분명하게 하는 것을 가리킨다. 행하고 머물고 앉고 눕는 매 시각 자신의 마음 중에 신·구·의에 대하여 바른 상태로 처해 있는지 분명하게 아는 것이다. 왜냐하면 바른 앎과 바른 마음집중은 이러한 작용을 갖추고 있기 때문이다.

우리가 선법을 수행할 때 만약 이 두 가지에 의지할 수 있다면 순리대로 원만성취할 수 있게 된다. 상사 여의보는 「충언심지명점忠言心之明点」에서 "마치 빈 공간에서 꽃동산을 희망하는 것과 같아서, 일체 천상과와 성문·연각·보살을 이룸이, 계행이 없으면 기회도 없으므로, 바른 정진으로 삼가 스스로 마음의 흐름을 지키고 조복시킨다." 라고 말하는데, 이 의미는 모든 선취과보와 성문·연각·보살 등의 해탈과가 만약 청정계율을 수지하지 않는다면, 마치 공중의 화원처럼 생각할 수는 있어도 얻을 수는 없는 것과 같이, 청정계율을 수지하고자 한다면 반드시 모든 공덕의 기초인 바른 앎과 바른 마음집중으로 자기 마음의 청정함을 지켜야만 한다.

身疾所困者 無力爲諸業 신질소곤자 무력위제업
如是惑擾心 無力成善業 여시혹요심 무력성선업

질병에 괴롭힘을 당하는 사람은
여러 사업을 할 힘이 없다.
이처럼 무지로 마음이 혼란스러운 사람은
여러 선법을 성취할 힘이 없다.

여기에서는 비유로써 바른 앎과 바른 마음집중이 없는 후환을 설명하였다. 질병은 우리가 일상 생활하는 가운데 자주 만날 수 있는 고통으로 우리 신체가 얼마나 튼튼한가에 상관없이 일단 질병에 걸리면 나약하여 감당하지 못하고 조금의 정신도 없게 된다. 『대원만전행인도문』에서 말한 것처럼, 신체 건강한 사람이 일단 질병에 감염되면 마치 돌에 맞은 새처럼 체력이 완전히 없어져 활동하는 것마저 힘이 들어, 버틸 정도의 아주 작은 힘만 있을 뿐이다. 이러한 상태에서 어디에 갖가지 일을 해나갈 힘이 있겠는가! 같은 이치로 우리의 마음이 만약 번뇌에 휘둘린다면, 마음의 힘이 약해 집중할 수 없어 혼란스럽게 이리저리 생각하기에 어떤 선업을 지을 능력도 없게 된다. 예를 들면 아침에 어떤 일 때문에 성내는 마음을 냈으면 수업할 때 줄곧 이 때문에 끊임없이 망상에 사로잡혀서 상사가 강의하는 법이 조금도 들어오지 않으며, 불법 진리를 사유하는 것은 더욱 말할 필요도 없다. 어떤 사람들은 가족에게 그리워하는 애정을 일으킨다. 매일매일 생각하고 시시각각 생각한다. 부모를 생각하고 집에 돌아가는 것을 생각하고 설 쇠는 것을 생각한다.

우리가 만약 바른 앎과 바른 마음집중으로 자기 마음을 지키지 않는다면, 번뇌가 일어났을 때 마치 큰 병을 앓는 것처럼 나약하고 무력하여 어떤 선업도 짓기 힘들 것이다. 우리가 정진할 때 어떤 사람은 업력이 눈앞에 나타나자 모든 수행을 중단한다. 이것은 마음을 지키는 바른 앎과 바른 마음집중이 부족해 번뇌가 맹렬하게 눈앞에 나타난 것이다. 만약 당시 지켜줄 바른 앎과 바른 마음집중이 있다면, 번뇌로 어지러워지기 시작할 때 "아, 이것은 번뇌의 악마가 어지럽히는 것이다. 나의 수행법을 간섭하려고 하는구나."라고 알아차리고 다시 바른 마음집중으로 마음을 수승한 묘법에 묶어놓아 번뇌가 넘볼 기회가 없게 하며, 또한 자신이 천 년에 한 번 만나기 어려운 정법 닦는 좋은 기회를 잃지 않게 할 것이다.

바른 앎과 바른 마음집중이 없는 사람의 수행에 사나운 번뇌의 출현은 세간의 모든 질병보다 더 사납고 참기 어려우며 치명적이다. 진실한 수행인은 중병을 앓고 나서도 여전히 수행법을 중단하지 않을 것이나, 일반 수행인들은 거칠고 무거운 번뇌가 일어났을 때 선법 정진의 기회를 단절할 수 있다. 『입행론대소入行論大疏』에서는 "번뇌가 마음을 휘감는다."라고 한 것을 바른 앎이 없는 과실로 풀이하고, 걀찹제 대사의 주석에서는 바른 앎과 바른 마음집중이 없는 과실로 해석했다. 어떻게 말하건 상관없이 만약 바른 앎과 바른 마음집중이 없다면 신체 면역 계통이 방어 능력을 상실한 것처럼, 끊임없이 번뇌라는 병독의 침략을 받아 어떤 선법도 이룰 수가 없다.

불문에 처음 들어온 일반 수행자 입장에서 말하자면 이러한 악연은 늘 만날 수 있다. 수행자가 만약 번뇌에 우위를 내준다면, 번뇌는 어떤 나쁜 일도 다 해낼 수 있어 그의 선법을 단절하게 하고서는 더욱 득의양양해하며 본질을 변화시키는 힘으로 그의 마음을 번거롭게 하고 생각을 어지럽혀 그가 여러 선법을 성취할 힘이 없는, 위험한 지경으로 빠져들도록 이끈다.

2) 널리 설함

(1) 바른 앎이 없는 환란

心無正知者 聞思修所得 심무정지자 문사수소득
如漏瓶中水 不復住正念 여루병중수 불복주정념

바른 앎을 갖추지 못한 사람은
듣고, 사유하고, 명상을 한다 해도
새는 병 안에 담아놓은 물처럼
바른 법을 기억하는 데 머물지 못할 것이다.

수행인이 바른 앎이 없어 자기 삼문을 관찰할 수 없다면, 모든 듣고 사유하고 닦아서 생긴 지혜는 증가될 수 없을 뿐만 아니라 점점 잃어버릴 것이다. 들어서 생겨난 지혜는 스스로 마음의 흐름 가운데

경의 가르침을 들음으로써 생겨난 지혜이다. 사유하여 생겨난 지혜는 여러 차례 정법을 사유하여 분명한 이해를 획득한 지혜이다. 닦아서 생겨난 지혜는 듣고 사유하여 얻은 법을 여러 차례 명상하며, 이때 스스로 마음의 흐름 가운데 마치 해가 동쪽에서 높이 떠올라 운무를 다 몰아내는 것처럼 생겨난 지혜이다. 만약 바른 앎과 바른 마음집중이 없다면, 우리가 듣고 사유하고 수행하면서 생겨난 세 가지 지혜는 깨진 병 안에 담아놓은 물처럼 얼마가 있었는가에 상관없이 점점 다 새나갈 것이다. 각자가 듣고 사유하고 수행하는 것을 더 많이 한다고 해도 바른 앎과 바른 마음집중의 수호가 없다면 얻은 지혜를 빠르게 잃어버릴 것이다.

크게 지혜로운 사람이 말한 이러한 진리의 말들은 우리가 어느 부분에서 관찰하건 간에 현실에서는 확실히 이러하다. 우리가 주위의 수행자들을 한번 보자. 어떤 사람들은 매우 총명하여 경론을 듣고 사유하는 방면에서 이해 능력이 아주 뛰어나고 수행 공덕도 쉽게 생겨난다. 그러나 그들이 항상 바른 앎과 바른 마음집중으로 자기 마음 관찰하는 것을 주의하지 않는다면 일정한 시간이 지난 후, 말을 묶어 놓은 밧줄이 햇볕에 마르고 비에 젖는 사이에 점점 썩어 끊겨 마음의 야생마는 바로 조금의 제지도 없이 사방으로 미친 듯 달려나가 삿된 견해와 나쁜 생각이 계율을 범하기 시작하여, 자신의 마음밭에서 자라난 듣고 사유하고 수행한 지혜의 농작물을 전부 망쳐버려 남아 있는 게 조금도 없을 것이다. 그러나 우리 주위의 어떤 사람들은 이와 같지 않아 무엇을 하건 간에 바른 앎과 바른 마음집중을 구족한다. 항상 바른 앎으로 삼문三門을 관찰하고 정법을 기억하여 삼문을 정법 가운데에 안주시켜 외부환경이 혼란스러워도 그들은 조금도 산란한 표현이 없다. 이러한 사람들에 대하여 나는 충심으로 찬탄하고 수희한다.

우리 수행인을 단지 표면적인 총명 재주와 각고 노력한 수행 정도만으로 판단할 수 없다. 만약 이러한 것들이 있어 일시에 듣고 사유하고 명상하여 얻은 것이 더 많다고 해도, 바른 앎과 바른 마음집중의 가피가 결핍된다면 끝내는 여전히 하나도 얻는 것이 없기 때문이다. 당신은 현종·밀종의 어떤 한 법문을 닦건 간에 반드시 바른 앎과 바른 마음집중을 구족해야 한다. 바른 앎과 바른 마음집중의 가피가 생겼다면, 모든 악연과 마장이 장애가 될 수 없으며 듣고 사유하고 수행한 공덕이 순리대로 늘어나고 원만해질 수 있다.

바른 앎과 바른 마음집중과 관련된 개념, 구체적 수행법은 기타 경론에서 모두 언급하고 있을지라도 그다지 광범한 것이 아니며, 본론에서처럼 이렇게 계통적으로 소개되어 있지 않다. 진실한 수행인이 되고 싶은데 바른 앎과 바른 마음집중이 구비되지 않는다면, 잠시 이룰 수 있는 선법이 있더라도 시간이 다소 길어지면 업연에 변화가 발생하여 지속해나가려 하지만 매우 곤란해질 것이다. 그러므로 우리 초학자들은 가지고 있는 방편을 이용하여 자기에게 바른 앎과 바른 마음집중이 일어나게 해야만 한다.

縱信復多聞 數數勤精進 종신복다문 수수근정진
然因無正知 終染犯墮垢 연인무정지 종염범타구

설령 불법에 신심이 있고 법을 잘 들으며
부지런히 정진을 해도
삼문을 관찰하는 바른 앎이 없으면
끝내 타락하여 오염될 것이다.

수행인이 만약 바른 앎을 구족하지 못한다면 계율이 청정할 수 없으며, 설령 그가 신심·다문·정진을 구족하였을지라도 바른 앎의 기초가 없다면 수행은 성공할 방법이 없다.

신심은 상사 삼보와 성스런 진리(도의 진리·멸의 진리)에 대한 청정한 신심, 의락意樂 신심, 불퇴 신심을 가리킨다. 이 방면에서 우리 수행인들은 각자 다른 점들이 있다. 어떤 사람은 상사에 대하여 특별한 신심이 있지만, 부처님과 법에 대해서는 반드시 이러한 신심이 있는 것은 아니다. 어떤 사람은 부처님에 대해 특별하게 신심이 있고 어떤 사람은 정법에 대하여 남과 다른 신심이 있다. 그가 어떤 신심을 구족하고 있는가에 상관없이 널리 배우고 많이 들어 현종·밀종의 경론과 속부續部를 광범하게 듣고 사유했을 뿐만 아니라 자유롭게 정진할 수 있어 밤낮으로 쉬지 않고 늘 부지런히 선법을 닦아 조금도 나태하지 않는다. 이 세 방면에서 모두 이처럼 우수한 수행인일지라도 만약 삼문을 관찰하는 바른 앎을 구족하지 못한다면, 끝내 죄에 타락하여 오염될 것이다. 왜냐하면 그는 자기 삼문의 상태를 관찰할 방법이 없기 때문에 번뇌가 바로 침범할 만한 기회가 생겨 점점 그의 마음의 흐름 속으로 침입해 들어가 그의 마음을 오염시키기 때문이다.

스스로 마음의 흐름 가운데 더러운 때가 생겼으나 그는 여전히 번뇌를 살피지 못하여 이생에서 모든 선법을 이룰 방법이 없으며, 내세에도 이로 인하여 악업을 불러온다. 뿐만 아니라 이러한 사람은 또한 가볍게 오염됨을 바꿀 수 없으니, 바른 앎이 없어 그는 자기 결점을 깨끗하게 할 방법이 없으며 참회의 의지를 내기가 매우 어렵다. 신심이 비교적 강하고 듣고 사유하는 방면도 비교적 넓을 뿐만 아니라 제대로 수행에 정진하면서 그 가운데 바른 앎을 구족한 사람들은 제때에 번뇌의 침입을 관찰할 수 있다. 그래서 제때에 번뇌를 다스릴 수 있어 불법을 수행하는 복연을 줄곧 구족한다. 그러나 바른 앎과 바른 마음집중을 구족하지 못한 사람은 종종 일정한 단계에서 각양각색의 장애가 눈앞에 나타났을 때 거의 조금도 다스릴 능력이 없으며, 이러한 번뇌가 불러온 악연을 돌이킬 방법이 없어 불법 수학을 중단하여 윤회의 흙구덩이로 떨어지고, 이 사람들 중에 어떤 이들은 이생에서도 아주 불쌍하게 지낸다.

그 번거로움을 싫어하지 않으면서 이렇게 많이 설명하는 것은 독자 자신이 바른 앎과 바른 마음집중을 구족하고 있는지를 잘 관찰하도록 일깨우는 것이며, 이 논에서 밝힌 심심한 가르침이 자기 마음속으로 녹아들도록 재촉하기 위한 것일 뿐이다. 수행인이 감로 묘법을 철저하게 흡수할 수 있다면, 앞으로 많은 악연이나 삿된 악마의 유혹을 만나더라도 여전히 자기의 수행과 견해가 동요되지 않을 수 있으나, 자기 마음에 융화되어 들어가지 않고 겨우 약간의 소리를 듣고 약간의 문자를 볼 뿐이라면, 마음의 흐름 가운데 진실한 이익을 얻을 수 없다. 언어·문자의 표현을 통하여 설명한 의리를 마음의 흐름 가운데 융회 관통할 수 있다면, 비로소 작가의 본의에 통달했다고 할 수 있고 진정한 문사라고 할 수 있다.

독자가 이 방면의 느낌이 있는지 없는지 모르겠으나, 나는 이 논의 매 게송을 사유할 때 적천보살이 늘 자신을 근거하고 있어, 말하는 것이 자기 마음과 매우 상응하며 자기 마음속 깊은 곳을 말했다고 느끼기 때문에 아주 감명 깊다. 필자는 이 심심한 뜻을 모두 설명해내고 싶으나, 단어와 단어, 문장과 문장 사이의 함의, 자기 마음속의 감상 등 이러한 것들을 표현함은 '벙어리가 사탕을 먹는 것'과 같을 뿐이어서 수행자들에게 전달할 방법이 없다. 수행자들이 만약 이 논에 대하여 신심이 생겨 자신이 들은 후에 다시 사유하고 수행하는 데 정진 노력한다면, 나는 각자가 모두 큰 이익을 얻을 수 있다고 생각한다.

상사 여의보는 "이 논을 아주 잘 암송할 수 있다면, 나와 역대 전승 상사의 가피에 따라 수행자들은 앞으로 교의에 따라 수행함에 퇴보하지 않고, 마음의 흐름 가운데 또한 보리심이 생겨나게 된다."라고 강조하신다. 우리가 만약 이 논을 반복해서 암송한다면, 그 속의 의리가 점점 자기 마음속에 깊은 인상으로 남아 이를 통하여 늘 일상생활에 응용된다는 것을 알게 된다. 자신에게 오직 신심만 있는 것은 불충분하다. 반드시 바른 앎이 있어야 한다. 널리 배우고 많이 듣기만 하는 것도 안 된다. 반드시 바른 앎이 있어야 한다. 다만 정진만 하는 것도 충분하지 않다. 바른 앎이 있다면 신·구·의 삼업을 관찰하여 번뇌를 제거하고 정법을 사유할 수 있다. 바른 앎을 반복해서 기억하면 이 관점이 마음속에 굳건히 뿌리내려 사유하는 가운데 자연스럽게 바른 앎이 증강될 것이다. 당연히 이것은 스스로 노력해야 도달할 수 있다. 출세간과 세간의 무슨 일이든 성공은 논할 것 없이 땀으로 바꾸어 얻는 것이다.

惑賊不正知 尾隨念失後 혹적부정지 미수념실후
盜昔所聚福 令墮諸惡趣 도석소취복 영타제악취

부정지라는 번뇌의 도적이
바른 마음집중을 놓친 뒤를 따라와서
쌓은 복덕을 온전히 훔쳐가
악취에 떨어지게 한다.

부정지不正知라는 것은 『삼십유식석三十唯識釋』에 '나아가고 물러나는 사이, 신·구·의의 활동에 대하여 바른 앎을 두지 못함'이라고 정의되어 있다. 수행인이 만약 이러한 상태에 빠진다면 번뇌 도적이 침탈할 기회가 생기게 된다. 왜냐하면 수행인이 계속 수행하는 동안의 복덕 보물은 평상시에 바른 앎이라는 호위병이 지키고 있다면 번뇌 좀도둑이 호시탐탐 노릴지라도 싹 쓸어가기 어렵다. 그러나 이 호위병들이 자리에서 쫓겨나면 좀도둑이 바로 기회를 잡고 몰래 복덕자량의 보고에 잠입하여, 수행인들이 지난날 쌓아놓은 복덕 선행 보물을 깡그리 훔쳐가 버린다. 수행인은 부지불식간에 빈털터리가 되어 선법 복덕이 없으니, 오직 삼악도로 떨어질 뿐이다.

번뇌는 매우 교활하게 숨어 있어서 만약 바른 앎으로 자세하게 관조하지 않으면 일반적으로 그 활동을 관찰하기 어려울 뿐만 아니라, 그 번뇌가 시도 때도 없이 기회를 엿보다 일단 바른 앎의 호위병이 없으면 바로 잠입하여 우리들의 각종 선법 재보, 즉 성자의 7가지 재물(신재·계재·사시재·문재·참재·유괴재·지혜재) 등을 훔쳐갈 것이다. 바른 앎이 호위함이 없으면, 번뇌 도적이 이전에 널리 듣고 많이 배운 것·청정지계·보시·반야를 닦은 것 등으로 쌓은 모든 선근을 훔쳐가며, 이 선근이 모두 소멸되어 없어진 뒤 각종 악업 번뇌가 맹렬하게 다가와 자신을 악업 대해로 빠뜨려 많은 계율을 범하게 하며, 내세에 악도 속으로 빠뜨릴 것이다.

우리 주변에 이에 대한 많은 사례들이 있다. 출가자가 되어 지혜를 구하여 정진하는 것은 좋으나, 그들이 바른 앎을 구족하지 못하면 늘 번뇌 도적에 이용되어 지난날의 선은 점점 다 빼앗기고 출가하여 닦은 복덕도 잃어버려 환속할 수밖에 없게 된다. 그러나 환속한다손 치더라도 복덕과 지혜가 조금도 남아 있지 않게 된다. 『샤카격언』에서 말한 것처럼 세간 지혜도 남아 있는 것이 없고, 최후에는 정신과 물질이 모두 궁핍하여 하등의 세속인으로 전락하며 현세에 이처럼 비참하니 내세도 마찬가지며, 이것들이 모두 바른 앎이 없는 업보이다.

우리는 이 방면의 실례를 관찰함으로써 스스로 느끼는 바가 있어야 한다. 수행자들은 반복해서 생각하여 만약 스스로 바른 앎, 바른 마음집중을 강화시키지 않는다면, 현재 비록 불법을 배우는 기회가 있다 하더라도 앞으로는 도대체 어떻게 될 것인가?

此群煩惱賊 尋隙欲打劫 차군번뇌적 심극욕타겁
得便奪善財 復毀善趣命 득변탈선재 복훼선취명

이 번뇌라는 도적의 무리는
기회만 노리고 있다가

일단 틈을 얻으면 선업을 훔쳐가고
선취의 목숨까지도 뺏어간다.

번뇌는 좀도둑처럼 몰래 우리의 공덕을 훔쳐갈 뿐 아니라, 때로 흉악한 강도처럼 기회를 잡아 맹렬하게 우리를 습격한다. 복덕 창고를 깨끗하게 남김없이 약탈하고 최후에는 우리가 해탈을 얻는 생명 근원과 같은 인과에 대한 바른 견해 등 지혜공덕을 훼멸하려고 한다.

강도와 좀도둑은 다르다. 좀도둑은 몰래 그가 부주의한 때를 틈타 도둑질을 하여 그가 알지 못하는 사이에 모든 것을 잃게 한다. 그러나 맹렬한 번뇌 강도는 큰소리치며 공공연하게 사나운 기세를 드러내놓고 공격한다. 우리가 충분한 역량을 가지고 있지 못하다면 패배당하여 그들 뜻대로 될 것이다.

예를 들면 우리에게 때로 강렬한 분노와 탐심이 일어나 스스로 바른 법과 같지 않음을 알더라도, 그들의 공격은 너무 사납고 우리의 저항 능력은 약하다. 그들은 곧 강하게 맞서 우리를 패배시켜 다 약탈하려고 할 것이다. 이러한 번뇌 도적은 또한 평상시 바른 앎과 바른 마음집중의 호위가 소홀한 것을 틈타 역량을 집중하여 성공한다. 만약 우리의 바른 앎과 바른 마음집중이라는 호위병이 줄곧 경계하여 지킨다면, 다소 바람에 풀이 흔들리기는 해도 꺾이지는 않는다. 또한 저 번뇌라는 강도 조직이 이러한 공세를 취하지 못할 것이다. 그러나 평상시 우리의 경계성이 높지 않고 제때에 과감한 행위를 취하지 않다가 일단 그들이 기회를 잡아 신속하고 맹렬한 공격을 해온다면, 우리는 갑자기 전쟁에 대응하느라 아마 제대로 대처하지 못할 것이다.

이런 번뇌 대군은 일반인들에게 쉽게 격퇴되지 않을 것이다.

세간 사람은 각종 강도의 습격에 대처하기 위하여 종종 평상시 엄밀하게 책략을 계획하고 엄격하게 군대를 훈련하여 겹겹의 견고한 방위를 세워야 한다. 탐욕과 성냄 등의 다섯 가지 큰 근본 번뇌·스무 가지 수번뇌는 팔만 사천 번뇌 도적을 통솔하고서 곳곳에 숨어 있는데, 틈이 없으면 들어가지 못한다. 늘 악연에 의지하여 강렬하게 재난을 일으켜 우리 선법 재물을 깡그리 훔쳐간다. 뿐만 아니라 우리의 인과에 대한 바른 견해 등의 지혜 자량을 무너뜨린다. 그러므로 평상시 우리는 반드시 바른 앎과 바른 마음집중으로 자기 마음을 청정하게 다스림을 꾸준하게 하고 수행에 정진하여 자신이 "이 번뇌의 미혹이 환과 같다."라는 이치를 통달하는 역량을 강화시켜야만 한다. 만약 수행을 지속하지 못한다면 비록 수행자들이 이러한 도리를 알고, 또 "깨닫는 마음은 사람들 누구나 가지고 있다."라는 것을 알아도 그 자성을 깨닫지 못하니, 우리가 어떻게 진실로 번뇌의 괴롭힘에서 해탈할 수 있겠는가?

(2) 바른 앎을 수호하는 방편(바른 마음집중을 수호함)

故終不稍縱 正念離意門 고종불초종 정념이의문
離則思諸患 復住于正念 이즉사제환 복주우정념

따라서 마음의 문에서
바른 마음집중을 결코 잃지 않도록 해야 한다.
그것을 여의었다면 바로 악취의 불행을 기억해서
거듭 바른 마음집중에 안주해야 한다.

위에서 바른 앎으로 마음 지키는 것이 없으면 이와 같은 후환이 있음을 이미 다 설명하였다. 그렇다면 어떻게 우리가 바른 앎을 단절시키지 않고 지속하도록 하겠는가? 이 같은 방편은 바른 마음집중이다. 즉 마음을 정법에 안주하여 바른 정진이 자기 마음에서 떠나지 않게 하면 바른 앎이 지속된다. 모든 선악은 자기 마음의 성 안에서 태어난 것이고, 바른 마음집중은 이 큰 성의 문지기와 같아 적과 벗을 잘 변별하여 큰 성이 위태로움과 해로움을 당하지 않게 할 수 있다. 만약 마음의 성 대문에 문지기가 없다면 즉각 번뇌 도적에게 이용되어 두려워할 만한 근심을 야기할 것이다. 생각이 이런 두려운 근심에 미쳐 우리는 한순간도 이 문지기가 떠나지 않게 해야만 한다.

이것은 하나의 비유일 뿐이다. 우리가 자세히 관찰했을 때 바른 마음집중은 결코 마음 밖에 존재하는 것이 아니다. 불교논리학을 배운 적이 있는 사람들은 모두 우리 마음의 흐름 가운데 무분별의 인식이 몇 개가 동시에 존재하는 것이 가능하다는 것을 알 것이다. 안·이·비·설·신의 오식으로 예를 들면, 눈이 볼 때 귀도 소리를 들을 수 있고 코는 향기를 맡을 수 있는 등이다. 그러나 마음의 흐름 가운데 분별이 있는 생각은 동시에 두 개 혹은 두 개 이상이 존재할 수 없다. 예를 들면 한 색채를 분별할 때 동시에 그것의 크기를 분별할 수 없다. 탐심이 생겼을 때 신앙심이 있을 수 없다. 이러한 것들은 인명론에 아주 분명하게 분석되어 있다.

우리가 마음의 흐름 가운데 만약 늘 바른 마음집중에 매어 있어서 사무량심·6바라밀 등의 법을 기억한다면 모든 악념은 나타날 방법이 없다. 자기 마음이 비교적 산란하거나 기타 생각이 일어나는 것을 느껴 살필 때 그것은 바로 바른 마음집중을 이미 잃어버린 것을 설명한다. 이때 위에서 서술한 잘못, 즉 바른 앎과 바른 마음집중이 없는 마음 지키기의 잘못을 힘써 기억하여 즉시 자기 자신에게 "아, 나의 마음이 산란해져 업식이 경계를 집착하니, 이는 실상을 미혹하여 윤회하는 근본이 되고 모든 고통의 근원이다."라고 경각심을 일깨워야 한다. 이것으로써 거듭 새롭게 바른 마음집중을 찾아와 자기 마음의 성 대문을 지킨다.

바른 앎과 바른 마음집중의 관계는 초학자에게는 아마 모호할 것이다. 사실 마음을 청정하게 하여 자세하게 분석하면, 이해 못할 어떤 부분도 없다. 우리는 먼저 바른 앎과 바른 마음집중의 개념을 복습하자. 바른 앎은 자기 삼문의 상태를 관찰하여 청정함을 취하고 악을 버리는 것이며, 바른 마음집중은 6바라밀 등의 정법을 기억하는 것으로 악을 단절하고 선을 수행하는 것을 한시도 잊지 않는 것이다. 개념에 대하여 분명하게 인식한 후에는 다시 전체 논을 결합하여 둘의 관계를 분석해 보면, 이 논의 앞 3품은 보리심이 아직 생기지 않은 사람을 위하여 각종 방편으로 이 마음이 일어나도록 인도하고 있으며, 4·5·6품은 보리심이 이미 생긴 뒤 물러서거나 잃지 않게 하는 내용이다. 수행인이 보리심을 낸 후 방일하지 않아야 보살계를 위배하지 않을 수 있음을 설명한다. 그리고 이 배운 것(학처)들을 행함에 반드시 마음 지키기로부터 착수해야만 하는 것은 마음이 모든 선악의 근원이기 때문이다.

우리가 6바라밀 등의 보살학처를 지키려면, 반드시 마음속에서부터 지켜야만 한다. 이를 지키는 방편이 바른 앎과 바른 마음집중이다. 우리 마음의 흐름에 일으킨 보리심으로 실천하는 6바라밀 등의 모든 보살학처는 반드시 바른 마음집중을 이용하여 늘 기억해야 한다. 『화엄경』에서 "또 만약 바른 마음집중의 견고한 그릇에 법등을 밝히면, 자애로운 무구한 빛이 삼독의 어둠을 깨끗이 없앤다."라고 말한다. 보리심을 지속적으로 지키는 견고한 바른 마음집중은 밝게 타오르는 정법의 등이어서 자비와 무구한 지혜의 빛을 내어 삼독의 어둠을 깨끗이 없앤다. 이 보리심을 수지하는 바른 마음집중이 단절되지 않게 하기 위하여 반드시 바른 마음집중이 마음에서 계속되고 있는가를 관찰해야 한다. 만약 계속되지 않으면 방편을 이용하여 끊이지 않고 연속되게 해야 한다.

바른 마음집중은 정법을 계속해서 관조하고, 또 정법의 포섭하는 바인 바른 앎이 증강되어야 연속성을 유지할 수 있다. 간단하게 말하면 바른 마음집중이 끊이지 않고 청정심을 밝힐 때 또한 바른 앎을 지속함을 포괄한다. 『학집론學集論』「호신품」에서 "네 가지 위의를 수행함에서 바른 마음집중으로 검사하고, 위의를 수행함에 편안함과 평정을 이루고 어지럽지 않게 지키며, 바른 마음집중에 힘을 갖추어 말하고 웃을 때 고상한 자세를 신중하게 지키며, 손발의 용모가 단아함을 갖추고……."라고 말한다. 아주 분명하게 바른 마음집중 가운데 삼문을 검사하고 지키는 바른 앎을 포함하고 있음을 설명하였다. 바른 앎의 지속적인 관찰은 제때에 바른 마음집중이 존재하고 있는지 여부를 발견할 수 있게 하고, 잃어버렸을 때 바로 알게 하여 이것으로써 바른 마음집중의 연속성을 유지할 수 있다.

바른 마음집중은 바른 앎의 분명함을 기억할 수 있고, 바른 앎은 바른 마음집중의 지속적 흐름을 관찰할 수 있다. 두 가지는 상호 작용하여 계속됨을 유지한다. 바른 마음집중이 바른 앎을 관찰할 때 또한 바른 앎을 변화시켜 두 가지의 본체가 일치된다. 우리가 법대로 삼문을 관찰하고 지킬 때 마음의 흐름 가운데 동시에 바른 앎과 바른 마음집중을 구비했다고 말할 수 있다.

恒隨上師尊 堪布賜開示 항수상사존 감포사개시
畏敬有緣者 恒易生正念 외경유연자 항역생정념

법을 깨달은 스승님을 모시며
바른 법 설하시는 가르침을 따르면
큰 스승의 선연을 외경함으로써
바른 마음집중이 쉽게 일어난다.

게송에서 '켄포(堪布감포)'란 경과 법을 해설하는 법사를 가리키며, 인도에서는 아사리, 궤범사 등으로 불린다. 우리가 바른 마음집중을 일으키려고 한다면, 반드시 내심과 외부환경의 두 인연에 따라야 한다. 외재적 인연이란 여법하게 상을 갖춘 선지식에 의지하여 정법을 듣는 것이다. 여기에서의 '상사존上師尊'에는 일정한 표준이 있다. 소승에는 소승 선지식의 구체적 법상法相 표준이 있고, 밀승에는 밀승 선지식의 구체적 법상 표준이 있다. 여기에서의 표준은 바로 대승 현종의 법상을 갖춘 선지식이다. 왜냐하면 법상을 갖춘 선지식은 스스로 공덕을 구족하였기 때문에 바른 앎과 바른 마음집중이 있으므로 우리가 의지하는 것 역시 상응하여 똑같은 공덕을 일으킬 수 있다.

선지식에 의지하는 것은 해탈도로 들어가는 필수 인연이다. 『반야섭송』에서는 "불법은 모두 선지식에 의지하니, 공덕은 부처님께서 말한 것을 위주로 하는 것보다 낫다."라고 말한다. 우리는 오직 선지식에 의지해야만 자기 근기에 상응하는 인도를 얻어, 비로소 법을 닦는 공덕을 진실로 일으킬 수 있다. 만약 그렇지 않으면 불법은 바다처럼 깊고 넓어 범부는 그 강령과 요점을 알 방법이 없으며 또한 진실의를 통달할 방법이 없다. 그 다음에는 또 어느 것이 자신이 당장 닦아야 하는 법인지, 어떻게 제법의 요점을 섭수하여 닦아야만 하는지 알지 못하며, 이러한 것들은 반드시 여법하게 상사에 의지해야만 정확한 인도를 얻을 수 있다.

외경심이란 악업을 두려워하여 윤회를 싫어하고 멀리하여 보리심을 내는 것을 가리킨다. 수행인이 만약 상사의 가르침에 따르지 않고 성실하게 계를 지키지 않으면 의심할 것 없이 악도에 떨어질 것이다. 자신이 악도의 상황을 이해하여 마음속에 자연 큰 두려움이 일어나고, 동시에 스승이 자신에 대하여 실망하는 것을 두려워하며 상사 삼보에 대하여 존경심을 갖추어야 한다. 수행인이 윤회 고통에 대하여 두려워할수록 상사 삼보에 대하여 진실한 공경심이 더욱 생길 것이다. 외경심과 존경심은 우리가 상사에 의지하여 불법을 닦을 적에 반드시 갖추어야 하는 두 가지 요소이며 상사의 가피를 얻는 관건이다. 한 사람이 만약 조금도 외구심이 없다면, 인과 윤회를 믿지 않아 상사의 가르침을 위반하는 것도 무서워하지 않고, 계율을 범하고서도 두려워하지 않아 금강 지옥에 떨어져도 상관하지 않는다. 이러한 사람은 돌과 같아 물이 스며들어 갈 수 없고, 굳고 강하여 변화되기 어려워서 가령 부처님께서 직접 와도 제도시킬 방법이 없다. 공경심이 없는 사람은 부처님 앞에서도 약간의 가피도 얻을 수 없으며, 이러한 사람은 마치 높은 산 정상에 있어 감로수가 물길을 거슬러 올라가 그를 적셔줄 수 없는 것과 같다. 그는 가령 평생 상사 앞에 있어도 가피를 얻어 공덕을 일으킬 방법이 없다.

어떤 사람이 만약 진정으로 윤회에서 해탈하길 바란다면 여법하게 상사에 의지해야 하며, 우선 불법에 대한 근본 기초인 인과는 허망하지 않다는 정확한 인식을 자기 마음속에 두어야 한다. 이 기초가 생기면 상사 삼보에 대하여 자연스럽게 성실한 믿음과 외경이 일어날 수 있으며, 이와 같아야 불법과 진정 인연 있는 사람이다. 이러한 좋은 인연을 구족한 사람은 법상을 구족한 상사에 의지하여 상사 앞에서 외경하는 마음으로 늘 정법을 듣고 가르침을 자기 마음속에 조화시키면 자연스럽게 바른 마음집중이 일어날 수 있다.

佛及菩薩衆 無碍見一切 불급보살중 무애견일체
故吾諸言行 必現彼等前 고오제언행 필현피등전
如是思維己 則生慚敬畏 여시사유기 즉생참경외
循此復極易 般般隨念佛 순차복극역 은은수념불

모든 부처님과 보살님은 항상 걸림 없이 일체를 보고 계시기에
나의 모든 언행과 마음은 조금도 숨김없이 그분들 앞에 드러난다.
이처럼 사유하고 부끄러움과 존경과 삼가는 마음을 내면
그것이 쉽게 마음에서 부처님을 기억하며 쉬지 않게 하는 것이다.

이제 바른 마음집중을 일으키는 내심의 인연을 설명한다. 우리가

상사에 의지한 후, 상사는 자신에게 가르침을 전수했고 수행의 길을 지시했으나 길은 자신에 의지하여 걸어가야 한다. 자신이 평상시 어떻게 행하고 지켜야만 바른 마음집중이 일어날 수 있는가? 이 내심의 인연은 법에 의지하여 반복 사유하는 것이며, 상사가 자기 주위에 있건 없건 간에 자신은 언제 어디서고 이것을 생각해야만 한다. 불보살과 상사 성중은 끝없는 지혜 신통을 갖추어 장애 없이 모든 제법실상을 볼 수 있으며, 또한 번잡하지 않게 제법 각각의 다른 별상을 볼 수 있고, 우리의 모든 언·행·마음을 성중들은 수시로 분명하게 볼 수 있다.

치아메 린포체는 『극락원사極樂願詞』에서 "극락세계의 아미타불과 모든 보살은 일체중생이 하루 동안에 가진 심행心行을 볼 수 있으며, 우리는 어떤 숨을 수 있는 곳도 없고, 부처님과 대승보살뿐만 아니라 바로 아라한도 또한 삼천대천세계를 볼 수 있는 것이 마치 손바닥 안에 감추고 있는 망과를 보는 것과 같다."라고 말한다. 우리는 스스로 은밀한 행위와 생각이라고 여기지만, 사실 강렬한 불빛 아래에서 시방 성중을 마주보고 연기하는 것과 같아서 완전하게 다 드러나 털끝 하나도 숨길 수 없다. 시방 성중은 모두 우리를 불쌍하게 여기며 주시하고 있고 우리는 '귀 가리고 요령 훔치는 식'으로 늘 법과 같지 않은 일들을 한다. 마음속으로 나쁜 생각을 늘 하면서도 이를 아는 사람이 없다고 여긴다. 만약 이때 시방 성중들이 자신을 보고 있다는 것을 생각할 수 있다면 스스로 감히 이러한 법에 어긋난 일들을 계속할 수 있을까?

『미륵사후경彌勒獅吼經』에서 "만약 비구가 저녁에 계를 범하고 마음으로 여전히 모든 부처님 보살이 알지 못할 것이라고 생각한다면, 원래의 범죄 행위 위에 또 악업을 짓는 것이다."라고 말한다. 본사 석가모니불의 『본생전』에서 "만약 어떤 사람이 어두운 곳에서 악업을 짓는다면, 그것은 그가 독약을 복용한 것과 같아 마음이 불안하며, 천인과 선사들 중에 천안통을 가진 이가 있다면 틀림없이 이들이 악업 짓는 것을 볼 수 있다."라고 말한다. 우리는 평상시 모든 부처님 보살의 공덕을 생각하고 이 가르침들을 기억할 수 있어야 한다. 스스로 어디에서 무엇을 하든, 주변에 사람이 있든 없든 모든 부처님 세존이 청정 불국토에서 자기를 보고 있고, 상사 본존이나 바다와 공중에 왕래하는 호법 성중이 자기의 모든 것을 보고 있음을 알고 생각할 수 있다면, 몸과 마음을 방일하게 하여 맹서와 계율을 범할 수 없다. 마치 우리가 TV프로그램에 출연하여 대담할 때처럼, 틀림없이 일거수 일투족을 모두 신중하게 해야 할 것이며, 언제 어디서의 언행도 무량한 성중을 마주하고 있다는 것을 안 뒤, 어찌 감히 바른 마음집중을 엄수하지 않고 삼가 신중하게 행하지 않을 수 있겠는가?

이처럼 성실하게 사유해 본다면 자신의 과거와 현재 모든 것이 모든 부처님 성중 앞에 완전하게 드러나 있음을 분명하게 안다. 이렇게 되면 자연스럽게 부끄러워하는 마음이 일어날 것이고 또한 공경과 외구심이 일어날 수밖에 없다. 부끄러워하는 마음을 갖추는 것은 수행인의 기초이다. 『유마힐경』, 『이규교언론二規教言論』 등 많은 경론에서 모두 강조하였다. 『열반경』에서 "참慚은 마음속으로 부끄러움을 아는 것이고, 괴愧는 밖으로 드러내는 것이다."라고 말한다. 또 경전에서는 "참은 사람들에게 부끄러운 것이고, 괴는 하늘에 부끄러운 것이다."라고 말한다. '참'은 속사정을 알지 못하는 사람을 마주하여 자기 마음속으로 남몰래 스스로 부끄러워하는 것이고, '괴'는 신통이 있어 자기 잘못을 아는 천인 앞에서 부끄러움을 느끼는 것이다. 어떤 사람이 제대로 참괴를 안다면 귀히 여길 만한 장점이다. 『불유교경』에서 "부끄러움의 의복은 여러 장엄함 중에서 첫 번째가 된다. 부끄러움은 철 갈고리와 같아 그릇됨을 제압할 수 있으므로 늘 부끄러워해야만 하고 잠시도 이를 여윌 수 없다. 만약 부끄러움에서 멀어진다면 금수와 다를 게 없는 것이다."라고 말한다. 만약 참괴를 구족한다면, 이러한 사람은 자신의 그릇됨을 제지하고 공덕 장엄을 구족한다. 부끄러워하지 않는 이는 어떤 일을 해도 선악을 고려하지 않고 계율이나 선지식의 권유를 돌아보지 않는다. 부처님께서는 그들이 금수와 다르지 않다고 질책한다.

현재 어떤 사람들은 자칭 불법을 배우는 사람이라고 하면서 그들은 욕망 따라 함부로 그릇된 행위를 저지르며 "이 일을 다른 사람들이 말하려면 말하라지. 계를 범하는 것이라면 범하지. 내가 지옥에 떨어진다면 떨어지라지. 나는 상관 안 해."라고 말한다. 스스로 규범 밖의 사람이므로 구속할 수 있는 것이 없으니 천지를 소요할 수 있다고 여긴다. 이러한 사람들은 어떤 수행 증득도 없으니, 사실 부끄러움을 알지 못하며 뉘우침이 없는 자들이다. 참괴의 복장이 없는 사람은 나체로 큰 뜰의 대중들 앞을 이리저리 뛰어다니는 것과 같다. 이러한 사람들이 축생과 무슨 차별이 있겠는가?

우리는 여법하게 상사에 의지하여 성실하게 정법을 들어 모든 부처님 성존의 공덕을 이해한 뒤 반복해서 사유하면 참괴심이 자연스럽게 일어날 수 있으며, 모든 부처님 성존이 제정한 계율에 대하여 역시 마음속에서부터 존경하고 우러러 사모하는 마음이 일어날 수 있다. 동시에 인과에 대하여 두려움이 일어나 자기가 계율을 위반하여 타락할 것을 두려워하고, 또한 자신의 마음과 행동이 열악하여 여러 상사 성존이 섭수하지 않아 가피를 얻을 방법이 없고 윤회에서 해탈할 수 없는 것을 두려워한다. 이러한 참괴와 경외가 일어났다면 자연스럽게 시시각각 계율의 바른 마음집중을 잊지 못할 것이다.

우리가 만약 늘 마음에 참괴를 품고 시시각각 경계하며 "내가 성존의 가르침을 어길 수 없다. 만약 어긴다면 그분들이 나를 보고 있으며 이 고상한 성자들 앞에서 내가 만약 부끄러운 일은 한다면 어떻게 성존들에게 떳떳할 수 있을까? 어떻게 수행인이라 할 수 있을까?"라고 생각한다면, 이러한 생각이 실질적으로 정법에 바르게 마음집중 하는 것이다. 정법에 대한 바른 마음집중의 공덕은 매우 크며, 이를 실천하는 사람은 이생에서의 일체 사업이 필연적으로 순조로우며 내세 또한 끝없는 안락을 얻을 것이다. 참괴와 각성을 구족하고 바른 앎과 바른 마음집중을 가진 사람은 이미 불·법·승에 대한 바른 믿음의 공덕을 원만하게 구족한 것이다. 왜냐하면 그는 시시각각 삼보가 자신을 떠나지 않음을 느끼고 자신을 지켜줌을 관조하기 때문이다. 이러한 마음은 실질적으로 정법에 대한 지속적이고 바른 마음집중이며, 이로써 무량한 공덕을 내는 근본이다. 그러나 참괴, 외경, 바른 마음집중이 없이 '아미타불'을 염하면 그것은 단지 감산 대사가 말한 것과 같이 공로를 낭비하는 것일 뿐 큰 이익을 얻을 수 없다.

이상에서 바른 마음집중을 일어나게 하는 내외 인연을 소개하였다.

만약 우리가 이러한 인연을 구족하였다면, 상사 삼보의 가피가 자신을 떠나지 않을 것이고 성존들의 지혜와 자기 마음이 융화 관통하여 벽이 없어지고 바른 앎과 바른 마음집중 역시 마음의 흐름을 떠나지 않을 것이다. 이렇게 되면 우리의 수행은 틀림없이 순리대로 성취를 얻을 수 있다. 수행자가 이러한 가르침을 많이 들을 때 자신에게 바른 마음집중이 비교적 쉽게 일어난다. 그러나 범부의 마음에는 이러한 가르침을 쉽게 잊어버려 조금의 인상도 남지 않을 수 있다. 마치 물구덩이에 돌을 던지면 처음에는 물결이 일어나지만 천천히 어떤 흔적도 없어짐과 같다. 그러므로 나는 바른 마음집중을 지키고 싶어 하는 사람은 늘 이 같은 경론들을 자주 열람하고 반복해서 사유하고 수행하여 인상을 더 깊게 하길 바란다. 수행자들이 만약 배운 뒤에 상관하지 않고 복습·암송하지 않아 깊은 사유를 하지 않은 채 시간이 지난다면, 전부 잊혀져 이익을 얻을 수 없을 것이다. 불법을 배우는 사람이 되어 경론을 열람하는 것은 매우 중요하다. 경론을 열람할 때 자신의 마음의 흐름이 성존의 지혜로 충실해지고 분별심 역시 성존의 지혜와 서로 융화되어진다. 이처럼 장기적으로 훈습하면, 성존들의 지혜 용광로가 또한 자신의 분별심의 광석을 순정한 지혜의 황금으로 변화시킨다.

爲護心意門 安住正念已 위호심의문 안주정념이
正知卽隨臨 逝者亦復返 정지즉수임 서자역복반

어느 때고 바른 마음집중이
마음의 문에서 지키고 안주하면

바른 앎 역시 자연스럽게 입하며
사라졌다 해도 돌아오게 된다.

우리는 자기 마음을 보호하고 번뇌 도적이 침략하는 것을 방지하기 위하여 상사에 의지하여 정법을 듣고 불보살의 공덕을 사유하는 등의 내외 인연을 통하여 자기 마음에 바른 마음집중이 일어나게 한다. 뿐만 아니라 점점 끊이지 않고 삼보를 수념하는 등의 진실한 바른 마음집중에 안주시킬 수 있다. 이때 삼문이 여법한지 여부를 분명하게 살피는 바른 앎도 따라서 오니, 즉 바른 마음집중을 안주시킴으로써 자연스럽게 바른 앎도 함께 생겨나는 것이다. 이 두 가지의 관계는 바른 마음집중은 어머니가 되고 바른 앎은 아들이 되니, 자기 마음에 바른 마음집중을 안주시킴으로써 끊임없이 마음으로부터 부처님을 기억하고·정법을 기억하고·승을 기억한다고 말할 수 있다. 혹은 끊임없이 6바라밀 등의 선법을 생각한다고 말한다. 바른 앎 또한 눈앞에 나타날 수 있으니, 자신의 삼문이 지은 것이 여법한가의 여부를 분명하게 관찰할 수 있을 뿐만 아니라 이러한 바른 앎을 우연히 잃더라도 신속하게 회복시킬 수 있다.

다소간 직접 마음집중을 닦은 경험이 있는 수행자들은 모두 이를 관찰할 수 있다. 예를 들면 나는 진언을 염송하여 내 마음에서 점점 잡념을 없애 청명하고 각성한 상태로 변화시킨다. 이때 내 손안에서 굴리는 염주, 입안에서 염하는 진언 소리, 마음속에서 일어나는 심상을 분명하게 알 수 있다. 시간이 지나면, 때로 자기 마음이 다른 경계로 분산되고 바른 앎을 잃어 삼문의 관찰을 놓치게 된다. 그러나 다시 진언염송에 마음을 돌이키면 이 바른 앎은 즉시 회복될 수 있다. 이때 자기가 앉는 자세·진언을 염하는 소리의 고저·마음속의 관상을 살펴 적당히 조절할 수 있다. 당연히 바른 마음집중의 실상 경계에 안주한다면, 바른 앎은 대상 없는 방식으로 존재할 것이며, 또한 보리심을 잃어버릴 틈이 있지 않을 것이다.

바른 앎과 바른 마음집중의 관계는 앞에서 말하였다. 수행인이 선지식을 가까이하여 각종 방편을 통하여 바른 마음집중을 일으킨 뒤 바른 앎은 즉시 따라서 올 수 있고, 뿐만 아니라 바른 마음집중을 잃지 않기만 하면 바른 앎은 우연히 잃어버렸어도 회복할 수 있다. 바른 앎의 관찰은 또한 우리가 항상 바른 마음집중에 안주하는 것을 도울 수 있다. 이 둘의 관계는 각 경론에서 대부분 자세하게 서술하지 않았으니 수행자들이 각자 자세하게 사유하여 판별하기를 바란다.

3 바른 앎, 바른 마음집중으로 마음을 수호함

1) 율의계律儀戒를 배움

(1) 몸·마음·뜻을 청정하게 함

心意初生際 知其有過已 심의초생제 지기유과이
卽時當穩重 堅持住如樹 즉시당온중 견지주여수

마음에 처음 생각이 일어날 때
바른 앎으로 허물을 알아차린다면
그때 나는 큰 나무처럼 듬직하게 안주하며
번뇌의 동하는 바가 되지 않는다.

바른 앎과 바른 마음집중을 내는 방법을 분명하게 안 뒤, 우리는 마음을 닦는 구체적 방법을 배우기 시작한다. 즉 어떻게 바른 앎과 바른 마음집중으로 보살계를 지키는가이다. 우선, 어떻게 율의계를 지키는지 학습하는데, 삼문을 청정하게 하는 행위와 무너뜨린 것을 방어하는 율의, 두 부분을 포괄한다.

수행자는 신·구·의 삼문을 청정하게 해야 하며 반드시 모든 행위 전에 두어야 한다. 즉 자신의 마음이 움직이기 시작할 때 바른 앎으로 이러한 발심을 깊이 관찰해야 한다. 만약 발심이 탐·진·치 번뇌에 오염된 것이라면 그때 바로 해당하는 행위를 버리고 삼가 신중하고 굳건하게 바른 마음집중에 안주해야만 한다. 용수보살은 "탐·진·치가 지은 것은 불선업이고, 무탐·무진·무치가 지은 것은 선업이다."라고 말한다. 우리 신·구·의 삼문이 지은 업은 모두 필연적인 동기를 가지고 있는데, 모두 어떤 소망에 촉구되어 진행된 것이다. 우리는 이러한 소망의 맹아가 싹틀 때 고도로 각성하여 바른 앎으로써 관찰해야 한다.

만약 자기 마음이 탐·진·치에 물들었다면, 바로 잘못이 있는 것이니 힘껏 참회해야 한다. 마음이 아직 청정하기 전에 만약 이 일을 지었다면 불선업이 되니 현생과 내세에 모두 후환이 된다. 그러므로 마음이 청정하지 않음을 관찰했을 때 방편을 써서 마음을 안주시켜야만 한다. 마치 큰 나무와 같아야 번뇌 바람에 흔들리지 않나니, 이 과정을 수행자들은 반드시 분명하게 알아야 한다. 우선 늘 바른 앎으로써 자기 마음을 관찰하고 그리고 마음이 최초로 일어날 때, 예를 들면 방금 시내에 가고 싶어 하는 생각이 난다면 곧 바른 앎으로써 이 생각을 관찰한 뒤, 즉시 그것에 대하여 탐·진·치의 마음으로써 유혹된 것이니 계속해 나가는 것은 불선업을 지을 뿐이라고 판별하고, 정법을 기억하고 상사의 가르침을 기억하여 이 번뇌를 몰아내고 자기 마음을 안주시켜야 한다. 당연히 수행자들이 만약 스스로 번뇌를 발한 잘못을 제대로 관찰한 뒤, 즉시 이 번뇌를 제거하여 선하고 미묘한 발심으로 바꿀 수 있다면 그렇게 하는 것도 괜찮다. 그러나 번뇌를 보리심으로 바꿀 방법이 없을 때는 침착해야만 하고 번뇌에 따라 움직여서는 안 된다. 우리는 수행인으로서 세속 사람들처럼 세간 팔법에 미혹되어 악심에 따라 끝없는 죄업을 짓지 않아야 한다.

범부의 마음 변화는 매우 빨라 평상시 마음의 흐름 가운데 생각하는 일들이 매우 많다. 앉아서 자세하게 관찰할 때 마음은 잠깐 동안 이렇게 저렇게 생각하고 복잡하고 어지러운 일들을 하려고 한다. 만약 우리가 이 생각들을 따르면 많은 악업을 지을 것이다. 화지 린포체 역시 "마음속에 생각하는 것을 모두 행동으로 옮길 수 없다. 그렇게 한다면 자기에게 큰 해로움을 가져올 것이다."라고 말한다. 뿐만 아니라 우리 범부의 마음은 만약 바른 마음집중으로 다스리지 않으면 하루 종일 바쁠 정도의 악념을 일으키고 또한 스스로 멈추지 못할 것이다. 그러므로 우리는 그것에 따라 처리해서는 안 되고 나무처럼 견지하여 안주해야 한다. 바른 마음집중의 큰 나무에 의지하고 번뇌에 흔들려서는 안 된다. 자기 마음속에 비록 번뇌라는 세찬 물살이 일어나도 바른 마음집중이라는 듬직한 황하 가운데 지주산에 단단하게 의지하여야 번뇌의 파도에 휩쓸리지 않아 악업을 짓지 않을 수 있다. 견지하여 나무처럼 안주하는 듬직한 인격은 우리가 번뇌에 흔들리지 않게 하는 중요한 보장이다. 맥팽 린포체는 『이규교언론』에서 "만약 듬직함이 없는 성인의 경계라면 수면의 물결과 같다. 만약 듬직함을 갖추었다면 다른 것이 없더라도 백 가지 공덕(百功德)을 원만하게 할 수 있다."라고 말하였다. 만약 바른 앎과 바른 마음집중을 갖추고서 취사에 잘못이 없는 지혜가 듬직한 선도에 안주한다면, 자기 삼문의 모은 행위를 청정하게 하고 청정계율을 지킬 수 있다.

수행인은 늘 스승 곁을 떠나고 싶어 하거나 혹은 악업을 짓게 되며 나쁜 생각이 층층으로 끊임없이 생기는데, 이때 이것은 탐진 번뇌 업장이 앞에 나타난 것임을 관찰하고 사유한 뒤 스스로 상사 삼보의 가피를 얻어 안주하게 되길 힘써 기도하며, 경각심을 일깨우되 "지금은 틀림없이 악업 번뇌 악마의 교란이다. 내가 출가한 것은 무엇을 위한 것인가?"라고 한다. 범부가 되어 화가 날 때 번뇌 악연은 또한 면하기 어려운 점이 있다. 그러나 이때 만약 바른 앎으로써 관조할 수 없고 선악을 분별하여 바른 마음집중으로 자기 마음을 매어둘 수 없다면 모든 것이 끝나며, 한 번의 화내는 번뇌가 일어나면 백만 가지 장애의 문이 열린다.

근훠 린포체는 "만약 번뇌가 일어나도 각자의 마음이 따라가서는 안 된다. 그리고 신체가 번뇌를 따라 움직여서는 안 되고 입으로 말해서는 안 된다. 잠시 자신의 번뇌를 강제하여 인내한 후 점점 안주한다. 이것이 나무처럼 안주한다는 뜻이다."라고 말한다. 번뇌는 사실 그다지 완강하지 않으며 늘 빠르게 변한다. 마치 여름날의 구름이 쉬지 않고 두둥실 떠다니는 것과 같다. 어떤 사람들은 이 점을 알지 못하여 오늘 검은 구름이 가득 꼈다가 큰 비가 쏟아지는 것을 보고 즉시 하늘이 영원히 개이지 않을 것이라고 느껴 매우 침울해한다. 그러나 비가 지나면 하늘이 개여 하늘이 씻은 듯이 파랗고 햇볕에 눈동자가 빛난다. 온화한 바람이 불어 초원의 냄새를 전하고 있다. 이때 우리는 "아, 날씨가 참 좋구나! 여기는 영원히 비가 내리지 않을 것이다."라고 생각한다면 이것은 유치하고 무지하다. 모든 것은 무상한 것이니, 번뇌도 이러하여 자기가 굳세게 버텨내기만 하면 짧은 시간 후에 곧 없어질 것이다. 어떤 사람들은 번뇌를 좀 만나면 즉시 굴복하여 시종 바른 마음집중을 견지할 수 없고 상사 도반의 권고도 들을 수 없이 나쁜 생각의 지시에 따라 한다. 이러한 사람은 매우 어리석고 경박하고 나약하며, 만약 상사와 지혜 있는 금강도반들의 권고를 들을 수 있다면 그들의 가피와 도움을 통하여 스스로 안정되게 진정시키니 어찌 악업을 짓고 계를 범할 것인가?

吾終不應當 無義散漫望 오종불응당 무의산만망
決志當恒常 垂眼向下看 결지당항상 수안향하간

쓸데없이 산만하게 두리번거리는 것을
결코 나는 하지 않으리라.
굳건한 의지로 마음을 모아
시선을 아래로 모으리라.

이제 어떻게 바른 앎과 바른 마음집중으로 몸가짐과 입놀림을 여법하게 할 것인가에 대하여 강의하겠다. 불교 내에는 엄숙하게 위의를 가지는 많은 계율 조항이 있다. 그 행하고 머물고 앉고 눕는 위의는 자기 마음을 조복시키는 것에 대하여 많은 도움이 된다. 외도의 '위의'들이 수행에 대하여 아무 작용이 없거나, 혹은 세간에 아무 일 없이 놀고 지내는 사람들이 쓸모없는 예의나 규정 등을 만든 것 같은 것이 아니다. 본사 석가모니불이 제정한 율의는 완전히 자기 마음을 조복시키는 방편이다.

먼저 수행인이 되어 산만하게 이리저리 바라보아서는 안 된다. 한 사람의 눈이 아무 의미 없이 이리저리 둘러보는 것은 법과 같은 것이 아닐 뿐 아니라, 다른 사람에게 단정하지 않은 인상을 준다. 그 스스로의 마음도 외부환경에 산란하여 색법에 따라 분별심을 낼 것이다. 화지 린포체가 "눈은 색깔을 탐해 집착함으로 인식하고, 나방은 등불 안에서 죽는다."라고 말한다. 눈이 여기저기 두리번거릴 때 분별념 역시 더욱 번잡해져 끝내는 자기에게 두려울 만한 업보를 가져온다. 세간에 도덕으로 함양된 사람이 있다면, 행위 역시 단정하고 점잖을 것이고 두리번거리지 않을 것이다. 전혀 아랑곳하지 않고 이리저리 정신없이 보는 사람을 사회에서는 '망나니'라고 부른다. 혹은 그가 좀도둑이 아닐까 의심할 것이다.

우리가 수행인이 되어 자기 마음이 외부환경의 간섭을 받지 않도록 보호하기 위하여 반드시 이러한 악행을 단절해야만 하고 부처님께서 제정한 위의를 준수해야만 한다. 이 과정은 반드시 위의의 중요성을 인식하고 부처님께서 제정한 위의 세부항목을 이해해야 한다. 그리고 자기 마음속으로부터 굳건한 결심을 세운다. 나는 현재 부처님의 제자로 인천의 사표가 되려고 한다. 저 촌스러운 사람이 행동거지에 위의가 없는 것과는 같을 수 없다. 바른 마음집중을 보호하여 청정하게 하기 위하여 계율 규정대로 해야만 한다. 늘 두 눈을 가늘게 뜨는 것을 지키며 코끝에서부터 앞 아래 방향을 향하여 내려 본다.

『반야섭송』에서도 "행주좌와에는 바른 마음집중을 갖추고 있어, 시선을 대상에 집중해 마음이 산란하지 않는다."라고 말한다. 가고 머물고 앉고 눕는 가운데 마음속에 바른 마음집중을 구족하여 있어 망령된 생각이 마음대로 자신을 사주하게 하지 않는다. 출가자는 행주좌와 네 위의에 대한 계율을 배워서 모두 안다. 길을 걸을 때

두 눈은 앞쪽의 지면 위에 대략 3척 정도의 거리로 관상의 대상을 두어 주시하는데, 가까워서도 안 된다. 너무 가깝게 보면 길을 걷는 게 불편하다. 너무 멀리 보면 마음이 외부환경에 따라 산란해지기 쉽다. 좌우를 두리번거리는 것은 더욱 법과 같지 않은 것이다. 길을 걸을 때 마음을 굳게 지키며 불법에 바른 마음집중을 해야만 마음이 한결같아 산란하지 않는다. 우리 출가자들은 부처님께서 제정한 위의에 따라 일을 행한다. 겉으로 장중할 뿐만 아니라 마음 안도 이것에 의지하여 바른 앎과 바른 마음집중을 잘 지킬 수 있다. 부처님께서는 당시 제자 교육에서 가장 중시한 것은 위의계에 있다. 당시 다터 비구는 위의 방면에서 뛰어난 사람이었다. 그는 길을 걸을 때 늘 관상의 대상을 주시하는 것을 지속하면서 천천히 다녔는데, 장중하고 단정하여 보는 사람이 절로 공경심이 일어나게 하였고 부처님께서도 늘 찬탄하였다.

출가자들 중에 어떤 사람들은 가고 머물고 앉고 눕고 말하는 위의 방면에 있어 여법하여 사람들에게 단정하고 위엄 있게 보인다. 그러나 일부 젊은이들은 여전히 깡충깡충 뛰어다니고 장난치며 법석대고 계를 준수하지 않는다. 당연히 이리나 들개, 표범 등을 만나 생명의 위협을 당할 때는 확실히 방법이 없고 큰 걸음으로 달아날 수 있다. 그러나 평상시 이러한 행위는 매우 법답지 않은 것이다. 비록 가벼운 죄라고 해도 이러한 행동거지들은 모두 자신의 마음 상태와 밀접한 관계가 있다. 이러한 시간이 길어지면 자기 마음은 조복시키기 어렵다. 수행자들은 자세하게 한번 생각해 보고 계율을 잘 학습하여야 한다. 자기 마음속에서 쾌락의 의지가 일어난 뒤, 자기의 행위를 바꾸는 것은 결코 어려운 것이 아니다. 출가자가 계를 배운 뒤, 우선 세속 사람들의 거친 행동거지를 없애고 위의를 갖추어 자상하게 행동하여 사람들이 보고 공경과 믿음이 생기게 한다. 이러한 위의는 우리가 마음을 닦는 것과 밀접한 관계가 있으며 우리가 고도로 중시할 가치가 있고, 이렇게 해서 아주 빨리 여법한 수행인으로 변할 수 있다.

蘇息吾眼故 偶宜顧四方 소식오안고 우의고사방
若見有人至 正視道善來 약견유인지 정시도선래

눈의 피로를 풀기 위하여
가끔 눈을 들어 사방을 보아야 한다.
눈길에 들어오는 사람이 있으면
기쁜 얼굴빛으로 어서 오라고 인사한다.

만약 자신이 먼 길을 걸어가고 있을 때 줄곧 이렇게 머리를 숙이고 앞쪽 아래 방향 한 자 정도의 거리가 떨어진 곳을 주시하는 자세를 유지하면, 때로 피곤하고 어지러울 수 있다. 그러므로 계율에서도 약간 쉴 수 있도록 허락하며, 눈을 크게 뜨고 널리 사방을 한 번 보아 피로한 신체와 눈이 회복되게 한다. 그러나 휴식할 때 머리를 이리저리 돌리며 둘러보아서는 안 된다.

상사 여의보가 "계율을 배운 적이 없고 불교 교육을 받은 적이 없는 사람이 그 머리를 '좌우로 흔드는 것'이 매우 보기 싫다."라고 말한다. '일륵륵사'는 티베트어의 얕보는 말로, 사람이 머리를 이리저리 돌리고 내밀며 살피는 등의 장중하지 못한 행위를 형용한다. 우리는 일상에서 많은 재가자들과 교류해야 하므로 반드시 주의해야 한다. 당연히 세간에는 세간의 예의가 있고, 우리 불교에는 불교의 위의가 있다. 세간의 예의는 수행에 이익이 없어, 계율에서는 출가자가 이것을 배우는 것을 허락하지 않는다. 출가자가 되어 수행자들은 반드시 불교의 위의에 따라 여법하고 장중하게 일을 해야만 다른 사람이 보고서 존경심과 신심이 일어날 수 있다.

우리는 쉴 때 천천히 머리를 들어 사방을 좀 볼 수 있다. 이때 반드시 길 가는 것을 멈추어야 한다. 걸어가면서 보는 것도 법과 같지 않은 행위이다. 이전에 나는 어느 한 절에서 안거할 때 한 라마와 높은 산에 갔다. 산 길가에 많은 사람들이 있어 우리에게 꽃을 뿌리고 비단 수건을 바쳤다. 그러나 그 라마는 매우 좋은 위의를 지키면서 옆을 보지 않고 느리지도 빠르지도 않게 줄곧 정상까지 걸어갔다. 그리고 서서 잠시 쉬면서 먼 곳을 좀 보았다. 당시 나는 그에 대하여 결코 잘 알지 못했지만 마음속에 신심이 있어났다.

만약 쉬면서 눈을 크게 떠 먼 곳을 바라볼 때 마침 어떤 사람이 자기 근처로 온 것을 보면 마땅히 부드러운 눈빛으로 상대를 바라보며 부드럽게 "선한 분이 오셨군요!"라고 인사한다. 티베트에서 이전에 까담파 수행인들은 인사할 때 아침에는 "밤에 좋은 꿈 꾸셨나요?"라고 물었고, 그 나머지 시간에는 "당신의 마음 수행은 잘 되고 있지요?"라고 물었다. 이외에 수행과 관련 없는 말은 하지 않았다. 우리들끼리도 앞으로 여법한 인사 습관을 길러야 한다. "수행 잘 합니까?"와 같은 법어 외에, 아무 의미 없는 말을 할 필요가 없다. 다른 사람과 말을 할 때 태도와 언어는 가능한 온화하여 상대방이 불제자의 자상함·평안·고요를 느끼게 하여 삼보에 대하여 신심을 일으키게 할 수 있어야 한다. 우리 스스로도 마음 수양하는 것에 대한 방해를 감소시킬 수 있다.

爲察道途險 四處頻觀望 위찰도도험 사처빈관망
憩時宜回顧 背面細檢索 게시의회고 배면세검색

길의 위험을 확인하기 위하여
가끔 사방을 둘러보아야 하며,
휴식을 취하고 앞으로 나아갈 때
뒤를 돌아보아야 한다.

수행인은 길을 걸을 때 반드시 먼저 길가에 각종 위험이 없는가를 살펴야 한다. 부처님께서 세상에 계실 때는 지금처럼 곳곳이 대도시·고속도로가 아니고 또 맹수의 자취가 끊어진 것이 아니었다. 그때 비구들은 길을 다니는 것이 매우 위험했다. 예를 들면 야생 코끼리, 사자, 표범, 독사가 범할 위험이 있고 도로는 울퉁불퉁 평탄하지 않아 길을 갈 때는 반드시 조심조심해서 먼저 관찰한 뒤에 가야만 했다. 이전에 흡라사화, 근등추배 대사가 인도에 갔을 때 많은 곳이 궁벽하여 사람은 없고 맹수가 많았다. 더욱이 독사가 많아 여행길의 도중에 위험이 가득했다. 연화생 대사 전기에도 많은 티베트 번역사들이 인도에 갔을 때 늘 독사의 위험을 받아 생명을 잃었다고 기재하였다. 현재의 환경이 비록 기본적으로는 이러한 위험은 없지만 길을 떠날 때 반드시 여법하게 행동해야만 한다. 걸어다닐 때 먼저 길에 장애·위험이 있는지 없는지를 관찰하고 그리고 다시 길을 가기 시작한다. 일정 정도를 걸어간 후, 다시 멈추어서 자세하게 관찰하여 악연이나 위험이 없는가를 한번 본다. 사방 환경이 어찌되었건 간에 악연이 없으면 마음 놓고 전진한다. 만약 악연이 있다면 방법을 생각하여 상해 당하는 것을 피한다. 관찰할 때는 반드시 멈추어야 하며 걸어가면서 관찰하는 것은 또한 법다운 행위가 아니다. 이렇게 하는 것은 우선 안전하지 못하고 넘어지거나 물리기 쉽다. 그리고 다른 이들이 볼 때 역시 신심을 일으키지 못한다.

쉴 때 또한 머리를 돌려 한 번 보아야 한다. 몸 뒤에 위험이 있는지 없는지, 혹은 근처를 걷는 사람이 있는지 없는지를 보아야 한다. 이러한 관찰은 매우 중요하다. 당연히 어떤 악연들은 우리가 관찰한 것이 아닌데도 해결할 수 있다. 만약 업력이 성숙하여 앞에 나타났다면 더 관찰해도 쓸 데가 없지만, 절대다수의 악연은 예방하여 피할 수 있다.

前後視察已 續行或折返 전후시찰이 속행혹절반
故于一切時 應視所需行 고우일체시 응시소수행

전후 사방을 잘 살펴보고
앞으로 가거나 혹은 돌아올 때
모든 상황에서
해야 할 것을 알아서 행해야 한다.

우리가 길을 걷다 멈춰서 위험이 있는지 전후좌우로 사방을 살핀

후 다시 계속 전진할 것인지 아니면 되돌아갈 것인지를 결정한다. 만약 앞길에 악연이 있으면 자신을 해칠 것이다. 혹은 스스로 위험한 지경에 빠뜨리도록 이끌 수 있다. 이때 이러한 것을 피하기 위하여 길을 되돌려 가야 한다. 만약 위험이 없다면 계속 전진한다. 이러한 관찰로 결정을 하는 데는 일정한 표준이 있어야 한다. 율장에 비교적 자세한 허락과 불허가 있으므로 여기에서 자세히 서술하지 않는다. 연기를 관찰하는 것과 관련하여 맥팽 린포체의 저서에 많은 가르침이 있는데, 이 매우 깊은 연기의 도리는 결코 범부가 마음대로 조작할 수 있는 것이 아니다.

우리는 문을 나서기 전이거나 여행 도중이거나를 막론하고 자세하게 관찰하여 삼문의 행위가 자신의 수행과 타인에게 이익이 되는지에 대하여 고려해야만 한다. 자신과 타인에게 모두 이익이 있다면 할 수 있다. 만약 아무 이익이 없다면 버려야만 한다. 어떤 수행인들은 시내에 가고 싶어 하는데, 만약 자신과 남에게 모두 의미가 있다면 반드시 가야 할 필요가 있다. 예를 들면 자기가 수준 높은 깨달음을 얻었기에 인연 있는 사람을 제도시키러 가야 하는 것이다. 혹은 자기에게 아주 훌륭한 관찰 능력이 있어 세속에 가서 괴로움·고난·의미 없음을 관찰하고 출리심을 늘리는 것이다. 이러한 경우 당연히 갈 수 있다. 출가인의 대다수는 이전에 모두 마을에서 생활하였다. 나중에 복덕 인연이 성숙하여 적정한 곳으로 와서 출세간법을 수학하였다. 현재 만약 다시 그런 시끄러운 환경으로 돌아가는 것은 예전의 습을 끌어내기 쉽다. 특별히 젊은이들은 견해와 수행이 안정되지 않았는데, 지금 도시 환경은 상업 사회의 물욕 유혹이 가득 차 있어 수행자들의 수행에는 치명적인 독이다. 한 시인이 일찍이 이렇게 쓴 적이 있는 것을 기억한다. "무서운 도시, 꿈속 악마 같은 길거리, 백주대낮에 귀신이 행인들을 유혹하네."

정진하는 사람 입장에서 말하자면 사원은 정토이다. 짙은 수행 숨결이 온 산골짜기에 퍼져 있다. 상사의 인도, 주위 금강도반의 도움 등, 자기 마음을 불법 속에 침잠시켜 바른 앎과 바른 마음집중을 지키기가 아주 쉽다. 이곳은 우리가 이생과 내생에서 가장 필요로 하는 '수행처'이다. 이곳에 안주하는 것은 또한 우리로 하여금 신속하게 어느 때 어느 곳에 있건 간에 자신의 삼문을 관찰한 뒤에 나아가야 한다는 좋은 수행 습관을 배양하게 한다.

欲身如是住 安妥威儀已 욕신여시주 안타위의이
時時應細察 此身云何住 시시응세찰 차신운하주

몸이 어떤 상태에 안주하기 전에
혹은 어떤 위의에 안주했을 때
수시로 몸의 자세가 여법한지를
자세하게 살펴봐야 한다.

수행인은 언제 어느 곳을 막론하고 바른 앎을 지켜 자기 몸을 관찰해야만 한다. 장차 안주하려고 하는 위의와 안주하고 있는 위의는 여법한가? 우리는 행동하기 전에 미리 살피는 준비 심리를 가지고 여법한가의 여부를 분별하여 취사해야만 한다. 그리고 자기 마음이 합리적이고 여법하게 명령을 내려 신체가 이런 상태에 들어가게 한다. 이러한 상태에 안주한 뒤, 또한 항상 바른 앎으로 분명하게 살펴 자신이 합법적으로 이 위의에 안주하는가의 여부 등을 한번 보아야 한다. 이것은 일종의 매우 섬세한 과정으로 자신이 수행하는 가운데 각 세부항목까지 미친다. 근훠 린포체는 수행의 세부항목을 가지고 이 게송의 함의를 분명하게 밝혔다. 예를 들면 수행자가 삼매를 닦을 때 안락의 방석에 앉아 마음속으로는 자신이 비로 7법毗盧七法으로 안주해야만 한다고 사유한다. 이것이 '몸이 어떤 상태에 안주하려고 하기 전'의 준비이다. 그리고 신체를 이러한 상태에 안주시켜 잘 앉는다. 이것이 '어떤 위의에 이미 안주했을 때'이다. 이 두 과정은 반드시 바른 앎과 바른 마음집중으로 자세하게 관찰하여야 한다. 안주하기 전에는 좌선에 들어가려고 하는 이 위의가 여법한가의 여부를 관찰하며, 또한 위의가 표준에 부합하는가의 여부를 관찰한다. 그렇지 않으면 신체가 좌선의 자세에 부합하지 않아 적당히 조절해야 하는 것을 관찰할 방법이 없다.

바른 앎과 바른 마음집중으로 이러한 관찰을 하는 것은 우리가 즉각 위의를 지키는가, 아니면 원대한 사업을 원만하게 하는 것인가에 대한 것을 막론하고 매우 중요한 보증 수단이다. 우리는 무슨 일을 하건 간에 사전에 자세하게 관찰하고 여법하게 구상해야 한다. 일단 결정을 하면 중도에 다시 많은 변화가 있을 수 없다. 그렇지 않으면 어떤 일도 원만하게 할 방법이 없다. 이것이 또한 수행의 한 비결이다. 목표가 결정된 후 시시각각으로 자신의 심신을 관찰해야 한다. 원래 정한 목표에 따라 전진하고 있는가, 아니면 이 목표를 이탈했는가. 이러한 듬직한 인격을 충분하게 구비한 수행인은 그의 수행이 분명 훌륭할 것이다. 그러나 우리 범부는 심경의 변화가 빠르고 많은 사람은 계획이 결과에 도달하지 못한다. 이는 가장 처음에 관찰하지 못했고, 중간에도 바른 앎과 바른 마음집중을 지키지 못했으며, 최후에는 일을 엉망진창으로 만들기 때문이다. 이런 사람은 만회할 방법이 없고 실의에 빠지기 쉬워 자신이 '실패자'라고 느낀다. 일생에서 자신의 이상을 성공시킬 방법이 없고 다른 사람도 그를 신임하지 않을 것이며, 심지어 그를 멸시하고 조소한다.

진실한 수행을 하고 싶어 하는 불제자들에게 삼가 권하니, 확실하게 새겨두자. 일을 하기 전에 우선 잘 살피고 교리 등에 따라 여법한 결정을 한다. 결정한 후, 반드시 침착하여 시시각각 자기 마음을 관찰하고 조정하면서 목표를 향하여 노력해야만 한다. 『입행론』을 강의하면서 수행자들에게 한 충고에 대해 지금은 아마도 뭔가를 느낄 수 없을 것이다. 그러나 수행자들의 수행 생애에서 때때로 이 논을 펴볼 때 아마도 또 다른 감탄이 있을 것이다. 이것들은 비록 밀교법이 아니지만 보통 수행인들도 반드시 갖추어야 할 비결이다.

盡力遍觀察 此若狂象心 진력변관찰 차약광상심
緊系念法柱 已拴未失否 긴계념법주 이전미실부

코끼리처럼 거친 마음을
불법이라는 큰 기둥에 풀리지 않게 묶어두고
잃어버렸는지 아닌지를
전력을 다해 관찰해야 한다.

이 게송의 "모든 시간, 장소에서 자신의 전력을 다한다."의 의미는 매우 깊다. 만약 깊고 자세하게 설명한다면, 불법의 많은 법문은 내재적인 것을 포괄한다. 매 시각 모든 위의 속에서 자기 마음을 자세하게 관찰하고 잘 지킨다는 것은 우리 수행과정의 주요 임무이고 또한 불교에서 가장 깊은 비결이다. 나는 어떤 사람인가에 상관없이 이 비결을 배울 수 있다면, 재가자라면 반드시 사회에서 모범이 되는 우수한 시민이고 출가자라면 삼문이 조복된 대수행인이라고 생각한다.

우리의 마음은 한 마리 난폭한 야생 코끼리와 같아서 조복시키지 않으면 탐·진·치의 많은 악업을 지어 이생과 내생에 무량무변한 고통을 가져올 것이다. 우리가 난폭한 코끼리 같은 마음을 조복시키는데 사용하는 도구는 바른 앎과 바른 마음집중이다. 항상 정법을 기억하는 것으로써 마음을 정법 기둥에 단단하게 묶어둔다. 아울러 늘 바른 앎으로 관찰하여 그것이 필사적으로 벗어나려 애쓰고, 도망가려고 하는 것을 방지한다. 바른 마음집중은 밧줄로 비유되고, 바른 법은 기둥으로 비유되고, 자신의 마음은 사나운 큰 코끼리로 비유된다. 바른 마음집중의 밧줄로 자기 마음이라는 난폭한 코끼리를 정법 기둥에 꽉 묶는다. 아티샤 존자도 "바른 앎의 밧줄을 이용하여 자신의 난폭한 코끼리 같은 마음을 선법을 기억하는 기둥에 묶어둔다."라고 말한다. 이 비유를 우리가 마음에 새길 수 있다면 이생의 수행에는 커다란 자신을 가질 수 있다.

많은 범부들은 지난날의 깊고 무거운 업력 때문에 자기 마음의 난폭한 코끼리가 늘 멋대로 함부로 행동하는데, 자기의 바른 앎과 바른 마음집중의 힘은 약하다. 바른 앎과 바른 마음집중으로 마음의 난폭한 코끼리를 묶기 시작했을 때 분명 일정한 어려움이 있을 것이다. 야성의 습관이 든 우리의 마음은 시작도 없던 옛적부터 아주 잘 조복시킨 적이 없고 난폭하고 거친 악습은 매우 깊고 두터우며, 이를 관찰하기 시작하면 반드시 자기 마음의 망령된 생각이 쉬지 않고 일어났다 없어졌다 하는 것을 발견할 것이다. 우리는 찰나 찰나에 수없이 많이 일어나는 마음을 조복시켜야 하는데, 반드시 상사의 비결에 의지하여야 하며, 항상 여일하게 바른 마음집중을 지켜 장기적으로 수행하면 분명한 효과가 있을 것이다.

내가 맨 처음 대원만 선정 부분과 관련된 수행법을 듣고서 스스로 마음을 관찰하기 시작했을 때 근본적으로 이상적인 목표에 도달할 수 없었고 간단한 마음집중도 할 수 없어, 스스로 마음을 한 찰나도 정지시킬 수 없었으나, 상사 삼보의 가피를 통해 스스로 마음을 항상되게 하는 수행으로써 지켜, 지금은 비록 어느 때고 선정에 들어 있는 것은 아니지만, 마음을 편안히 머무르게 하는 것은 매우 편리하다. 사납고 거친 마음을 굴복시키는 것은 시작할 때는 어렵지만, 바른 앎과 바른 마음집중을 갖춘 변하지 않고 굳센 사람에게 정곡을 찔리면 그다지 어려운 것도 아니다. 많은 고승대덕들도 "만약 자기 마음을 관리하지 못한다면, 그것은 점점 난폭하고 거칠어질 것이다. 그러나 그것을 관리하기만 하면 비교적 제어하여 머물게 하기 쉽다."라고 말한다. 고승대덕들은 결코 태어나면서부터 저절로 마음을 제어할 수 있었던 것이 아니다. 그러나 그들이 출가한 후, 정근 수지를 통하여 안으로는 자기 마음을 조복시키고, 밖으로는 엄숙하고 단정한 위의로 나타나 인천의 사표가 되었다. 우리가 현재 배우는 갖가지 법문과 비결은 그 목적이 모두 자기 마음을 조복시키는 데 있다. 수행자들이 마음속으로 이에 대하여 분명하게 인식한다면, 반드시 가장 큰 즐거움으로 변하지 않고 굳세게 이 비결을 배울 수 있다. 바른 앎과 바른 마음집중의 채찍으로써 사납고 거친 마음이라는 큰 코끼리를 반드시 조복시킬 수 있다.

精進習定者 剎那勿弛散 정진습정자 찰나물이산
念念恒伺察 吾意何所之 염념항사찰 오의하소지

선정을 수행 정진하는 사람은
한 찰나도 마음이 흐트러지게 해서는 안 된다.
나의 마음은 지금 무엇을 관하고 있는지
늘 생각하며 살펴야 한다.

불법을 증득함은 '계·정·혜' 삼학에 있다. 우리의 수행은 모두 삼학을 중심으로 전개된다. 밀종과 현종을 논할 것 없이 어떤 종파도 다 이와 같다. 바른 앎과 바른 마음집중은 계율을 지키는 방법이며 또한 사마타, 즉 '선정에 정진하는 것'을 닦는 근본 방법이다.

당연히 선정을 닦는 방법은 여러 비결이 있다. 우리가 이전에 인천승의 마음 닦는 법, 대승의 마음 닦는 법, 금강승의 마음 닦는 법을 설명한 적이 있고, 또 선정의 구주심九住心을 설명한 적이 있다. 여기에는 모두에 통하는 한 가지 방법이 있다. 바로 바른 앎과 바른 마음집중으로 자기 마음을 살피거나 관조하여 법연이 있는 대상에 안주하게 하는 것이다. 바른 앎과 바른 마음집중으로 자기 마음을 관조하는 것은 대원만, 선정, 정토 등 어떤 법문을 수행하더라도 성취의 전제가 된다고 말할 수 있다.

예를 들면 정토종은 『아미타경』에서 명호를 염불하되 마음이 순일하여 산란하지 않을 것을 요구한다. 소위 마음이 산란하지 않는다는 것을 『대방삼계경大方三戒經』에서 말하되, "본래 얻을 것도 없는 마음을 일심"이라고 한다. 이것은 궁극적인 경계이다. 만약 약간의 비결도 없이 매일매일 명호를 가져 염불한다면 시종 이러한 경계에는 도달하기 어렵다. 실상을 증득하여 인연 없는 경계에 안주하는 이치(理)의 일심은 말할 필요도 없고, 생각을 하나의 연에 묶어 어지럽지 않은 경계에 나아가는 사事의 일심 역시 매우 얻기 어렵다. 우익 대사는 『염불즉지관론念佛卽止觀論』에서 "현재 일어난 한 생각 심성을 사유하고 기억하여 지키는 것을 염불이라고 한다."라고 말한다. 『화엄경』에서는 "만약 불법에 바른 마음집중을 두어 산란하지 않을 수 있다면, 당장 무량불을 본다."라고 말한다. 그러므로 정토 법문을 닦는 사람은 여기의 "각종 방법으로 선정을 수행 정진하는 사람은 한 찰나도 마음이 관상의 외부환경으로 흩어지게 해서는 안 된다."라는 것이 그 관건이 되는 비결이다. 고대 고승대덕의 어록과 논저를 보면 이 방면에 대하여 아주 분명하게 설명하였다. 정토, 선, 밀종을 막론하고 수행자가 바른 앎과 바른 마음집중으로 '한 곳으로 마음을 제어할 것'을 요구한다. 뿐만 아니라 이 종파들은 깊은 단계의 입장에서 말하자면, 한 가지 맛을 지닌 한 형체이어서 서로 벗어날 수 없다. 마치 선사의 게송에서 "선禪 외에 일찍이 정토를 말한 적이 없고, 오직 정토를 아는 것 외에 선이 없다."라고 말한 것과 같다.

현재 우리 대다수 수행자의 근기에 맞추어 말한다면, 장기적으로 선지식에 의지하여 경론을 듣고 사유하여 이 비결을 능숙하게 닦아야 한다. 그렇지 않으면 대다수 수행자는 '마음을 한결같게 한다'는 것이 무엇인지 모르는 것이고, 또 '계를 통하여 선정이 생기고 선정을 통하여 지혜가 생긴다'는 갖가지 방편법을 모르고 목이 쉴 정도로 염불하고 진언을 외우거나 쓸데없이 남의 눈길을 끌며 정좌하지만, 단지 부질없는 노고에 이익이 없을 뿐이다.

상사 여의보는 반복해서 강조하였다. 그는 특히 젊은이들이 듣고 사유하는 것을 버리고 토굴에서나 독방에서 문 닫아 거는 수행을 반대하였다. 듣고 사유한 공덕 없이 문 닫고 선정을 닦아야 한다고 허풍떠는 것은 이 사람들이 대중과 현실에서 도피하고 싶어 하고 개인의 안일을 구하고 싶어 하는 것일 수 있다. 토굴에 들어앉아 문을 잠그는 것은 당연히 좋은 일이지만, 다생 누겁 동안 자량을 쌓아 비로소 얻은 문사聞思의 복연을 버리고 어리석게 수행하는 것이거나 혹은 현실을 도피하여 자기 일신의 편안하고 한가로움을 위하여 산에 머무는 것이니, 이것은 나와 남에게 무책임한 행동이다.

우리는 각종 방편으로 정진하여 선정을 닦을 때 자기 마음이 산란하게 치달리지 않도록 노력한다. 흘러가는 물처럼 지속적으로 자기 마음을 관찰함에 힘을 다해 관상하는 대상에 안주한다. 인도의 선천 논사가 "우리는 늘 자기 마음을 관찰한다. 자기 마음이 만약 선업을 지었다면 마땅히 수희하고 계속해서 늘어나게 해야 한다. 만약 자기 마음이 무기 상태에 있다면 빠르게 바꾸어 선법으로 향해 가도록 해야 한다. 만약 자기 마음이 악업에 빠졌다면 반드시 끊어버리고 거듭 새롭게 선을 향하게 해야 한다."라고 말한다. 이 과정에서 반드시 민감하게 느끼는 바른 앎을 지켜야 한다. 처음 관상을 시작했을 때 틀림없이 자기 마음이 조급하게 돌아다니고 익숙하지 않을 것이다. 그러나 자신이 지속성과 의연함을 구족하기만 하면, 부지런하고 성실하게 반복해서 잃어버린 바른 앎과 바른 마음집중을 끌어온다. 마치 한 방울의 물이 돌을 뚫는 것처럼 자기가 반드시 자기 마음을 조복시킬 수 있다. 수행은 바로 이와 같이 하는 것이다. 오직 수도자가 자신을 속이지 않을 수 있고 성실하게 하나씩 하나씩 쌓아 나간다면 성취할 수 있다. 이것은 그에게 지위와 명성이 얼마나 있는가에 달려 있지 않으며, 또한 그에게 재산이 얼마나 있는가에 달려 있지 않다. 만약 거지가 이처럼 자기 마음을 관하여 닦을 수 있다면, 그가 바로 진정한 수행자이다. 이처럼 마음을 볼 수 없는 수행자는 외형상 아무리 노력한다고 해도 역시 자신을 속이고 남을 속일 수 있을 뿐이다. 유명세가 아무리 크다 해도 진실한 수행을 나타낼 수 없다. 옛사람도 "유명한 승려가 반드시 수행력이 높은 게 아니며, 고승이 반드시 유명한 것은 아니다."라고 말한다.

危難喜慶時 心散亦應安 위난희경시 심산역응안
經說行施時 可舍微細戒 경설행시시 가사미세계

위험한 상황에 처했거나 경사스러운 일이 있어
마음이 산란하고 고요하지 못하다면 역시 편안히 쉬어야 한다.
경에서 설하시길, 보시를 행할 때

작은 계율의 위배를 허락하였다.

보통사람 단계의 수행자 입장에서 볼 때 항상 바른 앎으로 마음을 단속하여 산란하지 않게 하는 것이 어떤 때에는 매우 곤란하기도 하다. 이는 불전에 헌공할 때나 불보살 성탄 경축 등과 같은 특별한 상황일 경우를 말하는데, 비유하자면 생명의 위험을 만나면 긴급 대응수단 등을 취해야만 하는 것과 같다. 『대집경』「무진의보살품」에서는 이러한 상황에 대하여 역시 힘이 미치지 못하는 작은 율의를 방치할 수 있다고 허락한다. 예를 들면 독사, 맹수, 악귀 야차, 화재, 홍수 등 악연을 만났을 때 생명보호를 위하여 달리면서 큰소리로 구원을 요청하는 것을 허락한다. 이때 일반 범부들은 틀림없이 평상시 위의를 지킬 수 없는 것이다. 경축 법회에서 다른 사람에게 식량이나 재물을 보시하려고 하는데, 만약 미세한 계율을 지키려고 한다면 여인이 앞으로 와서 보시물을 받을 때 땅바닥에 놓아 가져가게 해야 할 것이다. 이 역시 타당하지 않다.

위험하거나 곤란한 상황 혹은 경사스럽고 축하해야 할 일 등을 만나 자기 마음을 조절할 힘이 없을 것 같으면 역시 사정에 따라 맡길 수 있다. 대승과 소승의 율의 경론을 보면 모두 이러한 허락이 있다. 또 고승대덕의 저작이나 전기를 보아도 이러한 허락이 있다. 예를 들면 화지 린포체는 「연원가무蓮苑歌舞」를 지었고, 맥팽 린포체는 「금강가무」를 지었다. 출가자가 평상시 노래하고 춤출 수 없어도 특수한 상황에서 삼근본三根本인 상사 삼보를 공양하고 악연을 없애기 위하여 역시 허락할 수 있다.

허락된 가무는 일반적으로 중생을 이롭게 하고 중생을 섭수하기 위하여 지은 것이다. 이 점을 설명하기 위하여 상사 여의보는 좋은 일화를 설명하였다. 탑이사의 장양 린포체는 전생에 장양샤빠라고 불리었는데, 당시 유명한 수행자로서 지계가 매우 청정했다. 한번은 두 명의 죽은 망령을 천도하러 한 곳에 갔다. 이 두 여성 사자는 생전에 양일방이라 불리던 가수였다. 장양샤빠 린포체는 그녀들을 위하여 긴 시간 천도와 관련된 경을 읽었는데 효과가 없었다. 린포체는 잠시 입정하였다. 그리고 노래를 부르기 시작했고 구성진 사랑가까지 불렀다. 노래가 끝난 뒤 린포체는 다시 왕생 법요집을 읽고 마지막에 회향을 하였다.

당시 자리에 있던 사람들은 이해하지 못하였다. 왜 평상시 지계가 청정한 비구가 오늘은 갑자기 세속의 사랑가를 불렀을까? 린포체의 제자가 대담하게 린포체에게 이 문제를 여쭈었다. 장양샤빠 린포체가 "불쌍하여라! 이 두 아가씨의 중음 상태 몸은 사방을 떠돌아 남자쪽 노랫소리에 끌려가니, 내가 아무리 그녀들에게 경을 읽어주어도 넋들은 또한 돌아오려 하지 않았다. 할 수 없이 그 좋아하는 것에 영합하여 그녀들을 끌어와서야 비로소 그녀들을 천도시켰다."라고 대답하였다.

이러한 허락들은 일반적으로 단지 미세한 부수적인 율의에 국한할 뿐 근본 율의에 대해서는 허락이 없다. 뿐만 아니라 허락의 한계를 수행자들은 반드시 분명하게 알아야 한다. 다만 '생명의 위험이나 삼보에 공양하는 법회 등 특수한 상황을 만났을 때'에 국한할 뿐이다. 정법을 수행하는 귀한 사람 몸을 보호하기 위하여 중생을 이롭게 하고 삼보를 공양하는 등의 특수한 상황을 위해서이다. 일반 사람들은 절대 이 "소소한 계율은 잠시 버려둔다."라는 구절을 매일 기억해서는 안 된다. 이것을 변명으로 삼아 방일하거나 자기 마음을 산란하게 하여 율의를 버리는 것을 마음대로 하게 하면 안 된다. 이 허락하고 막는 한계는 율장에 자세하고 구체적인 설명이 있으나, 그 안의 미세한 규범을 여기에서 분명하게 하지 않았으니 절대 함부로 행동해서는 안 된다.

思已欲爲時 莫更思他事 사이욕위시 막갱사타사
心志應專一 且善成辦彼 심지응전일 차선성판피
如是事皆成 否則俱不成 여시사개성 부즉구불성
隨眠不正知 由是不增盛 수면부정지 유시부증성

타당한지 고려한 후 일을 시작했다면
다시 다른 일을 생각해서는 안 된다.
심지가 전일해야 짧은 시간에
그 일을 원만하게 성취할 수 있다.
이렇게 하면 모든 일을 다 잘할 수 있다.
두 일을 하면 어떤 일도 성공할 수 없다.
원칙에 따라 일하면 부정지의 수면번뇌도
늘어나지 않을 것이다.

보살의 행을 닦는 사람은 어떤 일을 하건 어떤 법문을 실천하건 간에, 반드시 먼저 관찰하고 사유하는 것을 적절하게 해서 자기가

할 일을 이해해야 한다. 도대체 이 일은 어떤 조건을 필요로 하는가, 어떤 이익이 있는가, 그 일은 어떤 발전 변화가 있을 것인가, 어떻게 완성해야 하는가? 등등으로 앞뒤 각 방면에서 삼가 신중하게 관찰하고 고려한 뒤, 일단 결정을 하면 실천하되 더 이상 이렇게 저렇게 생각해서는 안 된다. 만약 두 일을 번복해서 하게 되면 평생 한 가지 일도 이루지 못할 것이다. 근훠 린포체는 "『입행론』을 학습하기 전에 자세하게 관찰하고 사유해야 한다. 일단 시작한 뒤에는 이 논을 학습하는 것 외에 마음을 나누어 또 다른 일을 해서는 안 된다. 그렇지 않으면 수도인은 두 가지 일을 모두 성공할 수 없다."라고 이 논을 듣고 사유하는 것을 예로 들었다. 일을 할 적에 심지가 전일해야만 한다는 것과 관련된 가르침은 『격언보장론』, 『이규교언론』, 『보살보만론』에 모두 있다. 뿐만 아니라 이것이 일을 원만하게 성취하는 필수 원칙임을 강조하였다.

출세간과 세간을 막론하고 우리가 어떤 일을 할 때에는 반드시 이러한 원칙을 고수해야만 한다. 우선 관찰하고 취사하며 계획을 주도면밀하게 한다. 그리고 마음을 전일하게 하고 뜻을 지극히 하여 그것을 원만하게 한다. 이 일이 원만하게 잘 되기 전에 마음을 나누어 다른 일을 해서는 안 된다. 왜냐하면 일반적으로 범부의 역량에는 한계가 있기 때문이다. 만약 여러 곳으로 마음을 분산하면 어떤 일도 성취할 방법이 없다. 이전의 고승대덕들은 특히 이 점을 강조하였다. 그들도 이렇게 한 발 한 발씩 진중하고 성실하게 성취의 고봉에 올랐다. 당연히 만약 자신에게 충분한 역량이 있어, 동시에 두세 가지 일을 원만하게 할 수 있다면 그것 또한 괜찮다. 여기에서는 결코 수행자들이 능력 발휘하는 것을 제한하는 것이 아니라 성실하게 일할 것을 요구하는 것이다. 자신의 능력을 헤아려 정력을 집중하면 한 걸음씩 실천을 통하여 계획이 성공할 수 있음을 보증한다.

이는 "만약 이 원칙에 따라 해 나가면 모든 일을 다 잘할 수 있다."라는 것으로 모든 일을 원만하게 잘할 수 있다. 작은 면적을 차지하는 햇빛의 역량은 비록 제한되어 있지만, 태양열 기구나 확대경이 빛을 모으면 불이 붙고 물을 끓일 수 있고 심지어 금을 녹이고 철을 녹일 수 있다. 마찬가지로, 우리 범부의 역량은 비록 한계가 있지만 전념하고 집중할 수 있다면 성공하지 못할 일이 없다. "그렇지 않으면 어떤 일도 성공할 수 없다." 함은 이 원칙을 위반하고 어떤 일을 할 때 또 다른 일을 하려고 하면 종종 한 가지 일도 이루지 못함을 말하는 것이다.

티베트에 한 속담이 있다. "한 가지 일이 아직 완성되지 않았으면 다른 일을 생각하지 말라. 왼발이 앞쪽에 고정되지 않았는데 자신의 오른발을 들면 반드시 땅에 넘어진다." 용수보살은 『지수론智樹論』에서 이러한 사람들을 위하여 한 편의 우화를 썼다. 우화에서 말하기를, 한 마리 여우가 고기 한 덩어리를 얻었다. 고기를 물고 작은 강을 건너는데, 강물에 물고기가 있는 것을 보았다. 그래서 고기 덩어리를 내려놓고 물고기를 잡으러 물속으로 뛰어들었다. 물고기는 당연히 헤엄쳐 도망갔고 여우는 할 수 없이 언덕으로 올라왔다. 그러나 고기 덩어리는 이미 까마귀가 물고 가버렸다. 둘을 얻고 싶어한 여우는 아무것도 얻지 못하였다. 이 우화는 아마도 수행자들도 많이 들었을 것이다. 그러나 절실하게 주의하지 않으면 우화 속 주인공의 액운이 자신에게 떨어질 수도 있다.

우리가 위에서 서술한 원칙을 따라 실천을 정확하게 할 때 아무래도 이익이 있다. 뿐만 아니라 원칙에 따라 일하는 것을 잘할 수 있고 부정지不正知의 수면번뇌도 늘어나지 않을 것이다. '수면隨眠'은 수면번뇌를 가리킨다. '부정지'는 그 20가지 중의 하나이다. 일부 사람들은 일을 할 때 무엇을 하고 싶으면 순서를 구분하지 않고 바쁘게 벌리기만 하고 결과는 어떤 일도 성공하지 못하여 마음속으로 매우 후회한다. 이것이 부정지 번뇌의 나타남이다. 우리가 만약 일을 하기 전에, 자세하게 관찰하고 고려하여 타당하게 순서를 안배하여 행한다면 일을 할 때 역량을 집중하고 자기 마음을 전념할 수 있다. 그러면 이러한 번뇌는 근본적으로 늘어날 수 없다.

(2) 수호하여 물러나지 않게 함

無義衆閑談 諸多賞心劇 무의중한담 제다상심극
臨彼境界時 當斷意貪着 임피경계시 당단의탐착

의미 없는 많은 한담이나
진귀한 구경거리 등
이런 상황에 처하게 될 때
그에 대한 애착을 버리고 바른 마음집중을 유지해야 한다.

우리가 마음을 닦는 과정에서는 자기 마음을 산란하게 하는 대상을 멀리하고 시종 고요하고 온화한 마음과 자세를 유지해야 한다. 아무

의미 없는 한담, 예를 들면 정치·경제·군사 등 세간법 방면의 화제 같은 것들은 탐·진·치의 나쁜 생각을 촉발시킬 수 있으므로 최대한 단절해야만 한다. 이외에 세간에는 많은 희극 연기·영화·텔레비전 프로그램 등이 있는데 수행인들은 또한 접근해서는 안 된다. 왜냐하면 이러한 외부환경은 범부에게 미치는 유혹의 영향이 아주 크기 때문이다.

수행인의 마음이 만약 이 방면으로 돌아가면, 바른 앎과 바른 마음집중은 완전히 사라져 존재하지 않고 탐·진·치 번뇌에 오염된다. 그러나 법을 널리 펴고 중생을 이롭게 하는 과정에서는 때로 일부 중생들의 근기에 따라 그들을 조복시키기 위하여 부득불 이러한 장소에 출입한다. 이때는 반드시 몸과 마음을 삼가 굳게 지켜 탐욕스런 집착의 마음을 끊어 민감한 경계의 마음으로 늘 정법을 생각하여 외부환경의 꿈 같고 환상 같은 본질을 관찰해야 하며, 시끌벅적한 외부환경으로 마음이 오염되어서는 안 된다. 수행자들은 반드시 주의해야 한다. 범부는 견고한 수행 없이 무의미한 한담과 희극 감상 등에는 절대 참가해서는 안 된다. 그렇지 않으면 자기 마음은 외부환경으로 물들어 탐욕과 분노의 번뇌가 일어나게 되어 자신의 이생과 내생 선근이 모두 무너진다. 어쩔 수 없이 자기가 이런 산란한 환경에 빠지면 끊임없이 나쁜 마음으로 지은 죄업의 무서운 과보를 기억에 떠올린다. 생명을 보호하는 것처럼 바른 앎과 바른 마음집중을 보호하여 외부환경이 자기에게 영향을 미치지 못하게 해야 한다.

사리불과 목건련 존자가 아직 부처님을 만나지 못하였을 때 모두 유명한 현자였다. 사리불은 당시 이름이 '네자'이고 목건련의 이름은

'방나제'였는데, 두 사람은 서로 상대방의 이름을 들은 적이 있었고. 서로 매우 앙모하였지만 줄곧 만난 적이 없었다. 한 번은 현지 사람들이 매우 융성한 연회를 열었다. 네자와 방나제 두 사람은 이런 상황을 좋아하지 않았지만 부모의 명령에 따라 부득불 염치 불구하고 참가하였는데, 공교롭게도 두 사람이 같은 곳에 앉았다. 희극이 좀 상연된 뒤, 네자가 옆 좌석의 방나제에게 물었다.

"무대 위의 희극을 보고 있는가?"

방나제는 지금 보고 있다고 대답하였다.

네자가 또 물었다.

"당신이 보는 무대 위의 희극이 아주 훌륭한가?"

"연기자들이 전부 죽음에 가까운 사람들이니 시체와 아무런 차이가 없다. 자세하게 관찰해 보면, 결코 무슨 훌륭할 것도 없다."

네자는 상대를 매우 대단한 현자라고 느끼고 바로 물었다.

"당신이 방나제인가?"

상대방도 시원스럽게 대답하였다.

"세간 사람들이 그렇게 나를 부른다."

네자는 매우 기뻐 방나제를 수희하며 찬탄하였다. 방나제도 네자에게 물었다.

"무대 위의 프로그램을 지금 보고 있는가? 당신이 느끼기에 어떠한가?"

네자가 대답하였다.

"나는 보았고 또 들었다. 많은 허위의 장신구로 꾸민 연기자들이 거짓의 모습을 치장하고 있어서 아무런 흥취가 없다."

"아, 당신이 네자인가?"

"세간 사람들이 그렇게 나를 부른다."

두 사람은 서로 상대방을 인식한 후, 유쾌하게 대화를 나누었다. 그들 두 사람은 최후까지 남은 사람이다. 비록 당시 아직 출가하여 성과를 증득하지 못하였지만, 이러한 외부환경이 무상하고 꿈 같고 환상 같다는 본질을 알아보았다. 귀로 듣고 눈으로 보는 세간 희극에도 탐착하지 않았고 심경도 어지럽히지 않았다. 시끄러운 외부환경을 만났을 때 머리가 맑은 상태를 유지하여 외부환경의 거짓 환상과 무상을 인식하여 탐착을 끊을 수만 있다면, 외부환경에 오염되어 바뀌지지 않을 수 있다. 외부환경에 미혹되지 않으려면 반드시 선정의 힘을 필요로 한다.

본 논 제9품에서 "환사는 아는 것에 대하여 아직 번뇌 습기를 끊지 못하여 공성의 습기가 약하기 때문에 여전히 탐욕이 생긴다."라고 말한다. 환사는 스스로 가공의 술수로써 환幻으로 나타낸 미녀가 비록 환상이라는 것을 알지만, 그의 실질적인 집착 번뇌가 무겁기 때문에 계속 탐심을 낸다. 상사 여의보는 이 때문에 특히 "우리의 현재 이 시대는 울긋불긋 화려한 세계로 많은 외부환경들이 대단한 유혹 능력을 갖추고 있어 사람의 탐욕과 성냄 번뇌를 미혹시키고 선동하기 쉽다. 수행인은 반드시 매우 주의하여 자신이 이러한 환경에 오염되지 않게 해야 한다. 일단 접근하면 범부는 확실하게 번뇌를 다스리기 어렵다. 더욱이 텔레비전·영화는 절대다수 중생이 자기 마음속 번뇌를 일으키는 인연이다. 당연히 수행자는 근본적으로 이것들을 끊길 요구한다. 일부는 아마 힘들 것이다. 그러나 자기 마음을 조복시키고 싶어

하는 수행인은 반드시 자신을 제어하여 보지 말기를 희망한다."라고 강조하였다. 우리 보통사람의 아주 작은 수행 공덕은 색정·폭력으로 가득 찬 영화를 보면 분명 며칠 지나지 않아 남김없이 꺾인다. 이러한 외부환경은 범부의 무시이래 탐욕·성냄의 습기를 선동하고 유발하기 매우 쉽다. 자신이 마음을 다소 청정하게 했어도, 일단 이러한 것들을 만나면 즉각 또 오염되어 강렬한 번뇌가 앞에 나타나게 될 것이니 자신을 다스릴 방법이 없어 계율을 범하기 쉽다.

현재는 말법 시대가 되었다. 외부 상황은 내가 말하지 않아도 수행자들이 직접 보고 듣는 것이 있다. 나는 수행자, 불제자들에게 바란다. 반드시 늘 자기 몸에 걸친 법의, 곧 본사 석가모니 부처님께서 우리에게 전해준 모든 부처님 법복을 보아야 한다. 출가자가 되어 우리가 비록 개인의 명성에 그다지 집착해서는 안 되지만, 만약 자기 개인이 방일함으로 인하여 위의에 부합하지 않는 행위를 해서 삼보께 비방과 치욕을 받게 하여 타인이 삼보에 대하여 삿된 견해를 내게 한다면, 이 죄과를 수행자들이 신중하게 한번 생각하길 부탁한다. 자신이 책임질 수 있는지!

無義掘挖割 于地繪圖時 무의굴알할 우지회도시
當憶如來教 懼罪舍彼行 당억여래교 구죄사피행

의미 없이 땅을 파고 초목을 베고
땅바닥에 그림을 그리다가도,
여래의 가르침을 기억하고 두려워하며
이러한 행위들을 버려야 한다.

대승보살행을 닦는 수행인은 평상시 행위에서 늘 바른 앎과 바른 마음집중을 가지고 삼문을 관찰해야 한다. 땅을 파고 초목을 베고 땅에 낙서하고 그림 그리는 것 등과 같이 수행에 아무 의미 없는 행위는 버려야 한다.

『근본설일체유부비나야』에서 이에 대하여 자세하게 설명하였으며 대승 경전에서도 언급하였다. 중생에 무익한 모든 일은 버려야 한다. 율장에서 초가집을 짓거나 절을 보수하는 등 특수한 허가를 제외하고 땅을 파고 풀을 자르는 등의 활동은 모두 엄격하게 막아 금지하였다. 만약 아무런 의미 없이 땅을 파고 초목을 베거나, 혹은 무료하게 나뭇가지로 바닥에 낙서하는 이러한 방일한 행위는 중생에게 털끝만큼의 이익도 없다. 더욱이 작은 벌레의 생명을 해치기까지 하여 무의식중에 성스러운 가르침을 위반하여 죄업을 쌓는다. 수행인이 만약 자신에게 이와 유사한 행위가 있다고 느낄 때면 바른 마음집중을 일으켜, 이 행위가 성인의 가르침을 위반하는 악행이어서 고통의 업보를 불러올 것이라는 것을 의식해야만 한다. 예라섭 용왕은 전생에 가섭불 문하의 비구였는데, 나무를 벤 것 때문에 악보를 받아 용의 부류로 타락하고 머리에 큰 예라수가 자라서 감당할 수 없을 만큼 큰 고통을 겪었다. 이렇게 두려운 고통들을 사유한다면 빨리 악행을 버릴 수 있을 것이다.

若身欲移動 或口欲出言 약신욕이동 혹구욕출언
應先觀自心 安穩如理行 응선관자심 안온여리행

몸을 움직이고 싶고
말하고 싶은 그 순간에
먼저 자기 마음을 관찰해서
견고하고 합당하게 행해야 한다.

말 한마디 행동 하나를 만약 바른 앎과 바른 마음집중으로 거두지 못하면 율의를 잃기 쉽다. 그러므로 모든 말과 행동을 하기 전에 반드시 먼저 자기가 왜 이렇게 말하고 이렇게 하는지를 관찰해야 한다. 이 발심이 청정한지 청정하지 않은지? 지을 것이 선업인지 악업인지 무기업인지? 등등. 만약 발심이 청정하고 여법하면 율의에 따라 타당하게 말하고 행동할 수 있다. 이것이 일상 수행의 총강령으로 티베트불교사의 고승대덕들이 매우 중시하였다.

이전에 뤼등 켄포(맥팽 린포체의 제자)는 경을 설명하고 법을 전하기 전에 "반드시 먼저 자기 마음의 동기가 청정한지의 여부를 관찰해야 한다. 그리고 안정감 있고 여법하게 행한다."라는 말로 시작하였다. 이 두 구절 게송의 내용을 만약 우리가 아주 성실하게 그대로 실행할 수 있다면 자기 일생의 의미가 깊고 원대해질 수 있다. 나는 7, 8세 때 이 두 구절 게송을 얻었는데, 비록 내가 어렸을 때 장난꾸러기였지만 행동에 있어서는 내 동료들과 아무래도 큰 차이가 있었다. 나는 그것이 스스로 늘 이 법보의 가피를 받았기 때문이라고 생각한다. 수행자들 역시 어려서부터 이 비결을 이해한다면, 그 깊은 영향으로 일생의 행동이 반드시 매우 여법하여 세간과 출세간의 규범에 저촉되는 것이 적을 것이다.

'안정감'에는 두 가지 의미가 있다. 첫째, 만약 몸과 입을 사용할 때 자신의 발심이 청청한지를 관찰했으면, 마땅히 이치와 법대로 타당하게 행해야 한다. 모든 악연의 곤란함에 흔들리지 않고 시종여일하게 계획을 원만하게 실현한다. 둘째, 여기에서의 '안온'은 명사이다. 즉 안온자라는 것은 대승보살의 의미다. 진정한 대승 불자는 모든 언행이 청정 보리심에서 나와서 분명 타당하고 여법할 것이므로 견고하여 옮기지 않고 모든 번뇌에 오염되지 않는다. 그러므로 대승 불자는 또한 '안온'이라고 불린다.

吾意正生貪 或欲嗔恨時 오의정생탐 혹욕진한시
言行應暫止 如樹安穩住 언행응잠지 여수안온주

마음에 애착과
성냄이 올라온다면
언행을 잠시 멈추고
나무토막처럼 머물러야 한다.

위 게송은 말하고 행하기 전에 마땅히 마음을 관찰하고 행동을 안정되게 해야 함을 총괄하여 말하였다. 자세하게 분석을 하면, 각종 다른 악심을 관찰했을 때 행의 율의를 안정되게 해야만 한다. 우리가 바른 앎으로써 자기 마음을 관찰하는데, 만약 자기 마음이 외부환경의 사람이나 재물에 대하여 탐욕이 생기거나, 혹은 어떤 외부환경에 대하여 성내는 마음이 일어나려고 하면, 이때 스스로 맹렬하게 각성하여 바른 마음집중으로 힘껏 다스려야 한다.

용수보살은 "탐·진·치가 지은 업은 불선업이다."라고 말한다. 우리가 만약 탐·진·치 등의 번뇌가 몰아세우는 가운데 있게 되면, 언행은 분명 계율을 범하여 자신과 남을 해칠 것이다. 이러한 번뇌의 맹아가 나타나려고 할 때 과감하게 멈추어 자신의 언행욕言行欲을 억제하는 데 힘써야 한다. 범부가 완전하게 마음속 번뇌를 조복시키는 것은 비록 불가능하나(초지에 오른 보살이야말로 견혹을 끊을 수 있고 변계 번뇌를 제거할 수 있다), 바른 앎과 바른 마음집중으로 자신을 임시로 제어할 수 있다. 잠시 억지로 언행을 제압하여, 자신이 열악한 생각에 따라 일하고 말하지 않게 해야 한다.

상사 여의보는 "탐심이 사납게 일어나면 잠시 견지해라. 성내는 마음이 강렬할 때 역시 힘써 극복해라. 조금 견지하기만 하면 번뇌는 점점 약해지고 없어질 것이다. 각자가 10분 동안 움직이지 않고 말하지 않는 것을 견지하고서 천천히 말하고 일하면, 어떤 나쁜 업보도 발생하지 않을 것이다."라고 말한다. 가령 다스리기 어려운 번뇌라 하더라도, 우리가 이러한 전술 비법을 취하여 큰 나무처럼 말하지 않고 움직이지 않는다면, 동서남북에서 바람이 어떻게 불어와도 듬직하게 버티어 번뇌 광풍도 어찌할 수 없다. 지나가면 종적도 없이 사라질 것이다.

이 비결은 역대 고승대덕들이 중시하였다. 나무는 대지에 뿌리박고 있어 광풍, 서리, 내리쬐는 태양의 영향을 논할 것 없이 모두에 고요하게 우뚝 서서 변동하지 않는다. 진정한 수행인도 이와 같아야만 한다. 각종 번뇌 악연의 충격에 따라 절대 물러서고 나아가지 않으며, 율의를 위배하고 악업을 짓지 않아야 한다. 과감한 수단으로 번뇌를 제지하여 도의 작용으로 바꾸어야 한다. 이러한 내용은 비교적 이해하기 쉽다.

그러나 진정으로 이 비결을 깊이 마음속에 새기지 않으면, 평상시 볼 때는 아주 안정되지만 각종 역경 고통을 만났을 때는 이 비결을 운용함을 잊고서 번뇌에 내몰려 악업을 짓는다. 『입행론』의 이러한 내용은 우리에게 입으로 염송하는 것만 아니라, 더 중요한 것은 우리에게 반복적인 사유를 통하여 닦고 익히게 하는 것이다. 한 글자 한 문장을 스스로 마음의 흐름 가운데로 융해시켜 언행과 행동거지가 모두 이것으로써 균형을 이루도록 자신에게 요구해야 한다. 이 비결은 매일 실제적으로 일상생활에 응용시켜 반복해서 수련해야 한다. 장기적인 수행 없이 오늘 듣고 내일 잊는 것은 마치 '말이나 곰이 마르모트를 파내는 것'과 같아 결국 하나도 얻는 게 없을 것이다.

掉擧與藐視 傲慢或驕矜 도거여막시 오만혹교긍
或欲評論他 或思僞與詐 혹욕평론타 혹사위여사
或思勤自贊 或欲詆毁他 혹사근자찬 혹욕저훼타
粗言幷離間 如樹應安住 조언병이간 여수응안주

들떠 거칠고 비웃으려 하거나
자만심이 크게 차오르거나
남의 허물을 들춰내려는 생각이 생기고
남을 속이려는 마음이 일 때
스스로를 칭찬하고 싶고
남을 얕보고 업신여기며
또 나무라고 이간질하려 할 때에는
큰 나무처럼 움직이지 않아야 한다.

자신에게 도거掉擧 등의 불량한 마음과 언행이 있음을 관찰했을 때 우리는 또한 큰 나무처럼 듬직하게 움직이지 않아야 한다. 도거는 자기 마음이 산란하게 움직여 수행의 인연 경(대상)에 안주할 수 없는 상태이다. 이러한 상태는 마음을 닦는 과정에서 반드시 극복해야 하는 장애이다. 멸시는 타인을 경시하고 업신여기는 것이다. 이러한 행위 역시 반드시 제지해야 하는 악행이다. 만약 스스로가 타인을 멸시하고 조소하면, 나와 남이 반드시 이 때문에 번뇌가 일어날 것이므로 나와 남의 복덕과 계율을 무너뜨린다.

오만에 대하여 『구사론』에서는 다섯 가지로 분류하고 있고, 『능엄경』과 『비바사론』에서는 일곱 가지로 분류하고 있다. 요컨대, 무명의 망령된 의혹이 마음을 덮음으로써 집착이 생겨 자기를 믿고 남을 업신여기니, 자기를 높게 여기는 갖가지 열악한 마음과 행동이다. 오만이라고 하는 이 번뇌가 어떤 것은 아주 관찰하기 어렵다. 어떤 사람은 늘 자신의 학문과 재능, 외모 등 각 방면에서 남보다 한층 낫다고 여긴다. 혹은 불법 수행 방면에서 아직 증득하지 않았으면서 자신은 이미 증득했으므로 대단하다고 느껴 누구에 대해서도 존경심을 일으킬 수 없으니, 자신이 상사 삼보의 가피를 얻을 방법이 없는 곳으로 타락한다.

우리는 어떤 상사든 그 앞에서 법을 듣거나, 혹은 다른 일을 할 때 오만의 이 장애물을 제거하지 않으면 분명 이익을 얻을 방법이 없다. 교만과 오만에는 차이가 있다. 교만은 아직 몸 밖으로 나타나지 않고 속으로 자기에 대한 집착이 강한 나쁜 마음이다. 『친우서』에서는 다섯 가지로 말하였다. 자기의 지위, 가족, 외모, 나이, 재능이 남보다 뛰어난 것에 집착하여 교만함을 일으킨다. 이 나쁜 생각이 일어날 때 제때에 관찰하고 정법을 기억하여 그것을 평안하게 없애야 한다.

다른 사람을 비판함은 범부가 범하기 쉬운 잘못이다. 많은 사람들은 말할 때 일단 입을 열면 다른 사람의 단점을 말한다. 마치 다른 사람의 잘못을 말하지 않으면 자신이 매우 괴로운 것 같다. 어떤 사람에게 어떠한 잘못이 있는지를 말하려고 하면 득의양양하여 마음이 특히 편안해한다. 사실 다른 사람을 평할 적에 다른 사람의 잘못을 드러내는 것은 아무 의의가 없다. 상사 여의보가 "만약 각자가 제자를 섭수하고 인도하기 위하여 제자의 잘못을 지적하는 것은 마땅하다. 역대 금강상사도 이렇게 했다. 그러나 금강도반 사이에는 서로 평론해서는 안 된다. 장단점을 말하는 것은 어떤 의미도 없다."라고 말한다. 우리 범부들끼리는 번뇌심으로 이러쿵저러쿵 함부로 비평하는데 오직 구업을 지을 뿐이다. 그러므로 수행자들은 일상에서 청정심을 관하길 희망하니, 절대 순간의 입놀림으로 끝없는 고통을 불러와서는 안 된다.

'위僞'는 마음속의 허위, 터무니없음을 가리킨다. '사詐'는 말이나 행동으로 다른 사람을 미혹시키고 속이는 것이다. 『보만론』에서 '속이는 것'에 대하여 비교적 자세하게 설명하였으므로 여기에서는 광범하게 설명하지 않는다. 우리는 자기 마음에 속임이 일어나 타인을 속이고 싶어 할 때 급히 바른 마음집중을 일으켜서 이러한 마음의 잘못을 인식함으로써 계속 구업으로 바뀌지 않게 해야 한다. 스스로 불법을 배우는 사람이 되어 사회의 사람들과 똑같이 서로 속고 속일 수는 없다. 수행자는 성실해야 한다. 진실한 말을 하고 진실한 일을 하여 거리낌 없이 솔직하게 일하니 개인의 득실을 따질 필요가 없다. 비록 사회에서 일을 처리함에 너무 솔직한 것은 편리하지 않지만, 어찌 되었건 간에 자신은 수행인으로서 맥팽 린포체가 『이규교언론』에서 "설령 이 대지에 악인이 가득 차 있다 하더라도 고상한 행위를 견지해야만 한다."라고 말한 것처럼 그렇게 해야만 한다.

자신이 자신을 찬양하는 것은 또한 범부들에게서 늘 보는 열악한 습관이다. 일부 사람들은 조금의 공덕도 없어 인격과 지혜가 저급한 데다 심리적 평형을 찾기 위하여, 혹은 명성이나 이로움을 위하여 종종 허풍을 떨지만 진정 공덕이 있는 사람은 오히려 늘 침묵하고 말하지 않는다. 『격언보장론』에서 "배움이 낮은 사람이 매우 교만하고 오만하며, 배운 사람은 겸손하고 온화하다. 시냇물은 늘 졸졸 소리를 내지만, 대해는 여전히 떠들썩거리지 않는다."라고 말한다. 상사 여의보가 강당에서 "이전에 티베트에서 후계자로 다시 태어난 활불은 티베트불교 사업에 아주 커다란 공헌을 했다. 그러나 현재는 말법 시대라 소수의 진정한 다시 태어난 활불 외에는 여법하지 않은 부분이 많이 있다."라고 말한다.

수행자들은 앞으로 반드시 이 점을 주의해야 한다. 절대 신도들 앞에서 자신을 선전해서는 안 된다. 만약 이렇게 하면 자기가 자기를 해치는 것일 뿐이다. 우리는 수행자로서 모든 장소에서 자기 마음을 삼가 관해야 한다. 매번 자신을 찬미하고 싶은 생각이 일어날 때마다 즉시 입을 꼭 다물어 밖으로 나오지 않게 해야 한다. 만약 말하게 되면 분명 여법하지 않은 말들일 것이니, 자기가 자기에게 재난을 불러오는 것이다. 아티샤 존자는 『보살보만경』에서 "많은 사람들 가운데에서 자신의 말을 조심해야 한다."라고 우리들에게 가르쳤다.

범부가 다른 사람의 잘못을 헐뜯고 비방하는 것은 또한 쓸데없이 악업을 짓는 것일 뿐, 그에게 원인이 있건 없건 간에 그가 다른 사람을 탓하고 비방하면 반드시 자신과 남을 해칠 것이다. 범부의 타인에 대한 비방은 절대다수가 질투 등의 번뇌에서 나와 타인에게 죄를 덮어씌우는 것이다. 세상 사람들 역시 상대를 여러 사람의 입에 올리고 한담으로 비방하는 것은 피를 보이지 않고 사람을 죽이는 부드러운 칼이라고 말한다. 수행자들은 많건 적건 간에 이 방면에 경험이 있을 것이다.

이전에 까담파의 뽀또와 대사는 지계가 매우 청정하였다. 당시 절 근처에 있던 한 아가씨가 그에게 세속적 애정이 생겨 많은 유혹으로 대사의 마음을 흔들었으나 조금도 효과를 발휘하지 못했다. 그래서 그녀는 사랑이 한으로 바뀌어 보복할 것을 결심하였다. 나중에 그녀는 다른 남자와 아이를 낳았는데, 아이가 태어난 뒤 얼마 지나지 않아서, 그녀는 대사가 많은 제자들에게 불법을 전하고 있을 때 아이를 안고 뽀또와 대사 앞에 와서 "당신의 아이를 당신 스스로 키우세요. 나는 필요 없어요."라고 말하였다. 대사는 당시 속으로 "어찌되었건 간에 아마도 나의 업장이 나타났나 보다. 이 여인도 불쌍하구나!"라고 생각하였다. 그래서 태연하게 아이를 받아들고 "좋소. 그럼 내가 키우겠소." 라고 말하였다. 그때 그의 제자들은 이 사실을 받아들일 수가 없었다. 일부는 이 때문에 뽀또와 대사를 버렸고 일부는 심지어 대사를 비방하였다. 나중에 그 여인은 양심이 돌아왔고, 또 대사의 불쌍히 여기는 마음에 감동되어 스스로 진상을 말하고 대사 앞에서 참회하였다.

당연히 뽀또와 대사 같은 수행자는 결코 이러한 비방들을 두려워하지 않는다. 그러나 이 여인의 악의적 비방 때문에 많은 사람들이 또한 대사에게 큰 죄업을 지었다. 이 죄업이 얼마나 큰지 우리는 상상할 수도 없다.

현재 이 시대 일부 사람들은 특히 타인 비방하는 것을 좋아하여 사회에서 떠도는 소문들로 시끄럽다. 수행자들은 반드시 머리를 맑고 깨끗하게 하여 온갖 근거 없는 소문들에 대하여 절대 가볍게 믿고 따라가서는 안 된다. 일상생활에서도 어떤 타인의 잘못을 말해서는 안 된다. 한 사람이 다른 사람의 잘못을 말하는 것은 금 쟁반을 들어 깨끗하지 않은 것을 묻게 하는 것과 같다. 그 스스로 마음의 흐름 가운데 한 찰나에 오염되어 그 자신 역시 청정하지 않은 사람이 된다. 수행자로서 마음속에 늘 청정한 의락을 가지고 있어야만 다른 사람을 헐뜯지 않는다. 만약 번뇌가 사납게 일어나 다른 사람을 헐뜯고 싶을 때는 바로 "아, 나는 수행인이야! 상사 앞에서 이렇게 많은 법을 들었고 또 보살계도 받았으면서 지금 이러한 나쁜 생각을 가져서는 안 되지. 만약 내가 다른 사람을 비방한다면, 내가 보리심을 수지한 것이 또 무슨 공덕이 있을까?"라고 반성해야 한다.

'거친 말'은 거칠고 악랄한 말로 남을 욕하는 말을 가리킨다. '이간질'은 이간질시키는 말을 가리킨다. 모두 십불선업의 어악업語惡業에 속한다. 거칠고 나쁜 말은 타인에게 붙여준 별명·저급한 말·남의 결점을 드러낸 것·남에게 치욕을 주고 욕한 것 등을 포괄한다. 이것은 매우 분명한 악업 번뇌이다. 또 비교적 평화로운 방식으로라도 상대방을 유쾌하지 않게 하는 말도 나쁜 말 속에 포함된다. 『백업경』 중에서

11개 일화는 전적으로 나쁜 말의 과실을 제기하였다. 어떤 사람이 만약 거친 말과 나쁜 말의 번뇌가 일어났을 때는, 그 두려운 업보를 사유하여 재빨리 정신을 번쩍 차리고 굳게 자신을 장악해야 한다.

'이간어'에는 공개적으로 이간시키는 말과 암묵적으로 이간시키는 두 종류가 있다. 이러한 악업은 의기투합한 사람 사이에 분열을 일으키고 더욱이 승려들의 화합을 깨뜨린다. 금강 같은 도반 사이에 모순이 생기게 하니 그 악업은 매우 깊고 무겁다. 세상 사람들은 늘 "화는 입에서 나온다."라고 말한다. 세간 분규의 대부분은 이 나쁜 말·이간시키는 말에서 일어난다. 수행자로서 이에 대하여 더욱 주의해야 한다. 늘 각성하여 바른 앎과 바른 마음집중을 지킴으로써 자신과 남에게 이익이 없는 말은 가능한 하지 않는다. 자기가 지금 거친 말과 이간시키는 말을 하고자 한다는 생각을 발견했을 때는 당연히 침착하게 자신을 높여 나무처럼 안주해야 한다.

或思名利敬 若欲差僕役 혹사명리경 약욕차복역
若欲人侍奉 如樹應安住 약욕인시봉 여수응안주

명예와 이익과 공경을 원하고,
하인으로 부릴 사람을 찾거나
남이 나를 받들어 모셔주기를 바라게 될 때
늘 나무와 같이 머물러야 한다.

여러 사람이 주고받으며 칭찬하는 명예, 재산이 풍요로운 것, 많은 사람이 자신을 받드는 공경 숭배가 있는 곳은 일반 세상 사람들이 저절로 떼를 지어 몰린다. 그러나 수행자의 입장에서 본다면, 이 무의미한 것들은 자신의 윤회의 고삐에 자신을 묶는 것이다. 우리가 만약 윤회에서 해탈하고자 한다면, 반드시 마음속 깊은 곳에서부터 이 탐착을 끊어버려야 한다. 자기 마음에서 이러한 탐욕이 막 발아하려고 할 때 즉시 엄격하게 나무라서 이 번뇌들이 자신을 동요시킬 수 없게 해야 한다.

하인을 부리고 시중드는 사람이 있길 바라는 것 역시 이치에 맞지 않는 행위이다. 일반 범부들은 대개 이러한 꾀부리고 방일하는 결점을 가지고 있어, 자신의 일을 다른 사람이 하게 하고 힘들고 고통스러운 일을 다른 사람에게 미루어 안일한 행복이 자신에게 남게 한다. 그러나 우리 수행인은 반드시 이러한 결점을 극복해야만 한다.

우리는 본사 석가모니 부처님 전기에서 부처님 당신이 탁발하고 걸식하며 직접 옷을 바느질하고 환자를 돌보는 등의 노동에 참가하였음을 분명하게 볼 수 있다. 부처님께서는 결코 노예가 대신하게 하지 않았고 다른 사람이 그를 위하여 많은 시봉을 하게 하지 않았다. 중국의 선종 조사들은 더욱 "일하지 않으면 먹지 않는다."라는 소박한 풍조를 제창하여 출가자가 평등하게 자신의 힘으로 먹고 살 것을 요구하였다. 화지 린포체 역시 "나는 노예를 필요로 하지 않는다. 개인의 일은 개인이 할 수 있다."라고 말한다. 일을 시킬 사람, 시중들 사람을 바라는 생각이 일어났을 때 만약 진정으로 제자를 이롭게 하고 섭수해 주기 위해서가 아니라면 틀림없이 안일을 탐하는 것이다. 당연히 병이 나거나 특수한 상황은 제외한다. 우리가 만약 순수한 수행인이 되고 싶으면 결연하게 이러한 나쁜 생각들을 버려야 한다.

모든 것을 내려놓아야 하며 이 번뇌에 동요되어서는 안 된다.

欲削棄他利 或欲圖己利 욕삭기타리 혹욕도기리
因是欲語時 如樹應安住 인시욕어시 여수응안주

이타행이 시들어 포기하려 하거나
자기 이익을 추구하려고 하여
말하고 싶은 충동이 일어날 때
큰 나무처럼 머물러야 한다.

보리심을 발한 대승 수행은 신·구·의 삼문으로 짓는 일체가 중생들에게 유익한 사업이어야 한다. 중생에게 손해를 끼치고 자신을 이롭게 하는 행위와 동기는 결연하게 버려야 한다. 당연히 보통사람에게는 무시이래의 악업이 습으로 이어져, 남에게 손해를 끼치고 자신을 이롭게 하며 자신의 사사로운 이익을 도모하는 습기가 매우 깊다. 특히 마음속에 있는 이러한 생각들은 늘 자신도 알지 못하는 사이에 일어난다.

더욱이 현재의 열악한 사회풍기가 중생의 이러한 자기 이익만 도모하는 강하고 변하기 어려운 성질에 부합되어 번뇌를 더욱 일으키기 쉽게 한다.

수행자들 중에서 일부 사람들은 늘 "내 자신의 일만 잘하면 됐지, 다른 사람의 일에 나는 끼어들지 않아, 나는 대승심을 발하지 않았어, 지금 중생들은 너무 어리석으니, 아무래도 혼자 고요한 곳에 머물면서 스스로 호걸 노릇 하면 되지!"라고 생각한다. 수행자들은 주의해야만 한다. 이것은 아주 이치에 맞지 않는 나쁜 생각이다. 자신을 이롭게 하고 남을 이롭게 하는 모든 것들이 이 때문에 손해를 입을 것이다. 비록 범부의 단계에 있을지라도 이런 번뇌의 마음은 때로 억제할 방법이 없다. 그러나 그것이 말로 밖으로 나오려고 할 때 결연하게 제지해야만 한다. 지혜로운 사람은 절대 마음속 번뇌가 실제 행동으로 나타나게 하지 않는다. 용수보살도 "마음속의 번뇌는 지혜로운 사람과 어리석은 사람이 기본적으로 차이가 없다. 그러나 지혜로운 사람은 언행으로 드러내지 않을 수 있어서, 이 때문에 불량한 업보를 적게 만든다."라고 말한다. 우리는 나쁜 생각이 일어났을 때 당연히 힘껏 다스려서 가볍게 언행으로 드러나게 해서는 안 된다. 이렇게 하면 번뇌는 늘어나지 않을 것이고, 나쁜 마음도 악행으로 바뀌지 않을 것이다. 나무처럼 머무르는 일련의 시간을 견지한 후 이러한 번뇌들은 저절로 없어진다.

不耐懶與懼 無恥言無義 불내나여구 무치언무의

親友愛若生 如樹應安住 친우애약생 여수응안주

참을성 없이 게으르고 두려워하며,

염치없이 허튼소리를 일삼고

자기 본위의 세속 애정이 일어날 때에도

역시 나무처럼 처신해야 한다.

우리가 불법을 수행하는 과정에서 분명 여러 가지 악연을 만날 수 있다. 법을 구하는 중의 각종 고행, 법을 닦을 때의 각종 고행,

때로는 타인의 비방을 받기도 하여 마음속에 각종 번뇌 고통 등이 생긴다. 이러한 때 마땅히 큰 나무처럼 안정되게 머물러 모든 광풍 폭우를 받으면서 변동하지 않아야 한다. 여전히 계획에 따라 한 걸음 한 걸음씩 성실하게 해나간다.

그러나 범부의 의지는 늘 확고부동하기가 어렵다. 때로 마음속에 또한 나약함이 일어날 수 있고 수행과정 중의 고난을 참기 싫어한다. 그래서 문·사·수 수행 계획을 미뤄버린다. 많은 수행자의 마음이 안정되지 않아 늘 유사한 생각을 가질 것이다. 이때 무상의 가르침을 잘 기억해야 한다. 내일 또 내일 하지만, 내일은 그 얼마나 많은가! 자신이 만약 무슨 일을 뒤로 미룬다면 역시 자신의 일생 중 만사를 다 놓치게 된다. 게으름은 우리가 법을 닦는 과정에서 가장 무서운 난관이다. 사람이 일단 게을러지기 시작하면 기운이 없어 떨쳐 일어나지 못한다. 천천히 게을러질수록 점점 움직이고 싶어 하지 않다가 나중에는 고치기 어렵게 된다. 우리 자신에게 게으름의 생각이 일어나기 시작했을 때, 온갖 방편으로 자기의 의지를 굳세게 하여 게으른 생각에 순순하게 따라가지 않고 수행 계획을 바꾸지 않아 한 걸음 한 걸음씩 노력해서 실천해 나간다면 이런 번뇌가 자신을 교란시킬 수 없다.

'두려움'은 매우 깊은 법의에 대한 경외의 두려움을 가리킨다. 대승보살행 가운데 필요로 하는 강인한 의지력과 각종 고행에 대한 두려움, 안과 밖으로 빽빽한 모든 장애에 대한 두려움 등이다. 업과 번뇌가 있기 때문에 우리는 타락한다. 현재 해탈하려고 한다면 반드시 이러한 나쁜 세력을 이겨내야 한다. 경전에서도 "출가하여 도를 배우는 것은 한 사람과 만 사람이 싸우는 것과 같다."라고 말한다. 만약 두렵고 위축된 마음이 생겼다면, 어떻게 성공할 가능성이 있겠는가? 아무리 큰 곤란함을 만났다고 해도, 진정한 수행자는 또한 큰 나무처럼 두려움이라는 어떤 번뇌풍에도 동요되지 않아야 한다.

'부끄러움도 없음'은 부끄러움이 없거나 부끄러움을 고려하지 않는 것을 가리킨다. 자기 신·구·의 삼문을 단속하지 않거나 바른 앎과 바른 마음집중으로 자신을 다스리지 않고 악업을 마음대로 짓는 것이다. 일부 사람들은 불법을 배운 뒤, 때로 옛 습관이 다시 일어나 사회 사람들처럼 그렇게 빈둥거리고 싶어 할 수 있다. 이런 마음이 일어날 때 즉시 제어해야 한다. 그렇지 않으면, 업보는 상상하기 어렵다. 만약 이런 잘못을 민첩하게 느끼지 못한다면 자신의 앞날을 무너뜨릴 것이다. 이때 반드시 안정시키는 데 힘써야 한다. 뿌리를 정법의 대지에 아주 깊이 박아두어서 마음속의 번뇌풍이 흔들리게 해도 스스로 굳건하게 그것과 대항을 해야 한다. 설령 순간 어지러운 생각을 제어하지 못해도 자신이 번뇌에 떠밀려 말하고 행하지 못하도록 해야 한다. 우리가 바른 마음집중을 버리지만 않는다면 이러한 번뇌는 우리에게 해로운 역할을 할 수 없다.

'무의미한 말을 함'은 조금도 의미 없는 것들을 말하는 것으로 자기 수행과 상관없는 말을 가리킨다. 어떤 사람들은 무의미한 날을 습관적으로 보낸다. 아침부터 저녁까지 사람을 찾아 동서남북을 가리지 않고 끝없이 이런저런 수다를 떤다. 우리에게 만약 이런 방일한 생각이 일어나거나, 혹은 자신이 막 입을 열 때라면 때맞춰 관찰해야만 한다. 나무처럼 안주하였으면 이 번뇌들은 답답해 죽을 것이다. 수행자는 마땅히 말을 적게 하고, 또한 최소한도로 무의미한 말을 하지 않아 철저하게 이런 번뇌의 바른 앎과 바른 마음집중에 대한 교란을 끊어버려야 한다.

위에서 말한 '나무처럼 머무름'은 우리에게 번뇌가 일어날 때 우선 각성해야 하고, 그리고 바른 마음집중을 견지하여 삼문이 나무처럼 움직이지 않아야 마음속 번뇌가 자라나 악업으로 변화되지 않게 하는 것을 말한다. 이 비결은 초학자 입장에서 말하자면 더욱 중요하다. 처음 입문한 보통 수행자들은 번뇌 습기가 비교적 무겁다. 또 매우 깊은 지혜로 번뇌를 관조하여 도의 쓰임으로 전환될 줄 모른다. 이러한 때 나무처럼 안주하는 방편으로 번뇌에 따라 행하지 않고, 또 악업을 짓는 위험을 없앨 것이다. 불법을 배우는 사람들은 앞으로 서로 만날 때 늘 이 논의 법어로 자기와 상대방을 일깨우기 바란다. 어떤 도반에게 탐욕과 성냄의 분노가 오면 언행을 잠시 중지하고 나무처럼 듬직하게 머물러야 한다고 일깨운다. 만약 이러한 좋은 습관을 기를 수 있다면 수행자들의 수행은 반드시 하루가 다르게 발전할 것이다.

應觀此染污 好行無義心 응관차염오 호행무의심
知已當對治 堅持守此意 지이당대치 견지수차의

이처럼 모든 곳의 번뇌와
부질없이 추구하는 마음을 살피면서
이럴 때 엄격하게 다스려
청정 보리심을 굳게 지켜야만 한다.

위에서 27가지 나무처럼 안주해야만 하는 상황을 설명했다. 탐욕을 일으킴, 성냄을 일으킴, 도거, 멸시, 오만, 뽐냄, 타인을 평하기, 허위, 사기, 자화자찬, 비방, 거친 말, 이간시키는 말, 명예를 생각하기, 이익을 생각하기, 공경을 생각하기, 사람을 부리고 싶은 것, 시봉들 사람을 바라기, 타인의 이익을 깎기, 자기 이익을 도모하기, 인내하지 못하는 것, 게으름, 두려움, 부끄러움을 모르는 것, 의미 없는 말하기, 벗을 가까이하고 애정을 일으키는 것 등. 이제 귀납법으로 우리가 자세하게 자기 마음을 관찰해야만 함을 총괄하여 서술한다.

중생으로서 마음의 흐름 가운데 탐·진·치 번뇌의 오염으로 가득 차 있는데, 위에서 서술한 27가지는 그중 중요한 것이다. 이러한 번뇌는 우리가 마음을 닦을 때 중대한 장애를 준다. 설령 단지 그중의 하나일지라도 우리의 수행 선근을 꺾을 수 있다. 그러므로 정말로 해탈하고 싶은 사람은 반드시 안으로 관찰하고 스스로 반성하여 스스로 마음의 흐름 가운데 어떤 번뇌가 있는지를 한번 살펴보아야 한다. 수행자들도 위에서 설명한 27가지 번뇌에 비추어 늘 자세하게 자기 마음을 관찰해야만 한다. 오염을 발견한 뒤에는 조금도 주저함 없이 전력을 다해 다스리고 없애야 한다.

'무의미한 일을 행하기 좋아하는 마음', 곧 '무의심無義心'은 두 가지 차원으로 나눌 수 있다. 첫 번째는 무기 상태의 산란한 마음을 가리킨다. 바른 앎과 바른 마음집중이 없어 선악을 분별하지 못하는 산란한 마음을 말한다. 두 번째는 보리심에 이익되지 않거나 순응하지 않는 마음이다. 이는 범위가 더욱 넓다. 일반 범부들의 산란된 마음에서부터 이승 수행자의 자리심에 이르기까지 모두 내재한 것을 포함한다.

일반 사람들 입장에서 말하자면 이 두 가지 무의심은 거의 항상 단절되지 않는다. 많은 사람들은 무슨 일이든 생각하지 않고 선악시비를 밝히지 않은 채 흐릿하게 하루하루 보내고 있다. 그들의 탐욕과 성냄의 번뇌는 자연 순탄하게 늘어난다. 대승 수행자로서 자신이 하는 행위는 모두 보리심에 수순해야만 한다. 만약 무의심을 끊지 않는다면, 근본적으로 보리심을 일으키고 지킬 수 없다.

번뇌를 다스리는 것과 관련하여 대승 경론에서는 많은 비결을 설명하였다. 예를 들면 탐심이 일어나면 부정관으로 다스리는데, 이는 이 논 다음 장 「정려품」에서 자세하게 설명한다. 성내는 마음이 일어났을 때는 크게 불쌍히 여기는 마음으로 다스린다. 모든 중생이 무시이래의 자기 부모임을 관상하고 부모의 자기에 대한 은덕을 관상한다. 어리석은 마음을 다스리는 데에는 연기의 깊은 뜻을 수관한다. 또 게으른 마음, 질투 등이 있는데 각 번뇌의 잘못을 관하여 각기 다른 특징에 맞게 다른 방편법이 있어야 한다. 다시 말해, 번뇌는 제어할 수 없는 것이 아니다. 까담파의 많은 대사들도 "번뇌를 만약 다스리지 못한다면 그것은 상당히 대단해질 것이다. 그러나 각자가 다스리기만 한다면 그것 역시 약해져 항복하지 않을 수 없다."라고 말한다. 티베트 민족에게 "어리석은 사람은 스스로 마음의 흐름을 관찰하지 못하여 심신을 마음대로 할수록 거칠어진다."라는 속담이 있다. 만약 심신의 번뇌를 관찰해 다스리지 못하면, 최후에는 점점 더 거칠게 변하고 더욱 저열해진다. 그렇게 심신을 멋대로 내버려두고 번뇌를 다스리지 못하는 사람은 늘 생각한다. "됐어, 됐어. 이 번뇌가 일어났으니 다스릴 방법이 없어, 일어나게 해라, 나를 지옥에 떨어뜨리게 해도 어쩔 수 없어." 이런 생각은 확실히 어리석다. 번뇌를 다스리지 않은 최후의 결과는 자신을 점점 비참하게 할 것이다. 만약 수행자들이 다스리는 방법을 알지 못한다면 오직 선지식에 의지할 뿐이다. 바른 앎과 바른 마음집중이 일어나기만 하면 자연 "미혹되고 환상인 마음을 두려워하지 않는다."라고 하는 것에 통달하여 모든 번뇌를 철저하게 끊을 수 있다.

"엄격하게 다스려 청정 보리심을 굳게 지켜야만 한다."는 것은 보리심을 굳건하게 지키거나, 혹은 바른 앎과 바른 마음집중을 굳게 지켜 보리의 맹서를 지키는 것을 말한다. 수행과정에서 맹서가 굳건해지는 것 역시 필요조건이다. 역대 전승 상사들은 많은 가르침을 말하여 이를 강조하였다. 맥팽 린포체는 "소위 서원을 굳게 지키는 덕은 모든 세간 중의 장엄한 것이다."라고 말한다. 가령 자신의 마음 지키는 맹서를 굳건하게 할 수 있다면, 언제 어느 곳에서건 단단하게 자기 마음을 지킬 수 있어, 번뇌도 아주 빠르게 조복시켜 없앨 것이다. 만약 굳은 의지가 결핍된다면, 오늘 자기 마음을 관하여 지키더라도 내일은 곤란하다고 느껴 자기 마음 지키는 수행을 버린다. 이런 사람은 해탈과는 한없이 멀다.

수행자들이 늘 자기 마음을 관찰하여 바른 앎과 바른 마음집중을 견지할 수 있다면, 수행자들은 틀림없이 대수행자·대유가사이다. 악인의 무리 속에 있건, 아니면 미녀들 가운데 있건 상관없이 역시 오염되지 않을 것이다. 그러나 범부의 마음은 변하기 쉬우니 마치 봄의 하늘처럼 변화무쌍하다. 세간의 속담에서도 "저녁에 잠잘 때의 소원이 아침에 일어나면 없어진다."라고 말한다. 많은 사람들은 저녁에 내일이 어찌어찌해야만 하는지 아주 잘 생각한다. 그러나 다음날 아침 일어난 뒤, 이러한 소원과 계획은 어디로 갔는지 조금도 남아 있지 않게 된다. 어떤 사람이 불법을 배우면서 아침밥을 먹을 때 "아, 나는 지금 반드시 문·사·수를 행해야만 해……."라고 발원한다. 점심밥을 먹을 때가 되면, 이 결심은 자취도 없이 사라진다. 이런 사람이 현재의 이 수행을 지킬 수 있겠는가? 아주 어렵고 어렵다!

우리 주위의 일부 사람들은 아마도 전생의 좋은 인연으로 문·사·수를 행한 지 십몇 년이 되어도 느슨하고 게으른 적이 없었다. 어떤 법사를 만났을 때 나는 늘 이렇게 생각했다. "그는 늘 큰 나무처럼 안정된 수행자이다." 문·사·수 각 방면에서 긴 세월을 하루처럼, 다른 사람이 그에 대하서 좋게 말하건 나쁘게 말하건, 십몇 년을 모두 담담하게 대처하였다. 그는 늘 안정되고 평화로운 태도를 지켜 고통스러운지, 아니면 즐거운지를 언급할 것 없다. 대수행자의 이러한 안정된 풍격을 수행자들이 진실로 배울 수 있기를 바란다. 만약 수행자들이 이렇게 수십 년을 하루같이 묵묵하게 자기 마음 관하는 것을 견지할 수 있다면, 평생을 지내는 것이 얼마나 충실하고 얼마나 자유자재하고 즐겁겠는가! 이 방면의 가르침들은 비록 수행자들이 알고 있더라도 범부들이 쉽게 잊어버리는 결점을 가지고 있다고 나는 생각한다. 그래서 늘 수행자들을 각성시키기고 싶다. 수행자들이 이 가르침과 대수행자를 본보기로 삼아 자신을 독려하여 안정되고 굳세게 쉬지 않고 자신을 강하게 하길 바란다!

深信極肯定 堅穩恭有禮 심신극긍정 견온공유례

知慚畏因果 寂靜勤予樂 지참외인과 적정근여락

매우 깊은 신심으로
모든 이에게 공손하고 예의가 있어야 하고
부끄러워할 줄 알고 인과업보를 두려워하며
묵묵히 남을 기쁘게 하고자 노력해야 한다.

이 게송은 대승 수행인이 갖추어야만 하는 9가지 조건을 총괄하여 말하였다.

첫 번째, 반드시 매우 깊은 신심을 갖추어 상사 삼보에 대하여 흔들리지 않는 청정하고 수승한 이해를 갖춘 믿음을 가져야 한다. 화지 린포체는 "신심은 두 발과 같아 해탈도로 들어갈 수 있다. 두 손과 같아 모든 선법을 스스로 계속 수행하는 가운데로 끌어들일 수 있다."라고 말한다. 신심은 우리가 불법에 들어가 공덕을 키우는 관건이다. 신심이 없으면 불에 타버린 씨앗과 같아 선법 공덕을 기를 수 없다.

두 번째, '긍정'은 상사 삼보의 공덕에 대하여 마음속에서부터 긍정하는 것이고 매우 깊은 법의에 대한 인정, 혹은 긍정적 승인으로 굳건하여 흔들리지 않는 정해라고 말할 수 있다. 이것은 반드시 일정한 선택을 통하여 상사 삼보의 공덕을 이해해야 하고 정법에 대하여 우물쭈물하고 전도된 견해를 끊어버려야 한다. 이로써 긍정적인 마음과 흔들리지 않는 매우 깊은 수승한 이해가 생겨난다.

세 번째, '굳세고 안정되다'는 것은 신심과 견해가 생긴 후, 의지는 반드시 굳세고 항상 의연하여 변하지 않아야 한다. 굳세어 변하지 않는 안정되고 견고한 마음이 없으면, 오늘 조금 닦고 내일은 악연에 장애를 받게 된다. 이렇게 하면 법문이 아무리 수승해도 이룰 방법이 없다. 상사에 의지하여 불법을 수학하는 과정에서 굳세고 안정된 것은 성공의 초석이다.

네 번째, '공손하고 예의가 있다' 함은 마음속에서 상사 삼보에 대하여 존경심을 가지고 행동과 말을 공경스럽고 예의바르게 하는 것이다. 즉 몸은 공경하여 정례하고, 말은 공경스런 말을 사용하는 것이다. 수행자들이 상사 삼보 앞에서 만약 이렇게 내외로 공경을 구족한다면 모든 가피를 얻을 수 있고, 도반과 다른 중생들 앞에서 공손하고 예의를 갖춘다면 역시 순한 인연을 얻을 수 있으며 동시에 또한 대승 수행자의 위의에 부합할 수 있다.

다섯 번째와 여섯 번째는 "참慚을 알고 괴愧를 안다."라고 함이다. 참은 안으로 부끄러워하는 것이고 괴는 밖으로 부끄러움이 드러나는 것이다. 사람이 만약 드러나건 드러나지 않건 안과 밖으로 부끄러워할 줄 모르면, 악업에 대하여 수치를 느끼지 못하여 자신을 존중할 수 없다. 이 때문에 악습을 바꿀 수 없으니 자량을 쌓을 방법이 없다. 이 가르침은 『이규교언론』에 비교적 자세하게 설명하였다.

일곱 번째, "인과를 두려워한다."라는 것은 인과의 업은 허망하지 아니함을 믿어 두려움을 일으키는 것이다. 이것은 불법에 들어가는 기초이다.

여덟 번째, '적정'이란 몸과 입 등 육근이 고요함과 조화를 이루어 평정한 마음 상태와 언행을 지킬 수 있어, 악을 끊고 선을 늘리며 뜻을 청정하게 하는 수행이 순리대로 진행될 수 있는 것을 가리킨다.

적정을 지킬 수 없는 사람은 매일매일 시끄럽고 산란한 속에서 머물므로 자신의 수행이 발전할 수 없다.

아홉 번째, '부지런히 기쁘게 해줌'은 고요하고 부지런하게 선법으로 중생을 이롭게 하므로 행위가 늘 다른 사람을 즐겁게 하는 것이다.

수행자가 되어, 마땅히 늘 위에서 말한 9가지 조항으로 자신을 관조하여 부족한 부분을 다스려야 한다. 당연히 이러한 것은 우리의 일상 수행과 결합하여 자세하게 설명할 수 있다. 그러나 일부 사람들은 아마도 이러한 것들이 익숙하고 쉬운 내용이므로 설명할 필요가 없다고 느낄 수 있다. 수행자들 각자가 자신을 점검하길 바란다. 이 아홉 가지 조항을 구족하고 있는지 여부를 검사하고, 부족한 부분은 모든 방편을 다하여 보충해야만 한다.

愚稚意不合 心且莫生厭 우치의불합 심차막생염
彼乃惑所生 思已應懷慈 피내혹소생 사이응회자

어리석어서 서로 마음이 맞지 않아도
역겨워하지 말아야 한다.
이것은 번뇌가 일어나 생긴 것인 줄을 알아
그들을 불쌍히 여겨야 한다.

보살행을 닦는 과정에서 각양각생의 중생을 만날 수 있다. 그들은 어리석고 지혜가 적어 소망이 천차만별이므로 만족시키기 어렵다. 예를 들면 우리가 다른 사람을 칭찬할 때 일부는 칭찬을 받아서 기뻐하지 않고, 일부는 칭찬을 받을 수 없어서 기뻐하지 않는다. 사람들에게 보시를 할 때 일부는 보시를 받아서 은혜에 감사하고 일부는 이 때문에 질투 등을 일으킨다. 어떤 수행자의 지계가 청정할 때 어떤 사람은 이 때문에 공경과 신심을 일으킬 수 있고, 어떤 사람은 이것은 일부러 꾸며 하는 것이라고 여긴다. 세간 중생들의 원함은 일치되기 매우 어렵다.

티베트의 "서른 명의 사람에게는 서른 가지의 마음이 있고, 서른 마리의 소에게는 60개의 뿔이 있다."라는 속담을 보자. 얼마나 많은 사람이 있는가에 따라 그만큼의 원함이 있다. 우리가 다른 사람을 이롭게 하는 선법을 수행할 때 각종 책망·비방을 만날 것이다. 이에 대하여 절대 싫어하는 마음을 일으켜 이익되는 행동을 버려서는 안 된다. 왜냐하면 중생의 근기는 한결같지 않으니, 시작도 없는 윤회 속에서 각자의 훈습과 오염이 다르기 때문이다. 비록 같은 외부환경을 마주하고 있어도 그들 각자의 의향은 모두 같지 않다. 본사 석가모니불도 이 때문에 8만4천 법문을 설하여 그들 다른 근기의 원함에 적합하게 하였다.

대승 수행자가 되어 수행 중에 늘 이 점을 생각해야만 한다. 중생은 번뇌 때문에 자신을 주재하지 못한다. 그러므로 이렇게 열악한 마음과 행동을 일으켰으니, 내가 그들이 이러한 번뇌에서 벗어나도록 제도해야만 하지, 그들에 대하여 싫어하고 버리는 마음을 내어서는 안 된다. 미륵보살 역시 "중생의 각종 여법하지 않은 행동은 그들의 번뇌 죄업이 불러온 것이므로, 우리가 그것에 대하여 성내고 탓하는 마음을 내어 싫어하고 버려서는 안 되고, 그들이 번뇌에 제압당하고 자주권이 없는 환경에 대하여 불쌍히 여기는 마음을 가져야 한다."라고 말한다.

우리가 만약 '중생 각각의 어떤 열악한 언행이 모두 그 번뇌에 근원하므로 그들 스스로도 어쩔 수 없다'는 것을 이해한다면, 불쌍히 여기는 마음이 저절로 일어나 그들에게 싫어하고 귀찮아하는 마음을 일으킬 수 없다.

爲自及有情 移行不犯罪 위자급유정 이행불범죄
更以幻化觀 恒常守此意 경이환화관 항상수차의

나와 중생의 이익을 위하여 행동하고,
악업을 범하지 않고 일하며,
몽환과 같을 뿐 '나는 없다'는
그 마음을 항상 지켜야 한다.

우리가 수행하는 주요 목표는 한편으로는 스스로 삼계 윤회로부터 해탈을 얻기 위한 것이고, 또 다른 한편으로는 삼계에 빠져 있는 모든 중생들이 고통을 벗어나 즐거움을 얻게 하는 것이다. 이 위없는 이타 사업을 위하여 스스로 늘 이롭게 하는 행동을 해 나가고 자신과 남에게 이롭지 않은 일에 대해서는 절대 해서는 안 된다. 당연히 우리 스스로가 해탈을 얻고 싶어 하는 궁극적인 목적은 타인을 이롭게 하기 위한 것이다. 대승 행위의 중심은 나와 남을 이롭게 하는 데 있다. 늘 중생을 위해 이로운 행위를 하는 것만이 자성죄와 불제죄佛制罪를 범하는 데에서 멀어지게 한다. "모든 악을 짓지 않고 많은 선을 받들어 행하라."라는 것은 일체 불법을 배우는 보살과 세간의 지혜로운 사람들이 존중하는 가르침이며, 충분히 이 조항대로 할 수 있다면 그의 인생은 매우 의미 있을 것이다.

불법을 배우는 사람이라면 더 진일보해야만 한다. 몽환처럼 변화한다는 무아공성의 지혜를 이해함으로써 스스로 그 뜻을 청정하게 한다는 것은, 위없는 지혜로써 자신이 악을 끊고 선을 닦아서 쌓은 복덕을 섭지해야 한다는 것이다. 『대원만허환휴식』에서는 『반야이만송』의 교증을 광범하게 인용하여 제법이 꿈 같고, 환영 같고, 태양의 불꽃과 같고, 수월水月 같고, 건달바성 같고, 골짜기 메아리 같다는 등의 많은 비결을 밝혔다. 불이不二의 지혜로써 윤회와 열반 중의 만법을 관찰하여 일체는 자성이 없어 모두 몽환 같은 빈 그림자임을 깨닫는다. 이로써 집착을 끊고 속박에서 벗어나 궁극의 해탈을 얻는다. 우리가 보살행을 닦는 과정에서 만약 자신의 '이로운 행위'에 대하여 실질적인 집착이 있다면 얼마만큼의 선근 복덕을 쌓았는지를 막론하고 역시 '지혜 없는 공덕'일 뿐 궁극 해탈의 피안으로 들어갈 방법은 없다. 오직 꿈 같고 환영 같은 반야 지혜로 섭지해야만 자신의 선행이 비로소 나와 남에게 궁극의 이익을 가져다줄 수 있다.

근수취자 린포체는 강의에서 이 게송을 "만약 중생을 이롭게 하는 마음과 행위를 자량 삼아 오만함이 일어났다면, 이 이타행은 조금도 의미가 없다. 그러므로 환영 같고 꿈 같다는 관념으로써 자긍심을 대치해야만 한다."라고 해석하였다. 수행과정에서 만약 실제적인 집착이 있어 오만함이 일어났다면 이런 수행에는 공덕이 없다. 오직 수행자를 샛길로 들어가도록 인도할 수 있을 뿐이다. 수행자가 만약 환화관으로 제법을 관찰할 수 있다면, 그의 수행은 반드시 신속하게 발전하여 원만해지는 상황까지 이를 수 있다.

이전에 밀라레빠 존자가 변방에 가서 몇 년간 배움을 구하였다. 나중에 집에 돌아와 집안의 온갖 상황을 보았다. 어머니는 죽었고 여동생은 거지가 되었고 남겨둔 『보적경』은 새집이 되었다. 그는 매우 비참하여 다음과 같은 무상 환화의 노래를 한 곡 불렀다.

"승리의 전사 마르빠의 발에 예경하옵니다.
가피를 주시어 가난한 자에게 무상을 사무치게 하셨네.
세간 중생이 연연해하며 집착하니 슬피 여길 만하고 탄식할 만하고 가엾게 여길 만하구나.
중생을 생각할 때마다 나의 마음이 슬프니, 짓고 행함이 부질없는 고뇌며 흘러오고 뒤바뀜이여, 윤회에 떨어지도다.
업력에 굴리는 가련한 중생, 윤회를 뛰어넘고자 한다면 오직 열심히 닦을 뿐이어라.
성자는 자성 금강지가 흔들리지 않으니, 가피를 주시어 가난한 자가 산에 거처하게 하셨네.
환화 무상한 세간에서 과거의 객은 부질없이 옛 무덤에 머문다.
지난날 사랑하는 초원, 소와 양과 야생마, 그리고 사슴을 쫓던 곳.
그러나 지금은 귀신의 울음 같은 소리만 들리네.
이것이 바로 환화 무상한 증거, 나는 지금 이에 의지하여 수행하네.
지난날 네 기둥 여덟 서까래의 큰집, 그런데 지금은 부러진 사자 발톱 같네.
웅장한 기둥, 서까래와 네 벽. 그런데 지금은 죽은 나귀 귀 처진 듯하네.

이것이 바로 환화 무상한 증거, 수행자는 이에 경각심 내어 수행하네.
지난날 쟁기질 하던 논밭, 그런데 지금은 야생초가 사방에서 자랐네.
지난날 친구와 이웃, 지금은 이미 대다수 원수가 되었네.
이것이 바로 환화 무상한 증거, 나는 지금 이에 의지하여 수행하네.
나의 아버지 미러씨레장, 이제 그와 생과 사의 두 간격으로 끊어졌네.
나의 어머니 이차거진무, 그는 이제 마른 뼈만을 남기셨네.
이것이 바로 환화 무상한 증거, 나는 지금 이에 의지하여 수행하네.
국가에 추천해 주시고 돌아가신 나의 훈장 선생님, 그런데 이제는 역시 이미 인간 세상과 이별했네.
『대보적경』을 묘법으로 간직하고 있었는데, 지금은 새들의 안식처로구나.
이것이 바로 환화 무상한 증거, 나는 지금 이에 의지하여 수행하네.
아쿠의 용기를 닮은 나의 백부, 지금은 죽은 원수가 되었네.
비다의 구걸함을 닮은 나의 사랑하는 여동생, 지금은 어느 곳에서 유랑하는가?
이것이 바로 환화 무상한 증거, 나는 지금 이에 의지하여 수행하네.
성자는 자성의 대비심이 동요하지 않는 자, 가피를 주시어 나에게 산에 머물게 해주시네."

제법이 무상하고 공허하다는 본질을 인식한 뒤, 그는 곧 철저하게 세간에 대한 미련을 끊어버렸다. 뜻을 세우고 깊은 산에 안주하며 힘들게 수행하여 결국 두 가지 이익(二利)의 사업이 원만해질 수 있었다. 밀라레빠 존자 전기의 일부분을 수행인들이 본 뒤에는 깊은 감동이 생길 수 있다. 수행자들 각자 지난날의 경력은 무상에 대한 많은 가르침을 준다. 단지 아쉽게도 밀라레빠 존자처럼 깨달음을 느낄 수 없을 뿐이다. 수행자들이 자신의 지난날 출가 전의 세간 일체를 한번 생각해 본다면 수행자들의 살던 방은 아마 감당하지 못할 정도로 퇴락하거나, 혹은 폐허더미가 될 수 있을 것이다. 수행자들은 꿈 같고 환영 같은 공성을 반복해서 관수하여 세간상世間相이 실재한다는 집착을 끊어버려야 한다. 이렇게 늘 자기 마음을 지킨다면, 일체 행위가 윤회의 끈으로 되지 않을 것이며 신속하게 자신을 대안락의 자재한 경지로 들어가게 한다.

꿈 같고 환영 같은 지혜의 관수를 행해 악업을 끊고 중생을 이롭게 한다면, 이 게송에서 밝힌 비결은 우리가 평생 수행하는 모든 내용이며, 또한 대승 불법의 밀종, 현종에서 밝힌 수행법의 총집이다. 수행자들이 만약 이생에서 이 게송을 마음속에 기억할 수 있다면 통달하는 것이 원만해져 일체 수행이 원만해질 수 있다.

吾當再三思 歷劫得暇滿 오당재삼사 역겁득가만
故應持此心 不動如須彌 고응지차심 부동여수미

오랜 겁 동안 복덕을 쌓아 한가로운 사람 몸을 얻었으니,
여러 번 사유하여
이와 같은 마음이
수미산처럼 조금도 흔들리지 않도록 지켜야 한다.

우리는 시작 없는 옛적부터 윤회 속을 흘러왔다. 줄곧 무명의 암흑에

덮여 헤아릴 수 없는 고통의 졸임을 받았다. 현재 지난 겁을 지나는 동안 쌓은 복덕이 나타나서 여유로운 사람 몸을 얻었다. 앞 내용에서 우리는 비유·수량 등 여러 방면에서 이렇게 불법을 듣고 닦을 인연이 있는 사람 몸은 얻기 어려움을 설명하였다.

매우 얻기 어려운 사람 몸은 그 본성 또한 무상하여 순간이면 지난다. 마치 바람 앞 등불처럼 잠깐이고 취약하다. 만약 우리가 사람 몸을 이용하여 불법을 닦아 자신의 생사 대사를 해결하지 않는다면 확실히 가장 유감스럽고 가슴 아픈 일이다. 우리는 이 삶과 이 세상의 일체 자잘한 일들을 버리고 뜻을 전일하게 하여 불법을 닦아야 한다. 수행의 중심은 마음을 닦는 데 있다. 보리심을 닦는 것은 견고한 바른 앎과 바른 마음집중으로 이 청정심을 지켜 보리심이 수미산처럼 되어 어떠한 악연에도 흔들리지 않게 해야 된다.

사자현 대사는 강의에서 "수미산은 세 층의 재난의 악연을 감당할 수 있어 무너지지 않는다."라고 말하였다. 우리가 마음을 닦는 것도 같다. 착한 벗, 악한 벗, 착하지도 악하지도 않은 벗, 이 세 가지 악연 역시 마음 닦는 의지를 꺾거나 약하게 할 수 없다. 강의에서는 착한 벗, 악한 벗, 착하지도 악하지도 않은 벗에 대하여 해석을 하지 않았다. 그러나 그 뜻을 종합하자면, 대체로 안락하고 편안한 순연, 거스르는 환경의 악연, 선하지도 않고 악하지도 않은 평범한 조건이다. 이 세 가지 상황에서 우리는 모두 바른 앎과 바른 마음집중을 견지하길 수미산처럼 침착하고 견고하게 해야 한다.

『입행론』은 처음부터 지금까지 이미 여러 차례 수행자는 청정하고 굳세야 함을 강조하였다. 어떤 사람들은 아마도 약간 싫증났을 것이다.

"아, 또 청정하고, 침착하고, 굳세게!"라고 하는군! 수행자들은 이러한 싫증을 내어서는 안 된다. 수행 중에 청정은 발심에서부터 증득할 때까지의 관건이며 기본 요소이다. 이런 기초가 없다면 자신의 수행법을 잃기 쉽다. 더욱이 현재는 말법 시대라 열악한 환경은 수행에 대한 교란이 너무 크다. 우리가 자신의 법을 닦는 마음을 견고하게 하려면 재삼 서원을 세워야 한다. 부모, 친척, 친구, 아니면 외부세계의 삿되고 악한 세력들을 막론하고 그들이 또다시 교란하고 방해하더라도 내가 불법을 닦는 의지는 조금도 흔들릴 수 없다. 어떤 사람을 막론하고 어떤 수단을 취하여 위협하고 괴롭히더라도 나는 절대 법을 닦는 결심이 흔들리지 않는다. 만약 이런 굳건한 서원이 없다면 수행은 해 나가기 어렵다. 많은 경론과 인도, 중국, 티베트 대덕의 가르침에서 이 점을 반복해서 강조하였다.

현재 이 오탁 암흑이 심각한 시대이다. 이때 마귀 또한 부지런하여 악도로 떨어지도록 유혹한다. 어떤 사람들은 어제 여전히 불법을 배웠는데, 오늘은 외도의 교도로 변하였다. 우리가 불법을 배우고 선을 닦는 것을 세간 많은 사람들이 이해하지 못하고 비방하고 반대하고 방해한다. 그들의 사상은 우리의 사상과 완전히 다르다. 이전에 교화를 펴는 대덕들은 "불법을 배우는 사람의 사상과 행위는 세속의 일반 사람들과는 다르다. 왜냐하면 세속인은 사람 몸을 이용하여 악업을 짓기 때문이다. 불법을 배운 사람은 사람 몸을 이용하여 선업을 지어 생사를 끝낸다."라고 말하였다. 마침 세속 사람들과 불법을 닦은 사람들이 완전히 상반되기 때문에, 그들은 반드시 눈에 낯설어 힘껏 우리를 반대한다. 만약 우리가 안정되고 굳건한 맹서가 없다면 어떻게 이 두터운 장애 속에서 수행의 성공을 얻을 수 있겠는가?

2) 섭선법계攝善法戒를 배움

(1) 계를 배우지 않는 원인을 끊음

禿鷹貪食肉 爭奪扯我尸 독응탐식육 쟁탈차아시
若汝不經意 云何今愛惜 약여불경의 운하금애석

독수리가 내 시체를
쟁탈하고 찢는 것을 의식하는가?
(죽은 후에 이것을) 만약 그대가 조금도 개의치 않는다면,
왜 지금 그대는 이 몸을 아까워하는가?

선법계를 섭수하는 정의는 다음과 같다. 모든 보살이 율의계를 받은 후, 위없는 보리를 구하기 위하여 신·구·의로 모든 선을 고요하고 부지런하게 쌓는다. 우리가 선법을 닦고자 할 때 가장 크게 거스르게 하는 것은 신체에 대한 탐욕스런 집착이다. 육신에 대한 탐욕스런 집착이 있기 때문에 평상시 지은 것의 절대 부분이 모두 자신을 출발점으로 삼는다. 다만 상처와 해를 받을까 걱정하여 별의별 걱정을 다하며 애석해하고 아끼며 기른다. 이 때문에 우리는 전력을 다해 선법을 닦아야만 하는데, 우선 자신에 대한 탐욕스런 집착을 끊는다.

이러한 탐욕스런 집착의 잘못을 깨뜨리기 위하여, 적천보살은 여기에서 문제를 제기했다. 죽은 후 우리의 몸은 시다림尸陀林으로 보내져

탐욕스럽게 시체를 먹는 독수리에 의해 찢긴다. 이때 각자의 의식이 조금도 개의치 않고 조금도 반응하지 않는다면, 평상시에는 의식이 몸에 대하여 어떻게 그렇게 집착하는가? 옛날 인도에서는 사람이 죽은 뒤 소수가 수장·화장의 방법을 취하는 것 외에 일반적으로는 시다림에 보내 천장(인도는 지금까지 여전히 많은 시림尸林이 있다. 유명한 곳으로 8곳이 있어 팔대시림이라고 불린다)을 지냈다. 시림에는 시체만을 전문적으로 먹는 독수리·들개·이리 등이 많다. 사람이 죽은 뒤 그 시체를 시림으로 보내 맹금 야수들이 찢어 먹도록 내버려둔다.

우리 대부분은 학원學院 서산西山의 시림을 본 적이 있다. 천장을 주관하는 사람이 시체를 천장대에 놓을 때 독수리가 떼 지어 올라가 필사적으로 뺏고 찢어 삼킨다. 가죽·살·내장을 하나도 남기지 않을 정도다. 최후에는 또 천장사가 부순 뼈와 골수도 전부 먹어치운다. 이때 망자의 신체는 완전히 반응이 없다. 누구든 예외 없이 분명 조금도 흔들리지 않을 수 있어 어떤 집착도 애석함도 없다.

자세하게 한번 생각해 본다면 이러한 상황은 확실히 좀 이상하다. 자신의 시체를 시다림으로 보냈을 때는 자기 마음이 그 육체에 대하여 조금도 애석해하지 않고 새나 짐승이 찢어 삼켜 먹게 한다. 그런데 살아 있을 때 자기 마음은 도리어 신체에 대하여 백방으로 집착하고 아까워하면서 자신을 보호하기 위하여 떨쳐 일어나 다른 사람과 대항하여 다툰다. 어떤 사람들은 심지어 무의식중에 다른 이와 부딪친 뒤에도 마음이 또한 기쁘지 않을 것이다. 각자는 "어떻게 한 거야? 나를 이렇게 지독한 상태로 맞부딪치게 하다니……." 강렬한 신체 집착, 사망 전과 사망 후의 사지·목·흉부 등은 결코 다른 것이 아닌데,

행위는 오히려 완전히 다르다. 만약 신체가 정말 자기에게 속한 것이라면, 평상시 어떻게 아끼면서 길러주었는가에 따라 사후에 각자의 의식도 마땅히 아까워해야 한다. 평상시 각자가 신체 때문에 다른 사람과 다툰다면, 죽은 뒤에도 마땅히 당신을 찢는 독수리와 목숨 걸고 싸워야 할 것이다.

우리들은 한번 생각해 보자. 현재 자기 신체에 대한 애석해함과 돌봄이 합리적인가? 자신이 현재 어떻게 신체를 아끼는가에 상관없이 결국에는 자신의 신체를 독수리나 구더기 혹은 뜨거운 불·물·흙에 보낼 것이다. 우리의 신체는 단지 마음속 습기가 견고하게 습관을 이룬 가짜 모습에 불과할 뿐이다. 이전에 청정淸定 대사도 "현재의 나는 거짓된 것이어서 환영 같고 아지랑이 같은 것이 바로 공성이다."라고 말하였다. 이러한 환화의 무상한 물건에 대하여 또 무슨 집착할 만한 곳이 있는가?

意汝與此身 何故執且護 의여여차신 하고집차호
汝彼旣各別 于汝何所需 여피기각별 우여하소수

마음 그대여, 어찌하여 이 몸을
내 것이라고 집착하고 보호하는가?
그대와 몸이 각각일진대
이것이 그대에게 무슨 소용이 있겠는가?

많은 사람들은 "이것은 다르다. 신체가 비록 잠시적인 것이지만, 살아 있을 때 나의 의식은 신체로 방을 삼음을 필요로 한다. 그러므로 나는 집착해야만 한다. 인연이 다한 뒤, 의식은 바로 육체를 떠나 다른 방을 찾는다. 그래서 더 이상 이 방에 집착하지 않는다."라고 생각한다. 각자가 기왕에 의식을 집착하여 주체아를 삼는다면, 신체는 각자가 있는 곳이 된다. 그대와 신체가 분리되는 별체라면, 각자의 신체는 그대(의식)에 대하여 또 무슨 작용이 있는가? 의식과 조금도 상관없는 별체라면 왜 집착하려 하는가?

우리 모두는 안다. 자기의 의식과 육체는 다르다. 신체는 부모의 정기와 피의 종자가 인이 되고 지수화풍 4대가 조합하여 이룬다. 그러나 의식은 중음신의 경계를 넘어온 것이다. 신체는 집과 같고 의식은 집안의 나그네로 단지 잠시 이 집에 머물 뿐이다. 마치 우리가 여관에 머무는 것처럼, 단지 매우 잠시 머무는 시간일 뿐 곧 떠나게 된다. 신체라는 주택이 이미 자신의 것이 아닐진대, 각자가 이렇게 애석하게 여기고 집착하는 것이 무슨 의미가 있겠는가? 세간에 만약 자기에게 속하지 않은 물건을 자기의 것으로 여겨 집착하는 사람이 있다면, 다른 사람들은 그의 어리석음과 무지함을 조소할 것이다. 신체가 나의 것이라고 집착하는 것도 마찬가지로 매우 맹목적이고 어리석은 것이다.

세간 사람들은 육체를 자기 것으로 여겨 온종일 치장하면서 그것에 대하여 매우 깊은 집착을 일으킨다. 그것을 아끼고 기르기 위하여 끝없는 악업을 지었다. 그러나 자신의 참모습을 이해할 수 있는 사람은 또 얼마나 되는가? 신체는 결코 자아가 아니며, 몸과 마음 역시 일체가 아니다. 우리는 이에 대하여 정확한 인식을 가져야만 한다. 우리의 신체를 이용하여 정법을 닦기 위해 잠시 그것을 손상되지 않게 보호하는 것 외에는 근본적으로 그것을 집착하고 아까워할 필요가 없다. 만약 자기 몸에 대하여 집착한다면, 수행은 근본적으로 바른 도에 들어갈 방법이 없다.

癡意汝云何 不護淨樹身 치의여운하 불호정수신
何故勤守護 腐朽臭皮囊 하고근수호 부후취피낭

그대 어리석은 마음이여!
어찌하여 정갈한 나무통을 간직하지 않고
이리 힘들게 보호하는가?
이 냄새나고 더러운 썩어가는 가죽 주머니 몸을!

많은 중생들은 모두 집착한다. 나(의식)는 반드시 신체에 의지해야 존재할 수 있다. 신체가 못쓰게 되면 의존할 곳이 없어진다. 그러므로 나는 반드시 몸을 지켜야 한다. 이 집착에 꼭 맞게 치료하기 위하여 적천보살은 또 풍자적인 어구로 반문한다. 어리석은 의식, 기왕에 각자가 의지처를 찾고자 한다면, 왜 깨끗한 나무로 몸을 삼지 못하고 도리어 썩어 더러운 사람 몸을 지키려고 하는가?

세속의 입장에서 말하자면, 자기의 의식은 신체와 결코 한 몸이 아니라 다른 별체이다. 의식이 강력하게 신체에 집착하여 의지처로 만든다. 이런 집착은 사실 매우 어리석은 것이다. 만약 의식이 반드시 의지처를 찾으려고 한다면 청정한 물건, 예를 들면 나무나 혹은 현대의 플라스틱·경질 유리 등으로 만든 신체를 찾는 것이 더 낫다. 이렇게 하면 매일 먹고 마실 필요가 없고 또 많은 더러운 물건들을 만들지 않을 것이다. 뿐만 아니라 재질로부터 볼 때 역시 살과 뼈에 비하여 더 튼튼하고 많이 감당한다. 그러나 의식은 기어코 청정하지 못한 육신에 집착한다. 수행자들은 자신의 신체를 관찰해 보라. 머리부터 발끝까지, 안에서부터 바깥까지, 모발·치아·손톱·발톱·가죽·살·근육·뼈·각종 오염물 등 36가지 깨끗하지 못한 물건이 조합하여 이루어진 것이다. 또 9개의 구멍이 외부를 향해 깨끗하지 못한 물질을 떨어뜨리고 나쁜 냄새를 발산하고 있다. 이렇게 더럽고 썩어 냄새나는 것이 피고름·깨끗하지 못한 대변으로 가득 찬 가죽 주머니를 집착하려고 하니 사람들을 이해할 수 없다. 아마도 수행자들은 이전에 자신의 육신을 관찰한 적이 없을 것이다. 일부는 자기의 신체가 매우 아름답고 미묘하다고 느낀다. 그러나 지혜로써 분석하고 관찰한다면 즉시 그것에 대하여 싫어하는 마음이 일어날 것이다.

자리에 있는 수행자들은 모두 한번 생각해 보아야 한다. 수행자들이 불법을 배우기 전에 그것을 위하여 얼마나 많은 악업을 지었고 또 그것을 이용하여 얼마나 많은 죄를 지었는가. 가령 수행자들이 이전에 자기 몸이 깨끗하지 않다는 것을 관찰할 수 있었다면, 어떻게 그것에 대하여 강렬한 탐착을 가지고 그것을 위해 죄를 지을 수 있었겠는가? 이 깨끗하지 못한 대변으로 가득 찬 가죽 주머니에 치장을 하고, 그리고 이것이 나의 집이라고 집착하니 오직 미친 사람만이 이런 일을 할 수 있다. 수행자들이 이 세간에 와서 어떤 사람들은 2, 30년을 살고 어떤 사람들은 5, 60년을 산다. 이렇게 긴 시간 속에서 줄곧 신체를 보호하고 아끼지만, 약간의 세월이 지난 뒤 수행자들은 모두 육신을 버리고 생명의 또 다른 과정으로 들어간다. 그러나 이전에 수행자들은 한번 생각해 보아야 한다. 자신이 이 몸을 이용하여 무엇을 하였는가? 일부는 분명 좋은 수확이 있다. 이 신체에 의지하여 스스로 문·사·수를 행하여 무량한 복덕자량을 쌓았다. 그러나 일부는 도리어 이 신체를 이용하여 자신을 악도 심연으로 떨어뜨리는 악업을 지었다. 같은 신체이나 결과는 하늘과 땅의 차이이다.

현재 세간에는 지혜로운 사람들이 더러 있다. 그러나 대부분의 사람들이 정력을 전부 던져 외부환경의 물질세계를 연구하고, 반면에 자아를 돌이켜 관하여 심신 생명의 깊은 비밀을 연구하지 않는다. 만약 수행자들이 뉘우치고 자신의 신체를 관찰할 수 있다면, 반드시 사람들이 갖는 신체에 대한 집착이 얼마나 어리석은 일인지 깨달을 것이다.

首當以意觀 析出表皮層 수당이의관 석출표피층
此以智慧劍 剔肉離身骨 차이지혜검 척육이신골

먼저 자신의 지혜로
표피층과 몸살을 분리하고
다시 지혜의 칼로
뼈대로부터 살을 갈라내어 관찰해 보라.

우리는 지혜의 칼을 이용하여 한 층씩 자세하게 자기 몸을 관찰한다. 자기 몸이 도대체 집착할 가치가 있는 정교하고 아름다운 물건인지 아닌지를 한번 본다. 우선 표피에서부터 착수한다. 인체의 표층은 일층이 피부이다. 세상 사람들은 종종 피부가 보기 좋은 것에 집착한다.

어떤 피부가 희고 매끄러운가, 얼굴이 도화 같은가 등을 말한다. 그러나 실질적으로 인체 피부의 백색은 피부층 각질의 색깔이고 붉은색은 피의 색이다. 자세하게 관찰하면, 피부가 한 층의 거친 조직이라는 것을 생리위생을 배운 사람들은 모두 안다. 피부는 각질층·과립·표피·진피·털구멍 등 한 무더기 혼잡한 물건들로 조성된다. 겉에는 또 체모와 얼룩덜룩한 색소가 있다.

확대경 아래에서는 사람들이 가장 보기 좋은 피부라고 집착하는 것도 사실 거칠고 구멍이 나 있는 것이 감당하지 못할 정도로 추하게 못생겼는데 어디에 무슨 정묘한 물건이 있겠는가? 많은 사람들은 자신의 외모가 아름다운 것에 집착한다. 더욱이 젊은이들은 분 바르고 연지 칠하고 금으로 된 옷을 입고 은으로 된 것을 쓰고 마음을 다 써가며 자신의 외모를 꾸민다. 그리고 다른 사람이 보고서 역시 매우 극찬한다. "매우 예쁘네, 매우 예뻐." 사실 이것은 단지 무명이 습을 펜 것에 불과하니 일종의 착각일 뿐이다. 다소 지혜가 있는 사람이 관찰하거나 혹은 보통사람들도 확대경을 이용하여 보면, 인체의 표피는 의심할 것 없이 냄새나는 쓰레기 더미이다. 전신에는 8만4천 개 모공이 두루 펴져 있어 냄새나는 기를 발산한다. 이렇게 추악한 것을 보고서 누가 그것에 집착하겠는가?

이렇게 더러운 피부층 아래가 근육이고, 근육에는 또 지방의 조직이 있다. 우리가 시다림으로 천장天葬을 보러 갔을 때 뚱뚱한 사람들의 지방이 조금 더 많고 마른 사람의 지방과 붉은색의 근육이 모두 적다는 것을 분명하게 볼 수 있었다. 일반인들은 흉부·둔부에 두터운 황색 지방이 있으나, 복잡한 황백색 물질로 조성된 지방은 보기 어렵다.

현미경 아래에서 붉은색의 근육은 하나하나의 세포로 조성되었는데, 마치 무더기 거품 같다. 근육 안에는 또 하나하나의 아주 작은 관들이 있어 비린내나고 냄새나는 혈액들로 가득 차 있다. 자세히 보게 되면, 매우 혐오감을 일으켜 어떤 정화를 얻을 수 없다. 몸의 가죽과 살에 대하여 분석을 완전하게 하면 우리는 조금도 정묘한 물건을 얻을 수 없다. 더 한층 깊이 들어가서 자신의 골격은 어떠한가?

復解諸骨骼 審觀至于髓 부해제골격 심관지우수
當自如是究 何處見精妙 당자여시구 하처견정묘

뼈 또한 떼어놓고
골수까지 보라.
그 안 어디에 정묘한 것이 있는지
깊이 탐구하여야 한다.

보통 인체에는 206개의 뼈가 있다. 천장을 지낼 때 독수리가 가죽·살·내장을 다 먹은 뒤엔 새하얀 뼈대가 드러날 것이다. 뼈는 골막·골질·골수로 조성된다. 자세하게 보면 역시 칼슘·피·고름(농막) 등 사람들에게 혐오감을 주는 것이다. 무슨 정묘한 물건을 찾을 수 없다.

당연히 가죽·살·골격을 제외하고 인체에는 또 내장·혈액 등의 조성 부분들이 있다. 우리는 또한 관찰하고 분석해야 한다. 이 구조 중에는 자신이 집착할 만한 가치가 있는 정묘한 물건이 있는가, 없는가? 우리가 표피에서부터 골수에 이르기까지 세세하게 신체를 해부 관찰하면, 36가지 깨끗하지 않은 물질 외에 어떤 정묘한 물질도 없다.

수행자들은 때로 시다림에 가야만 한다. 특히 여름에 천장을 한 번 보면 반드시 아주 큰 수확이 있을 수 있다. 사람에게 스며드는 나쁜 냄새 속에서 천장대 가에 앉아 천장사가 시체를 자르고 독수리가 고기나 내장을 한 덩어리씩 찢어 점점 뼈대 하나만 남는 것을 본다. 천장사가 뼈를 빻으면 독수리는 또 몰려들어서 근육과 뼈·골수·뇌수를 앞 다투어 쓸어간다. 수행자들은 한편으로 보면서 한편으로 한번 "아, 나의 신체도 이렇구나. 이 시체들과 다르지 않아. 비린내나고 또 냄새나고 ……. 결국 어느 날, 나의 시체도 이 커다란 돌 위에 놓여 독수리에게 남김없이 찢기겠지."라고 생각해 본다.

늘 이렇게 관찰하고 사유하면 자기 신체에는 어떤 집착할 만한 것도 없음을 분명하게 이해할 수 있다. 단지 온갖 비린내나고 냄새나는 물질로 조성된 것일 뿐이다. 우리가 혐오스럽고 구토 나는 피·고름·침즙·골수 등 이러한 것들을 본 뒤 무상을 느낌도 이미 때가 늦다. 어찌 또 육신이 정묘하다고 할 수 있겠는가?

如是勤尋覓 若未見精妙 여시근심멱 약미견정묘
何故猶貪着 愛護此垢身 하고유탐착 애호차구신

이처럼 노력하여 찾아보아도
몸에서 근본을 보지 못했다면
지금껏 그대는 무슨 연유로
몸에 집착하며 이 몸을 지켜왔는가?

우리는 위에서 서술한 방법으로 노력해서 찾고 관찰하여 신체의 안과 밖, 미세한 부분 하나하나를 분석하였다. 그 결과 36가지 부정물 외에 집착할 만한 어떤 정묘한 물건도 얻을 수 없었다. 만약 정묘함이 없다면, 우리들은 왜 또 목숨 걸고 냄새나는 더러운 몸에 집착하려고 하는가? 왜 여전히 그것을 위해 피곤을 참고 근심하며 고통을 당하는가? 신체에 집착하는 이러한 미혹은 사실 아무런 이치가 없다. 신체를 표피층에서부터 분석하면, 부정한 물질로 조성된 것이다. 우리가 좀 더 깊이 들어가 중관 방법으로 그 실질을 관찰하면, 그것은 조금의 실체도 없고 단지 우리의 착각, 집착하는 실체 습기가 습관으로 나타난 환상일 뿐이다. 우리의 그것에 대한 집착은 꿈속에서 꿈의 모습을 집착하고 있는 것과 다를 게 없다.

세간에서 이 도리를 이해하는 사람은 사실 적은 가운데 또 적다. 세상 사람들은 마치 지금껏 이러한 문제들을 생각해 본 적이 없는 것 같다. 신체를 위하여 하루 종일 흐릿하게 악업을 짓는다. 우리는 평상시 적정한 곳에 안주하여 외부세계 사람들의 생활을 볼 수 없다. 우연히 나갔을 때 요즘 사람들은 신체 치장하는 것을 매우 좋아하는 것을 볼 수 있다. 마치 각각 모두가 몸에 금은보석을 달고 연지와 분을 바른다. 추하고 나쁜 물건인 신체를 위하여 악업을 짓는 것도 점점 지독해진다. 지혜로운 자의 눈에 세상 사람들의 이러한 행동은 사실 흑백이 전도된 어리석은 행위이다. 수쟈 린포체가 "이런 사람은 마치 여관에서 단지 하룻밤을 머물면서 자기 전부의 재산을 사용하여 여관방을 장식하는 것과 같다. 그들은 인생의 진리가 있는 곳을 알지 못하니, 확실하게 매우 불쌍할 만큼 어리석다."라고 말한다.

불교도가 되어 마땅히 부처님과 고승대덕들의 인도에 따라 자기 신체에 대한 집착을 버려야 한다. 밥 먹고 옷 입는 등 각 방면에서 신체를 유지할 수 있으면 충분하다. 일체 역량을 생사 해탈과 정신 승화 방면에 두고 이 잠깐의 인생을 이용하여 궁극의 이리二利 사업을 이루어야 한다.

若垢不堪食 身血不宜飮 약구불감식 신혈불의음
腸胃不適吮 身復何所需 장위부적연 신부하소수

더러워 살도 못 먹고
피도 마실 수 없고
장과 위도 삼킬 수 없다면
신체는 그대에게 무슨 쓰임이 있는 것인가?

사람들의 자기 신체에 대한 집착은 완전히 아무 이유 없는 맹목적 집착이다. 적천보살은 논에서 자기의 의식을 의인화하여 육신과 분리하고, 자기는 방관자의 입장이 되어 분석하여 의식의 신체에 대한 집착을 조소한다. 의식아! 그대는 왜 이렇게 육체를 탐하려고 하는가! 도대체 그것이 각자의 향유물이 되어 무엇을 제공할 수 있는가? 이 신체는 이처럼 더러우니, 완전히 부정함으로 조성된 것이다. 안과 밖에 식용을 감당할 수 있는 한 덩어리도 없다. 피도 마실 수 없고 장과 위도 먹을 수 없는데, 그대는 왜 여전히 그것을 필요로 하는가?

고대 인도에서는 인육을 가장 청정하지 않은 다섯 가지 고기 중의 하나로 보았다. 세계 각지의 문명 민족 중에서도 역시 인육을 감히 식용으로 할 수 있는 사람은 없다. 인육이 일반 사람에게 생각나게 하는 것은 바로 혐오감이다. 근본적으로 식용할 수 없다. 사람 몸의 진액·피·고름 같은 각종 액즙 등 이러한 것들의 비린내는 사람들이 감히 맡을 수 없게 하는데, 어디에 식용할 사람이 있겠는가? 또 신체 내의 장과 위·담낭 등 기관 내에는 더러운 물질들이 가득하여 사람이 보면 구역질과 혐오감을 일으키게 하는데 정상인 중에 누가 빨아먹겠는가?

우리가 시다림에 천장을 보러갈 때 남녀노소를 가릴 것 없이 시체는 모두 냄새가 하늘을 덮는다. 어떤 시체는 죽은 지 얼마 안 되었어도 냄새가 우리를 참을 수 없게 한다. 절개한 뒤, 울긋불긋한 인육과 농혈, 새하얀 뼈는 보는 이에게 두려움을 일으킨다. 평상시 누가 담담하게 이러한 시체를 마주 볼 수 있겠는가? 그러나 사실상, 우리 현재의 신체와 그것은 결코 그다지 큰 구별이 없다. 밀라레빠 존자가 말하길, "보고서 두려움을 일으키는 시체는 본래 현재의 신체이다."라고 하였다. 살아 있는 사람의 신체와 죽은 시체의 각 기관은 똑같다. 단지 살아 있는 사람은 기개가 아직 있어 활발하게 뛰어다닐 수 있는 것에 불과할 뿐이다. 우리는 모두 반복해서 한번 보아야 한다. 자기가 현재 끌고 있는 것 역시 시체와 구별이 없는 몸인데, 왜 또 그것에 집착하려 하고 그것은 또 무슨 용도가 있는가?

사람은 생전에 어떻게 사람들의 사랑·존경을 받았는가에 관계없이 사후 시체들은 또 며칠 머무는 데 불과할 뿐이다. 친한 사람들이 그를 끌어내어 불태우거나 매장하지, 썩은 시체 더미와 같이 살기를 원하는 사람은 없다. 모든 사람이 이 점을 관찰했다면, 자신의 신체 그 자체는 근본적으로 진귀한 곳이 없다는 것을 알 수 있다. 그가 얼마나 강건한지 활력이 충만한지 논할 것 없이 조금도 집착할 가치가 없다. 다른 사람의 가장 아름다운 시체를 정상인은 또한 만나길 원하지 않는다. 그러나 그들은 자기가 하루 종일 아껴 기르고 있는 것도 이러한 시체라는 것을 알지 못한다.

우리가 신체에 집착하는 것은 완전히 어리석은 습기로, 또한 깊게 관찰하고 냉정하게 사유하여 이끌어내지 못했기 때문이다. 위에서 서술한 관찰을 거친 뒤, 사람들은 모두 마음속으로부터 신체에 대한 정확한 인식을 생기게 할 수 있다. "아, 나의 이 신체 내외는 모두 부정물이다. 평상시 단지 관찰하지 못한 것일 뿐, 습기에 따라 망상하고 집착한다. 사실 신체는 조금도 탐할 만한 것이 없다." 만약 신체에 대하여 큰 집착이 없다면, 이생에서는 신체 때문에 많은 악업을 짓지 않을 것이다. 또한 신체를 탐착함으로써 선법에 게으르지 않을 것이다. 현재 태국·미얀마 등 많은 곳의 수행자들은 늘 시림에 가서 부정관을 닦는다. 시체 관찰을 통하여 탐욕을 끊는다. 만약 모든 사람이 이처럼 자기 신체가 깨끗하지 않다는 것을 수관修觀할 수 있다면, 반드시 생사의 큰 미혹 속에서 점점 깨달아 진정 행복하고 안락한 피안으로 걸어갈 수 있다.

貪身唯一因 爲護狐鷲食 탐신유일인 위호호취식
故應惜此身 獨爲修諸善 고응석차신 독위수제선

신체를 탐애하는 유일한 이유는
여우와 독수리의 먹이를 위한 것일 뿐이다.
신체를 유지하는 목적은

오직 그것을 이용하여 선법을 닦는 것이다.

신체는 완전히 사람에게 혐오하게 하는 더러운 것이어서 조금도 가치가 없다. 그런데 세상 사람들은 목숨 걸고 그것을 탐착하니 도대체 무엇을 위한 것인가? 적천보살은 여기에서 사람들의 어리석음이 스스로 행위를 고통스럽게 하는 것에 대하여, 뼈에 사무치는 평론을 하였다. "신체를 탐착하는 유일한 이유는 이리를 보호하고 독수리의 먹이를 위함이다." 사람들의 일생에서 온갖 노고의 피로는 갖가지 옷·음식·재산을 벌어 시체를 기르는 것이다. 그것을 살지게 먹여, 최종 목적은 시림으로 보내 독수리와 여우에게 먹여 이 금수들을 배불리 먹이는 것이다. 이외에 어떻게 관찰하고 분석하는가를 막론하고 다른 목적을 찾을 수 없다.

세상 사람들은 일생에서 몸을 위해 한 일체 노력 때문에 그들이 죽을 때 이 시체 외에 또 무엇을 남길 수 있겠는가? 어떤 사람들은 하루 종일 배부르게 먹고 평생 선업은 쌓은 것이 없지만, 오히려 배는 온통 지방을 불려 놓아 독수리·들개·여우가 배불리 먹을 수 있게 한다. 마치 사람들이 돼지·닭을 기르는 것과 같다. 그것들을 살지게 먹이는 것의 목적은 사람들에게 몇 입 더 먹게 하기 위한 것일 뿐이다!

우리는 이 방면의 관찰을 통하여 자신이 신체를 탐애하는 황당무계함을 보았다. 만약 사람이 다만 신체를 보호하는 것을 알 뿐이라면 그 일생은 헛되이 낭비한 것이다. 그렇다면, 우리가 신체를 유지하는 정확한 태도와 목적은 무엇인가? "우리가 신체를 유지하는 유일한 목적은 그것을 이용하여 선법을 닦는 데 있다."라고 한 이 두 구절 게송의 티베트어 원문 의미는 다음과 같다.

모든 사람이 몸을 기르는 유일한 목적은 선법을 수지해야만 하는 것이다. 세간에서 다소 원대한 식견을 가진 사람은 또한 말한다. 사람이 살아가는 것은 밥을 먹기 위한 것이 아니다. 만약 밥을 먹고 옷을 입을 뿐이라면, 가령 세상에 100년을 산다 하더라도 아무 의미가 없다. 『격언보장론』에서 "평소 남을 이롭게 하기 위함을 생각하지 않는다면 이 사람의 행위는 목축과 같다. 자신이 먹고 마실 것을 찾을 뿐이라면, 어찌 목축도 할 수 있는 것이 아니겠는가?"라고 말한다. 음식물을 찾아 몸을 기르는 것은 축생도 아주 뛰어나다. 생물학자들은 이러한 행위를 본능이라고 한다. 사람이 되어 사유 능력이 있으므로 이상적이고 숭고한 추구가 있어야만 한다. 본능의 하열한 단계에 머물러서는 안 된다. 배부르게 먹고 마시는 감각 기관을 만족시키는 것이 인생의 목적이어서는 안 된다.

인생의 진실한 의의는 선법을 닦는 데 달려 있다. 자신의 마음과 행위를 개선하여 선근 복덕을 쌓는 것은 모든 부모중생이 궁극의 안락을 얻고 보리 증득을 구하는 것을 돕는 것이다. 율장에서도 말하길 "선법을 닦는 사람은 수명이 길수록 좋다."라고 한다. 항상 선법을 닦는 사람의 매 일 분은 자신과 남에게 현생과 내세의 일 분 안락을 가져다줄 수 있으므로, 자신과 남이 해탈 피안을 향하여 한 걸음 가까이 가게 할 수 있다. 이러한 사람 몸은 해탈의 배 혹은 보배로운 몸이라 부르고 진정 귀하게 여길 만한 보물이 된다.

縱汝護如此 死神不留情 종여호여차 사신불류정
奪已施鷲狗 屆時復何如 탈이시취구 계시부하여

그대의 의식이 아무리 아끼더라도
죽음의 신이 무자비하게 빼앗아,
독수리나 들개에게 준다면
그때 그대는 어찌할 것인가?

우리가 만약 자기 몸을 이용하여 선법을 닦지 않는다면, 평소 온갖 지혜를 다 짜내고 일체 방법을 다하여 자기 신체를 아끼며 의식이 완전히 신체의 노예가 되어 고생스럽게 신체를 보호하기 위하여 바쁘지만, 결국에는 하나도 얻는 것이 없다. 죽음신의 철가면은 무정하여 절대 그대가 신체에 대하여 특별히 아낀다고 하여 그대에게 달리 호의를 베풀지 않을 것이다. 그대를 정한 대로 살게 하고, 시간이 되면 아무 주저 없이 그대의 생명을 끌어간다. 그리고 그대의 신체는 곧 시림에 던져져서 독수리·들개의 먹이가 되게 한다. 그때 그대의 의식이 또 탐착해도 아무런 방법이 없다. 근본적으로 죽음의 신과 신체를 다툴 수는 없다.

『정법염처경』에서 "죽음의 신은 바로 피할 수 없고 때맞춰 오는 화근으로서, 생명을 억지로 빼앗아가는 악신이다."라고 말한다. 우리의 생명과 신체는 각자가 원하건 원하지 않건 간에, 제때에 죽음의 신은 반드시 데려갈 것이다. 우리는 한 찰나의 자유자재함도 없다. 그때 만약 자신에게 조금의 선법 공덕도 없다면 어떻게 해야만 하는가?

사람 몸을 얻은 뒤 유일하게 해야만 하는 일은 선법 닦는 일에 정진하는 것이다. 뿐만 아니라 조금도 지체 없이 선법을 닦아야 한다. 수명은 몽롱함 속에 있어 근본적으로 그 끝을 예측할 방법이 없다. 미래 계획도 단지 밭에서 그물을 쳐놓은 것일 뿐이니, 실현의 희망은 얼마나 큰가? 세간의 많은 사람들은 미래에 대한 몽상을 품은 채 갑자기 죽으니 무수한 공허감을 느낀다. 나는 늘 나도 모르게 그들을 불쌍히 여기는 마음이 생겨난다. 왜 현재 세간 중생들은 조금도 무상의 도리를 이해하지 못하는가? 화지 린포체가 "남섬부주 사람들은 일단 태어나면 반드시 죽는다. 그러나 죽는 방식·죽는 해와 시간은 정해지지 않았다. 즉 언제 어디에서 죽을지, 누구도 확정할 수 없다. 이 세간에서 태어나는 연은 아주 적지만, 죽는 연은 아주 많다."라고 말한다.

우리가 정법을 닦을 때는 마땅히 머리에 붙은 불을 끄는 것처럼 한순간도 늦추지 않고 모든 역량을 투입해야 한다. 그렇지 않으면 생명이 허락되지 않을 뿐만 아니라 우리 범부가 선법을 닦는 마음은 변하기 쉽다. 더욱이 현재 이러한 사회에서는 자신이 그러한 환경 속에서 홀로 자기 몸을 선하게 하고 싶어도, 아마 매일 수십·수백 명의 조소, 유혹, 방해가 있을 것이다. 자기를 검게 물들이지 않아도 저 어리석은 사람들은 절대 그만두지 않을 것이다. 그때 수행자들은 여전히 선을 닦는 마음을 견지할 수 있을까? 어렵다! 불법을 처음 배우는 사람은 말할 필요 없다. 불법을 닦은 지 오래된 출가자라도 이러한 환경에 처하면 얼마 오래 지나지 않아 그가 선을 닦는 마음 또한 바람 앞 등불처럼 매우 위험하다.

若僕不堪使 主不與衣食 약복불감사 주불여의식
養身而它去 爲何善養護 양신이타거 위하선양호

하인을 더 이상 부리지 않는다면
하인에게 옷이나 기타 그 어떤 것도 줄 필요가 없듯이,
이 몸은 먹여주어도 다른 곳으로 가는데
그대는 어찌하여 그를 지치도록 양육하고 보호하는가?

이 게송은 비유로써 우리가 신체를 탐착하여서는 안 됨을 설명한다. 세간에서는 많은 사람들이 하인·부하를 데리고 있다. 만약 하인·부하가 시키는 것을 들으려 하지 않고 일을 하지 않는다면, 주인도 그를 더 이상 고용하지 않을 것이고 그에게 옷과 음식·임금 등을 제공하지 않는다. 현재 초빙제도를 취하는 기업들처럼 수행자들도 세간에 있을 때 아마도 이러한 경험이 있을 것이다. 열심히 일하지 않고 매일 늦고 일찍 퇴근하고, 출근 때 또 일에 게으름을 피우고 관리자의 명령에 복종하지 않는다면, 얼마 지나지 않아 사장은 당신을 해고시키고 더 이상 당신에게 임금과 보너스를 주지 않는다.

마찬가지로 사람들은 일생 몸을 고용했다. 그것이 자신을 위하여 봉사해야만 한다. 그러나 신체는 사실 말과 같지 않다. 일생 먹고 마시고 치장하는 데 주인이 얼마나 많은 돈을 낭비하여 살지게 길렀는가? 그러나 그것은 도리어 마음의 명령을 듣지 않고 선을 닦아 복을 쌓지 않다가 최후에는 또 주인을 버리고 아주 무책임하게 시다림으로 간다. 이러한 배은망덕한 신체에 대하여 그대는 또 그것을 양육할 무슨 필요가 있는가?

어떤 사람은 신체를 아주 살지게 먹이지만, 신체는 도리어 조금도 마음의 지휘를 듣지 않고 곳곳에서 악업을 짓는다. 선업을 짓는 것에는 아주 게을러 주인을 위하여 조금도 생각하지 않는다. 마치 부모가 반역하는 자식을 기르는 것처럼 이익이 없을 뿐만이 아니라, 도리어 끝없는 재앙을 가져올 것이다. 이러한 신체에 대하여 사실 그것을 기르고 보호해 주어서는 안 된다. 이전에 많은 까담파 대덕들은 자기가 수행 정진할 때 그들은 비교적 좋은 음식물을 먹어 신체를 격려하였다. 만약 신체가 마음의 부림을 듣지 않아 법을 닦는 데 노력하지 않는다면 신체를 벌하여 배고프게 하고 피로하게 해야 한다.

우리가 수행하는 과정에서는 역시 자신의 신체를 엄격하게 관리해야만 하며, 그것이 몰래 게으름을 피우게 해서는 안 된다. 만약 선법에 부지런하지 않으면 아주 무겁게 벌하여 다스려야 한다. 저 고승대덕들을 한번 보자! 그들의 신체는 그렇게 잘 길들여져 있어, 어떤 법을 수행하건 간에 얼마나 힘들건 간에 신체는 명령을 듣지 않을 수 없으며, 뿐만 아니라 아주 성실하게 수행한다. 몸이 스스로 문·사·수를 행하는 마음에 딱 맞게 한다. 어떤 사람들은 아침에 늦게 일어나 마음이 어떻게 신체에게 권면을 해도 소용이 없어 재삼 재촉한다. 이렇게 게으름 피우는 신체에 대하여 밥을 먹여서는 안 된다. 또 많이 쉬게 해서도 안 되고 일정 기간 아주 잘 단련해야 한다. 어떤 사람들은 하루 이틀 동안 수행해도 정진이라고 칠 수 있다. 그러나 장기간 견지하는 정신이 결핍되어 일정 기간이 지나면 신체가 또 협력하지 않아 마음의 지휘에 순종하려 하지 않는다. 수행자들이 노력을 기울여 이러한 결점을 다스려 안정되고 굳건한 습관을 기르길 바란다. 오랜 세월 하루같이 늘 정진할 수 있다면 도달할 수 없는 목표는 없다.

卽酬彼薪資 當令辦吾利 즉수피신자 당령판오리
無益則于彼 一切不應與 무익즉우피 일체불응여

자기 신체에 보수를 주었다면
이제는 자기 이익을 위한 일을 하도록 해야 하며,
그것이 나와 다른 중생을 이롭게 할 수 없다면,
모든 것을 주어서는 안 된다.

세간의 하인들은 일정한 월급을 받은 뒤 고용주를 위하여 일을 해야만 한다. 만약 그가 일하지 않는다면 주인은 그에게 어떠한 보수도 주지 않을 것이다. 우리 역시 신체에게 일정한 보수를 지불하였다. 만약 신체가 선한 일을 하여 비교적 나를 만족시킨다면, 상응하여 옷과 음식을 좀 더 많이 줄 수 있다. 수행자와 관련된 음식물·옷은 율장과 대승 경론에서 모두 극단으로 치우쳐서는 안 됨을 강조한다. 먹고 입는 것이 너무 사치스러우면 오만에 빠지기 쉬워 자신의 수행에 장애가 된다. 그러나 음식물이 너무 떨어지면 영양부족을 불러와 신체가 견딜 수 없다. 다른 사람들도 기롱하고 교란시켜 수행자에게 장애를 가져올 수 있다. 당연히 어떤 특수한 수행자들, 예를 들면 대가섭·밀라레빠 등은 고행으로써 증득함을 보였다.

의식 방면의 부족은 근본적으로 수행에 영향을 미치지 않을 것이다. 그러므로 먹고 입는 방면을 완전히 고려하지 않는다. 그러나 일반인 입장에서 말하자면 중도에 의지해야 한다. 우리 학원의 수행자들처럼 대부분의 사람들은 그렇게 뒤떨어지지 않게 먹는다. 김치와 쌀밥은 기본적으로 매 끼 배불리 먹을 수 있다. 출가자의 의복은 규정에 맞고 머물고 입는 방면에서도 중도에 맞는다. 외부세계의 재가자들처럼 화려하지는 않지만 역시 해져 너덜너덜하지는 않는다. 우리 수행자들은 아주 잘 마음을 닦아 선법 공덕으로 자기 마음을 엄숙하게 장식해야 한다. 밖으로 드러나는 의복 방면은 연에 따라 적합하면 되지 특별하게 장식할 필요는 없다. 지나치게 사치스럽고 화려한 것은 실로 취해서는 안 된다. 그러나 의복이 지나치게 다 떨어지면 외모가 마치 지공 화상처럼 미치광이의 행위를 하고 사소한 일에 구애받지 않는다. 그러나 각자의 수행 지위는 그 정도 수준에 도달하지 않았고 다른 사람이 보아도 반드시 신심을 일으키는 것은 아니다. 상사 여의보가 "마음속의 집착이 깨트려지지 않았는데, 밖으로 드러나 보이는 의복이 다 떨어지는 것이 반드시 유가사는 아니다."라고 말한다.

우리는 신체에 대해 제멋대로 하게 두지도 않고 지나치게 가혹하지도 않는다. 자기 신체에 적당한 의복과 음식·휴식을 주어 생존하도록 유지시켜야만 한다. 당연히 이렇게 하는 것은 쓸데없이 그것을 기르는 것이 아니라, 그것이 우리를 위하여 일을 하게 하는 것이다. 현재 그것이 선업의 의리를 잘 처리하게 해야 한다. 대승 수행자의 입장에서 말하자면 선업의 의리 사업은 바로 일체중생을 이롭게 하는 것이다. 이것을 제외하고 다른 어떤 목표의 '우리를 이롭게 하는 것'은 존재하지 않는다. 신체를 잘 먹여 기른 뒤, 반드시 전력을 다해 나아가 중생을 요익되게 하고 일체 유정들을 제도해야만 한다. 이것이야말로 신체를 기르고 지키는 유일한 목적이다.

어떤 사람들의 신체는 늘 마음의 명령을 따르지 않고 법을 순종하지 않아, 도리어 악업을 지어서 자기에게 끝없는 재해를 가져왔다. 이러한 신체에 대하여 적천보살은 우리에게 알려 주었다. "만약 그것이 나와 다른 중생을 이롭게 할 수 없다면, 나는 다시 그것에게 어떠한 것도 주어서는 안 된다. 하루를 잘 수행하지 않으면, 하루 동안 그것을 돌보아주지 않는다." 이것이 모든 고승대덕들의 수행 비결이다. 티베트불교나 중국불교, 혹은 남방에 전해진 불교의 수행자를 막론하고 모두 이러한 전통을 가지고 있다. 게으른 신체에 대하여 고행으로 단련하여 그것이 짓는 모든 행위가 불법에 순응하게 한다.

세간의 많은 사람들은 이 도리에 대하여 하나도 아는 것이 없다. 수행자들은 신체에 대해 특히 집착하여 많은 마음과 재력을 낭비한다. 그러나 신체는 은혜를 몰라 그들을 위하여 복덕자량을 쌓지 않는다. 어떤 선법도 닦지 않고 도리어 하루 종일 악업을 지어 그들의 주인이 악업의 거대한 파도를 따라 생사윤회 속에서 고통의 시련을 다 받게 한다. 우리는 지금 이미 이 이치를 분명하게 다 알았다고 해도, 자기 신체가 자신을 위하여 이익되는 일을 하고 선법을 수행한 적이 있는지 세심하게 관찰해야만 한다. 만약 없다면 논에서 말한 대로 그것에게 어떠한 것도 주어서는 안 된다. 이 은혜에 대한 배신을 엄격하게 벌을 주어 반성하게 한다.

수행자들의 신체는 외모로 볼 때 서로 얼마 차이가 없다. 다만, 각자 지은 것과 한 것이 도리어 차이가 클 뿐이다. 일부 신체는 마치 순종하는 하인처럼 부지런하게 주인을 위하여 많은 착한 일을 하여 주인과 아주 잘 조화를 이룬다. 어떤 사람의 신체는 선법에 대하여 조금도 실천하지 않아 주인을 위하여 각종 죄업 악연을 짓는다. 예를 들어 살생·도둑질 같은 것을 기분 좋게 하고 또 아주 잘한다. 만약 자신이 이러한 몸의 악습을 바꿀 수 없다면, 그것을 없애도록 조금 일찍 죽게 하여 악업을 적게 짓도록 하는 것만 같지 못하다.

念身如舟楫 唯充去來依 염신여주즙 유충거래의
爲辦有情利 修成如意身 위판유정리 수성여의신

신체를 고해를 건너는 배로 생각해서
오가는 것에 이 몸을 이용하는 정도로만 의지해야 한다.
모든 이의 이익을 이루기 위하여
뜻을 성취시키는 청정한 몸이 되어야 한다.

우리는 신체를 마땅히 배로 여겨 생사대해를 건네주는 도구로 삼아야 한다. 사람들은 강이나 바다를 건널 때 오가는 것을 배에 의지하여 넘실거리는 파도도 막을 수 있다. 마찬가지로 육도윤회 속에서 인도 중생은 불법을 듣고 닦는 최적의 조건을 가지고 있는데, 이는 윤회를 건너는 가장 좋은 도구이다. 우리는 사람 몸을 이용하여 노력 정진하여 나와 남이 생사윤회의 대해를 건너 성불의 피안에 도달할 수 있게 해야 한다.

마치 이미 강을 건너면 배를 더 이상 필요로 하지 않는 것처럼, 그것은 사람이 강을 건너도록 도운 임무가 이미 완성되었으므로 집착할 필요가 없다. 신체도 이와 같다. 그것은 단지 우리가 중생을 구제하는 도구일 뿐이므로 집착하고 연연해할 필요가 없다. 『교왕경』에서

"지혜로운 사람은 신체에 대하여 탐욕을 내지 않고, 어리석은 사람은 신체에 대하여 집착을 낸다."라고 말한다. 우리가 신체의 본질과 작용을 인식한 뒤, 한편으론 그에 대하여 집착을 끊고 한편으론 그것을 적극 이용해야 한다. 자신을 선을 닦는 도구로 충당해야 한다. 그것을 이용하여 '가서' 성불 피안에 도달하고, 삼계에 '와서' 중생을 이롭게 하고 제도한다.

나는 때로 나의 신체를 보면 이것은 대단히 번거롭고 불쌍하고 세간에 사는 것에 어떤 의미도 없다고 느낀다. 약간의 혐오감이 있을 뿐이다. 그러나 때로 내가 이 신체에 의지하여 많건 적건 그래도 타인에게 유익한 일을 할 수 있다고 느낀다. 예를 들어 설교를 말하자면, 인간에게 유익한 문자를 써서 수행자들에게 수승한 경론을 번역하고 설명한다. 만약 몸이 없다면, 우리가 불법을 닦아 나와 남을 이롭게 하기 어렵다. 모든 부처님 보살이 사람들을 제도 교화시키는 것 역시 우리의 드러난 사람 몸을 따라야 한다. 만약 그렇지 않다면 모든 부처님과 보살은 법계의 적멸 광명 속에서 늘 법음을 펴고 있지만, 우리는 업장에 가려져 이익을 얻을 방법이 없다.

사람 몸을 이용하여 대승 불법을 닦는 최종 목표는 마치 보현보살·문수보살의 대원처럼 윤회를 다할 때가 일체중생을 해탈시키는 데 달려 있어야 한다. 이 목표에 도달하기 위하여, 반드시 정등보리正等菩提를 원만하게 증득하여 우리 범부의 신체를 부처님의 여의보신으로 닦아야 한다. 부처님의 여의보신은 중생에게 간절하게 구하는 신심이 있기만 하면 무애한 모든 소원(심원)을 만족시킬 수 있다. 우리는 현재 이렇게 본질적 장애를 가진 육신으로 장차 공덕이 원만한 청정 불신을 이룬 뒤, 역시 중생의 원에 의지하고 중생의 업연에 따라 무량국토에 끊임없는 화신으로 나타나 다함없는 유정들의 궁극적 여의보가 될 수 있다.

여기에서 일부는 아마 의혹을 가질 것이다. 논에서 어떤 경우, 사람 몸은 냄새나는 가죽 주머니라고 말하고 조금 지나서는 또 사람 몸이 보물이라고 말하니, 우리는 도대체 자기 몸을 어떻게 보아야 하는가? 초학자들에게 맞추어 말한다면, 이것은 비교적 보편적인 의문이다. 경론에서는 각각의 관점을 밝혔는데, 모두 다른 계층에 맞춘 것으로 일정한 목적을 가지고 있다. 앞에서 말한 것처럼, 사람 몸이 청정하지 않다는 것은 우리가 그것에 대한 통속적인 집착을 끊도록 인도하는 것이다. 왜냐하면 "악은 바로 이 몸이 윤회하는 인因"이기 때문이다.

자기 신체에 집착하여 악을 짓는 것은 중생이 윤회에 빠지는 인이다. 현재 사람 몸이 보물이고 나와 남을 해탈로 건네주는 가장 좋은 도구라는 것은, 잘 이용하면 그것은 나와 남을 해탈시키는 이리二利 사업을 이룰 수 있는 것과 같다. 『학집론』에서는 광범하게 경전 내용을 뽑아 신체에 집착하는 잘못과 신체를 운용하여 선법을 닦는 공덕을 분명하게 밝혔다. 이것은 다른 방면, 혹은 계층으로부터 얻어낸 관점이다. 한편으론 우리가 신체를 인식하고 집착을 끊게 하고, 한편으로는 우리가 그것을 이용하여 선을 닦는 공덕을 이해하게 한다. 본론은 이 두 방면을 결합하고 소승과 대승의 관점을 결합하여 우리가 합리적으로 사람 몸을 다루도록 한다. 수행자들이 만약 경론 방면에 대하여 다문박식하게 되면, 다른 계층의 설명을 더 많이 볼 수 있을 것이다.

(2) 마땅히 좋은 방편으로 선을 닦음

自主己身心 恒常露笑顔 자주기신심 항상로소안
平息怒紋眉 衆友正實語 평식노문미 중우정실어

이처럼 몸과 마음에 자유가 있기에
늘 얼굴에 웃음을 띠고
찌푸리거나 성난 모습을 보이지 말며
중생의 친구가 되고 진실히 말해야 한다.

앞에서 선법을 닦는 데 악연이 되는 것을 단절시킨 뒤, 이제 선법을 잘 닦는 방편을 진술한다.

수행인이 되어 먼저 신·구·의 행동거지가 점잖아 타인과 서로 화목하게 지내야만 한다. 이 점을 잘 실천하려면, 반드시 자신이 자기 마음을 주재할 수 있어야만 한다. 이것에 대하여서는 앞부분의 율의계를 지키는 내용에서 바른 앎과 바른 마음집중으로 자기 마음을 조복시켜 늘 바른 마음집중에 안주할 수 있는 비결을 자세하게 설명하였다. 내부에서 자기 마음을 잘 지킬 수 있은 뒤, 외부의 언행과 태도는 자연스럽게 온화하고 자애로운 모습으로 나타난다. 수행자들이 진일보하여 늘 대승 수행자로서 선량함의 기쁨, 대자대비하게 다른 사람을 이롭게 하는 것을 자신에게 요구하길 바란다. 이러한 자비를 무한하게 확장시켜 친척·친구·모르는 사람에게까지 두루 미쳐야 한다. 자기에게 악연을 만든 중생에게도 이처럼 대해야 한다. 그리고 성내는 마음을 내어 주름져 찡그린 얼굴과 기쁘지 않은 기색을 드러내어서는 안 된다.

당연히 범부가 때로 갑자기 악연을 만나 '성나서 찌푸린 얼굴'이 되는 것을 면하기 어렵다. 사람이 화가 났을 때 미간에 주름 덩어리가 만들어질 것이다. 근훠 린포체가 "사람이 화가 나서 분노할 때 두 눈썹이 한 줄로 만들어지는 것과 같다."라고 말하였다. 어떤 사람들은 성격이 그다지 좋지 않아서 쉽게 이웃 사람과 유쾌하지 않은 상황을 만든다. 이런 사람들에 대하여 티베트인들은 "성격이 포악한 사람들은 마치 소뿔이 주머니 속에 간작되어 있는 것과 같다."라고 비유한다.

소의 뿔은 구불구불 날카롭고 딱딱하기도 하여 주머니 속에 다른 물건과 같이 둘 수 없다. 주머니를 좀 움직이면 안에서 부서지는 소리가 나며 주머니 속의 물건들이 모두 안전할 수 없다. 성격이 좋지 않은 사람들이 이러하다. 그는 어디를 가든 평안하지 않다. 그는 늘 다른 사람을 마음에 들어 하지 않는다. 마치 바깥세상에는 그를 제외한 좋은 사람이 하나도 없는 것 같다. 그러므로 하루 종일 '찡그린 얼굴'을 하고 다닌다. 한 사람이 만약 이생에서 늘 이러하다면, 이러한 사람의 내생은 보기 흉하다. 그러나 인욕을 잘 닦은 사람은 이후에 아주 잘생길 것이다. 인욕으로 수승한 용모를 받으니 수행자의 기뻐함이 된다.

우리는 각자 자기가 이 방면에서 여법하게 할 수 있는지 여부를 관찰해야 한다. 나는 만약 수행자들이 『입행론』을 잘 배워 절실하게 가르침에 따라 행한다면, 사람을 대하고 사물을 다루는 데 있어 반드시 여법하게 할 수 있으며, 적어도 고급 호텔의 직원들처럼 늘 얼굴에 미소를 띤 채 사람들에게 정중한 예의를 갖출 것이라고 생각한다.

보살은 일체중생을 좋은 친구로 여겨 스스로 성실하게 모든 사람들의 친구가 된다. 수행자가 만약 이 점을 잘할 수 있다면, 그는 어느 사람에게도 우호적이고 성실하게 대할 수 있다. 그러나 우리 대부분은 이렇게 하려고 할 적에 곤란한 점들이 있다. 어떤 사람들은 다른 사람을 대하는 태도가 가깝고 먼 것이 한결같지 않아 경계가 분명하다. 이 사람을 대할 때는 웃음이 넘쳐나고 저 사람을 대할 때는 얼음처럼 차갑다. 이것은 대승 수행자가 가져야만 하는 행위가 아니다. 『사무량심의』에서도 말하였다. 일체중생들에게 탐심이 있는 '친함'과 성내는 마음이 들어간 '소원함'을 멀리하고 평등 선심으로 대해야만 사舍무량심을 행함이다.

우리는 언어 방면에서 '정확하고 진실한 말'을 해야만 한다. 즉 실제에 부합하여 타인을 이롭게 할 수 있는 언어이다. 『친우서』에서 용수보살은 세 가지 언어를 말하였다. 대승 수행자는 아름다운 말과 진실한 말을 해야만 한다. 즉 말은 가능한 화기애애하고 듣기 좋으며 실제에 부합하게 한다. 이렇게 하는 것이 자신과 남에게 모두 이익이 있다. 외부환경이 어떠하든 상관없이 수행자가 되어 정확하고 진실한 말을 견지해야 한다. 늘 진실을 말하고 성실한 사람이 되어 절대 세속의 실제에 맞지 않는 꾸미고 아부하는 말을 따라 해서는 안 된다.

移座勿隨意 至發大音聲 이좌물수의 지발대음성
開門勿粗暴 常喜寂靜行 개문물조폭 상희적정행

의자 등의 기물을 옮길 때
경솔하게 소리를 내어서는 안 된다.

문도 거칠게 열지 말며
늘 온유하고 고요한 것을 즐겨야 한다.

한 사람의 수행이 좋은지 나쁜지를 사소한 행위에서 알 수 있다. 대중 속에서 생활하는 수행자의 행위는 반드시 고요함을 유지하여 타인을 방해하는 것을 방비해야 한다. 예를 들면 우리가 책상·의자 등의 기물을 옮길 때 마음대로 잡음을 내어 타인을 놀라게 해서는 안 된다. 쉬워 보이지만 실제로는 많은 사람들이 실천하기 어렵다. 평상시 심신이 온유하지 못하면, 우연히 짐을 부리거나 돌을 지어 나르는 거친 일을 맡았을 때 각종 습기가 드러나기 때문이다. 어떤 사람들은 이런 노동을 할 때 바른 앎과 바른 마음집중이 완전히 없어지고 고함치며 행동거지가 거칠고 시끌벅적 소음을 낸다. 어떤 사람은 또 크게 소리를 지르며 언행에 예의가 없어 근본적으로 수행자 같지 않다.

출가자는 문에 들어서기 전에 세 번 손가락을 튕겨야만 한다. 만약 방안에 대답하는 사람이 있다면, 자신의 신분과 온 연유를 설명하고 상대방의 대답을 기다린 뒤 다시 가볍게 문을 밀고 들어간다. 어떤 사람들은 이 방면에서 마치 교육이 결핍된 것 같다. 큰 걸음으로 걸어가서 문을 부술 듯이 세게 두드리면서 크게 소리 지른다. "야, 사람 있는가?" 이러한 행위는 특히 거칠어서 타인에 대하여 방해가 심하다. 다른 사람이 선정을 닦고 있는데, 그가 이렇게 큰소리로 시끄럽게 한다면 매우 위험할 수 있다.

『사사법오십송事師法五十頌』과 다른 논전에서 특히 문을 두드리는 등의 이러한 행위가 부드럽고 천천히 해야 함을 강조했다. 이 부분들은 세간에서도 많은 예절들이 있어 어떤 사람들은 아주 잘한다. 이 방면에서 아직 잘하지 못하는 수행자들은 반드시 이제부터 절실하게 주의해야 한다.

수행자는 늘 고요하고 온유한 위의 속에 안주해야 한다. 가고 머물고 앉고 눕는 것을 막론하고 수행자들은 자기 마음을 정법에 묶어 편안하면서도 깨어 있는 마음 상태를 지켜야 한다, 이러한 마음 상태를 가지고 있다면, 외부에 나타나는 행위도 상응하여 여법하게 고요함을 지킬 수 있다. 늘 고요한 위의를 지키면 자기 마음을 닦는 것에도 큰 도움이 될 수 있다.

水鷗猫盜賊 無聲行隱蔽 수구묘도적 무성행은폐
故成所欲事 能仁如是行 고성소욕사 능인여시행

물새나 고양이와 도둑은
소리 없이 눈에 띄지 않게
자기가 원하는 바를 달성하듯이,
보살 또한 이와 같이 행동해야 한다.

갈매기는 바다·강이나 호수에 있는 물새로 통상 어류로 먹을 것을 삼는다. 그들은 하늘을 날거나 수면을 헤엄칠 때 동작이 매우 가볍고 민첩하여 물고기들을 놀라게 하지 않을 수 있다. 수행자들은 모두 고양이를 본 적이 있다. 고양이들이 방을 지나고 담장을 지나거나 구석에 쭈그리고 앉을 때 소리가 없어 눈치 빠른 쥐도 알기 어렵다.

또 도적은 담장을 넘어 집으로 들어갈 때 매우 은밀하게 하여 다른 사람들이 발견하기 어렵다. 적천보살은 여기에서 세 가지 예를 들어 고요하면서 섬세함을 지키는 자들이 추구하는 목표를 달성할 수 있음을 설명하였다. 수행자는 선법을 닦는 성공을 위하여 역시 이처럼 고요함을 지켜야만 한다.

'능인能仁'은 부처님 명호의 하나이다. 청정하고 단련이 잘 되어 있어 고행을 행할 수 있는 마음을 가리킨다. 이 뜻을 다시 말하면, '능'은 또한 대승 불법을 닦는 수행자를 가리킨다. 그러므로 여기에서 능인은 부처님으로 해석해서는 안 되고 광범하게 우리 보살행을 닦는 모든 사람을 가리킨다. 이 게송 구절을 티베트어로 직역하면 "대승 수행자가 되어 행동거지 역시 늘 고요해야만 한다."이다. 뜻은 갈매기·고양이·도적들이 그들의 구함을 이루기 위하여 행동은 늘 조용하고 소리 없음을 유지한다. 우리들은 나와 남의 광대한 이익을 이루는 대승 수행자가 되어서 이러한 고요·안정·온유한 방식에 의지해야만 하고 거칠고 경솔해서는 안 된다.

불교 수행에서는 특히 고요함을 강조하는 특징이 있다. 대사원에서 대중들이 행주좌와하고, 밥 먹고 일하며 사람이 많아도 여전히 조용한 분위기를 유지할 수 있다. 역대 수행자들은 줄곧 이 아름다운 전통을 유지하였으며 우리도 예외가 아니다. 비록 범부는 과거의 습기 때문에 완전히 여법하게 할 수는 없으나 수행이 진보하려면 이 점은 반드시 해내야만 한다. 상사 여의보도 "우리 대승에 들어온 수행자들은 행위에 있어 늘 고요함과 온유함을 유지해야 한다. 세간의 저 못 배운 사람들처럼 거칠고 사나워서는 안 된다."라고 말하였다.

어떤 환경 속에 있더라도 우리는 큰소리로 떠들어서는 안 된다. 어떤 사람은 아주 작은 잘못은 크게 신경 쓰지 않아도 된다고 하며 뻔히 알면서 죄를 범한다. 이러한 사람들은 주의해야만 한다. 경전에서도 "물방울이 작아도 큰 그릇을 넘치게 할 수 있다. 어리석은 사람이 그 악을 쌓는 것 역시 이렇게 아주 적게 쌓이는 것에서부터 시작된다."라고 말한다. 『열반경』에서 "가볍고 작은 잘못은 재앙이 없을 것이라고 여기지 말라. 물방울이 비록 미미하지만 점차 큰 그릇을 채운다."라고 말한다. 진정으로 대승보살도를 닦는 사람은 모든 미세한 부분에 대하여 특히 주의해야 한다. 우리가 만약 미세한 학처에 대하여 늘 "대수롭지 않다"는 태도로 대한다면, 점점 큰 계율 학처에 대해서도 경계를 느슨하게 할 것이다. 하루하루 방일하다 보면 필시 무거운 업보를 조성할 것이다.

우리는 평상시 작은 행위에 대하여 삼가 신중히 하여 고요함을 지켜야 한다. 이것이 불제자의 가장 기본 행위준칙이다. 스리랑카·미얀마·태국 등 남방불교에서는 출가자들이 여전히 예스럽고 소박한 풍격을 유지하고 있다. 그들의 고요하고 온유한 위의는 많은 세상 사람들에게 보고서 믿음과 존경을 일으키게 한다. 또한 그들의 수행은 두루 사위의에 미쳐 순리대로 공덕을 일으키게 한다. 수행자들은 이것을 귀감으로 삼아 법을 닦는 성공을 위하여 굳건하게 자신의 행동거지를 균형 있게 정돈해야 한다. 평상시 여법한 행위를 더욱 견고하게 유지해야 한다. 표준에 부합하지 않는 것은 고치도록 노력해야 한다.

宜善勸勉人 不請饒益語 의선권면인 불청요익어
恭敬且頂戴 恒爲衆人徒 공경차정대 항위중인도

남에게 선행을 지혜롭게 권하고,
청하지 않았어도 해주는 충언은
공경하여 듣고 정대하여 받아들이며,
늘 겸손하게 많은 사람의 제자가 되어야 한다.

'지혜롭게 남을 권면함'에는 두 가지 해석이 있다. 하나는 우리가 늘 지혜를 운용하고 방편을 잘 설정하여 다른 사람이 악을 끊고 선을 행하도록 권면해야 함을 말하는 것이다. 이것은 당연히 지혜 방편이 있어야만 하고 자신에게 어느 정도의 공덕이 있어야 할 수 있다. 이런 기초가 없다면 맹인이 다른 이에게 길을 안내할 수 없는 것과 같이 능력이 없다. 다른 하나는 자신이 타인에게 잘 부탁해서 수행 성취를 독려하는 가르침을 얻는 것을 말한다. 이 게송은 전체적으로 볼 때 수행인이 선업을 이루는 것을 말한다.

우리는 대승 수행자가 되어 순리대로 선법을 이루기 위하여 공경하며 타인의 도움말을 들어야만 한다. 도움말을 듣는 데 두 가지 상황이 있다. 하나는 스스로 공경과 예의로 선지식의 가르침을 청하여 얻는 것이다. 이 방면에서 우리 대부분은 선지식의 가르치는 방법에 의지해야만 하고, 그 가운데에서 주요한 것은 공경스럽고 겸허해야만 하는 것이다. 가르침을 구할 때는 정성스럽게 하며, 가르침을 얻어 정진할 때 가르침에 의지하여 행해야만 한다.

두 번째는 우리가 타인에게 가르침을 구하지 않았지만 타인이 좋은 뜻으로 우리에게 가르침을 준다면 또한 기쁘게 받아들여 공경스럽게 들어야만 한다. 타인이 우리에게 준 교계는 지혜로써 판단한 뒤, 만약 자신의 이생과 내생의 많은 중생들에게 모두 바른 이익이 있다면 공경하고 겸손하게 그를 선지식으로 섬기며, 마치 금강상사를 모시는 것처럼 정대하고 예를 올린다. 그 앞에서 각종 방식으로 공경과 감격의 뜻을 나타낸다. 아울러 가르침을 가슴 깊이 새기고 진실로 받들어 행한다. 당연히 우리의 정확한 판별을 거쳐 그의 말이 여법하지 않거나, 혹은 자신이 아직 완전하게 이해하여 받아들일 수 없으면 행하지 않을 수 있다고 생각한다. 그러나 권고해 준 사람에게는 반드시 이치에 맞고 법에 맞게 공경해야만 하고 절대 기쁘지 않은 얼굴빛이나 달갑지 않은 오만함을 나타내어서는 안 된다.

대승 수행자들은 항상 모든 중생을 선지식으로 여긴다. 마땅히 청정심으로 타인을 대하며 자신의 마음에 겸손함을 품고 제자의 신분으로서 하듯이 주변의 모든 사람을 공경한다. 이와 같이 할 수 있다면 수행은 큰 진보가 있을 것이다. 샤꺄빤디따는 "지혜로운 사람은 앎이 넓고 깊어도 미미한 타인의 덕까지도 취한다. 오랜 기간 이와 같이 행한 사람은 빠르게 일체지지의 지위를 이룬다."라고 말한다. 다른 사람이 어떤 사람이건 간에 지혜로운 사람의 눈에는 모두 선지식이다. 다른 사람의 장점은 배울 수 있고, 다른 사람의 부족한 점은 자신에게 비추어 보아 있으면 고치고 없으면 더욱 힘써 정진한다.

그러나 우리 많은 사람들은 이 점을 이해하지 못하고 늘 타인의 언행에 대하여 거슬리게 받아들이며 "흥! 너 같은 사람이 나를 가르치려고 하다니, 그대는 또 얼마나 잘할 줄 알아서……"라고 하며 오직 오만함만 가득할 뿐이다. 그가 어떠한가를 논할 것 없이 주변 사람들로부터 이익되는 지식을 배울 수 없다면, 그것은 그의 수행이 아직 충분하지 않으며 아직 지혜로운 사람이 아니라는 것을 증명한다. 진정 지혜로운 사람은 어질고 선한 수행자를 만났을 때 저절로 큰 요익을 얻을 수 있다. 만약 자신에게 오만함이 있다면, 일반 사람들 앞에서는 말할 것도 없고 금강상사 앞에서도 한 점의 이익도 얻을 수 없다.

우리가 자신의 덕행을 원만하게 하고자 한다면 반드시 겸허함을 지켜 공경스럽게 일체중생의 제자가 되어야 한다. 이전에 불법을 펴던 사람도 "나는 작은 개미이다. 나는 일체중생의 발밑에 처하기를 원한다. 나는 도로이다. 모든 중생이 내 몸을 통하여 범부에서 불과의 경지로 나아가길 바란다."라고 말하였다.

一切妙雋語 皆贊爲善說 일체묘준어 개찬위선설
見人行福善 歡喜生贊嘆 견인행복선 환희생찬탄

다른 사람이 말한 모든 지극한 이치의 명언을
훌륭하다고 칭찬해야 하며,
다른 사람이 복덕 선법 행하는 것을 보면
진실로 수희하고 찬탄해야 한다.

일상생활에서 우리는 각 방면으로부터 세간·출세간의 좋은 일들을 듣고 읽을 수 있다. 이렇게 사람이 발전하도록 권면하고 인류의 아름다운 정서를 계발시키고 인격을 선량하게 하는 말들에 대하여 마음속에서부터 찬미해야만 한다. 어떤 사람을 막론하고 중생에게 이익이 되는 말을 할 때 좋다고 느낀다면 그들 앞이나 뒤에서 여법하게 찬양해야만 한다. 선천 논사는 "모든 번뇌를 다스릴 수 있는 좋은 말은 사실 부처님의 가피이다. 부처님께서 직접 말한 것과 다르지 않으므로 찬탄해야만 한다."라고 말한다. 이 교증은 우리가 반드시 기억해야만 한다. 어떤 형식의 말이나 서적이 진정으로 중생을 이롭게 하여 중생을 악에서 멀어지고 선으로 나아가게 하며 악업 번뇌를 다스리게 할 수 있다면, 사실 이는 부처님의 끝없는 자비 위덕 사업을 돕는 것이며, 이치상 부처님께서 직접 말한 것과 다를 게 없다.

다른 사람이 선법을 행하고, 삼보에 공양하고, 방생하고, 절과 탑을 짓는 등과 같이 복덕자량 쌓는 것을 보았을 때 자기 역시 마음속으로부터 환희심이 일어나 진실로 다른 사람의 선행을 수희하며 또한 언어로써 공덕을 찬양해야 한다. 차메 린포체는 "만약 다른 사람이 선법을 행할 때 자신에게 질투심이 생기지 않을 뿐만 아니라 수희하여 찬탄한다면, 그와 똑같은 공덕을 얻을 수 있다."라고 말한다.

마음씨가 돈후하고 선량하며 겸허한 범부는 다른 사람이 선법 닦는 것을 볼 때 마음속으로부터 기뻐할 것이다. "훌륭해, 정말 훌륭해."라고 말하면서 자신이 직접 이 일을 한 것처럼 기뻐하며 때론 심지어 더 기뻐하기도 한다. 이전에 나는 탄청 공사장에서 한 노동자와 이야기를 하였다. 이 노동자는 일자무식이었지만 그의 선량함과 돈후함은 나를 크게 계발시켜 주었다. 그는 말을 하기만 하면 다른 사람의 공덕을 찬탄하여 말하길, "아, 이곳 수행자는 정말 대단하다! 하루 종일 듣고 사유하고 수행한다. 공덕이 정말 불가사의하다. 말법 시대에 이곳 수행인들은 정말 광명보배등과 같다. …… 아! 이 고승대덕의 공덕은 확실히 대단하다!"라고 하였다. 그는 비록 다 떨어진 옷을 입고 있었지만 그의 마음은 순금 같은 자질이라고 느꼈다.

상대적으로 우리는 듣고 사유하는 지혜를 가지고 있지만, 이 방면에서는 많이 부족하며 머릿속에 구불구불한 길이 너무 많아 다른 사람이 지은 선법 공덕이 매우 크다는 것을 분명하게 알 수 있으면서도 많든 적든 간에 질투하고 비교하는 마음을 일으켜 늘 빙 돌려서 다른 사람의 결점을 찾아내고 공덕을 수희하길 원하지 않는다. 이러한 결점을 고치지 않으면 자량을 쌓는 것에 큰 장애가 된다.

暗稱他人功 隨和他人德 암칭타인공 수화타인덕
聞人稱己德 應忖自有無 문인칭기덕 응촌자유무

아첨이 됨을 피하여 타인이 모르게 그의 공덕을 찬미하고,
타인의 공덕을 칭찬함을 들으면 따라하며,
자신의 공덕을 칭찬하는 것을 들으면
자신에게 공덕이 있는지 잘 살펴야 한다.

우리가 타인의 공덕을 찬탄할 때 그 사람이 없는 자리에서 찬양하는 것이 좋으며, 만약 직접 칭찬한다면 아첨으로 변하여 겉치레의 말이 되기 쉽다. 세간의 많은 사람들은 만난 자리에서는 다른 사람을 칭찬하고 뒤에서는 비방하길 좋아한다. 뒤에서 진심으로 다른 사람을 칭찬할 수 있는 사람은 매우 적다. 우리가 다른 사람의 공덕을 칭찬하려고 하면, 가식적이어서는 안 되고 속과 겉이 한결같아야 하며, 다른 사람에

게 정말 공덕이 있을 때는 자기 마음속에서부터 수희하고 찬양해야 한다.

'수희함'은 어떤 사람이 타인의 공덕 찬양하는 것을 들을 때 만약 이 공덕이 진실이라면 우리 또한 다른 사람의 칭찬하는 말에 따라서 기뻐하는 것이며 질투심을 내어 다른 사람의 수희하는 것을 훼손해서는 안 된다. 일부 사람들은 다른 사람이 어떤 사람을 찬탄하는 중간에 끼어들어 "아, 이 사람은 어떠어떠해. 정말 나빠."라고 하여 같이 있던 사람들의 수희심을 전부 훼손한다. 이러한 잘못은 헤아릴 수 없이 크다. 이 과보는 『이규교언론』에서 말한, "늘 많은 사람들을 비난하고 훼손하였기 때문에 호법신중에 의지해도 보호받을 길이 없다."고 함과 같을 것이다. 『격언보장론』·『자아교언』 등 많은 지혜로운 사람들의 가르침 속에도 다른 사람의 공덕을 칭찬하는 것이 수행자가 가져야만 하는 인격 기초라고 강조하였다.

수행자는 다른 사람이 자신의 공덕에 대하여 칭찬하여 지혜 복덕 각 방면에서 듣기 좋은 말을 할 때 마땅히 자신에게 정말로 이러한 공덕이 있는지 관찰하되, 만약 있다면 오만함을 일으켜서는 안 되고 이 공덕이 상사 삼보가 가피를 내려주어 얻은 것임을 사유해야만 한다. 마음속으로 이렇게 사유한 뒤, 다른 사람이 어떻게 찬탄해도 집착해서는 안 되고 나무처럼 안주하며 이 일체를 중생들에게 회향해야만 한다. 만약 자기에게 근본적으로 다른 사람이 말한 공덕이 없다면 없는 공덕을 진짜로 여겨서는 안 된다. 자기가 만약 거짓으로 추켜세우는 말에 도취된다면 매우 어리석은 행위이다.

수행자들이 만약 자세하게 관찰한다면 이러한 우스갯거리는 늘 다른 사람이나 혹은 자기 자신에게 일어난다는 것을 발견할 것이다. 일부 사람들은 어떤 목적을 가지고 우리를 추켜세운다. "아이고! 당신은 정말 대단하군요. 지혜가 이렇게 예리하고 신체는 이렇게 튼튼하다니, 당신은 분명 전생에서 온 활불이고 공행모일 것이다." 이러한 말을 대할 적에 우리는 머리가 청정하게 깨어 있어야만 한다. 이러한 말들은 마치 태양 빛 아래의 비누거품이 비록 오색찬란하더라도 허상일 뿐인 것과 같다.

一切行爲喜 此喜價難沽 일체행위희 차희가난고
故當依他德 安享隨喜樂 고당의타덕 안향수희락

모든 행위가 중생을 기쁘게 하나니,
이러한 환희는 돈으로 사기 어렵다.
타인의 선 닦는 공덕에 의지하여
수희찬탄하는 기쁨을 누려야 한다.

대승 수행자의 수행 목적은 모든 중생으로 하여금 큰 안락과 환희를 얻게 하는 것이다. 세간 중생의 일체 행위 역시 자신과 가까운 사람들의 기쁨과 즐거움을 위한 것이다. 각자가 어떤 사람인가를 막론하고 안락을 향하는 것은 같다. 그러나 이러한 환희와 안락은 결코 돈으로 살 수 없다. 세간에 돈 있는 사람은 많지만 그들 중에 고요와 안락이 있는 사람은 매우 적다. 진실하고 영원한 안락은 오직 불법의 문·사·수 수행을 통하여 법성을 증득한 사람만이 얻을 수 있다. 이러한 안락을 얻은 수행자는 불교 역사에서 매우 많다.

우리는 밀라레빠 존자를 안다. 그는 수행자들 중에서 가장 좋은 본보기의 한 분이다. 존자의 전기에서 우리는 그가 늘 희열 속에서 살았고 일체 번뇌에서 벗어났음을 볼 수 있다. 그는 어디에 있건 어느 환경에서 살건 간에 마음속은 청정한 쾌락으로 충만해 있었다. 또한 주변 사람들에게 쾌락을 가져다주었는데, 이러한 쾌락은 세간의 일체 금은재보를 다 써도 바꿀 수 없는 것이다.

마음속에서 시종 안락을 유지한다면 자신의 인생과 수행에 대단한 도움이 될 수 있다. 마음이 안락한 사람은 악연이나 장애를 만나도 마음속이 아주 가벼워 타당하게 잘 처리할 수 있고 또 많은 불필요한 고통에서 벗어날 수 있다. 세간에서 좀 지혜 있는 사람들은 이 작은 불법을 운용하여 평생 확실히 다른 이들보다 아주 즐겁게 지낸다.

나에게 저비라는 친구가 있다. 그는 비록 출가의 인연은 없었지만 진언을 외우고 불교 서적 보는 것을 마음으로 좋아해서 줄곧 중단하지 않고, 다른 마음 쓰는 일에 대해서도 해야만 하는 것은 하고 다 한 뒤에는 한쪽으로 밀어두어 크게 마음을 써서 집착하지 않았다. 내가 보기에 그는 확실히 일반 사람들보다 활달하고 유쾌하게 지냈는데, 정말 불법 공부를 통하여 이익을 얻은 것이다.

우리는 또한 늘 안락한 마음의 상태를 유지하여 도량이 넓은 마음으로 일체를 대하고 갖가지 불필요한 걱정 고통은 내려놓아야 한다. 수행자들 중 어떤 사람들은 현재 생활상의 작은 번거로움들 때문에 때로 아마도 번뇌가 일어날 것이나 이것은 악연이나 고통으로 칠 수도 없다. 몇 십 년 후 다시 현재의 이 생활을 기억한다면 일체가 즐겁고 아름다운 것으로 변할 것이다. 상사 여의보가 말하길, “나는 일생 세계 각지를 다녔고 많은 사람들이 나를 존경했고 세간의 온갖 원만하고 풍요로운 생활도 경험하였다. 그러나 이러한 것들은 젊었을 때 사원의 도량에서 배움을 구하던 생활과 비할 수 없다. 그것은 일생에서 가장 행복한 날이다. 당시 비록 먹고 입는 모든 것들이 부족하기는 했지만 그때 금강상사의 자비 감로, 환희에 차 근심 없는 금강도반들을 생각하면 일생에 다시 그때보다 더 즐거운 때는 없었다!" 라고 한 것과 같다. 우리는 늘 상사의 이 방면 가르침을 생각해 보며 작은 곤란 때문에 마음을 놓지 못해서는 안 된다. 수행자들은 반드시 마음속의 모든 종기를 절개해내어 가볍고 기쁜 마음으로 불법을 닦아야 한다.

기쁜 마음은 얻기 어렵고, 우연히 얻었어도 유지하기 어렵다. 우리는 각종 방편으로 우울한 고뇌의 상처를 제거하여 이러한 희열을 일으킨 뒤, 늘 현량하고 청정한 마음으로 주위의 일체를 보아야 한다. 다른 유정을 돕는 데 노력해야 할 뿐만 아니라 자신과 남에게 안락이 일어나게 해야 한다. 또 다른 사람이 선법을 행한 공덕을 빌려 자신에게 수희공덕의 안락이 일어나게 해야 한다. 매번 다른 사람이 선법 행하는 것을 듣거나 볼 때마다 진정으로 수희해야만 한다. 이렇게 하면 타인의 선행으로 자신이 같은 안락을 누릴 수 있고, 또한 자기의 선법 공덕을 늘리게 하여 현생과 내생에 모두 안락을 얻을 수 있다.

만약 우리가 마음의 흐름 가운데 질투 등의 나쁜 마음이 있다면 다른 사람의 선법 공덕을 보았을 때 분명히 번뇌가 일어날 것이다. 자기에게 이롭지 않을 뿐만 아니라 고통이 일어나 자신의 이생과 내생에 아주 큰 악업을 가져온다. 이렇게 자기가 자기를 해치는 어리석은 행위는 머리가 있는 사람이라면 누구나 신속히 멀리할 것이라고 믿는다. 마치 독사와 불구덩이를 피하는 것처럼.

如是今無損 來世樂亦多 여시금무손 내세락역다
反之因嫉苦 後世苦更增 반지인질고 후세고갱증

이렇게 수희한다면 현생에 어떤 손해도 없고
내세에도 많은 안락을 얻을 수 있으나,
타인의 공덕에 성내는 마음이 일어나 질투 때문에 고통스럽다면
내세에는 더 큰 고통을 받을 것이다.

우리가 다른 사람이 선법을 수행한 것에 대하여 수희하는 것은 다만 일념의 청정한 인식·찬탄·환희심일 뿐이다. 이러한 마음은 자신의 각 방면에 조금의 손해도 없다. 예를 들면 타인이 많은 재산을 보시하고 많은 선법을 행하여 내가 마음을 다해 그의 선행 때문에 기뻐하여 찬탄한다면, 나 자신의 재산·지위 혹은 출세간의 문·사·수 수행의 공덕이 손해를 받을 것인가? 조금도 그렇지 않다. 손해가 없을 뿐만 아니라 자신에게도 이 때문에 많은 기쁨과 즐거움이 일어나 질투에 의한 번뇌를 정화시키고 복덕을 늘릴 것이다. 동시에 자기도 이 때문에 이러한 선법 수행자들에게 항상 의지하여 발전하고자 하는 마음이 날로 늘어날 것이다. 이러한 선근은 내세에 더욱 늘어나 잠시 우리에게 인천 복보를 얻을 수 있게 하며, 결국에는 자신이 무상 안락의 불과를 깨달을 수 있게 한다.

만약 우리가 이렇게 수희하지 못한다면, 다른 사람이 선법을 행하여

기쁨을 누리는 것을 볼 때 질투가 일어나거나 미움이 생긴다. 예를 들면 어떤 사람이 듣고 사유하는 것을 원만하게 하거나 어떤 논전을 암송하는 것을 본 뒤 그에게 불만을 가진다면, 이것은 자기에게 이익이 될까, 이익이 되지 않을까? 자연히 조금도 이익이 없다. 공덕 방면에 이익이 없을 뿐만 아니라 이 때문에 질투의 번뇌로 고통을 받을 수 있다.

질투의 번뇌가 마음을 태우는 고통은 많은 사람들이 정도는 달라도 다 느낌을 가지고 있다. 때로 칼로 베고 불에 태우는 것처럼 견딜 수 없게 한다. 티베트 사람의 속담에서 "질투심을 가지고 있는 사람은 시종 안락을 얻을 수 없다. 오만함을 가지고 있는 사람은 시종 공덕을 얻을 수 없다."라고 말한다. 자신은 안락하고 부귀하길 바라고 다른 사람이 자기보다 뛰어난 것을 바라지 않는다. 이러한 번뇌가 생겼다면 분명 다른 사람에게 성내고 비방하여 다른 사람의 공덕을 인정하지 않아 부지불식간에 악업을 지을 것이다. 내세도 이러한 악업의 성숙 때문에 더 큰 고통의 과보를 받을 것이다.

세간의 많은 사람들은 종종 질투 때문에 부질없이 자신에게 상처를 주면서, 그들은 자아를 관찰할 수 없다. 어떤 사람은 다른 사람의 공덕을 한번 들으면 얼굴빛에 변화가 나타나기 시작한다. 마음속에 불이 난 것처럼 앉아 있을 수 없을 정도로 끓어오른다. 이러한 사람들은 자신을 잘 반성해야 한다. 왜 이런 나쁜 마음이 일어나야 하는가? 중국의 선사가 "그 집안의 부귀 인연은 정해져 있는데 무엇을 질투하는가? 전생에 닦지 않아서 지금 고통을 받는데 무엇을 원망하는가?"라고 말하였다.

다른 사람의 안락과 부귀는 그 사람이 선업을 닦아서 얻은 것이다. 자신이 가난하여 복이 없고 지혜가 낮은 것은 스스로 선법을 닦지 않은 업보이다. 이러한 것들에 무슨 질투하고 원망할 만한 무엇도 없다. 운명을 장악하는 것은 자기 손에 달려 있다. 각자가 만약 다른 사람과 같은 공덕을 얻고 싶다면, 힘을 다해 질투를 끊고 진정으로 다른 사람의 공덕을 수희해야만 한다. 마음의 도량이 넓고 선량한 사람, 일체중생이 안락을 얻길 기원하는 사람은 모든 사람의 행복에 대하여 자주 환희를 일으킨다. 이 때문에 모든 사람의 복과 선의 공덕은 그의 마음의 흐름 가운데 마찬가지로 일어난다. 이러한 사람의 복덕 선근이 어떻게 신속하게 늘어나지 않고 원만해지지 않을 것인가!

出言當稱意 意明語相關 출언당칭의 의명어상관
悅意離貪嗔 柔和調適中 열의이탐진 유화조적중

다른 사람과 대화할 때 말하는 것은 상대방의 마음과 부합해야 하고, 뜻은 분명해야 할 뿐만 아니라 앞뒤가 이어져야 한다.
말하는 것은 다른 사람을 기쁘게 하고 탐애와 분노를 멀리해야 하며, 언어의 음조는 부드러워야 하고, 발음의 고저와 속도는 적당해야 한다.

『입행론』은 적천 논사가 경장에서 대승보살과 관련한 수행법의 비결을 모아 이룬 것이다. 본사 석가모니불이 제자들에게 전수한 말과 관련된 좋은 방편이 이 게송에 간소하게 집중되어 있다. 이 법은 수행인이 대승·소승의 어느 종파를 닦건 간에 배워야 한다.

이 대화법의 비결을 각자가 원만하게 할 수 있다면 각자의 말은 반드시 청중들을 탄복시킬 것이다.

불교 경론에서 언행에 관련된 좋은 방편은 『법구경』「언어품」·『국왕교언』「언어품」에 모두 자세하게 설명되어 있다. 맥팽 린포체는 "세간의 많은 친한 사람과 원수들은 말을 통하여 야기된 것이다."라고 말한다. 수행자들은 국제 관계에 있어서의 많은 큰일들과 주변의 작은 일들이 종종 말로 인하여 야기되고 또 말을 통하여 변하고 해결되는 것을 늘 볼 수 있다. 그러므로 말할 때 우리들은 반드시 내용·방식·기교에 주의해야 한다. 상사 여의보 역시 우리들에게 가르쳤다. "각자가 출가자인가 혹은 재가자인가를 막론하고 말하는 부분에 있어 이러한 비결을 장악하지 않는다면 불편한 일들을 많이 가져올 것이다."

수행자들은 진지하게 이 게송의 내용을 듣기 바란다. 이 비결을 적용해 보면 우리가 다른 사람과 이야기할 때 말하는 내용·방식은 상대방의 근기와 취향에 적합해야 한다. 세간 중생의 각 근기와 습기는 천차만별이다. 이 때문에 각자의 흥미도 다르다. 어떤 말은 우리 스스로 느끼기에 매우 좋다. 그러나 다른 사람이 받아들이는 것은 다를 수 있다. 그러므로 가장 좋은 것은 말하기 전에 먼저 듣는 사람의 직업·습성 등 각 방면에 대한 이해가 있어야 한다. 만약 먼저 이해할 조건이 없다면 역시 말할 때 자세하게 관찰해야 한다. 상대방의 표정을 통하여 그가 지금 얘기하고 있는 화제에 흥미가 있는지 없는지를 판단한다. 만약 상대가 싫증을 냈다면 신속하게 화제·방식을 바꾸어야 한다. 그렇지 않고 장광설을 쉬지 않고 늘어놓으면 상대는 두리번거리며 마음이 여기에 있지 않아 무엇도 들어갈 수 없다.

당연히 우리 불제자가 대화하는 화제와 방식은 반드시 불법에 수순해야만 한다. 그리고 불법을 이야기하는 수준과 방식은 근기와 여건에 맞게 해야만 한다. 수행자들은 부처님의 십대제자 중에서 설법 제일이 부루나 존자라는 것을 안다. 부루나 존자는 의사를 보면 의사에게 적합한 법을 말한다. 관리를 보면 관리에게 적합한 법을 말한다. 농부를 보면 농부에게 적합한 법을 말한다. 상황에 맞게 가르침을 펴고 틀에 구속되지 않는다. 이 방면의 비결은 지식·생활 경력 등 장기간의 단련과 배양에 의지하여 융통성 있게 운용할 수 있다.

말을 할 때는 분명한 주제가 있어야 하고, 모든 말은 주제를 중심으로 삼고 말하여 듣는 사람이 자신이 밝히고자 하는 의미를 분명하게 이해할 수 있게 해야 한다. 만약 앞뒤가 이어짐이 없이 혼란스럽게 말하면 듣는 사람은 구름과 안개 속에 있는 것처럼 자기가 무엇을 말하고 있는지 모른다. 이런 대화가 또 무슨 효과가 있겠는가? 만약 간단한 화제라면 그대는 직접 두세 마디로 말한다. 그리고 다시 보충해서 자세하게 말한다. 만약 비교적 복잡한 문제라면 가장 좋은 것은 먼저 대강을 나열하고 점점 중점을 돌출시킨다. 혹은 중심을 나열하고 다시 각 방면에서부터 그 가지를 논술한다. 이렇게 하면 듣는 사람이 한 번 들으면 분명하게 알 수 있다. 간결하고 명쾌하게 하여 수행자들은 일을 절약하고 시간을 절약한다.

대화하는 과정에서 하는 말은 연관되어야 한다. 연관의 하나는 의미가 연관되어야 하는 것이다. 즉 말의 전후는 주제를 중심으로 해야 하고 의미는 연관성을 잃어서는 안 된다. 만약 다음 문제로 바꾸어 말해야 한다거나, 혹은 다른 각도로 말하고자 하면, 너무 멀리

의미를 갈라놓아서는 안 되며 앞을 이어 설명해야 한다. 두 번째는 말의 강약과 높낮이 등이 고르게 연관되어야 한다. 말하는 방식과 격조 등에서 통일되고 연속됨을 유지해야 한다. 만약 말이 끊어졌다 이어졌다 한다면 역시 이 때문에 청중의 흥미에 영향을 미칠 것이다.

말하는 것은 온화하고 자애로워 다른 사람에게 기쁨을 일으켜 기꺼이 받아들이게 한다. 이것 역시 보살 사섭법의 하나인 애어愛語이다. 사람이 만약 마음속에 자애와 선량함이 충만해 있고 타인에 대한 친절이 충만해 있다면, 하는 말도 다른 사람이 기쁘게 느끼도록 할 수 있을 것이다. 당연히 말할 때 언어가 평화롭고 친절하며, 권면하는 말은 완곡하고 함축적으로 하는 이러한 좋은 방편은 상대방에게 기쁨이 일어나게 하는 중요한 요소이다. 화지 린포체가 지은 『연원가무蓮苑歌舞』에서 미봉다양과 아닝의 사이를 "사랑의 언어로 듣기 좋은 말을 서로 주고받을 뿐, 지금까지 성난 목소리로 서로 질책하는 것을 들은 적이 없다."라고 묘사하였다. 생활은 이 때문에 행복할 수 있다. 일반인의 가정은 이와 같지 않아서 언어 때문에 풍파가 사방에서 일어나 충돌이 끊이지 않는다.

수행자는 말함에 있어 바른 삶을 지키고 순수하고 청정한 언어를 사용해야 하고 탐욕과 성냄의 오염을 버려 탐애·성냄 등의 바르지 않은 말을 멀리해야 한다. 『해의경海意經』에서는 자세하게 우리 수행자의 언어에 쇠약한 말·거친 말·열 받는 말·사실이 아닌 말·탐욕적이고 비열한 말·성나서 해치는 말 등 64가지 오염된 말을 멀리해야 함을 밝혔다. 『십지경』·『법집경』 등의 경전에서는 이에 대하여 많은 규정이 있다. 더욱이 탐심·분노를 일으키는 언어를 수행자가 반드시 멀리해야 한다고 강조하였다.

아티샤 존자는 『보살보만론』에서 역시 수행자는 "온화하고 성실한 말을 해야 한다."라고 말하였다. 온화하고 완곡한 방식으로 말을 하여 스스로 밝히고자 하는 의미를 마찬가지로 분명하게 나타낼 수 있어야 한다. 뿐만 아니라 듣는 사람이 받아들일 수 있게 하고 쟁의와 충돌도 평온하게 해결할 수 있게 한다. 어떤 사람들은 말을 할 때 전혀 이 점을 주의하지 않고 입을 열면 이리저리 다른 사람의 마음을 뜨끔하게 찌르는데, 이렇게 할 필요가 없으며 또한 어떤 좋은 결과도 없을 것이다. 가령 각자의 말이 진실이고 합리적이고 타인에게 이로움이 있다고 하더라도 방식이 지나치게 거칠고 딱딱하다면, 마치 질책하고 욕하는 것과 같아 일반 사람들은 지도를 받아들일 수 없으며 아마도 그대에게 말대꾸를 할 것이다.

『친우서』에서 용수보살 역시 훈계하여 말하길, "부처님께서는 세 가지 언어를 말하였다. 사람의 '듣기 좋은 말·진실한 말·빈말'은 '꿀·꽃·오물'과 같아서 뒤의 것은 버리고 앞의 것은 행해야 한다."고 하였다. 듣기 좋은 말은 꿀과 같고 진실한 말은 꽃과 같다. 그러나 빈말은 깨끗하지 않은 오물과 같다. 수행자가 되어 가장 좋은 말은 듣기 좋은 덕담이다. 즉 다른 사람을 기쁘게 할 수 있는 방식으로 진실한 말을 하면 사람의 마음에 아름다운 느낌을 가져다준다. 수행자들이 앞으로 절실하게 자신의 언어에 주의를 기울여 최대한 온화하게 하기를 바란다.

말함은 고저와 속도가 중도에 맞아야만 하고, 매번 말하는 것을 너무 많이 해서도 너무 길게 해서도 안 된다. 또한 너무 적어서도 안 된다. 한 번에 말하는 시간이 길면, 말이 너무 많아 다른 사람이 들으면서 싫증을 낼 것이고 기억하지 못한다. 말이 너무 간단하면 듣는 사람이 이해하지 못한다. 그리고 말이 너무 빨라서는 안 된다. 말이 너무 빠르면 다른 사람이 분명하게 들을 수 없고 또한 반응할 수가 없다. 그러나 말이 너무 느려 한마디에 몇 분이 걸리면 시간을 낭비하기 싫은 사람은 아마 듣기 싫어할 것이다. 앉아서 듣는 사람도 빠르게 잠들어버린다. 또 음조의 고저에도 주의해야 한다. 소리가 너무 크면 싸우는 것과 같아 귀에 거슬려 사람이 편안하게 듣지 못한다. 소리가 너무 작으면 상대가 분명하게 듣지 못하고 각자의 나약함 등 많은 폐단을 드러낸다. 당연히 말하는 속도와 고저는 상황에 따라 일정한 조정을 필요로 한다. 또 반드시 청중이 자신의 말이 나타내고자 하는 뜻과 맞게 받아들여 이해했는가에 주의해야 한다. 이러한 것들은 수행자들이 일상생활에서 세심하게 관찰하고 사유하여 스스로 학습해 나가야 한다.

眼見有情時 誠慈而視之 안견유정시 성자이시지
念我依于彼 乃能成佛道 염아의우피 내능성불도

중생들을 볼 때
정성스럽고 자애로운 눈으로 그들을 대한다.
그들에 의지하여 돕는 인연이 있어야
불과를 이룰 수 있다고 마음속으로 생각해야만 한다.

이 게송은 티베트 원본에서 가사의 순서가 다르다. '성자이시지誠慈

而視之'가 가장 마지막 구이다. 하지만 역자가 여기에서 이처럼 조정한 것도 괜찮다.

우리 보살행을 닦는 수행인들은 평상시 중생을 볼 때 부귀빈천을 막론하고, 어떤 유정인가를 막론하고 그 무엇에도 자애로운 눈빛으로 대하고 마음속으로부터 나온 존중과 아끼고 사랑하는 마음으로 대해야만 한다. 적천보살은 이러한 요구를 제기하였다. 당연히 아무 연고가 없는 것이 아니라 깊고 충분한 이유가 있다. 이 이유는 경론에 다양한 측면에서의 설명이 있다. 여기에서 적천보살은 "중생은 자신이 성불하도록 돕는 인연이다."라는 것을 이유로 밝혔다.

우리 대승 불법을 닦는 사람들은 처음 위없는 보리심을 발하는 것에서부터, 중간에 6바라밀 만행을 닦아 자량을 쌓고, 최후에 원만한 정각의 과위를 증득하기까지 모두 중생에 의지해야만 성취할 수 있다. 만약 중생이 없다면, '중생을 이롭게 하기 위하여 성불하기를 원하는' 보리심을 발하는 기초가 없어진다. 보시·인욕 등의 복덕자량을 쌓을 방법이 없다. 자각·각타·각행이 원만한 불과도 성취할 방법이 없다. 그러므로 우리가 중생을 볼 때 즉각 그가 우리의 성불을 돕는 연이고 우리의 은인이라는 것을 생각해야만 한다. 이 때문에 자연스럽게 마음속에서부터 '그 중생 보기를 수승한 마니보처럼 여기는 존중과 사랑의 정'이 끊임없이 자신의 선량하고 청정한 자비심을 증가시킨다.

우리는 또 『육조단경』에서 "범부가 바로 부처님이고 번뇌가 바로 보리이다."라고 말한 것을 안다. 실상으로부터 볼 때 중생과 부처님은 차이가 없다. 현상으로 볼 때 중생 각각은 모두 미래불이며 현재는 부처님을 이루는 인이다. 이러한 각도에서 볼 때 우리는 각 중생에 대하여 부처님처럼 공경해야 한다. 본론의 뒷부분에서 역시 "유정이 성불을 돕기 때문에 생불이라고 말한다."라고 말한다. 중생이 기왕에 부처님과 동등하고 불자의 대승 수행인이 되어 삼세불에 대하여 예경하고 귀의해야만 하는데, 중생에 대하여 어떻게 존중하지 않을 수 있겠는가?

『반야섭송』에서 "불승에 들어온 사람은 모든 중생들을 부모가 보는 것처럼 평등하게 대해야만 한다."라고 말한다. 『보살보만론』에서 "일체중생을 볼 때 마땅히 부모 형제의 마음을 내어야만 한다."라고 말하였다. 이것이 우리에게 일체중생을 존경하도록 하는 가르침이며, 다른 경론에서도 많이 설하고 있다. 선법을 닦는 사람이 되어 이것은 매우 중요한 가르침이다. 뿐만 아니라 모든 대승 수행자는 이렇게 해야만 한다. 만약 마음속에서부터 각 중생을 부모로 삼을 수 없고 자신의 성불을 돕는 연으로 삼을 수 없고 혹은 부처님과 평등하게 볼 수 없다면, 자신의 보리심이 일어나서 안정되고 견고하게 증가시켜 궁극에까지 이르게 할 방법이 없다.

여기에서 이미 매우 분명하게 "정성과 자비로 중생을 본다."라는 것의 중요성을 서술하였다. 수행자들이 운명에 따라 각각의 중생을 존경하는 마음이 일어나기 전에 이와 같은 관수를 하도록 노력하길 희망한다. 중생을 존경하는 이 점과 관련하여 어떤 사람들은 표면상으로 매우 비슷하게 한다. 하루 종일 희희낙락 웃으면서 중생을 만날 때마다 매우 존경하는 것 같다. 그러나 마음속으로는 여전히 많은 사람들에 대하여 불만스러워한다. 이 사람은 나쁜 사람이다, 저 사람은 어리석다, 저 사람은 하등하다는 등 이런 멸시하는 마음을 바꾸지 않는다면 보리도와의 거리는 점점 멀어질 것이다.

우리 수행자들은 마음이 질박하고 정직해야만 한다. 안과 밖이 한결같아 마음속으로부터 충분하고 원만하게 중생의 자기에 대한 은덕을 알아야 한다. 중생의 승의 본질은 부처님과 둘이 아니다. 만약 이 도리에 대하여 정해를 일으켰다면, 스스로 조금의 허위도 없이 중생을 평등하게 부모로 보거나, 혹은 진일보하여 부처님 성존 등으로 보아 애쓰지 않는 가운데 거대한 복덕자량이 쌓일 것이다.

熱衷恒修善 或依對治興 열충항수선 혹의대치흥
施恩悲福田 成就大福善 시은비복전 성취대복선

항상 맹렬한 원력으로 선법을 닦거나,
혹은 강렬한 치료법으로 선법을 닦는다.
이러한 발심에 따라 부모와 스승의 은혜, 중생의 고통, 삼보의
위업을 위해 공양 보시를 행하면
큰 복덕 선근을 성취할 것이다.

선업을 닦을 때 반드시 어떻게 해야 선업을 이룰 수 있는지 분명하게 알아야 한다. 만약 중점을 잡지 못한다면 설령 우리가 긴 시간 동안 선법을 닦는다 해도 대복덕자량을 쌓을 수는 없다. 이 게송은 우리를 위하여 대복덕 선근을 성취하는 몇 가지 조건을 언급하였다. 이는 곧 원보리심을 일으킴, 꾸준한 정진, 참회업장, 예배공양, 연민중생 등 이 몇 가지 조건에 의지하여 선법을 닦는 것은 공덕이 매우 크다. 『친우서』에서도 "항상 대치법을 닦으면 덕이 수승하여 중생을 불쌍히

여긴다."라고 말하였다. 이 5가지 조건을 구족하였다면 선업을 닦건 악업을 짓건 상관없이 그 역량이 매우 커서 여기에서 말하는 것과 대체로 같다는 뜻이다.

여기에서 첫 번째 조건은 '분발심'이다. 분발심은 강렬한 환희·신심으로 발심 원력이 맹렬하고 적극적임을 가리킨다. 마음은 만법의 창조자이다. 우리가 선법을 닦을 때 만약 선한 마음이 강하고 힘이 있으면 닦는 선법은 공덕을 구족한다. 우리가 선법을 성취하려면 우선 반드시 이 점을 구족해야 한다.

두 번째는 '항상 지속적으로 닦는 것'이다. 즉 선법을 닦는 것은 항상함으로 지켜서 오래가는 마음으로 선법을 닦는다면 반드시 선근을 쌓을 수 있다.

세 번째는 '대치하는 마음이 강렬함'이다. 선법을 닦는 가운데 번뇌를 대치하는 참회가 강렬해야 한다. 선법마다 각 번뇌를 대치하는 특별한 기능을 가지고 있다. 예를 들면 보시는 탐욕과 인내심을 다스릴 수 있다. 인욕은 분노를 다스릴 수 있다. 우리가 선법을 닦을 때 반드시 강렬한 정진심을 내어야 한다. 이것으로써 번뇌를 끊은 공덕을 얻는다. 동시에 법을 닦는 가운데 일어난 일체 거스르는 번뇌 악연에 대하여도 다스려야 한다. 그렇지 않으면 선법을 원만하게 할 방법이 없다.

네 번째는 '수승한 배경에 의지함'이다. 수승한 배경은 보은과 연민의 복전이다. '은전恩田'은 부모 어른·전법 상사 등 자기를 낳고 길러주고 교육시킨 데에 은덕이 있는 사람을 가리킨다. '비전悲田'은 기아·빈곤 등 각종 고난에 빠진 중생을 가리킨다. 예를 들면 늘 길에서 유랑하는 거지 혹은 아티샤 존자가 말한 '장기간의 환자, 먼 곳에서 온 손님'

등 이러한 사람들은 의지할 곳 없이 매우 불쌍한 처지에 있다. '복전'은 상사 삼보를 가리킨다. 우리는 이러한 수승한 배경에 대하여 공양하고 보시해야 한다. 그것에 의지하여 각종 선법을 닦아 단시간 내에 넓은 복덕자량을 쌓을 수 있다.

만약 우리가 의지를 굳게 하고, 발심을 장구하게 하고, 원력을 강력하게 하고, 번뇌를 절실하게 다스리고, 은비恩悲 복전을 배경으로 삼아 공양과 보시 등 각종 선법 닦는 것을 구족할 수 있다면 선근을 쌓게 된다. 근수취자 린포체의 강의에서 말하길 "가령 보시물이 매우 미약하다 하더라도 위에서 말한 은비 복전 등 수승한 연기력에 의지하면 자신은 단시간 내에 무량한 복덕자량을 얻을 수 있다."라고 하였다. 선을 닦고 자량은 쌓는 이러한 우수한 방편을 우리가 통달할 수 없다면, 수행과정에서 긴 시간과 힘을 쏟는다 하더라도 많은 노력을 들이고도 성과는 적을 뿐이어서 복덕자량을 늘릴 방법이 없다.

善巧具信已 即當常修善 선교구신이 즉당상수선
衆善己應爲 誰亦不仰仗 중선기응위 수역불앙장
지혜방편에 통달하고 신심을 구족한 뒤
늘 자신과 타인을 이롭게 하는 선법을 닦아야 한다.
일체 선법은 능동적으로 닦아야만 하고,
타인의 부촉이나 도움을 바라면 안 된다.

우리가 선법을 닦는 것은 반드시 위에서 서술한 선교방편 외에 자신이 닦는 선법에 대하여 잘 이해해야 한다. 만약 선교에 정통하지 못하면 어떤 법도 잘 닦을 수 없다. 예를 들면 자기가 중관 법문을 닦아야 한다면, 우선 반드시 중관 법문의 내용을 이해하고 수승한 견해를 선택해야 한다. 이것을 구족한 뒤에는 수행 기초가 있어야 한다. 뛰어난 기초가 생기면 강렬한 신심을 구족해야 한다. 신심이 없으면 어떤 법을 닦아도 성취할 수 없다. 선교와 신심을 구족한 뒤 늘 수행하는 것을 유지해야 한다. 수행은 장기적 사업이기 때문에 오랜 시간 노력해야 성공할 수 있다. 역대 고승대덕들은 일생을 전부 불법 수행에 전념하여 자신을 성취의 전당에 오르게 하였다.

원력, 신심과 꾸준한 마음을 구족한 뒤, 우리는 능동적이고 적극적으로 수행해야만 하고, 의타심을 가지고서 다른 사람이 당신을 재촉하고 도와야 비로소 법을 닦는 경우가 되어서는 안 된다. 『대집경』「무진의 보살품」에서 "보살이 홀로 무상 보리심이라는 정진 갑옷을 입었다."라고 말한다. 『경관장엄론』에서도 이 같이 말하였다. 대승보살이 중생의 고통을 보았을 때 다른 사람이 그에게 구제해 주길 권할 필요가 없으며 반드시 자발적으로 제도해야 한다. 만약 다른 사람이 보살에게 중생을 도와주도록 권해야 한다면 이것은 대승보살이라고 하기에 부끄러운 일이다.

대승보살의 중생을 이롭게 하는 수행은 능동적이고 적극적이다. 결코 다른 사람이 보살에게 중생구제를 권면할 필요가 없다. 대승보살은 중생을 해탈시킴을 본분의 일로 삼기 때문이다. 마치 우리가 밥 먹고 옷 입는 것과 같다. 우리는 대승 불법을 닦은 수행자가 되어 만약 보리심을 내고자 한다면, "일체 선법은 능동적으로 닦아야만 하고 타인의 재촉이나 도움에 의지해서는 안 된다."라고 한 것을 늘 잊어서는 안 된다. 일체 선법은 능동적으로 책임져야 한다. 만약 다른 사람이 충고하거나 도와주어서야 비로소 수행한다면 이는 대승 불자의 행위가 아니다.

『격언보장론』에서 말하길 "늘 다른 사람이 부축해 주는 것에 의지하는 사람은 하루아침에 재앙을 당하게 되면, 마치 백조가 거북이를 물고 공중을 나는 것과 같아 마침내 땅에 던져져 죽을 것이다."라고 하였다. 만약 자신이 노력하지 않고 다만 다른 사람에 의지할 뿐이라면 세간의 작은 일도 성공할 수 없다. 하물며 천상천하에 가장 큰 성불 사업을 말함에 있어서이겠는가.

옛사람들은 늘 불법을 배우러 출가하는 것은 삼계에서 비할 데 없는 큰일로, 제왕의 자리가 견줄 수 있는 것이 아니라고 말한다. 이러한 큰일은 단지 자신의 두려움 없는 용맹에 의지할 뿐이다. '과감하게 보리도를 행하는 데 있어서의 일체 장애를 깨끗이 제거하고 복과 지혜를 쌓도록 노력한다. 성불의 피안에 도달하지 않아서는 절대 쉬지 아니한다.' 이러한 기백을 구족하면 성취할 가능성이 크다.

『화엄경』에서 "수행자는 일체의 때에 응하여 용맹스럽게 대정진한다."라고 말하였다. 이것이 우리가 수행하는 관건이다. 특별히 이러한 시대에는 많은 수행자들이 이러한 대장부의 기백이 결핍되어 수행에서 늘 방일하여 권면하는 사람이 없으면 스스로 수행 정진하지 않는다. 우리들 중에 일부 사람들은 경론을 암송할 때 만약 감독하는 상사가 없다면 스스로 방치하는 것처럼 수행 면에서 역시 약간의 자각과 능동성도 없다. 이러한 나쁜 습관을 바꾸지 않으면 우리의 보리심은 지킬 수 없으니 우리의 수행이 결국 어떻게 될 것인가?

수행자들은 잘 생각해 보아야만 한다. 성불은 자신의 일이고 타락하길 바라지 않는 모든 사람의 궁극적인 일이다. 수행자들은 본사 석가모니불이 보살도를 수행할 때에 어떻게 용맹정진하여 수행하였는지, 이전의 고승대덕들이 어떻게 자신과 타인을 이롭게 하는 사업을 위하여 고행을 닦았는지 한번 보라. 만약 늘 이 가르침과 지난날 수행자들의 모범을 잊지 않을 수 있다면, 수행자들이 자주자강自主自强·용맹정진하는 마음 또한 반드시 날로 진보할 수 있을 것이라고 믿는다.

施等波羅蜜 層層漸升進 시등바라밀 층층점승진
勿因小失大 大處思利他 물인소실대 대처사리타

보시·지계 등의 6바라밀 수행은
순서와 단계에 따라 점진적으로 나아가야 한다.
아주 작은 덕행에 구속되어 비교적 큰 선법을 버려서는 안 되니,
선법의 대소는 다른 사람을 이롭게 하는 정도를 고려해야만 한다.

보시·지계·인욕·정진·선정·반야의 6바라밀은 대승보살 모든 법문의 총결이다. 이 6바라밀에는 반드시 선후 순서가 있다. 보시 공덕의 기초 위에 지계가 생겨난다. 지계의 기초 위에 다시 인욕이 생겨난다. 이 순서에 따라 앞을 원인하여 뒤의 것이 생겨난다.

『경관장엄론』에 이에 대하여 비교적 자세한 논술이 있다. 6바라밀법은 부처님께서 중생의 근기에 따라 설치한 차제 법문이다. 마치 높은 건물을 올라가는 것처럼, 사다리가 있다면 우리는 순리대로 건물 정상에 도달할 수 있다. 마찬가지로 우리는 6바라밀 법문에

의지하여 역시 안정되게 한 층씩 올라가 순리대로 불과를 성취할 수 있다. 그러므로 수행자들은 이 순서를 분명히 이해한 뒤 점진적으로 나아가야 한다.

수행과정에서는 취하고 버리는 것을 잘해야 하며 작은 이익 때문에 큰 이익을 잃어서는 안 된다. 예를 들면 지계와 보시를 비교하면 지계 공덕이 상대적으로 많이 커야 한다. 이 때문에 지계를 닦을 때는 지계를 첫째 자리에 놓아야 하고 보시는 그 다음이다. 세친 논사가 말하길, "대해의 물과 소 발자국의 물은 그 용량의 차이가 현저하다. 지계 공덕과 보시 공덕 역시 이와 같다. 백년 보시는 하루 지계만 못하다. 보시를 행하는 것은 쉽기 때문에 세간의 도살업자 등 낮은 정도의 사람도 할 수 있다. 그러나 지계는 결코 이와 같은 것이 아니다."라고 하였다. 지계를 행하려고 하면 반드시 삼보에 대하여 신심이 있어야 하고 어느 정도의 바른 앎과 바른 마음집중이 있어야만 한다. 이 점을 수행자들이 분명하게 알아야 한다.

보리를 구하는 수행에서 모든 선법 공덕의 대소를 관찰해야 한다. 작은 선에 구애받아 큰 선을 버려서는 안 된다. 『백유경』에 이야기가 있다. 어린아이가 사탕 때문에 집안의 금은재보를 좀도둑에게 준 것을 말하여, 이것은 어떤 사람들이 큰 이익을 버리고 작은 이익을 취하는 것에 비유하였다. 이는 매우 어리석은 행위로 우리 수행에서 절실하게 주의해야만 한다.

여기에서 어떤 사람들은 혹 의혹이 있을 것이다. 『대집경』「무진의보살품」에서 말하길, "이처럼 보시할 때 미세한 계율은 잠시 버려두어야 한다."라고 하였다. 이곳과 모순되지 않는가? 조금도 모순되지 않는다. 앞에서 "미세한 계율은 잠시 버려두어야 한다."라고 말한 것은 보시를 닦는 사람의 계층에 맞추어 바른 이익의 대소를 보고서 말한 것이다. 선법의 대소는 다른 사람을 이롭게 하는 측면에서 고려되어야 하기 때문이다.

대승보살이 선법을 행하는 대소 표준은 타인을 이롭게 하는 것이 큰가, 작은가에 따라 나뉜다. 중생에 대한 이익이 큰 행위는 큰 선이고 이익이 작은 것은 작은 선이다. 만약 보시가 중생에 대한 이익이 비교적 클 때 지엽적인 미세한 계율에 대해서는 범하는 것을 허락할 수 있다. 『무진혜경』에서 이에 대하여 전문적으로 논술하였다. 예를 들어 어떤 사람이 먼 곳에서 보살에게 법을 구하러 왔는데, 보살이 마침 묵언·적정·안주 등의 계를 지키고 있었다. 이때 만약 보살이 금계를 버리고 법을 구하러 온 사람에게 가르침을 보시하지 않는다면, 작은 것 때문에 큰 것을 잃은 것이 되며 근본계 역시 범하게 된다.

타인을 이롭게 하기 위하여 금어禁語 등의 미세한 부분을 훼손시키면, 잘못이 없을 뿐만 아니라 큰 공덕이 있다. 그러나 이러한 허락은 일반 상황에서는 다만 미세한 지분계支分戒에 한정될 뿐이다. 만약 보시와 주요 계 조항이 저촉된다면 보시를 버리고 계를 지켜야 한다. 왜냐하면 이때 지계 공덕은 보시보다 아주 멀리 떨어져 있기 때문이다.

이 취사 과정에서 우리는 교증과 청정 지혜에 의지하여 선택해야 한다. 도대체 어떠한 선법이 진정 중생을 이롭게 할 수 있는가? 아울러 일반 범부의 소위 좋은 마음과 좋은 뜻, 혹은 나쁜 뜻의 표준으로 정한 것이 아니다. 범부의 지혜는 저열하여 길고 먼 인과를 볼 수 없다. 어떤 일들은 표면과 그 진실의 면이 큰 차이가 있다. 다시 말해

지혜로 자신의 발심을 깊이 사유하여 판별하면, 때로 중생을 이롭게 하는 것 같아도 실제로는 대다수 자신을 이롭게 하는 것을 출발점으로 삼는다. 자신만을 이롭게 하기 위한 것이면서 표면적으로 남을 이롭게 하는 행위를 하는 것은 공덕이 없을 뿐만 아니라 도리어 잘못이 있다. 그러므로 이 과정에서 반드시 지혜를 이용하여 섭지하고 자신이 악업 짓는 것을 방지해야 한다.

현재 이러한 시대에 많은 사람들이 말은 매우 듣기 좋게 한다. '나는 법을 펴서 살아 있는 것을 이롭게 하고자 한다. 그래서 크게 토목공사를 일으켜 절을 짓고, 불상을 주조하고, 가르침을 강의하는 등 표면적인 선법을 많이 짓는다.' 그러나 진정한 목적은 명예와 이익을 추구하는 데 있다. 자신의 이생과 내생의 인천 복보에서 이러한 작법은 실제로 큰 의미가 없다.

진정한 대승보살은 그의 행위가 때로 표면적으로는 중생을 이롭게 하는 것과 무관할 수 있다. 때로 심지어는 개인의 이익을 위한 것이지만 실제로 그의 일체 행위와 일들은 모두 중생을 이롭게 하는 매우 깊은 밀행이다. 그가 마치 개인적인 일로 바쁜 것 같을 때 실제로는 많은 중생의 이익에 영향을 미친다. 밀라레빠 존자는 일생 고요한 산속에서 홀로 수행하였지만 그의 개인 수행은 모든 중생을 이롭게 하였다. 이 점은 반드시 지혜의 안목으로 관찰해야 한다. 현대 상업사회는 용과 뱀이 뒤섞여 있다. 유명 생산품과 가짜 저열 생산품이 한 곳에 섞여 있어 일반인은 분명하게 분별하기 어렵다. 불교계도 이와 같아 지혜로 관찰하지 않으면 진짜와 가짜를 분별하기 아주 어렵다.

샨티데바(적천보살寂天菩薩, C.E. 685~763)

고대 남인도 현강국의 왕자로 태어나 왕위 계승 전날 밤 꿈에 문수보살을 친견하고 출가하기로 결심, 궁을 떠나 숲속에서 혹독한 고행 후 나란타 사원에서 정식 출가하여 선관禪觀을 닦아 중관 귀류논증학파의 대성취자가 되었다. 대중 앞에서 스스로 체득한 지혜의 경지에서 흘러나오는 『입보리행론』을 송독한 후 인도 전역을 돌며 불법을 설파하고 중생을 제도하였으며, 『대승집보살학론』, 『제경집요』 등 다수의 논전을 지었다.

진메이펑춰(직메푼촉晉美彭措 린포체, 1933~2004)

티베트불교 닝마파의 대성취자로서 아미타불의 화신으로 알려져 있으며, '여의보 법왕如意寶法王'이라고도 불린다. 1980년 중국 쓰촨성(四川省) 써다(色達)현 라룽(喇荣)에 오명불학원五明佛學院을 설립하였으며, 그곳에 평생 주석하면서 현교와 밀교의 많은 경론을 체계적으로 강의하여 수많은 제자들을 정법의 길로 이끌었다. 그렇게 배출된 그의 제자들이 현재 중국을 비롯한 전 세계에서 활발한 홍법활동을 펼치고 있다.

수다지 켄포(索达吉 堪布, 1962~)

1985년 오명불학원으로 출가하여, 진메이펑춰 린포체의 가르침을 받고 수행하였으며, 진메이펑춰 린포체 생전 시 스승의 가르침을 중국 제자들에게 전달하는 통역을 담당하였다. 다년간 다수의 티베트 경론을 중국어로 번역하였고, 많은 법문을 통해 티베트불교의 주옥같은 가르침을 중국과 세계에 전하고 있다. 현재 오명불학원 교수이다.

지엄화상(1956~)

19세에 구례 화엄사에 입산 출가하여, 월하 화상을 계사로 비구계를 수지하고 화엄사 강원을 졸업하였다. 봉암사 등에서 14안거를 성만하였으며, 화엄사 강원 강주, 운암사 도감을 역임하였다. 1995년 중국에 유학, 남경대학에서 철학박사 학위를 취득하고, 사천성 오명불학원에서도 수학하였으며, 해인사 승가대 교수를 지냈다. 중국 유학 중이던 1999년, 운명적으로 만난 대성취자 진매남카랑빠 존자(연용상사)와 다러라모 린포체를 근본스승으로 모시고 수행하였으며, 2011년 스승으로부터 연화생대사 복장법의 전법을 전수·위임 받았다. 그밖에 도둡첸 린포체, 츄니도지 존자, 풀빠자시 린포체의 전법제자가 되었다. 현재 서울 미륵정사와 남경 관음사에서 연용상사부모의 복장법(떼르마), 도둡첸 린포체의 롱첸닝틱, 츄니도지존자의 사심지, 풀빠자시의 구전성숙 등 법을 펼치고 있다. 『입보살행론 광석』, 『대원만수행요결』, 『친우서』, 『불자가 행해야 할 37가지 가르침』 등을 편역하였다.

입보리행론 강해 1

초판 1쇄 인쇄 2020년 12월 1일 | **초판 1쇄 발행** 2020년 12월 8일
편역자 지엄 | **펴낸이** 김시열
펴낸곳 도서출판 운주사
(02832) 서울시 성북구 동소문로 67-1 성심빌딩 3층
전화 (02) 926-8361 | **팩스** 0505-115-8361
ISBN 978-89-5746-627-8 03220 값 35,000원
ISBN 978-89-5746-626-1 (세트)
http://cafe.daum.net/unjubooks 〈다음카페: 도서출판 운주사〉
